DESCUBRE 3

Lengua y cultura del mundo hispánico

VISTA®
HIGHER LEARNING

Boston, Massachusetts

On the cover: Handmade baskets, Medellín, Colombia

Publisher: José A. Blanco

Professional Development Director: Norah Lulich Jones

Editorial Development: Brian Contreras, Diego García, Sharla Zwirek

Project Management: Kayli Brownstein, Hillary Gospodarek, Sharon Inglis

Rights Management: Ashley Dos Santos, Jorgensen Fernandez, Caitlin O'Brien

Technology Production: Jamie Kostecki, Fabián Montoya, Paola Ríos Schaaf

Design: Gabriel Noreña, Andrés Vanegas

Production: Manuela Arango, Sergio Arias, Oscar Díez

Student Text ISBN: 978-1-68004-323-5
Library of Congress Control Number: 2015948650

6 7 8 9   TC   20 19 18

Printed in Canada.

DESCUBRE 3

Lengua y cultura del mundo hispánico

Table of Contents

contextos	fotonovela	enfoques

Map of the
Spanish-Speaking World x

Map of Mexico. xii

Map of Central America
and the Caribbean xiii

Map of South America xiv

Lección 1
Las relaciones personales

La personalidad 2

Los estados emocionales 2

Los sentimientos 2

Las relaciones personales 3

Comedia: *¡Bienvenida,
Mariela!* 6

Apuntes culturales 9

Enfoque: Los Estados
Unidos. 10

En detalle: Parejas
sin fronteras 10

Perfil: Isabel Allende y
Willie Gordon. 11

Flash cultura: Las relaciones
personales 13

Lección 2
Las diversiones

La música y el teatro 42

Los lugares de recreo. 42

Los deportes. 42

Las diversiones 43

Comedia: *¡Tengo los
boletos!* 46

Apuntes culturales 49

Enfoque: México 50

En detalle: El nuevo
cine mexicano. 50

Perfil: Gael García Bernal 51

Flash cultura:
El cine mexicano. 53

Lección 3
La vida diaria

En casa 82

De compras 82

Expresiones 82

La vida diaria 83

Comedia: *¿Alguien
desea ayudar?* 86

Apuntes culturales 89

Enfoque: España 90

En detalle: La Familia Real . . . 90

Perfil: Letizia Ortiz 91

Flash cultura: De compras
por Barcelona 93

estructura	cinemateca	lecturas

Map of Spain xv
Video Programs xvi
Supersite xviii
Icons xix

Studying Spanish xx
Thematic Vocabulary Lists . . xxvii
Acknowledgments xxxi
Author Bio xxxii

1.1 The present tense 14
1.2 **Ser** and **estar** 18
1.3 Progressive forms 22

Di algo 26

Literatura: *Poema 20* de
Pablo Neruda 31
Cultura: *Sonia Sotomayor:
la niña que soñaba* 35

2.1 Object pronouns 54
2.2 **Gustar** and
similar verbs 58
2.3 Reflexive verbs 62

Espíritu deportivo 66

Literatura: *Idilio* de
Mario Benedetti 71
Cultura: *El toreo: ¿Cultura
o tortura?* 75

3.1 The preterite 94
3.2 The imperfect 98
3.3 The preterite
vs. the imperfect 102

Adiós mamá 106

Literatura: *Autorretrato*
de Rosario Castellanos 111
Cultura: *El arte de la
vida diaria* 115

Table of Contents

	contextos	fotonovela	enfoques

Lección 4
La salud y el bienestar

contextos
Los síntomas y
las enfermedades 122
La salud y el bienestar 122
Los médicos y el hospital 122
Las medicinas y
los tratamientos 123

fotonovela
Comedia: ¿Dulces?
No, gracias 126
Apuntes culturales 129

enfoques
Enfoque: Colombia 130
En detalle: De abuelos
y chamanes 130
Perfil: La ciclovía de Bogotá . . 131
Flash cultura:
Las farmacias 133

Lección 5
Los viajes

contextos
De viaje 164
El alojamiento 164
La seguridad y
los accidentes 164
Las excursiones 165

fotonovela
Comedia: ¡Buen viaje! 168
Apuntes culturales 171

enfoques
Enfoque: Centroamérica 172
En detalle: La ruta del café . . 172
Perfil: El Canal de Panamá . . . 173
Flash cultura:
¡Viajar y gozar! 175

Lección 6
La naturaleza

contextos
La naturaleza 204
Los animales 204
Los fenómenos naturales . . . 204
El medio ambiente 205

fotonovela
Comedia: Cuidando a
Bambi 208
Apuntes culturales 211

enfoques
Enfoque: El Caribe 212
En detalle: Los bosques
del mar 212
Perfil: Parque Nacional
Submarino La Caleta 213
Flash cultura:
Un bosque tropical 215

Lección 7
La tecnología y la ciencia

contextos
La tecnología 244
La astronomía y el
universo 244
Los científicos 244
La ciencia y los inventos 245

fotonovela
Comedia: El poder de
la tecnología 248
Apuntes culturales 251

enfoques
Enfoque: Argentina 252
En detalle: Argentina: tierra
de animadores 252
Perfil: Innovar 253
Flash cultura:
Inventos argentinos 255

estructura	cinemateca	lecturas

4.1 The subjunctive in noun clauses........134

4.2 Commands 140

4.3 **Por** and **para** 144

Éramos pocos 148

Literatura: *Mujeres de ojos grandes* de Ángeles Mastretta........153

Cultura: *Colombia gana la guerra a una vieja enfermedad.*...........157

5.1 Comparatives and superlatives 176

5.2 Negative, affirmative, and indefinite expressions.........180

5.3 The subjunctive in adjective clauses......184

El anillo 188

Literatura: *La luz es como el agua* de Gabriel García Márquez.........192

Cultura: *La ruta maya* 197

6.1 The future 216

6.2 The subjunctive in adverbial clauses......220

6.3 Prepositions: **a, hacia,** and **con**..........224

El día menos pensado 228

Literatura: *El eclipse* de Augusto Monterroso 233

Cultura: *La conservación de Vieques* 237

7.1 The present perfect....256

7.2 The past perfect 260

7.3 Diminutives and augmentatives.......262

Happy Cool...............266

Literatura: *Ese bobo del móvil* de Arturo Pérez-Reverte ...271

Cultura: *Hernán Casciari: arte en la blogosfera* 275

Table of Contents

	contextos	fotonovela	enfoques

Lección 8

La economía y el trabajo

El trabajo 282
Las finanzas 282
La economía 282
La gente en el trabajo 283

Comedia: *Necesito
un aumento.* 286
Apuntes culturales 289

Enfoque: Venezuela 290
En detalle: Las telenovelas . . 290
Perfil: Carolina Herrera. 291
Flash cultura: Las alpacas . . 293

Lección 9

La cultura popular y los medios de comunicación

La televisión, la radio
y el cine 324
La cultura popular 324
Los medios de
comunicación 324
La prensa 325

Comedia: *¡O estás con ella o
estás conmigo!* 328
Apuntes culturales 331

Enfoque: Uruguay
y Paraguay 332
En detalle: El mate 332
Perfil: Las murgas y
el candombe 333
Flash cultura: Lo mejor
de Argentina 335

Lección 10

La literatura y el arte

La literatura 360
Los géneros literarios 360
Los artistas 360
El arte 361
Las corrientes artísticas 361

Comedia: *Unas pinturas...
radicales* 364
Apuntes culturales 367

Enfoque: Chile 368
En detalle: Las casas
de Neruda 368
Perfil: Neruda en el cine. 369
Flash cultura:
Arquitectura modernista . . . 371

Consulta

Apéndice A
Verb Conjugation Tables 394
Vocabulario
Spanish-English 404
English-Spanish 433

estructura	cinemateca	lecturas

8.1 The conditional 294

8.2 The past subjunctive . . . 298

8.3 **Si** clauses with simple tenses 302

Clown 306

Literatura: *La abeja haragana* de Horacio Quiroga 311

Cultura: *Gustavo Dudamel: la estrella de "El Sistema"* . 317

9.1 The present perfect subjunctive 336

9.2 Relative pronouns 338

9.3 The neuter **lo** 342

Sintonía 344

Literatura: *Dos palabras* de Isabel Allende 349

Cultura: *Guaraní: la lengua vencedora* 353

10.1 The future perfect 372

10.2 The conditional perfect 374

10.3 The past perfect subjunctive 376

Las viandas 378

Literatura: *Continuidad de los parques* de Julio Cortázar 383

Cultura: *De Macondo a McOndo* 387

Índice. 462

Credits. 464

El mundo

● Países hispanohablantes

● Países con alto número de hispanohablantes

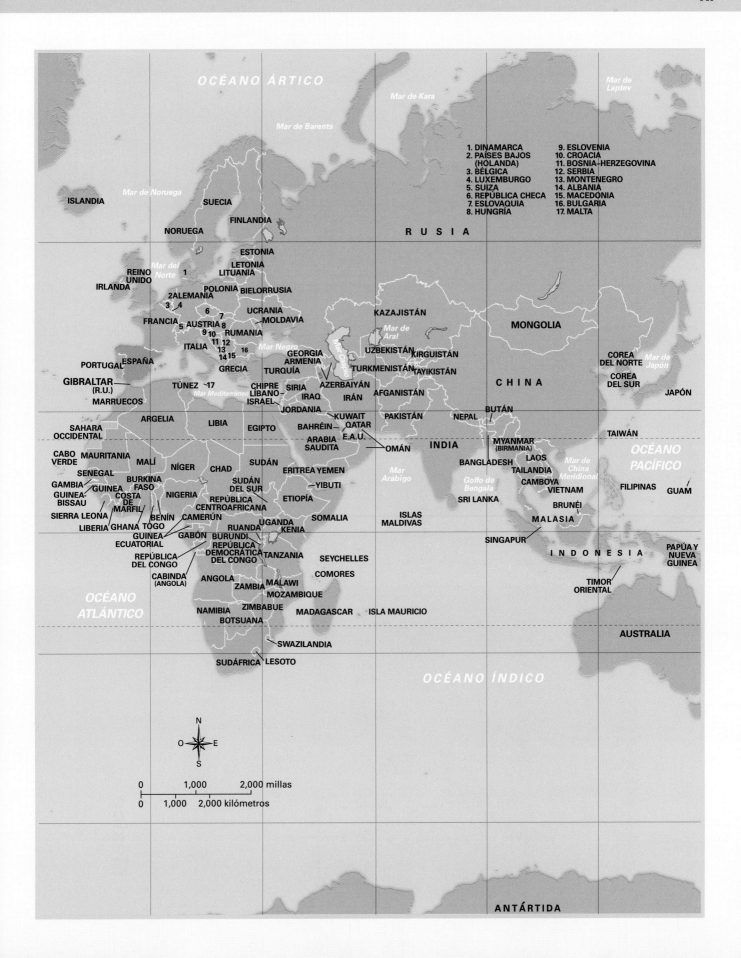

OCÉANO ÁRTICO

Mar de Kara

Mar de Laptev

Mar de Barents

Mar de Noruega

ISLANDIA

SUECIA

FINLANDIA

NORUEGA

R U S I A

1. DINAMARCA   9. ESLOVENIA
2. PAÍSES BAJOS   10. CROACIA
   (HOLANDA)   11. BOSNIA-HERZEGOVINA
3. BÉLGICA   12. SERBIA
4. LUXEMBURGO   13. MONTENEGRO
5. SUIZA   14. ALBANIA
6. REPÚBLICA CHECA   15. MACEDONIA
7. ESLOVAQUIA   16. BULGARIA
8. HUNGRÍA   17. MALTA

ESTONIA

Mar del   LETONIA
Norte   LITUANIA
        1

REINO
UNIDO   POLONIA   BIELORRUSIA
IRLANDA

2 ALEMANIA

3 4   UCRANIA   KAZAJISTÁN

6   7
FRANCIA AUSTRIA MOLDAVIA   MONGOLIA
        5   8
            9   RUMANIA   Mar de
           10   Aral
ITALIA   11 12
           13   16   Mar Negro   Mar de
          14 15   Aral
PORTUGAL ESPAÑA   GEORGIA   UZBEKISTÁN   KIRGUISTÁN   CHINA   COREA
                         ARMENIA   DEL NORTE   Mar de
GIBRALTAR   GRECIA TURQUÍA   Mar Caspio TURKMENISTÁN TAYIKISTÁN   Japón
(R.U.)   TÚNEZ 17   COREA
MARRUECOS   Mar Mediterráneo CHIPRE SIRIA   AZERBAIYÁN   DEL SUR   JAPÓN
                              LÍBANO   IRAQ   IRÁN   AFGANISTÁN
                              ISRAEL JORDANIA   CHINA
ARGELIA   LIBIA   KUWAIT   PAKISTÁN   NEPAL
SAHARA   EGIPTO   BAHRÉIN QATAR   BUTÁN
OCCIDENTAL   ARABIA E.A.U.   TAIWÁN
                                         SAUDITA OMÁN   INDIA   OCÉANO
CABO   MAURITANIA   MYANMAR   PACÍFICO
VERDE   MALÍ   NÍGER   CHAD   SUDÁN   (BIRMANIA)
SENEGAL   ERITREA YEMEN   Mar   BANGLADESH   LAOS   Mar de
GAMBIA   BURKINA   SUDÁN   Arábigo   TAILANDIA   China
GUINEA   FASO   NIGERIA DEL SUR   YIBUTI   Golfo de   Meridional   FILIPINAS   GUAM
GUINEA- COSTA   ETIOPÍA   Bengala   CAMBOYA
BISSAU   DE   REPÚBLICA   VIETNAM
SIERRA LEONA MARFIL   CENTROAFRICANA SOMALIA   SRI LANKA   BRUNÉI
         BENÍN CAMERÚN   MALASIA
LIBERIA GHANA TOGO   UGANDA   SINGAPUR
GUINEA   GABÓN RUANDA KENIA   I N D O N E S I A   PAPÚA Y
ECUATORIAL   BURUNDI   ISLAS   NUEVA
REPÚBLICA REPÚBLICA   MALDIVAS   GUINEA
DEL CONGO DEMOCRÁTICA TANZANIA   SEYCHELLES   TIMOR
          DEL CONGO   ORIENTAL
CABINDA   COMORES
(ANGOLA) ANGOLA   ZAMBIA MALAWI
OCÉANO   ZIMBABUE MOZAMBIQUE
ATLÁNTICO NAMIBIA   MADAGASCAR ISLA MAURICIO
           BOTSUANA   AUSTRALIA
                SWAZILANDIA

SUDÁFRICA LESOTO

OCÉANO ÍNDICO

N
O   E
S

0   1,000   2,000 millas

0   1,000   2,000 kilómetros

ANTÁRTIDA

Mexico

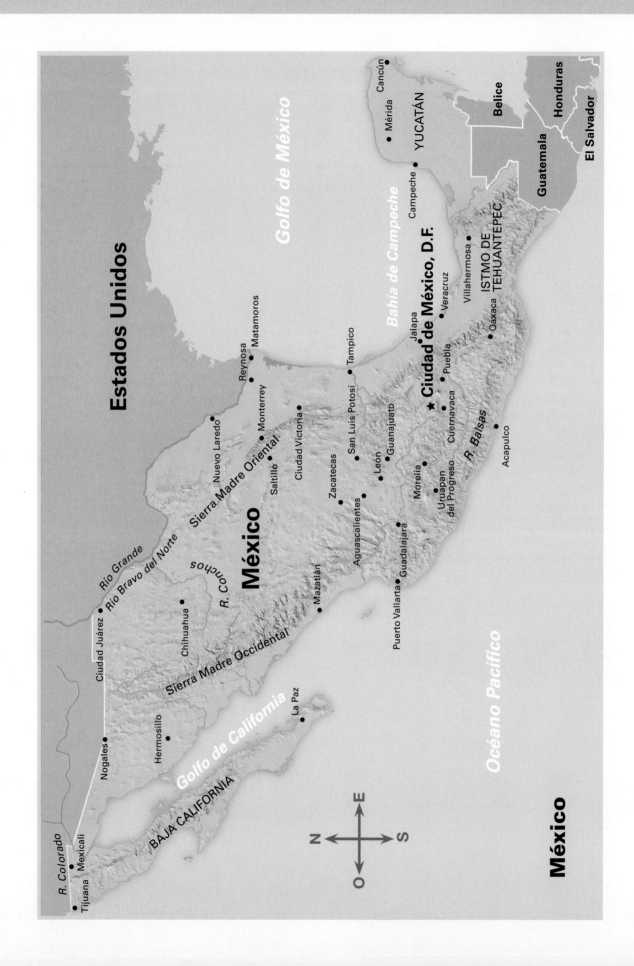

Central America and the Caribbean

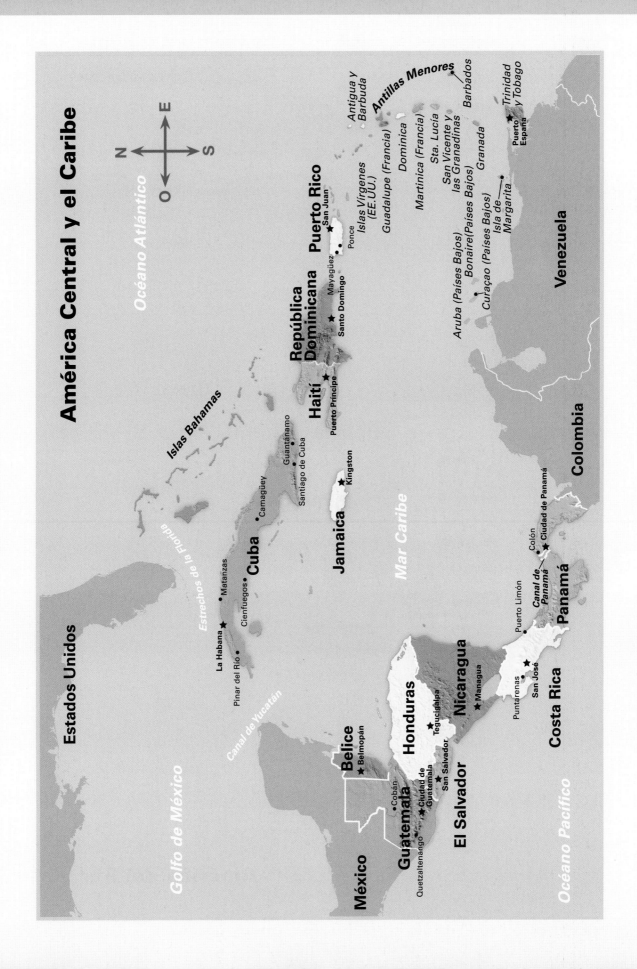

South America

Mar Caribe

Barranquilla
Maracaibo
Caracas ★
Venezuela
Puerto España
★ Trinidad y
Tobago

Medellín
Colombia
Bogotá ★
Cali

Georgetown
★
Guyana
Paramaribo
★
Surinam
Cayena ★
Guayana
Francesa

R. Orinoco

Pasto

Quito ★
Ecuador
Guayaquil

R. Negro

R. Amazonas

Belém •

Manaus •

Iquitos •

Perú

Cordillera de los Andes

R. Madeira

Recife •

Lima ★
Cuzco •

Lago Titicaca

Salvador •

Brasil

Brasilia ★

Arequipa •
La Paz ★

Arica •
Bolivia
Sucre ★

Iquique •

Océano
Pacífico

R. Paraguay

R. Paraná

Belo Horizonte •

Antofagasta •

Paraguay

São Paulo •
Rio de Janeiro •

Salta •
Asunción ★

Santos •

Chile

Córdoba •
Mendoza •

R. Paraná

R. Uruguay

Pôrto Alegre •

Valparaíso •
Rosario •

Santiago ★
Buenos Aires ★

Uruguay
Montevideo

Cordillera de los Andes

Concepción •
Argentina

Bahía Blanca •

Océano
Atlántico

Puerto Montt •

N

O — E

S

Estrecho de
Magallanes

Islas Malvinas

Punta Arenas •

Tierra
del Fuego

Islas Galápagos

Océano
Pacífico

Isla Pinta
Isla
Marchena
Isla
Genovesa

Isla
Isabela

Línea ecuatorial

Volcán Darwin
Isla Santiago
(San Salvador)

Isla
Fernandina

Puerto Ayora
Isla San
Cristóbal

Isla Santa
Cruz

Santo
Tomás •
Puerto Baquerizo
Moreno

Isla
Santa María
Isla Española

América del Sur

Spain

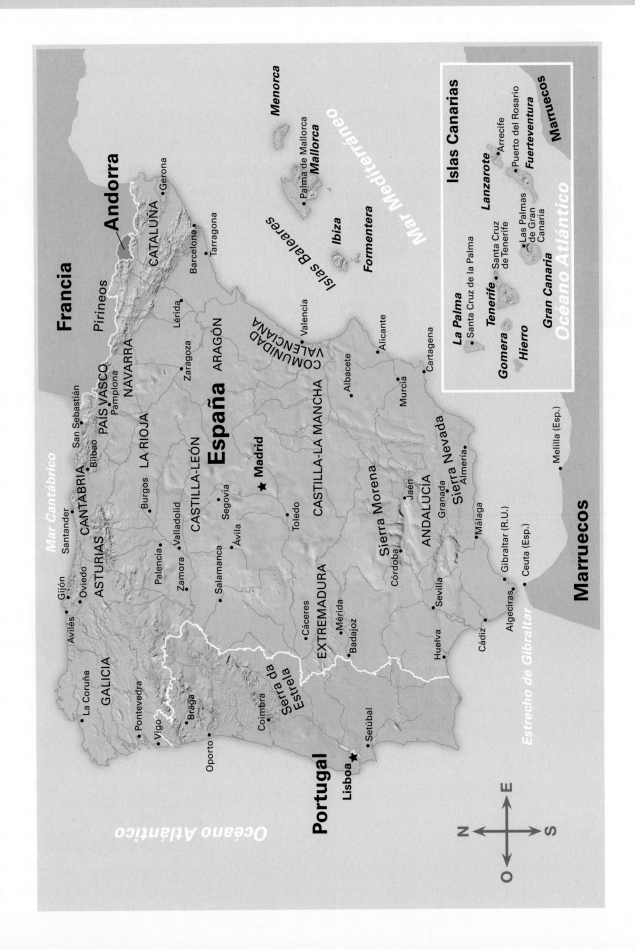

Fotonovela video program

The Cast

Here are the main characters you will meet in the **Fotonovela** Video:

 Mariela Burgos

 Juan (Johnny) Medina

 Éric Vargas

 Diana González

 José Raúl Aguayo

 Fabiola Ledesma

An episode in the format of a sitcom accompanies each lesson in **Descubre**. These episodes portray the everyday lives and adventures of the staff working at the lifestyle magazine *Facetas*, based in Mexico City.

The **Fotonovela** section in each textbook lesson is actually an abbreviated version of the dramatic episode featured in the video. Therefore, each **Fotonovela** section can be done before you see the corresponding video episode, after it, or as a stand-alone section.

Besides providing entertainment, the video serves as a useful learning tool. As you watch the episodes, you will observe the characters interacting in various situations and using real-world language that reflects the vocabulary and grammar you are studying. In addition, because language learning is an ongoing, cumulative process, you will find that the dramatic segments carefully combine new vocabulary and grammar with previously taught language as the video progresses.

Flash cultura video program

The dynamic **Flash cultura** video provides an entertaining and authentic complement to the **Enfoques** section of each lesson. Correspondents from various Spanish-speaking countries report on aspects of life in their countries, conducting street interviews with residents along the way. These episodes draw attention to the similarities and differences between Spanish-speaking countries and the U.S., while highlighting fascinating aspects of the target culture.

Film Collection

The **Descubre** Film Collection contains the short films by Hispanic filmmakers that are the basis for the **Cinemateca** section of every lesson. These award-winning films offer entertaining and thought-provoking opportunities to build your listening comprehension skills and your cultural knowledge of the Spanish-speaking world.

Film Synopses

Lección 1 *Di algo* (España) A young blind woman falls in love with a man based on his voice. The only problem is that she has never heard him in person... just on a recording.

Lección 2 *Espíritu deportivo* (México) At the funeral of a deceased soccer star, his teammates argue the lineup of their famous match against Brazil.

Lección 3 *Adiós mamá* (México) A man is grocery shopping alone on an ordinary day when a chance meeting makes him the focus of an elderly woman's existential conflict, with a surprising result.

Lección 4 *Éramos pocos* (España) **Oscar nominated!** After being abandoned by his wife, a father and son enlist the help of her mother to keep house.

Lección 5 *El anillo* (Puerto Rico) Every object has its own story to tell.

Lección 6 *El día menos pensado* (México) A city ends up without drinkable water; people must decide whether to flee or stand and guard what little water they have left.

Lección 7 *Happy Cool* (Argentina) A man decides to wait out a recession by having himself cryogenically frozen until better economic times.

Lección 8 *Clown* (España) Companies will go to any length to collect what is due to them... and to make sure they have hired the right person for the job.

Lección 9 *Sintonía* (España) Stuck in traffic, the only way a man can get the attention of a woman is to figure out which radio station she's listening to and call in.

Lección 10 *Las viandas* (España) In a restaurant where food is art, a customer learns whether it is possible to have too much of a good thing.

Supersite

Supersite

Each section of your textbook comes with resources and activities on the **Descubre** Supersite. You can access them from any computer with an Internet connection. Visit vhlcentral.com to get started.

My Vocabulary

→ **CONTEXTOS**
Listen to audio of the **Vocabulary**, and practice using Flashcards and activities that give you immediate feedback.

Video: *Fotonovela*

→ **FOTONOVELA**
Follow the everyday lives and adventures of the staff working at the lifestyle magazine *Facetas*, based in Mexico City. Watch the **Video** again at home to see the characters use the vocabulary in a real context.

Reading
Additional Reading
Video: *Flash cultura*

→ **ENFOQUES**
Explore cultural topics through the *Conexión Internet* activity or **reading** the *Más cultura* selection. Watch the *Flash cultura* again outside of class to reinforce your understanding.

Explanation
Tutorial
Diagnostics
Remediation Activities

→ **ESTRUCTURA**
Review the **Explanation** or watch an animated **Tutorial**, and then play the games to make sure you got it. Complete the Diagnostic *Recapitulación* to see what you might still need to study. Get additional **Remediation Activities**.

Video: Short Film

→ **CINEMATECA**
Viewing and understanding films created by and for native Spanish speakers is a true test of your progress in learning Spanish. Work through the pre- and post-viewing activities and watch the **film** as many times as you need to understand the dialogue, plot, and cultural aspects offered by each film.

Audio: Dramatic Recording
Audio: Synced Reading

→ **LECTURAS**
A dramatic audio recording accompanies all of the selections in the **Literatura** section, and each **Cultura** reading is provided as a synced audio reading. Improve your comprehension of native speakers as you read along with the audio. Or, see how much you can understand when listening with your book closed.

Icons

Icons

Familiarize yourself with these icons that appear throughout *Descubre*.

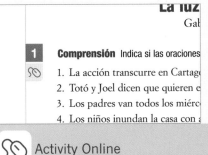

🔊 Listening

The listening icon indicates that audio is available. You will see it in the lesson's **Contextos**, **Pronunciación**, **Escuchar**, and **Vocabulario** sections.

👥 Pair Activities

Two heads indicate a pair activity.

🖱 Activity Online

The mouse icon indicates when an activity is also available on the Supersite.

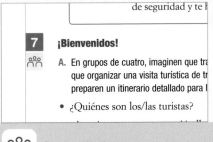

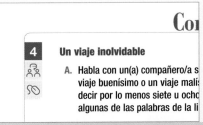

👥 Group Activities

Three heads indicate a group activity.

💬 Partner Chat/Virtual Chat Activities

Two heads with a speech bubble indicate that the activity may be assigned as a Partner Chat or a Virtual Chat activity on the Supersite.

Recursos

Recursos boxes let you know exactly which print and technology ancillaries you can use to reinforce and expand on every section of the lessons in your textbook. They even include page numbers when applicable.

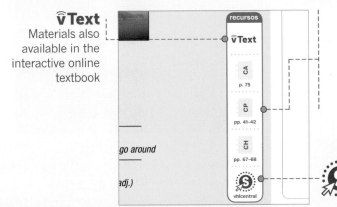

v̂ Text
Materials also available in the interactive online textbook

CA Cuaderno de actividades comunicativas

CP Cuaderno de práctica

CH Cuaderno para hispanohablantes

Three workbooks with additional vocabulary and grammar practice; audio activities; and pre-, during-, and post-viewing activities for the video programs.

⑤ Supersite
Additional practice on the Supersite, not included in the textbook.

The Spanish-Speaking World

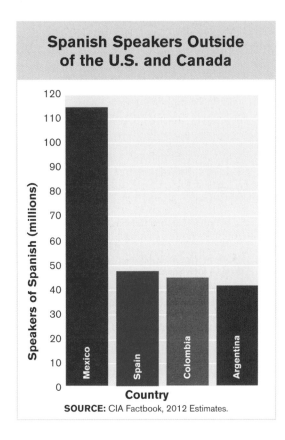

Spanish Speakers Outside of the U.S. and Canada

Speakers of Spanish (millions)

Mexico · Spain · Colombia · Argentina

Country

SOURCE: CIA Factbook, 2012 Estimates.

Do you know someone whose first language is Spanish? Chances are you do! More than approximately forty million people living in the U.S. speak Spanish; after English, it is the second most commonly spoken language in this country. It is the official language of twenty-two countries and an official language of the European Union and United Nations.

The Growth of Spanish

Have you ever heard of a language called Castilian? It's Spanish! The Spanish language as we know it today has its origins in a dialect called Castilian (**castellano** in Spanish). Castilian developed in the 9th century in north-central Spain, in a historic provincial region known as Old Castile. Castilian gradually spread towards the central region of New Castile, where it was adopted as the main language of commerce. By the 16th century, Spanish had become the official language of Spain and eventually, the country's role in exploration, colonization, and overseas trade led to its spread across Central and South America, North America, the Caribbean, parts of North Africa, the Canary Islands, and the Philippines.

Spanish in the United States

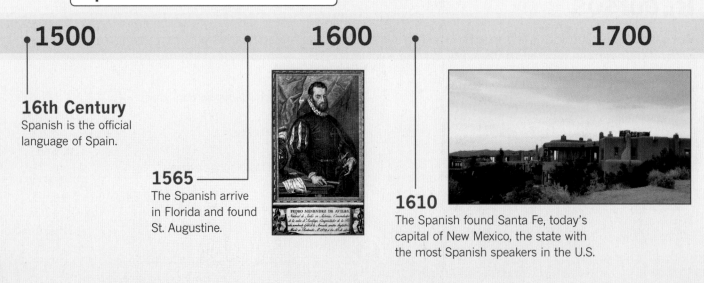

1500

16th Century
Spanish is the official language of Spain.

1565
The Spanish arrive in Florida and found St. Augustine.

1600

1610
The Spanish found Santa Fe, today's capital of New Mexico, the state with the most Spanish speakers in the U.S.

1700

Spanish in the United States

Spanish came to North America in the 16th century with the Spanish who settled in St. Augustine, Florida. Spanish-speaking communities flourished in several parts of the continent over the next few centuries. Then, in 1848, in the aftermath of the Mexican-American War, Mexico lost almost half its land to the United States, including portions of modern-day Texas, New Mexico, Arizona, Colorado, California, Wyoming, Nevada, and Utah. Overnight, hundreds of thousands of Mexicans became citizens of the United States, bringing with them their rich history, language, and traditions.

This heritage, combined with that of the other Hispanic populations that have immigrated to the United States over the years, has led to the remarkable growth of Spanish around the country. After English, it is the most commonly spoken language in 43 states. More than 12 million people in California alone claim Spanish as their first or "home" language.

You've made a popular choice by choosing to take Spanish in school. Not only is Spanish found and heard almost everywhere in the United States, but it is the most commonly taught foreign language in classrooms throughout the country! Have you heard people speaking Spanish in your community? Chances are that you've come across an advertisement, menu, or magazine that is in Spanish. If you look around, you'll find that Spanish can be found in some pretty common places. For example, most ATMs respond to users in both English and Spanish. News agencies and television stations such as **CNN** and **Telemundo** provide Spanish-language broadcasts. When you listen to the radio or download music from the Internet, some of the most popular choices are Latino artists who perform in Spanish. Federal government agencies such as the Internal Revenue Service and the Department of State provide services in both languages. Even the White House has an official Spanish-language webpage! Learning Spanish can create opportunities within your everyday life.

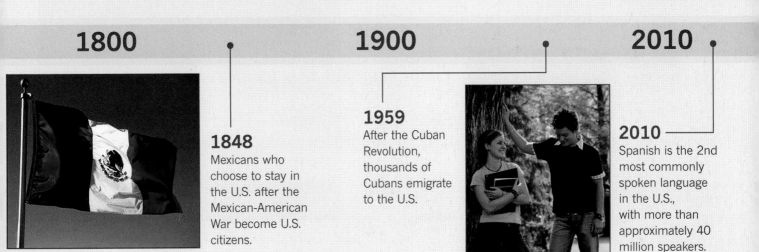

1800

1848
Mexicans who choose to stay in the U.S. after the Mexican-American War become U.S. citizens.

1900

1959
After the Cuban Revolution, thousands of Cubans emigrate to the U.S.

2010

2010
Spanish is the 2nd most commonly spoken language in the U.S., with more than approximately 40 million speakers.

Why Study Spanish?

Learn an International Language

There are many reasons to learn Spanish, a language that has spread to many parts of the world and has along the way embraced words and sounds of languages as diverse as Latin, Arabic, and Nahuatl. Spanish has evolved from a medieval dialect of north-central Spain into the fourth most commonly spoken language in the world. It is the second language of choice among the majority of people in North America.

Understand the World Around You

Knowing Spanish can also open doors to communities within the United States, and it can broaden your understanding of the nation's history and geography. The very names Colorado, Montana, Nevada, and Florida are Spanish in origin. Just knowing their meanings can give you some insight into, of all things, the landscapes for which the states are renowned. Colorado means "colored red;" Montana means "mountain;" Nevada is derived from "snow-capped mountain;" and Florida means "flowered." You've already been speaking Spanish whenever you talk about some of these states!

State Name	Meaning in Spanish
Colorado	"colored red"
Florida	"flowered"
Montana	"mountain"
Nevada	"snow-capped mountain"

Connect with the World

Learning Spanish can change how you view the world. While you learn Spanish, you will also explore and learn about the origins, customs, art, music, and literature of people in close to two dozen countries. When you travel to a Spanish-speaking country, you'll be able to converse freely with the people you meet. And whether in the U.S., Canada, or abroad, you'll find that speaking to people in their native language is the best way to bridge any culture gap.

Why Study Spanish?

Expand Your Skills

Studying a foreign language can improve your ability to analyze and interpret information and help you succeed in many other subject areas. When you first begin learning Spanish, your studies will focus mainly on reading, writing, grammar, listening, and speaking skills. You'll be amazed at how the skills involved with learning how a language works can help you succeed in other areas of study. Many people who study a foreign language claim that they gained a better understanding of English. Spanish can even help you understand the origins of many English words and expand your own vocabulary in English. Knowing Spanish can also help you pick up other related languages, such as Italian, Portuguese, and French. Spanish can really open doors for learning many other skills in your school career.

Explore Your Future

How many of you are already planning your future careers? Employers in today's global economy look for workers who know different languages and understand other cultures. Your knowledge of Spanish will make you a valuable candidate for careers abroad as well as in the United States or Canada. Doctors, nurses, social workers, hotel managers, journalists, businessmen, pilots, flight attendants, and many other professionals need to know Spanish or another foreign language to do their jobs well.

How to Learn Spanish

Start with the Basics!

As with anything you want to learn, start with the basics and remember that learning takes time! The basics are vocabulary, grammar, and culture.

Vocabulary | Every new word you learn in Spanish will expand your vocabulary and ability to communicate. The more words you know, the better you can express yourself. Focus on sounds and think about ways to remember words. Use your knowledge of English and other languages to figure out the meaning of and memorize words like **conversación, teléfono, oficina, clase,** and **música**.

Grammar | Grammar helps you put your new vocabulary together. By learning the rules of grammar, you can use new words correctly and speak in complete sentences. As you learn verbs and tenses, you will be able to speak about the past, present, or future, express yourself with clarity, and be able to persuade others with your opinions. Pay attention to structures and use your knowledge of English grammar to make connections with Spanish grammar.

Culture | Culture provides you with a framework for what you may say or do. As you learn about the culture of Spanish-speaking communities, you'll improve your knowledge of Spanish. Think about a word like **salsa**, and how it connects to both food and music. Think about and explore customs observed on **Nochevieja** (New Year's Eve) or at a **fiesta de quince años** (a girl's fifteenth birthday party). Watch people greet each other or say good-bye. Listen for idioms and sayings that capture the spirit of what you want to communicate!

Teenagers celebrating at a **fiesta de quince años.**

Listen, Speak, Read, and Write

Listening | Listen for sounds and for words you can recognize. Listen for inflections and watch for key words that signal a question such as **cómo** (*how*), **dónde** (*where*), or **qué** (*what*). Get used to the sound of Spanish. Play Spanish pop songs or watch Spanish movies. Borrow books on CD from your local library, or try to visit places in your community where Spanish is spoken. Don't worry if you don't understand every single word. If you focus on key words and phrases, you'll get the main idea. The more you listen, the more you'll understand!

Speaking | Practice speaking Spanish as often as you can. As you talk, work on your pronunciation, and read aloud texts so that words and sentences flow more easily. Don't worry if you don't sound like a native speaker, or if you make some mistakes. Time and practice will help you get there. Participate actively in Spanish class. Try to speak Spanish with classmates, especially native speakers (if you know any), as often as you can.

Reading | Pick up a Spanish-language newspaper or a pamphlet on your way to school, read the lyrics of a song as you listen to it, or read books you've already read in English translated into Spanish. Use reading strategies that you know to understand the meaning of a text that looks unfamiliar. Look for cognates, or words that are related in English and Spanish, to guess the meaning of some words. Read as often as you can, and remember to read for fun!

Writing | It's easy to write in Spanish if you put your mind to it. And remember that Spanish spelling is phonetic, which means that once you learn the basic rules of how letters and sounds are related, you can probably become an expert speller in Spanish! Write for fun—make up poems or songs, write e-mails or instant messages to friends, or start a journal or blog in Spanish.

Tips for Learning Spanish

Practice, practice, practice!

Seize every opportunity you find to listen, speak, read, or write Spanish. Think of it like a sport or learning a musical instrument—the more you practice, the more you will become comfortable with the language and how it works. You'll marvel at how quickly you can begin speaking Spanish and how the world that it transports you to can change your life forever!

- Listen to Spanish radio shows. Write down words that you can't recognize or don't know and look up the meaning.

- Watch Spanish TV shows or movies. Read subtitles to help you grasp the content.

- Read Spanish-language newspapers, magazines, or blogs.

- Listen to Spanish songs that you like —anything from Shakira to a traditional mariachi melody. Sing along and concentrate on your pronunciation.

- Seek out Spanish speakers. Look for neighborhoods, markets, or cultural centers where Spanish might be spoken in your community. Greet people, ask for directions, or order from a menu at a Mexican restaurant in Spanish.

- Pursue language exchange opportunities (**intercambio cultural**) in your school or community. Try to join language clubs or cultural societies, and explore opportunities for studying abroad or hosting a student from a Spanish-speaking country in your home or school.

- Connect your learning to everyday experiences. Think about naming the ingredients of your favorite dish in Spanish. Think about the origins of Spanish place names in the U.S., like Cape Canaveral and Sacramento, or of common English words like *adobe, chocolate, mustang, tornado,* and *patio.*

- Use mnemonics, or a memorizing device, to help you remember words. Make up a saying in English to remember the order of the days of the week in Spanish (L, M, M, J, V, S, D).

- Visualize words. Try to associate words with images to help you remember meanings. For example, think of a **paella** as you learn the names of different types of seafood or meat. Imagine a national park and create mental pictures of the landscape as you learn names of animals, plants, and habitats.

- Enjoy yourself! Try to have as much fun as you can learning Spanish. Take your knowledge beyond the classroom and find ways to make the learning experience your very own.

Thematic Vocabulary

La clase y la escuela

el autobús *bus*
el chico *boy*
la chica *girl*
el/la compañero/a de clase *classmate*
la conversación *conversation*
la cosa *thing*
el día *day*
el escritorio *desk*
la escuela *school*
el/la estudiante *student*
el libro *book*
la mochila *backpack*
la papelera *wastebasket*
la pizarra *blackboard*
la pluma *pen*
la tiza *chalk*

la biblioteca *library*
la cafetería *cafeteria*
el laboratorio *laboratory*

el curso, la materia *course*
el examen *test, exam*
el horario *schedule*
la prueba *test; quiz*
la tarea *homework*

El tiempo libre

almorzar (o:ue) *to have lunch*
cenar *to have dinner*
comprar *to buy*
desayunar *to have breakfast*
dormir (o:ue) *to sleep*
escuchar la radio/música *to listen to the radio/music*
hablar *to talk; to speak*
jugar (u:ue) *to play*
llegar *to arrive*
mirar *to look (at); to watch*
necesitar (+ inf.) *to need*
tomar *to take; to drink*
viajar *to travel*

Los días de la semana

lunes *Monday*
martes *Tuesday*
miércoles *Wednesday*
jueves *Thursday*
viernes *Friday*
sábado *Saturday*
domingo *Sunday*

Los viajes y las vacaciones

acampar *to camp*
hacer las maletas *to pack (one's suitcases)*
hacer un viaje *to take a trip*
ir de vacaciones *to go on vacation*

ir en autobús (m.), auto(móvil) (m.), avión (m.), barco (m.), motocicleta (f.), taxi (m.) *to go by bus, car, plane, boat, motorcycle, taxi*
sacar/tomar fotos (f. pl.) *to take photos*

el aeropuerto *airport*
el campo *countryside*
el equipaje *luggage*
el mar *sea*
el paisaje *landscape*
el pasaporte *passport*
la playa *beach*

Pasatiempos

andar en patineta *to skateboard*
bucear *to scuba dive*
escalar montañas (f. pl.) *to climb mountains*
escribir un mensaje electrónico *to write an e-mail message*
esquiar *to ski*
nadar *to swim*
pasear *to take a walk; to stroll*
patinar (en línea) *to skate (in-line)*
practicar deportes (m. pl.) *to play sports*
ser aficionado/a (a) *to be a fan (of)*
tomar el sol *to sunbathe*
ver películas (f. pl.) *to see movies*

el fin de semana *weekend*
el tiempo libre *free time*

La familia

el/la abuelo/a *grandfather/grandmother*
el/la cuñado/a *brother-in-law/sister-in-law*
el/la esposo/a *husband; wife; spouse*
el/la hermano/a *brother/sister*
el/la hijo/a *son/daughter*
la madre *mother*
el/la nieto/a *grandson/ granddaughter*
la nuera *daughter-in-law*
el padre *father*
el/la primo/a *cousin*
el/la sobrino/a *nephew/niece*
el/la suegro/a *father-in-law/ mother-in-law*
el/la tío/a *uncle/aunt*
el yerno *son-in-law*

La ropa

el abrigo *coat*
los bluejeans *jeans*
el calcetín *sock*
la camisa *shirt*
la camiseta *t-shirt*
la chaqueta *jacket*
el cinturón *belt*
la corbata *tie*
la falda *skirt*
los guantes *gloves*
el impermeable *raincoat*
los pantalones *pants*
los pantalones cortos *shorts*
la ropa interior *underwear*
la sandalia *sandal*
el sombrero *hat*
el suéter *sweater*

Thematic Vocabulary

La ropa (cont.)

el traje *suit*
el traje (de baño) *(bathing) suit*
el vestido *dress*

Ir de compras

el almacén *department store*
la caja *cash register*
el centro comercial *shopping mall*
el/la dependiente/a *clerk*
el dinero *money*
(en) efectivo *cash*
un par de zapatos *a pair of shoes*
la rebaja *sale*
la tarjeta de crédito *credit card*
la tienda *shop; store*

costar (o:ue) *to cost*
gastar *to spend (money)*
hacer juego (con) *to match (with)*
llevar *to wear; to take*
pagar *to pay*

barato/a *cheap*
caro/a *expensive*
corto/a *short (in length)*
largo/a *long (in length)*

Las comidas

el/la camarero/a *waiter*
la comida *food; meal*
el menú *menu*

el almuerzo *lunch*
la cena *dinner*
el desayuno *breakfast*

Las frutas

las frutas *fruits*
el limón *lemon*
la manzana *apple*
la naranja *orange*
la pera *pear*
la sandía *watermelon*

Las verduras

las arvejas *peas*
la cebolla *onion*
el champiñón *mushroom*
la ensalada *salad*
los espárragos *asparagus*
los frijoles *beans*
la lechuga *lettuce*
el tomate *tomato*
las verduras *vegetables*
la zanahoria *carrot*

La carne y el pescado

el atún *tuna*
el bistec *steak*
los camarones *shrimp*
la carne *meat*
la hamburguesa *hamburger*
los mariscos *shellfish*
el pavo *turkey*
el pescado *fish*
el pollo (asado) *(roast) chicken*
la salchicha *sausage*

Las bebidas

el agua (mineral) (f.) *(mineral) water*
la bebida *drink*
el jugo (de fruta) *(fruit) juice*
la leche *milk*
el refresco *soft drink*

El cuerpo

la boca *mouth*
el brazo *arm*
la cabeza *head*
el corazón *heart*

El cuerpo (cont.)

el cuello *neck*
el cuerpo *body*
el dedo *finger*
el estómago *stomach*
la garganta *throat*
el hueso *bone*
la muela *molar*
la nariz *nose*
el oído *(sense of) hearing; inner ear*
el ojo *eye*
la oreja *(outer) ear*
el pie *foot*
la pierna *leg*
la rodilla *knee*
el tobillo *ankle*

La salud

el/la dentista *dentist*
el/la doctor(a) *doctor*
el dolor (de cabeza) *(head)ache; pain*
el examen médico *physical exam*
la farmacia *pharmacy*
la gripe *flu*
el medicamento *medication*
la pastilla *pill; tablet*
la receta *prescription*
el resfriado *cold (illness)*
la salud *health*
el síntoma *symptom*
la tos *cough*

caerse *to fall (down)*
doler (o:ue) *to hurt*
estar enfermo/a *to be sick*
estornudar *to sneeze*
romperse (la pierna) *to break (one's leg)*
sacar(se) una muela *to have a tooth removed*
ser alérgico/a (a) *to be allergic (to)*
tener fiebre *to have a fever*
toser *to cough*

congestionado/a *congested; stuffed-up*
mareado/a *dizzy; nauseated*
sano/a *healthy*

El bienestar

el bienestar *well-being*

aliviar el estrés *to reduce stress*
disfrutar (de) *to enjoy; to reap the benefits (of)*
(no) fumar *(not) to smoke*
llevar una vida sana *to lead a healthy lifestyle*
tratar de (+ inf.) *to try (to do something)*

activo/a *active*
fuerte *strong*
sedentario/a *sedentary; related to sitting*
entrenarse *to practice; to train*
estar en buena forma *to be in good shape*
hacer ejercicio *to exercise*

La tecnología

la calculadora *calculator*
la cámara digital/de video *digital/ video camera*
el canal *(TV) channel*
el control remoto *remote control*
el disco compacto *CD*
el (teléfono) celular *cell phone*
el televisor *television set*

apagar *to turn off*
funcionar *to work*
poner, prender *to turn on*
sonar (o:ue) *to ring*

La computadora

el archivo *file*
arroba *@ symbol*
la dirección electrónica *e-mail address*
la impresora *printer*
la página principal *home page*
la pantalla *screen*
el ratón *mouse*
la red *network; Web*
el reproductor de DVD *DVD player*
el sitio web *website*
el teclado *keyboard*

La computadora (cont.)

borrar *to erase*
descargar *download*
grabar *to record*
guardar *to save*
imprimir *to print*
navegar (en Internet) *to surf (the Internet)*

La vivienda

las afueras *suburbs; outskirts*
el alquiler *rent (payment)*
el barrio *neighborhood*
el/la vecino/a *neighbor*
la vivienda *housing*

la alcoba, el dormitorio *bedroom*
la cocina *kitchen*
el comedor *dining room*
el cuarto *room*
el garaje *garage*
el jardín *garden, yard*
el pasillo *hallway*
la sala *living room*
el sótano *basement; cellar*

Los quehaceres domésticos

cocinar *to cook*
hacer la cama *to make the bed*
hacer quehaceres domésticos *to do household chores*
lavar (el suelo, los platos) *to wash (the floor, the dishes)*
pasar la aspiradora *to vacuum*
planchar la ropa *to iron the clothes*
poner la mesa *to set the table*
quitar la mesa *to clear the table*
sacar la basura *to take out the trash*

La naturaleza

el árbol *tree*
el césped, la hierba *grass*
el cielo *sky*
el desierto *desert*
la estrella *star*
la flor *flower*
el lago *lake*
la luna *moon*
la nube *cloud*
la piedra *stone*
el río *river*
el sol *sun*
la tierra *land; soil*
el valle *valley*

El medio ambiente

la conservación *conservation*
la contaminación (del aire; del agua) *(air; water) pollution*
la ecología *ecology*
la energía (nuclear, solar) *(nuclear, solar) energy*
el medio ambiente *environment*
el reciclaje *recycling*
el recurso natural *natural resource*

estar contaminado/a *to be polluted*
evitar *to avoid*
mejorar *to improve*
proteger *to protect*
reciclar *to recycle*
reducir *to reduce*
respirar *to breathe*

En la ciudad

el banco *bank*
la heladería *ice cream shop*
la lavandería *laundromat*

Thematic Vocabulary

En la ciudad (cont.)

la panadería *bakery*
la peluquería, el salón de belleza *beauty salon*
el supermercado *supermarket*
la zapatería *shoe store*

hacer cola *to stand in line*

el cartero *mail carrier*
el correo *mail/post office*
la estampilla, el sello *stamp*
el sobre *envelope*

echar (una carta) al buzón *to put (a letter) in the mailbox; to mail*
enviar, mandar *to send; to mail*

el cajero automático *ATM*
la cuadra *(city) block*
la dirección *address*
la esquina *corner*
el letrero *sign*

cruzar *to cross*
dar direcciones *to give directions*
doblar *to turn*
quedar *to be located*

derecho *straight (ahead)*
enfrente de *opposite; facing*
hacia *toward*

Las ocupaciones

el/la abogado/a *lawyer*
el actor, la actriz *actor*
el/la arquitecto/a *architect*
el/la bombero/a *firefighter*
el/la carpintero/a *carpenter*
el/la científico/a *scientist*
el/la cocinero/a *cook, chef*
el/la corredor(a) de bolsa *stockbroker*

Las ocupaciones (cont.)

el/la diseñador(a) *designer*
el/la electricista *electrician*
el/la peluquero/a *hairdresser*
el/la pintor(a) *painter*
el/la político/a *politician*
el/la psicólogo/a *psychologist*
el/la reportero/a *reporter*

Las bellas artes

el baile, la danza *dance*
el boleto *ticket*
la canción *song*
la comedia *comedy; play*
el concierto *concert*
la escultura *sculpture*
el espectáculo *show*
la obra *work (of art, music, etc.)*
la ópera *opera*
la orquesta *orchestra*
el personaje (principal) *(main) character*
la pintura *painting*
el poema *poem*
la poesía *poetry*
el público *audience*
el teatro *theater*

aburrirse *to get bored*
aplaudir *to applaud*
apreciar *to appreciate*
dirigir *to direct*
esculpir *to sculpt*
hacer el papel (de) *to play the role (of)*
tocar (un instrumento musical) *to touch; to play (a musical instrument)*

el bailarín, la bailarina *dancer*
el/la cantante *singer*
el/la compositor(a) *composer*
el/la director(a) *director; (musical) conductor*
el/la dramaturgo/a *playwright*
el/la escritor(a) *writer*
el/la escultor(a) *sculptor*
la estrella de cine *movie star*
el/la músico/a *musician*
el/la poeta *poet*

La televisión

el concurso *game show; contest*
los dibujos animados *cartoons*
el documental *documentary*
el premio *prize; award*
el programa de entrevistas *talk show*
la telenovela *soap opera*

Los medios de comunicación

el acontecimiento *event*
el artículo *article*
el diario *newspaper*
el informe *report*
el/la locutor(a) *(TV or radio) announcer*
los medios de comunicación *media*
las noticias *news*
el noticiero *newscast*
la prensa *press*
el reportaje *report*

anunciar *to announce; to advertise*
durar *to last*
informar *to inform*

Las noticias

el crimen *crime; murder*
el desastre (natural) *(natural) disaster*
el desempleo *unemployment*
la discriminación *discrimination*
el ejército *army*
la guerra *war*
la huelga *strike*
el huracán *hurricane*
el incendio *fire*
la inundación *flood*
la libertad *liberty; freedom*
la paz *peace*
el racismo *racism*
el sexismo *sexism*
el terremoto *earthquake*
la violencia *violence*

"I Can" Statements

Reflect on your own learning, and find out where you excel and where you need help with "I Can" (or Can-Do) Statements. You (and your teacher) can find them on your Supersite, under Content ⟶ Resources.

Editable worksheets in the **Content > Resources** area of the Supersite

"I Can" Statements

STUDENT OBJECTIVES
Lección 5 Descubre 3

Nombre _____   Fecha _____

Objetivos: Contextos	Fecha	¿Cómo voy?
1. I can discuss trips and tourist attractions with others.		
2. I can describe lodging and accommodations in Spanish.		
3. I can talk about security measures.		
4. I can exchange some information with others about accidents.		

¿Cómo voy?

4 ¡Excelente!: I know this well enough to teach it to someone.

3 Muy bien: I can do this with almost no mistakes.

2 Más o menos: I can do much of this but I have questions.

1 Es difícil: I can do this only with help.

0 ¡Ayúdame!: I can't do this, even with help.

Notas: _____

_____

_____

About the Author

José A. Blanco founded Vista Higher Learning in 1998. A native of Barranquilla, Colombia, Mr. Blanco holds degrees in Literature and Hispanic Studies from Brown University and the University of California, Santa Cruz. He has worked as a writer, editor, and translator for Houghton Mifflin and D.C. Heath and Company, and has taught Spanish at the secondary and university levels. Mr. Blanco is also the co-author of several other Vista Higher Learning programs: **Vistas, Panorama, Aventuras,** and **¡Viva!** at the introductory level; **Ventanas, Facetas, Enfoques, Imagina,** and **Sueña** at the intermediate level; and **Revista** at the advanced conversation level.

Las relaciones personales

1

Contextos
páginas 2–5
- La personalidad
- Los estados emocionales
- Los sentimientos
- Las relaciones personales

Fotonovela
páginas 6–9
- *¡Bienvenida, Mariela!*

Enfoques
Los Estados Unidos
páginas 10–13
- **En detalle:** Parejas sin fronteras
- **Perfil:** Isabel y Willie
- **Flash cultura:** Las relaciones personales

Estructura
páginas 14–25
- The present tense
- **Ser** and **estar**
- Progressive forms

Cinemateca
páginas 26–29
- **Cortometraje:** *Di algo*

Lecturas
páginas 30–38
- **Literatura:** *Poema 20* de Pablo Neruda
- **Cultura:** *Sonia Sotomayor: la niña que soñaba*

Atando cabos
página 39
- ¡A conversar!
- ¡A escribir!

Communicative Goals

VOICE BOARD

I will expand my ability to…
- describe in the present
- narrate in the present
- express personal relationships

Las relaciones personales

🔊 Ⓢ **My Vocabulary**

La personalidad

autoritario/a *strict; authoritarian*
cariñoso/a *affectionate*
celoso/a *jealous*
cuidadoso/a *careful*
falso/a *insincere*
gracioso/a *funny; pleasant*

inseguro/a *insecure*
(in)maduro/a *(im)mature*
mentiroso/a *lying*
orgulloso/a *proud*
permisivo/a *permissive; easy-going*
seguro/a *sure; confident*

sensato/a *sensible*
sensible *sensitive*
tacaño/a *cheap; stingy*
tímido/a *shy*
tradicional *traditional*

Los estados emocionales

agobiado/a *overwhelmed*
ansioso/a *anxious*
deprimido/a *depressed*
disgustado/a *upset*

emocionado/a *excited*
preocupado/a (por) *worried (about)*
solo/a *alone; lonely*
tranquilo/a *calm*

Los sentimientos

Carlos es un chico muy tímido, **tiene vergüenza de** hablar con los demás. Pero **se siente** seguro cuando habla con su amiga Marisa porque ella lo **aprecia** mucho.

adorar *to adore*
apreciar *to appreciate*
enamorarse (de) *to fall in love (with)*
estar harto/a (de) *to be fed up (with); to be sick (of)*
odiar *to hate*
sentirse (e:ie) *to feel*
soñar (o:ue) (con) *to dream (about)*
tener celos (de) *to be jealous (of)*
tener vergüenza (de) *to be ashamed/ embarrassed (of)*

Las relaciones personales

Llevan más de cincuenta años de casados. Dicen que los secretos de un buen **matrimonio** son la **confianza** y el **cariño**.

el/la amado/a *loved one; sweetheart*
el ánimo *spirit*
el cariño *affection*
la cita (a ciegas) *(blind) date*
el compromiso *commitment; responsibility*
la confianza *trust; confidence*
el desánimo *the state of being discouraged*
el divorcio *divorce*
la pareja *couple; partner*
el sentimiento *feeling; emotion*

atraer *to attract*
coquetear *to flirt*
cuidar *to take care of*
dejar a alguien *to leave someone*
discutir *to argue*
educar *to raise; to bring up*
hacerle caso a alguien *to pay attention to someone*
impresionar *to impress*
llevar... años de (casados) *to be (married) for... years*
llevarse bien/mal/fatal *to get along well/badly/terribly*
mantenerse en contacto *to keep in touch*
pasarlo bien/mal/fatal *to have a good/bad/terrible time*
proponer (matrimonio) *to propose (marriage)*
romper (con) *to break up (with)*
salir (con) *to go out (with)*
soportar a alguien *to put up with someone*

casado/a *married*
divorciado/a *divorced*
separado/a *separated*
soltero/a *single*
viudo/a *widowed*

recursos

vText

CA
p. 51

CP
pp. 1–2

CH
pp. 1–2

vhlcentral

Práctica

1 **Escuchar**

A. Después de una cita con Andrés, Paula le cuenta todo a su mejor amiga, Isabel. Escucha la conversación y decide si las oraciones son **ciertas** o **falsas**. Corrige las falsas.

1. Después de la cita con Andrés, Paula está muy emocionada.

2. Según Paula, los dos se llevan mal.

3. Paula dice que Andrés es feo e inseguro.

4. Paula quiere salir otra vez con Andrés.

B. Ahora escucha la conversación entre Andrés y su mejor amigo, José Luis, y decide si las oraciones son **ciertas** o **falsas**. Corrige las falsas.

1. Según Andrés, Paula y él lo pasaron bien.

2. Andrés piensa que Paula es demasiado tímida.

3. Andrés quiere salir otra vez con Paula.

4. Andrés tiene celos porque José Luis quiere salir con Paula.

C. En parejas, imaginen que José Luis decide llamar a Paula y que Andrés decide llamar a Isabel. Inventen una de estas dos conversaciones telefónicas y compártanla con la clase.

2 **Analogías** Completa cada analogía con la palabra apropiada.

autoritario	cuidadoso	mentiroso
casados	discutir	romper con
cita	gracioso	tranquilo

1. estresado : ansioso :: falso : _____
2. generoso : tacaño :: permisivo : _____
3. divorcio : divorciados :: matrimonio : _____
4. amar : odiar :: salir con : _____
5. cariño : cariñoso :: cuidado : _____
6. disgustado : contento :: emocionado : _____
7. casados : boda :: novio : _____
8. casados : divorciados :: llevarse bien : _____

Práctica

3 **Definiciones** Indica las palabras que corresponden a cada definición.

___ 1. Compromiso entre dos o más personas sobre el lugar, la fecha y la hora para encontrarse.

___ 2. Que sufre de tristeza o desánimo.

___ 3. Enseñar a una persona a comportarse según ciertas normas.

___ 4. Prestarle atención a alguien.

___ 5. Conjunto formado por dos personas o cosas que se complementan o son semejantes como, por ejemplo, hombre y mujer.

___ 6. Estimar o reconocer el valor de algo o de alguien.

a. apreciar
b. cita
c. cuidar
d. deprimido/a
e. discutir
f. educar
g. hacerle caso
h. pareja
i. viudo/a

4 **Contrarios** Mauricio y Lucía son gemelos, pero tienen personalidades muy distintas. Completa las descripciones con el adjetivo correspondiente.

MODELO **Mauricio siempre es muy seguro, pero Lucía es…** insegura.

1. Mauricio es sincero, pero Lucía es…

2. Lucía es muy generosa con su dinero, pero Mauricio es…

3. No sabes lo sociable que es Mauricio, pero Lucía es muy…

4. Lucía es permisiva con sus hijos, pero Mauricio es…

5. A Mauricio le gusta estar con gente, pero Lucía prefiere estar…

6. Todos piensan que Lucía es moderna, pero Mauricio es…

7. Mauricio se porta (*behaves*) como un adulto, pero Lucía es muy…

8. Lucía es muy modesta, pero Mauricio es muy…

 Practice more at
vhlcentral.com.

Comunicación

5 **¿Cómo eres?** Trabaja con un(a) compañero/a.

A. Contesta las preguntas del test.

Sí	A veces	No		Clave		
☐	☐	☐	1. ¿Te pones ansioso/a cuando estás con gente?	**Sí**	=	0 puntos
☐	☐	☐	2. ¿Te molesta mostrar tus emociones?	**A veces**	=	1 punto
☐	☐	☐	3. ¿Tienes miedo de iniciar una conversación?	**No**	=	2 puntos
☐	☐	☐	4. ¿Te pone nervioso/a la idea de enamorarte de alguien?		**Resultados**	
☐	☐	☐	5. ¿Te intimida hablar con una persona que no conoces?	0 a 3	Eres muy introvertido/a.	
☐	☐	☐	6. ¿Tienes vergüenza de hablar en público?	4 a 7	Tiendes a ser introvertido/a.	
☐	☐	☐	7. ¿Piensas mucho antes de tomar una decisión?	8 a 11	No eres ni introvertido/a ni extrovertido/a.	
☐	☐	☐	8. ¿Te gusta estar solo/a?	12 a 16	Tiendes a ser extrovertido/a.	
☐	☐	☐	9. ¿Piensas que tus sentimientos están bien controlados?	17 a 20	Eres muy extrovertido/a.	
☐	☐	☐	10. ¿Te llevas bien con personas muy tímidas?			

B. Ahora suma (*add up*) los puntos. ¿Cuál es el resultado del test? ¿Estás de acuerdo? Comenta tu resultado y tu opinión con tu compañero/a.

6 **Problemas y consejos**

A. En grupos de cuatro, elijan una de estas situaciones. Inventen más detalles para describir la situación. ¿Cómo son los personajes? ¿Dónde se encuentran? ¿Desde cuándo se conocen? ¿Cómo empezó la situación? ¿Cómo pueden resolverla?

1. Son buenos amigos, pero discuten mucho. Quieren llevarse mejor y evitar problemas.

2. Tienen un buen matrimonio, pero cuando ella está hablando él no le hace mucho caso. A ella esto le parece una falta de respeto.

3. Su madre es muy autoritaria. Durante la semana no deja que sus hijos salgan por la noche. Los viernes y sábados, ellos tienen que estar en casa antes de las diez.

4. Tiene celos de su hermano, porque él es muy seguro y gracioso. Se siente muy tímido/a e inmaduro/a.

5. Se quieren, pero discuten por cualquier cosa.

B. Ahora, escriban un breve correo electrónico en el que el personaje describe su problema y le pide consejos a un(a) amigo/a. Lean el mensaje a la clase para que sus compañeros ofrezcan sus consejos.

Los empleados de *Facetas* hablan de cómo recibir a un cliente. Mariela, una nueva empleada, llega a la oficina.

 Video: *Fotonovela*

PERSONAJES   AGUAYO   DIANA

JOHNNY (*al teléfono*) Revista *Facetas*... (*dirigiéndose a Diana*) Es para Aguayo.

FABIOLA Está en el baño.

JOHNNY (*al teléfono*) En estos momentos está en el baño.

DIANA ¡No! Di que está reunido con un cliente.

JOHNNY (*al teléfono*) Disculpe, está en el baño reunido con un cliente.

JOHNNY Jefe, tiene un mensaje de Mariela Burgos.

AGUAYO Gracias... Es la nueva artista gráfica. Viene a reunirse con nosotros.

Aguayo se marcha a su oficina.

FABIOLA No creo que quepamos todos en el baño.

DIANA (*repartiendo libretas*) Éste es el manual de conducta profesional.

FABIOLA Página tres: "Cómo recibir a un cliente".

ÉRIC (*se levanta*) ¿Quieren una demostración? Johnny, tú eres el cliente.

JOHNNY Quizás no soy un cliente. Podría ser un supermodelo o algo así.

FABIOLA Mejor un cliente.

En la oficina central... Entra el muchacho de la pizza.

JOHNNY ¿Alguien ordenó pizza?

MUCHACHO ¿Éste es el 714 de la avenida Juárez...?

MARIELA (*interrumpe*) ¿Oficina uno, revista *Facetas*?... Soy Mariela. No sabía llegar, así que ordené una pizza y seguí al muchacho.

JOHNNY ¡Bienvenida!

En la sala de reuniones...

AGUAYO Mariela, te quiero presentar al equipo de *Facetas*. Él es Éric, nuestro fotógrafo.

ÉRIC ¿Qué tal?

AGUAYO Ella es Fabiola. Se encarga de las secciones de viajes, economía, turismo y farándula.

FABIOLA Mucho gusto.

AGUAYO Él es Johnny. Escribe las secciones de arte, comida, bienestar y política.

JOHNNY Hola.

AGUAYO Y ella es Diana. Está a cargo de las ventas y el mercadeo.

ÉRIC

FABIOLA

JOHNNY

MARIELA

MUCHACHO DE LA PIZZA

Expresiones útiles

Talking about responsibilities
Fabiola se encarga de…
Fabiola is in charge of…
Diana está a cargo de…
Diana is in charge of…
Estoy a cargo de…
I'm in charge of…
Soy el/la encargado/a de…
I'm the person in charge of…

Talking about your impressions
¿Qué te pareció Mariela?
What did you think of Mariela?
Me pareció…
I thought…
**Creo que es bella, talentosa
e inteligente.**
*I think she's beautiful, talented,
and intelligent.*
**Más allá de eso, no me impresiona
para nada.**
*Beyond that, she doesn't impress
me at all.*

Additional vocabulary
la ansiedad *anxiety*
el cuidado *care*
cuidadoso/a *careful*
la farándula *entertainment*
han criado *have raised*
la mentira *lie*
mentiroso/a *lying*
el mercadeo *marketing*
quepamos *(form of* **caber***) we fit*
querrás *you will want*
el talento *talent*
talentoso/a *talented*

4

ÉRIC Ya sé. Eres un millonario que viene a comprar la revista.

JOHNNY Perfecto. Soy el magnate Juan Medina.

ÉRIC Bienvenido a *Facetas*, señor Medina. Bienvenido.

Se abrazan.

5

Luego, en la cocina…

AGUAYO Hay que ser cuidadoso al contestar el teléfono.

JOHNNY Querrás decir mentiroso.

DIANA Es una formalidad.

ÉRIC Odio ser formal.

FABIOLA Es lindo abrazar a la gente, Éric, pero esto es una oficina, no un partido de fútbol.

9

DIANA Me han hablado tanto de ti, que estoy ansiosa por conocer tu propia versión.

MARIELA Tengo veintidós años, soy de Monterrey, estudio en la UNAM y vengo de una familia grande.

JOHNNY ¿Muy grande?

MARIELA En cincuenta años de matrimonio mis padres han criado a nueve hijos y veinte nietos.

10

FABIOLA ¿Qué te pareció?

ÉRIC Está buenísima.

FABIOLA ¿Eso es todo lo que tienes que decir?

ÉRIC ¿Qué más se puede decir de una pizza?

FABIOLA ¡Te estoy hablando de Mariela!

ÉRIC Creo que es bella, talentosa e inteligente. Más allá de eso, no me impresiona para nada.

recursos

v̄ Text   CA
pp. 31–32   vhlcentral

Comprensión

1

La trama Primero, indica con una **X** los acontecimientos que no ocurrieron en este episodio. Después, indica con números el orden en el que ocurrieron los demás.

_3_____ a. Diana llega con el manual de conducta profesional.

_X_____ b. Éric pide una pizza con anchoas.

_2_____ c. Mariela deja un mensaje para Aguayo.

_4_____ d. Un muchacho llega a la oficina con una pizza.

_6_____ e. Aguayo presenta a Mariela al grupo.

_X_____ f. Johnny gana la lotería.

_7_____ g. Fabiola le pregunta a Éric su opinión sobre Mariela.

_1_____ h. Johnny contesta el teléfono.

_5_____ i. Mariela llega a la oficina.

_X_____ j. Aguayo paga la pizza.

_X_____ k. Éric y Johnny practican la forma correcta de recibir a un cliente.

_X_____ l. Los empleados de *Facetas* celebran el cumpleaños de Mariela.

2

¿Quién lo hace? ¿Quién estaría a cargo de estas actividades?

Aguayo Diana Éric

Fabiola Johnny Mariela

1. Sacar fotos para la revista.

2. Escribir un artículo sobre un concierto de música pop.

3. Hablar con las personas que quieren poner anuncios (*ads*) en la revista.

4. Escribir un artículo sobre las pirámides de Egipto.

5. Entrevistar a un ministro del gobierno mexicano para hablar de la inflación.

6. Escribir un artículo sobre la corrupción política.

7. Escribir un artículo sobre un nuevo restaurante.

8. Preparar dibujos para los artículos de la revista.

9. Conseguir más público para la revista.

10. Seleccionar al personal (*staff*).

Practice more at
vhlcentral.com.

Ampliación

3 **Preguntas** En parejas, contesten las preguntas.

1. ¿Qué te parecen los empleados de la revista *Facetas*? ¿Cómo son?
2. ¿De qué se encarga cada empleado? En tu opinión, ¿cuál de ellos tiene más responsabilidad? Explica tu respuesta.
3. ¿Crees que a Mariela le va a gustar su nuevo trabajo? ¿Por qué?
4. ¿Te perdiste alguna vez en una ciudad grande? ¿Qué hiciste?
5. ¿Cómo son los empleados donde tú trabajas? ¿Son parecidos (*similar*) a los empleados de *Facetas*?

4 **Apuntes culturales** En parejas, lean los párrafos y contesten las preguntas.

A larga distancia

Mariela, la nueva artista gráfica de *Facetas*, es de Monterrey, pero se ha mudado a México D.F. para trabajar. En Latinoamérica las personas se mudan con menos frecuencia que en los EE.UU. y mantienen el contacto con los amigos de la infancia y con toda la familia. ¡Con todos los sobrinos que tiene, Mariela va a necesitar un buen plan de telefonía celular!

¿Un mapa o una pizza?

Mariela descubre una forma creativa de manejarse en la ciudad más grande del mundo. Sin embargo, otras ciudades de Latinoamérica presentan sus propios desafíos (*challenges*). Si *Facetas* se publicara en Costa Rica, la dirección de la oficina podría ser: del Parque la Sabana, 100 metros al norte del antiguo (*former*) Banco Nacional, portón (*gate*) rojo, San José.

México D.F.

La Universidad Nacional Autónoma de México

Mariela estudia en la UNAM, una de las universidades más grandes y prestigiosas de Latinoamérica. Establecida en 1551, hoy en día la UNAM cuenta con casi 300.000 estudiantes. El campus más grande está en México D.F.; tiene otros en el resto del país y también en Texas, California, Illinois y Canadá.

1. ¿Te has mudado alguna vez? ¿Cuáles son las ventajas (*advantages*) y desventajas de vivir toda la vida en el lugar donde creciste?
2. ¿Cuántos amigos/as o parientes (*relatives*) tuyos se han mudado a otra ciudad? ¿Qué hacen ustedes para mantenerse en contacto?
3. ¿Cómo te orientas en tu propia ciudad? ¿Buscas direcciones en Internet? ¿Qué haces si te pierdes? ¿Le pides direcciones a alguien o prefieres usar navegador GPS?
4. ¿Te gustaría asistir a una universidad grande o pequeña? ¿Cuáles son las diferencias entre las universidades grandes y las pequeñas? ¿Qué tipo de ambiente prefieres tú?

En detalle

LOS ESTADOS UNIDOS

Additional Reading

PAREJAS SIN FRONTERAS

Es el año 2010. Ana Villegas está frente a su computadora en México jugando en línea° un juego de cartas. Del otro lado está Frank Petersen, de Fairhaven, MA, también aficionado al mismo juego. Este simple juego los lleva a una amistad que luego se convierte en amor. A pesar de los temores y del escepticismo familiar, dos años después, Ana deja México y se muda a los Estados Unidos, donde hoy vive junto a su esposo Frank.

La historia de Ana no es un caso aislado°. El número de parejas interculturales está en marcado aumento°. Entre las causas más importantes están la globalización, la asimilación de los hijos de inmigrantes a la cultura estadounidense y el aumento en la edad promedio° de las parejas al casarse. En 1960, en los Estados Unidos, el promedio de edad al casarse era veintitrés para los hombres y veinte para las mujeres. Actualmente es de treinta y veintisiete, respectivamente. ¿Qué tiene que ver° este cambio con el aumento de las parejas interculturales? Antes los jóvenes solían° casarse con personas de su comunidad. Ahora, muchos tienen la oportunidad de viajar, vivir solos o irse a vivir a otro país. Esta nueva independencia los expone° a otras culturas. Por lo tanto, es más común que formen parejas con personas de culturas diferentes.

Las parejas interculturales se enfrentan a° muchos desafíos° — problemas de comunicación, diferencias en valores y formas de pensar, y falta de aceptación de algunos familiares— pero también tienen una oportunidad única de crecimiento° personal; además, el contacto con otras maneras de pensar nos ayuda a echar una mirada° crítica a nuestra propia cultura. ■

Consejos de Ana

- Esfuérzate° por conocer la cultura de tu pareja.
- Evita perpetuar los estereotipos.
- Pon énfasis en lo que los une y no en lo que los separa.
- Educa a tu familia y a tus amigos acerca de la cultura de tu pareja.
- Aprende a no dejarte llevar° por los comentarios y las miradas de las personas que no están a favor de las relaciones interculturales.

Matrimonios interculturales

De acuerdo con la Oficina del Censo, el número de parejas interraciales aumentó un 28% entre 2000 y 2010.

El 14% de las mujeres latinas casadas en EE.UU. tienen un esposo no latino.

El 13% de los latinos casados en EE.UU. tienen una esposa no latina.

Fuente: Censo estadounidense – Año 2010

en línea *online* aislado *isolated* marcado aumento *marked increase* promedio *average* Qué tiene que ver *What does (it) have to do* solían *used to* expone *exposes* se enfrentan a *face* desafíos *challenges* crecimiento *growth* echar una mirada *take a look* Esfuérzate *Make an effort* dejarte llevar *allow yourself to be influenced*

Las relaciones

el/la chavo/a (Méx.)	*boyfriend/girlfriend*
el/la enamorado/a (Pe.)	*boyfriend/girlfriend*
estar de novio/a	*to be dating someone*
estar en pareja con (Esp.)	*to be dating someone*
ponerse de novio/a (con)	*to start dating someone*

Las relaciones

Tendencias

- Aunque en la mayoría de los países hispanos ya no hay reglas fijas, es costumbre que el hombre invite en los primeros encuentros.

- En los Estados Unidos, cada vez más latinos participan en citas rápidas° para encontrar pareja.

Costumbres

- Cada 23 de abril se celebra en Cataluña y en otras regiones de España el Día de San Jorge, en conmemoración a la leyenda del héroe que mató a un dragón para rescatar a una princesa. En este día el hombre regala una rosa a su persona querida, y ésta le regala un libro.

- En algunos pueblos de México, como Zacatecas, es costumbre que las mujeres y los hombres solteros vayan a caminar solos o en grupos alrededor de la plaza los domingos. Las mujeres y los hombres caminan en dirección contraria para poder observarse mutuamente.

ISABEL Y WILLIE

La escritora chilena Isabel Allende y el abogado estadounidense Willie Gordon comparten el amor por el arte y la compañía de buenos amigos. Allende conoció a su esposo durante la presentación de su novela *De amor y de sombra,* en California en 1988. Gordon admiraba la obra y el talento de esta escritora latinoamericana, y Allende no tardó° en enamorarse de él. Una vez, Gordon hizo un chiste° sobre el matrimonio en una cena con un grupo de personas. Dijo que nunca se volvería a casar a menos que no le quedara otro remedio. Allende se enojó y le dijo que ella había dejado todo por él —su cultura y su gente—, y que éste no le ofrecía ningún compromiso. Así, al día siguiente, Gordon le respondió: "Vale°, me caso." Isabel Allende y Willie Gordon se casaron ese mismo año y, desde entonces, viven en un tranquilo barrio californiano.

ISABEL ALLENDE
DE AMOR Y DE SOMBRA

> ❝Echo de menos la familia y el idioma, el sentido del humor, porque nadie me tiene que explicar un chiste en Chile, mientras que acá no los entiendo.❞ (Isabel Allende)

Conexión Internet

¿Qué otras parejas interculturales famosas conoces? : Investiga sobre este tema en **vhlcentral.com**.

no tardó *didn't take long* **chiste** *joke* **Vale** *OK* **citas rápidas** *speed dating*

¿Qué aprendiste?

recursos

v̂Text · CH

p. 4

1 **¿Cierto o falso?** Indica si estas afirmaciones son **ciertas** o **falsas**. Corrige las falsas.

1. Al principio, las familias de Ana y Frank no confiaban en el éxito de la relación.

2. El número de parejas interculturales está aumentando poco a poco.

3. Actualmente, la edad promedio al casarse es veintisiete para los hombres y treinta para las mujeres.

4. En el pasado, era común entre los jóvenes casarse con gente de otras culturas.

5. Oportunidades como viajar, vivir solos, estudiar o vivir lejos de casa permiten que los jóvenes expandan su círculo y conozcan a gente de otras culturas.

6. El contacto con otras culturas puede afectar nuestra forma de pensar sobre nuestra propia cultura.

7. El número de parejas interraciales aumentó un 5% entre 2000 y 2010.

8. Ana aconseja prestar mucha atención a las diferencias en la pareja.

9. Según Ana, es importante que tu familia y tus amigos aprendan acerca de la cultura de tu pareja.

10. Ana recomienda no dejarse llevar por las opiniones de las personas con prejuicios.

2 **Completar** Completa las oraciones.

1. Willie Gordon sentía _____ por las obras de Isabel Allende.
   a. cariño   b. indiferencia   c. admiración

2. Allende _____ por una broma que Gordon hizo sobre el matrimonio.
   a. se sintió feliz   b. se enojó
   c. se rio

3. En _____ se dice **la chava** para referirse a la novia.
   a. Perú   b. México   c. España

4. Actualmente, es popular para los latinos en los EE.UU. participar en citas _____.
   a. rápidas   b. a ciegas   c. en Internet

3 **Preguntas** Contesta las preguntas.

1. ¿A qué grupo étnico o cultural pertenece tu familia? ¿Tienes amigos de otros países u otras culturas? Si no los tienes, ¿te gustaría tenerlos? ¿Por qué?

2. ¿Qué ventajas puede ofrecer una amistad intercultural? ¿Qué desventajas presenta?

3. En tu opinión, ¿cuáles son las cualidades más importantes que debe tener un(a) amigo/a? ¿Qué cualidades te importan menos? ¿Por qué?

4 **Opiniones** En parejas, escriban cuatro ventajas y cuatro dificultades de las relaciones entre personas de distintas culturas. Traten de no repetir las del artículo.

PROYECTO

Buscar un amigo virtual

Siempre te ha interesado conocer a personas de otra cultura. Imagina que decides buscar un(a) amigo/a virtual para intercambiar mensajes electrónicos por Internet. En tus descripciones, usa el vocabulario de la sección **Contextos** y el vocabulario aprendido en esta sección. Tu perfil debe incluir como mínimo:

• una descripción de cómo eres

• una descripción de lo que buscas en un(a) amigo/a

• una explicación de por qué te interesa conocer a alguien de otra cultura

• otra información que consideres importante

 Practice more at **vhlcentral.com.**

Las relaciones personales

¿No es ideal utilizar el tiempo libre para encontrarse con amigos, familiares, parejas…? Los lugares donde puedes reunirte a hablar o comer se vuelven especiales porque forman parte del placer de compartir el tiempo con tu gente. En este episodio de **Flash cultura**, te llevamos a visitar los lugares de encuentro de Madrid.

Corresponsal: Miguel Ángel Lagasca
País: España

(En la Plaza Mayor) los niños juegan, las madres conversan°, los padres hablan de fútbol y política, los jóvenes se juntan, las parejas se miran a los ojos y los turistas admiran el espectáculo°.

VOCABULARIO ÚTIL

el amor a primera vista *love at first sight*	**el pasacalles** *marching parade*
el callejón *alley*	**el pendiente** *earring*
la campanada *tolling of the bell*	**el punto de encuentro** *meeting point*
datar de *to date from*	**la uva** *grape*

Preparación Cuando tienes tiempo libre, ¿te reúnes con tus amigos? ¿Cuáles son los lugares donde te encuentras habitualmente con ellos? ¿En qué momentos del día y la semana pueden verse? ¿Por qué?

Comprensión Indica si estas afirmaciones son ciertas o falsas. Después, en parejas, corrijan las falsas.

1. Es tradición tomar doce uvas el 31 de diciembre mientras suena el famoso reloj de la Puerta del Sol en el corazón de Madrid.

2. La Plaza Mayor es la plaza más conocida y se encuentra en el Madrid Moderno.

3. En la confluencia actual de las calles Toledo y Atocha, se celebraban antiguamente partidos de fútbol.

4. El barrio de La Latina se caracteriza por callejones estrechos, plazoletas, cafés y bares de ambiente muy dinámico.

5. Ninguno de los entrevistados cree en el amor a primera vista.

6. En El Rastro puedes comprar ropa, pendientes, cuadros, etc.

La Latina, así como la Plaza Mayor y Puerta del Sol, pertenecen al llamado Madrid Antiguo.

Expansión En parejas, contesten estas preguntas.

- Imagina que estás en Madrid. ¿Cuál de los lugares mostrados prefieres para comer algo o pasear? ¿Por qué?

- ¿Estás de acuerdo con las personas que creen en el amor a primera vista o con las que no creen? Justifica tu respuesta.

- ¿Te gustan los domingos en Madrid: levantarse tarde, comer en un bar de La Latina con amigos y pasear por El Rastro? ¿Cómo son tus domingos?

Siempre los celos son una parte importante de la relación, sobre todo cuando se está empezando.

recursos

vhlcentral

conversan *chat* espectáculo *show*

Practice more at
vhlcentral.com.

1.1 The present tense Tutorial

Regular *–ar*, *–er*, and *–ir* verbs

- The present tense (**el presente**) of regular verbs is formed by dropping the infinitive ending **–ar**, **–er**, or **–ir** and adding personal endings.

The present tense of regular verbs			
	hablar *to speak*	**beb**er *to drink*	**viv**ir *to live*
yo	habl**o**	beb**o**	viv**o**
tú	habl**as**	beb**es**	viv**es**
Ud./él/ella	habl**a**	beb**e**	viv**e**
nosotros/as	habl**amos**	beb**emos**	viv**imos**
vosotros/as	habl**áis**	beb**éis**	viv**ís**
Uds./ellos/ellas	habl**an**	beb**en**	viv**en**

- The present tense is used to express actions or situations that are going on at the present time and to express general truths.

  ¿Te **mantienes** en contacto con tus primos? Sí, los **llamo** cada semana.
  Do you stay in touch with your cousins? *Yes, I call them every week.*

- The present tense is also used to express habitual actions or actions that will take place in the near future.

  Mis padres me **escriben** con frecuencia. Mañana les **mando** una carta larga.
  My parents write to me often. *Tomorrow I'm sending them a long letter.*

Stem-changing verbs

- Some verbs have stem changes in the present tense. In many **–ar** and **–er** verbs, **e** changes to **ie**, and **o** changes to **ue**. In some **–ir** verbs, **e** changes to **i**. The **nosotros/as** and **vosotros/as** forms never have a stem change in the present tense.

Stem-changing verbs		
e:ie	o:ue	e:i
pensar *to think*	**poder** *to be able to; can*	**pedir** *to ask for*
p**ie**nso	p**ue**do	p**i**do
p**ie**nsas	p**ue**des	p**i**des
p**ie**nsa	p**ue**de	p**i**de
pensamos	podemos	pedimos
pensáis	podéis	pedís
p**ie**nsan	p**ue**den	p**i**den

¡ATENCIÓN!

Subject pronouns are normally omitted in Spanish. They are used to emphasize or clarify the subject.

¿Viven en California?

Sí, ella vive en Los Ángeles y él vive en San Francisco.

¡ATENCIÓN!

Jugar changes its stem vowel from **u** to **ue**. As with other stem-changing verbs, the **nosotros/as** and **vosotros/as** forms do not change.

jugar
j**ue**go, j**ue**gas, j**ue**ga, jugamos, jugáis, j**ue**gan

• • • •

Construir, destruir, incluir, and **influir** have a spelling change and add a **y** before the personal endings (except the **nosotros/as** and **vosotros/as** forms).

incluir

inclu**y**o, inclu**y**es, inclu**y**e, incluimos, incluís, inclu**y**en

---

Irregular *yo* forms

- Many **–er** and **–ir** verbs have irregular **yo** forms in the present tense. Verbs ending in **–cer** or **–cir** change to **–zco** in the **yo** form; those ending in **–ger** or **–gir** change to **–jo**. Several verbs have irregular **–go** endings, and a few have individual irregularities.

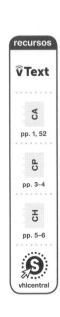

¡ATENCIÓN!

Some verbs with irregular **yo** forms have stem changes as well.

conseguir (e:i) → **consi**go
to obtain

corregir (e:i) → **corri**jo
to correct

elegir (e:i) → **eli**jo
to choose

seguir (e:i) → **si**go
to follow

torcer (o:ue) → **tuer**zo
to twist

Ending in -go

caer *to fall*	yo cai**go**
distinguir *to distinguish*	yo distin**go**
hacer *to do; to make*	yo ha**go**
poner *to put; to place*	yo pon**go**
salir *to leave; to go out*	yo sal**go**
traer *to bring*	yo trai**go**
valer *to be worth*	yo val**go**

Ending in -zco

conducir *to drive*	yo condu**zco**
conocer *to know*	yo cono**zco**
crecer *to grow*	yo cre**zco**
obedecer *to obey*	yo obede**zco**
parecer *to seem*	yo pare**zco**
producir *to produce*	yo produ**zco**
traducir *to translate*	yo tradu**zco**

Ending in -jo

dirigir *to direct; manage*	yo diri**jo**
escoger *to choose*	yo esco**jo**
exigir *to demand*	yo exi**jo**
proteger *to protect*	yo prote**jo**

Other verbs

caber *to fit*	yo que**po**
saber *to know*	yo **sé**
ver *to see*	yo v**eo**

- Verbs with prefixes follow these same patterns.

reconocer *to recognize*	yo recono**zco**	**oponer** *to oppose*	yo opon**go**
deshacer *to undo*	yo desha**go**	**proponer** *to propose*	yo propon**go**
rehacer *to re-make; re-do*	yo reha**go**	**suponer** *to suppose*	yo supon**go**
aparecer *to appear*	yo apare**zco**	**atraer** *to attract*	yo atrai**go**
desaparecer *to disappear*	yo desapare**zco**	**contraer** *to contract*	yo contrai**go**
componer *to make up; to fix*	yo compon**go**	**distraer** *to distract*	yo distrai**go**

Irregular verbs

- Other commonly used verbs in Spanish are irregular in the present tense or combine a stem change with an irregular **yo** form or other spelling change.

dar *to give*	decir *to say*	estar *to be*	ir *to go*	oír *to hear*	ser *to be*	tener *to have*	venir *to come*
doy	digo	estoy	voy	oigo	soy	tengo	vengo
das	dices	estás	vas	oyes	eres	tienes	vienes
da	dice	está	va	oye	es	tiene	viene
damos	decimos	estamos	vamos	oímos	somos	tenemos	venimos
dais	decís	estáis	vais	oís	sois	tenéis	venís
dan	dicen	están	van	oyen	son	tienen	vienen

recursos

v̂Text

CA
pp. 1, 52

CP
pp. 3–4

CH
pp. 5–6

vhlcentral

Práctica

1 **Un apartamento infernal** Miguel tiene quejas (*complaints*) del apartamento donde vive con su familia. Completa la descripción de su apartamento. Puedes usar los verbos más de una vez.

caber	estar	ir	ser
dar	hacer	oír	tener

Mi apartamento (1) _____ en el quinto piso. El edificio no (2) _____ ascensor y para llegar al apartamento, (3) _____ que subir por la escalera. El apartamento es tan pequeño que mis cosas no (4) _____. Las paredes (*walls*) (5) _____ muy finas. A todas horas (6) _____ la radio o la televisión de algún vecino. El apartamento sólo (7) _____ una ventana pequeña y, por eso, siempre (8) _____ oscuro. ¡(9) _____ a buscar otro apartamento!

2 **¿Qué hacen los amigos?** Escribe cinco oraciones usando los sujetos y los verbos de las columnas.

Sujetos	Verbos	
los malos amigos	apreciar	exigir
nosotros/as	compartir	hacer
tú	creer	pedir
un(a) buen(a) amigo/a	defender	prestar
yo	discutir	recordar

1. _____
2. _____
3. _____
4. _____
5. _____

3 **La verdad** En parejas, túrnense (*take turns*) para hacerse las preguntas.

> **MODELO** **Luis: llegar temprano a la oficina / dormir hasta las 9:00**
> —¿Luis llega temprano a la oficina?
> —¡Qué va! (*Are you kidding?*) Luis duerme hasta las 9:00.

1. Ana: jugar al tenis con Daniel / preferir pasar la tarde charlando con Sergio
2. Felipe: salir a bailar todas las noches / tener clase de química a las 8:00 de la mañana
3. Jorge y Begoña: ir a la playa / querer viajar a Arizona
4. Dolores y Tony: comer muchas hamburguesas / ser vegetarianos
5. Fermín: pensar viajar a México con su amigo Mario / no pasarlo bien con él

Practice more at
vhlcentral.com.

Comunicación

4 ¿**Qué sabes de tus compañeros?** En parejas, háganse preguntas basadas en las opciones y contesten con una explicación.

> **MODELO** **soñar con / hacer algo especial este mes**
>
> —¿Sueñas con hacer algo especial este mes?
>
> —Sí, sueño con ir al concierto de Wisin & Yandel.

1. pensar / realizar este año algún proyecto
2. decir / mentiras
3. acordarse / de tu quinto cumpleaños
4. conducir / estar muy cansado
5. reír / mucho con tu familia
6. dar / consejos (*advice*) sobre asuntos que / no conocer bien
7. venir / a clase tarde con frecuencia
8. escoger / el regalo perfecto para el cumpleaños de tu novio/a

5 **Escena de telenovela** Trabajen en grupos de tres o cuatro para representar una discusión familiar que va a formar parte de un episodio de una telenovela popular. Preparen la discusión con las frases de la lista.

(no) apreciar	(no) hacerle caso a alguien	(no) soportar a alguien
(no) cuidar la casa	llevarse bien/mal/fatal	tener celos (de)
estar harto/a (de)	(no) mantenerse en contacto	tener vergüenza (de)

6 ¿**Cómo son tus amigos?**

A. Describe a un(a) buen(a) amigo/a tuyo/a. ¿Cómo es? ¿Está de acuerdo contigo en todo? ¿Discuten algunas veces? ¿Se divierten ustedes cuando están juntos/as? ¿Siempre sigue tus consejos? ¿Te miente a veces?

B. Ahora, comparte tu descripción con tres compañeros/as. Juntos/as, escriban una lista de cinco cosas que los buenos amigos hacen con frecuencia y cinco cosas que no hacen casi nunca. ¿Coincidieron los grupos en las acciones que eligieron?

1.2 *Ser* and *estar*

Tutorial

Revista Facetas... Es para Aguayo.

En estos momentos está en el baño.

Ser and **estar** both mean *to be*, but they are not interchangeable. **Ser** is used to express the idea of permanence, such as inherent or unchanging qualities and characteristics. **Estar** is used to express temporality, including qualities or conditions that change with time.

Uses of *ser*

Nationality and place of origin	Mis padres **son** argentinos, pero yo **soy** de Florida.
Profession or occupation	El señor López **es** periodista.
Characteristics of people, animals, and things	El clima de Miami **es** caluroso.
Generalizations	Las relaciones personales **son** complejas.
Possession	La guitarra **es** del tío Guillermo.
Material of composition	El suéter **es** de pura lana.
Time, date, or season	**Son** las doce de la mañana.
Where or when an event takes place	La fiesta **es** en el apartamento de Carlos; **es** el sábado a las nueve de la noche.

Uses of *estar*

Location or spatial relationships	La clínica **está** en la próxima calle.
Health	Hoy **estoy** enfermo. ¿Cómo **estás** tú?
Physical states and conditions	Todas las ventanas **están** limpias.
Emotional states	¿Marisa **está** contenta con sus clases?
Certain weather expressions	¿**Está** nublado o **está** despejado hoy en Toronto?
Ongoing actions (progressive tenses)	Paula **está** escribiendo invitaciones para su boda.
Results of actions (past participles)	La tienda **está** cerrada.

Ser and *estar* with adjectives

- **Ser** is used with adjectives to describe inherent, expected qualities. **Estar** is used to describe temporary or variable qualities, or a change in appearance or condition.

  ¿Cómo **son** tus padres?
  What are your parents like?

  La casa **es** muy pequeña.
  The house is very small.

  ¿Cómo **estás**, Miguel?
  How are you, Miguel?

  ¡**Están** tan enojados!
  They're so angry!

- With most descriptive adjectives, either **ser** or **estar** can be used, but the meaning of each statement is different.

  Julio **es alto**.
  Julio is tall. (that is, a tall person)

  Dolores **es alegre**.
  Dolores is cheerful. (that is, a cheerful person)

  Juan Carlos **es** un hombre **guapo**.
  Juan Carlos is a handsome man.

  ¡Ay, qué **alta estás**, Adriana!
  How tall you're getting, Adriana!

  El jefe **está alegre** hoy. ¿Qué le pasa?
  The boss is cheerful today. What's up with him?

  ¡Manuel, **estás** tan **guapo**!
  Manuel, you look so handsome!

- Some adjectives have two different meanings depending on whether they are used with **ser** or **estar**.

ser + [*adjective*]	estar + [*adjective*]
La clase de contabilidad **es aburrida**. *The accounting class is **boring**.*	**Estoy aburrida** con la clase. *I am **bored** with the class.*
Ese chico **es listo**. *That boy is **smart**.*	**Estoy listo** para todo. *I'm **ready** for anything.*
No **soy rico**, pero vivo bien. *I'm not **rich**, but I live well.*	¡El pan **está** tan **rico**! *The bread is **delicious**!*
La actriz **es mala**. *The actress is **bad**.*	La actriz **está mala**. *The actress is **ill**.*
El coche **es seguro**. *The car is **safe**.*	Juan no **está seguro** de la noticia. *Juan isn't **sure** of the news.*
Los aguacates **son verdes**. *Avocados are **green**.*	Esta banana **está verde**. *This banana is **not ripe**.*
Javier **es** muy **vivo**. *Javier is very **sharp**.*	¿Todavía **está vivo** el autor? *Is the author still **living**?*
Pedro **es** un hombre **libre**. *Pedro is a **free** man.*	Esta noche no **estoy libre**. ¡Lo siento! *Tonight I am not **available**. Sorry!*

¡ATENCIÓN!

Estar, not **ser**, is used with **muerto/a**.

Bécquer, el autor de las *Rimas*, **está muerto**.
Bécquer, the author of Rimas, is dead.

recursos

v̂Text

CA
pp. 2, 53

CP
pp. 5–6

CH
pp. 7–8

S
vhlcentral

Práctica

1 **La boda de Emilio y Jimena** Completa cada oración de la primera columna con la terminación más lógica de la segunda columna.

_____ 1. La boda es

_____ 2. La iglesia está

_____ 3. El cielo está

_____ 4. La madre de Emilio está

_____ 5. El padre de Jimena está

_____ 6. Todos los invitados están

_____ 7. El mariachi que toca en la boda es

_____ 8. En mi opinión, las bodas son

a. de San Antonio, Texas.

b. deprimido por los gastos.

c. en la calle Zarzamora.

d. esperando a que entren la novia (*bride*) y su padre.

e. contenta con la novia.

f. a las tres de la tarde.

g. muy divertidas.

h. totalmente despejado.

2 **La luna de miel** Completa el párrafo en el que se describe la luna de miel (*honeymoon*) que van a pasar Jimena y Emilio. Usa formas de **ser** y **estar**.

Emilio y Jimena van a pasar su luna de miel en Miami, Florida. Miami (1) _____ una ciudad preciosa. (2) _____ en la costa este de Florida y tiene playas muy bonitas. El clima (3) _____ tropical. Jimena y Emilio (4) _____ interesados en visitar la Pequeña Habana. Jimena (5) _____ fanática de la música cubana. Y Emilio (6) _____ muy entusiasmado por conocer el parque Máximo Gómez, donde las personas van a jugar dominó. Los dos (7) _____ aficionados a la comida caribeña. Quieren ir a todos los restaurantes que (8) _____ en la Calle Ocho. Cada día van a probar un plato diferente. Algunos de los platos que piensan probar (9) _____ el congrí, los tostones y el bistec de palomilla. Después de pasar una semana en Miami, la pareja va a (10) _____ cansada pero muy contenta.

Practice more at
vhlcentral.com.

Comunicación

3 Ellos y ellas

A. En parejas, miren las fotos de cuatro personalidades latinas y lean las descripciones.

Sofía Vergara comenzó su carrera profesional cuando un fotógrafo la vio en una playa de Colombia. Ahora trabaja en la serie *Modern Family* y ha sido nominada para dos premios Emmy.

Enrique Iglesias nació en Madrid pero se crió en Miami. Aunque quería ser cantante desde los 16 años, nunca le confió su ambición a su padre, el cantante Julio Iglesias. Sus nueve álbumes han tenido mucho éxito. El más reciente, *Euphoria* (2010), es un álbum bilingüe.

El beisbolista cubano **José Abreu** estableció un récord de jonrones en la temporada 2010–2011 en Cuba y fue nombrado como el "Jugador Más Valioso". Desde el 2013, Abreu juega en primera base con los White Sox de Chicago. Abreu fue nombrado el "Novato (*Novice player*) del año de las Grandes Ligas de Béisbol" en el 2014 por la Asociación de Cronistas del Béisbol de Norteamérica (BBWAA).

Jennifer López es una actriz y cantante de origen puertorriqueño que se hizo famosa con la película musical *Selena* (1997). Su álbum más reciente, *Love?* (2011), estuvo en la lista de los diez mejores álbumes en veinticuatro países. En 2011, J-Lo se hizo juez del programa *American Idol*.

B. Ahora, preparen una entrevista con una de estas personalidades. Escriban diez preguntas usando los verbos **ser** y **estar** al menos cinco veces. Para la entrevista, pueden usar información no incluida en las descripciones. Después de contestar las preguntas, presenten la entrevista a la clase, haciendo uno/a el papel de la personalidad y el/la otro/a el del/de la entrevistador(a).

1.3 Progressive forms

 Tutorial

The present progressive

- The present progressive (**el presente progresivo**) narrates an action in progress. It is formed with the present tense of **estar** and the present participle (**el gerundio**) of the main verb.

  Éric **está sacando** una foto.   Aguayo **está bebiendo** café.   Fabiola **está escribiendo** el artículo.
  Éric is taking a photo.   *Aguayo is drinking coffee.*   *Fabiola is writing the article.*

¡Te estoy hablando
de Mariela!
¿Qué te pareció?

- The present participle of regular **–ar**, **–er**, and **–ir** verbs is formed as follows:

INFINITIVE	STEM		ENDING	PRESENT PARTICIPLE
bailar	bail–		–ando	bailando
comer	com–	**+**	–iendo	comiendo
aplaudir	aplaud–		–iendo	aplaudiendo

- Stem-changing verbs that end in **–ir** also change their stem vowel when they form the present participle.

-*ir* stem-changing verbs	
Infinitive	**Present Participle**
decir	diciendo
dormir	durmiendo
mentir	mintiendo
morir	muriendo
pedir	pidiendo
sentir	sintiendo
sugerir	sugiriendo

- **Ir**, **poder**, **reír**, and **sonreír** have irregular present participles (**yendo**, **pudiendo**, **riendo**, **sonriendo**). **Ir** and **poder** are seldom used in the present progressive.

  Marisa está **sonriendo** todo el tiempo.   Maribel no está **yendo** a clase últimamente.
  Marisa is smiling all the time.   *Maribel isn't going to class lately.*

¡ATENCIÓN!

When progressive forms are used with reflexive verbs or object pronouns, the pronouns may either be attached to the present participle (in which case an accent mark is added to maintain the proper stress) or placed before the conjugated verb. See **2.1 Object pronouns,** pp. 54–55 and **2.3 Reflexive verbs,** pp. 62–63 for more information.

Se están enamorando.
Están enamorándose.
They are falling in love.

Te estoy hablando.
Estoy hablándote.
I am talking to you.

• • • •

Note that the present participle of **ser** is **siendo**.

- When the stem of an **–er** or **–ir** verb ends in a vowel, the **–i–** of the present participle ending changes to **–y–**.

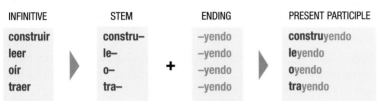

INFINITIVE	STEM	ENDING	PRESENT PARTICIPLE
construir	constru–	–yendo	**constru**yendo
leer	le–	–yendo	**le**yendo
oír	o–	–yendo	**o**yendo
traer	tra–	–yendo	**tra**yendo

- Progressive forms are used less frequently in Spanish than in English, and only when emphasizing that an action is *in progress* at the moment described. To refer to actions that occur over a period of time or in the near future, Spanish uses the present tense instead.

PRESENT TENSE	PRESENT PROGRESSIVE
Lourdes **estudia** economía en la UNAM.	Ahora mismo, Lourdes **está tomando** un examen.
Lourdes is studying economics at UNAM.	*Right now, Lourdes is taking an exam.*
¿**Vienes** con nosotros al Café Pamplona?	No, no puedo. Ya **estoy cocinando**.
Are you coming with us to Café Pamplona?	*No, I can't go. I'm already cooking.*

Other verbs with the present participle

- Spanish expresses various shades of progressive action by using verbs such as **seguir, continuar, ir, venir, llevar,** and **andar** with the present participle.

- **Seguir** and **continuar** with the present participle express the idea of *to keep doing something.*

Emilio **sigue hablando**.
Emilio keeps on talking.

Mercedes **continúa quejándose**.
Mercedes keeps complaining.

- **Ir** with the present participle indicates a gradual or repeated process. It often conveys the English idea of *more and more.*

Cada día que pasa **voy disfrutando** más de esta clase.
I'm enjoying this class more and more every day.

Ana y Juan **van acostumbrándose** al horario de clase.
Ana and Juan are getting more and more used to the class schedule.

- **Venir** and **llevar** with the present participle indicates a gradual action that accumulates or increases over time.

Hace años que **viene diciendo** cuánto le gusta el béisbol.
He's been saying how much he likes baseball for years.

Llevo insistiendo en lo mismo desde el principio.
I have been insisting on the same thing from the beginning.

- **Andar** with the present participle conveys the idea of *going around doing something* or of *always doing something.*

José siempre **anda quejándose** de eso.
José is always complaining about that.

Román **anda diciendo** mentiras.
Román is going around telling lies.

¡ATENCIÓN!

Other tenses may have progressive forms as well. These tenses emphasize that an action was/will be in progress.

PAST (pp. 94–105)
Estaba marcando su número justo cuando él me llamó.
I was dialing his number right when he called me.

FUTURE (pp. 216–219)
No vengas a las cuatro, todavía estaremos trabajando.
Don't come at four o'clock; we will still be working.

recursos

vText

CA
pp. 3, 54

CP
pp. 7–8

CH
pp. 9–10

vhlcentral

Práctica

1

Una conversación telefónica Daniel es nuevo en la ciudad y no sabe cómo llegar al estadio de fútbol. Decide llamar a su ex novia Alicia para que le explique cómo encontrarlo. Completa la conversación con la forma correcta del gerundio (*present participle*).

ALICIA ¿Aló?

DANIEL Hola Alicia, soy Daniel; estoy buscando el estadio de fútbol y necesito que me ayudes… Llevo (1) _____ (caminar) más de media hora por el centro y sigo perdido.

ALICIA ¿Dónde estás?

DANIEL No estoy muy seguro, no encuentro el nombre de la calle. Pero estoy (2) _____ (ver) un centro comercial a mi izquierda y más allá parece que están (3) _____ (construir) un estadio de fútbol. (4) _____ (hablar) de fútbol, ¿dónde tengo mis boletos? ¡He perdido mis entradas!

ALICIA Madre mía, ¡sigues (5) _____ (ser) un desastre! Algún día te va a pasar algo serio.

DANIEL ¡Siempre andas (6) _____ (pensar) lo peor!

ALICIA ¡Y tú siempre estás (7) _____ (olvidarse) de todo!

DANIEL ¡Ya estamos (8) _____ (discutir) otra vez!

2

Organizar un festival El señor Ramírez quiere organizar un festival, pero todos los artistas que quiere contratar están ocupados. Su asistente le cuenta lo que están haciendo. En parejas, dramaticen la situación utilizando el presente progresivo.

MODELO   **Elga Navarro / descansar**

—¿Qué está haciendo Elga Navarro?

—Elga Navarro está descansando en una clínica.

1. Juliana Paredes / bailar

2. Emilio Soto / casarse

3. Aurora Gris / recoger un premio

4. Héctor Rojas / jugar a las cartas

Practice more at
vhlcentral.com.

3 **Una cita** En parejas, representen una conversación en la que Alexa y Guille intentan buscar una hora del día para reunirse.

> **MODELO**
>
> **ALEXA** ¿Nos vemos a las diez de la mañana para estudiar?
>
> **GUILLE** No puedo, voy a estar durmiendo. ¿Qué te parece a las 12?

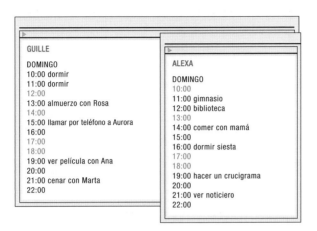

GUILLE

DOMINGO
10:00 dormir
11:00 dormir
12:00
13:00 almuerzo con Rosa
14:00
15:00 llamar por teléfono a Aurora
16:00
17:00
18:00
19:00 ver película con Ana
20:00
21:00 cenar con Marta
22:00

ALEXA

DOMINGO
10:00
11:00 gimnasio
12:00 biblioteca
13:00
14:00 comer con mamá
15:00
16:00 dormir siesta
17:00
18:00
19:00 hacer un crucigrama
20:00
21:00 ver noticiero
22:00

4 **Síntesis** Tu psicólogo utiliza la hipnosis para hacerte recordar los momentos más importantes de tu pasado. En parejas, dramaticen la conversación entre el doctor Felipe y su paciente, utilizando verbos en el presente y el presente progresivo. Elijan una situación de la lista o inventen otro tema. Sean creativos.

> **MODELO**
>
> **DR. FELIPE** Estás volviendo al momento de conocer a tu primer amor. ¿Qué están haciendo?
>
> **PACIENTE** Estoy caminando por la calle… una mujer preciosa me está saludando…
>
> **DR. FELIPE** Muy bien, muy bien. ¿Y qué estás pensando? ¿Cómo te sientes?
>
> **PACIENTE** Estoy pensando que esto es el amor a primera vista. Me siento… ¡Ay, no! Me estoy cayendo en medio de la calle, ¡enfrente de ella!

tu primer amor	**el nacimiento de un(a) hermano/a**
un viaje importante	**el mejor/peor momento de tu vida**

Antes de ver el corto

DI ALGO

país España   **director** Luis Deltell

duración 15 minutos   **protagonistas** Irene, Pablo, bibliotecaria

---

Vocabulario

a lo mejor *maybe*	**la luz** *light*
alargar *to drag out*	**pesado/a** *annoying*
la cinta *tape*	**precioso/a** *lovely*
enterarse *to find out*	**respirar** *to breathe*
entretenerse *to be held up*	**turbio/a** *murky*

---

1 **Vocabulario** Completa las oraciones.

1. Cuando hay tormenta, parece que la noche se _____ infinitamente.

2. Mucha gente le teme a la oscuridad y no puede _____ tranquila hasta que enciende la _____.

3. Finalmente hoy _____ de que fue la bibliotecaria quien se llevó las _____ con las grabaciones de las entrevistas.

4. Cerca del bosque hay un lago que antes era _____, pero ahora el agua está muy _____ porque está contaminada.

2 **Tú y las citas**

A. Completa el test sobre el mundo de las citas.

Tú y las **citas**

1. **Si acabas de conocer a una persona que te gusta:**
   a. La invitas a salir.
   b. La sigues secretamente durante varios días para ver cómo se comporta.
   c. Te escondes en un rincón y la admiras desde lejos.

2. **Un amigo te propone presentarte a alguien que conoce:**
   a. Aceptas enseguida.
   b. Haces muchas preguntas sobre la persona antes de decidir.
   c. Dices que no: las citas con extraños te ponen nervioso/a.

3. **Antes de una cita:**
   a. Vas a comprar ropa nueva y te arreglas bien para causar una buena impresión.
   b. Le pides a un par de amigos/as que vayan al mismo restaurante, por si acaso.
   c. Te da un ataque de nervios y casi llamas para cancelar.

4. **En la conversación:**
   a. Muestras interés por la otra persona, le cuentas acerca de ti y actúas tal como eres.
   b. Haces más preguntas de las que tú contestas.
   c. Evitas contar mucho sobre ti. Prefieres guardar información para una segunda cita.

B. En parejas, comparen sus respuestas. ¿Tienen actitudes similares o son muy diferentes? ¿Por qué?

Practice more at
vhlcentral.com.

Escenas

ARGUMENTO Una joven ciega se enamora de la voz de un hombre que escucha en grabaciones. Cuando se acaban las cintas, ella busca otra manera de seguir escuchando su voz.

VOZ DE PABLO "Menos tu vientre, todo es confuso, fugaz, pasado, baldío, turbio…"

IRENE Quería información sobre el lector 657… ¿No me podrías conseguir su número de teléfono?
BIBLIOTECARIA No puedo, Irene; eso está prohibido.

GUARDIA ¡Espera! ¿Estás bien?
IRENE Sí, sí, muchas gracias; es que me he entretenido.

PABLO ¿Sí? ¿Quién es? ¿Sí?
IRENE Di algo.

PABLO Todo el día esperando que me llame una chica que no conozco y que no habla… bueno, sí, que solamente dice: "Di algo."

PABLO ¿Hay alguien que esté pidiendo mis cintas?
BIBLIOTECARIA No sé, vamos a ver… Creo que un señor mayor… ¡ah!, y una chica también.

Después de ver el corto

1

Comprensión Indica si estas afirmaciones son **ciertas** o **falsas**. Luego, en parejas, corrijan las falsas.

1. Irene no tiene el teléfono de Pablo, pero lo conoce en persona.
2. La bibliotecaria no le da el teléfono de Pablo porque dice que está prohibido.
3. Por la noche, Irene roba de la biblioteca la información sobre Pablo.
4. Irene le dice la verdad al guardia.
5. Pablo cree que la mujer que lo llama por teléfono y no le habla se llama Silvia.
6. Pablo encuentra a Irene por casualidad en la calle.

2

Interpretación En parejas, contesten las preguntas.

1. En la primera escena, Pablo rodea (*circle*) las palabras "confuso" y "turbio" en el poema que lee. ¿Por qué les parece que las destaca (*highlight*)?
2. Irene pide el número de teléfono de Pablo después de que la bibliotecaria le dice que no hay más cintas de él. ¿Cuál piensan que es su intención: conocer a Pablo o solamente escucharlo?
3. ¿Cómo es Pablo? Presten atención a las cosas que hay en su casa y a su forma de hablar y actuar.
4. ¿Por qué Irene sólo le dice: "Di algo" y no le explica quién es? Imaginen sus razones y enumérenlas.
5. ¿Por qué Pablo se va cuando Irene se da cuenta de que él está sentado frente a ella? ¿Está esperando que ella haga algo o quiere escaparse?

3

Diálogo En el ascensor, Pablo le dice a Irene: "Eres tú la que tiene que decir algo". Imaginen el diálogo que sigue a estas palabras y escríbanlo. Después, represéntenlo frente a la clase.

4

Escribir Elige una de las siguientes opciones y escribe una carta.

- Imagina que te cruzas un instante por la calle con alguien y te enamoras a primera vista, pero él/ella desaparece entre la gente y ahora quieres encontrarlo/a. Escribe una carta a un periódico describiéndolo/a; cuenta por qué lo/la buscas y pide ayuda a los lectores.

- Por un error al marcar un número de teléfono, conoces a alguien, empiezan a hablar y se enamoran. Después de un tiempo tienen una cita para conocerse personalmente, pero todo resulta un desastre: él/ella no se parece nada a la idea que te formaste por su voz. Escribe una carta a un amigo o a una amiga contándole sobre la cita.

Practice more at
vhlcentral.com.

Los enamorados, 1923
Pablo Picasso, España

"La única fuerza y la única verdad que
hay en esta vida es el amor."

— José Martí

Antes de leer

Poema 20

Sobre el autor

Ya de muy joven, el chileno Ricardo Eliécer Neftalí Reyes Basoalto —tal fue el nombre que sus padres dieron a **Pablo Neruda** (1904–1973) al nacer— mostraba inclinación por la poesía. En 1924, con tan sólo veinte años, publicó el libro que lo hizo famoso: *Veinte poemas de amor y una canción desesperada*. Además de poeta, fue diplomático y político. El amor fue sólo uno de los temas de su extensa obra: también escribió poesía surrealista y poesía con fuerte contenido histórico y político. Su *Canto general* lleva a los lectores en un viaje por la historia de América Latina, desde los tiempos precolombinos hasta el siglo veinte. En 1971, recibió el Premio Nobel de Literatura.

Vocabulario

el alma *soul*	**el corazón** *heart*
amar *to love*	**la mirada** *gaze*
besar *to kiss*	**el olvido** *forgetfulness; oblivion*
contentarse con *to be contented, satisfied with*	**querer (e:ie)** *to love; to want*

Poema Completa este poema con las opciones correctas.

Quiero (1) _____ (besarte/amarte) porque te (2) _____ (quiero/olvido),
pero tú te alejas y desde lejos me miras.

Mi (3) _____ (corazón/olvido) no (4) _____ (quiere/se contenta)
con una (5) _____ (alma/mirada) triste.

Entonces me voy y sólo espero el (6) _____ (corazón/olvido).

Conexión personal ¿Has estado enamorado/a alguna vez? ¿Te gusta leer poesía? ¿Has escrito alguna vez una carta o un poema de amor?

Análisis literario: la personificación

La personificación es una figura retórica (*figure of speech*) que consiste en atribuir cualidades humanas a seres inanimados (*inanimate objects*), ya sean animales, cosas o conceptos abstractos. Observa estos ejemplos de personificación: *me despertó el llanto* (crying) *del violín; tu silencio habla de dolores pasados*. En *Poema 20*, Pablo Neruda utiliza este recurso en varias ocasiones. Mientras lees el poema, prepara una lista de las personificaciones. ¿Qué cualidad humana atribuye el poeta al objeto?

POEMA 20

Pablo Neruda

Puedo escribir los versos más tristes esta noche.
Escribir, por ejemplo: "La noche está estrellada°,   *starry*
  blink; tremble y tiritan°, azules, los astros°, a lo lejos°".   *stars/in the distance*
El viento de la noche gira° en el cielo y canta.   *turns*

5 Puedo escribir los versos más tristes esta noche.
Yo la quise, y a veces ella también me quiso.

En las noches como ésta la tuve entre mis brazos.
La besé tantas veces bajo el cielo infinito.

Ella me quiso, a veces yo también la quería.
10 Cómo no haber amado sus grandes ojos fijos°.   *fixed*

Puedo escribir los versos más tristes esta noche.
Pensar que no la tengo. Sentir que la he perdido.

Oír la noche inmensa, más inmensa sin ella.
Y el verso cae al alma como al pasto el rocío°.   *like the dew on*
                                                     the grass
15 Qué importa que mi amor no pudiera guardarla°.   *keep; protect*
La noche está estrellada y ella no está conmigo.

Eso es todo. A lo lejos alguien canta. A lo lejos.
Mi alma no se contenta con haberla perdido.

  to bring closer Como para acercarla° mi mirada la busca.
20 Mi corazón la busca, y ella no está conmigo.

La misma noche que hace blanquear° los mismos árboles.   *to whiten*
Nosotros, los de entonces, ya no somos los mismos.

Ya no la quiero, es cierto, pero cuánto la quise.
  voice Mi voz° buscaba el viento para tocar su oído.

25 De otro. Será de otro. Como antes de mis besos.
Su voz, su cuerpo claro. Sus ojos infinitos.

Ya no la quiero, es cierto, pero tal vez la quiero.
Es tan corto el amor, y es tan largo el olvido.

Porque en noches como ésta la tuve entre mis brazos,
30 mi alma no se contenta con haberla perdido.

Aunque éste sea el último dolor que ella me causa,
y éstos sean los últimos versos que yo le escribo. ■

Después de leer

Poema 20
Pablo Neruda

1 **Comprensión** Contesta las preguntas con oraciones completas.

1. ¿Quién habla en este poema?
2. ¿De quién habla el poeta?
3. ¿Cuál es el tema del poema?
4. ¿Qué momento del día es?
5. ¿Sigue enamorado el poeta? Da un ejemplo del poema.

2 **Analizar** Lee el poema otra vez para contestar las preguntas con oraciones completas.

1. ¿Qué personificaciones hay en el poema y qué efecto transmiten? Explica tu respuesta.
2. ¿Tienen importancia las repeticiones en el poema? Explica por qué.
3. La voz poética habla sobre su amada, pero no le habla directamente a ella. ¿A quién crees que le habla la voz poética en este caso?
4. ¿Qué sentimientos provoca el poema en los lectores?

3 **Interpretar** Contesta las preguntas con oraciones completas.

1. ¿Cómo se siente el poeta? Da algún ejemplo del poema.
2. ¿Es importante que sea de noche? Razona tu respuesta.
3. Explica con tus propias palabras este verso: "Es tan corto el amor, y es tan largo el olvido".
4. En un momento dado el poeta afirma: "Yo la quise, y a veces ella también me quiso" y, un poco más adelante, escribe: "Ella me quiso, a veces yo también la quería". Explica el significado de estos versos y su importancia en el poema.

4 **Ampliar** Trabajen en parejas para imaginar cómo es la mujer del poema. Hablen sobre:
- su apariencia física
- su personalidad
- sus aficiones

5 **Imaginar** En parejas, imaginen la historia de amor entre el poeta y su amada. Preparen una conversación en la que se despiden para siempre. Deben inspirarse en algunos de los versos del poema.

6 **Personificar** Elige un objeto y escribe un párrafo breve en el que atribuyas (*attribute*) cualidades humanas al objeto.

> **MODELO** Tengo en mi cuarto una estrella de mar. Me cuenta historias de piratas…

Practice more at
vhlcentral.com.

Antes de leer

Vocabulario

el cargo *position*	**rechazar** *to turn down*
la cima *height*	**sabio/a** *wise*
convertirse (e:ie) en *to become*	**el sueño** *dream*
en contra *against*	**superar** *to exceed*
propio/a *own*	**tomar en cuenta** *to take into consideration*

Señora presidenta Completa este párrafo con las palabras del vocabulario.

El (1) _____ más importante de cualquier país es la presidencia, un (2) _____ para muchos políticos. Este desafío es más difícil para las mujeres, que tienen (3) _____ muchos prejuicios. La argentina Isabel Perón luchó para (4) _____ esos prejuicios. En 1974 llegó a (5) _____ en la primera presidenta de Latinoamérica. Desde entonces, otras nueve latinoamericanas han llegado a la (6) _____ de la política.

Conexión personal ¿Con qué soñabas cuando eras pequeño/a? ¿Qué querías ser de grande? ¿Tienes todavía las mismas metas que tenías de niño/a o has cambiado? ¿Crees que vas a alcanzar tus metas?

Contexto cultural

Una frase pronunciada por Sonia Sotomayor en 2001 causó gran controversia y despertó posiciones en contra y a favor. Sus provocadoras palabras fueron: "Quiero pensar que una sabia mujer latina, con su riqueza de experiencias, puede tomar mejores decisiones que un sabio hombre blanco que no ha vivido esa vida." Sotomayor después se excusó diciendo que se había expresado mal. Pero esta declaración generó los cuestionamientos más importantes a su nominación a la Corte Suprema y, paralelamente, grupos en Facebook, camisetas y carteles la tomaron como una reafirmación de la identidad femenina en Latinoamérica ¿Qué opinas tú? ¿Influyen nuestras experiencias, nuestro sexo y nuestro origen en las decisiones que tomamos? Si así lo crees, ¿piensas que este hecho es positivo o negativo? ¿Crees que es posible dejar de lado los sentimientos y el pasado para tomar en cuenta solamente la ley? ¿O crees que la subjetividad puede tener lugar en la justicia?

Sonia Sotomayor:
la niña que soñaba

Sonia Sotomayor era una niña que soñaba. Y, según cuenta, lo que soñaba era convertirse en detective, igual que su heroína favorita, Nancy Drew. Sin embargo, a los ocho años, tras un diagnóstico de diabetes, sus médicos le recomendaron que pensara en una carrera menos agitada. Entonces, sin recortar   5 sus aspiraciones ni resignarse a menos, encontró un nuevo modelo en otro héroe de ficción: Perry Mason, el abogado encarnado° en televisión   *played by* por Raymond Burr. "Iba a ir a la universidad e iba a convertirme en abogada: y supe esto cuando tenía diez años. Y no es una broma" declaró ella en 1998.

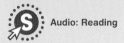

10   Robin Kar, secretario de Sonia Sotomayor
en 1988–1989, afirma que la jueza no sólo tiene

amazing una historia asombrosa°, sino que además es
una persona asombrosa. Y cuenta que, en la
corte, ella no solamente conocía a sus pares°,

peers
15 como los otros jueces y políticos, sino que
también se preocupaba por conocer a todos
los porteros, los empleados de la cafetería y los

janitors conserjes°, y todos la apreciaban mucho.

En su discurso de aceptación de la
20 nominación a la Corte Suprema, Sonia
Sotomayor explicó su propia visión de sí
misma: "Soy una persona nada extraordinaria
que ha tenido la dicha de tener oportunidades
y experiencias extraordinarias." Pero ni

wildest 25 siquiera sus sueños más descabellados°
podían prepararla para lo que ocurrió en
mayo de 2009, cuando Barack Obama la
nominó como candidata a la Corte Suprema
de Justicia de Estados Unidos. En su discurso,
30 el presidente destacó el "viaje extraordinario"
de la jueza, desde sus modestos comienzos
hasta la cima del sistema judicial. Para él, los
sueños son importantes y Sonia Sotomayor es
la encarnación del sueño americano.

35   Nació en el Bronx, en Nueva York, el 25 de
junio de 1954, y creció en un barrio de viviendas

housing project subsidiadas°. Sus padres, puertorriqueños,
habían llegado a Estados Unidos durante la
Segunda Guerra Mundial. Su padre, que había
40 estudiado sólo hasta tercer grado y no hablaba
inglés, murió cuando Sonia tenía nueve años, y
su madre, Celina, tuvo que trabajar seis días

raise them a la semana como enfermera para criarlos°
a ella y a su hermano menor. Como la señora
45 Sotomayor consideraba que una buena
educación era fundamental, les compró a sus
hijos la Enciclopedia Británica y los envió a
una escuela católica para que recibieran la mejor
instrucción posible. Seguramente los resultados
50 superaron también sus expectativas: Sonia
estudió en las universidades de Princeton y Yale,
y su hermano Juan estudió en la Universidad de

Nueva York, y ahora es médico y profesor en
la Universidad de Siracusa.

Sonia Sotomayor trabajó durante cinco 55
años como asistente del fiscal de Manhattan,
Robert Morgenthau (quien inspiró el personaje
del fiscal del distrito Adam Schiff en la serie de
televisión *Law and Order*). Luego se dedicó
al derecho corporativo y más tarde fue jueza 60
de primera instancia de la Corte Federal
de Distrito antes de ser nombrada jueza de
Distrito de la Corte Federal de Apelaciones.
En 2009 se convirtió en la primera hispana —y
la tercera mujer en toda la historia— en llegar 65
a la Corte Suprema de Justicia de Estados
Unidos, donde suelen tratarse cuestiones tan
controvertidas como el aborto, la pena de
muerte, el derecho a la posesión de armas, etc.

Cuando el presidente Obama nominó 70
a la jueza Sotomayor para su nuevo cargo,
Celina Sotomayor escuchaba desde la
primera fila° con los ojos llenos de lágrimas.   *front row*
En su discurso de aceptación, Sonia la
señaló como "la inspiración de toda mi vida". 75
Tal vez, en el fondo, lo que soñaba realmente
la niña del Bronx era ser, como su madre, una
"sabia mujer latina". ∎

Cómo Sotomayor salvó al béisbol

En 1994, de manera
unilateral, los propietarios
de los equipos de las
Grandes Ligas de béisbol
implantaron un tope (*limit*)
salarial; esto fue rechazado por los jugadores y
su sindicato, que declararon una huelga (*strike*).
El caso llegó a Sonia Sotomayor, en ese entonces
la jueza más joven del Distrito Sur de Nueva York,
en 1995. Ella escuchó los argumentos de las dos
partes y anunció su dictamen (*ruling*) a favor de
los jugadores. Logró acabar así con la huelga que
llevaba ya 232 días y, además, ganarse el título
de "salvadora del béisbol".

Después de leer

1

Comprensión Indica si las siguientes oraciones son **ciertas** o **falsas**. Luego, en parejas, corrijan las falsas.

1. Sonia Sotomayor se considera una persona extraordinaria.
2. Ella conocía a todos los empleados de la corte, desde los jueces hasta los conserjes.
3. De pequeña, Sonia quería ser detective como Nancy Drew.
4. Sus padres eran neoyorquinos.
5. Celina Sotomayor trabajaba como vendedora de enciclopedias para mantener a sus hijos.
6. Sonia fue la inspiración de un personaje de la serie de televisión *Law and Order*.

2

Interpretación En parejas, contesten las preguntas con oraciones completas y justifiquen sus respuestas.

1. ¿Les parece que la historia de Sonia Sotomayor es extraordinaria? ¿Por qué?
2. ¿En qué sentido piensan que su madre es "la inspiración de su vida"?
3. ¿Creen que su carrera es una prueba de que el sueño americano existe?
4. ¿Piensas que ella, como mujer y como hispana, y con la historia de su vida, puede asegurar un mejor debate en la Corte Suprema? ¿Por qué?
5. ¿Les parece que la experiencia de vida es más importante, menos importante o igualmente importante para las personas que los estudios que tengan? ¿Por qué?

3

Retrato

A. En las elecciones presidenciales de Estados Unidos en 2008, los dos candidatos también señalaron a sus madres como una inspiración fundamental de sus vidas. En parejas, lean y comenten las citas.

> "Sé que (mi madre) fue el espíritu más bondadoso y generoso que jamás he conocido y que lo mejor de mí se lo debo a ella." Barack Obama, *Los sueños de mi padre*

> "Roberta McCain nos inculcó su amor a la vida, su profundo interés en el mundo, su fortaleza y su creencia de que todos tenemos que usar nuestras oportunidades para ser útiles a nuestro país. No estaría esta noche aquí si no fuera por la fortaleza de su carácter." John McCain, Discurso de aceptación en la Convención Republicana

B. Escriban al menos cuatro oraciones sobre cómo imaginan que es Celina Sotomayor. ¿Qué dirían de ella sus hijos? Luego, compartan sus oraciones con la clase y comparen sus descripciones.

 Celina es una mujer trabajadora. Ella no está de acuerdo con perder el tiempo y quiere que sus hijos estudien y mejoren. Es paciente, pero está llena de energía...

4

Modelos de vida Escribe una entrada de blog sobre una persona sabia a la que admiras. Describe su personalidad y su historia, y explica por qué es importante para ti.

recursos

v̂ Text

CP
p. 9

CH
pp. 11–13

vhlcentral

 Practice more at **vhlcentral.com**.

Atando cabos

¡A conversar!

Preguntas rápidas Usa la técnica de las "preguntas rápidas" para conocer a tus compañeros de clase, hacer nuevos amigos y buscar compañeros para proyectos. Comparte los resultados con la clase.

Cómo hacer las "preguntas rápidas"

- Reúnete con un(a) compañero/a durante cinco minutos. Hablen sobre quiénes son, cómo son, qué buscan, etc.
- Toma notas acerca del encuentro.
- Repite la actividad con otros compañeros.

	Nombre	Nombre
¿De dónde eres?		
¿Cómo eres?		
¿Qué cualidades buscas en un(a) amigo/a?		
¿Qué tipo de proyectos te gusta hacer?		

¡A escribir!

Consejero/a sentimental Lee el correo electrónico que envió Alonso a la sección de consejos sentimentales de *Facetas* y usa las frases del recuadro para responder a la carta de Alonso.

Expresar tu opinión

Estas frases pueden ayudarte a expresar tu opinión:

- En mi opinión,…
- Creo que…
- Me parece que…

Me llamo Alonso. Tengo 17 años y soy de Colombia. Vine a Boston con mi familia porque mi padre consiguió un nuevo trabajo. Conocí a Sean en la clase de español. Ahora somos muy buenos amigos. Nos llevamos bien y lo pasamos muy bien en las clases. Nos gusta comparar las diferencias culturales entre los latinoamericanos y los estadounidenses.

Los problemas comenzaron cuando Sean y yo empezamos a salir con un grupo de sus amigos después de las clases. Todos sus amigos son estadounidenses. Pienso que a nadie le interesa charlar conmigo, y a mí tampoco me interesa hablar con ellos de béisbol y esas cosas. Cuando voy a la casa de Sean para comer y llevo comida colombiana para compartir, su familia me mira con desconfianza. Cuando trato de hablar con ellos en inglés, hago errores y tengo vergüenza. A veces pienso que no debo tratar de hacer amistades con estudiantes estadounidenses como Sean, pero nos llevamos muy bien en el colegio. Sólo tenemos problemas fuera de la escuela. ¿Qué puedo hacer para sentirme menos nervioso con otras personas estadounidenses fuera de la escuela?

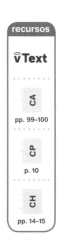

recursos

v̂Text

CA
pp. 99–100

CP
p. 10

CH
pp. 14–15

My Vocabulary

La personalidad

autoritario/a	strict; authoritarian
cariñoso/a	affectionate
celoso/a	jealous
cuidadoso/a	careful
falso/a	insincere
gracioso/a	funny; pleasant
inseguro/a	insecure
(in)maduro/a	(im)mature
mentiroso/a	lying
orgulloso/a	proud
permisivo/a	permissive; easy-going
seguro/a	sure; confident
sensato/a	sensible
sensible	sensitive
tacaño/a	cheap; stingy
tímido/a	shy
tradicional	traditional

Los estados emocionales

agobiado/a	overwhelmed
ansioso/a	anxious
deprimido/a	depressed
disgustado/a	upset
emocionado/a	excited
preocupado/a (por)	worried (about)
solo/a	alone; lonely
tranquilo/a	calm

Los sentimientos

adorar	to adore
apreciar	to appreciate
enamorarse (de)	to fall in love (with)
estar harto/a (de)	to be fed up (with); to be sick (of)
odiar	to hate
sentirse (e:ie)	to feel
soñar (o:ue) (con)	to dream (about)
tener celos (de)	to be jealous (of)
tener vergüenza (de)	to be ashamed/ embarrassed (of)

Las relaciones personales

el/la amado/a	loved one; sweetheart
el ánimo	spirit
el cariño	affection
la cita (a ciegas)	(blind) date
el compromiso	commitment; responsibility
la confianza	trust; confidence
el desánimo	the state of being discouraged
el divorcio	divorce
la pareja	couple; partner
el sentimiento	feeling; emotion
atraer	to attract
coquetear	to flirt
cuidar	to take care of
dejar a alguien	to leave someone
discutir	to argue
educar	to raise; to bring up
hacerle caso a alguien	to pay attention to someone
impresionar	to impress
llevar... años de (casados)	to be (married) for... years
llevarse bien/mal/ fatal	to get along well/ badly/terribly
mantenerse en contacto	to keep in touch
pasarlo bien/mal/ fatal	to have a good/bad/ terrible time
proponer matrimonio	to propose (marriage)
romper (con)	to break up (with)
salir (con)	to go out (with)
soportar a alguien	to put up with someone
casado/a	married
divorciado/a	divorced
separado/a	separated
soltero/a	single
viudo/a	widowed

Más vocabulario

Expresiones útiles	Ver p. 7
Estructura	Ver pp. 14–15, 18–19 y 22–23

Cinemateca

la cinta	tape
la luz	light
alargar	to drag out
enterarse	to find out
entretenerse	to be held up
respirar	to breathe
pesado/a	annoying
precioso/a	lovely
turbio/a	murky
a lo mejor	maybe

Literatura

el alma	soul
el corazón	heart
la mirada	gaze
el olvido	forgetfulness; oblivion
amar	to love
besar	to kiss
contentarse con	to be contented, satisfied with
querer (e:ie)	to love; to want

Cultura

el cargo	position
la cima	height
el sueño	dream
convertirse (e:ie) en	to become
rechazar	to turn down
superar	to exceed
tomar en cuenta	to take into consideration
propio/a	own
sabio/a	wise
en contra	against

Las diversiones

2

Contextos
páginas 42–45

- La música y el teatro
- Los lugares de recreo
- Los deportes
- Las diversiones

Fotonovela
páginas 46–49

- *¡Tengo los boletos!*

Enfoques
México
páginas 50–53

- **En detalle:** El nuevo cine mexicano
- **Perfil:** Gael García Bernal
- **Flash cultura:** El cine mexicano

Estructura
páginas 54–65

- Object pronouns
- **Gustar** and similar verbs
- Reflexive verbs

Cinemateca
páginas 66–69

- **Cortometraje:** *Espíritu deportivo*

Lecturas
páginas 70–78

- **Literatura:** *Idilio* de Mario Benedetti
- **Cultura:** *El toreo: ¿Cultura o tortura?*

Atando cabos
página 79

- ¡A conversar!
- ¡A escribir!

Communicative Goals

I will expand my ability to...

- avoid redundancy
- express personal likes and dislikes
- describe my daily routine and activities

Las diversiones

◁)) **S** My Vocabulary

La música y el teatro

Mis amigos y yo tenemos un **grupo musical**. Yo soy el cantante. Ayer fue nuestro segundo **concierto**. Esperamos grabar pronto nuestro primer **álbum**.

el álbum *album*
el asiento *seat*
el/la cantante *singer*
el concierto *concert*
el conjunto/grupo
  musical *musical
  group; band*
el escenario *scenery; stage*
el espectáculo *show*
el estreno *premiere; debut*
la función *performance
  (theater; movie)*
el/la músico/a *musician*
la obra de teatro *play*
la taquilla *box office*
___
aplaudir *to applaud*
conseguir (e:i) boletos/entradas
  to get tickets
hacer cola *to
  wait in line*
poner un disco
  compacto *to play
  a CD*

Los lugares de recreo

el cine *movie theater; cinema*
el circo *circus*
la discoteca *discotheque; dance club*
la feria *fair*
el festival *festival*
el parque de atracciones
  amusement park
el zoológico *zoo*

Los deportes

el/la árbitro/a *referee*
el campeón/la campeona *champion*
el campeonato *championship*
el club deportivo *sports club*
el/la deportista *athlete*
el empate *tie (game)*
el/la entrenador(a) *coach; trainer*
el equipo *team*
el/la espectador(a) *spectator*
el torneo *tournament*
anotar/marcar (un gol/un punto)
  to score (a goal/a point)

desafiar *to challenge*
empatar *to tie (games)*
ganar/perder (e:ie) un partido
  to win/lose a game
vencer *to defeat*

Ricardo y sus amigos **se reúnen** todos los sábados. Les **gustan el billar** y **el boliche**, y son verdaderos **aficionados** a **las cartas**.

el ajedrez *chess*
el billar *billiards*
el boliche *bowling*
las cartas/los naipes *(playing) cards*
los dardos *darts*
el juego de mesa *board game*
el pasatiempo *pastime*
la televisión *television*
el tiempo libre/los ratos libres *free time*
el videojuego *video game*

aburrirse *to get bored*
alquilar una película *to rent a movie*
brindar *to make a toast*
celebrar/festejar *to celebrate*
dar un paseo *to take a stroll, walk*
disfrutar (de) *to enjoy*
divertirse (e:ie) *to have fun*

entretener(se) (e:ie) *to entertain, to amuse (oneself)*
gustar *to like*
reunirse (con) *to get together (with)*
salir (a comer) *to go out (to eat)*

aficionado/a (a) *fond of; a fan (of)*
animado/a *lively*
divertido/a *fun*
entretenido/a *entertaining*

recursos
v̂Text
CA
p. 57
CP
pp. 11–12
CH
pp. 17–18
S
vhlcentral

Práctica

1 **Escuchar**

A. Mauricio y Joaquín están haciendo planes para el fin de semana. Quieren ir al cine pero no logran ponerse de acuerdo. Escucha la conversación y contesta las preguntas con oraciones completas.

1. ¿Cuándo planean ir al cine Mauricio y Joaquín?
2. ¿Qué película quiere ver Joaquín?
3. ¿Por qué Mauricio no quiere verla?
4. ¿Qué alternativa sugiere Mauricio?
5. ¿Qué le pasa a Joaquín cuando mira documentales?

B. Ahora, escucha el anuncio radial de *Los invasores de la galaxia* y decide si las oraciones son **ciertas** o **falsas**. Corrige las falsas.

1. *Los invasores de la galaxia* ya se estrenó en otros lugares.
2. La película tuvo poco éxito en Europa.
3. Si compras cuatro boletos, te regalan la banda sonora (*soundtrack*).
4. Si te vistes de extraterrestre, te regalan un boleto para una fiesta exclusiva.
5. El estreno de la película es a las nueve de la mañana.

C. En parejas, imaginen que, después de escuchar el anuncio radial, Joaquín trata de convencer a Mauricio para ir a ver *Los invasores de la galaxia*. Inventen la conversación entre Mauricio y Joaquín y compártanla con la clase.

2 **Relaciones** Escoge la palabra que no está relacionada.

1. película (estrenar / dirigir / empatar)
2. obra de teatro (boleto / campeonato / taquilla)
3. concierto (vencer / aplaudir / hacer cola)
4. juego de mesa (ajedrez / naipes / videojuego)
5. celebrar (divertirse / aburrirse / disfrutar)
6. partido (deportista / árbitro / circo)

Práctica

3 **¿Dónde están?** Indica dónde están estas personas.

_____ 1. Llegamos muy temprano, pero hay una cola enorme. El hombre que vende los boletos parace estar de muy mal humor.

_____ 2. Hoy es el cumpleaños de mi hermana menor. En lugar de celebrarlo en casa, quiere pasar el día acá, con los tigres y los elefantes.

_____ 3. Una red (*net*), una pelota amarilla y dos deportistas. ¿Quién será la campeona?

_____ 4. Hay máquinas que suben, bajan, dan vueltas hacia la derecha y hacia la izquierda. La más espectacular dibuja un laberinto de líneas en el aire.

_____ 5. ¿Cómo puede ser que cuatro personas hagan tanto ruido en un campo de fútbol lleno de gente? Mi amiga se está divirtiendo mucho, pero ¡yo no entiendo nada de lo que cantan!

_____ 6. ¡Qué nervios! ¿Qué pasa si se abre el telón y me olvido de lo que tengo que decir?

a. un torneo de tenis

b. un parque de atracciones

c. un cine

d. un escenario

e. una taquilla

f. una discoteca

g. un zoológico

h. un concierto de rock

4 **Goles y fiestas** Completa la conversación.

aburrirte	celebrar	equipo
animadas	disfruten	espectadores
árbitro	divertidos	ganar
campeonato	empate	televisión

PEDRO Mario, ¿todavía estás mirando (1)_____? ¿No ves que vamos a llegar tarde?

MARIO Lo siento, pero no puedo ir a la fiesta de tu amiga. Pasan un partido de fútbol.

PEDRO Pero las fiestas de mi amiga son más (2)_____ y más entretenidas que cualquier partido de fútbol. Todos los partidos son iguales… Veintidós tontos corriendo detrás de una pelota, los (3)_____ gritando (*shouting*) como locos y el (4)_____ pitando (*whistling*) sin parar.

MARIO Hoy no me puedes convencer. Es la final del (5)_____ y estoy seguro de que mi (6)_____ favorito va a (7)_____.

PEDRO ¿Y no vas a (8)_____, aquí solito, mientras todos tus amigos bailan?

MARIO ¡Jamás! ¡Todos vienen a ver el partido conmigo! Y después vamos a (9)_____ la victoria.

PEDRO Que (10)_____ del partido. Ya me voy… Espera, mi amiga me está llamando al celular… ¿Qué me dices, Rosa? ¿Que la fiesta es aquí en mi casa? ¿Que tú también quieres ver el partido? ¡Ay, que yo me rindo (*give up*)!

Ⓢ Practice more at **vhlcentral.com**.

5 **Diversiones**

A. Sin consultar con tu compañero/a, prepara una lista de cinco actividades que crees que le gustan a él/ella. Escoge actividades del recuadro y añade otras.

bailar en una discoteca	jugar al boliche
escuchar música clásica	jugar videojuegos
ir a la feria	mirar televisión
ir al estreno de una película	practicar deportes en un club
jugar al ajedrez	salir a cenar con amigos

B. Ahora, habla con tu compañero/a para confirmar tus predicciones. Sigue el modelo.

MODELO —Creo que te gusta jugar al ajedrez.
—Es verdad, juego siempre que puedo. / —Te equivocas, me aburre. ¿Y a ti?

6 **Lo mejor** En grupos de cuatro, imaginen que son editores/as de un periódico local y quieren publicar la lista anual de *Lo mejor de la ciudad*.

A. Primero, escojan las categorías que quieren premiar (*to award*).

Lo mejor de la ciudad

Mejor cine _____

Mejor discoteca _____

Mejor espectáculo sobre hielo _____

Mejor equipo deportivo _____

Mejor parque para pasear _____

Mejor festival de arte _____

Mejor restaurante para
celebrar un cumpleaños _____

Mejor grupo musical en vivo (*live*) _____

Mejor ... _____

B. Luego, preparen una encuesta (*survey*) y entrevisten a sus compañeros/as de clase. Anoten las respuestas.

C. Ahora, compartan los resultados con la clase y decidan qué lugares y eventos recibirán el premio *Lo mejor*.

7 **Un fin de semana extraordinario** Dos amigos con personalidades muy diferentes tienen que pasar un fin de semana en una ciudad que nunca han visitado. Hacen muchas sugerencias interesantes, pero no se ponen de acuerdo en nada. En parejas, improvisen una conversación utilizando las palabras del vocabulario.

MODELO —¿Vamos al parque de atracciones? Es muy divertido.
—No, me mareo (*get dizzy*) en la montaña rusa (*roller coaster*)...

Los empleados de *Facetas* hablan de las diversiones. Johnny trata de ayudar a Éric. Mariela habla de sus planes.

 Video: *Fotonovela*

PERSONAJES AGUAYO DIANA

JOHNNY ¿Y a ti? ¿Qué te pasa?

ÉRIC Estoy deprimido.

JOHNNY Anímate, es fin de semana.

ÉRIC A veces me siento solo e inútil.

JOHNNY ¿Solo? No, hombre, yo estoy aquí; pero inútil...

JOHNNY Necesitas divertirte.

ÉRIC Lo que necesito es una chica. No tienes idea de lo que es vivir solo.

JOHNNY No, pero me lo estoy imaginando. El problema de vivir solo es que siempre te toca lavar los platos.

ÉRIC Las chicas piensan que soy aburrido.

JOHNNY No seas pesimista.

ÉRIC Soy un optimista con experiencia. Lo he intentado todo: el cine, la discoteca, el teatro... Nada funciona.

JOHNNY Tienes que contarles chistes. Si las haces reír, ¡*boom*! Se enamoran.

ÉRIC ¿De veras?

JOHNNY Seguro.

Mariela viene a hablar con ellos.

MARIELA ¡Los conseguí! ¡Los conseguí!

FABIOLA ¿Conseguiste qué?

MARIELA Los últimos boletos para el concierto de rock de esta noche.

FABIOLA ¿Cómo se llama el grupo?

MARIELA Distorsión. Aquí tengo el disco compacto. ¿Lo quieren oír?

FABIOLA (*mirando el reloj*) Uy, ¡qué tarde es!

Luego, en el escritorio de Diana...

ÉRIC Diana, ¿te puedo contar un chiste?

DIANA Estoy algo ocupada.

ÉRIC Es que se lo tengo que contar a una mujer.

DIANA Hay dos mujeres más en la oficina.

ÉRIC Temo que se rían cuando se lo cuente.

DIANA ¡Es un chiste!

ÉRIC Temo que se rían de mí y no del chiste.

DIANA ¿Qué te hace pensar que yo me voy a reír del chiste y no de ti?

ÉRIC No sé. Tú eres una persona seria.

DIANA ¿Y por qué se lo tienes que contar a una mujer?

ÉRIC Es un truco para conquistarlas.

Diana se ríe muchísimo.

ÉRIC

FABIOLA　**JOHNNY**　**MARIELA**

4

Johnny dibuja muchos puntos en la pizarra.

JOHNNY ¿Te sabes el chiste de la fiesta de puntos? Es un clásico... Hay una fiesta de puntos... Todos están divirtiéndose y pasándola bien. Y entonces entra un asterisco... y todos lo miran asombrados. Y el asterisco les dice: —¿Qué? ¿Nunca han visto un punto despeinado?

5

Mariela entra con dos boletos en la mano y comienza a besarlos.

MARIELA Sí, sí. Me encanta, me encanta...

FABIOLA Te lo dije.

AGUAYO ¿Me dijiste qué?

FABIOLA Que ella no parecía muy normal.

9

MARIELA Deséenme suerte.

AGUAYO ¿Suerte? ¿En qué?

MARIELA Esta noche le voy a quitar la camisa al guitarrista de Distorsión.

JOHNNY No, no lo harás.

MARIELA Voy a intentarlo.

ÉRIC Si crees que es tan fácil quitarle la camisa a un tipo, ¿por qué no practicas conmigo?

Mariela intenta quitarle la camisa a Éric.

10

Al final del día, en la cocina...

AGUAYO ¿Alguien quiere café?

JOHNNY ¿Lo hiciste tú o sólo lo estás sirviendo?

AGUAYO Sólo lo estoy sirviendo.

JOHNNY Yo quiero una taza.

ÉRIC Yo quiero una taza.

Expresiones útiles

Talking about whose turn it is
Siempre te toca lavar los platos.
It's always your turn to wash the dishes.
A Johnny le toca hacer el café.
It's Johnny's turn to make coffee.
¿A quién le toca pagar la cuenta?
Whose turn is it to pay the bill?
¿Todavía no me toca?
It still isn't my turn?

Encouraging other people
¡Anímate! *Cheer up! (sing.)*
¡Anímense! *Cheer up! (pl.)*
No seas pesimista.
Don't be pessimistic. (sing.)
No sean pesimistas.
Don't be pessimistic. (pl.)

Wishing someone well
¡Buen fin de semana!
Have a nice weekend!
¡Pásalo bien!
Have a good time! (sing.)
¡Pásenlo bien!
Have a good time! (pl.)
¡Que te diviertas!
Have fun! (sing.)
¡Que se diviertan!
Have fun! (pl.)

Additional vocabulary
contar *to tell*
inútil *useless*
el punto *period, point*
el tipo *guy*
el truco *trick*

recursos

v̂Text　CA　pp. 33–34　vhlcentral

Comprensión

1 **¿Cierto o falso?** Decide si estas oraciones son **ciertas** o **falsas**. Corrige las falsas.

Cierto	Falso	
☐	☐	1. Éric está deprimido.
☐	☐	2. A Éric le gusta vivir solo.
☐	☐	3. Según Johnny, hay que ser serio para enamorar a las mujeres.
☐	☐	4. Diana se ríe del chiste de Éric.
☐	☐	5. Fabiola quiere escuchar la música de Distorsión.
☐	☐	6. Mariela quiere quitarle la camisa al guitarrista de Distorsión.
☐	☐	7. Aguayo preparó el café.
☐	☐	8. Johnny quiere beber café porque no lo preparó Aguayo.

2 **Seleccionar** Selecciona la respuesta que especifica de qué hablan Johnny y Éric.

1. ¿Qué <u>te</u> pasa? → ¿Qué te pasa _____?
   a. a Johnny   b. al fin de semana   c. a ti

2. Tienes que contar<u>les</u> chistes. → Les tienes que contar chistes _____.
   a. a los amigos   b. a todas las chicas   c. a Mariela y Diana

3. Tengo que contárse<u>lo</u> a una mujer. → Tengo que contarle a una mujer _____.
   a. el chiste   b. el concierto de rock   c. el cuento

4. Temo que se rían cuando <u>se</u> lo cuente. → Temo que se rían cuando se lo cuente _____.
   a. a Mariela y Aguayo   b. a las mujeres   c. a Diana, Fabiola y Mariela

5. No, pero me <u>lo</u> estoy imaginando. → No, pero me estoy imaginando _____.
   a. el fin de semana   b. lo que es vivir solo   c. lavar los platos

6. ¿<u>Lo</u> hiciste tú o lo hizo Aguayo? → ¿Hiciste tú _____ o lo hizo Aguayo?
   a. el boleto   b. la taza   c. el café

3 **Consejos**

A. Un amigo le da consejos a Éric para salir con una chica, pero él no acepta ninguno.
Lee los consejos y emparéjalos con las respuestas de Éric.

Consejos del amigo	Respuestas de Éric
____ 1. ¡Ve con ella al concierto de rock!	a. Siempre me duermo viendo películas.
____ 2. Pregúntale si quiere ver el partido.	b. No conozco ninguna discoteca.
____ 3. Llévala al cine.	c. No me gustan los deportes.
____ 4. Invítala al parque de atracciones.	d. Va a mirar al guitarrista y no a mí.
____ 5. Puedes invitarla a bailar.	e. Las alturas (*heights*) me dan miedo.

B. En parejas, preparen cinco recomendaciones más para Éric y dramaticen la situación: uno/a
de ustedes es Éric y la otra persona es su amigo/a. Luego, intercambien los papeles.

Practice more at
vhlcentral.com.

Ampliación

 4 **Tu turno**

A. Ahora te toca a ti darle consejos a Éric para conquistar a una chica. Escríbele un email con consejos útiles.

De:	
Para:	Éric <eric@facetas.mx >
Asunto:	Consejos

Hola, Éric:

¿Cómo estás?

Me he enterado de que estás teniendo problemas para conquistar a las chicas. Bueno, eso tiene solución: lo primero que tienes que hacer es…

 B. Ahora, presenten sus consejos a la clase y decidan cuáles son los mejores consejos.

5 **Apuntes culturales** En parejas, lean los párrafos y contesten las preguntas.

Piropos para enamorar

Johnny le asegura a Éric que para enamorar a las chicas hay que hacerlas reír. En el mundo hispano, los hombres suelen decirles a las mujeres "piropos" (*compliments*) graciosos. ¿Piensas que Éric tendrá éxito con este piropo? *"Si la belleza fuera pecado (*sin*), tú ya estarías en el infierno."* ¿Y qué tal con éste? *"¿Empezó la primavera? Acabo de ver la primera flor."*

La mejor taza de café

A Éric y a Johnny no les gusta el café que prepara Aguayo. Ellos lo prefieren más intenso… ¡a lo cubano! En Cuba, el café se toma fuerte, con mucha azúcar y se sirve en pequeñas tacitas (*little cups*). No puede faltar en el desayuno, ni después de las comidas. No le vendría nada mal al jefe una receta de **café cubano**, ¿verdad?

Los Claxons

El rock mexicano

Mariela está contenta porque consiguió boletos para un concierto de rock. El rock mexicano se caracteriza por la riqueza de estilos producida por la fusión con otros ritmos, como boleros, corridos, rancheras, reggae y jazz. **Zoé, Los Claxons** y **División Minúscula** son algunas de las bandas más populares en la actualidad.

1. ¿Existen los piropos en tu cultura? Da ejemplos.

2. En tu país, ¿cómo se toma el café? ¿Cuándo se toma? ¿Cómo te gusta a ti?

3. ¿Conoces a otros músicos mexicanos y del mundo hispano? ¿A qué género pertenece su música?

4. ¿Fuiste alguna vez a un concierto de rock? ¿A qué banda o cantante viste?

En detalle

MÉXICO

El nuevo CINE MEXICANO

Salma Hayek

México vivió la época dorada de su cine en los años cuarenta. Pasada esa etapa°, la industria cinematográfica mexicana perdió fuerza. Ha tardado casi medio siglo en volver a brillar, pero hace una década volvió al panorama internacional con gran vigor°. Este resurgir°, en parte, se debe al apoyo del gobierno mexicano y, sobre todo, al talento de una nueva generación de creadores que ha logrado triunfar en las pantallas de todo el mundo.

En 1992, *Como agua para chocolate* de Alfonso Arau batió° récords de taquilla. Esta película, que puso en imágenes el realismo mágico que tanto éxito tenía en la literatura, despertó el interés por el cine mexicano. Las películas empezaron a disfrutar de una mayor distribución y muchos directores y actores se convirtieron en estrellas internacionales.

Alfonso Cuarón

El éxito también se vio reflejado en el dinero recaudado° y en las nominaciones y los premios° recibidos. Hoy día, los rostros° de Salma Hayek, Gael García Bernal y Diego Luna, entre otros, pueden verse no sólo en el cine, sino también en revistas y programas de televisión de todo el mundo. Muchos artistas alternan su trabajo entre Estados Unidos y México. En el año 2000, el enorme éxito de *Amores perros* impulsó la carrera de su director, Alejandro González Iñárritu, que poco tiempo después dirigió *21 Grams* y *Babel* en tierras estadounidenses. Otros directores que trabajan en los dos países son Guillermo del Toro (*Blade II, El laberinto del fauno, Hellboy, Hellboy II: The Golden Army* y *El Hobbit*) y Alfonso Cuarón. Después del éxito alcanzado° con *Y tu mamá también,* Cuarón dirigió la tercera película de *Harry Potter*. En 2014, Alfonso Cuarón se convirtió en el primer director mexicano en ganar un premio Óscar con la aventura espacial *Gravity*. ■

Algunas películas premiadas

Como agua para chocolate	La ley de Herodes		Y tu mamá también		Miss Bala
Premio Ariel	Sundance – Premio al Cine Latinoamericano		Venecia – Mejor Guión		Tokio – Mejor Director
1992	**1996**	**2000** **2001**		**2007**	**2011**
	El callejón de los milagros Premio Goya	Amores perros Chicago – Hugo de Oro a la Mejor Película		El laberinto del fauno Tres premios Oscar	

etapa *era* vigor *energy* resurgir *revival* batió *broke* recaudado *collected*
premios *awards* rostros *faces* alcanzado *reached*

Las diversiones

chido/a (Méx.)	
copado/a (Arg.)	
mola (Esp.)	*cool*
guay (Esp.)	
bacanal (Nic.)	
salir de parranda	
rumbear (Col. y Ven.)	*to go out and have fun*
farandulear (Col.)	
la rola (Nic. y Méx.)	*song*
el tema	
el temazo	*hit (song)*

Los premios de cine

Cada año, distintos países hispanoamericanos premian las mejores películas nacionales y extranjeras.

En **México**, el premio **Ariel** es la máxima distinción otorgada° a los mejores trabajos cinematográficos mexicanos. La estatuilla° representa el triunfo del espíritu y el deseo de ascensión.

Penélope Cruz recibe el premio Goya

En **España**, el premio más prestigioso es el **Goya**. La Academia de Artes y Ciencias Cinematográficas de España entrega estos premios a producciones nacionales en un festival en Madrid. La estatuilla recibe ese nombre por el pintor Francisco de Goya.

En **Argentina**, el Festival de Cine Internacional de Mar del Plata premia películas nacionales e internacionales. El galardón° se llama **Astor** en homenaje al compositor de tango Astor Piazzolla, quien nació en la ciudad de Mar del Plata.

En **Cuba**, el Festival Internacional de La Habana entrega los premios **Coral**. Aunque predomina el cine latinoamericano, el festival también convoca a producciones de todas partes del mundo.

GAEL GARCÍA BERNAL

Gael García Bernal es una de las figuras más representativas del cine mexicano contemporáneo. Empieza a actuar en el teatro con tan sólo cinco años, de la mano de sus padres, también actores. Pasa pronto a trabajar en telenovelas°. Siendo adolescente, Gael entra en el mundo del cine. Su intuición y su talento lo llevan a renunciar a la fama fácil y, a los diecisiete años, se va a Londres para estudiar arte dramático. Tres años después, regresa a México lleno de confianza y no se asusta° a la hora de representar ningún papel, por controvertido o difícil que sea. A partir de ese momento, participa en algunas de las películas más emblemáticas del cine en español de los últimos años: *Amores perros*, *Y tu mamá también* y *Diarios de motocicleta*. Actualmente, Gael trabaja también del otro lado de las cámaras como director y productor, y participa activamente en la promoción del cine mexicano.

❝ Es muy importante que el cine latino se mantenga muy específico, pero que al mismo tiempo sus temas sean universales. **❞** (Alfonso Cuarón)

Conexión Internet

¿Qué función tiene el Instituto Mexicano de Cinematografía?

Investiga sobre este tema en **vhlcentral.com**.

telenovelas *soap operas* no se asusta *doesn't get scared*
otorgada *given* estatuilla *statuette* galardón *award*

¿Qué aprendiste?

recursos

v̂ Text   CH

p. 20

1 **¿Cierto o falso?** Indica si estas afirmaciones son **ciertas** o **falsas**. Corrige las falsas.

1. La época dorada del cine mexicano fue en los años cincuenta.

2. El gobierno mexicano ha apoyado los nuevos proyectos de cine.

3. El director de *Como agua para chocolate* es Diego Luna.

4. El éxito de *Como agua para chocolate* despertó el interés por el cine mexicano.

5. Los artistas mexicanos van a Estados Unidos y no vuelven a trabajar en su país.

6. La película *Amores perros* es del año 2002.

7. Alfonso Cuarón dirigió *Babel*.

8. Guillermo del Toro actuó en *El laberinto del fauno*.

2 **Completar** Completa las oraciones.

1. Los premios del Festival Internacional de La Habana se llaman _____.

2. Los premios Astor se entregan en _____.

3. El premio cinematográfico más prestigioso de España es el _____.

4. A los jóvenes venezolanos les gusta salir a _____.

3 **Preguntas** Contesta las preguntas con oraciones completas.

1. ¿A qué se dedican los padres de Gael García Bernal?

2. ¿A qué edad comenzó a trabajar como actor Gael García Bernal?

3. ¿Qué hizo en Londres Gael García Bernal?

4. ¿Gael García Bernal evita los papeles controvertidos?

5. ¿Qué otras actividades relacionadas con el cine realiza Gael García Bernal además de actuar?

6. Según Alfonso Cuarón, ¿cómo deben ser los temas del cine latino?

7. ¿Crees que es positivo que directores y actores de habla hispana trabajen en Hollywood? ¿Por qué?

8. Cuando decides ver una película, ¿qué factores tienes en cuenta? ¿Por qué?

4 **Opiniones** En parejas, escriban en qué se diferencian y en qué se parecen el cine de Hollywood y el cine extranjero. Usen estas preguntas como guía.

- ¿Cómo son los temas que trata el cine de Hollywood? ¿Y el cine extranjero?

- ¿En qué tipo de cine se invierte más dinero?

- ¿Quiénes reciben más dinero, los actores de Hollywood o los extranjeros?

- ¿Qué películas reciben mejor distribución y publicidad?

PROYECTO

María Félix

Artistas de la época de oro

Durante la época de oro del cine mexicano, actores como María Félix, Pedro Infante y Silvia Pinal, y directores como Emilio Fernández e Ismael Rodríguez —y también el español Luis Buñuel— llevaron el interés por el cine mexicano más allá de sus fronteras.

Busca información sobre uno de estos artistas y escribe una biografía de tres párrafos. Debes incluir:

- datos biográficos
- trabajos principales
- contribución al cine mexicano

Siguiendo el estilo usado en el perfil de Gael García Bernal, escribe tu texto usando el tiempo presente.

S **Practice more at vhlcentral.com.**

Video: *Flash cultura*

El cine mexicano

Ya has leído sobre el cine mexicano, su época dorada y su resurgimiento en los últimos años. Ahora mira este episodio de **Flash cultura** para conocer cómo se promueve actualmente el cine en ese país.

Preparación ¿Te gusta ir al cine? ¿Qué clase de películas prefieres ver? ¿Eres aficionado/a a algún género en especial?

Comprensión Indica si estas afirmaciones son ciertas o falsas. Después, en parejas, corrijan las falsas.

1. A los mexicanos no les gustan las películas nacionales, sino solamente las norteamericanas.
2. La Cineteca es una cadena de cines con salas en todo el país.
3. Cuando van al cine, los mexicanos comen palomitas.
4. En los ciclos, se presentan películas de un solo tema o un solo director.
5. El Instituto Mexicano de Cinematografía tiene como objetivo hacer famosos a los actores mexicanos.
6. En el año 1989, el cine mexicano no tenía salas ni público en México.

Expansión En parejas, contesten estas preguntas.

- ¿Te molesta tener que leer subtítulos en la pantalla cuando miras películas extranjeras?
- ¿Te sorprende que una película pueda ser un "hijo creativo", como dice la actriz Vanesa Bauche? Justifica tu respuesta.
- ¿Es importante para el cine de un país tener identidad propia? ¿Cómo se logra eso? Piensen en películas estadounidenses que cumplan con esas características y hagan una lista.

Corresponsal: Carlos López
País: México

En la Muestra Internacional de Cine que se lleva a cabo° en otoño, se presentan películas de todo el mundo.

La Cineteca cuenta con° el Centro de Documentación e Investigación, donde puedes encontrar 9 mil libros, 5 mil guiones inéditos° y 20 años de notas de prensa.

El Instituto Mexicano de Cinematografía tiene como misión principal una buena medida de apoyar lo que es la distribución, la exhibición y la producción de cine mexicana.

se lleva a cabo *takes place* **cuenta con** *has* **guiones inéditos** *unpublished scripts*

recursos

S
vhlcentral

2.1 Object pronouns S Tutorial

- Pronouns are words that take the place of nouns. Direct object pronouns replace the noun that directly receives the action of the verb. Indirect object pronouns identify *to whom/what* or *for whom* an action is done.

Esta noche le voy a quitar la camisa al guitarrista.

No, no lo harás.

Indirect object pronouns		Direct object pronouns	
me	nos	me	nos
te	os	te	os
le	les	lo/la	los/las

Position of object pronouns

- Direct and indirect object pronouns (**los pronombres de complemento directo e indirecto**) precede the conjugated verb.

INDIRECT OBJECT	DIRECT OBJECT
Carla siempre **me** da entradas para el teatro. *Carla always gives me tickets to the theater.*	Ella **las** consigue gratis. *She gets them for free.*
No **le** compro más juegos de mesa. *I'm not buying him any more board games.*	Nunca **los** juega. *He never plays them.*

- When the verb is an infinitive construction, object pronouns may either be attached to the infinitive or placed before the conjugated verb.

INDIRECT OBJECT	DIRECT OBJECT
Vamos a dar**le** un regalo. **Le** vamos a dar un regalo.	Voy a hacer**lo** enseguida. **Lo** voy a hacer enseguida.
Tienes que hablar**nos** de la película. **Nos** tienes que hablar de la película.	Van a ver**la** mañana. **La** van a ver mañana.

- When the verb is a progressive form, object pronouns may either be attached to the present participle or placed before the conjugated verb.

INDIRECT OBJECT	DIRECT OBJECT
Pedro está cantándo**me** una canción. Pedro **me** está cantando una canción.	Está cantándo**la** muy mal. **La** está cantando muy mal.

Double object pronouns

- The indirect object pronoun precedes the direct object pronoun when they are used together in a sentence.

    Me mandaron **los boletos** por correo.
    Te exijo **una respuesta** ahora mismo.

    ▶

    Me los mandaron por correo.
    Te la exijo ahora mismo.

- **Le** and **les** change to **se** when they are used with **lo**, **la**, **los**, or **las**.

    Le da **los libros** a Ricardo.
    Le enseña **las invitaciones** a Elena.

    ▶

    Se los da.
    Se las enseña.

Prepositional pronouns

¡ATENCIÓN!

When object pronouns are attached to infinitives, participles, or commands, a written accent is often required to maintain proper word stress.

Infinitive
cantármela

Present participle
escribiéndole

Command
acompáñeme

For more information on using object pronouns with commands, see **4.2**, pp. 140–141.

Prepositional pronouns			
mí *me; myself*	**él** *him; it*	**nosotros/as** *us; ourselves*	**ellos** *them*
ti *you; yourself*	**ella** *her; it*		**ellas** *them*
Ud. *you; yourself*	**sí** *himself; herself; itself*	**vosotros/as** *you; yourselves*	**sí** *themselves*
sí *yourself (formal)*		**Uds.** *you; yourselves*	
		sí *yourselves (formal)*	

- Prepositional pronouns function as the objects of prepositions. Except for **mí**, **ti**, and **sí**, these pronouns are the same as the subject pronouns.

    ¿Qué piensas de **ella**?
    Ellos sólo piensan en **sí mismos**.

    ¿Lo compraron para **mí** o para Javier?
    Lo compramos para **él**.

- The indirect object can be repeated with the construction **a** + *[prepositional pronoun]* to provide clarity or emphasis.

    ¿Te gusta aquel cantante?
    ¿A quién se lo dieron?

    ¡**A mí** me fascina!
    Se lo dieron **a ella**.

- The adjective **mismo(s)/a(s)** is usually added to clarify or emphasize the relationship between the subject and the object.

    José se lo regaló a **él**.
    José gave it to him (someone else).

    José se lo regaló a **sí mismo**.
    José gave it to himself.

- When **mí**, **ti**, and **sí** are used with **con**, they become **conmigo**, **contigo**, and **consigo**.

    ¿Quieres ir **conmigo** al parque de atracciones?
    Do you want to go to the amusement park with me?

    Laura siempre lleva su computadora portátil **consigo**.
    Laura always brings her laptop with her.

- These prepositions are used with **tú** and **yo** instead of **mí** and **ti**: entre, **excepto, incluso, menos, salvo, según**.

    Todos están de acuerdo **menos tú** y **yo**.
    Everyone is in agreement except you and me.

    Entre tú y **yo**, Juan me cae mal.
    Between you and me, I can't stand Juan.

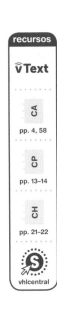

recursos

v̂Text

CA
pp. 4, 58

CP
pp. 13–14

CH
pp. 21–22

vhlcentral

Práctica

1 **Dos buenas amigas** Dos mujeres, Rosa y Marina, están en un café hablando de
unos conocidos. Selecciona las personas de la lista que corresponden a los pronombres
subrayados (*underlined*).

a Antoñito	a nosotras
a Antoñito y a Maite	a ti
a Maite	a ustedes
a mí	

ROSA Siempre <u>lo</u> veo bailando en la discoteca Club 49.

MARINA ¿<u>Te</u> saluda?

ROSA Nunca. Yo creo que no <u>me</u> saluda porque tiene miedo de
que se lo diga a su novia.

MARINA ¿Su novia? Hace siglos que no sé nada de ella. Un día de
éstos <u>la</u> tengo que llamar.

ROSA ¿Quieres que <u>los</u> invitemos a ir con nosotras a la
fiesta del viernes?

MARINA Sí. Es una buena idea. A ver qué <u>nos</u> dice Antoñito de su
afición a las discotecas.

1. _____

2. _____

3. _____

4. _____

5. _____

6. _____

2 **Entre hermanos** Completa las oraciones con una de estas expresiones: **conmigo,
contigo, consigo.**

FEDERICO Ya estamos otra vez, Sara. ¿Por qué siempre tengo que estar
(1) _____ ? ¡Nunca lo pasamos bien juntos!

SARA ¿Y tú qué crees? ¿Que yo me divierto (2) _____ ?

FEDERICO ¡Pero eres tú la que siempre quiere salir (3) _____ los fines
de semana!

SARA Yo no quiero salir (4) _____ , ¡el problema es que papá no quiere
que yo salga sola! Así que si no salgo (5)_____ , ¡no salgo nunca!

FEDERICO ¿Y si salieras con nuestra prima Olivia?

SARA ¿Olivia? A ella sólo le gusta estar (6) _____ misma. Se aburre con
los demás.

3 **Una fiesta muy ruidosa** Martín y Luisa han organizado una fiesta muy ruidosa (*noisy*)
en su casa y un vecino ha llamado a la policía. El policía les aconseja lo que deben hacer
para evitar más problemas. Reescribe los consejos cambiando las palabras subrayadas
por los pronombres de complemento directo e indirecto correctos.

1. Traten amablemente <u>a la policía</u>.

2. Tienen que pedirle <u>perdón a su vecino</u>.

3. No pueden contratar <u>a un grupo musical</u> sin permiso.

4. Tienen que poner <u>la música</u> muy baja.

5. No deben servirles <u>bebidas alcohólicas a los menores de edad</u>.

6. No pueden organizar <u>fiestas</u> nunca más.

Practice more at
vhlcentral.com.

Comunicación

4 **La fiesta** En parejas, túrnense para contestar las preguntas usando pronombres de complemento directo o indirecto según sea necesario.

1. ¿Te gusta organizar fiestas? ¿Cuándo fue la última vez que organizaste una? ¿Por qué la organizaste?
2. ¿Invitaste a muchas personas? ¿A quiénes invitaste?
3. ¿Qué tipo de música escucharon? ¿Bailaron también?
4. ¿Qué les ofreciste de comer a los invitados en tu fiesta?
5. ¿Trajeron algo? ¿Qué trajeron? ¿Para quién?

5 **¿En qué piensas?** Piensa en algunos de los objetos típicos que ves en la clase o en tu casa (un cuadro, una maleta, un mapa, etc.). Tu compañero/a debe adivinar el objeto que tienes en mente haciéndote preguntas con pronombres.

> **MODELO** **Tú piensas en: un libro**
>
> —Estoy pensando en algo que uso para estudiar.
> —¿Lo usas mucho?
> —Sí, lo uso para aprender español.
> —¿Lo compraste?
> —Sí, lo compré en una librería.

6 **Una persona famosa** En parejas, escriban una entrevista con una persona famosa. Utilicen estas cinco preguntas y escriban cinco más. Incluyan pronombres en las respuestas. Después, representen la entrevista ante la clase.

> **MODELO** —¿Quién prepara la comida en tu casa?
>
> —Mi cocinero la prepara.

1. ¿Visitas frecuentemente a tus amigos/as?
2. ¿Ves mucho la televisión?
3. ¿Quién conduce tu auto?
4. ¿Preparas tus maletas cuando viajas?
5. ¿Evitas a los fotógrafos?

7 **Fama** María Estela Pérez es una actriz de cine que debe encontrarse con sus *fans* pero, como no sabe dónde dejó su agenda, no recuerda a qué hora es el encuentro. En grupos de cuatro, miren la ilustración e inventen una historia inspirándose en ella. Utilicen por lo menos cinco pronombres de complemento directo e indirecto.

2.2 **Gustar** and similar verbs

 Tutorial

Me encanta el grupo Distorsión.

No me gusta nada la música rock.

- Though **gustar** is translated as *to like* in English, its literal meaning is *to please*. **Gustar** is preceded by an indirect object pronoun indicating *the person who is pleased*. It is followed by a noun indicating *the thing or person that pleases*.

INDIRECT OBJECT PRONOUN			SUBJECT

Me ▶ **gusta** ▶ **la película.**

I like the movie. (literally: *The movie pleases me.*)

¿Te ▶ **gustan** ▶ **los conciertos de rock?**

Do you like rock concerts? (literally: *Do rock concerts please you?*)

- Because *the thing or person that pleases* is the subject, **gustar** agrees in person and number with it. Most commonly the subject is third person singular or plural.

SINGULAR SUBJECT	PLURAL SUBJECT

Nos gust**a** la música de Paulina Rubio.
We like Paulina Rubio's music.

Me gust**an** las quesadillas.
I like quesadillas.

Les gust**a** su casa nueva.
They like their new house.

¿Te gust**an** las películas románticas?
Do you like romantic movies?

- When **gustar** is followed by one or more verbs in the infinitive, the singular form of **gustar** is always used.

No nos **gusta** llegar tarde.
We don't like to arrive late.

Les **gusta** cantar y bailar.
They like to sing and dance.

- **Gustar** is often used in the conditional (**me gustaría**, etc.) to soften a request.

Me **gustaría** un refresco con hielo, por favor.
I would like a soda with ice, please.

¿Te **gustaría** salir a cenar esta noche conmigo?
Would you like to go out to dinner with me tonight?

Verbs like *gustar*

- Many verbs follow the same pattern as **gustar**.

aburrir *to bore*	**hacer falta** *to miss*
caer bien/mal *to get along well/badly with*	**importar** *to be important to; to matter*
disgustar *to upset*	**interesar** *to be interesting to; to interest*
doler *to hurt; to ache*	**molestar** *to bother; to annoy*
encantar *to like very much*	**preocupar** *to worry*
faltar *to lack; to need*	**quedar** *to be left over; to fit (clothing)*
fascinar *to fascinate; to like very much*	**sorprender** *to surprise*

¡**Me fascina** el álbum!
I love the album!

¿**Te molesta** si voy contigo?
Will it bother you if I come along?

A Sandra **le disgusta** esa situación.
That situation upsets Sandra.

Le duelen las rodillas.
Her knees hurt.

- The indirect object can be repeated using the construction **a** + [*prepositional pronoun*] or **a** + [*noun*]. This construction allows the speaker to emphasize or clarify who is pleased, bothered, etc.

A ella no le gusta bailar, pero **a él** sí.
She doesn't like to dance, but he does.

A Felipe le molesta ir de compras.
Shopping bothers Felipe.

- **Faltar** expresses what someone or something lacks and **quedar** what someone or something has left. **Quedar** is also used to talk about how clothing fits or looks on someone.

Le falta dinero.
He's short of money.

Me faltan dos pesos.
I need two pesos.

A la impresora no **le queda** papel.
The printer is out of paper.

Esa falda **te queda** bien.
That skirt fits you well.

¿Qué te hace falta en la vida?

Parque de Atracciones de Madrid

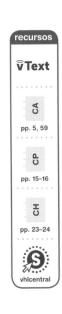

recursos

v̂Text

CA
pp. 5, 59

CP
pp. 15–16

CH
pp. 23–24

S
vhlcentral

Práctica

1 **Completar** Los hermanos Miguel y César comparten un cuarto y tienen algunos problemas. Hoy se han reunido para discutirlos. Completa su conversación con la forma correcta de los verbos entre paréntesis.

MIGUEL Mira, César, a mí (1) _____ (encantar) compartir el cuarto contigo, pero la verdad es que (2) _____ (preocupar) algunas cosas.

CÉSAR De acuerdo. A mí también (3) _____ (disgustar) algunas cosas de ti.

MIGUEL Bueno, para empezar no (4) _____ (gustar) que pongas la música tan alta cuando vienen tus amigos. Tus amigos (5) _____ (caer) muy bien, pero a veces hacen mucho ruido y no me dejan estudiar.

CÉSAR Sí, claro, lo entiendo. Pues mira, Miguel, a mí (6) _____ (molestar) que traigas comida al cuarto y que luego dejes los platos sucios en el suelo.

MIGUEL Es verdad. Pues... vamos a intentar cambiar estas cosas. ¿Te parece?

CÉSAR ¡(7) _____ (fascinar) la idea! Yo bajo el volumen de la música cuando vengan mis amigos y tú, no comas en el cuarto ni dejes los platos sucios en el suelo. ¿De acuerdo?

2 **Preguntar** Túrnense para hacerse preguntas sobre estos temas siguiendo el modelo.

> **MODELO** **a tu padre / fascinar**
> —¿Qué crees que le fascina a tu padre?
> —Pues, no sé. Creo que le fascina dormir.

1. al presidente / preocupar
2. a tu hermano/a / encantar
3. a ti / faltar
4. a tus padres / gustar
5. a tu profesor(a) de español / disgustar
6. a ustedes / importar
7. a tus amigos / molestar
8. a tu compañero/a de clase / aburrir

3 **Conversar** En parejas, pregúntense si les gustaría hacer las actividades relacionadas con las fotos. Utilicen los verbos **aburrir, disgustar, encantar, fascinar, interesar** y **molestar**. Sigan el modelo.

> **MODELO** —¿Te molestaría ir al parque de atracciones?
> —No, me encantaría.

Practice more at
vhlcentral.com.

Comunicación

4 **Extrañas aficiones** En grupos de cuatro, miren las ilustraciones e imaginen qué les gusta, interesa o molesta a estas personas.

5 **¿Qué te gusta?** En parejas, pregúntense si les gustan o no las personas y actividades de la lista. Utilicen verbos similares a **gustar** y contesten las preguntas.

Beyoncé	dormir los fines de semana
salir con tus amigos	hacer bromas
las películas de misterio	los discos de Christina Aguilera
practicar algún deporte	ir a discotecas
Ricky Martin	las películas extranjeras

6 **¿A quién le gusta?** Trabajen en grupos de cuatro.

A. Preparen una lista de cinco pasatiempos y cinco lugares de recreo. Luego circulen por la clase para ver a quiénes les gustan los lugares y las actividades de la lista.

B. Ahora escriban un párrafo breve para describir los gustos de sus compañeros. Utilicen **gustar** y otros verbos similares. Compartan su párrafo con la clase.

MODELO A Luisa y a Simón les fascina el restaurante Acapulco, pero a Celia no le gusta.
A todos nos gusta ir al cine, menos a Carlos, porque…

2.3 Reflexive verbs Tutorial

- In a reflexive construction, the subject of the verb both performs and receives the action. Reflexive verbs (**verbos reflexivos**) always use reflexive pronouns (**me, te, se, nos, os, se**).

Reflexive verb

Elena **se lava** la cara.

Non-reflexive verb

Elena **lava** los platos.

Reflexive verbs	
lavarse *to wash (oneself)*	
yo	me lavo
tú	te lavas
Ud./él/ella	se lava
nosotros/as	nos lavamos
vosotros/as	os laváis
Uds./ellos/ellas	se lavan

- Many of the verbs used to describe daily routines and personal care are reflexive.

acostarse *to go to bed*	**dormirse** *to fall asleep*	**peinarse** *to comb (one's hair)*
afeitarse *to shave*	**ducharse** *to take a shower*	**ponerse** *to put on (clothing)*
bañarse *to take a bath*	**lavarse** *to wash (oneself)*	**secarse** *to dry off*
cepillarse *to brush (one's hair/teeth)*	**levantarse** *to get up*	**quitarse** *to take off (clothing)*
despertarse *to wake up*	**maquillarse** *to put on makeup*	**vestirse** *to get dressed*

¡ATENCIÓN!

A transitive verb is one that takes a direct object.

Mariela compró dos boletos.
Mariela bought two tickets.

Johnny contó un chiste.
Johnny told a joke.

- In Spanish, most transitive verbs can also be used as reflexive verbs to indicate that the subject performs the action to or for himself or herself.

Félix **divirtió** a los invitados con sus chistes.
Félix amused the guests with his jokes.

Félix **se divirtió** en la fiesta.
Félix had fun at the party.

Ana **acostó** a los gemelos antes de las nueve.
Ana put the twins to bed before nine.

Ana **se acostó** muy tarde.
Ana went to bed very late.

- Many verbs change meaning when they are used with a reflexive pronoun.

aburrir *to bore*	**aburrirse** *to get bored*
acordar *to agree*	**acordarse (de)** *to remember*
comer *to eat*	**comerse** *to eat up*
dormir *to sleep*	**dormirse** *to fall asleep*
ir *to go*	**irse (de)** *to go away (from)*
llevar *to carry*	**llevarse** *to carry away*
mudar *to change*	**mudarse** *to move (change residence)*
parecer *to seem*	**parecerse (a)** *to resemble; to look like*
poner *to put*	**ponerse** *to put on (clothing, make-up)*
quitar *to take away*	**quitarse** *to take off (clothing)*

- Some Spanish verbs and expressions are used in the reflexive even though their English equivalents may not be. Many of these are followed by the prepositions **a, de**, and **en**.

acercarse (a) *to approach*	**fijarse (en)** *to take notice (of)*
arrepentirse (de) *to regret*	**morirse (de)** *to die (of)*
atreverse (a) *to dare (to)*	**olvidarse (de)** *to forget (about)*
convertirse (en) *to become*	**preocuparse (por)** *to worry (about)*
darse cuenta (de) *to realize*	**quejarse (de)** *to complain (about)*
enterarse (de) *to find out (about)*	**sorprenderse (de)** *to be surprised (about)*

- *To get* or *to become* is frequently expressed in Spanish by the reflexive verb **ponerse** + [*adjective*].

  > Pilar **se pone** muy nerviosa antes del torneo.
  > *Pilar gets very nervous before the tournament.*

  > Si no duermo bien, **me pongo insoportable**.
  > *If I don't sleep well, I become unbearable.*

- In the plural, reflexive verbs can express reciprocal actions done *to one another*.

  > Los dos equipos **se saludan** antes de comenzar el partido.
  > *The two teams greet each other at the start of the game.*

  > ¡Los entrenadores **se están peleando** otra vez!
  > *The coaches are fighting again!*

- The reflexive pronoun precedes the direct object pronoun when they are used together in a sentence.

  > ¿**Te** comiste todo el pastel?　　　Sí, **me lo** comí todo.
  > *Did you eat the whole cake?*　　　*Yes, I ate it all up.*

¡ATENCIÓN!

Hacerse and **volverse** can also mean *to become.*

Se ha hecho cantante.
He has become a singer.

¿**Te has vuelto** loco/a?
Have you gone mad?

recursos

v̂Text

CA
pp. 6, 60

CP
pp. 17–18

CH
pp. 25–26

S
vhlcentral

Práctica

1

Los lunes por la mañana Completa el párrafo sobre lo que hacen Carlos y su esposa Elena los lunes por la mañana. Utiliza la forma correcta de los verbos reflexivos correspondientes.

acostarse	irse	ponerse
afeitarse	lavarse	quitarse
cepillarse	levantarse	secarse
ducharse	maquillarse	vestirse

Los domingos por la noche, Carlos y Elena (1) _____ tarde y por la mañana tardan mucho en despertarse. Carlos es el que (2) _____ primero, (3) _____ el pijama y (4) _____ con agua fría. Después, Carlos (5) _____ la barba. Cuando Carlos termina, Elena entra al baño. Mientras ella termina de ducharse, de (6) _____ el pelo y de (7) _____, Carlos prepara el desayuno. Cuando Elena está lista, Carlos y ella desayunan, luego (8) _____ los dientes y (9) _____ las manos. Después, los dos (10) _____ con ropa elegante y (11) _____ al trabajo. Carlos (12) _____ la corbata en el carro; Elena maneja.

2 **Todos los sábados**

A. En parejas, describan la rutina que sigue Silvia todos los sábados, según los dibujos.

B. ¿Qué hacen los sábados por la mañana los amigos y familiares de Silvia? Imaginen sus rutinas. Utilicen verbos reflexivos y sean creativos.

Practice more at
vhlcentral.com.

Comunicación

3

¿Y tú? En parejas, túrnense para hacerse las preguntas. Contesten con oraciones completas y expliquen sus respuestas.

1. ¿A qué hora te despiertas normalmente los sábados por la mañana? ¿Por qué?
2. ¿Te duermes en las clases?
3. ¿A qué hora te acuestas normalmente los fines de semana?
4. ¿A qué hora te duchas durante la semana?
5. ¿Te despiertas y te levantas enseguida? ¿Por qué?

6. ¿Qué te pones para salir los fines de semana? ¿Y tus amigos/as?
7. ¿Cuándo te vistes elegantemente?
8. ¿Te diviertes cuando vas a una fiesta? ¿Y cuando vas a una reunión familiar?
9. ¿Te fijas en la ropa que lleva la gente?
10. ¿Te preocupas por tu imagen?

11. ¿De qué se quejan tus amigos/as normalmente? ¿Y tus hermanos u otros miembros de la familia?
12. ¿Conoces a alguien que se preocupe constantemente por todo?
13. ¿Te arrepientes a menudo de las cosas que haces?
14. ¿Te peleas con tus amigos/as? ¿Y con tus padres?
15. ¿Te sorprendes de alguna costumbre o hábito de tus amigos/as?

4

Síntesis Imagina que estás en un café y ves a un(a) amigo/a tuyo/a. Este/a amigo/a te dijo ayer que no podía salir contigo hoy porque tenía que ir a estudiar a la biblioteca... ¡pero ahora está en el café con un grupo de amigos! ¿Qué haces? Trabajen en grupos de tres para representar la escena. Utilicen por lo menos cinco verbos de la lista y cinco pronombres de complemento directo e indirecto.

acercarse	darse cuenta	hacer falta	olvidarse
arrepentirse	disgustar	interesar	preocuparse
caer bien/mal	gustar	irse	sorprender

Antes de ver el corto

ESPÍRITU DEPORTIVO

país México

duración 11 minutos

director Javier Bourges

protagonistas futbolista muerto, esposa, amigos, grupo de jóvenes

Vocabulario

¡Aguas! *Watch out! (Mex.)*	**enterrado/a** *buried*
el ataúd *casket*	**la misa** *mass*
el balón *ball*	**mujeriego** *womanizer*
el campeonato *championship*	**el Mundial** *World Cup*
la cancha *field*	**patear** *to kick*
deber (dinero) *to owe (money)*	**la prueba** *proof*
deshecho/a *devastated*	**la señal** *sign*

1 **Comentaristas deportivos** Completa la conversación entre los comentaristas deportivos.

COMENTARISTA 1 Emocionante comienzo del (1) _____ de Fútbol. La (2) _____ está llena. El capitán patea el (3) _____, el arquero (*goalie*) no logra frenarlo (*stop it*) y… ¡gooooool!

COMENTARISTA 2 ¡Muy emocionante el debut de Sánchez como capitán! Debemos contar al público que sólo hace siete días murió el abuelo de Sánchez. El jugador casi no llega a tiempo para el primer partido porque no quiso dejar de ir a una (4) _____ en el cementerio donde ahora está (5) _____ su abuelo.

2 **Comentar** En parejas, túrnense para hacerse las preguntas.

1. ¿Qué papel tiene el deporte en tu vida?
2. ¿Qué deporte practicabas cuando eras niño/a?
3. ¿Quién es tu deportista favorito/a? ¿Por qué?
4. Observa los fotogramas. ¿Qué está sucediendo en cada uno?
5. Piensa en el título del cortometraje. ¿Qué es para ti el "espíritu deportivo"?
6. Observa el afiche del cortometraje. ¿Crees que la historia será una comedia o un drama?

Practice more at **vhlcentral.com**.

GANADOR DEL 3er CONCURSO NACIONAL DE PROYECTOS DE CORTOMETRAJE, MÉXICO 2004

espíritu deportivo

Una Producción de CONACULTA/INSTITUTO MEXICANO DE CINEMATOGRAFÍA Guión y Dirección JAVIER BOURGES

Fotografía SERGEI SALDÍVAR TANAKA Edición JAVIER BOURGES Diseño Sonoro AURORA OJEDA

Música EDUARDO GAMBOA Dirección de Arte ÁLVARO CHÁVEZ

Actores MAX KERLOW/MA. ELENA OLIVARES/PEPE URCELAY/FAMESIO DE BERNAL/JOSÉ L. AVENDAÑO/

RAFAEL G. MIYAGUI/VÍCTOR H. ARANA/JOSÉ L. HUERTA/BALTIMORE BELTRÁN/LUIS ÁVILA/RENÉ CAMPERO/

GEORGINA GONZÁLEZ/MA. FERNANDA GARCÍA

Escenas

ARGUMENTO El futbolista Efrén "El Corsario" Moreno ha muerto de un ataque al corazón. Su familia y amigos lo están velando°.

REPORTERA Sin duda, extrañaremos al autor de aquel gran gol de chilena° con el que eliminamos a Brasil del Mundial de Honduras de 1957.

REPORTERA Don Tacho, ¿es cierto que usted dio el pase para aquel famoso gol?
TACHO Claro que sí, yo le mandé como veinte pases al área penal, pero él nada más anotó esa sola vez.

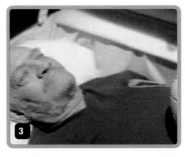

JUANITA Quiso ser enterrado con el balón de fútbol con las firmas de todos los que jugaron con él en aquel partido con Uru... con... con Brasil. Se irá a la tumba° con sus trofeos° y con su uniforme, como un gran héroe.

MARACA Tacho, eres un hablador. Estás mal. Tú ni siquiera fuiste a ese Mundial. Es más, cien pesos a que te lo compruebo.
TACHO Y cien pesos más que estuve en el juego.

MARACA A ver, ¿dónde está tu firma?
TACHO Aquí debe estar... ¡Ya la borraron!
(Molesto porque no encuentra su firma y patea el balón.)

(El balón cae sobre la guitarra de un grupo de jóvenes y la rompe.)
HUGO Si no le pagan la guitarra aquí a mi carnal°, no les regresamos° su balón. ¿Cómo ven?

velando *holding a wake* **de chilena** *scissor kick* **tumba** *grave* **trofeos** *trophies* **carnal** *buddy* **regresamos** *give back*

Después de ver el corto

1

Oraciones Indica si estas oraciones son **ciertas** o **falsas**. Luego, en parejas, corrijan las falsas.

1. El Corsario Moreno es un jugador famoso del fútbol mexicano de los años 50.
2. El Corsario Moreno murió en un accidente de tráfico.
3. México ganó contra Brasil en el Mundial de 1957 con un gol que metió El Tacho.
4. Según El Tacho, él pasó muchas veces el balón a El Corsario, pero El Corsario anotó sólo una vez.
5. El balón de El Corsario tiene las firmas de los que jugaron contra Brasil.
6. La misa le cuesta a Juanita doscientos pesos.
7. Cuando El Tacho patea el balón, el balón cae sobre la guitarra y la rompe.
8. El Tacho jugaba como portero en la selección nacional.
9. El Tacho y sus amigos pierden el partido en el parque.
10. El Corsario ayuda a El Tacho y a sus amigos a ganar el partido.

2

Interpretar En parejas, contesten las preguntas.

1. ¿Crees que El Tacho jugó en el partido contra Brasil?
2. ¿Piensas que el sacerdote admira a El Corsario Moreno? ¿Cómo lo sabes?
3. ¿Quién se queda con el balón al final?
4. ¿Por qué crees que El Corsario regresa voluntariamente al ataúd?
5. ¿Crees que el cortometraje tiene un final feliz?

3

Eres médium En parejas, imaginen que uno/a de ustedes es médium. El/La otro/a es una de las personas de la lista. Escriban una entrevista. Luego, compártanla con la clase.

- Lucille Ball
- Mohandas "Mahatma" Gandhi
- Frida Kahlo
- Martin Luther King, Jr.
- Abraham Lincoln
- Paul Newman
- Eva Perón
- Babe Ruth
- William Shakespeare

4

El fantasma En grupos de cuatro, escriban un diálogo; luego, dos miembros del grupo deben representarlo frente a la clase.

- Imaginen que el fantasma de un(a) deportista famoso/a regresa de la tumba para darle consejos a un(a) joven aspirante.
- Le cuenta de qué se arrepiente, qué cosas volvería a hacer o qué cambiaría; le explica su filosofía de vida y cuál fue su mayor triunfo.
- Finalmente, le entrega un amuleto relacionado con su carrera deportiva.

Practice more at
vhlcentral.com.

Calesita en la plaza, 1999
Aldo Severi, Argentina

"No está la felicidad en vivir, sino en saber vivir."

— Diego de Saavedra Fajardo

Antes de leer

Idilio

Sobre el autor

Mario Benedetti (1920–2009) nació en Tacuarembó, Uruguay. Su volumen de cuentos publicado en 1959, *Montevideanos*, lo consagró como escritor, y dos años más tarde alcanzó fama internacional con su segunda novela, *La tregua*, con un fuerte contenido sociopolítico. Tras diez años de exilio en Argentina, Perú, Cuba y España, regresó a Uruguay en 1983. El exilio que lo alejó de su patria y de su familia dejó una marca profunda tanto en su vida personal como en su obra literaria. Benedetti incursionó en todos los géneros: poesía, cuento, novela y ensayo. El amor, lo cotidiano, la ausencia, el retorno y el recuerdo son temas constantes en la obra de este prolífico escritor. En 1999, ganó el Premio Reina Sofía de Poesía Iberoamericana.

Vocabulario

colocar *to place*

hondo/a *deep*

la imagen *image; picture*

la pantalla *(television) screen*

por primera/última vez *for the first/last time*

redondo/a *round*

señalar *to point at*

el televisor *television set*

Practicar Completa las oraciones con palabras o frases del vocabulario.

1. Voy a _____ el televisor sobre la mesa.

2. Julio me _____ la calle que debo tomar, pero no quiso ir conmigo.

3. En lo más _____ de mi corazón, guardo el recuerdo de mi primera novela.

4. Ayer salí _____ en la televisión y me invitaron a participar en otro programa la semana que viene.

Conexión personal ¿Cómo te entretenías cuando eras niño/a? ¿A qué jugabas? ¿Mirabas mucha televisión? ¿Tus padres establecían límites y horarios? ¿Qué harás tú cuando tengas hijos?

Análisis literario: las formas verbales

Las formas verbales son un factor muy importante para tener en cuenta al analizar obras literarias. La elección de formas verbales es una decisión deliberada del autor y afecta al tono del texto. El uso de un registro formal o informal puede hacer el texto más o menos cercano al lector. La elección de tiempos verbales también puede tener efectos como involucrar o distanciar al lector, dar o quitar formalidad, hacer que la narración parezca más oral, etc. A medida que lees *Idilio*, presta atención a los tiempos verbales que usa Benedetti. ¿Qué tono dan a la historia estas elecciones deliberadas del autor?

IDILIO

La noche en que colocan a Osvaldo (tres años recién cumplidos) por primera vez frente a un televisor (se exhibe un drama británico de hondas resonancias), queda hipnotizado, la boca entreabierta°, los ojos redondos de estupor.

half-opened

La madre lo ve tan entregado al sortilegio° de las imágenes que se va tranquilamente a la cocina. Allí, mientras friega ollas y sartenes°, se olvida del niño. Horas más tarde se acuerda, pero piensa: "Se habrá dormido". Se seca las manos y va a buscarlo al living.

surrendered to the magic 5

washes pots and pans

La pantalla está vacía°, pero Osvaldo se mantiene en la misma postura y con igual mirada extática.

blank

10

—Vamos. A dormir —conmina° la madre.

orders

—No —dice Osvaldo con determinación.

—¿Ah, no? ¿Se puede saber por qué?

—Estoy esperando.

—¿A quién?

15

—A ella.

Y señaló el televisor.

—Ah. ¿Quién es ella?

—Ella.

Y Osvaldo vuelve a señalar la pantalla. Luego sonríe, candoroso°, esperanzado, exultante.

20

innocent; naïve

—Me dijo: "querido". ■

Después de leer

Idilio
Mario Benedetti

1 **Comprensión** Contesta las preguntas con oraciones completas.

1. ¿Cómo se llama el protagonista de esta historia?
2. ¿Cómo se queda el niño cuando está por primera vez delante del televisor?
3. ¿Qué hace la madre mientras Osvaldo mira la televisión?
4. Cuando la madre va a buscarlo horas más tarde, ¿cómo está la pantalla?
5. ¿Qué piensa Osvaldo que le dice la televisión?

2 **Interpretar** Contesta las preguntas.

1. Según Osvaldo, ¿quién le dijo "querido"? ¿Qué explicación lógica le puedes dar a esta situación?
2. En el cuento, la madre se olvida del hijo por varias horas. ¿Crees que este hecho es importante en la historia? ¿Crees que el final sería distinto si se tratara sólo de unos minutos frente al televisor?
3. ¿Crees que la televisión puede ser adictiva para los niños? ¿Y para los adultos? ¿Qué consecuencias crees que tiene la adicción a la televisión?

3 **Imaginar** En grupos, imaginen que un grupo de padres solicita una audiencia con el/la director(a) de programación infantil de una cadena de televisión popular. Los padres quieren sugerir cambios. Miren la programación y, después, contesten las preguntas.

CANAL 7					
6:00	**6:30**	**7:00**	**8:00**	**9:15**	**10:00**
Trucos para la escuela Cómo causar una buena impresión con poco esfuerzo	**Naturaleza viva** Documentales	**Mi familia latina** Divertida comedia sobre un joven estadounidense que va a México como estudiante de intercambio	**Historias policiales** Ladrones, crímenes y accidentes	**Buenas y curiosas** Noticiero alternativo que presenta noticias buenas y divertidas de todo el mundo	**Dibujos animados clásicos** Conoce los dibujos animados que miraban tus padres

- ¿Qué programas quieren pedir que cambien? ¿Por qué?
- ¿Qué programas deben seguir en la programación?
- ¿Qué otros tipos de programas se pueden incluir?
- ¿Harían cambios en los horarios? ¿Qué cambios harían?

4 **Escribir** Piensa en alguna anécdota divertida de cuando eras niño/a. Cuenta la anécdota en un párrafo usando el tiempo presente.

MODELO | Un día estoy con mi hermano en el patio de mi casa jugando a la pelota. De repente, ...

recursos

v̂ Text

vhlcentral

Practice more at
vhlcentral.com.

Antes de leer

Vocabulario

la corrida *bullfight*	**el ruedo** *bullring*
lidiar *to fight (bulls)*	**torear** *to fight bulls*
el/la matador(a) *bullfighter who kills the bull*	**el toreo** *bullfighting*
	el/la torero/a *bullfighter*
la plaza de toros *bullfighting stadium or arena*	**el traje de luces** *bullfighter's outfit (lit. costume of lights)*

El toreo Completa las oraciones con palabras y frases del vocabulario.

1. Ernest Hemingway era un aficionado al ___toreo___. Asistió a muchas _Corridas_ y las describió en detalle en sus obras.

2. El _matador_ es la persona que mata al toro al final. Siempre lleva un _traje de luces_ de colores brillantes.

3. Manolete fue un _torero_ español muy famoso que fue herido por un toro y que murió al poco tiempo.

4. No se permite que el público baje al _ruedos_ porque los toros pueden ser muy peligrosos.

Conexión personal ¿Conoces alguna costumbre local o alguna tradición estadounidense que cause mucha controversia? ¿Hay deportes que resultan muy problemáticos o controvertidos para algunas personas? ¿Por qué? ¿Cuál es tu opinión al respecto?

Contexto cultural

En Fresnillo, México, en 1940 una mujer tomó una espada y se puso un traje de luces —una blusa y falda bordadas de adornos brillantes— para promover la causa de la igualdad en un terreno casi completamente dominado por los hombres: el toreo. **Juanita Cruz** había nacido en Madrid en 1917, cuando aún no se permitía a las mujeres torear a pie en el ruedo. En batalla constante contra obstáculos legales, Cruz consiguió lidiar muchas corridas de toros en su país. Pero cuando terminó la guerra civil, al ver que Franco imponía estrictamente las leyes de prohibición del toreo a las mujeres, Cruz dejó España y emigró a México, donde se convirtió en torera profesional. Fue todo un fenómeno, la primera gran matadora de la historia, y abrió camino para otras mujeres, como las españolas Cristina Sánchez y Mari Paz Vega. Hoy día la presencia de toreras añade otro nivel de controversia al debate constante y a veces apasionado del toreo. ¿Cuál es tu impresión? ¿Crees que la igualdad de sexos en el toreo es algo positivo o negativo? ¿Por qué?

El toreo: ¿Cultura o tortura?

Hay pocas cosas tan emblemáticas en el mundo hispano, y a la vez tan polémicas, como el toreo. Los días de corrida, hasta cuarenta mil aficionados se sientan en la Plaza Monumental de México, la plaza de toros más grande del mundo. Sin embargo, la opinión pública está profundamente dividida: algunos defienden con orgullo esta tradición que sobrevive desde tiempos antiguos y otros se levantan en protesta antes del final.

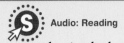

origins — Las raíces° del toreo son diversas. Los celtibéricos dejaron en España restos de
10 templos circulares, precursores de las plazas actuales, donde sacrificaban animales. Los
slaughter — griegos y romanos practicaban la matanza° ritual de toros en ceremonias públicas sagradas. Sin embargo, fue en la España del
developed 15 siglo XVIII donde se desarrolló° la corrida que conocemos y se introdujeron la muleta, una capa muy fácil de manejar, y el estoque, la espada del matador.

El aficionado de hoy
20 considera que el toreo
rite — es más un rito° que un espectáculo, ciertamente no un deporte. Es una lucha desigual, a muerte, entre
25 una persona —armada con sólo la capa la mayor parte del tiempo—
weighs — y el toro, bestia que pesa° hasta más de media tonelada. El torero se prepara para el duelo como para una ceremonia: se viste con el
30 traje de luces tradicional y actúa dirigido por el ritmo de la música. Se enfrenta al animal con su arte y su inteligencia, y generalmente gana, aunque no siempre. El riesgo° de una
risk —
goring — cornada° grave forma parte de la realidad del
35 torero, que en su baile peligroso muestra su talento y su belleza. Para el defensor de las corridas, no matar al toro al final es como

> ❝El toreo es cabeza y plasticidad, porque a fuerza siempre gana el toro.❞

jugar con él, una falta de respeto al animal, al público y a la tradición.

Quienes se oponen a las corridas dicen 40 que es una lucha injusta y cruel. Hay gente que piensa que el toreo es una barbarie°
barbarity — similar a la de los juegos de los romanos, una costumbre primitiva que no tiene sentido en una sociedad moderna y civilizada. Protestan 45 contra la crueldad de una muerte lenta y prolongada, dedicada al entretenimiento. En respuesta a las protestas, en algunos países ha aparecido una alternativa, la "corrida sin 50
bloodless — sangre°", donde no se permite
bullfight — hacer daño físico° al toro.
to hurt — Pero otros sostienen que esta corrida tortura igualmente a la bestia y, por tanto, han 55 prohibido el toreo por completo. En julio de 2010, el Parlamento catalán abolió las corridas de toros en Cataluña, España, con 68 votos a favor de la prohibición y 55 en contra.

Por último, a algunas personas les indigna 60 la idea machista de que sólo un hombre tiene la fuerza y el coraje para lidiar. Las toreras pioneras como Juanita Cruz tuvieron que
coserse° su propio traje de luces, con falda en — to sew
vez de pantalón, y cruzar océanos para poder 65 ejercer su profesión. Incluso en tiempos recientes, algunos toreros célebres como el español Jesulín de Ubrique se han negado° a — have refused lidiar junto a una mujer.

La torera más famosa de nuestra época, 70 Cristina Sánchez, sostiene que no es necesario ser hombre para lidiar con éxito: "El toreo es cabeza y plasticidad°, porque a fuerza — agility siempre gana el toro." En su opinión, el derecho de torear es incuestionable, una 75 parte de la cultura hispana. No obstante, su profesión provoca tanta división que a veces el duelo entre la bestia y la persona es empequeñecido° por la batalla — dwarfed entre las personas. ■ 80

¿Dónde hay corridas?
Toreo legalizado: España, México, Colombia, Ecuador, Perú, Venezuela, Francia
Corridas sin sangre: Bolivia, Nicaragua, Estados Unidos, Portugal
Toreo ilegalizado: Argentina, Chile, Cuba, Uruguay

¡Olé! ¡Olé!
El público también tiene su papel en las corridas: evalúa el talento del torero. La interjección "¡olé!" se oye frecuentemente para celebrar una acción particularmente brillante y expresar admiración. De origen árabe, contiene la palabra "alá" (Dios) y significa literalmente "¡por Dios!".

Después de leer

El toreo: ¿cultura o tortura?

1

Comprensión Responde a las preguntas con oraciones completas.

1. ¿En qué país se encuentra la plaza de toros más grande del mundo?
2. ¿Qué hacían los celtibéricos en sus templos circulares?
3. ¿Qué es el toreo según un aficionado?
4. ¿Cómo se prepara el torero para la corrida?
5. Para quienes se oponen al toreo, ¿cuáles son algunos de los problemas?
6. ¿Qué es una "corrida sin sangre"?
7. ¿Qué sucedió en Cataluña en julio de 2010?
8. Según Cristina Sánchez, ¿sólo los hombres pueden lidiar bien?

2

Opinión Responde a las preguntas con oraciones completas.

1. ¿Te gustaría asistir a una corrida? ¿Por qué?
2. ¿Qué opinas del duelo entre toro y torero/a? ¿Hay algún aspecto especialmente problemático para ti?
3. ¿Qué piensas de las alternativas al toreo tradicional como la "corrida sin sangre"? ¿Es una solución adecuada para proteger a los animales?
4. En tu opinión, ¿es más cruel la vida de un toro destinado al toreo o la de una vaca destinada a una carnicería?

3

¿Qué piensan? Trabajen en parejas para contestar las preguntas. Luego, compartan sus respuestas con la clase.

1. Un eslogan conocido en las protestas antitaurinas es: "Tortura no es arte ni cultura". ¿Qué significa esta frase?
2. ¿Hay acciones cuestionables que se justifiquen porque son parte de una costumbre o tradición? ¿Cuál es la postura de ustedes en el debate? ¿Por qué?
3. ¿Es apropiado tener una opinión sobre las tradiciones de culturas diferentes a la tuya o es necesario aceptar sin criticar?
4. ¿Creen que el gobierno tiene derecho a reglamentar (*regulate*) o prohibir tradiciones o costumbres? Den ejemplos.

4

Postales Imagina que viajas a México y unos amigos te invitan a una corrida de toros. Escribe una postal a tu familia para contarles tu experiencia. Usa estas preguntas como guía: ¿Aceptaste la invitación o no? ¿Por qué? Si fuiste a la corrida, ¿qué te pareció? ¿Te sentiste obligado/a a asistir por respeto a la cultura local?

 MODELO Querida familia: Les escribo desde Guadalajara, una ciudad al noroeste de México. No saben dónde me llevaron mis amigos este fin de semana...

5

Animales En parejas, hagan una lista de tradiciones, costumbres o deportes en los que las personas utilizan a los animales como entretenimiento. Después, compartan su lista con el resto de la clase y debatan sobre qué actividades son perjudiciales para los animales y cuáles no. Justifiquen sus respuestas.

recursos

vText

CP
p. 19

CH
pp. 27–30

S
vhlcentral

Practice more at
vhlcentral.com.

Atando cabos

¡A conversar!

La música y el deporte Trabajen en grupos de cuatro o cinco para preparar una presentación sobre un(a) cantante o deportista latino/a famoso/a.

Presentaciones

Tema: Pueden preparar una presentación sobre un(a) cantante o deportista famoso/a que les guste.

Investigación: Busquen información en Internet o en la biblioteca. Una vez reunida la información necesaria, elijan los puntos más importantes y seleccionen material audiovisual. Informen a su profesor(a) acerca de estos materiales para contar con los medios necesarios el día de la presentación.

Organización: Hagan un esquema (*outline*) que los ayude a planear la presentación.

Presentación: Traten de promover la participación a través de preguntas y alternen la charla con los materiales audiovisuales. Recuerden tener a mano los materiales de la investigación para responder preguntas adicionales de sus compañeros.

¡A escribir!

Correo electrónico Imagina que tus abuelos vienen a visitar a tu familia por un fin de semana. Llevas varios días planeando una fiesta donde les presentarás tus amigos a tus abuelos. Mándales un correo electrónico a tus amigos para recordarles los planes para la fiesta y lo que deben y no deben hacer para causar una buena impresión.

Plan de redacción

Un saludo informal: Comienza tu mensaje con un saludo informal, como: **Hola**, **Qué tal**, **Qué onda**, etc.

Contenido: Organiza tus ideas para no olvidarte de nada.

1. Escribe una breve introducción para recordarles a tus amigos qué cosas les gustan a tus abuelos y qué cosas les molestan. Puedes usar estas expresiones: **(no) les gusta**, **les fascina**, **les encanta**, **les aburre**, **(no) les interesa**, **(no) les molesta**.

2. Diles que tus abuelos son formales y elegantes, y explícales que tienen que arreglarse un poco para la ocasión. Usa expresiones como: **quitarse el arete**, **afeitarse**, **vestirse mejor**, **peinarse**, etc.

3. Recuérdales dónde van a encontrarse.

Despedida: Termina el mensaje con un saludo informal de despedida.

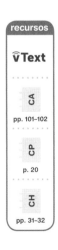

recursos

v̂Text

CA
pp. 101–102

CP
p. 20

CH
pp. 31–32

 My Vocabulary

Las diversiones

el ajedrez	chess
el billar	billiards
el boliche	bowling
las cartas/los naipes	(playing) cards
los dardos	darts
el juego de mesa	board game
el pasatiempo	pastime
la televisión	television
el tiempo libre/los ratos libres	free time
el videojuego	video game
aburrirse	to get bored
alquilar una película	to rent a movie
brindar	to make a toast
celebrar/festejar	to celebrate
dar un paseo	to take a stroll, walk
disfrutar (de)	to enjoy
divertirse (e:ie)	to have fun
entretener(se) (e:ie)	to entertain, to amuse (oneself)
gustar	to like
reunirse (con)	to get together (with)
salir (a comer)	to go out (to eat)
aficionado/a (a)	fond of; a fan (of)
animado/a	lively
divertido/a	fun
entretenido/a	entertaining

Los lugares de recreo

el cine	movie theater; cinema
el circo	circus
la discoteca	discotheque; dance club
la feria	fair
el festival	festival
el parque de atracciones	amusement park
el zoológico	zoo

Los deportes

el/la árbitro/a	referee
el campeón/la campeona	champion
el campeonato	championship
el club deportivo	sports club
el/la deportista	athlete
el empate	tie (game)
el/la entrenador(a)	coach; trainer
el equipo	team
el/la espectador(a)	spectator
el torneo	tournament
anotar/marcar (un gol/un punto)	to score (a goal/ a point)
desafiar	to challenge
empatar	to tie (games)
ganar/perder (e:ie) un partido	to win/lose a game
vencer	to defeat

La música y el teatro

el álbum	album
el asiento	seat
el/la cantante	singer
el concierto	concert
el conjunto/grupo musical	musical group; band
el escenario	scenery; stage
el espectáculo	show
el estreno	premiere; debut
la función	performance (theater; movie)
el/la músico/a	musician
la obra de teatro	play
la taquilla	box office
aplaudir	to applaud
conseguir (e:i) boletos/entradas	to get tickets
hacer cola	to wait in line
poner un disco compacto	to play a CD

Más vocabulario

Expresiones útiles	Ver p. 47
Estructura	Ver pp. 54–55, 58–59 y 62–63

Cinemateca

el ataúd	casket
el balón	ball
el campeonato	championship
la cancha	field
la misa	mass
el Mundial	World Cup
la prueba	proof
la señal	sign
deber (dinero)	to owe (money)
patear	to kick
deshecho/a	devastated
enterrado/a	buried
mujeriego	womanizer
¡Aguas!	Watch out! (Mex.)

Literatura

la imagen	image; picture
la pantalla	(television) screen
el televisor	television set
colocar	to place
señalar	to point at
hondo/a	deep
redondo/a	round
por primera/ última vez	for the first/last time

Cultura

la corrida	bullfight
el/la matador(a)	bullfighter who kills the bull
la plaza de toros	bullfighting stadium or arena
el ruedo	bullring
el toreo	bullfighting
el/la torero/a	bullfighter
el traje de luces	bullfighter's outfit (lit. costume of lights)
lidiar	to fight (bulls)
torear	to fight bulls

La vida diaria

3

Contextos
páginas 82–85
- En casa
- De compras
- Expresiones
- La vida diaria

Fotonovela
páginas 86–89
- *¿Alguien desea ayudar?*

Enfoques
España
páginas 90–93
- **En detalle:** La Familia Real
- **Perfil:** Letizia Ortiz
- **Flash cultura:** De compras por Barcelona

Estructura
páginas 94–105
- The preterite
- The imperfect
- The preterite vs. the imperfect

Cinemateca
páginas 106–109
- **Cortometraje:** *Adiós mamá*

Lecturas
páginas 110–118
- **Literatura:** *Autorretrato* de Rosario Castellanos
- **Cultura:** *El arte de la vida diaria*

Atando cabos
página 119
- ¡A conversar!
- ¡A escribir!

Communicative Goals

I will expand my ability to…
- narrate in the past
- express completed past actions
- express habitual or ongoing past events and conditions

VOICE BOARD

My Vocabulary

La vida
diaria

En casa

el balcón *balcony*

la escalera *staircase*
el hogar *home; fireplace*
la limpieza *cleaning*
los muebles *furniture*
los quehaceres *chores*

apagar *to turn off*
barrer *to sweep*
calentar (e:ie) *to warm up*
cocinar *to cook*
encender (e:ie) *to turn on*
freír (e:i) *to fry*
hervir (e:ie) *to boil*
lavar *to wash*
limpiar *to clean*
pasar la aspiradora
to vacuum
poner/quitar la mesa
to set/clear the table
quitar el polvo *to dust*
tocar el timbre
to ring the doorbell

De compras

el centro comercial *mall*
el dinero en efectivo *cash*
la ganga *bargain*
el probador *dressing room*
el reembolso *refund*
el supermercado *supermarket*
la tarjeta de crédito/débito
credit/debit card

devolver (o:ue) *to return (items)*
hacer mandados *to run errands*
ir de compras *to go shopping*
probarse (o:ue) *to try on*
seleccionar *to select; to pick out*

auténtico/a *real; genuine*
barato/a *cheap; inexpensive*
caro/a *expensive*

Camila **fue de compras** al **supermercado**, decidida a gastar lo menos posible. **Seleccionó** los productos más **baratos** y pagó con **dinero en efectivo**.

Expresiones

a menudo *frequently; often*
a propósito *on purpose*
a tiempo *on time*
a veces *sometimes*
apenas *hardly; scarcely*
así *like this; so*
bastante *quite; enough*
casi *almost*
casi nunca *rarely*
de repente *suddenly*
de vez en cuando *now and then; once in a while*
en aquel entonces *at that time*
en el acto *immediately; on the spot*
enseguida *right away*
por casualidad *by chance*

La vida diaria

Emilia trabaja en un restaurante durante los veranos. Ha tenido que **acostumbrarse** al **horario** de una asistente de cocina. ¡La nueva **rutina** no es fácil! **Suele** levantarse cada día a las seis de la mañana para llegar al restaurante a las siete.

la agenda *datebook*
la costumbre *custom; habit*
el horario *schedule*
la rutina *routine*
la soledad *solitude; loneliness*

acostumbrarse (a) *to get used to; to grow accustomed (to)*
arreglarse *to get ready*
averiguar *to find out; to check*
probar (o:ue) (a) *to try*
soler (o:ue) *to be in the habit of; to be used to*

atrasado/a *late*
cotidiano/a *everyday*
diario/a *daily*
inesperado/a *unexpected*

recursos

v̂Text
⋯⋯⋯⋯⋯⋯
CA
p. 63
⋯⋯⋯⋯⋯⋯
CP
pp. 21–22
⋯⋯⋯⋯⋯⋯
CH
pp. 33–34
⋯⋯⋯⋯⋯⋯
S
vhlcentral

Práctica

1 **Escuchar**

A. Escucha lo que dice Julián y luego decide si las oraciones son **ciertas** o **falsas**. Corrige las falsas.

1. Julián está en un supermercado.

2. Julián tiene que limpiar la casa.

3. Él siempre sabe dónde está todo.

4. Él encuentra su tarjeta de crédito debajo de la escalera.

5. Julián recibe una visita inesperada.

B. Escucha la conversación entre Julián y la visita inesperada y después contesta las preguntas con oraciones completas.

1. ¿Quién está tocando el timbre?

2. ¿Qué tiene que hacer ella?

3. ¿Qué quiere devolver?

4. ¿Eran caros los pantalones?

5. ¿Qué hace Julián antes de ir al centro comercial con ella?

2 **No pertenece** Indica qué palabra no pertenece a cada grupo.

1. limpiar–pasar la aspiradora–barrer–calentar

2. de repente–auténtico–casi nunca–enseguida

3. balcón–escalera–muebles–soler

4. hacer mandados–a tiempo–ir de compras–probarse

5. costumbre–rutina–cotidiano–apagar

6. quitar el polvo–barato–caro–ganga

7. quehaceres–hogar–soledad–limpieza

8. barrer–acostumbrarse–soler–cotidiano

La vida diaria

Práctica

3 **Julián y María** Completa el párrafo con las palabras o expresiones de la lista.

a diario	cotidiano	horario	soledad
a tiempo	en aquel entonces	por casualidad	soler

Julián y María se conocieron un día (1) _____ en el supermercado. Julián estaba muy contento por haber conocido a María porque, (2) _____, él era nuevo en el barrio y no conocía a nadie. A él no le gusta la (3) _____. Desde aquel día, se ven casi (4) _____. Durante la semana, ellos (5) _____ quedar para tomar un café después del trabajo, pues los dos tienen (6) _____ similares.

4 **Una agenda muy ocupada** Sara tiene mucho que hacer antes de su cita con Carlos esta noche. Ha apuntado todo en su agenda, pero está muy atrasada.

A. En parejas, comparen el horario de Sara con la hora en que realmente hace cada actividad.

VIERNES, 15 DE OCTUBRE

1:00 ¡Hacer mandados!	5:00 Hacer la limpieza
2:00 Banco: depositar un cheque	6:00 Cocinar, poner la mesa
3:00 Centro comercial: comprar vestido	7:00 Arreglarme
4:00 Supermercado: pollo, arroz, verduras	8:00 Cita con Carlos ♡

MODELO
—¿A qué hora deposita un cheque?
—Sara quiere depositarlo a las dos, pero no logra hacerlo hasta las dos y media.

2:30

1. 4:00

2. 5:30

3. 5:45

4. 7:30

5. 7:45

6. 8:00

B. Ahora, improvisen una conversación entre Carlos y Sara. ¿Creen que los dos lo van a pasar bien? ¿Creen que van a tener otra cita?

Practice more at
vhlcentral.com.

Comunicación

5 **Los quehaceres**

A. En grupos de cuatro, túrnense para preguntar con qué frecuencia sus compañeros hacen los quehaceres de la lista. Combinen palabras de cada columna en sus respuestas y añadan sus propias ideas.

barrer	almuerzo	a menudo
cocinar	aspiradora	a veces
lavar	balcón	casi nunca
limpiar	cuarto	de vez en cuando
pasar	polvo	nunca
quitar	ropa	todos los días

MODELO   —¿Con qué frecuencia barres el balcón?
—Lo barro de vez en cuando, especialmente si vienen invitados.

B. Ahora, compartan la información con la clase y decidan quién es la persona más ordenada y la más desordenada.

6 **Agendas personales**

A. Primero, escribe tu horario para esta semana. Incluye algunas costumbres de tu rutina diaria y también actividades inesperadas de esta semana.

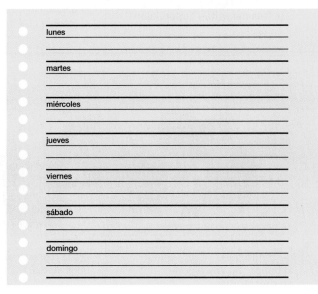

lunes

martes

miércoles

jueves

viernes

sábado

domingo

B. En parejas, pregúntense sobre sus horarios. Comparen sus rutinas diarias y los eventos de esta semana. ¿Tienen costumbres parecidas? ¿Tienen algunas actividades en común? ¿Cuáles?

C. Utiliza la información para escribir un párrafo breve sobre la vida cotidiana de tu compañero/a. ¿Le gusta la rutina? ¿Disfruta de lo inesperado? ¿Llena su agenda con actividades sociales o prefiere estar en casa? Comparte tu párrafo con la clase.

Diana y Fabiola conversan sobre la vida diaria. Aguayo pide
ayuda con la limpieza, pero casi todos tienen excusas.

Video: *Fotonovela*

PERSONAJES   AGUAYO   DIANA

1

FABIOLA Odio los lunes.

DIANA Cuando tengas tres hijos,
un marido y una suegra, odiarás
los fines de semana.

FABIOLA ¿Discutes a menudo con
tu familia?

DIANA Siempre tenemos
discusiones. La mitad las ganan
mis hijos y mi esposo. Mi
suegra gana la otra mitad.

2

FABIOLA ¿Te ayudan en las tareas
del hogar?

DIANA Ayudan, pero casi no hay
tiempo para nada. Hoy tengo
que ir de compras con la mayor
de mis hijas.

FABIOLA ¿Y por qué no va ella sola?

DIANA Hay tres grupos que gastan
el dinero ajeno, Fabiola: los
políticos, los ladrones y los hijos…
Los tres necesitan supervisión.

3

FABIOLA Tengan cuidado en las
tiendas. Hace dos meses andaba
de compras y me robaron la
tarjeta de crédito.

DIANA ¿Y fuiste a la policía?

FABIOLA No.

DIANA ¿Lo dices así,
tranquilamente? Te van
a arruinar.

FABIOLA No creas. El que me la
robó la usa menos que yo.

6

Más tarde en la cocina…

AGUAYO El señor de la limpieza
dejó un recado diciendo que
estaba enfermo. Voy a pasar la
aspiradora a la hora del almuerzo.
Si alguien desea ayudar…

FABIOLA Tengo una agenda muy
llena para el almuerzo.

DIANA Yo tengo una reunión con
un cliente.

7

ÉRIC Tengo que… Tengo que ir
al banco. Sí. Voy a pedir
un préstamo.

JOHNNY Yo tengo que ir al dentista.
No voy desde la última vez…
Necesito una limpieza.

Aguayo y Mariela se quedan solos.

8

*Diana regresa del almuerzo con
unos dulces.*

DIANA Les traje unos dulces para
premiar su esfuerzo.

AGUAYO Gracias. Los probaría
todos, pero estoy a dieta.

DIANA ¡Qué bien! Yo también
estoy a dieta.

MARIELA ¡Pero si estás comiendo!

DIANA Sí, pero sin ganas.

ÉRIC

FABIOLA

JOHNNY

MARIELA

Expresiones útiles

Talking about the past

No llegué a tiempo para ayudarte.
I didn't get here in time to help you.

¿Y fuiste a la policía?
And did you go to the police?

**El señor de la limpieza dejó
un recado.**
The cleaner left a message.

Tienes lo que querías.
You have what you wanted.

Estaba enfermo.
He was sick.

Expressing strong dislikes

¡Odio...!
I hate...!

¡No me gusta nada...!
I don't like... at all!

Detesto...
I detest...

No soporto...
I can't stand...

Estoy harto/a de...
I am fed up with...

Additional vocabulary

acordarse *to remember*
ajeno/a *somebody else's*
andar *to be (doing
something); to walk*
la caja de herramientas *toolbox*
el ladrón/la ladrona *thief*
lograr *to manage to; to achieve*
la mitad *half*
la patada *kick*
premiar *to give a prize*
¡Qué pena! *What a shame!*

En la oficina de Aguayo...

MARIELA ¿Necesita ayuda?

AGUAYO No logro hacer
que funcione.

MARIELA Creo que Diana tiene una
pequeña caja de herramientas.

AGUAYO ¡Cierto!

*Aguayo sale de la oficina. Mariela
le da una patada a la aspiradora.*

AGUAYO ¡Aceite lubricante y
cinta adhesiva! ¿Son todas las
herramientas que tienes?

DIANA ¡Claro! Es todo lo que
necesito. La cinta para lo que
se mueva y el aceite para lo
que no se mueva.

*Se escucha el ruido de la
aspiradora encendida.*

AGUAYO Oye... ¿Cómo lo lograste?

MARIELA Fácil... Me acordé
de mi ex.

*Fabiola y Johnny llegan a la oficina.
Mariela está terminando de limpiar.*

JOHNNY ¡Qué pena que no llegué
a tiempo para ayudarte!

FABIOLA Lo mismo digo yo. Y eso
que almorcé tan de prisa que
no comí postre.

MARIELA Si gustan, quedan dos
dulces en la cocina. Están
riquísimos... (*habla sola mirando
el aerosol*) Y no hubiera sido mala
idea echarles un poco de esto.

*Johnny y Fabiola vuelven
de la cocina.*

JOHNNY Qué descortés eres,
Fabiola. Si yo hubiera llegado
primero, te habría dejado el
dulce grande a ti.

FABIOLA ¿De qué te quejas,
entonces? Tienes lo que querías
y yo también. Por cierto, ¿no
estuviste en el dentista?

JOHNNY Los dulces son la
mejor anestesia.

recursos

vText

CA
pp. 35–36

vhlcentral

Comprensión

1

¿Quién lo dijo? Indica quién dijo estas oraciones.

Aguayo

Diana

Éric

Fabiola

Johnny

Mariela

_____ 1. ¿Necesita ayuda?

_____ 2. Si alguien desea ayudar…

_____ 3. Tengo una agenda muy llena.

_____ 4. Tengo una reunión con un cliente.

_____ 5. Tengo que ir al banco.

_____ 6. Tengo que ir al dentista.

2

Relacionar Escribe oraciones que conecten las frases de las dos columnas usando **porque**.

____ 1. Diana odia los fines de semana…

____ 2. Diana quiere ir de compras con su hija…

____ 3. Fabiola dice que tengan cuidado en las tiendas…

____ 4. Fabiola no fue a la policía…

____ 5. Aguayo pasará la aspiradora…

____ 6. Aguayo no prueba los dulces…

a. está a dieta.

b. el ladrón usa la tarjeta de crédito menos que ella.

c. hace dos meses le robaron la tarjeta de crédito.

d. el señor que limpia está enfermo.

e. no quiere que gaste mucho dinero.

f. discute mucho con su familia.

3

Seleccionar Selecciona la opción que expresa la misma idea.

1. Odio los lunes.
   a. No soporto los lunes.
   b. No detesto los lunes.
   c. Me gustan los lunes.

2. Tengo una agenda muy llena para el almuerzo.
   a. Tengo planeado un almuerzo.
   b. Tengo muchas tareas a la hora del almuerzo.
   c. No tengo mi agenda aquí.

3. Tienes lo que quieres.
   a. Tu deseo se cumplió.
   b. Tienes razón.
   c. Te quiero.

4. Lo mismo digo yo.
   a. ¡Ni modo!
   b. No creas.
   c. Estoy de acuerdo.

S Practice more at vhlcentral.com.

Ampliación

4 **Excusas falsas** Aguayo pide ayuda para limpiar la oficina, pero sus compañeros le dan excusas. Escribe qué preguntas puede hacer Aguayo para descubrir sus mentiras. Después, en grupos de cinco, representen a los personajes y dramaticen la situación.

5 **Opiniones** En grupos de tres, contesten las preguntas. Si es posible, den ejemplos de la vida cotidiana.

1. ¿Se justifica a veces dar excusas falsas? ¿Por qué?
2. Describe una situación en la que hayas dado una excusa falsa. ¿Por qué lo hiciste? ¿Se enteraron los demás?
3. ¿Es mejor decir siempre la verdad? ¿Por qué?

6 **Apuntes culturales** En parejas, lean los párrafos y contesten las preguntas.

La agenda diaria
¡Diana se queja de que no hay tiempo para nada! En muchos países hispanos, las horas del día se expresan utilizando números del 0 al 23. Muchas agendas en español usan este horario modelo, es decir que **10 p.m.** serían las **22:00** ó **22 h**. ¡Pobre Diana! ¡Con tanto trabajo, necesita que el día tenga más horas!

La hora del almuerzo
Fabiola tiene una agenda muy ocupada para el almuerzo. En España y en algunos pueblos de Latinoamérica este descanso suele ser de las 13:00 a las 16:00. Los que trabajan cerca vuelven a sus casas, pero en las grandes ciudades, algunas personas lo aprovechan para hacer mandados o compras o para ir al gimnasio. ¿Qué tendrá que hacer Fabiola que sea más importante que limpiar la oficina?

En el banco
Éric tiene que ir al banco a pedir un préstamo. En Latinoamérica, la mayoría de los préstamos y los pagos de servicios se realizan en el banco. No obstante, en países como Argentina, Colombia, Costa Rica y Perú, las cuentas de gas, electricidad y teléfono también se pueden pagar en el supermercado.

1. ¿Cómo se puede expresar *2 p.m.* y *8 p.m.* en español?
2. En tu país, ¿cuánto tiempo se toman normalmente los empleados para almorzar? ¿Qué hacen durante ese descanso?
3. ¿Cuáles son los horarios comerciales de la ciudad donde vives? ¿Te parecen suficientes?
4. ¿A qué hora sueles almorzar? ¿Dónde?
5. ¿Sabes cómo pagan tus padres los recibos (*bills*) de la luz y el teléfono? ¿Les resulta conveniente este método de pago?

En detalle

ESPAÑA

LA FAMILIA REAL

La familia real española durante un acto oficial

En 1492, Isabel de Castilla y Fernando de Aragón se casaron, unieron sus reinos y formaron lo que hoy conocemos como España. Más de 500 años después, en 2014, Felipe VI de Borbón se convirtió en el último rey de esta vieja nación. La proclamación del nuevo rey se produjo después de que su padre Juan Carlos I decidió abdicar°, dando fin a un largo reinado (1975–2014) de prosperidad, que empezó con la llamada "transición democrática". ¿En qué consistió esa transición? España vivió 40 años bajo la dictadura de Francisco Franco. Al final de su mandato, el dictador quiso que el entonces príncipe Juan Carlos fuera su sucesor; pero tras la muerte de Franco en 1975, el Rey decidió integrar a España en la comunidad de naciones democráticas de Europa. Gracias al carisma de Juan Carlos I, y a su protagonismo en el camino hacia la libertad, la Corona° tuvo un gran respaldo popular. Sin embargo, la monarquía quedó afectada con la larga crisis económica y política que comenzó en 2008. Además, Cristina de Borbón, una de las hijas del rey, y su marido tuvieron problemas con la justicia. Casi cuarenta años después de que Juan Carlos fue coronado rey, su hijo Felipe VI se enfrenta a una segunda transición: dar sentido a la monarquía en la era de Internet. Su esposa, doña Letizia, que fue periodista antes que reina, lo está ayudando a conseguirlo: aunque Felipe VI no tiene el carisma natural de su padre, es un comunicador mucho más eficaz. La

sociedad española parece haber recibido bien esta renovación en la familia real, formada por Juan Carlos I, doña Sofía, los reyes Felipe y Letizia, y las hijas de éstos, la princesa Leonor y la infanta° Sofía. Según las encuestas, cuando Juan Carlos I anunció que abdicaría en favor de su hijo, la popularidad de la Corona aumentó y la monarquía empezó a recuperar su prestigio. La segunda transición ya está en marcha. ∎

¿Futura reina?

La princesa Leonor es la primogénita° del **rey Felipe VI**. Sin embargo, si los monarcas tienen un hijo varón, él sería el heredero de la Corona. Para que esto cambie, se tendría que cambiar la Constitución española de 1978: la mayoría de los españoles apoyaría ese cambio.

abdicar *to abdicate* **reinado** *reign* **Corona** *Crown* **infanta** *princess* **primogénita** *first born*

La familia

mima (Cu.)	mom
amá (Col.)	
apá (Col.)	dad
pipo (Cu.)	
tata (Arg. y Chi.)	grandpa
yayo (Esp.)	
carnal (Méx.)	brother; friend
carnala (Méx.)	sister
la carnalita (Méx.)	little sister
m'hijo/a (Amér. L.)	exp. to address a son or daughter
chavalo/a (Amér. C.)	boy/girl
chaval(a) (Esp.)	

Las compras diarias

- En España, las grandes tiendas y también muchas tiendas pequeñas cierran los domingos. Así, los españoles realizan todas sus compras durante el resto de la semana. En algunos casos, las grandes tiendas, como El Corte Inglés, abren un domingo al mes.

- En la región salvadoreña de Colonia la Sultana, el señor del pan pasa todos los días a las siete de la mañana con una canasta en la cabeza repleta de pan fresco. Cuando las personas lo escuchan llegar, salen a la calle para comprarle pan. Los que se quedan dormidos, si quieren pan fresco, tienen que ir al pueblo de al lado.

- En Nicaragua y otros países de Latinoamérica hay muchos vendedores ambulantes, como los mieleros, que van vendiendo miel, queso y otros alimentos naturales por las casas.

LETIZIA ORTIZ

Letizia Ortiz nació en Oviedo el 15 de septiembre de 1972 en el seno de una familia trabajadora. Si alguien les hubiera dicho a sus padres que su hija iba a ser princesa, seguramente lo habrían tomado por loco. Esta joven inteligente y emprendedora° estudió periodismo y ejerció su profesión en algunos de los mejores medios españoles: el periódico ABC, y los canales CNN plus y TVE. Cuando se formalizó el compromiso° con el príncipe Felipe, Letizia tuvo que dejar de trabajar y empezó un entrenamiento particular para ser princesa, ya que al casarse se convertiría en Princesa de Asturias. Su relación con el Príncipe se distingue por no haber respondido a la formalidad que se espera en estos casos. En junio de 2014, el Rey Juan Carlos I abdicó en favor de su hijo Felipe VI, quien ahora es rey, y su esposa, Letizia Ortiz, la reina consorte de España.

" ... a partir de ahora y de forma progresiva voy a integrarme y a dedicarme a esta nueva vida con las responsabilidades y obligaciones que conlleva. " (Letizia Ortiz)

Conexión Internet

¿Qué tareas oficiales realiza el rey de España como jefe del Estado?

Investiga sobre este tema en **vhlcentral.com**.

emprendedora *enterprising* compromiso *engagement*

¿Qué aprendiste?

1 **Comprensión** Indica si las oraciones son **ciertas** o **falsas**. Corrige las falsas.

1. El general Francisco Franco quería que Juan Carlos de Borbón fuera su sucesor.

2. El general Franco trabajó mucho para establecer la democracia en España.

3. El príncipe Felipe se convirtió en rey tras la muerte de su padre.

4. La dictadura de Franco también se conoce como transición.

5. El príncipe Felipe se casó con una presentadora de televisión.

6. La infanta Cristina es soltera.

7. La familia real no ha tenido problemas.

8. A muchos españoles les gusta la Familia Real.

2 **Oraciones incompletas** Completa las oraciones.

1. Los padres de Letizia Ortiz son _____.

2. Letizia estudió _____.

3. La infanta Cristina es la _____ del príncipe Felipe.

4. Felipe es el Príncipe de _____.

5. En España, las grandes tiendas abren _____.

6. En México, usan la palabra *carnala* para referirse a _____.

3 **Preguntas** Contesta las preguntas.

1. ¿Cuál es una forma cariñosa de referirse al padre en Cuba?

2. ¿Por qué crees que Letizia Ortiz tuvo que dejar de trabajar como periodista al convertirse en Princesa?

3. ¿Es seguro que la Infanta Leonor sea reina de España en el futuro?

4. ¿Crees que tienen sentido las monarquías en el siglo XXI? ¿Por qué?

5. Vuelve a leer la cita de Letizia Ortiz. ¿A qué responsabilidades y obligaciones crees que se refiere?

6. Muchos supermercados abren las 24 horas. ¿Crees que esto es necesario o crees que la gente está muy "malcriada" (*spoiled*)?

4 **Opiniones** En parejas, preparen dos listas. En una lista, anoten los elementos positivos de ser príncipe o princesa heredero/a y, en la otra, los elementos negativos que creen que puede tener. Guíense por estos planteamientos y otros.

- ¿Vale la pena ser rico y famoso si pierdes la vida privada?

- ¿Estarías dispuesto/a a guardar los modales las 24 horas del día?

- ¿Serías capaz de cumplir con todas las responsabilidades que conlleva este cargo?

PROYECTO

A domicilio

Existen muchos servicios a domicilio que facilitan la vida diaria. Además del ejemplo de los mieleros en Nicaragua, están los paseadores de perros, los supermercados con entrega a domicilio y las empresas que nos permiten recibir libros en casa o ropa por correo.

Imagina que vas a crear una empresa para ofrecer un servicio a domicilio.

Usa esta guía para preparar un folleto (*brochure*) sobre tu empresa. Describe:

- El servicio que vas a ofrecer y cómo se llama.

- Las principales características de tu servicio.

- Cómo va a facilitar la vida diaria de tus clientes.

S Practice more at **vhlcentral.com**.

 Video: *Flash cultura*

De compras por Barcelona

Hacer las compras tal vez te parezca una actividad aburrida y poco glamorosa, pero ¡te equivocas! En este episodio de **Flash cultura** podrás pasear por el antiguo mercado de Barcelona y descubrir una manera distinta de elegir los mejores productos en tiendas especializadas.

VOCABULARIO ÚTIL

amplio/a *broad, wide*	**la gamba** *(Esp.) shrimp*
el buñuelo *fritter*	**los mariscos** *seafood*
el carrito *shopping cart*	**las patas traseras** *hind legs*
la charcutería *delicatessen*	**el puesto** *market stand*

Preparación ¿Qué productos españoles típicos conoces? ¿Cuál te gustaría más probar?

Comprensión Indica si estas afirmaciones son ciertas o falsas. Después, en parejas, corrijan las falsas.

1. Las Ramblas de Barcelona son amplias avenidas.
2. En La Boquería debes elegir un carrito a la entrada y pagar toda la compra al final.
3. Hay distintos tipos de jamón serrano según la curación y la región.
4. Barcelona ofrece una gran variedad de marisco y pescado fresco porque es un puerto marítimo.
5. En España, la mayoría de las tiendas cierra al mediodía durante media hora.
6. Las panaderías abren todos los días menos los domingos.

Expansión En parejas, contesten estas preguntas.

- ¿Prefieres hacer las compras en tiendas pequeñas y mercados tradicionales o en un supermercado normal? ¿Por qué?
- ¿Te levantas temprano para comprar el pan o algún otro producto los domingos? ¿Qué producto es tan esencial para la gente de tu país como el pan para los españoles?
- ¿Te parece bien que las tiendas cierren a la hora de la siesta? ¿Para qué usarías tú todo ese tiempo?

Corresponsal: Mari Carmen Ortiz
País: España

La Boquería es un paraíso para los sentidos: olores de comida, el bullicio° de la gente, colores vivos se abren a tu paso mientras haces tus compras.

Hay tiendas que nunca cierran a la hora de comer: las tiendas de moda y los grandes almacenes°. Pero aún éstas tienen que cerrar tres domingos al mes.

El jamón serrano es una comida típica española y es servido con frecuencia en los bares de tapas°.

bullicio *hubbub* **almacenes** *department stores* **tapas** *Spanish appetizers*

recursos

vhlcentral

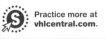 Practice more at
vhlcentral.com.

3.1 The preterite · Tutorial

- Spanish has two simple tenses to indicate actions in the past: the preterite **(el pretérito)** and the imperfect **(el imperfecto)**. The preterite is used to describe actions or states that began or were completed at a definite time in the past.

The preterite of regular -ar, -er, and -ir verbs		
comprar	**vender**	**abrir**
compré	vendí	abrí
compraste	vendiste	abriste
compró	vendió	abrió
compramos	vendimos	abrimos
comprasteis	vendisteis	abristeis
compraron	vendieron	abrieron

- The preterite tense of regular verbs is formed by dropping the infinitive ending (**-ar**, **-er**, **-ir**) and adding the preterite endings. Note that the endings of regular **-er** and **-ir** verbs are identical in the preterite tense.

- The preterite of all regular and some irregular verbs requires a written accent on the preterite endings in the **yo, usted, él**, and **ella** forms.

  Ayer **empecé** un nuevo trabajo.   Mi mamá **preparó** una cena deliciosa.
  Yesterday I started a new job.   *My mom prepared a delicious dinner.*

- Verbs that end in **-car, -gar**, and **-zar** have a spelling change in the **yo** form of the preterite. All other forms are regular.

buscar	busc-	-qu-	yo busqué
llegar	lleg-	-gu-	yo llegué
empezar	empez-	-c-	yo empecé

- **Caer, creer, leer**, and **oír** change **-i-** to **-y-** in the third-person forms (**usted, él, ella** and **ustedes, ellos, ellas**) of the preterite. They also require a written accent on the **-i-** in all other forms.

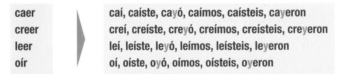

caer	caí, caíste, cayó, caímos, caísteis, cayeron
creer	creí, creíste, creyó, creímos, creísteis, creyeron
leer	leí, leíste, leyó, leímos, leísteis, leyeron
oír	oí, oíste, oyó, oímos, oísteis, oyeron

- Verbs with infinitives ending in **-uir** change **-i-** to **-y-** in the third-person forms of the preterite.

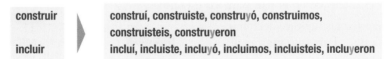

| construir | construí, construiste, construyó, construimos, construisteis, construyeron |
| incluir | incluí, incluiste, incluyó, incluimos, incluisteis, incluyeron |

¡ATENCIÓN!

In Spain, the present perfect (p. 256) is more commonly used to describe recent events.

- Stem-changing **-ir** verbs also have a stem change in the third-person forms of the preterite. Stem-changing **-ar** and **-er** verbs are regular.

Preterite of *-ir* stem-changing verbs			
pedir		**dormir**	
pedí	pedimos	dormí	dormimos
pediste	pedisteis	dormiste	dormisteis
pidió	pidieron	durmió	durmieron

¡ATENCIÓN!

Other -**ir** stem-changing verbs include:

conseguir	**repetir**
consentir	**seguir**
hervir	**sentir**
morir	**servir**
preferir	

- A number of **-er** and **-ir** verbs have irregular preterite stems. Note that none of these verbs takes a written accent on the preterite endings.

Les traje unos dulces para premiar su esfuerzo.

Por cierto, ¿no estuviste en el dentista?

¡ATENCIÓN!

Ser, **ir**, **dar**, and **ver** are also irregular in the preterite. The preterite forms of **ser** and **ir** are identical.

ser/ir
fui, fuiste, fue, fuimos, fuisteis, fueron

dar
di, diste, dio, dimos, disteis, dieron

ver
vi, viste, vio, vimos, visteis, vieron

The preterite of **hay** is **hubo**.

Hubo dos conciertos el viernes.
There were two concerts on Friday.

Preterite of irregular verbs

Infinitive	u-stem	preterite forms
andar	anduv-	anduve, anduviste, anduvo, anduvimos, anduvisteis, anduvieron
estar	estuv-	estuve, estuviste, estuvo, estuvimos, estuvisteis, estuvieron
poder	pud-	pude, pudiste, pudo, pudimos, pudisteis, pudieron
poner	pus-	puse, pusiste, puso, pusimos, pusisteis, pusieron
saber	sup-	supe, supiste, supo, supimos, supisteis, supieron
tener	tuv-	tuve, tuviste, tuvo, tuvimos, tuvisteis, tuvieron

Infinitive	i-stem	preterite forms
hacer	hic-	hice, hiciste, hizo, hicimos, hicisteis, hicieron
querer	quis-	quise, quisiste, quiso, quisimos, quisisteis, quisieron
venir	vin-	vine, viniste, vino, vinimos, vinisteis, vinieron

Infinitive	j-stem	preterite forms
conducir	conduj-	conduje, condujiste, condujo, condujimos, condujisteis, condujeron
decir	dij-	dije, dijiste, dijo, dijimos, dijisteis, dijeron
traer	traj-	traje, trajiste, trajo, trajimos, trajisteis, trajeron

recursos

vText

CA
pp. 7, 64

CP
pp. 23–24

CH
pp. 37–39

vhlcentral

- Note that the stem of **decir (dij-)** not only ends in **j**, but the stem vowel **e** changes to **i**. In the **usted, él,** and **ella** form of **hacer (hizo), c** changes to **z** to maintain the pronunciation. Most verbs that end in **-cir** have **j**-stems in the preterite.

Práctica

1 **Quehaceres** Escribe la forma correcta del pretérito de los verbos indicados.

1. El sábado pasado mi familia y yo _____ (hacer) la limpieza semanal.

2. Mi hermano Jorge _____ (barrer) el suelo de la cocina.

3. Yo _____ (pasar) la aspiradora por el salón.

4. Mis padres _____ (quitar) los sillones para limpiarlos y después los _____ (volver) a poner en su lugar.

5. Yo _____ (lavar) toda la ropa sucia y la _____ (poner) en el armario.

6. Nosotros _____ (terminar) con todo en menos de una hora.

7. Luego, mi madre _____ (abrir) el refrigerador.

8. Ella _____ (ver) que no había nada de comer.

9. Mi padre _____ (decir) que iría al supermercado. Todos nosotros _____ (decidir) acompañarlo.

10. Yo _____ (apagar) las luces y nos _____ (ir) al supermercado.

2 **¿Qué hicieron?** Combina elementos de cada columna para narrar lo que hicieron las personas.

> **MODELO** Una vez, mis amigos y yo tuvimos que cocinar para cincuenta invitados.

anoche	mi compañero/a	conversar	?
anteayer	de clase	dar	?
ayer	mi hermano/a	decir	?
dos veces	mis amigos/as	ir	?
la semana	el/la profesor(a)	leer	?
pasada	de español	pedir	?
una vez	yo	tener que	?

3 **La última vez** Con oraciones completas, indica cuándo fue la última vez que hiciste cada una de estas actividades. Da detalles en tus respuestas. Después comparte la información con la clase.

> **MODELO** **ir al cine**
>
> La última vez que fui al cine fue en 2011. La película que vi fue *Misión imposible III...*

1. hacer mandados
2. decir una mentira
3. andar atrasado/a
4. olvidar algo importante
5. devolver un regalo

6. ir de compras
7. oír una buena/mala noticia
8. encontrar una ganga increíble
9. probarse ropa en una tienda
10. comprar algo muy caro

S Practice more at vhlcentral.com.

Comunicación

4

La semana pasada Recorre el salón de clase y averigua lo que hicieron tus compañeros durante la semana pasada. Anota el nombre del primero que conteste que sí a las preguntas.

> **MODELO** **ir al cine**
>
> —¿Fuiste al cine durante la semana pasada?
> —Sí, fui al cine y vi la última película de Almodóvar./No, no fui al cine.

Actividades	Nombre
asistir a un partido de fútbol	_____
cocinar para los amigos	_____
conseguir una buena nota en una prueba	_____
dar un consejo (*advice*) a un(a) amigo/a	_____
dormirse en clase o en el laboratorio	_____
enojarse con un(a) amigo/a	_____
estudiar toda la noche para un examen	_____
incluir un álbum de fotos en Facebook	_____
ir a la oficina del/de la director(a)	_____
ir al centro comercial	_____
pedir dinero prestado	_____
perder algo importante	_____
probarse un vestido/un traje elegante	_____

5

Una fiesta En parejas, túrnense para comentar la última fiesta que dieron o a la que asistieron.

- ocasión
- fecha y lugar
- organizador(a)
- invitados
- comida
- música
- actividades

6

Los mandados

A. Escribe dos anécdotas divertidas o curiosas que te ocurrieron en el pasado.

> **MODELO** Una vez fui a una entrevista muy importante con un zapato de cada color...

B. Compartan la información con la clase y decidan qué anécdota es la más divertida e interesante.

- The imperfect tense in Spanish is used to narrate past events without focusing on their beginning, end, or completion.

El recado decía que él estaba enfermo.

Siempre tenía problemas con la aspiradora.

- The imperfect tense of regular verbs is formed by dropping the infinitive ending (**-ar, -er, -ir**) and adding personal endings. **-Ar** verbs take the endings **-aba, -abas, -aba, -ábamos, -abais, -aban**. **-Er** and **-ir** verbs take **-ía, -ías, -ía, -íamos, -íais, -ían**.

The imperfect of regular -ar, -er, and -ir verbs		
caminar	**deber**	**abrir**
camin**aba**	deb**ía**	abr**ía**
camin**abas**	deb**ías**	abr**ías**
camin**aba**	deb**ía**	abr**ía**
camin**ábamos**	deb**íamos**	abr**íamos**
camin**abais**	deb**íais**	abr**íais**
camin**aban**	deb**ían**	abr**ían**

- **Ir, ser**, and **ver** are the only verbs that are irregular in the imperfect.

The imperfect of irregular verbs		
ir	**ser**	**ver**
iba	era	veía
ibas	eras	veías
iba	era	veía
íbamos	éramos	veíamos
ibais	erais	veíais
iban	eran	veían

- The imperfect tense narrates what was going on at a certain time in the past. It often indicates what was happening in the background.

Cuando yo **era** joven, **vivía** en una ciudad muy grande. Todas las semanas, mis padres y yo **íbamos** al centro comercial.

When I was young, I lived in a big city. Each week, my parents and I went to the mall.

- The imperfect of **hay** is **había**.

    Había tres cajeros en el supermercado.
    There were three cashiers in the supermarket.

    Sólo **había** un mesero en el café.
    There was only one waiter in the café.

- These words and expressions are often used with the imperfect because they express habitual or repeated actions: **de niño/a** (*as a child*), **todos los días** (*every day*), **mientras** (*while*), **siempre** (*always*).

    De niño, vivía en un suburbio de Madrid.
    As a child, I lived in a suburb of Madrid.

    Todos los días iba a la casa de mi abuela.
    Every day I went to my grandmother's house.

    Siempre escuchaba música **mientras corría** en el parque.
    I always listened to music while I ran in the park.

Siempre dormía muy mal.
Nunca podía relajarme.
Estaba desesperado; no sabía qué hacer.
Ahora, mis problemas están resueltos con mi nueva cama.

DORMALUX
LA CAMA DE TUS SUEÑOS

recursos

v̂ Text

CA
pp. 8, 65

CP
pp. 25–26

CH
pp. 40–41

S
vhlcentral

Práctica

1 **Granada** Escribe la forma correcta del imperfecto de los verbos indicados.

Granada, en el sur de España

Cuando yo (1) _____ (tener) quince años, estuve en España por seis meses. (2) _____ (vivir) con una familia española en Granada, una ciudad en Andalucía. (3) _____ (ser) estudiante en un programa de español para estudiantes de colegios extranjeros. Entre semana los otros estudiantes y yo (4) _____ (estudiar) español por las mañanas. Por las tardes, (5) _____ (visitar) los lugares más interesantes de la ciudad para conocerla mejor. Los fines de semana, nosotros (6) _____ (ir) de excursión con los profesores del programa. (Nosotros) (7) _____ (visitar) ciudades y pueblos nuevos. Los paisajes (8) _____ (ser) maravillosos. Quiero volver pronto.

2 **Antes** En parejas, túrnense para hacerse preguntas usando estas frases. Sigan el modelo.

> **MODELO** **levantarse tarde los lunes**
>
> —¿Te levantas tarde los lunes?
> —Ahora sí, pero antes nunca me levantaba tarde los lunes./Ahora no, pero antes siempre me levantaba tarde los lunes.

1. hacer los quehaceres del hogar
2. usar una agenda
3. ir de compras al centro comercial
4. tener tarjeta de crédito
5. trabajar por las tardes
6. preocuparse por el futuro

3 **Una historieta** En grupos de tres, creen una pequeña historieta (*comic*) explicando cómo era la vida diaria de un héroe o heroína. Después, presenten sus historietas a la clase.

> **MODELO** Superchica era una niña con un poder muy peculiar: podía volar...

 **Practice more at vhlcentral.com.**

Comunicación

4 De niños

A. Busca en la clase compañeros/as que hacían estas cosas cuando eran niños/as. Escribe el nombre de la primera persona que conteste afirmativamente cada pregunta.

> **MODELO** **ir mucho al parque**
> —¿Ibas mucho al parque?
> —Sí, iba mucho al parque.

¿Qué hacían?	Nombre
1. tener miedo de los monstruos	_____
2. llorar todo el tiempo	_____
3. siempre hacer su cama	_____
4. ser muy travieso/a (*mischievous*)	_____
5. romper los juguetes (*toys*)	_____
6. darles muchos regalos a sus padres	_____
7. comer muchos dulces	_____
8. creer en fantasmas	_____

B. Ahora, comparte con la clase los resultados de tu búsqueda.

5

Antes y ahora En parejas, comparen cómo ha cambiado la vida de Andrés en los últimos años. ¿Cómo era antes? ¿Cómo es ahora? Preparen una lista de por lo menos seis diferencias.

antes

ahora

6 En aquel entonces

A. Utiliza el imperfecto para escribir un párrafo sobre la vida diaria de un(a) pariente/a tuyo/a que creció (*grew up*) en otra época. ¿Cómo era su vida cotidiana? ¿Qué solía hacer para divertirse?

B. Ahora comparte tu párrafo con un(a) compañero/a. Pregúntense sobre los personajes y comparen la vida diaria de aquel entonces con la de hoy. ¿En qué aspectos era mejor la vida diaria hace veinte años? ¿Hace cincuenta años? ¿Hace dos siglos (*centuries*)? ¿En qué aspectos era peor?

- Although the preterite and imperfect both express past actions or states, the two tenses have different uses and, therefore, are not interchangeable.

¿Cómo lograste encender la aspiradora? Antes no funcionaba.

Fácil… Me acordé de mi ex.

Uses of the preterite

- To express actions or states viewed by the speaker as completed

Compraste los muebles hace un mes.
You bought the furniture a month ago.

Mis amigas **fueron** al centro comercial ayer.
My friends went to the mall yesterday.

- To express the beginning or end of a past action

La telenovela **empezó** a las ocho.
The soap opera began at eight o'clock.

El café **se acabó** enseguida.
The coffee ran out right away.

- To narrate a series of past actions

Me levanté, **me arreglé** y **fui** a clase.
I got up, got ready, and went to class.

Se sentó, **tomó** el bolígrafo y **escribió**.
He sat down, grabbed the pen, and wrote.

Uses of the imperfect

- To describe an ongoing past action without reference to beginning or end

Se acostaba muy temprano.
He went to bed very early.

Juan **tenía** pesadillas constantemente.
Juan constantly had nightmares.

- To express habitual past actions

Me **gustaba** jugar al fútbol los domingos por la mañana.
I used to like to play soccer on Sunday mornings.

Solían comprar las verduras en el mercado.
They used to shop for vegetables in the market.

- To describe mental, physical, and emotional states or conditions

José Miguel sólo **tenía** quince años en aquel entonces.
José Miguel was only fifteen years old back then.

Estaba tan hambriento que quería comerme un pollo entero.
I was so hungry that I wanted to eat a whole chicken.

- To tell time

Eran las ocho y media de la mañana.
It was eight thirty a.m.

Era la una en punto.
It was exactly one o'clock.

Uses of the preterite and imperfect together

- When narrating in the past, the imperfect describes what *was happening*, while the preterite describes the action that *interrupts* the ongoing activity. The imperfect provides background information, while the preterite indicates specific events that advance the plot.

> **Había** una vez un lobo que **era** muy pacífico y bueno. Un día, el lobo **caminaba** por el bosque cuando, de repente, una niña muy malvada que **se llamaba** Caperucita Roja **apareció** de entre los árboles. El lobo, asustado, **comenzó** a correr, pero Caperucita **corría** tan rápido que, al final, **atrapó** al lobo y se lo **comió**. La abuela de Caperucita **no sabía** lo malvada que **era** su nieta. Nunca nadie **supo** qué le **pasó** al pobre lobito.

> *Once upon a time, there **was** a wolf that **was** very peaceful and kind. One day, the wolf **was walking** through the forest when, all of a sudden, a very wicked little girl, who **was called** Little Red Riding Hood, **appeared** amongst the trees. The wolf, frightened, **started** to run, but Little Red Riding Hood **was running** so fast that, in the end, she **caught** the wolf and **ate** him up. Little Red Riding Hood's grandmother **didn't know** how wicked her granddaughter **was**. No one ever **found out** what **happened** to the poor little wolf.*

Different meanings in the imperfect and preterite

> Quise encender la aspiradora, pero no pude.

- The verbs **querer, poder, saber**, and **conocer** have different meanings when they are used in the preterite. Notice also the meanings of **no querer** and **no poder** in the preterite.

INFINITIVE	IMPERFECT	PRETERITE
querer	**Quería acompañarte.** *I wanted to go with you.*	**Quise acompañarte.** *I tried to go with you (but failed).*
		No quise acompañarte. *I refused to go with you.*
poder	**Ana podía hacerlo.** *Ana could do it.*	**Ana pudo hacerlo.** *Ana succeeded in doing it.*
		Ana no pudo hacerlo. *Ana could not do it.*
saber	**Ernesto sabía la verdad.** *Ernesto knew the truth.*	**Por fin Ernesto supo la verdad.** *Ernesto finally discovered the truth.*
conocer	**Yo ya conocía a Andrés.** *I already knew Andrés.*	**Yo conocí a Andrés en la fiesta.** *I met Andrés at the party.*

¡ATENCIÓN!

Here are some useful sequencing expressions.

primero *first*
al principio *in the beginning*
antes (de) *before*
después (de) *after*
mientras *while*
entonces *then*
luego *then; next*
siempre *always*
al final *finally*
la última vez *the last time*

¡ATENCIÓN!

The imperfect progressive is also used to describe a past action that was in progress, but was interrupted by an event. Both **el lobo caminaba por el bosque** and **el lobo estaba caminando por el bosque** are correct.

recursos

v̂Text

CA
pp. 9, 66

CP
pp. 27–28

CH
pp. 42–43

vhlcentral

Práctica

1 **Una cena especial** Las primas Elena y Francisca tenían invitados para cenar y lo estaban preparando todo. Completa las oraciones con el imperfecto o el pretérito de estos verbos. Puedes usar los verbos más de una vez.

averiguar	haber	ofrecer	salir
decir	levantar	pasar	ser
estar	limpiar	preparar	terminar
freír	llamar	quitar	tocar

1. _____ las ocho cuando Francisca y Elena se _____ para preparar todo.
2. Elena _____ la aspiradora cuando Felipe la _____ para preguntar la hora de la cena. Le _____ que _____ a las diez y media.
3. Francisca _____ las tapas en la cocina. Todavía _____ temprano.
4. Mientras Francisca _____ las papas en aceite, Elena _____ la sala.
5. Elena _____ el polvo de los muebles cuando su madre _____ a la puerta. ¡_____ una visita sorpresa!
6. Su madre se _____ a ayudar. Elena _____ que sí.
7. Cuando Francisca _____ de hacer las tapas, _____ que no _____ suficientes refrescos. Francisca _____ al supermercado.
8. Cuando por fin _____, ya _____ las nueve. Todo _____ listo.

2 **Interrupciones** Combina palabras y frases de cada columna para contar lo que hicieron estas personas. Usa el pretérito y el imperfecto.

> **MODELO** Ustedes miraban la tele cuando el médico llamó.

Marta y Miguel	comer	la alarma	llamar por teléfono
nosotros	conducir	los amigos	recibir el mensaje
Paco	dormir	Juan Carlos	salir
tú	escuchar música	el médico	sonar
ustedes	ir a...	la policía	ver el accidente
yo	mirar la tele	usted	

3 **Las fechas importantes**

A. Escribe cuatro fechas importantes en tu vida y explica qué pasó.

> **MODELO**

Fecha	¿Qué pasó?	¿Dónde y con quién estabas?	¿Qué tiempo hacía?
el 6 de agosto de 2011	Conocí a Rafael Nadal.	Estaba en el gimnasio con un amigo.	Llovía mucho.

B. Intercambia tu información con tres compañeros/as. Ellos/as te van a hacer preguntas sobre lo que te pasó.

Practice more at
vhlcentral.com.

4 La mañana de Esperanza

A. En parejas, observen los dibujos. Escriban lo que le pasó a Esperanza después de abrir la puerta de su casa. ¿Cómo fue su mañana? Utilicen el pretérito y el imperfecto en la narración.

1.

2.

3.

4.

B. Con dos parejas más, túrnense para presentar las historias que han escrito. Después, combinen sus historias para hacer una nueva.

5 **Síntesis** En grupos de cuatro, escriban un cuento sobre un día extraordinario en el que la rutina diaria se vio interrumpida por una serie de eventos inesperados. Túrnense para pasarse una hoja de papel en la que cada uno/a escribe una oración hasta que terminen el cuento. Después, presenten sus cuentos a la clase. Utilicen el pretérito, el imperfecto y el vocabulario de esta lección. ¡Inventen!

> **MODELO**
> —El día empezó como cualquier otro día…
> —Me levanté, me arreglé y salí para la clase de las nueve…
> —Caminaba por la avenida central como siempre, cuando de repente, en medio de la calle, vi algo horroroso, algo que me hizo temblar de miedo…

Antes de ver el corto

ADIÓS MAMÁ

país México   **director** Ariel Gordon

duración 7 minutos   **protagonistas** hombre joven, señora

Vocabulario

afligirse *to get upset*	**parecerse** *to look like*
el choque *crash*	**repentino/a** *sudden*
despedirse (e:i) *to say goodbye*	**el timbre** *tone of voice*
las facciones *facial features*	**titularse** *to graduate*

1

Practicar Completa cada una de las rimas usando el vocabulario del corto.

1. Cuando Anabel tiene un problema, _____, pero nunca lo corrige.

2. ¡Qué buen actor! Sus _____ siempre reflejan sus acciones.

3. ¡Pobre don Roque! Compró carro nuevo y a los dos días tuvo un _____.

4. No me gusta el _____ de voz de ese hombre.

5. ¡Qué estilos tan variados! Las pinturas son trece y ninguna _____.

6. Le faltan muchos cursos. Si no decide apurarse (*hurry up*), nunca va a _____.

2

Comentar En parejas, intercambien opiniones sobre las preguntas.

1. ¿Hablan con desconocidos en algunas ocasiones? ¿En qué situaciones?

2. Según su título, ¿de qué creen que va a tratar el corto?

3. ¿En qué lugares es más fácil o frecuente hablar con gente que no conocen? Den dos o tres ejemplos.

4. ¿A veces son ingenuos/as? ¿Se creen historias falsas? Den ejemplos.

5. ¿Alguna vez les sucedió algo interesante o divertido en un supermercado? ¿Qué sucedió?

6. Observen los fotogramas. ¿Qué creen que va a pasar en este cortometraje?

Practice more at
vhlcentral.com.

Premio especial del Jurado, Semana Internacional de Cine Experimental de Valladolid, España

Una producción de CONACULTA/INSTITUTO MEXICANO DE CINEMATOGRAFÍA Guión y Dirección ARIEL GORDON
Producción JAVIER BOURGES Producción ejecutiva PATRICIA RIGGEN
Fotografía SANTIAGO NAVARRETE Edición CARLOS SALCES Música GERARDO TAMEZ
Sonido SANTIAGO NÚÑEZ/NERIO BARBERIS
Arte FERNANDO MERI/AARÓN NIÑO CÁMARA
Actores DANIEL GIMÉNEZ CACHO/DOLORES BERISTAIN/PATRICIA AGUIRRE/PACO MORAYTA

ARGUMENTO Un hombre está en el supermercado. En la fila para pagar, la señora que está delante de él le habla.

SEÑORA Se parece a mi hijo. Realmente es igual a él.
HOMBRE Ah, pues no, no sé qué decir.

SEÑORA Murió en un choque. El otro conductor iba borracho. Si él viviera, tendría la misma edad que usted.
HOMBRE Por favor, no llore.

SEÑORA ¿Sabe? Usted es su doble. Bendito sea el Señor que me ha permitido ver de nuevo a mi hijo. ¿Le puedo pedir un favor?
HOMBRE Bueno.

SEÑORA Nunca tuve oportunidad de despedirme de él. Su muerte fue tan repentina. ¿Al menos podría llamarme "mamá" y decirme adiós cuando me vaya?

SEÑORA ¡Adiós, hijo!
HOMBRE ¡Adiós, mamá!
SEÑORA ¡Adiós, querido!
HOMBRE ¡Adiós, mamá!

CAJERA No sé lo que pasa, la máquina desconoce el artículo. Espere un segundo a que llegue el gerente.
(*El gerente llega y ayuda a la cajera.*)

Después de ver el corto

1 Comprensión Contesta las preguntas con oraciones completas.

1. ¿Dónde están los personajes?
2. ¿Qué relación hay entre el hombre y la señora?
3. ¿A quién se parece físicamente el hombre?
4. ¿Por qué no pudo despedirse la señora de su hijo?
5. ¿Qué favor le pide la señora al hombre?
6. ¿Cuántas compras tiene que pagar el hombre? ¿Por qué?

2 Ampliación En parejas, háganse las preguntas.

1. ¿Les pasó a ustedes o a alguien que conocen algo similar alguna vez? Expliquen.
2. ¿Qué hacen si alguien se les acerca (*approaches*) en el supermercado y les pide este favor?
3. ¿Qué creen que sucedió realmente al final? ¿Tuvo que pagar la cuenta completa el hombre? ¿Tuvo que intervenir la policía?
4. Después de lo que sucedió, ¿qué consejos puede darles el hombre a sus amigos?

3 Inventar En parejas, lean lo que dice la mujer e imaginen que el hijo ficticio nunca tuvo un accidente y, por lo tanto, no murió. ¿Qué le pasó? ¿Cómo fue su vida? ¿Visitaba a su madre con frecuencia? Escriban un párrafo de diez líneas.

❝ Murió en un choque. El otro conductor iba borracho. Si él viviera, tendría la misma edad que usted. Se habría titulado y probablemente tendría una familia. Yo sería abuela.❞

4 Imaginar En parejas, describan la vida de uno los personajes del corto. Escriban por lo menos cinco oraciones, usando como base las preguntas.

- ¿Cómo es?
- ¿Dónde vive?
- ¿Con quién vive?
- ¿Qué le gusta?
- ¿Qué no le gusta?
- ¿Tiene dinero?

5 Detective El joven está contándole a un(a) detective lo que pasó en el supermercado. En parejas, uno/a de ustedes es el/la detective y el/la otro/a es el hombre. Preparen el interrogatorio (*interrogation*) y represéntenlo delante de la clase.

6 Notas Ahora, imagina que eres el/la detective y escribe un informe (*report*) de lo que pasó. Tiene que ser un informe lo más completo posible. Puedes inventar los datos que tú quieras.

Practice more at **vhlcentral.com**.

La siesta, 2010
Oscar Sir Avendaño, Colombia

"Tras el vivir y el soñar, está lo que más importa: el despertar."

— Antonio Machado

Antes de leer

Autorretrato

Sobre la autora

Rosario Castellanos nació en la ciudad de México en 1925 y murió en Tel Aviv, Israel, en 1974 mientras se desempeñaba como (*worked as*) embajadora de México en ese país. Estudió filosofía en México y realizó estudios de estética y estilística en España. Escribió poesía, narrativa y ensayos, y también colaboró con diarios y revistas especializadas de México y del extranjero. Tres de sus obras —su primera novela, *Balún Canán*; el libro de cuentos *Ciudad Real* y su segunda novela, *Oficio de tinieblas*— conforman la principal trilogía de temática indigenista mexicana del siglo XX. El otro tema central de su obra son las mujeres. Su obra poética se encuentra reunida en el libro titulado *Poesía no eres tú*, publicado en 1972. Sus poemas se caracterizan por su estilo sencillo, en el que se presenta lo cotidiano con humor e inteligencia.

Vocabulario

acariciar *to caress*	**el autorretrato** *self-portrait*	**llorar** *to cry*
acaso *perhaps*	**feliz** *happy*	**lucir** *to wear, to display*
arduo/a *hard*	**el llanto** *weeping; crying*	**el maquillaje** *make-up*

Vocabulario Completa las oraciones.

1. En este _____, María _____ un vestido que era de su abuela.
2. No me gusta ponerme _____ en los ojos porque me hace _____.
3. La madre escuchó el _____ del bebé y enseguida se acercó a _____ su cabecita.
4. Aunque el trabajo es _____, estoy _____ de tener mi propia empresa.

Conexión personal Imagina que tienes que hacer una presentación sobre ti mismo/a titulada "Autorretrato". ¿Eliges describirte con palabras relacionadas con tus estudios, con tu trabajo, con tu personalidad, con lo que te hace feliz, con lo que te hace llorar? ¿Por qué?

Análisis literario: la poesía conversacional

Los términos "poesía conversacional" o "poesía coloquial" se refieren a un tipo de poesía que surgió durante los últimos cincuenta años y se caracteriza por su claridad, por su tono coloquial e intimista, por buscar un acercamiento al lector a través de referencias a lo cotidiano, y por romper con el estilo abstracto y menos accesible de movimientos poéticos anteriores. Otra característica de este género es la desmitificación del poeta, quien deja de ser una figura subida a un pedestal y alejada de la realidad cotidiana de los lectores. No se trata en sí de un movimiento literario claramente definido, sino que distintos poetas recorrieron caminos diferentes hasta converger en este estilo coloquial e intimista. A medida que lees *Autorretrato,* presta atención a las características de la poesía conversacional en el poema.

Autorretrato

Rosario Castellanos

Autorretrato con pelo cortado, 1940
Frida Kahlo, México

$\mathcal{Y}o$ soy una señora: tratamiento°
arduo de conseguir, en mi caso, y más útil
para alternar con los demás que un título
extendido a mi nombre en cualquier academia.

5 Así, pues, luzco mi trofeo y repito:
   yo soy una señora. Gorda o flaca
   según las posiciones de los astros°,
   los ciclos glandulares
   y otros fenómenos que no comprendo.

10 Rubia, si elijo una peluca rubia.
   O morena, según la alternativa.
   (En realidad, mi pelo encanece°, encanece.)

   Soy más o menos fea. Eso depende mucho
   de la mano que aplica el maquillaje.

15 Mi apariencia ha cambiado a lo largo del tiempo
   —aunque no tanto como dice Weininger
   que cambia la apariencia del genio—. Soy mediocre.
   Lo cual, por una parte, me exime de° enemigos
   y, por la otra, me da la devoción
20 de algún admirador y la amistad
   de esos hombres que hablan por teléfono
   y envían largas cartas de felicitación.
   Que beben lentamente whisky sobre las rocas
   y charlan de política y de literatura.

25 Amigas... hmmm... a veces, raras veces
   y en muy pequeñas dosis.
   En general, rehuyo° los espejos.
   Me dirían lo de siempre: que me visto muy mal
   y que hago el ridículo
30 cuando pretendo coquetear con alguien.

   Soy madre de Gabriel: ya usted sabe, ese niño
   que un día se erigirá en° juez inapelable
   y que acaso, además, ejerza de verdugo°.
   Mientras tanto lo amo.

Escribo. Este poema. Y otros. Y otros.   35
Hablo desde una cátedra°.
Colaboro en revistas de mi especialidad
y un día a la semana publico en un periódico.

Vivo enfrente del Bosque. Pero casi
nunca vuelvo los ojos para mirarlo. Y nunca   40
atravieso° la calle que me separa de él
y paseo y respiro y acaricio
la corteza rugosa° de los árboles.

Sé que es obligatorio escuchar música
pero la eludo° con frecuencia. Sé   45
que es bueno ver pintura
pero no voy jamás a las exposiciones
ni al estreno teatral ni al cine-club.

Prefiero estar aquí, como ahora, leyendo
y, si apago la luz, pensando un rato   50
en musarañas° y otros menesteres°.

Sufro más bien por hábito, por herencia, por no
diferenciarme más de mis congéneres°
que por causas concretas.

Sería feliz si yo supiera cómo.   55
Es decir, si me hubieran enseñado los gestos,
los parlamentos°, las decoraciones.

En cambio me enseñaron a llorar. Pero el llanto
es en mí un mecanismo descompuesto
y no lloro en la cámara mortuoria   60
ni en la ocasión sublime ni frente a la catástrofe.

Lloro cuando se quema el arroz o cuando pierdo
el último recibo del impuesto predial°.

---

tratamiento *title* **astros** *stars* **encanece** *is turning gray* **me exime de** *exempts me from* **rehuyo** *I shun; I avoid* **se erigirá en** *will become*
ejerza de verdugo *practice as an executioner* **cátedra** *university chair* **atravieso** *I cross* **corteza rugosa** *rough bark* **eludo** *I avoid*
pensando... musarañas *daydreaming* **menesteres** *occupations* **mis congéneres** *my kind* **parlamentos** *words* **impuesto predial** *property tax*

Después de leer

Autorretrato

Rosario Castellanos

1 **Comprensión** Indica si las oraciones son **ciertas** o **falsas.** Corrige las falsas.

1. La protagonista piensa que es una mujer bella.
2. Según ella, una mujer mediocre no tiene enemigos pero tampoco amigos.
3. La mujer de *Autorretrato* afirma que no quiere tener muchas amigas.
4. Ella ama a su hijo aunque él la juzga (*he judges her*).
5. La protagonista es poetisa, profesora y periodista.
6. No va muy frecuentemente al cine, al teatro o a exposiciones.
7. Ella odia la soledad y prefiere visitar exposiciones y estrenos.
8. Dice que no le enseñaron cómo ser feliz, pero sí le enseñaron a llorar.

2 **Interpretación** Contesta las preguntas con oraciones completas.

1. ¿Cuál es el trofeo del que se habla al comienzo del poema? ¿Qué importancia tiene en la vida de la mujer de *Autorretrato*?
2. ¿De qué piensa ella que depende su apariencia (ser gorda o flaca)? ¿Y el color de su cabello? ¿Está en su poder cambiar esas cosas?
3. ¿Por qué crees que ser mediocre le asegura la amistad de los hombres que describe? ¿Te parece que estos hombres serán también mediocres? Justifica tu respuesta.
4. ¿Te parece que esta mujer se comporta como lo indica la sociedad? ¿Piensas que aprecia su entorno y está conforme con su posición en la vida o todo lo contrario? Da ejemplos.
5. ¿De qué manera está descompuesto para ella el mecanismo del llanto? En tu opinión, ¿qué clase de personas lloran cuando se les quema el arroz o pierden un recibo?

3 **Análisis** En parejas, respondan a las preguntas.

1. ¿Creen que la voz narrativa es cercana a la voz de la propia autora? ¿Por qué?
2. Repasen las características de la poesía conversacional y busquen ejemplos de cada una en el poema.
3. ¿A qué tipo de lector(a) creen que está dirigido este poema? ¿Por qué?
4. ¿Se sienten identificados/as con el poema? ¿Por qué?

4 **Ampliación** En parejas, analicen estos versos en el contexto del poema y expliquen qué quiere resaltar la poetisa en cada caso.

1. "(En realidad, mi pelo encanece, encanece.)"
2. "En general, rehuyo los espejos."
3. "Mientras tanto lo amo."
4. "Sería feliz si yo supiera cómo."

recursos

v̂Text

5 **Retrato** Escribe el retrato de la mujer del poema desde el punto de vista de la sociedad a la que pertenece; crea una voz poética ficticia: puede ser uno de esos hombres que ella describe, una de las mujeres que la critican por cómo se viste o su hijo Gabriel. Ten en cuenta lo que se espera de ella, su aspecto físico, etc., y redáctalo en forma de poesía coloquial.

Practice more at **vhlcentral.com.**

Antes de leer

Vocabulario

el cansancio *exhaustion*	**pintar** *to paint*
el cuadro *painting*	**el/la pintor(a)** *painter*
fatigado/a *fatigued*	**previsto/a** *planned*
imprevisto/a *unexpected*	**retratar** *to portray*
la obra maestra *masterpiece*	**el retrato** *portrait*

Pablo Picasso Completa las oraciones con el vocabulario de la tabla.

Guernica, de Pablo Picasso

1. De todo el arte del Museo Reina Sofía, yo prefiero los _____ de Pablo Picasso.

2. De muy joven, el _____ español creaba arte realista.

3. Al poco tiempo, este gran artista empezó a _____ obras de otros estilos e inventó el cubismo.

4. Su obra más famosa, el *Guernica*, quiere _____ el horror del bombardeo alemán al pueblo de Guernica, en el norte de España.

5. Según mucha gente, el *Guernica* es su creación más importante, la _____ de Picasso.

Conexión personal ¿Qué haces para recordar los eventos y las personas que son importantes para ti? ¿Sacas fotos o mantienes un diario? ¿Cuentas historias? ¿Cuáles son algunos de los recuerdos que te gustaría atesorar (*treasure*)?

Contexto cultural

Niños comiendo uvas y un melón, Bartolomé Esteban Murillo

Del siglo XVI al siglo XVII, España pasó de ser una enorme potencia política a ser un imperio en camino de extinción. Donde antes había victorias militares, riqueza (*wealth*) y expansión, ahora había crisis política y económica, y decadencia. Sin embargo, estos problemas contrastaban con la extraordinaria producción artística y literaria del Siglo de Oro. A pesar de su éxito, se consideraba a los pintores más artesanos que artistas y, por lo tanto, no eran de alta posición social. Muchos artistas trabajaban por encargo; la realeza y la nobleza eran sus mecenas (*patrons*). Con sus obras, contribuían a la educación cultural, y a menudo religiosa, de la sociedad.

Vieja friendo huevos

El arte de la vida diaria

Diego Velázquez es importante no sólo por su mérito artístico, sino también por lo que nos cuentan sus cuadros. Conocido sobre todo como pintor de retratos, Velázquez se interesaba también por temas mitológicos y escenas cotidianas. 5 En todo su arte, examinaba y reproducía en minucioso detalle sólo aquello que veía. Su imitación de la naturaleza, de lo inmediatamente observable, era lo que daba vida a su arte y a la vez creaba un arte de la vida diaria.

king's court   Antes de mudarse a la Corte del Rey°,
10 Velázquez pintó cuadros de temas cotidianos.
Un ejemplo célebre es la *Vieja friendo huevos*
(1618). El cuadro capta un momento sin
aparente importancia: una mujer vieja cocina
mientras un niño trae aceite y un melón.
15 Varios objetos de la casa, reproducidos con

canvas   precisión, llenan el lienzo°, dignos de nuestra
atención, por ejemplo: la cuchara, un plato

jugs   blanco en el que descansa un cuchillo, jarras°,

wicker basket   una cesta de paja°. Junto con la comida
20 que prepara —no hay carne ni variedad— la
ropa típica de pobre sugiere que la mujer es
humilde. Con el cuadro, Velázquez interrumpe
un momento que podría ser de cualquier día.

still life   No es una naturaleza muerta°, sino un instante
25 de la vida.

     Incluso cuando pintaba temas
mitológicos, Velázquez tomaba como modelo
gente de la calle. Por eso, se pueden percibir
escenas diarias en temas distanciados de la

triumph 30 época. Un ejemplo es *El triunfo° de Baco*
(1628–9). En este cuadro, el dios romano del
vino se sienta en un campo abierto, no con

peasants   otros dioses, sino con campesinos°. Sus caras
fatigadas reflejan a la vez el cansancio de una

commoner 35 vida de trabajo —la vida del plebeyo° español
era entonces especialmente dura— y la alegría
de poder descansar un rato.

     En los cuadros de la Corte, Velázquez nos
da una imagen rica y compleja del mundo del

El triunfo de Baco

palacio. En vez de retratar exclusivamente a 40
la familia real y los nobles, incluye también
toda la tropa de personajes que los servía y
entretenía. En este grupo numeroso entraban

little people/ jesters   enanos° y bufones°, a quienes Velázquez
pinta con dignidad. En *Las Meninas* 45
(1656), su cuadro más famoso y misterioso, la

surrounded   princesa Margarita está rodeada° por sus damas,
enanos y un perro. A la izquierda, el mismo
Velázquez pinta detrás de un lienzo inmenso. En

background   el fondo° se ve una imagen de los reyes. 50

     Sin embargo, el cuadro sugiere más
preguntas que respuestas. ¿Dónde están
exactamente el rey y la reina? ¿La imagen
de ellos que vemos es un reflejo de espejo°?

mirror   ¿Qué pinta el artista y por qué aparece en el 55
cuadro? ¿Qué significa? Tampoco se sabe por
qué se detiene aquí el grupo: puede ser por una
razón prevista, como posar para un cuadro;
o puede ser algo totalmente imprevisto, un

fleeting   momento efímero° de la vida de una princesa 60
y su grupo. ¿Es un momento importante? *Las
Meninas* invita al debate sobre un instante que
no se pierde sólo porque un pintor lo capta y

rescues   lo rescata° del olvido. Paradójicamente es su
enfoque en lo momentáneo y en el detalle de 65
la vida común lo que eleva a Velázquez por
encima de otros grandes artistas. ∎

Las Meninas

Biografía breve
1599 Diego Velázquez nace en Sevilla.
1609 Empieza sus estudios formales de arte.
1623 Nombrado pintor oficial del Rey Felipe IV en Madrid.
1660 Muere después de una breve enfermedad.

Después de leer

El arte de la vida diaria

1 **Comprensión** Después de leer el texto, decide si las oraciones son **ciertas** o **falsas**. Corrige las falsas.

1. Velázquez es conocido sobre todo como pintor religioso.
2. Velázquez era un pintor impresionista que transformaba su sujeto en la imaginación.
3. Por lo general, Velázquez tomaba como modelo gente de la calle.
4. En *El triunfo de Baco*, el dios romano del vino se sienta con campesinos españoles.
5. Velázquez retrataba exclusivamente a la familia real y a los nobles.
6. Velázquez se autorretrata en *Las Meninas*.

2 **Interpretación** Contesta las preguntas con oraciones completas.

1. ¿Se refleja de alguna manera la crisis económica del siglo XVII en los cuadros de Velázquez? Menciona detalles específicos en tu respuesta.
2. ¿Qué te enseña *Vieja friendo huevos* sobre la vida en España en el siglo XVII?
3. ¿Es *El triunfo de Baco* un cuadro realista? Explica tu respuesta.
4. ¿Te sorprende que Velázquez represente a los sirvientes de la Corte? ¿Por qué?
5. ¿En qué sentido es *Las Meninas* un cuadro misterioso?

3 **Análisis** En parejas, respondan a las preguntas.

1. A través de pequeños detalles, *El triunfo de Baco* revela mucho sobre la posición social de los hombres del cuadro. Estudien, por ejemplo, la ropa y el aspecto físico para describir y analizar su situación económica. ¿Cuál es su conclusión?
2. ¿Qué o quién es el sujeto central de *Las Meninas*? ¿El grupo de la princesa? ¿Los reyes? ¿El mismo Velázquez? ¿El arte? Comenten sus hipótesis sobre la obra maestra de Velázquez.

4 **Reflexión** En grupos de cuatro, comparen cómo se entretenía la realeza en el pasado con cómo se entretienen los líderes de las naciones modernas. Usen estas preguntas como guía.

- Antes, los reyes tenían bufones. ¿Qué piensan de la situación social de los bufones de la Corte? ¿Es ético utilizar a las personas para la diversión?
- ¿Qué familias presidenciales conocen? ¿Cómo viven? ¿Su vida cotidiana es diferente a la de los reyes de otras épocas?
- ¿Se puede ser parte del poder político y tener una vida cotidiana normal?

5 **Recuerdos** Imagina que *Vieja friendo huevos* capta, como una fotografía, un momento de tu propio pasado cuando ayudabas a tu abuela en la cocina. Inspirándote en el cuadro de Velázquez, inventa una historia. ¿Qué hacía tu abuela? ¿Cómo pasaba los días? Y tú, ¿por qué llegaste a la cocina aquel día? ¿Te mandó tu madre o tenías hambre? Utilizando los tiempos del pasado que conoces, describe esta escena de tu infancia.

recursos

v̂Text

CP
p. 29

CH
pp. 44–47

vhlcentral

Practice more at
vhlcentral.com.

Atando cabos

¡A conversar!

Un día en la historia Trabajen en grupos pequeños para preparar una presentación sobre un día en la vida de un personaje histórico hispano.

Presentaciones

Tema: Elijan un personaje histórico hispano. Algunos personajes que pueden investigar son: Sor Juana Inés de la Cruz, Simón Bolívar, José de San Martín, Emiliano Zapata, Catalina de Erauso, Álvar Núñez Cabeza de Vaca, Fray Bartolomé de las Casas. Pueden elegir también un personaje que no esté en la lista.

Investigación y preparación: Busquen información en Internet o en la biblioteca. Recuerden buscar o preparar materiales visuales. Una vez reunida la información necesaria sobre el personaje, imagínense un día en su vida cotidiana, desde que se levantaba hasta que se acostaba. Al imaginar los detalles, tengan en cuenta la época en la que vivió el personaje.

Organización: Hagan un esquema (*outline*) que los ayude a planear la presentación.

Presentación: Utilicen el pretérito y el imperfecto para las descripciones. Traten de promover la participación a través de preguntas y alternen la charla con materiales visuales.

Simón Bolívar

¡A escribir!

Una anécdota del pasado Sigue el plan de redacción para contar una anécdota que te haya ocurrido en el pasado. Piensa en una historia divertida, dramática o interesante relacionada con uno de estos temas:

- un regalo especial que recibiste
- una situación en la que usaste una excusa falsa y las cosas no te salieron bien
- una situación en la que fuiste muy ingenuo/a

Plan de redacción

Título: Elige un título breve que sugiera el contenido de la historia pero que no dé demasiada información.

Contenido: Explica qué estaba pasando cuando ocurrió el acontecimiento, dónde estabas, con quién estabas, qué pasó, cómo pasó, etc. Usa expresiones como: **al principio, al final, después, entonces, luego, todo empezó/comenzó cuando,** etc. Recuerda que debes usar el pretérito para las acciones y el imperfecto para las descripciones.

Conclusión: Termina la historia explicando cuál fue el resultado del acontecimiento y cómo te sentiste.

recursos

v̂Text

CA
pp. 103–104

CP
p. 30

CH
pp. 48–49

 My Vocabulary

En casa

el balcón	balcony
la escalera	staircase
el hogar	home; fireplace
la limpieza	cleaning
los muebles	furniture
los quehaceres	chores
apagar	to turn off
barrer	to sweep
calentar (e:ie)	to warm up
cocinar	to cook
encender (e:ie)	to turn on
freír (e:i)	to fry
hervir (e:ie)	to boil
lavar	to wash
limpiar	to clean
pasar la aspiradora	to vacuum
poner/quitar la mesa	to set/clear the table
quitar el polvo	to dust
tocar el timbre	to ring the doorbell

De compras

el centro comercial	mall
el dinero en efectivo	cash
la ganga	bargain
el probador	dressing room
el reembolso	refund
el supermercado	supermarket
la tarjeta de crédito/débito	credit/debit card
devolver (o:ue)	to return (items)
hacer mandados	to run errands
ir de compras	to go shopping
probarse (o:ue)	to try on
seleccionar	to select; to pick out
auténtico/a	real; genuine
barato/a	cheap; inexpensive
caro/a	expensive

Expresiones

a menudo	frequently; often
a propósito	on purpose
a tiempo	on time
a veces	sometimes
apenas	hardly; scarcely
así	like this; so
bastante	quite; enough
casi	almost
casi nunca	rarely
de repente	suddenly
de vez en cuando	now and then; once in a while
en aquel entonces	at that time
en el acto	immediately; on the spot
enseguida	right away
por casualidad	by chance

La vida diaria

la agenda	datebook
la costumbre	custom; habit
el horario	schedule
la rutina	routine
la soledad	solitude; loneliness
acostumbrarse (a)	to get used to; to grow accustomed (to)
arreglarse	to get ready
averiguar	to find out; to check
probar (o:ue) (a)	to try
soler (o:ue)	to be in the habit of; to be used to
atrasado/a	late
cotidiano/a	everyday
diario/a	daily
inesperado/a	unexpected

Más vocabulario

Expresiones útiles	Ver p. 87
Estructura	Ver pp. 94–95, 98–99 y 102–103

Cinemateca

el choque	crash
las facciones	facial features
el timbre	tone of voice
afligirse	to get upset
despedirse (e:i)	to say goodbye
parecerse	to look like
titularse	to graduate
repentino/a	sudden

Literatura

el autorretrato	self-portrait
el maquillaje	make-up
el llanto	weeping; crying
acariciar	to caress
llorar	to cry
lucir	to wear, to display
arduo/a	hard
feliz	happy
acaso	perhaps

Cultura

el cansancio	exhaustion
el cuadro	painting
la obra maestra	masterpiece
el/la pintor(a)	painter
el retrato	portrait
pintar	to paint
retratar	to portray
fatigado/a	fatigued
imprevisto/a	unexpected
previsto/a	planned

La salud y el bienestar

Contextos
páginas 122–125
- Los síntomas y las enfermedades
- La salud y el bienestar
- Los médicos y el hospital
- Las medicinas y los tratamientos

Fotonovela
páginas 126–129
- *¿Dulces? No, gracias.*

Enfoques
Colombia
páginas 130–133
- **En detalle:** De abuelos y chamanes
- **Perfil:** La ciclovía de Bogotá
- **Flash cultura:** Las farmacias

Estructura
páginas 134–147
- The subjunctive in noun clauses
- Commands
- **Por** and **para**

Cinemateca
páginas 148–151
- **Cortometraje:** *Éramos pocos*

Lecturas
páginas 152–160
- **Literatura:** *Mujeres de ojos grandes* de Ángeles Mastretta
- **Cultura:** *Colombia gana la guerra a una vieja enfermedad*

Atando cabos
página 161
- ¡A conversar!
- ¡A escribir!

Communicative Goals

I will expand my ability to…
- express will and emotion
- express doubt and denial
- give orders, advice, and suggestions

My Vocabulary

La salud y el bienestar

Los síntomas y las enfermedades

Inés pensaba que tenía sólo un **resfriado**, pero no paraba de **toser** y estaba **agotada**. El médico le confirmó que era una **gripe** y que debía **permanecer** en cama.

la depresión *depression*
la enfermedad *disease; illness*
la gripe *flu*
la herida *injury*
el malestar *discomfort*
la obesidad *obesity*
el resfriado *cold*
la respiración *breathing*
la tensión (alta/baja) *(high/low) blood pressure*
la tos *cough*
el virus *virus*
_____

contagiarse *to become infected*
desmayarse *to faint*
empeorar *to deteriorate; to get worse*
enfermarse *to get sick*
estar resfriado/a *to have a cold*
lastimarse *to get hurt*
permanecer *to remain; to last*
ponerse bien/mal *to get well/sick*
sufrir (de) *to suffer (from)*
tener buen/mal aspecto *to look healthy/sick*
tener fiebre *to have a fever*
toser *to cough*
_____

agotado/a *exhausted*
inflamado/a *inflamed*
mareado/a *dizzy*

La salud y el bienestar

la alimentación *diet (nutrition)*
la autoestima *self-esteem*
el bienestar *well-being*
el estado de ánimo *mood*
la salud *health*
_____

adelgazar *to lose weight*
dejar de fumar *to quit smoking*

descansar *to rest*
engordar *to gain weight*
estar a dieta *to be on a diet*
mejorar *to improve*
prevenir (e:ie) *to prevent*
relajarse *to relax*
trasnochar *to stay up all night*
_____

sano/a *healthy*

Los médicos y el hospital

la cirugía *surgery*
el/la cirujano/a *surgeon*
la consulta *doctor's appointment*

el consultorio *doctor's office*
la operación *operation*
los primeros auxilios *first aid*
la sala de emergencias *emergency room*

 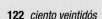

Las medicinas y los tratamientos

A Ignacio no le gusta tomar medicinas. Nunca toma **pastillas** ni **jarabes**. Sin embargo, para ir a la selva, tuvo que ponerse varias **vacunas**. ¡No le dolió nada cuando la enfermera le **puso la inyección**!

el analgésico *painkiller*
la aspirina *aspirin*
el calmante *tranquilizer*
los efectos secundarios *side effects*
el jarabe (para la tos) *(cough) syrup*
la pastilla *pill*
la receta *prescription*
el tratamiento *treatment*
la vacuna *vaccine*
la venda *bandage*
el yeso *cast*

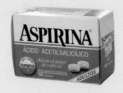

curarse *to heal; to be cured*
poner(se) una inyección *to give/get a shot*
recuperarse *to recover*
sanar *to heal*
tratar *to treat*
vacunar(se) *to vaccinate/ to get vaccinated*

curativo/a *healing*

recursos

vText

CA
p. 69

CP
pp. 31–32

CH
pp. 51–52

vhlcentral

Práctica

1 **Escuchar**

A. Escucha la conversación entre Sara y su hermano David. Después completa las oraciones y decide quién dijo cada una.

1. No sé lo que me pasa, la verdad. Estoy siempre muy _____. _____

2. Creo que _____ demasiado. ¿Has ido al _____? _____

3. No he ido porque no tenía _____, sólo era un ligero _____. _____

4. Deja de ser una niña. Tienes que _____. _____

5. Por eso te llamo. No se me va el dolor de estómago ni con _____. _____

6. Ahora mismo llamo al doctor Perales para hacerle una _____. _____

B. A Sara le diagnosticaron apendicitis. Escucha lo que le dice la cirujana a la familia después de la operación y luego contesta las preguntas.

1. ¿Qué tiene que tomar Sara cada ocho horas?
2. ¿Cómo se puede sentir al principio?
3. ¿Va a tomar mucho tiempo su recuperación?
4. ¿Puede comer de todo?

2 **A curarse** Indica qué tiene que hacer cada persona en cada situación.

____ 1. Se lastimó con un cuchillo.

____ 2. Tiene fiebre.

____ 3. Su estado de ánimo es malo.

____ 4. Quiere prevenir la gripe.

____ 5. Le falta la respiración.

____ 6. Está obeso/a.

a. empezar una dieta
b. dejar de fumar
c. hablar con un(a) amigo/a
d. ponerse una venda
e. tomar aspirinas y descansar
f. ponerse una vacuna

Práctica

3 **Acróstico** Completa el acróstico. Al terminarlo, se formará una palabra de **Contextos**.

1.
2.   A
3.   O
4.   T
5.   A
6.

1. Organismo muy pequeño que transmite enfermedades.
2. Si la tienes alta, puedes tener problemas del corazón.
3. Material blanco que se usa para inmovilizar fracturas.
4. No dormir en toda la noche.
5. Es sinónimo de *operación*.
6. Caerse y quedar inconsciente.

4 **Amelia está enferma** Completa las oraciones con la opción lógica.

1. Amelia está tosiendo continuamente. No se le cura (la gripe/la depresión).
2. Sus compañeros de trabajo no se enfermaron este año porque se (lastimaron/vacunaron).
3. Su madre siempre le había dicho que es mejor (mejorar/prevenir) las enfermedades que curarlas.
4. El médico le dio una receta para (un jarabe/un consultorio).
5. Su jefe le ha dicho que no vaya a trabajar. Ella tiene que volver a la oficina cuando esté (agotada/recuperada).

5 **Malos hábitos** El señor Méndez tiene hábitos que no son buenos para la salud. Completa la conversación entre el señor Méndez y su doctor con las palabras de la lista. Haz los cambios necesarios.

ánimo	descansar	mejorar	sano
dejar de fumar	empeorar	pastillas	trasnochar
deprimido	engordar	salud	vacuna

SR. MÉNDEZ   Doctor, a mí me gusta mucho comer pizza mientras veo la tele.

DOCTOR   Por eso usted está (1) _____ tanto. Debe hacer ejercicio y (2) _____ su alimentación.

SR. MÉNDEZ   También me gusta salir y acostarme tarde.

DOCTOR   No es bueno (3) _____ todo el tiempo. Es importante (4) _____.

SR. MÉNDEZ   ¡Pero, doctor! ¿Puedo fumar un poco, por lo menos?

DOCTOR   No, señor Méndez. Usted debe (5) _____ cuanto antes.

SR. MÉNDEZ   ¡No puede ser, doctor! ¿Todo lo que me gusta hacer es malo para la (6) _____? Si le hago caso a usted, voy a estar (7) _____, pero deprimido.

DOCTOR   No es así. Si usted mejora su forma física, su estado de (8) _____ va a mejorar también. Recuerde: "Mente sana en cuerpo sano".

 Practice more at vhlcentral.com.

Comunicación

6   Vida sana

A. En parejas, háganse las preguntas de la encuesta.

		Siempre	A menudo	De vez en cuando	Nunca
1.	¿Trasnochas más de dos veces por semana?	☐	☐	☐	☐
2.	¿Practicas algún deporte?	☐	☐	☐	☐
3.	¿Consumes vitaminas y minerales diariamente?	☐	☐	☐	☐
4.	¿Comes mucha comida frita?	☐	☐	☐	☐
5.	¿Tienes dolores de cabeza?	☐	☐	☐	☐
6.	¿Te enfermas?	☐	☐	☐	☐
7.	¿Desayunas sin prisa?	☐	☐	☐	☐
8.	¿Pasas muchas horas del día sentado/a?	☐	☐	☐	☐
9.	¿Te pones de mal humor?	☐	☐	☐	☐
10.	¿Tienes problemas para dormir?	☐	☐	☐	☐

B. Imagina que eres médico/a. ¿Tiene tu compañero/a una vida sana? ¿Qué debe hacer para mejorar su salud? Utiliza la conversación entre el señor Méndez y su médico de la Actividad 5 como modelo.

7   Citas célebres

A. En grupos de cuatro, elijan las citas (*quotations*) que les parezcan más interesantes y expliquen.

La salud

"La salud no lo es todo pero sin ella, todo lo demás es nada."
A. Schopenhauer

"El ser humano pasa la primera mitad de su vida arruinando la salud y la otra mitad intentando recuperarla."
Joseph Leonard

"Come poco y cena más poco, que la salud de todo el cuerpo se decide en la oficina del estómago."
Miguel de Cervantes

La medicina

"Antes que al médico, llama a tu amigo."
Pitágoras

"Los médicos no están para curar, sino para recetar y cobrar; curarse o no es cuenta del enfermo."
Molière

"La esperanza es el mejor médico que yo conozco."
Alejandro Dumas, hijo.

La enfermedad

"El peor de todos los males es creer que los males no tienen remedio."
Francisco Cabarrus

"La investigación de las enfermedades ha avanzado tanto que cada vez es más difícil encontrar a alguien que esté completamente sano."
Aldous Huxley

"El arte de la medicina consiste en entretener al paciente mientras la Naturaleza cura la enfermedad."
Voltaire

B. Utilicen el vocabulario de **Contextos** para escribir una frase original sobre la salud. Compártanla con la clase. ¿Cuál es la frase más original?

Los empleados de *Facetas* se preocupan por mantenerse sanos y en forma.

 Video: *Fotonovela*

PERSONAJES   AGUAYO   DIANA

1

DIANA ¿Johnny? ¿Qué haces aquí tan temprano?

JOHNNY Madrugué para ir al gimnasio.

DIANA ¿Estás enfermo?

JOHNNY ¿Qué? ¿Nunca haces ejercicio?

DIANA No mucho... A veces me dan ganas de hacer ejercicio, y entonces me acuesto y descanso hasta que se me pasa.

2

En la cocina...

JOHNNY (*habla con los dulces*) Los recordaré dondequiera que esté. Sé que esto es difícil, pero deben ser fuertes... No pongan esa cara de "cómeme". Por mucho que insistan, los tendré que tirar. Ojalá me puedan olvidar.

3

FABIOLA ¿Empezaste a ir al gimnasio? Te felicito. Para ponerse en forma hay que trabajar duro.

JOHNNY No es fácil.

FABIOLA No es difícil. Yo, por ejemplo, no hago ejercicio, pero trato de comer cosas sanas.

JOHNNY Nada de comidas rápidas.

FABIOLA ¡Cómo me gustaría tener tu fuerza de voluntad!

6

En la cocina...

DON MIGUEL ¡Válgame! Aquí debe haber como mil pesos en dulces. ¡Mmm! Y están buenos.

JOHNNY ¿Qué tal, don Miguel? ¿Cómo le va?

DON MIGUEL (*Sonríe sin poder decir nada porque está comiendo.*)

JOHNNY ¡Otro que se ha quedado sin voz! ¿Qué es esto? ¿Una epidemia?

7

FABIOLA ¿Qué compraste?

JOHNNY Comida bien nutritiva y baja en calorías. Juré que jamás volvería a ver un dulce.

FABIOLA ¿Qué es eso?

JOHNNY Esto es tan saludable que con sólo tocar la caja te sientes mejor.

FABIOLA ¿Y sabe bien?

JOHNNY Claro, sólo hay que calentarlo.

8

En la oficina de Aguayo...

DIANA Los nuevos diseños están perfectos. Gracias.

AGUAYO Mariela, insisto en que veas a un doctor. Vete a casa y no vuelvas hasta que no estés mejor. Te estoy dando un consejo. No pienses en mí como tu jefe.

DIANA Piensa en él como un amigo que siempre tiene razón.

ÉRIC

FABIOLA

JOHNNY

MARIELA

DON MIGUEL

En la sala de conferencias...

AGUAYO (*dirigiéndose a Mariela*) Quiero que hagas unos cambios a estos diseños.

DIANA Creemos que son buenos y originales, pero tienen dos problemas.

ÉRIC Los que son buenos no son originales, y los que son originales no son buenos.

AGUAYO ¿Qué crees? (*Mariela no contesta.*)

Mariela escribe "perdí la voz" en la pizarra.

AGUAYO ¿Perdiste la voz?

DIANA Gracias a Dios... Por un momento creí que me había quedado sorda.

AGUAYO Estás enferma. Deberías estar en casa.

ÉRIC Sí, podías haber llamado para decir que no venías.

AGUAYO Por cierto, Diana, acompáñame a entregar los diseños ahora mismo. Tengo que volver enseguida. Estoy esperando una llamada muy importante.

DIANA Vamos.

Se van. Suena el teléfono. Mariela se queda horrorizada porque no puede contestarlo.

FABIOLA ¿No ibas a mejorar tu alimentación?

JOHNNY Si no puedes hacerlo bien, disfruta haciéndolo mal. Soy feliz.

FABIOLA Los dulces no dan la felicidad, Johnny.

JOHNNY Lo dices porque no has probado la *Chocobomba*.

Expresiones útiles

Giving advice and making recommendations

Insisto en que veas/vea a un doctor.
I insist that you go see a doctor. (fam./form.)
Te aconsejo que vayas a casa.
I advise you to go home. (fam.)
Le aconsejo que vaya a casa.
I advise you to go home. (form.)
Sugiero que te pongas a dieta.
I suggest you go on a diet. (fam.)
Sugiero que se ponga usted a dieta.
I suggest you go on a diet. (form.)

Asking about tastes

¿Y sabe bien?
And does it taste good?
¿Cómo sabe?
How does it taste?
Sabe a ajo/menta/limón.
It tastes like garlic/mint/lemon.
¿Qué sabor tiene? ¿Chocolate?
What flavor is it? Chocolate?
Tiene un sabor dulce/agrio/amargo/agradable.
It has a sweet/sour/bitter/pleasant taste.

Additional vocabulary

la comida rápida *fast food*
dondequiera *wherever*
la epidemia *epidemic*
la fuerza de voluntad *willpower*
madrugar *to wake up early*
mantenerse en forma *to stay in shape*
nutritivo/a *nutritious*
ponerse en forma *to get in shape*
quedarse sordo/a *to go deaf*
saludable *healthy*

recursos

v̂Text · CA pp. 37–38 · vhlcentral

Comprensión

1 **¿Cierto o falso?** Indica si las oraciones son **ciertas** o **falsas**. Luego, en parejas, corrijan las **falsas**.

Cierto	Falso	
☐	☐	1. Johnny llegó temprano porque madrugó para ir al gimnasio.
☐	☐	2. Cuando Diana va al gimnasio se queda dormida.
☐	☐	3. Los primeros diseños de Mariela están perfectos.
☐	☐	4. Diana se quedó sorda.
☐	☐	5. Don Miguel probó los dulces.
☐	☐	6. Johnny no continuó con su dieta.

2 **Oraciones incompletas** Completa las oraciones de la **Fotonovela** con la opción correcta.

1. Para ponerse en ____ hay que trabajar duro.
   a. cama   b. dieta   c. forma

2. ¡Cómo me gustaría tener tu fuerza ____!
   a. física   b. de voluntad   c. de carácter

3. ¡Otro que se ha quedado ____!
   a. sordo   b. sin voz   c. dormido

4. Piensa en él como un amigo que siempre ____.
   a. tiene razón   b. se mantiene en forma   c. se preocupa

3 **Títulos** Busca en la **Fotonovela** la palabra adecuada para poner un título a cada lista.

chocolates	correr	salchicha	sopa de verduras
caramelos	saltar	hamburguesa	ensalada
pastel de chocolate	caminar	papas fritas	pollo asado
postre	nadar	sándwich	frutas

4 **Opiniones**

A. Los empleados de *Facetas* tienen opiniones distintas sobre la salud y el bienestar. En parejas, escriban una descripción breve de la actitud de cada personaje. Utilicen las frases de la lista y añadan sus propias ideas.

comer comidas sanas	ir al gimnasio	permanecer en cama
descansar	ir al médico	probar los dulces

MODELO Diana casi nunca va al gimnasio. Cree que es más importante descansar para mantenerse sana...

B. ¿Con qué opinión te identificas más? ¿Qué haces tú para mantenerte en forma?

Practice more at vhlcentral.com.

Ampliación

5 Comidas rápidas

A. Para ponerse en forma, Johnny decide evitar las comidas rápidas. En parejas, háganse las preguntas y comparen sus propias opiniones acerca de la comida rápida.

1. ¿Con qué frecuencia comes en restaurantes de comida rápida?
2. ¿Crees que la comida rápida es mala para la salud?
3. ¿Buscas opciones saludables cuando necesitas comer deprisa?
4. ¿Crees que las personas obesas tienen derecho a demandar (*sue*) a los restaurantes de comida rápida?

B. Ahora, en dos grupos, organicen un debate sobre los beneficios y desventajas de la comida rápida. Un grupo representa a los dueños y ejecutivos de los restaurantes, y el otro grupo representa a la gente que ha sufrido problemas de salud por comer demasiadas comidas rápidas.

6 Apuntes culturales En parejas, lean los párrafos y contesten las preguntas.

Los dulces

"Los recordaré dondequiera que esté", dice Johnny despidiéndose de los dulces. ¡A los hispanos les encantan los dulces! Un postre muy popular de la cocina colombiana, venezolana, mexicana y centroamericana es el postre de **las tres leches**. Este postre se prepara con leche fresca, leche condensada y crema de leche. ¡Un verdadero manjar (*delicacy*)!

El deporte colombiano

Fabiola dice que para ponerse en forma hay que trabajar duro. El ciclista colombiano **Nairo Quintana** sabe mucho de esto: con solo 23 años se convirtió en la gran estrella del deporte colombiano. Nairo saltó a la fama internacional en el año 2013 con su triunfo en la Vuelta al País Vasco, España. Ese mismo año, quedó segundo en el Tour de Francia... ¡con sólo 23 años!

Las comidas rápidas

Fabiola y Johnny conversan sobre las comidas rápidas. En los países hispanos, las cadenas estadounidenses adaptan los menús a los sabores típicos de esos países. En Chile, *McDonald's* ofrece la **Pechuga Palta**, un sandwich de pollo con palta (*avocado*). En Argentina, los *McCafé* sirven postres tradicionales, como el **frappé de dulce de leche.** ¿Podrá resistirse Johnny?

1. ¿Conoces otros postres típicos de los países hispanos? ¿De qué países o regiones son? ¿Cuáles son los ingredientes principales?
2. Menciona postres o platos típicos de tu cultura. ¿Cuál es tu preferido?
3. ¿Probaste comidas rápidas de otras culturas? ¿Cuáles? ¿Cuál es tu favorita?
4. ¿Qué deportistas hispanos juegan en equipos de los EE.UU.?

En detalle

COLOMBIA

Additional Reading

DE ABUELOS Y CHAMANES

Sentada en su cocina en Bogotá, Marcela Mahecha destapa frasquitos° de hierbas y describe las "agüitas°" que le enseñó a preparar su abuela: agüita de toronjil° para calmar los nervios, agüita de paico° para los cólicos° y muchas más.

Muchos de estos remedios caseros° son más que simples "recetas de la abuela". Su uso proviene de los conocimientos milenarios que los curanderos° y chamanes° han ido pasando de generación en generación. Colombia, segundo país en el mundo en diversidad de especies vegetales, desarrolló una medicina tradicional muy rica, que aún hoy subsiste en todos los niveles de la sociedad. A pesar de la llegada de la medicina científica, muchas comunidades indígenas siguen practicando su medicina tradicional. Cuanto más aislada está la comunidad, mejor mantiene sus tradiciones.

En la cultura indígena americana, lo espiritual y lo corporal se funden° con la naturaleza. Los curanderos y chamanes son los responsables de mantener estos mundos en equilibrio. Para ello, combinan las propiedades medicinales de las plantas con ritos sagrados. En Colombia, al igual que en otros países, hay un renovado interés por conocer las propiedades medicinales de las plantas que se han usado durante siglos. Instituciones gubernamentales, universidades y organizaciones ecologistas intentan recuperar y conservar estos conocimientos. En sólo siete años, el Instituto Nacional de Vigilancia de Medicamentos y Alimentos aumentó de 17 a 95 el número de plantas medicinales aprobadas para usos curativos.

El deseo de las empresas farmacéuticas de apropiarse de las plantas y patentarlas ha hecho que el gobierno colombiano controle el derecho a sacarlas del país. Esto es importante porque algunas están en peligro de extinción y porque estas plantas forman parte indeleble° de la identidad indígena. ∎

Algunas plantas curativas

Chuchuguaza Árbol que crece en la región amazónica de Colombia, Ecuador y Perú. Se usa como diurético y también contra el reumatismo, la gota° y la anemia.

Gualanday Árbol originario del Valle del Cauca y que crece en las regiones colombianas de Putumayo y Amazonas. La corteza°, la hoja y la flor se usan contra neuralgias, dolores de huesos, várices° y afecciones del hígado°.

Sauco Árbol proveniente de cultivos en la sabana° de Bogotá. La hoja, la corteza, el fruto y la flor se usan para tratar afecciones bronquiales.

destapa frasquitos *uncovers little jars* **agüitas** *herbal teas* **toronjil** *lemon balm* **paico** *Mexican tea (plant)* **cólicos** *cramps* **caseros** *home* **curanderos** *folk healers* **chamanes** *shamans* **se funden** *merge* **indeleble** *indelible* **gota** *gout* **corteza** *bark* **várices** *varicose veins* **afecciones del hígado** *liver conditions* **sabana** *savannah*

La salud y el bienestar

el/la buquí (R. Dom.) *glutton*

el/la matasanos (Esp.) *bad doctor; quack*

cachucharse (Chi.) *to hit oneself*

caer bien/mal *to sit well/bad (food); to agree with (food)*

curar el empacho (Arg.) *to cure indigestion*

estar constipado/a (Esp.) *to be congested*

estar constipado/a (Amér. L.) *to be constipated*

estar depre (Arg., Esp. y Pe.) *to feel down*

estar funado/a (Chi.) *to feel demotivated*

estar pachucho/a (Arg y Esp.) *to be under the weather*

¡Se me parte la cabeza! (Arg.) *I have a splitting headache!*

La salud y el bienestar públicos

Los gobiernos hispanoamericanos suelen brindar servicios de salud pública gratuitos° a todos los ciudadanos. Algunos países, como Cuba, han desarrollado un **sistema de salud universalista**  en el cual todos los servicios son gratuitos. Otros países, como Chile, tienen un modelo mixto, que combina el sector público con el privado.

En la **clasificación del mejor país donde nacer** de 2013, hecho por *The Economist Intelligence Unit*, España aparece en el lugar 28 sobre un total de 80 países. Esta clasificación considera no sólo los ingresos económicos, sino también otros indicadores como el bienestar y la satisfacción individual de las personas.

El colombiano **Rodolfo Llinás** es quizá el científico hispanoamericano de más prestigio a nivel mundial. Llinás estudió para ser médico, pero decidió dedicarse a la investigación. Llinás trabajó con dos ganadores del premio Nobel y estableció la ley Llinás, según la cual cada tipo de neurona tiene una función específica y no puede ser sustituido por otro tipo.

LA CICLOVÍA DE BOGOTÁ

Todos los domingos y lunes festivos, se cierran algunas de las principales vías de la capital de Colombia para que más de un millón de habitantes salgan a la Ciclovía: 120 kilómetros para montar en bicicleta, caminar, correr o patinar.

Es una forma de recreación para la comunidad, una manera distinta de recorrer la ciudad y una manera de promover un estilo de vida activo y saludable. La Ciclovía cuenta además con la Recreovía, espacios distribuidos en diferentes puntos del trayecto, en los cuales la gente tiene la oportunidad de hacer actividades físicas, como aeróbicos y clases de baile, dirigidas por instructores especializados. Estos servicios no tienen ningún costo y todos son bienvenidos. En el recorrido también se pueden encontrar puntos para la práctica de deportes extremos, zonas especiales para niños e incluso puestos de atención para mascotas. Algunos países como México, Chile y Venezuela también están implementando la Ciclovía como una opción de recreación para todos los habitantes de la ciudad.

> **❝Los conocimientos de la medicina tradicional son conocimientos adquiridos de nuestros antepasados y mantienen vivas las más ricas culturas de América Latina.❞**
> (Donato Ayma, político boliviano)

✍ Conexión Internet

¿Qué beneficios tienen distintos tés de hierbas?

Investiga sobre este tema en **vhlcentral.com**.

gratuitos *free of charge*

¿Qué aprendiste?

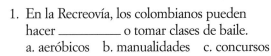
1 **Comprensión** Indica si estas afirmaciones son **ciertas** o **falsas**. Corrige las falsas.

1. Marcela aprendió a usar infusiones en un viaje a Colombia, la tierra de su abuela.

2. Colombia es uno de los países con mayor diversidad de especies vegetales.

3. En las prácticas curativas tradicionales, se combinan las propiedades curativas de las plantas con el poder curativo de los animales.

4. Los conocimientos sobre los poderes curativos de las plantas han pasado de padres a hijos a través de los siglos.

5. En Colombia, el uso de plantas curativas es popular sólo entre las comunidades indígenas.

6. A pesar de la llegada de la medicina científica, muchas comunidades mantuvieron sus prácticas medicinales tradicionales.

7. Las comunidades que mejor conservaron las tradiciones fueron las que estaban más cerca de la costa.

8. En Colombia, las instituciones no se preocupan por recuperar las tradiciones curativas.

9. Las empresas farmacéuticas quieren apropiarse de las plantas.

10. Colombia ha empezado a controlar las exportaciones de plantas curativas.

2 **Oraciones incompletas** Completa las oraciones con la información correcta.

1. En la Recreovía, los colombianos pueden hacer _____ o tomar clases de baile.
   a. aeróbicos   b. manualidades   c. concursos

2. Países como México, Chile y _____ también están implementando la Ciclovía.
   a. Costa Rica   b. El Salvador   c. Venezuela

3. En Chile, el sistema de salud sigue el modelo _____.
   a. mixto   b. universalista   c. privado

4. Rodolfo Llinás descubrió que un tipo de _____ no puede ser sustituido por otro.
   a. cerebro   b. neurona   c. cáncer

5. En Chile, usan *estar funado* para decir que alguien tiene _____.
   a. indigestión   b. gripe   c. poca energía

3 **Opiniones** En parejas, hablen sobre estas preguntas: ¿Se puede patentar la naturaleza? ¿Tienen derecho las empresas farmacéuticas a patentar plantas? ¿Tienen derecho a hacerlo si modifican la estructura genética de la planta? ¿Cuáles son las posibles consecuencias de patentar plantas y organismos vivos? Compartan su opinión con la clase.

PROYECTO

Las plantas curativas

Como hemos visto, muchas comunidades latinoamericanas usan las plantas para curar diferentes enfermedades. Busca información en Internet o en la biblioteca sobre alguna de estas plantas.

Usa las preguntas como guía para tu investigación.

- ¿Para qué se usa la planta?
- ¿En qué comunidad(es) se usa?
- ¿Qué enfermedades específicas cura?
- ¿Cómo se usa, según la tradición?
- ¿Se comprobaron científicamente las propiedades de la planta?
- ¿Es común su uso en la medicina científica?

Practice more at vhlcentral.com.

Las farmacias

Ya has leído sobre el interés renovado por conocer las propiedades medicinales de las plantas en Colombia. En este episodio de **Flash cultura** conocerás las distintas opciones de farmacias que existen actualmente en su país vecino, Ecuador.

VOCABULARIO ÚTIL

la arruga *wrinkle*	**el mostrador** *counter*
la baba de caracol *snail slime*	**la piel tersa** *smooth skin*
la cicatriz *scar*	**el ungüento** *ointment*
el estante *shelf*	**la vitrina** *display window*

Preparación ¿Qué haces cuando sientes algún dolor? ¿Alguna vez tomaste medicamentos sin visitar antes al médico?

Comprensión Indica si estas afirmaciones son ciertas o falsas. Después, en parejas, corrijan las falsas.

1. En Ecuador pueden encontrarse farmacias similares a las que hay en Estados Unidos o en Europa.

2. Las grandes farmacias no ofrecen remedios caseros como ungüentos y cremas.

3. No es costumbre en Ecuador que el farmacéutico recete a los clientes.

4. En las farmacias tradicionales, los clientes no tienen acceso a los productos, que se guardan en estantes o vitrinas detrás del mostrador.

5. La crema de baba de caracol sirve para dolores e inflamación de la piel.

6. Para la medicina tradicional, algunas plantas son malas.

Expansión En parejas, contesten estas preguntas.

- Imagina que viajas a Ecuador y te enfermas. ¿Buscarías el consejo de un farmacéutico en vez de ir al médico? Justifica tu respuesta.

- Entre unas píldoras recetadas por el médico y una limpia de energía, ¿cuál elegirías? ¿Te parece que alguna de esas opciones puede ser mala para la salud?

- ¿En qué se parecen las farmacias de Ecuador a las de tu ciudad? ¿En qué se diferencian? ¿Qué tipo de farmacia te parece mejor? ¿Por qué?

Corresponsal: Mónica Díaz
País: Ecuador

Los consejos personales que el farmacéutico ofrece al cliente es lo que distingue a las pequeñas farmacias de las grandes.

A veces, las personas en el mundo hispano utilizan medicina alternativa para curar sus dolencias°.

Para la medicina tradicional, la gripe es un bajón° de energía; a través de la limpia°, se aumenta la energía y se intenta eliminar el problema.

dolencias *ailments* **bajón** *weakening* **limpia** *cleansing*

recursos

vhlcentral

4.1 The subjunctive in noun clauses Tutorial

Forms of the present subjunctive

- The subjunctive (**el subjuntivo**) is used mainly in the subordinate (dependent) clause of multiple-clause sentences to express will, influence, emotion, doubt, or denial. The present subjunctive is formed by dropping the **-o** from the **yo** form of the present indicative and adding these endings.

The present subjunctive		
hablar	**comer**	**escribir**
hable	coma	escriba
hables	comas	escribas
hable	coma	escriba
hablemos	comamos	escribamos
habléis	comáis	escribáis
hablen	coman	escriban

- Verbs with irregular **yo** forms show that same irregularity in all forms of the present subjunctive.

conocer	conozca	seguir	siga
decir	diga	tener	tenga
hacer	haga	traer	traiga
oír	oiga	venir	venga
poner	ponga	ver	vea

- Verbs with stem changes in the present indicative show the same changes in the present subjunctive. Stem-changing **-ir** verbs also undergo a stem change in the **nosotros/as** and **vosotros/as** forms of the present subjunctive.

pensar (e:ie)	piense, pienses, piense, pensemos, penséis, piensen
jugar (u:ue)	juegue, juegues, juegue, juguemos, juguéis, jueguen
mostrar (o:ue)	muestre, muestres, muestre, mostremos, mostréis, muestren
entender (e:ie)	entienda, entiendas, entienda, entendamos, entendáis, entiendan
resolver (o:ue)	resuelva, resuelvas, resuelva, resolvamos, resolváis, resuelvan
pedir (e:i)	pida, pidas, pida, pidamos, pidáis, pidan
sentir (e:ie)	sienta, sientas, sienta, sintamos, sintáis, sientan
dormir (o:ue)	duerma, duermas, duerma, durmamos, durmáis, duerman

- The following five verbs are irregular in the present subjunctive.

dar	dé, des, dé, demos, deis, den
estar	esté, estés, esté, estemos, estéis, estén
ir	vaya, vayas, vaya, vayamos, vayáis, vayan
saber	sepa, sepas, sepa, sepamos, sepáis, sepan
ser	sea, seas, sea, seamos, seáis, sean

¡ATENCIÓN!

The *indicative* is used to express actions, states, or facts the speaker considers to be certain. The *subjunctive* expresses the speaker's attitude toward events, as well as actions or states that the speaker views as uncertain.

• • • •

Verbs that end in **-car, -gar,** and **-zar** undergo spelling changes in the present subjunctive.

sacar: saque

jugar: juegue

almorzar: almuerce

• • • •

The present subjunctive form of **hay** is **haya**.

No creo que haya una solución.
I don't think there is a solution.

Verbs of will and influence

- A clause is a group of words that contains both a conjugated verb and a subject (expressed or implied). In a subordinate noun clause (**oración subordinada sustantiva**), a group of words function together as a noun.

Quiero que hagas unos cambios en estos diseños.

- When the subject of the main clause of a sentence exerts influence or will on the subject of the subordinate clause, the verb in the subordinate clause must be in the subjunctive.

MAIN CLAUSE	CONNECTOR	SUBORDINATE CLAUSE
Yo quiero	**que**	**tú vayas al médico.**

Verbs and expressions of will and influence

aconsejar *to advise*	**gustar** *to like*	**preferir (e:ie)** *to prefer*
desear *to desire;*	**hacer** *to make*	**prohibir** *to prohibit*
to wish	**importar** *to be important*	**proponer** *to propose*
es importante	**insistir en** *to insist (on)*	**querer (e:ie)** *to want; to wish*
it's important	**mandar** *to order*	**recomendar (e:ie)**
es necesario	**necesitar** *to need*	*to recommend*
it's necessary	**oponerse a** *to oppose*	**rogar (o:ue)** *to beg; to plead*
es urgente *it's urgent*	**pedir (e:i)** *to ask for;*	**sugerir (e:ie)** *to suggest*
exigir *to demand*	*to request*	

Necesito que **consigas** estas pastillas en la farmacia.

I need you to get these pills at the pharmacy.

Insisto en que **vayas** a la sala de emergencias.

I insist that you go to the emergency room.

El médico siempre me **recomienda** que **haga** más ejercicio.

The doctor always recommends that I exercise more.

Se oponen a que **salgas** si estás enfermo.

They object to your going out if you're sick.

- The infinitive, not the subjunctive, is used with verbs and expressions of will and influence if there is no change of subject in the sentence. The **que** is unnecessary in this case.

Quiero **ir** a Bogotá en junio.

I want to go to Bogota in June.

Prefiero que **vayas** en agosto.

I prefer that you go in August.

¡ATENCIÓN!

Pedir is used with the subjunctive to ask someone to do something.

Preguntar is used to ask questions, and is not followed by the subjunctive.

No te pido que lo hagas ahora.
I'm not asking you to do it now.

No te pregunto si lo haces ahora.
I'm not asking you if you are doing it now.

Verbs of emotion

• When the main clause expresses an emotion like hope, fear, joy, pity, or surprise, the verb in the subordinate clause must be in the subjunctive if its subject is different from that of the main clause.

Espero que **te recuperes** pronto.
I hope you recover quickly.

Qué pena que **necesites** una operación.
What a shame you need an operation.

Verbs and expressions of emotion

alegrarse (de) *to be happy (about)*	**es terrible** *it's terrible*	**molestar** *to bother*
es bueno *it's good*	**es una lástima** *it's a shame*	**sentir (e:ie)** *to be sorry; to regret*
es extraño *it's strange*	**es una pena** *it's a pity*	**sorprender** *to surprise*
es malo *it's bad*	**esperar** *to hope; to wish*	**temer** *to fear*
es mejor *it's better*	**gustar** *to like; to be pleasing*	**tener miedo (de)** *to be afraid (of)*
es ridículo *it's ridiculous*		

• The infinitive, not the subjunctive, is used with verbs and expressions of emotion if there is no change of subject in the sentence.

No me gusta **llegar** tarde.
I don't like to be late.

Es mejor que lo **hagas** ahora.
It's better that you do it now.

Verbs of doubt or denial

• When the main clause implies doubt, uncertainty, or denial, the verb in the subordinate clause must be in the subjunctive if its subject is different from that of the main clause.

No creo que él nos **quiera** engañar.

I don't believe that he wants to deceive us.

Dudan que el jarabe para la tos **sea** un buen remedio.

They doubt that the cough syrup will be a good remedy.

Verbs and expressions of doubt and denial

dudar *to doubt*	**negar (e:ie)** *to deny*
es imposible *it's impossible*	**no creer** *not to believe*
es improbable *it's improbable*	**no es evidente** *it's not evident*
es poco seguro *it's uncertain*	**no es seguro** *it's not certain*
(no) es posible *it's (not) possible*	**no es verdad/cierto** *it's not true*
(no) es probable *it's (not) probable*	**no estar seguro de** *not to be sure (of)*

• The infinitive, not the subjunctive, is used with verbs and expressions of doubt or denial if there is no change in the subject of the sentence.

Es imposible **viajar** hoy.
It's impossible to travel today.

Es improbable que él **viaje** hoy.
It's unlikely that he would travel today.

Práctica

1

Opiniones contrarias Escribe una oración que exprese lo opuesto en cada ocasión.

> **MODELO** Dudo que la comida rápida sea buena para la salud.
>
> —No dudo que la comida rápida es buena para la salud.

1. Están seguros de que Pedro puede dejar de fumar.
2. Es evidente que estás agotado.
3. No creo que las medicinas naturales sean curativas.
4. Es verdad que la cirujana no quiere operarte.
5. No es seguro que este médico conozca el mejor tratamiento.

2

Siempre enferma Últimamente, Ana María se enferma demasiado y sus amigas están preocupadas por ella. Completa la conversación con el infinitivo, el indicativo o el subjuntivo.

MARTA Es una pena que Ana María (1) _____ (estar / está / esté) enferma otra vez.

ADRIANA El problema es que no le gusta (2) _____ (tomar / toma / tome) vitaminas. Además, ella casi nunca (3) _____ (comer / come / coma) verduras.

MARTA Y no creo que Ana María (4) _____ (hacer / hace / haga) ejercicio. Yo siempre le (5) _____ (pedir /pido / pida) que (6) _____ (venir / viene / venga) conmigo al gimnasio, pero ella prefiere (7) _____ (quedarse / se queda / se quede) en casa.

ADRIANA Y cuando ella se enferma, no (8) _____ (seguir / sigue / siga) los consejos del médico. Si él le recomienda que (9) _____ (permanecer / permanence / permanezca) en cama, ella dice que no es necesario (10) _____ (descansar/ descansa / descanse). Si él le da una receta, ella ni (11) _____ (comprar / compra /compre) las medicinas. ¿Qué vamos a hacer, Marta?

MARTA Es necesario que (12) _____ (hablar / hablamos / hablemos) con ella. Si no, ¡temo que un día de estos ella nos (13) _____ (llamar / llama / llame) para llevarla a la sala de emergencias!

ADRIANA Bueno, creo que (14) _____ (tener / tienes / tengas) razón. ¡Sólo espero que ella nos (15) _____ (escuchar / escucha / escuche)!

3

Consejos Adriana y Marta le dan consejos a Ana María. Combina los elementos de cada columna para escribir cinco oraciones. Usa el presente del subjuntivo.

> **MODELO** —Te recomendamos que hagas más ejercicio.

aconsejar		comer frutas y verduras
es importante		descansar
es necesario	que	hacer más ejercicio
querer		ir al gimnasio
recomendar		seguir las recomendaciones del médico
sugerir		tomar las medicinas

Práctica

4 **Ojalá** Para muchos, el amor es una enfermedad. El cantante Silvio Rodríguez sugiere en esta canción una cura para el amor.

A. Utiliza el presente del subjuntivo de los verbos entre paréntesis para completar la estrofa (*verse*) de la canción.

> Ojalá que las hojas no te (1) _____ (tocar) el cuerpo cuando (2) _____ (caer) para que no las puedas convertir en cristal.
> Ojalá que la lluvia (3) _____ (dejar) de ser milagro que baja por tu cuerpo.
> Ojalá que la luna (4) _____ (poder) salir sin ti.
> Ojalá que la tierra no te (5) _____ (besar) los pasos.

B. Ahora, escribe tu propia estrofa.

1. Ojalá que los sueños _____.

2. Ojalá que la noche _____.

3. Ojalá que la herida _____.

4. Ojalá una persona _____.

5 **El hombre ideal** Roberto está enamorado de Lucía, pero ella no le presta atención. Mira el dibujo del hombre ideal de Lucía y escribe cinco recomendaciones para Roberto. Utiliza el presente del subjuntivo y las palabras de la lista.

MODELO Es necesario que Roberto se vista mejor.

aconsejar	insistir en
es importante	proponer
es malo	recomendar
es mejor	rogar
es necesario	sugerir

Roberto

Hombre ideal

Practice more at
vhlcentral.com.

Comunicación

6 **El doctor Sánchez responde** Los lectores de una revista de salud envían sus consultas al doctor Sánchez. Trabajen en parejas para decidir qué notas corresponden a cada consulta. Luego redacten la respuesta para cada lector usando las expresiones de la lista.

Los lectores preguntan. **El Dr. Sánchez responde.**

1. Estimado Dr. Sánchez:
   Tengo 55 años y quiero bajar 10 kilos. Mi médico insiste en que mejore mi alimentación. Probé varias dietas, pero no logro bajar de peso.
   ¿Qué puedo hacer?
   Ana J.

2. Querido Dr. Sánchez:
   Tengo 38 años y sufro fuertes dolores de espalda (*back*). Trabajo en una oficina y estoy muchas horas sentada. Después de varios análisis, mi médico dijo que todo está bien en mis huesos (*bones*). Me recetó unas pastillas para los músculos, pero no quiero tomar medicinas.
   ¿Hay otra solución?
   Isabel M.

3. Dr. Sánchez:
   Siempre me duele mucho el estómago. Soy muy nervioso y no puedo dormir. Mi médico me aconseja que trabaje menos. Pero eso es imposible.
   Andrés S.

A. *No comer con prisa.*
   Pasear mucho.
   No tomar café.
   Practicar yoga.

B. *Caminar mucho.*
   Practicar natación.
   No comer las cuatro "p":
   papas, pastas, pan y postres.
   Tomar dos litros de agua
   por día.

C. *No permanecer sentada más*
   de dos horas seguidas.
   Hacer cincuenta minutos
   de ejercicio por día.
   Adoptar una buena postura
   al estar sentada.
   Elegir una buena cama.
   Usar una almohada dura.

es importante que	le aconsejo que
es improbable que	le propongo que
es necesario que	le recomiendo que
es poco seguro que	le sugiero que
es urgente que	no es seguro que

7 **Estilos de vida** En parejas, cada uno/a debe elegir una de estas personalidades. Después, dense consejos para cambiar su estilo de vida. Utilicen el subjuntivo.

1. Voy al gimnasio tres veces al día. Lo más importante en mi vida es mi cuerpo.
2. Me gusta salir por las noches. Trasnocho casi todos los días.
3. Siempre como comida rápida porque es más fácil y mucho más barata.
4. No hago nada de ejercicio. Estoy todo el día trabajando en una oficina.

4.2 Commands

S Tutorial

Formal (*Ud.* and *Uds.*) commands

- Formal commands (**mandatos**) are used to give orders or advice to people you address as **usted** or **ustedes**. Their forms are identical to the present subjunctive forms for **usted** and **ustedes**.

Formal commands		
Infinitive	Affirmative command	Negative command
tomar	**tome** (usted)	**no tome** (usted)
	tomen (ustedes)	**no tomen** (ustedes)
volver	**vuelva** (usted)	**no vuelva** (usted)
	vuelvan (ustedes)	**no vuelvan** (ustedes)
salir	**salga** (usted)	**no salga** (usted)
	salgan (ustedes)	**no salgan** (ustedes)

Familiar (*tú*) commands

- Familar commands are used with people you address as **tú**. Affirmative **tú** commands have the same form as the **él, ella**, and **usted** form of the present indicative. Negative **tú** commands have the same form as the **tú** form of the present subjunctive.

Piensa en él como un amigo que tiene siempre razón.

No pienses en mí como tu jefe.

Familiar commands		
Infinitive	Affirmative command	Negative command
viajar	viaja	no viajes
empezar	empieza	no empieces
pedir	pide	no pidas

- These verbs and their derivatives (**predecir**, **deshacer**, **entretener**, etc.) have irregular affirmative **tú** commands. Their negative forms are still the same as the **tú** form of the present subjunctive.

decir	▶	di		salir	▶	sal
hacer		haz		ser		sé
ir		ve		tener		ten
poner		pon		venir		ven

¡ATENCIÓN!

***Vosotros/as* commands**

In Latin America, **ustedes** commands serve as the plural of familiar (**tú**) commands. The familiar plural **vosotros/as** command is used in Spain. The affirmative command is formed by changing the **-r** of the infinitive to **-d**. The negative command is identical to the **vosotros/as** form of the present subjunctive.

bailar: bailad/no bailéis

For reflexive verbs, affirmative commands are formed by dropping the **-r** and adding the reflexive pronoun **-os**. In negative commands, the pronoun precedes the verb.

levantarse: levantaos/ no os levantéis

Irse is irregular: **idos/ no os vayáis**

Nosotros/as commands

- **Nosotros/as** commands are used to give orders or suggestions that include yourself as well as other people. In Spanish, **nosotros/as** commands correspond to the English *let's* + [*verb*]. Affirmative and negative **nosotros/as** commands are generally identical to the **nosotros/as** forms of the present subjunctive.

Nosotros/as commands		
Infinitive	**Affirmative command**	**Negative command**
bailar	bailemos	no bailemos
beber	bebamos	no bebamos
abrir	abramos	no abramos

- The **nosotros/as** commands for **ir** and **irse** are irregular: **vamos** and **vámonos**. The negative commands are regular: **no vayamos** and **no nos vayamos.**

Using pronouns with commands

- When object and reflexive pronouns are used with affirmative commands, they are always attached to the verb. When used with negative commands, the pronouns appear between **no** and the verb.

Levántense temprano.	**No se levanten** temprano.
Wake up early.	*Don't wake up early.*
Dime todo.	**No me digas.**
Tell me everything.	*Don't tell me.*

- When the pronouns **nos** or **se** are attached to an affirmative **nosotros/as** command, the final **s** of the command form is dropped.

Sentémonos aquí.	**No nos sentemos** aquí.
Let's sit here.	*Let's not sit here.*
Démoselo mañana.	**No se lo demos** mañana.
Let's give it to him/her tomorrow.	*Let's not give it to him/her tomorrow.*

Indirect (*él, ella, ellos, ellas*) commands

- The construction **que** + *subjunctive* can be used with a third-person form to express indirect commands that correspond to the English *let someone do something*. If the subject of the indirect command is expressed, it usually follows the verb.

Que pase el siguiente.	**Que** lo **haga** ella.
Let the next person pass.	*Let her do it.*

- As with other uses of the subjunctive, pronouns are never attached to the conjugated verb, regardless of whether the indirect command is affirmative or negative.

Que se lo den los otros.	**Que** no **se lo den**.
Que lo vuelvan a hacer.	**Que** no **lo vuelvan** a hacer.

¡ATENCIÓN!

When one or more pronouns are attached to an affirmative command, an accent mark may be necessary to maintain the original stress. This usually happens when the combined verb form has three or more syllables.

decir

di, dile, dímelo

diga, dígale, dígaselo

digamos, digámosle, digámoselo

recursos

v̂Text

CA
pp. 11, 71

CP
pp. 35–36

CH
pp. 57–58

S
vhlcentral

Práctica

1

Mandatos Cambia estas oraciones para que sean mandatos.

1. Te conviene descansar.
2. Deben relajarse.
3. Es hora de que usted tome su pastilla.
4. ¿Podría usted describir sus síntomas?
5. ¿Y si mejoramos nuestra alimentación?
6. ¿Podrías consultar con un especialista?
7. Ustedes necesitan comer bien.
8. Le pido que se vaya de mi consultorio.

2 **El cuidado de los dientes**

A. Un dentista visita una escuela para hablar a los estudiantes sobre el cuidado de los dientes. Escribe los consejos que dio el dentista. Usa el imperativo formal de la segunda persona del plural.

1. prevenir las caries (*cavities*)
2. cepillarse los dientes después de cada comida
3. no comer dulces
4. poner poco azúcar en el café o el té
5. comer o beber alimentos que tengan calcio
6. consultar al dentista periódicamente

B. Un estudiante estuvo ausente el día de la charla con el dentista. Al día siguiente, sus compañeros le contaron sobre la charla y le dieron los mismos consejos. Reescribe los consejos usando el imperativo informal.

3 **El doctor de Felipito** Felipito es un niño muy inquieto. A cada rato tiene pequeños accidentes. Su doctor decide explicarle cómo evitarlos y cómo cuidar su salud. Utiliza mandatos informales para escribir las indicaciones del médico.

Practice more at
vhlcentral.com.

Comunicación

4 **Que lo hagan ellos** Carlos está tan entretenido con su nuevo videojuego que no quiere hacer nada más. En parejas, preparen una conversación entre Carlos y su madre en la que ella le dé mandatos y Carlos sugiera que otras personas la ayuden. Utilicen mandatos indirectos en la conversación.

MODELO **MADRE** Limpia tu cuarto, Carlos.
CARLOS Que lo limpie mi hermano. ¡Estoy a punto de alcanzar el próximo nivel!

ayudarme en la cocina	mis amigos
cortar cebollas	mi hermana
pasear al perro	mi hermano
llamar a la abuela	mi padre
ir a la farmacia	tú/Ud.

5 **Hasta el siglo XXII**

A. ¿Qué consejos le darías a un(a) amigo/a para que viva hasta el siglo XXII? En grupos pequeños, escriban ocho recomendaciones utilizando mandatos informales afirmativos y negativos. Sean creativos.

MODELO No tomes mucho café. Toma sólo agua y jugos naturales.

B. Ahora reúnanse con otro grupo y lean las dos listas. ¿En qué se parecen y en qué se diferencian sus recomendaciones?

6 **Anuncios** En grupos, elijan tres de estos productos y escriban un anuncio (*commercial*) de televisión para promocionar cada uno de ellos. Utilicen los mandatos formales para convencer al público de que lo compre.

MODELO El nuevo perfume "Enamorar" de Rita Ferrero le va a encantar. Cómprelo en cualquier perfumería de su ciudad. Pruébelo y…

cámara digital "Flimp"	pasta de dientes "Sonrisa Sana"
chocolate sin calorías "Deliz"	perfume "Enamorar"
computadora portátil "Digitex"	raqueta de tenis "Rayo"
crema hidratante "Suavidad"	todo terreno "4 X 4"

- **Por** and **para** are both translated as *for*, but they are not interchangeable.

Madrugué para
ir al gimnasio.

Por mucho que
insistan, los tendré
que tirar.

Uses of *para*

Destination *(toward; in the direction of)*	El cirujano sale de su casa **para** la clínica a las ocho. *The surgeon leaves his house at eight to go to the clinic.*
Deadline or a specific time in the future *(by; for)*	El resultado del análisis va a estar listo **para** mañana. *The results of the analysis will be ready by tomorrow.*
Goal (**para** + [*infinitive*]) *(in order to)*	El doctor usó un termómetro **para** ver si el niño tenía fiebre. *The doctor used a thermometer to see if the boy had a fever.*
Purpose (**para** + [*noun*]) *(for; used for)*	El investigador descubrió una cura **para** la enfermedad. *The researcher discovered a cure for the illness.*
Recipient *(for)*	La enfermera preparó la cama **para** doña Ángela. *The nurse prepared the bed for Doña Ángela.*
Comparison with others or opinion *(for; considering)*	**Para** su edad, goza de muy buena salud. *For her age, she enjoys very good health.*
	Para mí, lo que tienes es gripe y no un resfriado. *To me, what you have is the flu, not a cold.*
Employment *(for)*	Mi hijo trabaja **para** una empresa farmacéutica. *My son works for a pharmaceutical company.*

Expressions with *para*

no estar para bromas *to be in no mood for jokes*

no ser para tanto *to be not so important*

para colmo *to top it all off*

para que *so that*

para que sepas *just so you know*

para siempre *forever*

Para ponerse en forma hay que trabajar duro.

Yo, por ejemplo, trato de comer cosas sanas.

Uses of *por*

Motion or a general location *(along; through; around; by)*	Me quebré la pierna corriendo **por** el parque. *I broke my leg running through the park.*
Duration of an action *(for; during; in)*	Estuvo en cama **por** dos meses. *He was in bed for two months.*
Reason or motive for an action *(because of; on account of; on behalf of)*	Rezó **por** su hijo enfermo. *She prayed for her sick child.*
Object of a search *(for; in search of)*	El enfermero fue **por** un termómetro. *The nurse went for a thermometer.*
Means by which *(by; by way of; by means of)*	Consulté con el doctor **por** teléfono. *I consulted with the doctor by phone.*
Exchange or substitution *(for; in exchange for)*	Cambiamos ese tratamiento **por** uno nuevo. *We changed from that treatment to a new one.*
Unit of measure *(per; by)*	Tengo que tomar las pastillas cinco veces **por** día. *I have to take the pills five times per day.*
Agent (passive voice) *(by)*	La nueva política de salud pública fue anunciada **por** la prensa. *The new public health policy was announced by the press.*

Expressions with *por*

por ahora *for the time being*	**por lo menos** *at least*
por allí/aquí *around there/here*	**por lo tanto** *therefore*
por casualidad *by chance/accident*	**por lo visto** *apparently*
por cierto *of course; by the way*	**por más/mucho que** *no matter how much*
por ejemplo *for example*	**por otro lado/otra parte** *on the other hand*
por eso *therefore; for that reason*	**por primera vez** *for the first time*
por fin *finally*	**por si acaso** *just in case*
por lo general *in general*	**por supuesto** *of course*

Práctica

1 **Otra manera** Lee la primera oración y completa la segunda versión con **por** o **para**.

1. Mateo pasó el verano en Colombia con su abuela.
   Mateo fue a Colombia _____ visitar a su abuela.

2. Ella estaba enferma y quería la compañía de su nieto.
   Ella estaba enferma; _____ eso, Mateo decidió ir.

3. La familia le envió muchos regalos a la abuela.
   La familia envió muchos regalos _____ la abuela.

4. La abuela se alegró mucho de la visita de Mateo.
   La abuela se puso muy feliz _____ la visita de Mateo.

5. Mateo pasó tres meses allá.
   Mateo estuvo en Colombia _____ tres meses.

Cartagena, Colombia

2 **Carta de amor** Completa la carta con **por** y **para**.

De:	mateo25@tucorreo.com
A:	cata@tucorreo.com
Tema:	Noticias desde Cartagena

Mi amada Catalina:

(1) _____ fin encuentro un momento (2) _____ escribirte. Es que mi abuela me tiene a su lado (3) _____ horas y horas cada día, contándome historias de su niñez aquí en Cartagena. Poquito a poco va recuperándose, pero no sé de dónde saca tantas fuerzas (4) _____ hablar. Pero estoy aquí sólo (5) _____ ella, así que no me quejo de nada. En las tardes ella descansa y yo suelo caminar (6) _____ la playa y, (7) _____ supuesto, pienso en ti...

Hoy mi abuelita me pidió llamar (8) _____ teléfono a la clínica, pues le duele mucho el estómago y cree que es (9) _____ las otras medicinas que le recetó el cirujano. Mientras tío Javi la lleva a la clínica, yo iré al centro (10) _____ hacer unas compras. Ya sé lo que voy a comprar (11) _____ ti.
Ya pronto nos veremos...
Te amaré (12) _____ siempre...
Mateo

3 **Oraciones** Utiliza palabras de cada columna para formar oraciones lógicas.

MODELO Mi hermana preparó una cena especial para la fiesta.

caminar		él
comprar	para	la fiesta
hacer	por	mi mamá
jugar		el parque
preparar		su hermana

Practice more at **vhlcentral.com**.

Comunicación  Diagnostics

4 **Soluciones** En parejas, comenten cuáles son las mejores maneras de lograr los objetivos de la lista. Sigan el modelo y utilicen **por** y **para**.

MODELO —Para tener buena salud, lo mejor es comer cinco frutas o verduras por día porque tienen muchas vitaminas.

concentrarse al estudiar	relajarse
divertirse	ser famoso/a
hacer muchos amigos	ser organizado/a
mantenerse en forma	tener buena salud

5 **Conversación** En parejas, elijan una de las situaciones y escriban una conversación. Utilicen **por** y **para** y algunas de las expresiones de la lista.

A. Tu vecino, don José, ganó en un concurso unas vacaciones a Medellín, Colombia, pero él no puede ir. Está pensando en ti y en otro/a vecino/a. Convence a don José de que te dé a ti las vacaciones.

B. Todo el verano has trabajado en una librería local y no has tomado ni un día libre. Habla con tu jefe/a y dile que quieres tomarte unas vacaciones de dos semanas antes de regresar a las clases. Tu jefe/a dice que no necesitas tomar vacaciones y te da algunas razones. Explícale tus razones.

no es para tanto	por casualidad	por lo menos
para colmo	por eso	por lo tanto
para siempre	por fin	por supuesto

6 **Síntesis** En grupos de cuatro, miren la foto e inventen una conversación que incluya a todos los miembros de la familia. Deben usar por lo menos tres verbos en el subjuntivo, tres mandatos y tres expresiones con **por** o **para**. Dramaticen la conversación para el resto de la clase.

Antes de ver el corto

ÉRAMOS POCOS

país España

duración 16 minutos

director Borja Cobeaga

protagonistas Joaquín (padre), Fernando (hijo), Lourdes (abuela)

Vocabulario

el álbum (de fotos) *(photo) album*	**enseguida** *right away*
apañar *to mend; to fix*	**largarse** *to take off*
apañarse *to manage*	**el marco** *frame*
el asilo (de ancianos) *nursing home*	**la paella** *(Esp.) traditional rice and seafood dish*
descalzo/a *barefoot*	**la tortilla** *(Esp.) potato omelet*
el desorden *mess*	**el trastero** *storage room*

1 **Oraciones incompletas** Completa las oraciones con las palabras apropiadas.

1. Pones las fotos en un _____ para colocarlas en la pared.

2. Te vas a vivir a un _____ cuando eres un anciano.

3. Guardas los muebles antiguos en un _____.

4. Cuando no llevas zapatos, vas _____.

5. La _____ es un plato que se cocina con huevos y patatas.

2 **Preguntas** En parejas, contesten las preguntas.

1. ¿Crees que los hombres ayudan en las tareas del hogar más que hace unos años?

2. ¿Conoces a alguna mujer que sea ama de casa? ¿Le gusta serlo?

3. ¿Cuáles son las ventajas y las desventajas de vivir en un asilo o vivir con la familia cuando una persona es anciana? ¿Qué vas a preferir tú: vivir en un asilo o vivir con la familia? ¿Por qué?

4. ¿Cómo crees que va a ser la situación de los ancianos dentro de unos años?

3 **¿Qué sucederá?** En parejas, miren el fotograma e imaginen lo que va a ocurrir en la historia. Compartan sus ideas con la clase.

Practice more at **vhlcentral.com**.

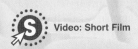

Escenas

ARGUMENTO Tras ser abandonado por su mujer, Joaquín decide traer a su suegra a casa para que haga las labores del hogar.

FERNANDO ¿Por qué estás descalzo?
JOAQUÍN Porque no encuentro mis zapatillas.
FERNANDO ¿Y estás seguro de que se ha ido sin más°?
JOAQUÍN Eso parece.

FERNANDO Cuánto tiempo sin verte.
LOURDES Mucho tiempo.
FERNANDO Mira, papá, es la abuela.
LOURDES Hola.
JOAQUÍN Hola, soy tu yerno Joaquín. No sé si te acuerdas de mí.

LOURDES ¿Y mi habitación?
JOAQUÍN Esto se arregla en un momento. Desde que te fuiste usamos este cuarto como un trastero, pero enseguida lo apañamos. ¡Fernando!
LOURDES No te preocupes, no pasa nada.
JOAQUÍN ¡Fernando!

JOAQUÍN Creo que se ha dado cuenta. Que sabe para qué la hemos traído.
FERNANDO ¿Qué dices?
JOAQUÍN ¿No la notas demasiado… contenta?

ABUELA ¿Qué? ¿No coméis?
JOAQUÍN Que te diga esto a lo mejor te parece desproporcionado, Lourdes. Pero es que Julia lleva mucho tiempo de viaje.
FERNANDO Mucho, mucho.
JOAQUÍN No sabes lo que esta tortilla significa para nosotros.

JOAQUÍN Julia, soy yo. No me cuelgues°, ¿eh? Es importante. Es sobre tu madre. Ya sé que fui yo el que insistió en meterla en un asilo pero ahora está aquí, con nosotros. Es para pedirte perdón y para que veas que puedo cambiar.

sin más *just like that* **No me cuelgues** *Don't hang up on me*

150 *ciento cincuenta*

Lección 4

Después de ver el corto

1 Comprensión Contesta las preguntas con oraciones completas.

1. ¿Dónde está Julia?
2. ¿Qué ha pasado con las zapatillas de Joaquín?
3. ¿Por qué van a recoger a la abuela?
4. ¿Por qué cree Joaquín que la abuela se ha dado cuenta del plan?
5. ¿Para qué llama Joaquín a su mujer?
6. ¿Qué le dice su mujer?
7. ¿Para qué mira Joaquín el álbum de fotos?
8. ¿Qué descubre Joaquín?

2 Ampliación Contesta las preguntas.

1. ¿Por qué piensas que Joaquín y Fernando son incapaces de vivir sin una mujer?
2. Según Joaquín, ¿por qué es importante la tortilla?
3. ¿Por qué está tan contenta Lourdes a pesar de trabajar tanto?
4. ¿Por qué crees que Joaquín no dice que la mujer no es su suegra?
5. ¿Qué opinas del final del corto? ¿Te parece que los personajes se están engañando unos a otros o se están ayudando? ¿Por qué?
6. ¿Cómo se relaciona el título con lo que sucede en el corto?

3 Julia En parejas, imaginen cómo es la esposa de Joaquín y cómo es su vida.

- ¿Cómo es?
- ¿Por qué se fue de casa?
- ¿Dónde está ahora?
- ¿Crees que sigue haciendo las labores del hogar?
- ¿Volverá con su familia?

4 Salud mental En parejas, imaginen que un día Julia llama a su hijo para explicarle por qué se fue. Según ella, era necesario para su salud mental y su bienestar. Piensen en estas preguntas y ensayen la conversación telefónica entre Fernando y Julia. Represéntenla delante de la clase.

- ¿Está Fernando de acuerdo con la explicación de su madre?
- ¿Perdona Fernando a su madre?
- ¿Le importa realmente que su madre se haya ido?
- ¿Está arrepentida Julia?
- ¿Estaba realmente enferma Julia cuando se fue de la casa?

5 Cartas Elige una de estas dos situaciones y escribe una carta.

1. Eres la anciana que se hace pasar por Lourdes y decides escribirle una carta a tu verdadera familia explicando por qué te fuiste del asilo con otra familia.
2. Eres un(a) anciano/a que acaba de irse a un asilo. Escribe una carta a tu familia describiendo qué extrañas de vivir en casa y qué te gusta del asilo.

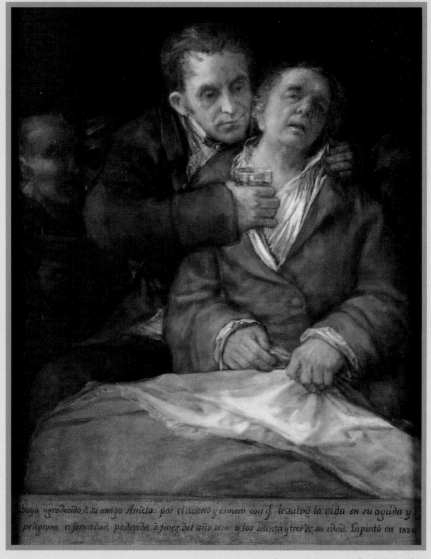

Autorretrato con el Dr. Arrieta, 1820
Francisco de Goya, España

"Cuando sientes que la mano de la muerte
se posa sobre el hombro, la vida se ve
iluminada de otra manera…"

— Isabel Allende

Antes de leer

Mujeres de ojos grandes

Sobre la autora

Ángeles Mastretta nació en Puebla, México, en 1949. Estudió periodismo y colaboró en periódicos y revistas: "Escribía de todo: de política, de mujeres, de niños, de lo que veía, de lo que sentía, de literatura, de cultura, de guerra". Su primer libro fue de poemas: *La pájara pinta* (1978), pero fue *Arráncame la vida* (1985), su primera novela, la que le dio fama y reconocimiento. En 1997 fue la primera mujer en ganar el Premio Rómulo Gallegos con su novela *Mal de amores*. En su obra habla sobre la psicología de la mujer. *Mujeres de ojos grandes* está compuesto de relatos sobre mujeres que muestran "el poder que tienen en sus cosas y el poder que tienen para hacer con sus vidas lo que quieran, aunque no lo demuestren. Son mujeres poderosas que se saben poderosas pero no lo ostentan (*boast*)".

Vocabulario

el adelanto *advancement*	**el/la enfermero/a** *nurse*	**el ombligo** *navel*
la aguja *needle*	**el hallazgo** *finding; discovery*	**la pena** *sorrow*
la cordura *sanity*	**la insensatez** *folly; senselessness*	**el regocijo** *joy*
desafiante *challenging*	**latir** *to beat*	**la terapia intensiva** *intensive care*

La historia de Julio Completa el párrafo con las palabras apropiadas.

Julio prefería una vida (1) _____, que no lo aburriera. Sin embargo, al perder todo por la caída de la bolsa (*stock market crash*), Julio —siempre una persona muy sensata— perdió la (2) _____. Después de unos meses, los síntomas desaparecieron, para gran (3) _____ de la familia. Sin embargo, pensar en su trabajo lo llenaba de (4) _____ y en su corazón latía el deseo de hacer algo nuevo. Tan agradecido estaba con los médicos que decidió estudiar para ser (5) _____.

Conexión personal Cuando te sientes enfermo/a, ¿intentas curarte por tus propios medios? ¿Alguna vez estuviste en un hospital? ¿Confías en la medicina tradicional o has probado la medicina alternativa? ¿Crees que la ciencia puede resolverlo todo?

Análisis literario: el símil o la comparación

El símil, o la comparación, es un recurso literario que consiste en comparar una cosa con otra por su semejanza, parecido o relación. De esa manera, se logra mayor expresividad. Implica el uso del término comparativo explícito: **como**. Por ejemplo: "*ojos grandes* **como** *lunas*". Crea algunas comparaciones con estos pares de palabras o inventa tus propias comparaciones: muerte/noche, rostro/fantasma, mejillas/manzanas, hombre/ratón, lugar/cementerio.

Mujeres de ojos grandes

Último cuento; sin título

Ángeles Mastretta

Tía Jose Rivadeneira tuvo una hija con los ojos grandes como dos lunas, como un deseo. Apenas colocada en su abrazo, todavía húmeda y vacilante°, la niña mostró los ojos y algo en las alas° de sus labios que parecía pregunta.

—¿Qué quieres saber? —le dijo tía Jose jugando a que entendía ese gesto.

Como todas las madres, tía Jose pensó que no había en la historia del mundo una criatura tan hermosa como la suya. La deslumbraban° el color de su piel, el tamaño de sus pestañas° y la placidez con que dormía. Temblaba de orgullo imaginando lo que haría con la sangre y las quimeras° que latían en su cuerpo.

Se dedicó a contemplarla con altivez° y regocijo durante más de tres semanas. Entonces la inexpugnable° vida hizo caer sobre la niña una enfermedad que en cinco horas convirtió su extraordinaria viveza° en un sueño extenuado° y remoto° que parecía llevársela de regreso a la muerte.

Cuando todos sus talentos curativos no lograron mejoría° alguna, tía Jose, pálida° de terror, la cargó hasta el hospital. Ahí se la quitaron de los brazos y una docena de médicos y enfermeras empezaron a moverse agitados y confundidos en torno a la niña. Tía Jose la vio irse tras una puerta que le prohibía la entrada y se dejó caer al suelo incapaz de cargar consigo misma y con aquel dolor como un acantilado°.

Ahí la encontró su marido, que era un hombre sensato y prudente como los hombres acostumbran fingir° que son. La ayudó a levantarse y la regañó° por su falta de cordura y esperanza. Su marido confiaba en la ciencia médica y hablaba de ella como otros hablan de Dios. Por eso lo turbaba° la insensatez en que se había colocado su mujer, incapaz de hacer otra cosa que llorar y maldecir° al destino.

Aislaron a la niña en una sala de terapia intensiva. Un lugar blanco y limpio al que las madres sólo podían entrar media hora diaria. Entonces se llenaba de oraciones° y ruegos.

Todas las mujeres persignaban° el rostro de sus hijos, les recorrían el cuerpo con estampas y agua bendita°, pedían a todo Dios que los dejara vivos. La tía Jose no conseguía sino llegar junto a la cuna° donde su hija apenas respiraba para pedirle: "no te mueras". Después lloraba y lloraba sin secarse los ojos ni moverse hasta que las enfermeras le avisaban que debía salir.

Entonces volvía a sentarse en las bancas cercanas a la puerta, con la cabeza sobre las piernas, sin hambre y sin voz, rencorosa° y arisca°, ferviente° y desesperada. ¿Qué podía hacer? ¿Por qué tenía que vivir su hija? ¿Qué sería bueno ofrecerle a su cuerpo pequeño lleno de agujas y sondas° para que le interesara quedarse en este mundo? ¿Qué podría decirle para convencerla de que valía la pena hacer el esfuerzo en vez de morirse?

Una mañana, sin saber la causa, iluminada sólo por los fantasmas de su corazón, se le acercó a la niña y empezó a contarle las historias de sus antepasadas°. Quiénes habían sido, qué mujeres tejieron° sus vidas con qué hombres antes de que la boca y el ombligo de su hija se anudaran° a ella. De qué estaban hechas, cuántos trabajos° habían pasado, qué penas y jolgorios° traía ella como herencia. Quiénes sembraron con intrepidez° y fantasías la vida que le tocaba prolongar.

Durante muchos días recordó, imaginó, inventó. Cada minuto de cada hora disponible habló sin tregua° en el oído de su hija. Por fin, al atardecer de un jueves, mientras contaba implacable alguna historia, su hija abrió los ojos y la miró ávida° y desafiante, como sería el resto de su larga existencia.

El marido de tía Jose dio las gracias a los médicos, los médicos dieron gracias a los adelantos de su ciencia, la tía abrazó a su niña y salió del hospital sin decir una palabra. Sólo ella sabía a quiénes agradecer la vida de su hija. Sólo ella supo siempre que ninguna ciencia fue capaz de mover tanto, como la escondida en los ásperos° y sutiles° hallazgos de otras mujeres con los ojos grandes. ■

vacilating
wings

dazzled
eyelashes

fancy ideas
haughtiness

impregnable

*liveliness/
exhausted*
remote; far off

*improvement/
pale*

cliff

to feign
scolded

*disturbed;
embarrassed*

*to damn;
to curse*

prayers

crossed

holy

cradle; crib

spiteful
*surly/
fervent*

*probes;
catheters*

ancestors
wove

tied
hardships
revelry
bravery

relentlessly

avid; eager

*rough; harsh/
subtle*

Después de leer

Mujeres de ojos grandes
Ángeles Mastretta

1 **Comprensión** Contesta las siguientes preguntas con oraciones completas.

1. ¿Quiénes son los tres personajes principales de este relato?
2. ¿Tía Jose lleva inmediatamente a su hija al hospital?
3. ¿Qué piensa el marido de la ciencia de los médicos y del comportamiento de su esposa?
4. ¿Qué historias le cuenta tía Jose a su hija? ¿Son todas reales?
5. Para el padre de la niña, ¿qué o quién le salvó la vida? ¿Y para tía Jose?

2 **Análisis** Lee el relato nuevamente y contesta las preguntas.

1. Los ojos de la hija de tía Jose son "grandes como dos lunas, como un deseo". ¿Por qué se eligen estos dos términos para la comparación? ¿Puedes encontrar otras comparaciones en el cuento?
2. La expresión "las alas de sus labios" es un recurso ya analizado. ¿Cómo se llama?
3. En el hospital, la niña es llevada lejos de su madre, "tras una puerta que le prohibía la entrada". ¿A qué lugar se refiere?
4. Tía Jose comienza a contarle historias a su hija "iluminada por los fantasmas de su corazón". Reflexiona: ¿los fantasmas se asocian con la luz o con la oscuridad? ¿A quiénes se refiere la palabra "fantasmas" en el relato?

3 **Interpretación** En parejas, respondan las preguntas.

1. El personaje de la tía Jose pierde la voz ante la enfermedad de su hija. ¿Cómo recupera la voz? ¿Por qué?
2. La hija de tía Jose tiene ojos grandes, al igual que las mujeres de los relatos que le cuenta su madre. ¿Qué creen que simboliza esto?
3. El padre agradece a los médicos por haber salvado a la niña; los médicos agradecen a la ciencia. ¿Por qué tía Jose "salió del hospital sin decir una palabra"?
4. ¿Qué creen que salvó la vida de la niña? ¿Conocen algún caso de recuperación asombrosa en la vida real?

4 **Debate** Formen dos grupos: uno debe hacer una lista de los argumentos que usó el marido de tía Jose para tranquilizarla en el hospital; el otro grupo debe imaginar cuáles eran las razones de las mujeres que rezaban (*prayed*) para sanar a sus hijos. Después, organicen un debate para discutir las alternativas, defendiendo su argumento y señalando las debilidades del argumento contrario.

5 **Historias** Redacta una de las historias que la tía Jose le contó a su hija. Utiliza algunos de los usos de **por** y **para**. Incluye por lo menos dos símiles.

recursos

v̂ Text

vhlcentral

Practice more at
vhlcentral.com.

Antes de leer

Vocabulario

la aldea *village*	**los gusanos** *worms*
la batalla *battle*	**la mosca** *fly*
la ceguera *blindness*	**el oro** *gold*
el chiripazo *coincidence*	**la picadura** *bite*
el ciclo vital *life cycle*	**rascar(se)** *to scratch (oneself)*
de hecho *in fact*	**el tráfico de esclavos** *slave trade*
el estibador de puerto *longshoreman*	

Oraciones incompletas Completa las oraciones con las palabras adecuadas.

1. Los insectos cambian de forma durante su _____.

2. ¡No te bebas ese jugo, tiene una _____ dentro!

3. Él tiene una _____ de mosquito en el brazo y no para de _____.

4. No estoy enfermo, ¡_____, me siento muy bien!

5. Gracias a la ciencia algunas personas con _____ recuperan la visión.

6. El _____ es un metal precioso y muy caro.

7. El _____ es una de las mayores tragedias de la humanidad.

8. Una _____ es una comunidad rural donde viven pocas personas.

Conexión personal ¿Puedes pensar en alguna enfermedad o dolencia que afecta a tu comunidad o a un grupo que conoces? ¿Ha recibido la comunidad alguna ayuda?

Contexto cultural

Situada en una zona de tránsito entre Norteamérica y Suramérica, Colombia presenta un lugar ideal para la convergencia de múltiples culturas. La mayoría de los habitantes son mestizos, es decir, descendientes de europeos y amerindios. Hay también más de diez millones de afrocolombianos —casi el veinte por ciento de la nación entera— y una población indígena que cuenta con más de un millón de habitantes. De esta diversidad étnica han surgido (*have arisen*) costumbres variadas, una riquísima tradición musical y la pluralidad lingüística. La lengua oficial del país es el español, pero todavía se hablan más de sesenta lenguas indígenas.

Colombia gana la guerra a una vieja enfermedad

Quien haya hecho una excursión por un bosque del noroeste de Norteamérica a finales de primavera sabrá lo que es la mosca negra: un insecto que se reproduce en los ríos y cuya picadura causa una pequeña inflamación rojiza, y poco más. Aunque en Nortemérica la mosca negra
5 no es peligrosa, en Suramérica provoca la llamada "ceguera de los ríos", una cruel enfermedad con la que se lucha en más de treinta países. Colombia se ha convertido en el primero de ellos en ganar la batalla.

¿Por qué cruel? La oncocercosis, o ceguera de los ríos, es básicamente una invasión de
10 gusanos que entran en el cuerpo humano a través de la picadura de la mosca negra. Estos gusanos se reproducen y generan miles de larvas que emigran a todas partes del cuerpo por debajo de la piel. Esto hace que la infección
15 sea tan desagradable. Según el doctor Donald Bundy, coordinador del Banco Mundial para el Control de la Oncocercosis, es común ver que en las aldeas afectadas las personas se rascan constantemente, razón por la cual terminan
20 con cortes terribles en la piel. Con el paso de los años, esas larvas viajeras pasan de la piel a los ojos y cubren la córnea causando ceguera.

Después del glaucoma, la oncocercosis es la principal causa de ceguera a nivel mundial.
25 Según la Organización Mundial de la Salud (OMS),° la oncocercosis afecta a 37 millones de personas en el mundo, de las cuales 300.000 ya han quedado completamente ciegas° . Casi todos los casos de oncocercosis
30 se dan° en África; de hecho, se cree que esta enfermedad llegó al Nuevo Mundo a principios del siglo XVIII con el tráfico de esclavos. Actualmente, la enfermedad es parte de la realidad de muchas comunidades
35 de países como Ecuador, Venezuela, México y Guatemala, y también de Colombia. Allí se descubrió en 1965 cuando un estibador de puerto llegó a la consulta del médico con una infección en los ojos. Casualmente°, el doctor
40 que lo vio había estudiado oftalmología tropical en Francia. Enseguida, diagnosticó su enfermedad: oncocercosis.

"Fue un chiripazo", dice la doctora Gloria Palma, del Centro Internacional de
45 Entrenamiento e Investigaciones Médicas (CIDEIM) de Colombia, quien asegura que estuvieron buscando la enfermedad en el sitio equivocado. Según Palma, el Instituto Nacional de Salud llevaba
50 años buscando la enfermedad por la zona norte del país y había planes para ir a buscarla en el Pacífico.

World Health Organization (WHO)

blind

occur

coincidentally

La aparición del primer caso permitió centrar la búsqueda en la región del río Chuaré, Cauca. Finalmente, el foco de
55 la ceguera de los ríos apareció en la comunidad de Nacioná, en el municipio° de López de Micay, una zona de difícil acceso. La economía de esta comunidad se ha basado, principalmente, en la
60 extracción de oro en el propio río donde vive y se reproduce la mosca negra.

Una vez localizado el foco de la enfermedad había que dar el siguiente paso°: eliminarla. La estrategia para conseguirlo
65 fue tratar a la población de la zona afectada con un medicamento llamado Ivermectina, donado por la empresa farmacéutica Merck. El tratamiento con este medicamento empezó en 1996 y continuó cada seis meses,
70 hasta que en 2007 se comprobó que la mosca negra ya no transmitía el parásito. Pero eso no era suficiente. Había que demostrar que, tres años después, no hubiera ningún caso nuevo, y que el ciclo vital del
75 parásito a través de la mosca negra y el hombre estaba definitivamente interrumpido. Y así fue: en 2011 la enfermedad se declaró oficialmente eliminada de Colombia. Misión cumplida. ■
80

township

to take the next step

La oncocercosis en Colombia

Mar Caribe — Panamá — Océano Pacífico — Atlántico — Guajira — Bolívar — Magdalena — Sucre — Córdoba — Venezuela — López de Micay — río Chuaré — Cauca — Brasil

Zonas de búsqueda°
Foco de la enfermedad

búsqueda *search*

Después de leer

Colombia gana la guerra a una vieja enfermedad

1 **Comprensión** Contesta las preguntas con oraciones completas.

1. ¿Qué es la oncocercosis?
2. ¿Qué otro nombre recibe la oncocercosis?
3. ¿Cuándo se cree que llegó la oncocercosis al Nuevo Mundo?
4. ¿De qué continente se cree que procede la oncocercosis?
5. ¿Por qué se produce la oncocercosis cerca de los ríos?
6. ¿Cómo se eliminó la oncocercosis en Colombia?

2 **Preguntas** Responde las preguntas con oraciones completas.

1. ¿Por qué se le llama "ceguera de los ríos" a la oncocercosis?
2. ¿Por qué muchos enfermos de oncocercosis tienen cortes en la piel?
3. ¿Por qué produce ceguera esta enfermedad?
4. ¿Cómo se cree que llegó esta enfermedad al Nuevo Mundo?
5. ¿Al comienzo, en qué lugar estaba buscando la enfermedad el Instituto Nacional de Salud de Colombia?
6. ¿En qué otros lugares las comunidades deben enfrentarse a esta enfermedad?
7. ¿Por qué estaban expuestos a la picadura de la mosca los habitantes de Nacioná?
8. ¿Qué crees que hay que hacer para eliminar esta enfermedad en todo el mundo?

3 **Hipocondríaco** Imagina que visitas Nacioná con un(a) amigo/a y que lo pica una mosca negra. Tu amigo/a se pone muy nervioso/a porque cree que se va a quedar ciego/a. Inventen una conversación sobre lo que sucede a continuación.

> **MODELO** —¡Me picó una mosca! ¡Voy a quedarme ciego!
> —No te preocupes, aquí ya no hay oncocercosis.

4 **Campaña** En grupos, creen una campaña para combatir una enfermedad que conozcan. Elijan un país afectado y desarrollen un cartel informativo con la siguiente información. Utilicen la gramática de la lección. Después, presenten los carteles a la clase.

- definición de la enfermedad
- síntomas de la enfermedad
- cómo se transmite la enfermedad
- cómo se cura
- cómo se puede prevenir
- qué repercusión tiene la eliminación de esa enfermedad a nivel mundial

5 **Debate** En grupos de cuatro, debatan sobre las implicaciones que puede tener la utilización de animales en las investigaciones para encontrar la cura de enfermedades. Compartan sus conclusiones con la clase.

Practice more at **vhlcentral.com**.

recursos

v̂Text

CP
p. 39

CH
pp. 61–64

vhlcentral

Atando cabos

¡A conversar!

La nueva cafetería Trabajen en grupos de cuatro. Imaginen que son consultores/as contratados/as por una escuela o universidad para diseñar una nueva cafetería que cumpla con los objetivos del recuadro. Presenten su plan a la clase.

Objetivos de la nueva cafetería

- brindar a los estudiantes un espacio para socializar y relajarse
- ofrecer una selección de alimentos que sea atractiva, pero que, al mismo tiempo, sea saludable y lo más natural posible
- informar a los estudiantes acerca de temas relacionados con la salud, la alimentación y el bienestar a través de afiches y otros elementos visuales

¡A escribir!

Un decálogo Imagina que eres médico/a. Sigue el **Plan de redacción** para escribir un decálogo en el que les das diez consejos generales a tus pacientes para que lleven una vida sana.

Plan de redacción

Preparación: Prepara un esquema (*outline*) con los diez consejos más importantes.

Título: Elige un título para el decálogo.

Contenido: Escribe los diez consejos. Utiliza el subjuntivo o el imperativo en todos los consejos. Puedes incluir la siguiente información.

- qué alimentos se deben comer y cuáles se deben evitar
- cuántas comidas se deben consumir al día
- cuántas horas se debe dormir
- qué hábitos se deben evitar

Cuídese:

1. Haga ejercicio tres veces a la semana como mínimo.

2. Es importante que no consuma muchas grasas.

3. Es esencial que...

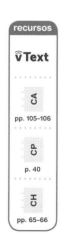

recursos

v̂Text

CA
pp. 105–106

CP
p. 40

CH
pp. 65–66

My Vocabulary

Los síntomas y las enfermedades

la depresión	depression
la enfermedad	disease; illness
la gripe	flu
la herida	injury
el malestar	discomfort
la obesidad	obesity
el resfriado	cold
la respiración	breathing
la tensión (alta/ baja)	(high/low) blood pressure
la tos	cough
el virus	virus
contagiarse	to become infected
desmayarse	to faint
empeorar	to deteriorate; to get worse
enfermarse	to get sick
estar resfriado/a	to have a cold
lastimarse	to get hurt
permanecer	to remain; to last
ponerse bien/mal	to get well/sick
sufrir (de)	to suffer (from)
tener buen/mal aspecto	to look healthy/sick
tener fiebre	to have a fever
toser	to cough
agotado/a	exhausted
inflamado/a	inflamed
mareado/a	dizzy

La salud y el bienestar

la alimentación	diet (nutrition)
la autoestima	self-esteem
el bienestar	well-being
el estado de ánimo	mood
la salud	health
adelgazar	to lose weight
dejar de fumar	to quit smoking
descansar	to rest
engordar	to gain weight
estar a dieta	to be on a diet

mejorar	to improve
prevenir (e:ie)	to prevent
relajarse	to relax
trasnochar	to stay up all night
sano/a	healthy

Los médicos y el hospital

la cirugía	surgery
el/la cirujano/a	surgeon
la consulta	doctor's appointment
el consultorio	doctor's office
la operación	operation
los primeros auxilios	first aid
la sala de emergencias	emergency room

Las medicinas y los tratamientos

el analgésico	painkiller
la aspirina	aspirin
el calmante	tranquilizer
los efectos secundarios	side effects
el jarabe (para la tos)	(cough) syrup
la pastilla	pill
la receta	prescription
el tratamiento	treatment
la vacuna	vaccine
la venda	bandage
el yeso	cast
curarse	to heal; to be cured
poner(se) una inyección	to give/get a shot
recuperarse	to recover
sanar	to heal
tratar	to treat
vacunar(se)	to vaccinate/to get vaccinated
curativo/a	healing

Más vocabulario

Expresiones útiles	Ver p. 127
Estructura	Ver pp. 134–136, 140–141 y 144–145

Cinemateca

el álbum (de fotos)	(photo) album
el asilo (de ancianos)	nursing home
el desorden	mess
el marco	frame
la paella	(Esp.) traditional rice and seafood dish
la tortilla	(Esp.) potato omelet
el trastero	storage room
apañar	to mend; to fix
apañarse	to manage
largarse	to take off
descalzo/a	barefoot
enseguida	right away

Literatura

el adelanto	advancement
la aguja	needle
la cordura	sanity
el/la enfermero/a	nurse
el hallazgo	finding; discovery
la insensatez	folly; senselessness
el ombligo	navel
la pena	sorrow
el regocijo	joy
la terapia intensiva	intensive care
latir	to beat
desafiante	challenging

Cultura

la aldea	village
la batalla	battle
la ceguera	blindness
el chiripazo	coincidence
el ciclo vital	life cycle
de hecho	in fact
el estibador de puerto	longshoreman
los gusanos	worms
la mosca	fly
el oro	gold
la picadura	bite
el tráfico de esclavos	slave trade
rascar(se)	to scratch (oneself)

Los viajes

5

Contextos
páginas 164–167
- De viaje
- El alojamiento
- La seguridad y los accidentes
- Las excursiones

Fotonovela
páginas 168–171
- *¡Buen viaje!*

Enfoques
Centroamérica
páginas 172–175
- **En detalle:** La ruta del café
- **Perfil:** El Canal de Panamá
- **Flash cultura:** ¡Viajar y gozar!

Estructura
páginas 176–187
- Comparatives and superlatives
- Negative, affirmative, and indefinite expressions
- The subjunctive in adjective clauses

Cinemateca
páginas 188–191
- **Cortometraje:** *El anillo*

Lecturas
páginas 192–200
- **Literatura:** *La luz es como el agua* de Gabriel García Márquez
- **Cultura:** *La ruta maya*

Atando cabos
página 201
- ¡A conversar!
- ¡A escribir!

Communicative Goals

VOICE BOARD

I will expand my ability to...
- make comparisons
- use negative, affirmative, and indefinite expressions
- express uncertainty and indefiniteness

🔊 Ⓢ My Vocabulary

Los viajes

De viaje

Para sus vacaciones, Cecilia y Juan **hicieron un viaje** al Caribe. El último día decidieron descansar en la piscina antes de **hacer las maletas**. Se durmieron... ¡y **perdieron el vuelo**! De todos modos, no querían **regresar**.

la bienvenida *welcome*
la despedida *farewell*
el destino *destination*
el itinerario *itinerary*
la llegada *arrival*
el pasaje (de ida y vuelta)
  (round-trip) ticket
el pasaporte *passport*
la tarjeta de embarque
  boarding card
la temporada alta/baja
  high/low season
el/la viajero/a *traveler*
—
hacer las maletas *to pack*
hacer transbordo *to change*
  (planes/trains)
hacer un viaje *to take a trip*
ir(se) de vacaciones *to take*
  a vacation
perder (e:ie) (el vuelo) *to miss*
  (the flight)
regresar *to return*
—
a bordo *on board*
retrasado/a *delayed*
vencido/a *expired*
vigente *valid*

El alojamiento

el albergue *hostel*
el alojamiento *lodging*
la habitación individual/doble *single/double room*
la recepción *front desk*
el servicio de habitación *room service*
—
alojarse *to stay*
cancelar *to cancel*
estar lleno/a *to be full*
quedarse *to stay*
reservar *to reserve*
—
de (buena) categoría *high quality*
incluido/a *included*
recomendable *recommendable; advisable*

La seguridad y los accidentes

el accidente (automovilístico) *(car) accident*
el/la agente de aduanas *customs agent*
el aviso *notice; warning*
el cinturón de seguridad *seatbelt*
el congestionamiento *traffic jam*
las medidas de seguridad *security measures*
la seguridad *safety; security*
el seguro *insurance*
—
aterrizar *to land*
despegar *to take off*
ponerse/quitarse el cinturón *to fasten/to*
  unfasten the seatbelt
reducir (la velocidad) *to reduce (speed)*
—
peligroso/a *dangerous*
prohibido/a *prohibited*

NO ESTACIONARSE

Después de **recorrer** el Canal de Panamá, el **crucero navegó** hasta **Puerto** Limón, donde los viajeros pudieron disfrutar de dos días de **ecoturismo** en Costa Rica.

la aventura *adventure*
el/la aventurero/a *adventurer*
la brújula *compass*
el buceo *scuba diving*
el campamento *campground*
el crucero *cruise (ship)*
el (eco)turismo *(eco)tourism*
la excursión *excursion; tour*
la frontera *border*
el/la guía turístico/a *tour guide*
la isla *island*

las olas *waves*
el puerto *port*
las ruinas *ruins*
la selva *jungle*
el/la turista *tourist*

navegar *to sail*
recorrer *to visit; to go around*

lejano/a *distant*
turístico/a *tourist (adj.)*

recursos

v̂Text

CA
p. 75

CP
pp. 41–42

CH
pp. 67–68

S
vhlcentral

Práctica

1 Escuchar

A. Escucha lo que dice Julia, una guía turística, y después marca las oraciones que contienen la información correcta.

1. a. Los turistas llegaron hace una semana.
   b. La guía turística les da la bienvenida.
2. a. Los turistas van a ir al campamento en autobús.
   b. Los turistas van a ir al campamento en tren.
3. a. Los turistas se van a alojar en un campamento.
   b. Los turistas van a ir a un albergue.
4. a. El destino es una isla.
   b. El destino es la selva.
5. a. Les van a dar el itinerario mañana.
   b. El itinerario se lo darán la semana que viene.

B. Dos aventureros se separaron del grupo y tuvieron problemas. Escucha la conversación telefónica entre Mariano y el agente de viajes, y después contesta las preguntas.

1. ¿Qué les ha pasado a Mariano y a su novia?
2. ¿Adónde iban ellos cuando tuvieron el accidente?
3. ¿Tienen que pagar mucho por los médicos?
4. ¿Qué ha decidido la pareja?

2 Definiciones
Escribe la palabra adecuada para cada definición.

1. documento necesario para ir a otro país
   _____
2. las forma el movimiento del agua del mar
   _____
3. vacaciones en un barco _____
4. instrumento que ayuda a saber dónde está el Polo Norte _____
5. línea que separa dos países _____
6. lugar del hotel donde te dan las llaves de la habitación _____
7. documento necesario para poder subir a un avión _____
8. lo contrario de vencido _____
9. lugar rodeado de agua _____

Práctica

3 **Oraciones incompletas** Completa las oraciones con las palabras apropiadas de **Contextos**.

1. Si vas a estar solo/a en el hotel, tomas una habitación _____.

2. Cuando hay muchos coches en la calle al mismo tiempo, se producen _____.

3. Los barcos, cuando llegan a tierra, se amarran (*dock*) en los _____.

4. Si vas a viajar a otro país, tienes que comprobar que tu pasaporte no esté _____.

5. El deporte que se practica bajo el mar es el _____.

4 **Planes** Completa la conversación con las palabras adecuadas del recuadro. Haz los cambios que sean necesarios.

a bordo	navegar	reservar
lleno/a	recorrer	retrasado/a

MAR ¿Qué quieres hacer hoy? ¿Quieres ir al crucero que (1) _____ las islas de la zona?

PEDRO ¿No hay que llamar antes para (2) _____ las plazas (*seats*)?

MAR No creo que el barco esté (3) _____. Espera, llamo por teléfono…

MAR ¡Tenemos suerte! El barco está (4) _____, ahora sale a las diez y media. Tenemos que estar (5) _____ a las diez. ¡En marcha!

PEDRO Perfecto, me gusta la idea. Hoy es un buen día para (6) _____.

5 **De viaje** En parejas, utilicen palabras y expresiones de **Contextos** para escribir oraciones completas sobre cada dibujo. Sigan el modelo.

MODELO Primero Eva hizo las maletas. Metió camisetas, un traje de baño y…

1.

2.

3.

4.

5.

6.

Practice more at **vhlcentral.com**.

Comunicación

6

Problemas En parejas, preparen una de estas situaciones. Den detalles, excusas y razones, y traten de buscar una solución al problema. Luego, representen la situación para la clase.

1.
> **ESTUDIANTE 1** Eres un(a) huésped en un hotel que está muy sucio. No te gusta el servicio de habitación y además hace demasiado calor en tu cuarto.
>
> **ESTUDIANTE 2** Tu tío te ha dejado a cargo de su hotel. Es temporada alta y, como el hotel está lleno, tienes mucho trabajo. No sabes qué hacer.

2.
> **ESTUDIANTE 1** Llegas al aeropuerto y te das cuenta de que dejaste el pasaporte en tu casa. Además, en la ciudad hay mucho congestionamiento.
>
> **ESTUDIANTE 2** Eres taxista en el aeropuerto. Como has estado muy estresado/a, el médico te ha recomendado no apurarte por ningún motivo.

3.
> **ESTUDIANTE 1** Ibas manejando y has tenido un accidente. Te bajas del carro para hablar con el/la otro/a conductor(a). No tienes los papeles del seguro.
>
> **ESTUDIANTE 2** Ibas manejando y has tenido un accidente. No llevabas el cinturón de seguridad y te has roto una pierna.

7

¡Bienvenidos!

A. En grupos de cuatro, imaginen que trabajan en la Oficina de Turismo de su ciudad. Tienen que organizar una visita turística de tres días. Conversen sobre las preguntas de la lista y luego preparen un itinerario detallado para los turistas.

- ¿Quiénes son los/las turistas?
- ¿A qué aeropuerto o estación llegan?
- ¿En qué hotel se alojan?
- ¿Qué excursiones pueden hacer?
- ¿Qué lugares exóticos hay para visitar?
- ¿Adónde pueden ir con un(a) guía turístico/a?
- ¿Pueden navegar en algún mar, lago o río? ¿En cuál?
- ¿Qué museos, parques o edificios hay para visitar?
- ¿Qué deportes pueden practicar?

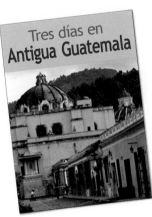

Tres días en Antigua Guatemala

B. Ahora, reúnanse con otro grupo y túrnense para explicar sus itinerarios. Un grupo representa a los empleados de la Oficina de Turismo y el otro a los turistas. Háganse preguntas específicas.

Fabiola y Éric se preparan para un viaje de ecoturismo a la selva amazónica.

Video: *Fotonovela*

PERSONAJES   AGUAYO   DIANA

DIANA Aquí están los boletos para Venezuela, la guía de la selva amazónica y los pasaportes... Después les doy la información del hotel.

ÉRIC Gracias.

FABIOLA Gracias.

ÉRIC ¿Me dejas ver tu pasaporte?

FABIOLA No me gusta cómo estoy en la foto. Me hicieron esperar tanto que salí con cara de enojo.

ÉRIC No te preocupes... Ésa es la cara que vas a poner cuando estés en la selva.

DIANA Es necesario que memoricen esto. A ver, repitan: tenemos que salir por la puerta 12.

FABIOLA, ÉRIC Y JOHNNY Tenemos que salir por la puerta 12.

DIANA El autobús del hotel nos va a recoger a las 8:30.

FABIOLA Y ÉRIC El autobús del hotel nos va a recoger a las 8:30.

ÉRIC Sí, pero en el Amazonas, Fabiola. ¡Amazonas!

MARIELA Es tan arriesgado que van a tener un guía turístico y el alojamiento más lujoso de la selva.

ÉRIC Mientras ella escribe su artículo en la seguridad del hotel, yo voy a estar explorando y tomando fotos. Debo estar protegido.

FABIOLA Según parece, de lo único que debes estar protegido es de ti mismo.

Juegan que están en la selva.

JOHNNY (*con la cara pintada*) ¿Cuál es el chiste? Los soldados llevan rayas... Lo he visto en las películas.

ÉRIC Intentémoslo nuevamente.

JOHNNY Esta vez soy un puma que te ataca desde un árbol.

ÉRIC Mejor.

Antes de despedirse, Éric guarda cosas en su maleta.

AGUAYO Por la seguridad de todos creo que debes dejar tu machete, Éric.

ÉRIC ¿Por qué debo dejarlo? Es un machete de mentiras.

DIANA Pero te puede traer problemas reales.

AGUAYO Todos en la selva te lo van a agradecer.

ÉRIC

FABIOLA

JOHNNY

MARIELA

DIANA El último número que deben recordar es cuarenta y ocho dólares con cincuenta centavos.

FABIOLA Y ÉRIC Cuarenta y ocho dólares con cincuenta centavos.

JOHNNY Y ese último número, ¿para qué es?

DIANA Es lo que van a tener que pagar por llegar en taxi al hotel si olvidan los dos números primeros.

ÉRIC *(Entra vestido de explorador.)* Fuera, cobardes, la aventura ha comenzado.

MARIELA ¿Quién crees que eres? ¿México Jones?

ÉRIC No. Soy Cocodrilo Éric, el fotógrafo más valiente de la selva. Listo para enfrentar el peligro.

FABIOLA ¿Qué peligro? Vamos a hacer un reportaje sobre ecoturismo… ¡Ecoturismo!

ÉRIC ¿Alguien me puede ayudar a cerrar la maleta?

JOHNNY ¿Qué rayos hay acá dentro?

AGUAYO Es necesario que dejes algunas cosas.

ÉRIC Imposible. Todo lo que llevo es de primerísima necesidad.

JOHNNY ¿Cómo? ¿Esto?

Johnny saca un látigo de la maleta.

Diana cierra la maleta con cinta adhesiva.

DIANA Listo… ¡Buen viaje!

AGUAYO Espero que disfruten y que traigan el mejor reportaje que puedan.

JOHNNY Y es importante que no traten de mostrarse ingeniosos, ni cultos; sólo sean ustedes mismos.

DIANA Y no olviden sus pasaportes.

ÉRIC Ahora que me acuerdo… ¡lo había puesto en la maleta!

Making comparisons

Soy el fotógrafo más valiente de la selva.
I am the bravest photographer in the jungle.

Van a tener el alojamiento más lujoso de la selva.
You're going to have the finest accommodations in the jungle.

Es el hotel menos costoso de la región.
It's the least expensive hotel in the region.

Ir en autobús es menos caro que ir en taxi.
Taking a bus is less expensive than a taxi.

El hotel es tan caro como el boleto.
The hotel is as expensive as the ticket.

Using negative, affirmative, and indefinite expressions

¿Alguien me puede ayudar?
Can somebody help me?

No hay nadie que te pueda ayudar.
There is no one who can help you.

Hay que dejar algunas cosas.
Some things must be left behind.

No hay nada que pueda dejar.
There is nothing I can leave behind.

Additional vocabulary

arriesgado/a *risky*
de mentiras *pretend*
enfrentar *to confront*
lujoso/a *luxurious*
protegido/a *protected*
la puerta de embarque *(airline) gate*
¿Qué rayos…? *What on earth…?*
la raya *stripe*

recursos

pp. 39–40 vhlcentral

Comprensión

1 **Comprensión** Contesta las preguntas con oraciones completas.

1. ¿Adónde van Éric y Fabiola?
2. ¿Por qué a Fabiola no le gusta la foto del pasaporte?
3. ¿A qué hora los recoge el autobús del hotel?
4. ¿Por qué van de viaje?
5. ¿Será realmente un viaje arriesgado?
6. ¿Por qué Éric tiene que dejar algunas cosas?

2 **Preguntas y respuestas** Une las preguntas de la **Fotonovela** con las respuestas apropiadas. Luego, identifica quién dice cada oración.

AGUAYO **DIANA** **ÉRIC** **FABIOLA** **JOHNNY** **MARIELA**

____ 1. ¿Me dejas ver tu pasaporte?

____ 2. Y ese último número, ¿para qué es?

____ 3. ¿Quién crees que eres? ¿México Jones?

____ 4. ¿Por qué debo dejarlo? Es un machete de mentiras.

____ 5. ¿Alguien me puede ayudar a cerrar la maleta?

a. Es lo que van a tener que pagar por llegar en taxi.

b. Es necesario que dejes algunas cosas.

c. No me gusta como estoy en la foto.

d. No, soy el fotógrafo más valiente de la selva.

e. Sí, pero te puede traer problemas reales.

3 **Consejos**

A. Diana y Aguayo les dan varios consejos a Fabiola y Éric antes de su viaje a la selva. Utiliza el subjuntivo o el infinitivo para completar las sugerencias que les dan.

1. Es necesario que _____ esto.
2. El último número que deben _____ es cuarenta y ocho dólares con cincuenta centavos.
3. Es lo que van a tener que _____ por llegar en taxi.
4. Creo que debes _____ tu machete.
5. Es necesario que _____ algunas cosas.
6. Espero que _____ y que _____ el mejor reportaje que puedan.

B. ¿Qué sugerencias les darían ustedes? En parejas, escriban una lista de seis o siete consejos, órdenes y sugerencias para que disfruten de sus vacaciones y eviten problemas.

MODELO Creo que deben probar la comida típica de Venezuela.

Espero que no hagan nada arriesgado y que tengan cuidado con los animales de la selva.

Practice more at vhlcentral.com.

Ampliación

4

¿Te gusta hacer ecoturismo? En parejas, háganse las preguntas. Luego, recomienden un viaje ideal para su compañero/a según los resultados.

Sí	Más o menos	No		Clave		
☐	☐	☐	1. ¿Te gusta ir de campamento?	**Sí** = 2 puntos		
☐	☐	☐	2. ¿Sabes hacer fuego?	**Más o menos** = 1 punto		
☐	☐	☐	3. ¿Sabes cocinar?	**No** = 0 puntos		
☐	☐	☐	4. ¿Te gusta ver animales salvajes?	**Resultados**		
☐	☐	☐	5. ¿Te gusta caminar mucho?	0 a 4 No intentes hacer ecoturismo.		
☐	☐	☐	6. ¿Puedes estar una semana sin bañarte?	5 a 8 Puedes hacer ecoturismo.		
				9 a 12 ¿A qué esperas para hacer ecoturismo?		

5

Apuntes culturales En parejas, lean los párrafos y contesten las preguntas.

El felino más temido

Johnny juega a ser un puma dispuesto a atacar a Éric. El puma habita en todo el continente americano, especialmente en montañas y bosques. Es el segundo felino más grande del continente americano, después del jaguar. Por su fortaleza y agilidad, los incas lo consideraron el símbolo supremo de poder. ¿Podrá Éric contra la astucia (*shrewdness*) de este felino?

Ecoturismo en Centroamérica

Fabiola y Éric van a realizar un reportaje sobre ecoturismo. En Centroamérica, el ecoturismo constituye no sólo una fuente importante de trabajo, sino también una forma de obtener recursos económicos para la administración de las áreas protegidas. Actualmente existen más de 550 áreas protegidas en la región, lo que representa aproximadamente un 25% del territorio.

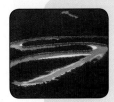

Una fábrica de oxígeno

La selva amazónica es la reserva ecológica generadora de oxígeno más grande del planeta. Comprende, entre otros países, Brasil, Colombia, Venezuela y Perú. Desafortunadamente, la deforestación de esta zona está reduciendo su área aceleradamente. ¿Podrán los personajes de *Facetas* fomentar en su reportaje la lucha contra la deforestación?

1. ¿Qué animales fueron considerados sagrados en el pasado? ¿y en la actualidad?

2. ¿Hay áreas protegidas en la región donde vives? ¿Cuál es su importancia para los habitantes de la zona? ¿Contienen especies protegidas?

3. ¿Conoces otros lugares donde se hace ecoturismo? ¿Cuáles son?

4. ¿Qué significa la expresión "una fábrica de oxígeno"? ¿Qué otras "fábricas de oxígeno" hay en el mundo? ¿Por qué es importante preservarlas?

En detalle

CENTROAMÉRICA

Additional Reading

LA RUTA DEL CAFÉ

Los turistas que llegan a Finca° Esperanza Verde, un "ecoalbergue" ubicado a 1.200 metros (4.000 pies) de altura en la selva tropical nicaragüense, descubren un paraíso natural con bosques, montañas exuberantes y aves tropicales. En este paraíso, los turistas pueden visitar un cafetal° y conocer los aspectos humanos y ecológicos que se conjugan° para que podamos disfrutar de algo tan simple como una taza de café.

El café, ese compañero de las mañanas, es el protagonista de la vida social, cultural y económica de Centroamérica. Para el visitante, esto salta a la vista apenas llega a estas tierras: el paisaje está cubierto de cafetales. Hoy día, dos de las terceras partes del café de todo el mundo son de origen americano.

Esta bebida tan popular llegó a América en el siglo XVIII. Pocos años después, su cultivo° se había extendido por México y Centroamérica. Los altibajos° en los precios del café han llevado a los productores centroamericanos a diversificar sus actividades: han iniciado el cultivo de café orgánico, han creado cooperativas de comercio justo° que buscan alcanzar° precios más equitativos° para productores y consumidores, y han promovido el ecoturismo.

El país pionero fue Costa Rica, que organizó la primera ruta del café, pero ya todos los países centroamericanos han creado sus rutas. Un día por una ruta del café suele constar de° una visita a las plantaciones de café, donde no sólo se conoce el proceso de cultivo y producción, sino que también se pueden tomar unas tazas de café. Después, se organizan almuerzos con platos típicos y, para terminar la jornada°, se visitan rutas históricas y pueblos cercanos donde los turistas pueden disfrutar del folclore local y comprar artesanías°. ▪

La ruta del café en el siglo XVIII

Finca *Farm* **cafetal** *coffee plantation* **se conjugan** *are combined* **cultivo** *cultivation* **altibajos** *ups and downs*
justo *fair* **alcanzar** *to reach* **equitativos** *equitable* **constar de** *to consist of* **jornada** *day* **artesanías** *handicrafts*

Los viajes

el turismo sostenible	
el turismo sustentable	sustainable tourism

el billete (Esp.)	
el boleto (Amér. L.)	ticket

el boleto redondo (Méx.)	round-trip ticket

la autopista (Esp.)	turnpike; toll road
la autovía (Esp.)	highway
la carretera (Esp.)	road

la burra (Gua.)	
la guagua (Carib.)	bus

De América al mundo

El tomate Su nombre se deriva de *tomatl,* una palabra del idioma náhuatl. Entró en Europa por la región de Galicia, en el noroeste de España, y se extendió luego a Francia e Italia. Los españoles y los portugueses lo difundieron° por Oriente Medio, África, Estados Unidos y Canadá.

El maíz Es uno de los cereales de mayor producción mundial junto con el trigo y el arroz. A pesar de controversias acerca de su origen exacto, los investigadores coinciden en que los indígenas de Centroamérica y México lo difundieron por el continente, los conquistadores lo introdujeron a Europa y los comerciantes lo llevaron a Asia y África.

La papa o patata Estudios científicos ubican el origen de la papa en Perú. En la actualidad, la papa se consume por todo el mundo, pero Bielorrusia (Europa Oriental) es el mayor consumidor mundial con un promedio anual de 181 kilogramos (399 libras) por persona.

EL CANAL DE PANAMÁ

El Canal de Panamá, una de las obras arquitectónicas más extraordinarias del planeta, une° los océanos Atlántico y Pacífico a través del istmo° de Panamá. Es, a su vez, una ruta importantísima para la economía mundial, pues lo cruzan° más de 14.000 barcos por año, es decir, unos 266 barcos por semana. Esta obra monumental, construida por los Estados Unidos entre 1904 y 1914, consta de dos lagos artificiales, varios canales, tres estructuras de compuertas° y una represa°. El canal tiene en su recorrido varias esclusas°, cuya finalidad° es subir o bajar los barcos desde el nivel de uno de los océanos hasta el nivel del otro. Dependiendo del tránsito, la travesía° por este atajo° de 80 kilómetros (50 millas) puede demorar° hasta 10 horas. Panamá y Estados Unidos negociaron la entrega del canal a Panamá en 1977, que pasó a estar bajo control panameño el 31 de diciembre de 1999.

" Viajar es imprescindible y la sed de viaje, un síntoma neto de inteligencia. " (Enrique Jardiel Poncela, escritor español)

∞ **Conexión Internet**

¿Qué otras opciones de turismo hay en Centroamérica?

Investiga sobre este tema en **vhlcentral.com**.

une *links* istmo *isthmus* cruzan *cross* compuertas *floodgates* represa *dam* esclusas *locks* finalidad *purpose* travesía *crossing (by boat)* atajo *shortcut* demorar *last* difundieron *spread*

¿Qué aprendiste?

recursos

vText · CH
p. 70

1 ¿Cierto o falso?
Indica si estas afirmaciones son **ciertas** o **falsas**. Corrige las falsas.

1. Finca Esperanza Verde se encuentra en una zona montañosa de Costa Rica.

2. Los turistas que van a Finca Esperanza Verde pueden visitar un cafetal que se encuentra allí mismo.

3. La mitad del café mundial se produce en América.

4. El café es originario del continente americano.

5. El café llegó a América a través de México.

6. Los productores tuvieron que diversificar sus actividades debido a los precios bajos del café.

7. La finalidad de las cooperativas de comercio justo es ayudar a que los productores reciban un pago justo y los consumidores paguen precios razonables.

8. El primer país en crear una ruta del café fue Honduras.

9. Los turistas pueden visitar las plantaciones, pero no pueden presenciar el proceso de producción.

10. Los turistas que van a la ruta del café suelen visitar también las rutas históricas de la zona.

2 Oraciones incompletas
Completa las oraciones con la información correcta.

1. El Canal de Panamá está en manos panameñas _____.

2. El Canal de Panamá tiene _____ artificiales.

3. La finalidad de las esclusas es subir o bajar los barcos _____.

4. En el Caribe, *guagua* significa _____.

5. _____ difundieron el tomate por Oriente Medio.

3 Preguntas
En parejas, contesten las preguntas.

1. ¿Qué papel tiene el café en tu cultura? ¿Tiene la misma importancia que en la cultura centroamericana?

2. ¿Prefieres productos ecológicos y los productos que garantizan el comercio justo o compras productos comunes?

3. ¿Qué tipo de turismo sueles hacer? ¿Hiciste alguna vez ecoturismo?

4. ¿Qué alimentos provenientes de otros continentes forman parte de tu dieta?

4 Opiniones
En grupos de tres, hablen sobre estas preguntas: ¿Es bueno para los países recibir turismo? ¿Por qué? ¿Qué consecuencias tiene la llegada del turismo a ciertas zonas? ¿Qué beneficios tiene viajar?

PROYECTO

Un viaje por la ruta del café

Busca información sobre una excursión organizada por una ruta del café. Imagina que vas a la excursión y escribe una pequeña descripción de un día de visita, basándote en la información que has encontrado.

Incluye información sobre:
- los platos típicos que comiste
- los pueblos que visitaste
- lo que aprendiste sobre el café
- lo más interesante de tu visita
- lo que compraste para llevar a casa

Practice more at **vhlcentral.com**.

Video: *Flash cultura*

¡Viajar y gozar!

Ya has visto algunos de los maravillosos lugares que puedes visitar en Latinoamérica. En este episodio de **Flash cultura**, conocerás cómo debes preparar todo para que tu viaje por Costa Rica sea seguro y placentero.

VOCABULARIO ÚTIL

amable *kind*
brindar *to provide*
el cajero automático *ATM*
jubilado/a *retired*

la moneda local *local currency*
regatear *to bargain*
sacar dinero *to withdraw money*
la tarifa (fija) *(fixed) rate*

Preparación ¿Adónde te gusta ir de vacaciones? ¿Vas siempre al mismo lugar o prefieres explorar sitios nuevos? ¿Qué debe tener un país para que decidas visitarlo?

Comprensión Indica si estas afirmaciones son ciertas o falsas. Después, en parejas, corrijan las falsas.

1. Aunque en algunas ciudades los taxis tienen taxímetro, en otras debes preguntar el precio y regatear antes de subir.
2. La moneda local de Costa Rica se llama "sanjosé".
3. En este país sólo se puede pagar con dinero en efectivo porque no existen las tarjetas de crédito.
4. El corresponsal recomienda recorrer San José en bicicleta el primer día.
5. El mayor flujo de turismo es de jóvenes que buscan aventuras y de personas jubiladas que quieren descansar.
6. Lo que más interesa de Costa Rica son los volcanes, los parques nacionales y las playas.

Expansión En parejas, contesten estas preguntas.

- ¿Alguna vez regatearon algún precio? ¿Están dispuestos a hacerlo con un taxi en Costa Rica o prefieren aceptar el precio sin objeción?
- Cuando viajan, ¿compran una guía del lugar? ¿Saben leer mapas o se pierden fácilmente?
- ¿Les gustaría vivir en Costa Rica? ¿Por qué?

recursos

vhlcentral

Practice more at
vhlcentral.com.

Corresponsal: Alberto Cuadra
País: Costa Rica

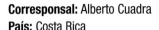

Los viajes requieren preparación; desde conseguir información de los sitios que vas a visitar y de las costumbres locales, hasta cómo conseguir las visas, los boletos y el cambio° de dinero.

Si vas a estar varios días en una sola ciudad, pasa el primer día caminando, así te darás cuenta de las distancias.

Es un país de mucha paz°, tenemos buenas playas, buenas montañas… y la gente muy amable, por eso muchos vienen a Costa Rica… Y la policía… también somos simpáticos.

cambio *exchange* **paz** *peace*

5.1 Comparatives and superlatives

 Tutorial

Comparisons of inequality

- With adjectives, adverbs, nouns, and verbs, use these constructions to make comparisons of inequality (*more than/less than*).

$$\text{más/menos} + \begin{bmatrix} \textbf{\textit{adjective}} \\ \textbf{\textit{adverb}} \\ \textbf{\textit{noun}} \end{bmatrix} + \text{que} \qquad \begin{bmatrix} \textbf{\textit{verb}} \end{bmatrix} + \text{más/menos que}$$

ADJECTIVE

Este hotel es **más elegante que** aquél.
This hotel is more elegant than that one.

ADVERB

¡Llegaste **más tarde que** yo!
You arrived later than I did!

NOUN

Juan tiene **menos tiempo que** Elena.
Juan has less time than Elena does.

VERB

Mi hermano **viaja menos que** yo.
My brother travels less than I do.

- When the focus of a comparison is a noun and the second term of the comparison is a verb or a clause, use these constructions to make comparisons of inequality.

$$\text{más/menos} + \begin{bmatrix} \textbf{\textit{noun}} \end{bmatrix} + \begin{matrix} \textbf{del/de la que} \\ \textbf{de los/las que} \end{matrix} + \begin{bmatrix} \textbf{\textit{verb or clause}} \end{bmatrix}$$

Había **más** asientos
de los que necesitábamos.
*There were more seats than
we needed.*

La ciudad tiene **menos** ruinas
de las que esperábamos.
*The city has fewer ruins than
we expected.*

Comparisons of equality

- Use these constructions to make comparisons of equality (*as... as*).

$$\text{tan} + \begin{bmatrix} \textbf{\textit{adjective}} \\ \textbf{\textit{adverb}} \end{bmatrix} + \text{como} \qquad \text{tanto/a(s)} + \begin{bmatrix} \textbf{\textit{singular noun}} \\ \textbf{\textit{plural noun}} \end{bmatrix} + \text{como}$$

$$\begin{bmatrix} \textbf{\textit{verb}} \end{bmatrix} + \text{tanto como}$$

ADJECTIVE

El vuelo de regreso no parece
tan largo como el de ida.
*The return flight doesn't seem
as long as the flight over.*

ADVERB

Se puede ir de Madrid a Sevilla **tan
rápido** en tren **como** en avión.
*You can get from Madrid to Seville
as quickly by train as by plane.*

NOUN

Cuando viajo a la ciudad, tengo
tantas maletas como tú.
*When I travel to the city, I have
as many suitcases as you do.*

VERB

Guillermo **disfrutó tanto como**
yo en las vacaciones.
*Guillermo enjoyed our vacation
as much as I did.*

¡ATENCIÓN!

Before a number (or equivalent expression), *more/less than* is expressed with **más/menos de**.

El pasaje cuesta más de trescientos dólares.
The ticket costs more than three hundred dollars.

¡ATENCIÓN!

Tan and **tanto** can also be used for emphasis, rather than to compare:

tan *so*
tanto *so much*
tantos/as *so many*

¡El viaje es tan largo!
The trip is so long!

¡Viajas tanto!
You travel so much!

¿Siempre traes tantas maletas?
Do you always bring so many suitcases?

Superlatives

- Use this construction to form superlatives (**superlativos**). The noun is preceded by a definite article, and **de** is the equivalent of *in, on* or *of*. Use **que** instead of **de** when the second part of the superlative construction is a verb or a clause.

el/la/los/las + [*noun*] + más/menos + [*adjective*] + de + [*noun*] / que + [*verb or clause*]

Ésta es **la playa más bonita de** todas.
This is the prettiest beach of them all.

Es **el hotel menos caro que** he visto.
It is the least expensive hotel I've seen.

- The noun may also be omitted from a superlative construction.

Me gustaría comer en **el** restaurante **más elegante** de la ciudad.
I would like to eat at the most elegant restaurant in the city.

Las Dos Palmas es **el más elegante de** la ciudad.
Las Dos Palmas is the most elegant one in the city.

Irregular comparatives and superlatives

Adjective	Comparative form	Superlative form
bueno/a *good*	**mejor** *better*	**el/la mejor** *best*
malo/a *bad*	**peor** *worse*	**el/la peor** *worst*
grande *big*	**mayor** *bigger*	**el/la mayor** *biggest*
pequeño/a *small*	**menor** *smaller*	**el/la menor** *smallest*
viejo/a *old*	**mayor** *older*	**el/la mayor** *oldest*
joven *young*	**menor** *younger*	**el/la menor** *youngest*

- When **grande** and **pequeño/a** refer to size and not age or quality, the regular comparative and superlative forms are used.

Ernesto es **mayor** que yo.
Ernesto is older than I am.

Ese edificio es **el más grande** de todos.
That building is the biggest one of all.

- When **mayor** and **menor** refer to age, they follow the noun they modify. When they refer to quality, they precede the noun.

María Fernanda es mi hermana **menor**.
María Fernanda is my younger sister.

Hubo un **menor** número de turistas.
There was a smaller number of tourists.

- The adverbs **bien** and **mal** also have irregular comparatives, **mejor** and **peor**.

Mi padre maneja muy **mal.**
¿Y el tuyo?
*My father is a bad driver.
How about yours?*

¡Mi padre maneja **peor** que los turistas!
My father drives worse than the tourists!

Tú puedes hacerlo **bien** por ti mismo.
You can do it well by yourself.

Ayúdame, que tú lo haces **mejor** que yo.
Help me; you do it better than I do.

¡ATENCIÓN!

Absolute superlatives
The suffix **-ísimo/a** is added to adjectives and adverbs to form the absolute superlative.

This form is the equivalent of *extremely* or *very* before an adjective or adverb in English.

malo → malísimo

mucha → muchísima

difícil → dificilísimo

fácil → facilísimo

Adjectives and adverbs with stems ending in **c, g,** or **z** change spelling to **qu, gu,** and **c** in the absolute superlative.

rico → riquísimo

larga → larguísima

feliz → felicísimo

Adjectives that end in **-n** or **-r** form the absolute superlative by adding **-císimo/a.**

joven → jovencísimo

recursos

v**Text**

CA
pp. 13, 76

CP
pp. 43–44

CH
pp. 71–72

vhlcentral

Práctica

1 **Demasiados gastos** Elena comparte sus inquietudes sobre el dinero con su tía Juana. Completa la conversación con las palabras de la lista.

carísimos	más	menor	muchísimos
como	mejor	menos	que

ELENA Tengo (1) _____ gastos y necesito ganar (2) _____ dinero.

JUANA ¿Por qué no tratas de gastar (3) _____ y estudiar un poco más? Tú sabes que la mayoría de los adolescentes no llevan una vida (4) _____ la tuya.

ELENA Bueno, el problema no está en mis gastos, sino en mi salario. Mi hermana (5) _____ trabaja menos horas (6) _____ yo, pero gana más.

JUANA Puede ser, pero recuerda que es (7) _____ asistir a una universidad buena que poder comprar unos zapatos (8) _____.

ELENA Puede ser.

2 **El peor viaje de su vida** Conecta las frases de la izquierda con las correspondientes de la derecha para formar oraciones lógicas.

____ 1. El sábado pasado Alberto y yo hicimos el peor

____ 2. Yo llegué al aeropuerto más temprano

____ 3. Pero él pasó por seguridad más rápido

____ 4. Luego anunciaron que el vuelo estaba retrasado más

____ 5. Por fin salimos, tan cansados

____ 6. De repente, hubo un olor

____ 7. Alberto gritaba tanto

____ 8. Al final pasamos las vacaciones en casa. Lo bueno es que tuvimos más visitas

a. como enojados.

b. como yo hasta que logramos aterrizar (*to land*).

c. de tres horas a causa de un problema mecánico.

d. malísimo. ¡El motor se había prendido fuego!

e. de las que esperábamos.

f. que Alberto y no lo podía encontrar.

g. que yo y por fin nos encontramos en la puerta de embarque.

h. viaje de nuestra vida.

3 **Oraciones** Mira la información del cuadro y escribe cinco oraciones con superlativos y cinco con comparativos. Sigue el modelo.

MODELO *Avatar* es más popular que *Transformers: El lado oscuro de la luna. Avatar* es la película más vista de los últimos años.

Harry Potter	libro	menor
Jessica Alba	actriz	famosa
Mark Zuckerberg	hombre de negocios	rico
El Nilo	río	largo
Disneyland	lugar	feliz

Practice more at vhlcentral.com.

Comunicación

4 **Un viaje inolvidable**

A. Habla con un(a) compañero/a sobre el viaje más inolvidable de tu vida. Puede ser un viaje buenísimo o un viaje malísimo, e incluso puede ser un viaje imaginario. Debes decir por lo menos siete u ocho oraciones usando comparativos y superlativos, y algunas de las palabras de la lista. Túrnense.

buenísimo/malísimo	más/menos que
como	mejor/peor que
de los mejores/peores	tan

B. Ahora describe el viaje de tu compañero/a al resto de la clase. La clase trata de adivinar qué viajes son verdaderos y cuáles son ficticios.

5 **Las vacaciones ideales** En grupos de cuatro, imaginen que son miembros de una familia que ganó un viaje de tres semanas a cualquier país del mundo. El único problema es que tienen que ponerse de acuerdo acerca de dónde ir.

A. Primero, cada uno/a debe decidir cuál es el país ideal para sus vacaciones y escribir una descripción breve con las razones para escogerlo. Utiliza comparativos y superlativos en tu descripción.

México

La República Dominicana

Costa Rica

Venezuela

B. Luego, túrnense para presentar sus opiniones y traten de convencer a los demás de que su país ideal es el mejor de todos. Deben usar comparativos y superlativos para comparar las atracciones de cada país. Compartan su decisión final con la clase.

MODELO Es obvio que Venezuela es el mejor país para nuestras vacaciones. Venezuela tiene la catarata más alta del mundo y unas playas tan bonitas como las de la República Dominicana. Además, ¡las arepas venezolanas son más ricas que las tortillas mexicanas! Venezuela tiene más atracciones de las que se pueden imaginar. Ya verán que no me equivoco.

Cocodrilo Éric no le tiene miedo a nada.

- The following chart shows negative, affirmative, and indefinite expressions.

algo *something; anything*	**nada** *nothing; not anything*
alguien *someone; somebody; anyone*	**nadie** *no one; nobody; not anyone*
alguno/a(s), algún *some; any*	**ninguno/a, ningún** *no; none; not any*
o... o *either... or*	**ni... ni** *neither... nor*
siempre *always*	**nunca, jamás** *never; not ever*
también *also; too*	**tampoco** *neither; not either*

- In Spanish, double negatives are perfectly acceptable.

¿Dejaste **algo** en la mesa?
Did you leave something on the table?

No, **no** dejé **nada**.
No, I didn't leave anything.

Siempre tuvimos ganas de viajar
a Costa Rica.
*We always wanted to travel
to Costa Rica.*

Hasta ahora, **no** tuvimos **ninguna**
oportunidad de ir.
*Until now, we had no chance
to go there.*

- Most negative statements use the pattern **no** + [*verb*] + [*negative word*]. When the negative word precedes the verb, **no** is omitted.

No lo extraño **nunca**.
I never miss him.

Nunca lo extraño.
I never miss him.

Su opinión **no** le importa a **nadie**.
His opinion doesn't matter to anyone.

A **nadie** le importa su opinión.
Nobody cares about his opinion.

- Once one negative word appears in an English clause, no other negative word may be used. In Spanish, however, once a negative word is used, all other elements must be expressed in the negative if possible.

No le digas **nada** a **nadie**.
Don't say anything to anyone.

Tampoco hables **nunca** de esto.
Don't ever talk about this either.

No quiero **ni** pasta **ni** pizza.
I don't want pasta or pizza.

Tampoco quiero **nada** para tomar.
I don't want anything to drink either.

- The personal **a** is used before negative and indefinite words that refer to people when they are the direct object of the verb.

Nadie me comprende. ¿Por qué será?
No one understands me. Why is that?

Porque tú no comprendes **a nadie**.
Because you don't understand anyone.

Algunos pasajeros prefieren no desembarcar en los puertos.
Some passengers prefer not to disembark at the ports.

Pues, no conozco **a ninguno** que se quede en el crucero.
Well, I don't know of anyone who stays on the cruise ship.

- Before a masculine, singular noun, **alguno** and **ninguno** are shortened to **algún** and **ningún**.

¿Ha sufrido **algún** daño en el choque?
Have you suffered any harm in the accident?

Me había puesto el cinturón de seguridad, por lo que no sufrí **ningún** daño.
I had fastened my seatbelt, and so I suffered no injuries.

- **Tampoco** means *neither* or *not either*. It is the opposite of **también**.

Mi novia no soporta los congestionamientos en el centro, ni yo **tampoco**.
My girlfriend can't stand the traffic jams downtown, and neither can I.

Por eso toma el metro, y yo **también**.
That's why she takes the subway, and so do I.

¿Esto también es de primerísima necesidad?

- The conjunction **o... o** (*either... or*) is used when there is a choice to be made between two options. **Ni... ni** (*neither... nor*) is used to negate both options.

Debo hablar **o** con el gerente **o** con la dueña.
I have to speak with either the manager or the owner.

El precio del pasaje **ni** ha subido **ni** ha bajado en los últimos días.
The price of the ticket has neither risen nor fallen in the past days.

- The conjunction **ni siquiera** (*not even*) is used to add emphasis.

Ni siquiera se despidieron antes de salir.
They didn't even say goodbye before they left.

La señora Guzmán no viaja nunca, **ni siquiera** para visitar a sus nietos.
Mrs. Guzmán never travels, not even to visit her grandchildren.

¡ATENCIÓN!

Cualquiera can be used to mean *any, anyone, whoever, whatever,* or *whichever*. When used before a singular noun (masculine or feminine) the **-a** is dropped.

Cualquiera haría lo mismo.
Anyone would do the same.

Llegarán en cualquier momento.
They will arrive at any moment.

¡ATENCIÓN!

In the conjunction **o... o**, the first **o** can be omitted.
Debo hablar (o) con el gerente o con la dueña.

In the conjunction **ni... ni**, the first **ni** can be omitted when it comes after the verb.
No me interesa (ni) la política ni la economía.

When the first **ni** goes before the verb, **no... ni** can be used instead of **ni... ni**.
El precio no/ni ha subido ni ha bajado.

recursos

v̂Text

CA
pp. 14, 77

CP
pp. 45–46

CH
pp. 73–74

S
vhlcentral

Práctica

1 **Comidas típicas** Marlene acaba de regresar de un viaje a Madrid y le fascinó la comida española. Completa su conversación con Frank usando las expresiones del recuadro.

alguna	ni... ni	o... o
nadie	ningún	tampoco
	nunca	

MARLENE Frank, ¿(1) _____ vez has probado las tapas españolas?

FRANK No, (2) _____ he probado la comida española.

MARLENE ¿De veras? ¿No has probado (3) _____ la tortilla de patata (4) _____ la paella?

FRANK No, no he comido (5) _____ plato español. (6) _____ conozco los ingredientes típicos de la cocina española.

MARLENE Entonces tenemos que salir a comer juntos. ¿Conoces el restaurante llamado Carmela?

FRANK No, no conozco (7) _____ restaurante con ese nombre.

MARLENE (8) _____ lo conoce. Es nuevo pero es muy bueno. A mí me viene bien que vayamos (9) _____ el lunes (10) _____ el jueves que viene.

FRANK El jueves también me viene bien.

2 **El viajero** Imagina que eres un(a) viajero/a un poco especial y estás hablando de lo que no te gusta hacer en los viajes. Cambia las oraciones de positivas a negativas usando las expresiones correspondientes. Sigue el modelo.

MODELO **Yo siempre como la comida del país.**
Nunca como la comida del país.

1. Cuando voy de viaje, siempre compro algunos regalos típicos.
2. A mí también me gusta visitar todos los lugares turísticos.
3. Yo siempre hablo el idioma del país con todo el mundo.
4. Normalmente, o alquilo un carro o alquilo una motocicleta.
5. Siempre intento visitar a algún conocido de mi familia.
6. Cuando visito un lugar nuevo, siempre hago algunos amigos.

3 **Argumentos** En parejas, escriban los argumentos que provocarían estas respuestas.

¡Yo jamás haría eso!

¡Yo nunca iría!

Nadie lo sabe.

Yo tampoco.

Ni puedo ni quiero verla.

Practice more at vhlcentral.com.

Comunicación

4

Opiniones En grupos de cuatro, hablen sobre estos enunciados. Cada miembro da su opinión y el resto responde diciendo si está de acuerdo o no. Usen expresiones negativas, afirmativas e indefinidas.

- Nadie tendría que necesitar pasaporte ni visa para entrar a un país extranjero.
- El turismo es siempre conveniente: los turistas favorecen la economía del país.
- Ningún vuelo tendría que retrasarse, incluso cuando hace mal tiempo.
- Está bien que las compañías aéreas cobren por todas las maletas que llevan los pasajeros.
- No hay ningún tipo de turismo mejor que el ecoturismo.
- Siempre es mejor irse de vacaciones a relajarse que a ver museos y monumentos.
- Los turistas siempre deben hablar la lengua del país que visitan.
- Nunca se puede decir: "jamás viviría en otro país", porque nunca se sabe.

5

Escena

A. En grupos de tres, escriban una conversación entre un(a) hijo/a adolescente y sus padres usando expresiones negativas, afirmativas e indefinidas.

> **MODELO**
>
> **HIJA** ¿Por qué siempre desconfían de mí?
> No soy ninguna mentirosa y mis amigos
> tampoco lo son.
> No tienen ninguna razón para preocuparse.
> **MAMÁ** Sí, hija, muy bien, pero recuerda que...
> **HIJA** Por última vez, ¿puedo ir... ?
> **PAPÁ** ...

B. Ahora representen ante la clase la conversación que escribieron.

- When an adjective clause describes an antecedent that is known to exist, use the indicative. When the antecedent is uncertain or unknown, use the subjunctive.

MAIN CLAUSE	CONNECTOR	SUBORDINATE CLAUSE
Busco un trabajo	**que**	pague bien.

ANTECEDENT CERTAIN → INDICATIVE

Necesito el libro que **tiene** información sobre las ruinas mayas.
I need the book that has information about Mayan ruins.

Buscamos los documentos que **describen** el itinerario del viaje.
We're looking for the documents that describe the itinerary for the trip.

Las personas que **van** a Costa Rica todos los años conocen bien la zona.
People who go to Costa Rica every year know the area well.

ANTECEDENT UNCERTAIN → SUBJUNCTIVE

Necesito un libro que **tenga** información sobre las ruinas mayas.
I need a book that has information about Mayan ruins.

Buscamos documentos que **describan** el itinerario del viaje.
We're looking for (any) documents that (may) describe the itinerary for the trip.

Las personas que **vayan** a Costa Rica podrán visitar el nuevo museo.
People going to Costa Rica will be able to visit the new museum.

- When the antecedent of an adjective clause is a negative pronoun (**nadie, ninguno/a**), the subjunctive is used in the subordinate clause.

¡No hay nadie que la pueda cerrar, Éric!

No hay nada que pueda dejar.

ANTECEDENT CERTAIN → INDICATIVE

Elena tiene tres parientes que **viven** en San Salvador.
Elena has three relatives who live in San Salvador.

Para su viaje, hay dos países que **requieren** una visa.
For your trip, there are two countries that require visas.

Hay muchos viajeros que **quieren** quedarse en el hotel.
There are many travelers who want to stay at the hotel.

ANTECEDENT UNCERTAIN → SUBJUNCTIVE

Elena no tiene **ningún** pariente que **viva** en La Palma.
Elena doesn't have any relatives who live in La Palma.

Para su viaje, no hay **ningún** país que **requiera** una visa.
For your trip, there are no countries that require a visa.

No hay **nadie** que **quiera** alojarse en el albergue.
There is nobody who wants to stay at the hostel.

- Do not use the personal **a** with direct objects that represent hypothetical persons.

<table>
<tr><td>ANTECEDENT UNCERTAIN → SUBJUNCTIVE</td><td>ANTECEDENT CERTAIN → INDICATIVE</td></tr>
</table>

Busco un guía que **hable** inglés.

I'm looking for a guide who speaks English.

Conozco **a** un guía que **habla** inglés.

I know a guide who speaks English.

- Use the personal **a** before **nadie, ninguno/a,** and **alguien**, even when their existence is uncertain.

<table>
<tr><td>ANTECEDENT UNCERTAIN → SUBJUNCTIVE</td><td>ANTECEDENT CERTAIN → INDICATIVE</td></tr>
</table>

No conozco **a nadie** que **se queje** tanto como mi abuela.

I don't know anyone who complains as much as my grandmother.

Yo conozco **a alguien** que **se queja** aún más... ¡la mía!

I know someone who complains even more... mine!

- The subjunctive is commonly used in questions with adjective clauses when the speaker is trying to find out information about which he or she is uncertain. If the person who responds knows the information, the indicative is used.

<table>
<tr><td>ANTECEDENT UNCERTAIN → SUBJUNCTIVE</td><td>ANTECEDENT CERTAIN → INDICATIVE</td></tr>
</table>

¿Me recomienda usted un hotel que **esté** cerca de la costa?

Can you recommend a hotel that is near the coast?

Sí, el hotel Flamingo **está** justo en la playa.

Yes, the Flamingo Hotel is right on the beach.

¿Tiene otra brújula que **sea** más fácil de usar?

Do you have another compass that is easier to use?

Vea ésta y, si no, tengo tres más que **son** muy fáciles de usar.

Look at this one, and if not, I have three others that are very easy to use.

Hotel Tucán

En el hotel Tucán su satisfacción es lo más importante. Si hay alguna cosa que podamos hacer para mejorar nuestros servicios, no dude en informarnos.

recursos

v̂Text

CA
pp. 15, 78

CP
pp. 47–48

CH
pp. 75–76

S
vhlcentral

Práctica

1 **Oraciones** Combina las frases de las dos columnas para formar oraciones lógicas. Recuerda que a veces vas a necesitar el subjuntivo y a veces no.

____ 1. Luis tiene un hermano que   a. sea alta e inteligente.

____ 2. Tengo dos primos que   b. sean respetuosos y estudiosos.

____ 3. No conozco a nadie que   c. canta cuando se ducha.

____ 4. Jorge busca una novia que   d. hablan español.

____ 5. Quiero tener hijos que   e. hable más de cinco lenguas.

2 **El agente de viajes** Carmen va a ir de vacaciones a Montelimar, en Nicaragua, y le escribe un correo electrónico a su agente de viajes explicándole cuáles son sus planes. Completa el correo electrónico con el subjuntivo o el indicativo.

De:	Carmen <carmen@micorreo.com>
Para:	Jorge <jorge@micorreo.com>
Asunto:	Viaje a Montelimar

Querido Jorge:

Estoy muy contenta porque el mes que viene voy a viajar a Montelimar para tomar unas vacaciones. He estado pensando en el viaje y quiero decirte qué me gustaría hacer. Quiero ir a un hotel que (1) _____ (ser) de cinco estrellas y que (2) _____ (tener) vista al mar. Me gustaría hacer una excursión que (3) _____ (durar) varios días y que me (4) _____ (permitir) ver el famoso lago Nicaragua. ¿Qué te parece?

Mi hermano me dice que hay un guía turístico que (5) _____ (conocer) algunos lugares exóticos y que me puede llevar a verlos. También dice que el guía es un hombre que (6) _____ (tener) el pelo muy rubio y (7) _____ (ser) muy alto. ¿Tú lo conoces? Creo que se llama Ernesto Montero.

Espero tu respuesta.
Carmen

3 **El ideal** En parejas, imaginen cómo es el/la compañero/a ideal en cada una de estas situaciones. Si ya conocen a una persona que tiene las características ideales, también pueden hablar de él/ella. Utilicen el subjuntivo o el indicativo de acuerdo a la situación.

MODELO   Lo ideal es hablar con alguien que escuche con mucha atención.

- alguien con quien hablar
- alguien con quien estudiar
- alguien con quien ver películas de amor o de aventura
- alguien con quien comprar ropa
- alguien con quien hacer ejercicio
- alguien con quien viajar por el desierto del Sahara

Practice more at vhlcentral.com.

4 Anuncios En parejas, imaginen que escriben anuncios para el diario *El País*. El jefe les ha dejado algunos mensajes indicándoles qué anuncios deben escribir. Escriban anuncios detallados sobre lo que se busca usando el indicativo o el subjuntivo. Después inventen dos anuncios originales para enseñárselos a la clase.

La familia Pérez busca a su perro Tomás, que se perdió en el parque. Aquí tienen una foto de él.

Miguel y Carlos Solís buscan un guía turístico para su viaje a los volcanes de Guatemala.

5 Síntesis La tormenta tropical Alberto azota (*is hitting*) las costas de Florida. Tú y un(a) compañero/a deben cubrir esta noticia para un programa de televisión. Uno/a de ustedes es el/la corresponsal y la otra persona es el/la conductor(a) del programa. Escriban una conversación sobre este desastre y sus consecuencias. Usen comparativos, superlativos, el subjuntivo en oraciones subordinadas adjetivas y expresiones negativas, afirmativas e indefinidas.

MODELO

CONDUCTOR(A) Cuéntanos, Juan Francisco, ¿cómo es la tormenta?

CORRESPONSAL ¡Nunca he visto una tormenta tan destructiva! ¡No hay casas que puedan soportar vientos tan fuertes!

CONDUCTOR(A) ¡Pero no es posible que el viento sea más fuerte que durante la tormenta Ximena en 1996!

CORRESPONSAL Les aseguro que esta tormenta es la peor...

Antes de ver el corto

EL ANILLO

país Puerto Rico
duración 8 minutos
directora Coraly Santaliz Pérez

protagonistas la prometida, Arnaldo (su novio), el vagabundo, el dueño del restaurante, el empleado del restaurante, la novia del empleado, la anfitriona, la senadora

Vocabulario

el anillo *ring*
el azar *chance*
botar *to throw out*
botarse *(P. Rico; Cuba) to outdo oneself*
la casualidad *chance; coincidence*
el diamante *diamond*

echar *to throw away*
enganchar *to get caught*
la manga *sleeve*
la sortija *ring*
el tapón *traffic jam*
tirar *to throw*

1 Definiciones Conecta cada oración con la palabra correspondiente.

____ 1. Forma parte de una camisa.

____ 2. Sucede cuando hay mucho tráfico o cuando hay un accidente.

____ 3. Es un sinónimo de *anillo*.

____ 4. Es un conjunto de acontecimientos que ocurren por casualidad.

____ 5. Puede pasar esto si andas en bicicleta con pantalones muy anchos (*wide*).

a. azar
b. enganchar
c. diamante
d. manga
e. tapón
f. sortija
g. tirar

2 Preguntas En parejas, contesten las preguntas.

1. ¿Alguna vez perdiste algo de mucho valor? ¿Lo encontraste?

2. ¿Encontraste algo valioso en alguna ocasión? ¿Qué hiciste?

3. ¿Sueles perder cosas cuando vas de viaje?

4. Imagina que encuentras un anillo de diamantes en la habitación del hotel donde te alojas. ¿Qué haces?

3 Un anillo En parejas, miren la fotografía del cortometraje e imaginen lo que va a ocurrir en la historia. Compartan sus ideas con la clase.

Practice more at
vhlcentral.com.

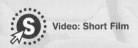

El Anillo

Premio al mejor guión en First Short Film Competition, patrocinado por The Film Foundation, Inc.

Producción Ejecutiva LUIS J. CRUZ ESPINETA "THE FILM FOUNDATION, INC."

Guión, Edición y Dirección CORALY SANTALIZ PÉREZ   Producción CORALY SANTALIZ PÉREZ / JAN G. SANTIAGO ECHANDI

Dirección de Fotografía CARLOS J. ZAYAS PLAZA   Música WALTER MORCIGLIO

Diseño de Sonido WALTER SANTALIZ   Actores GERARDO ORTIZ / ANNETTE SANTALIZ / JOSÉ JORGE MEDINA /

SASHA BETANCOURT / ANDRÉS SANTIAGO / VIVIANA FUSARO / ELIA ENID CADILLA

Escenas

ARGUMENTO Una prometida pierde su anillo de compromiso, que va pasando de persona a persona por azar.

INVITADA Nena, ¡qué bello ese anillo! Arnaldo se botó.
PROMETIDA Sí, lo sé. Permiso. Voy al baño.
(La prometida olvida el anillo que termina por azar en manos de un vagabundo.)

DUEÑO ¿Cuántas veces te tengo que botar? ¿Eh?
VAGABUNDO Quiero algo de comer. Además me encontré una sortija de diamantes. Deja que la veas. Pero si estaba aquí. Pero ¡te lo juro que estaba aquí!

(El vagabundo pierde el anillo. Lo encuentra el empleado del restaurante, que se lo lleva a su casa. Su novia cree que le está pidiendo matrimonio.)

NOVIA ¡No lo puedo creer, mi amor! ¡Te botaste! Sí, sí. ¡Me caso contigo! Tengo que llamar a mami.

EMPLEADO Yo no la compré. No, no. Yo estaba limpiando en el restaurante y me la encontré, ¿sabes? Esto nos resuelve porque vale, ¡vale pesos! La podemos vender.

NOVIA ¿Eso es todo lo que a ti te importa?
EMPLEADO Pero mi amor, no te pongas así, chica. ¿Qué tú estás haciendo? ¡No! ¿Qué tú haces?

(La senadora llega a una fiesta con el anillo enganchado en el bolso.)

ANFITRIONA ¡Senadora!
SENADORA Buenas noches.
ANFITRIONA ¡Al fin llegó!
SENADORA Es que había un tapón terrible.

Después de ver el corto

1 Comprensión Contesta las preguntas con oraciones completas.

1. ¿Quién compró el anillo y para quién?
2. ¿Cómo llega el anillo por primera vez a la calle?
3. ¿Adónde va el vagabundo cuando encuentra el anillo?
4. ¿Quién encuentra el anillo cuando lo pierde el vagabundo?
5. ¿Qué piensa la novia del empleado del restaurante al ver el anillo?
6. ¿Qué quiere hacer el empleado con el anillo?
7. ¿Qué hace la novia al ver que no era un anillo comprado para ella?
8. ¿Dónde cae el anillo esta vez?
9. ¿Adónde va la senadora?
10. ¿Dónde encuentra la prometida su anillo?

2 Ampliación Contesta las preguntas con oraciones completas.

1. En tu opinión, ¿cómo es la prometida? ¿Por qué?
2. ¿Por qué crees que el dueño del restaurante no deja entrar al vagabundo?
3. Imagina que la prometida vuelve a dejar el anillo en el cuarto de baño. ¿Qué sucede esta vez?
4. ¿Crees en las casualidades? ¿Por qué?

3 Me encontré un anillo En parejas, imagínense que uno de estos dos personajes se queda con (*keeps*) el anillo. Imaginen cómo cambia la vida del personaje durante los próximos seis meses. Luego compartan la historia con la clase.

VAGABUNDO

EMPLEADO DEL RESTAURANTE

4 Los viajes de los objetos Piensa en la vida de un objeto que tengas, desde el momento en que se creó hasta su futuro. Escribe un párrafo sobre el recorrido del objeto. Inventa cualquier dato que no sepas. Después presenta tu objeto y su viaje a la clase. Ten en cuenta estos puntos.

- partes del objeto
- origen de cada parte
- proceso de fabricación del objeto
- pasado del objeto antes de llegar a tus manos
- vida del objeto mientras estuvo contigo
- vida actual (*current*) del objeto
- futuros viajes y experiencias del objeto

Antes de leer

La luz es como el agua

Sobre el autor

Nacido en 1928 en Aracataca, Colombia, **Gabriel García Márquez** fue criado por sus abuelos entre mitos y leyendas que serán la base de su futura obra narrativa. Abandonó sus estudios de derecho para dedicarse al periodismo. Como corresponsal en Italia, viajó por toda Europa. Vivió en diferentes lugares y escribió guiones *(scripts)* de cine, cuentos y novelas. En 1967 publicó su novela más famosa, *Cien años de soledad,* y en 1982 recibió el Premio Nobel de Literatura. Tras su muerte en 2014, se le recuerda como uno de los narradores contemporáneos más influyentes de la literatura en español, y quizá como el más querido. De su libro *Doce cuentos peregrinos* (al que pertenece el cuento "La luz es como el agua"), dijo que lo escribió porque quería hablar "sobre las cosas extrañas que les suceden a los latinoamericanos en Europa".

Vocabulario

ahogado/a *drowned*	**el faro** *lighthouse; beacon*	**la popa** *stern*
la bahía *bay*	**flotar** *to float*	**la proa** *bow*
el bote *boat*	**el muelle** *pier*	**el remo** *oar*
la cascada *cascade; waterfall*	**la pesca** *fishing*	**el tiburón** *shark*

Palabras relacionadas Indica qué palabra no pertenece al grupo.

1. bote–remo–mueble–navegar
2. brújula–balcón–puerto–proa
3. pesca–buceo–tiburones–tigre
4. popa–edificio–cascada–bahía

Conexión personal Cuando eras niño/a, ¿te gustaba soñar con viajes a lugares imposibles? ¿Sigues soñando o imaginando viajes a lugares fantásticos o imposibles? ¿Alguna vez viviste en un país extranjero? ¿Qué cosas extrañabas?

Análisis literario: el realismo mágico

El realismo mágico es una síntesis entre el realismo y la literatura fantástica. Muchos escritores latinoamericanos, como Gabriel García Márquez y Carlos Fuentes, incorporaron elementos fantásticos al mundo cotidiano de los personajes, que aceptan la magia y la fantasía como normales. En el realismo mágico, lo real se torna mágico, lo maravilloso es parte de lo cotidiano y no se cuestiona la lógica de lo fantástico. Uno de los precursores del género, Alejo Carpentier, explicó que "En América Latina, lo maravilloso se encuentra en vuelta de cada esquina, en el desorden, en lo pintoresco de nuestras ciudades, ... en nuestra naturaleza y... también en nuestra historia". Presta atención a la representación de la realidad en el cuento.

Audio:
Dramatic Reading

Altamar, 2000
Graciela Rodo Boulanger, Bolivia

La luz es como el agua

Gabriel García Márquez

En Navidad los niños volvieron a pedir un bote de remos.

—De acuerdo —dijo el papá, lo compraremos cuando volvamos a Cartagena.

5 Totó, de nueve años, y Joel, de siete, estaban más decididos de lo que sus padres creían.

—No —dijeron a coro°—. Nos hace falta ahora y aquí.

in unison

—Para empezar —dijo la madre—, aquí no 10 hay más aguas navegables que la que sale de la ducha°.

shower

Tanto ella como el esposo tenían razón. En la casa de Cartagena de Indias había un patio con un muelle sobre la bahía, y un refugio para dos yates grandes. En cambio aquí en Madrid 15 vivían apretados° en el piso quinto del número 47 del Paseo de la Castellana. Pero al final ni él ni ella pudieron negarse, porque les habían prometido un bote de remos con su sextante y su brújula si se ganaban el laurel del tercer año 20 de primaria, y se lo habían ganado. Así que el papá compró todo sin decirle nada a su esposa, que era la más reacia° a pagar deudas de juego. Era un precioso bote de aluminio con un hilo dorado en la línea de flotación. 25

—El bote está en el garaje —reveló el papá

cramped

reluctant

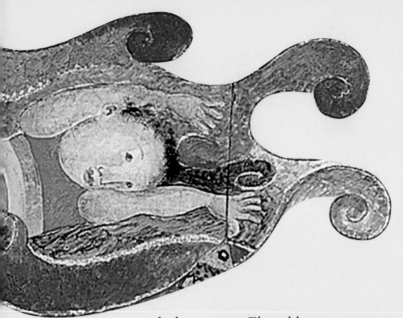

yo no tuve el valor de pensarlo dos veces.

—La luz es como el agua —le contesté—: uno abre el grifo°, y sale. *faucet*

De modo que siguieron navegando los miércoles en la noche, aprendiendo el 60 manejo del sextante y la brújula, hasta que los padres regresaban del cine y los encontraban dormidos como ángeles de tierra firme. Meses después, ansiosos de ir más lejos, pidieron un equipo de pesca submarina. Con todo: 65 máscaras, aletas, tanques y escopetas de aire comprimido.

—Está mal que tengan en el cuarto de servicio un bote de remos que no les sirve para nada —dijo el padre—. Pero está peor que quieran 70 tener además equipos de buceo.

—¿Y si nos ganamos la gardenia de oro del primer semestre? —dijo Joel.

—No —dijo la madre, asustada—. Ya no más.

El padre le reprochó su intransigencia. 75

—Es que estos niños no se ganan ni un clavo° *nail* por cumplir con su deber —dijo ella—, pero por un capricho° son capaces de ganarse hasta *whim* la silla del maestro.

Los padres no dijeron al fin ni que sí ni que no. 80 Pero Totó y Joel, que habían sido los últimos en los dos años anteriores, se ganaron en julio las dos gardenias de oro y el reconocimiento público del rector. Esa misma tarde, sin que hubieran vuelto a pedirlos, encontraron en 85 el dormitorio los equipos de buzos en su empaque original. De modo que el miércoles siguiente, mientras los padres veían *El último tango en París*, llenaron el apartamento hasta la altura de dos brazas, bucearon como 90 tiburones mansos° por debajo de los muebles *tame* y las camas, y rescataron del fondo° de la luz *bottom* las cosas que durante años se habían perdido en la oscuridad.

En la premiación° final los hermanos fueron 95 *awards cere* aclamados como ejemplo para la escuela, y les dieron diplomas de excelencia. Esta vez no

en el almuerzo—. El problema es que no hay cómo subirlo ni por el ascensor ni por la escalera, y en el garaje no hay más espacio 30 disponible.

Sin embargo, la tarde del sábado siguiente los niños invitaron a sus condiscípulos° para *schoolmates* subir el bote por las escaleras, y lograron llevarlo hasta el cuarto de servicio.

35 —Felicitaciones —les dijo el papá—, ¿ahora qué?

—Ahora nada —dijeron los niños—. Lo único que queríamos era tener el bote en el cuarto, y ya está.

40 La noche del miércoles, como todos los miércoles, los padres se fueron al cine. Los niños, dueños y señores de la casa, cerraron puertas y ventanas, y rompieron la bombilla° *light bulb* encendida de una lámpara de la sala. Un 45 chorro° de luz dorada° y fresca como el *spurt/golden* agua empezó a salir de la bombilla rota, y lo dejaron correr hasta que el nivel llegó a cuatro palmos. Entonces cortaron la corriente°, *current* sacaron el bote, y navegaron a placer° por *at their pleasure* 50 entre las islas de la casa.

Esta aventura fabulosa fue el resultado de una ligereza° mía cuando participaba en un *lightness* seminario sobre la poesía de los utensilios domésticos. Totó me preguntó cómo era que 55 la luz se encendía con sólo apretar un botón, y tuvieron que pedir nada, porque los padres les preguntaron qué querían. Ellos fueron tan razonables, que sólo quisieron una fiesta en casa para agasajar° a los compañeros de curso. El papá, a solas con su mujer, estaba radiante.

—Es una prueba de madurez —dijo.

—Dios te oiga —dijo la madre.

El miércoles siguiente, mientras los padres veían *La Batalla de Argel*, la gente que pasó por la Castellana vio una cascada de luz que caía de un viejo edificio escondido entre los árboles. Salía por los balcones, se derramaba a raudales° por la fachada°, y se encauzó° por la gran avenida en un torrente dorado que iluminó la ciudad hasta el Guadarrama.

Llamados de urgencia, los bomberos forzaron la puerta del quinto piso, y encontraron la casa rebosada° de luz hasta el techo. El sofá y los sillones forrados° en piel de leopardo flotaban en la sala a distintos niveles, entre las botellas del bar y el piano de cola y su mantón de Manila que aleteaba° a media agua como una mantarraya de oro. Los utensilios domésticos, en la plenitud de su poesía, volaban con sus propias alas° por el cielo de la cocina. Los instrumentos de la banda de guerra, que los niños usaban para bailar, flotaban al garete° entre los peces de colores liberados de la pecera de mamá, que eran los únicos que flotaban vivos y felices en la vasta ciénaga° iluminada. En el cuarto de baño flotaban los cepillos de dientes de todos, los preservativos de papá, los pomos° de cremas y la dentadura de repuesto de mamá, y el televisor de la alcoba° principal flotaba de costado°, todavía encendido en el último episodio de la película de media noche prohibida para niños.

Al final del corredor, flotando entre dos aguas, Totó estaba sentado en la popa del bote, aferrado° a los remos y con la máscara puesta, buscando el faro del puerto hasta donde le alcanzó el aire de los tanques, y Joel flotaba en la proa buscando todavía la altura de la estrella polar con el sextante, y flotaban por toda la casa sus treinta y siete compañeros de clase, eternizados en el instante de hacer pipí° en la maceta° de geranios, de cantar el himno de la escuela con la letra cambiada por versos de burla contra el rector, de beberse a escondidas un vaso de brandy de la botella de papá. Pues habían abierto tantas luces al mismo tiempo que la casa se había rebosado, y todo el cuarto año elemental de la escuela de San Julián el Hospitalario se había ahogado en el piso quinto del número 47 del Paseo de la Castellana. En Madrid de España, una ciudad remota de veranos ardientes y vientos helados, sin mar ni río, y cuyos aborígenes° de tierra firme nunca fueron maestros en la ciencia de navegar en la luz. ■

to entertain

poured out in abundance/ cade/channeled

overflowed

covered

fluttered

wings

adrift

marsh

jars

bedroom/sideways

clinging

to pee/flowerpot

natives

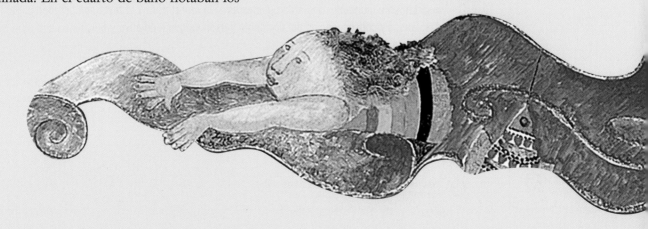

Después de leer

La luz es como el agua
Gabriel García Márquez

1 **Comprensión** Indica si las oraciones son **ciertas** o **falsas**. Corrige las falsas.

1. La acción transcurre en Cartagena.
2. Totó y Joel dicen que quieren el bote para pasear con sus compañeros en el río.
3. Los padres van todos los miércoles por la noche al cine.
4. Los niños inundan la casa con agua de la ducha.
5. Cuando llegaron los bomberos todo flotaba por el aire.
6. El que le sugiere a Totó la idea de que la luz es como el agua es su papá.

2 **Análisis** En parejas, relean la definición de realismo mágico y luego respondan a las preguntas.

1. Los niños navegan "entre las islas de la casa". ¿Qué son las islas del apartamento?
2. ¿Qué significa la frase "rescataron del fondo de la luz las cosas que durante años se habían perdido en la oscuridad"? En la realidad, ¿les parece que la luz tiene fondo? En este relato, ¿cuál es el fondo de la luz?
3. Repasa el significado de *comparación* (**Lección 4**). ¿Se usan comparaciones en este relato? Escríbanlas y expliquen cómo proporcionan mayor expresividad.

3 **Interpretación** Responde a las preguntas con oraciones completas.

1. ¿Por qué te parece que, teniendo una gran casa en Cartagena, viven en Madrid en un pequeño apartamento? ¿Cuáles crees que podrían ser las causas?
2. El narrador señala que toda la aventura de los niños es consecuencia de una "ligereza" suya, porque "no tuvo el valor de pensarlo dos veces". ¿Por qué te parece que dice eso? ¿Qué opinas tú de su respuesta? ¿Crees que él es culpable de lo que ocurre después?
3. Los niños aprovechan que sus padres no están para inundar el apartamento y guardan el secreto; sólo se lo cuentan a sus compañeros. ¿Por qué hacen eso? ¿Puedes establecer algún paralelo entre ir al cine y navegar con la luz?

4 **Entrevista** En grupos de cuatro, preparen una entrevista con el primer bombero que entró en el apartamento inundado. Uno/a de ustedes es el/la reportero/a y el resto son bomberos. Hablen sobre las causas y consecuencias del accidente y usen lenguaje objetivo y preciso. Luego representen la entrevista frente a la clase.

5 **Bitácoras de viaje** Utilizando el realismo mágico, describe un día de un viaje especial. Describe adónde fuiste, qué hiciste, con quién fuiste y por qué fue especial. Describe elementos maravillosos de tu viaje y presenta detalles mágicos como si fueran normales.

recursos

v̂ Text

vhlcentral

Practice more at
vhlcentral.com.

Antes de leer

Vocabulario

el apogeo *peak*	**el mito** *myth*
el artefacto *artifact*	**la pared** *wall*
el campo *ball field*	**la piedra** *stone*
el/la dios(a) *god/goddess*	**la pirámide** *pyramid*
el juego de pelota *ball game*	**la ruta maya** *the Mayan Trail*
la leyenda *legend*	

Tikal Completa las oraciones con las palabras apropiadas.

1. Tikal, antiguamente una gran ciudad, es ahora una impresionante colección de ruinas que se encuentra en la _____ de Guatemala.

2. Hay seis _____ en el centro de la ciudad. Son los edificios más grandes de Tikal.

3. En la misma zona hay varios _____ donde se jugaba al _____.

4. Durante sus excavaciones, los arqueólogos han encontrado _____ fascinantes y también esculturas y monumentos de _____.

Conexión personal ¿Cuál es la ruta más interesante que has recorrido? ¿Fue un viaje organizado o lo planeaste con tu familia?

Contexto cultural

Campo de pelota en Chichén Itzá

En la cultura maya, el deporte era a veces cuestión de vida y muerte. El juego de pelota se jugó durante más de 3.000 años en un campo entre muros (*stone walls*) con una pelota dura y muy pesada: podía llegar a pesar hasta nueve libras, aproximadamente. Este juego se celebraba en la vida cotidiana, pero a veces se jugaba como parte de una ceremonia. Entonces era un juego muy violento que acababa a veces en un sacrificio ritual; posiblemente la decapitación (*beheading*) de algunos jugadores.

Cuenta la leyenda que los hermanos gemelos Ixbalanqué y Hunahpú eran tan aficionados al juego que enojaron a los dioses de la muerte, los señores de Xibalbá, con el ruido (*noise*) que hacían con las pelotas. Los señores de Xibalbá controlaban un mundo subterráneo, al que se llegaba por una cueva (*cave*). Todo individuo que entraba en Xibalbá pasaba por una serie de pruebas terribles como cruzar un río de escorpiones, entrar en una casa llena de cuchillos en movimiento y participar en un juego mortal de pelota.

Los gemelos usaron su habilidad atlética, su inteligencia y la magia para vencer a los dioses y transformarse en el sol y la luna. Por eso, entre los mayas el juego era una competencia entre fuerzas opuestas como el bien y el mal o la luz y la oscuridad.

APOGEO MAYA

Chichén Itzá
967–987 d.C.

Uxmal
600–900 d.C.

Tikal
250–800 d.C.

Copán
300–900 d.C.

La ruta maya

Los mayas, investigadores de ciencias y matemáticas y destacados°   *renowned*
arquitectos de espacios monumentales, han dejado evidencia de
un mundo ilustre e intelectual que todavía brilla hoy día. En su
momento de mayor extensión, el territorio maya incluía partes
5 de lo que ahora es México, Guatemala, Belice, El Salvador y
Honduras. Una imaginaria ruta maya une estos lugares dispersos,
atravesando° siglos y países, y revela restos de una gran civilización.   *crossing*
La ruta pasa por selva y ciudad, por vegetación exuberante y por

ruinas que resisten y también muestran el
10 paso del tiempo. El viajero puede elegir entre
múltiples lugares y numerosos caminos. Sin
embargo, hay un itinerario particular que
conecta la arquitectura, la cultura y el deporte
a través del tiempo y el espacio: la ruta de los
Due to 15 campos de pelota. Debido al° enorme valor
cultural del juego, se construyeron canchas
en casi todas las poblaciones importantes,
incluyendo las espléndidas construcciones
de Copán y Chichén Itzá. La ruta, que pasa
20 por algunos de los 700 campos de pelota,
unearths desentierra° maravillas arqueológicas.

En la densa selva en el oeste de Honduras,
springs forth cerca de la frontera con Guatemala, surge°
Copán, donde gobernaron varias dinastías
lies 25 de reyes. Entre las ruinas permanece° un
elegantísimo campo de pelota, una cancha
dressing rooms que tenía hasta vestuarios° para los jugadores.
Grandes paredes, adornadas de esculturas
parrots/surround de loros°, rodean° el campo más artístico de
30 Mesoamérica. En Copán vivía una élite de
sculpted artesanos y nobles que esculpían° y escribían
en piedra. Por eso, se concentran en Copán
sculptures/steles la mayor cantidad de esculturas° y estelas°
stone tablets —monumentos de figuras y lápidas° con

Mesoamérica

La región de Mesoamérica empieza en el centro de
México y llega hasta la frontera entre Nicaragua y
Costa Rica. Aquí vivían sociedades agrarias que se
destacaron por sus avances en la arquitectura, el arte y
la tecnología en los 3.000 años anteriores a la llegada
de Cristóbal Colón al continente americano. Entre
las culturas de Mesoamérica se incluyen la maya, la
azteca, la olmeca y la tolteca. Los mayas tomaron
la escritura y el calendario mesoamericanos y los
desarrollaron hasta su mayor grado de sofisticación.

35 jeroglíficos— de la ruta maya. En las famosas
stairways escalinatas° de la ciudad se pueden examinar
jeroglíficos que contienen todo un árbol
genealógico y que cuentan la historia de los
reyes de Copán. Estas inscripciones forman el
40 texto maya más largo que se preserva hoy día.

Campo de pelota en Copán

El más impresionante de los campos
de pelota se encuentra en Chichén Itzá
en Yucatán, México. En su período de
esplendor, Chichén Itzá era el centro de
poder de Mesoamérica. Actualmente es uno 45
de los sitios arqueológicos más importantes
del mundo. La gran pirámide, conocida con
el nombre *El Castillo*, era un rascacielos° *skyscraper*
en su época. Con escaleras que suben a la
cumbre° por los cuatro lados, El Castillo 50 *peak*
sirvió de templo del dios Kukulcán. Hay
varias canchas de pelota en Chichén Itzá,
pero la más grandiosa y espectacular se llama
el Gran Juego de Pelota. A pesar de medir° *measuring*
166 por 68 metros (181 por 74 yardas), la 55
acústica es tan magnífica que sirve de modelo
para teatros: un susurro° se puede oír de un *whisper*
extremo al otro. Mientras competían, los
jugadores sentían la presión de las esculturas
que adornaban las paredes, las cuales 60
muestran a unos jugadores decapitando a
otros. El peligro era un recordatorio° de que *reminder*
el juego era también una ceremonia solemne
y el campo, un templo.

Esta ruta maya continúa por campos 65
como el de Uxmal en Yucatán, México,
donde se pueden apreciar grandes logros° *achievements*
arquitectónicos. En todos ellos, se oyen las
voces lejanas de la civilización maya, ecos que
nos hacen viajar por el tiempo y despiertan 70
la imaginación. ∎

Después de leer

La ruta maya

1 **Comprensión** Decide si las oraciones son **ciertas** o **falsas**. Corrige las falsas.

1. En su momento de mayor extensión, el territorio maya empezaba en lo que hoy se llama México y terminaba en lo que hoy se llama Guatemala.
2. Los mayas construyeron muy pocas canchas de pelota.
3. En Copán vivía una élite de artesanos y nobles que escribían en piedra.
4. Los jeroglíficos de Copán cuentan la leyenda de los gemelos Ixbalanqué y Hunahpú.
5. Chichén Itzá fue el centro de poder de Mesoamérica.
6. El Castillo es la cancha de pelota más grande.

2 **Preguntas** Contesta las preguntas con oraciones completas.

1. ¿Qué significado tenía el juego de pelota en la cultura maya?
2. ¿Cuáles eran algunos de los peligros del juego?
3. ¿Qué tienen de extraordinario las ruinas de Copán?
4. ¿Qué detalles indican que Chichén Itzá había sido una ciudad importantísima?
5. ¿Cuál es un ejemplo de la importancia de los dioses para los mayas?

3 **Itinerarios** En grupos, preparen el itinerario para un recorrido por una de estas rutas. Luego compartan el itinerario con el resto de la clase.

- la ruta de los campos de béisbol
- Norteamérica de punta a punta
- las mansiones de los famosos en Hollywood

4 **Jeroglíficos**

A. En parejas, inventen un mensaje jeroglífico. Pueden usar letras, números, dibujos, figuras geométricas, etc. Después, intercambien el mensaje con otra pareja para descifrarlo. Pueden dar pistas si es necesario.

MODELO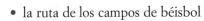
(Mar y Pepe: Recién casados)

B. Presenten los mensajes descifrados a la clase. ¿Qué pareja usó el sistema de escritura más original?

 Practice more at vhlcentral.com.

Atando cabos

¡A conversar!

 Viajeros interesantes Trabajen en grupos de cuatro. Imaginen adónde viajaron y qué hicieron allí estas personas.

a   b   c   d

A. Primero, hablen acerca del viaje de cada grupo de personas: ¿adónde fueron? ¿qué cosas empacaron? ¿qué hicieron? ¿por qué eligieron ese lugar? ¿cómo son ellos? ¿lo pasaron bien?

B. Luego, comparen los viajes usando comparativos y expresiones negativas y positivas. Escriban por lo menos tres oraciones.

C. Por último, compartan sus comparaciones con la clase y escuchen las comparaciones de sus compañeros/as. Entre todos, realicen algunas comparaciones sobre todas las parejas usando comparativos y superlativos.

¡A escribir!

Consejos de viaje Sigue el **Plan de redacción** para escribir unos consejos de viaje. Imagina que trabajas en una agencia de viajes y tienes que organizar una excursión para unos/as amigos/as tuyos/as que van a visitar una ciudad o un país que tú conoces bastante bien. Haz una lista de los lugares y cosas que les recomiendas que hagan. Ten en cuenta la personalidad de tus amigos/as y elige bien qué sitios crees que les van a gustar más.

Plan de redacción

Contenido: Recuerda que tienes que tener en cuenta el clima del lugar, la ropa que deben llevar, el hotel donde pueden alojarse y los espectáculos culturales a los que pueden asistir. También es importante que les recomiendes algún restaurante o alguna comida típica del lugar. No olvides utilizar oraciones con subjuntivo en todas tus recomendaciones. Puedes usar estas expresiones:

- Es importante que...
- Les recomiendo que...
- Busquen un hotel que…
- Es probable que…
- Es mejor que…
- Visiten lugares que…

Conclusión: Termina la lista de consejos deseándoles a tus amigos/as un buen viaje.

 My Vocabulary

De viaje

la bienvenida	welcome
la despedida	farewell
el destino	destination
el itinerario	itinerary
la llegada	arrival
el pasaje (de ida y vuelta)	(round-trip) ticket
el pasaporte	passport
la tarjeta de embarque	boarding card
la temporada alta/baja	high/low season
el/la viajero/a	traveler
hacer las maletas	to pack
hacer transbordo	to change (planes/trains)
hacer un viaje	to take a trip
ir(se) de vacaciones	to take a vacation
perder (e:ie) (el vuelo)	to miss (the flight)
regresar	to return
a bordo	on board
retrasado/a	delayed
vencido/a	expired
vigente	valid

El alojamiento

el albergue	hostel
el alojamiento	lodging
la habitación individual/doble	single/double room
la recepción	front desk
el servicio de habitación	room service
alojarse	to stay
cancelar	to cancel
estar lleno/a	to be full
quedarse	to stay
reservar	to reserve
de (buena) categoría	high quality
incluido/a	included
recomendable	recommendable; advisable

La seguridad y los accidentes

el accidente (automovilístico)	(car) accident
el/la agente de aduanas	customs agent
el aviso	notice; warning
el cinturón de seguridad	seatbelt
el congestionamiento	traffic jam
las medidas de seguridad	security measures
la seguridad	safety; security
el seguro	insurance
aterrizar	to land
despegar	to take off
ponerse/quitarse el cinturón	to fasten/to unfasten the seatbelt
reducir (la velocidad)	to reduce (speed)
peligroso/a	dangerous
prohibido/a	prohibited

Las excursiones

la aventura	adventure
el/la aventurero/a	adventurer
la brújula	compass
el buceo	scuba diving
el campamento	campground
el crucero	cruise (ship)
el (eco)turismo	(eco)tourism
la excursión	excursion; tour
la frontera	border
el/la guía turístico/a	tour guide
la isla	island
las olas	waves
el puerto	port
las ruinas	ruins
la selva	jungle
el/la turista	tourist
navegar	to sail
recorrer	to visit; to go around
lejano/a	distant
turístico/a	tourist (adj.)

Más vocabulario

Expresiones útiles	Ver p. 169
Estructura	Ver pp. 176–177, 180–181 y 184–185

Cinemateca

el anillo	ring
el azar	chance
la casualidad	chance; coincidence
el diamante	diamond
la manga	sleeve
la sortija	ring
el tapón	traffic jam
botar	to throw… out
botarse	to outdo oneself
echar	to throw away
enganchar	to get caught
tirar	to throw

Literatura

la bahía	bay
el bote	boat
la cascada	cascade; waterfall
el faro	lighthouse; beacon
el muelle	pier
la pesca	fishing
la popa	stern
la proa	bow
el remo	oar
el tiburón	shark
flotar	to float
ahogado/a	drowned

Cultura

el apogeo	height; highest level
el artefacto	artifact
el campo	ball field
el/la dios(a)	god/goddess
el juego de pelota	ball game
la leyenda	legend
el mito	myth
la pared	wall
la piedra	stone
la pirámide	pyramid
la ruta maya	the Mayan Trail

La naturaleza

6

Contextos
páginas 204–207
- La naturaleza
- Los animales
- Los fenómenos naturales
- El medio ambiente

Fotonovela
páginas 208–211
- *Cuidando a Bambi*

Enfoques
El Caribe
páginas 212–215
- **En detalle:** Los bosques del mar
- **Perfil:** Parque Nacional Submarino La Caleta
- **Flash cultura:** Un bosque tropical

Estructura
páginas 216–227
- The future
- The subjunctive in adverbial clauses
- Prepositions: **a, hacia,** and **con**

Cinemateca
páginas 228–231
- **Cortometraje:** *El día menos pensado*

Lecturas
páginas 232–240
- **Literatura:** *El eclipse* de Augusto Monterroso
- **Cultura:** *La conservación de Vieques*

Atando cabos
página 241
- ¡A conversar!
- ¡A escribir!

Communicative Goals

VOICE BOARD

I will expand my ability to...
- describe and narrate in the future
- express purpose, condition, and intent
- describe relationships between things/people/ideas

🔊 ⓢ **My Vocabulary**

La naturaleza

La naturaleza

El Caribe presenta **costas** infinitas con palmeras **a orillas del mar**, aguas cristalinas y extensos **arrecifes** de coral con un **paisaje** submarino sin igual.

el árbol *tree*
el arrecife *reef*
el bosque (lluvioso) *(rain) forest*
el campo *countryside; field*
la cordillera *mountain range*

la costa *coast*
el desierto *desert*
el mar *sea*
la montaña *mountain*
el paisaje *landscape; scenery*
la tierra *land; earth*

húmedo/a *humid; damp*
seco/a *dry*

a orillas de *on the shore of*
al aire libre *outdoors*

Los animales

el ave (f.)/el pájaro *bird*
el cerdo *pig*
el conejo *rabbit*
el león *lion*
el mono *monkey*
la oveja *sheep*
el pez *fish*
la rana *frog*

la serpiente *snake*
el tigre *tiger*
la vaca *cow*

atrapar *to trap; to catch*
cazar *to hunt*
dar de comer *to feed*

extinguirse *to become extinct*
morder (o:ue) *to bite*

en peligro de extinción *endangered*
salvaje *wild*
venenoso/a *poisonous*

Los fenómenos naturales

el huracán *hurricane*
el incendio *fire*
la inundación *flood*
el relámpago *lightning*
la sequía *drought*
el terremoto *earthquake*
la tormenta (tropical) *(tropical) storm*
el trueno *thunder*

El **reciclaje** de botellas es muy importante para **proteger** el **medio ambiente** y no **malgastar** plástico.

el calentamiento global *global warming*
la capa de ozono *ozone layer*
el combustible *fuel*
la contaminación *pollution; contamination*

la deforestación *deforestation*
el desarrollo *development*
la erosión *erosion*
la fuente de energía *energy source*
el medio ambiente *environment*
los recursos naturales *natural resources*

agotar *to use up*
conservar *to conserve; to preserve*
contaminar *to pollute; to contaminate*
contribuir (a) *to contribute*
desaparecer *to disappear*
destruir *to destroy*
malgastar *to waste*
proteger *to protect*
reciclar *to recycle*

resolver (o:ue) *to solve*

dañino/a *harmful*
desechable *disposable*
renovable *renewable*
tóxico/a *toxic*

La naturaleza

Práctica

1 **Escuchar**

A. Escucha el informativo de la noche y después completa las oraciones con la opción correcta.

1. Hay ____.
   a. una inundación   b. un incendio
2. Las causas de lo que ha ocurrido ____.
   a. se conocen   b. se desconocen
3. En los últimos meses, ha habido ____.
   a. mucha sequía   b. muchas tormentas
4. Las autoridades temen que ____.
   a. los animales salvajes vayan a los pueblos
   b. el incendio se extienda
5. Los pueblos de los alrededores ____.
   a. están en peligro   b. están contaminados

B. Escucha la conversación entre Pilar y Juan. Después, contesta las preguntas con oraciones completas.

1. ¿Dónde hay un incendio?
2. Según lo que escuchó Pilar, ¿qué puede suceder?
3. ¿Qué animales tenían los abuelos de Juan?
4. ¿Dónde pasaba los veranos Pilar?
5. ¿Qué hacía Pilar con los peces que veía?
6. ¿Qué ha pasado con los peces que había antes en la costa?

C. En parejas, hablen de los cambios que han visto ustedes en la naturaleza a lo largo de los años. Hagan una lista y compártanla con la clase.

2 **Emparejar** Conecta las palabras de forma lógica.

____ 1. proteger   a. león
____ 2. tormenta   b. serpiente
____ 3. destrucción   c. incendio
____ 4. campo   d. conservar
____ 5. salvaje   e. trueno
____ 6. venenosa   f. aire libre

recursos

v Text

CA
p. 79

CP
pp. 51–52

CH
pp. 83–84

vhlcentral

Práctica

3 | Definiciones

A. Escribe la palabra adecuada para cada definición.

1. fenómeno natural en el que se ilumina el cielo cuando hay una tormenta: _____
2. reptil de cuerpo largo y estrecho (*narrow*) que muchas veces es venenoso: _____
3. período largo sin lluvias: _____
4. extensión de tierra donde no suele llover: _____
5. fenómeno natural que se produce cuando se mueve la tierra bruscamente (*abruptly*): _____
6. animal feroz considerado el rey de la selva: _____
7. contrario de "húmedo": _____
8. ruido producido en las nubes por una descarga eléctrica: _____
9. serie de montañas: _____
10. fuego grande que puede destruir casas y campos: _____

B. Ahora, escribe tres definiciones de otras palabras del vocabulario. Tu compañero/a tendrá que adivinar a qué palabra corresponde cada definición.

4 | ¿Qué es la biodiversidad? Completa el artículo de la revista *Naturaleza* con la palabra o expresión correspondiente.

animales	costas	paisaje
arrecifes de coral	mar	proteger
bosques	medio ambiente	recursos naturales
conservar	montañas	tierra

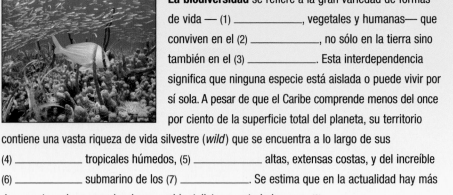

La biodiversidad se refiere a la gran variedad de formas de vida — (1) _____, vegetales y humanas— que conviven en el (2) _____, no sólo en la tierra sino también en el (3) _____. Esta interdependencia significa que ninguna especie está aislada o puede vivir por sí sola. A pesar de que el Caribe comprende menos del once por ciento de la superficie total del planeta, su territorio contiene una vasta riqueza de vida silvestre (*wild*) que se encuentra a lo largo de sus (4) _____ tropicales húmedos, (5) _____ altas, extensas costas, y del increíble (6) _____ submarino de los (7) _____. Se estima que en la actualidad hay más de sesenta y cinco organizaciones ambientalistas que trabajan para (8) _____ y (9) _____ los valiosos (10) _____ de las islas caribeñas.

Practice more at
vhlcentral.com.

Comunicación

5

Preguntas En parejas, túrnense para contestar las preguntas.

1. ¿A dónde prefieres ir de vacaciones, al campo, a la costa o a la montaña? ¿Por qué?

2. ¿Tienes un animal preferido? ¿Cuál es? ¿Por qué te gusta? ¿Qué animales no te gustan? ¿Por qué?

3. ¿Qué opinas de la práctica de cazar animales? ¿Es cruel? ¿Es necesario controlar la población para el bien de la especie?

4. ¿Hay alguna diferencia entre cazar un animal para comerlo y comprar carne?

5. ¿Hay huracanes, sequías o algún otro fenómeno natural donde vives? ¿Qué efectos o consecuencias tienen para el medio ambiente?

6. En tu opinión, ¿cuál es el problema más grave que afecta al medio ambiente? ¿Qué podemos hacer para mejorar la situación?

6

¿Qué es mejor? En parejas, hablen sobre las ventajas y las desventajas de las alternativas de la lista. Consideren el punto de vista práctico y el punto de vista ambiental. Utilicen el vocabulario de **Contextos**.

- usar servilletas de papel o de tela (*cloth*)
- tirar restos de comida a la basura o en el triturador del fregadero (*garbage disposal*)
- acampar en un parque nacional o alojarse en un hotel
- imprimir el papel de los dos lados o simplemente imprimir menos

7

Asociaciones En parejas, comparen sus personalidades con las cualidades de estos animales, elementos y fuerzas de la naturaleza. ¿Con cuáles te identificas? ¿Con cuáles crees que se identifica tu compañero/a? ¿Por qué? Comparen sus respuestas.

árbol	fuente de energía	mar	relámpago
bosque	huracán	montaña	serpiente
conejo	incendio	pájaro	terremoto
desierto	león	pez	trueno

 pájaro
Yo me identifico con los pájaros. Soy libre y soñador(a).

Aguayo se va de vacaciones, dejando su pez
al cuidado de los empleados de *Facetas*.

 Video: *Fotonovela*

PERSONAJES   AGUAYO   DIANA

MARIELA ¡Es una araña gigante!

FABIOLA No seas miedosa.

MARIELA ¿Qué haces allá arriba?

FABIOLA Estoy dejando espacio para que la atrapen.

DIANA Si la rocías con esto (*muestra el matamoscas en spray*), la matas bien muerta.

AGUAYO Pero esto es para matar moscas.

FABIOLA ¡Las arañas jamás se van a extinguir!

MARIELA Las que no se van a extinguir son las cucarachas. Sobreviven la nieve, los terremotos y hasta los huracanes, y ni la radiación les hace daño.

FABIOLA ¡Vaya! Y... ¿tú crees que sobrevivirían al café de Aguayo?

AGUAYO Mariela, ¿podrías hacer el favor de tomar mis mensajes? Voy a casa por mi pez. Diana se ofreció a cuidarlo durante mis vacaciones.

MARIELA ¡Cómo no, jefe!

AGUAYO Mañana por la tarde estaremos en el campamento.

FABIOLA ¿Cómo pueden llamarle "vacaciones" a eso de dormir en el suelo y comer comida enlatada?

AGUAYO Ésta es su comida. Sólo una vez al día. No le des más aunque ponga cara de perrito... Bueno, debo irme.

MARIELA ¿Cómo sabremos si pone cara de perrito?

AGUAYO En vez de hacer así (*hace gestos con la cara*)..., hace así.

JOHNNY Última llamada.

FABIOLA Nos quedaremos cuidando a Bambi.

ÉRIC Me encanta el pececito, pero me voy a almorzar. Buen provecho.

Los chicos se marchan.

DIANA ¡Ay! No sé ustedes, pero yo lo veo muy triste.

FABIOLA Claro. Su padre lo abandonó para irse a dormir con las hormigas.

MARIELA ¿Por qué no le damos de comer?

FABIOLA ¡Ya le he dado tres veces!

MARIELA Ya sé. Podríamos darle el postre.

ÉRIC

FABIOLA

JOHNNY

MARIELA

4

AGUAYO La idea es tener contacto con la naturaleza, Fabiola. Explorar y disfrutar de la mayor reserva natural del país.

MARIELA Debe ser emocionante.

AGUAYO Lo es. Sólo tengo una duda. ¿Qué debo hacer si veo un animal en peligro de extinción comerse una planta en peligro de extinción?

FABIOLA Tómale una foto.

5

AGUAYO Chicos, les presento a Bambi.

MARIELA ¿Qué? ¿No es Bambi un venadito?

AGUAYO ¿Lo es?

JOHNNY ¿No podrías ponerle un nombre más original?

FABIOLA Sí, como *Flipper*.

9

FABIOLA Miren lo que encontré en el escritorio de Johnny.

MARIELA ¡Galletitas de animales!

DIANA ¿Qué haces?

MARIELA Hay que encontrar la ballenita. Es un pez y está solo. Supongo que querrá compañía.

DIANA Pero no podemos darle galletas.

FABIOLA ¿Y qué vamos a hacer? Todavía se ve tan triste.

10

MARIELA ¡Ya sé! Tenemos que hacerlo sentir como si estuviera en su casa. (*Pegan una foto de la playa en la pecera.*) ¿Qué tal ésta con el mar?

DIANA ¡Perfecta! Se ve tan feliz.

FABIOLA Míralo.

Llegan los chicos.

ÉRIC ¡Bambi! Maldito pez. En una playa tropical con tres mujeres.

Expresiones útiles

Talking about the future

¡Las arañas jamás se van a extinguir!
Spiders will never become extinct!

¿Y qué vamos a hacer?
What are we going to do?

Mañana por la tarde estaremos en el campamento.
Tomorrow afternoon we will be in the campground.

Nos quedaremos cuidando a Bambi.
We will stay and look after Bambi.

¿Cómo sabremos si pone cara de perrito?
How will we know if he is making a puppy-dog face?

Expressing perceptions

Yo lo/la veo muy triste.
He/She looks very sad to me.

Se ve tan feliz.
He/She looks so happy.

Parece que está triste/contento/a.
It looks like he/she is sad/happy.

Al parecer, no le gustó.
It looks like he/she didn't like it.

¡Qué guapo/a te ves!
How attractive you look!

¡Qué elegante se ve usted!
How elegant you look!

Additional vocabulary

la araña *spider*
Buen provecho. *Enjoy your meal.*
la comida enlatada *canned food*
la cucaracha *cockroach*
la hormiga *ant*
matar *to kill*
miedoso/a *fearful*
la mosca *fly*
rociar *to spray*

recursos

vText | CA pp. 41–42 | S vhlcentral

Comprensión

1

¿Quién lo dijo? Identifica lo que dijo cada personaje.

| AGUAYO | DIANA | ÉRIC | FABIOLA | MARIELA |

1. No podemos darle galletas.
2. Mañana por la tarde, estaremos en el campamento.
3. Tómale una foto.
4. Me encanta el pececito, pero me voy a almorzar.
5. Podríamos darle el postre.

2

¿Qué falta? Completa las oraciones con las frases de la lista.

las cucarachas	un nombre original
de comer	el pez
denle de comer	tener contacto con la naturaleza

1. **FABIOLA** ¿Tú crees que _____ pueden sobrevivir al café de Aguayo?
2. **MARIELA** Debe ser emocionante _____.
3. **FABIOLA** Sí, _____ como "Flipper".
4. **AGUAYO** _____ sólo una vez al día.
5. **MARIELA** ¿Cómo sabremos si _____ pone cara de perrito?
6. **FABIOLA** Ya le he dado tres veces _____.

3

¿Qué dijo? Di qué hace cada personaje. Utiliza los verbos entre paréntesis.

> **MODELO** **JOHNNY** **¿No podrías ponerle un nombre más original? (sugerir a Aguayo)**
> Johnny le sugiere a Aguayo que le ponga un nombre más original.

1. **AGUAYO** Mariela, ¿podrías hacer el favor de tomar mis mensajes? (pedir a Mariela)
2. **FABIOLA** Toma una foto. (aconsejar a Aguayo)
3. **AGUAYO** No le des más aunque ponga cara de perrito… (ordenar a Mariela)
4. **MARIELA** ¿Por qué no le damos de comer? (sugerir a Diana)

4

Preguntas y respuestas En parejas, háganse preguntas sobre estos temas.

> **MODELO** **irse de campamento**
> —¿Quién se va de campamento?
> —Aguayo se va de campamento.

- Aguayo y su esposa / comer
- cuidar a la mascota
- dar de comer
- irse a almorzar
- sentirse feliz
- tenerle miedo a las arañas

Practice more at vhlcentral.com.

Ampliación

5

Carta a Aguayo A los empleados de Facetas se les murió Bambi. Ahora, ellos deben contarle a Aguayo lo sucedido. En parejas, escriban la carta que los empleados le enviaron a Aguayo.

> Querido jefe:
>
> Esperamos que esté disfrutando de sus vacaciones y de la comida enlatada. Nosotros estamos bien, pero tenemos que darle una mala noticia. El otro día…

6

Apuntes culturales En parejas, lean los párrafos y contesten las preguntas.

Las mascotas

Aguayo dejará su mascota Bambi al cuidado de Diana. Otro animal que también vive en el agua es el carpincho (*capybara*), común a orillas de ríos en Suramérica. Este simpático "animalito" fácil de domesticar es el roedor (*rodent*) más grande del planeta, ¡con un peso de hasta 100 libras! Un poquito grande para la oficina de *Facetas*, ¿no?

De campamento

Según Aguayo, la idea de acampar es estar en contacto con la naturaleza. Un sitio emocionante para acampar es la comunidad boliviana de **Rurrenabaque**, puerta de entrada al **Parque Nacional Madidi**. Este parque, una de las reservas más importantes del planeta, comprende cinco pisos ecológicos, desde llanuras (*plains*) amazónicas hasta cordilleras nevadas.

El alacrán

Fabiola y Mariela les tienen miedo a las arañas. ¡Y no es para menos! Algunos arácnidos son muy peligrosos. En la República Dominicana, los alacranes (*scorpions*) son temidos (*feared*) por su veneno mortal. Se los puede encontrar debajo de los muebles, en los zapatos… ¿Sobrevivirían los alacranes al matamoscas de Diana?

1. ¿Qué mascotas exóticas conoces? Menciona como mínimo tres o cuatro. ¿Cuáles son sus hábitos? ¿Son fáciles o difíciles de domesticar? ¿Son peligrosas?

2. ¿Has acampado alguna vez? ¿Dónde? ¿Por cuántos días? ¿Qué hiciste?

3. ¿Qué significa la expresión "piso ecológico"? ¿Has estado alguna vez en una región con distintos "pisos ecológicos"? ¿Cómo es la geografía de la región en donde vives?

4. ¿Has visto un alacrán alguna vez? ¿Qué otros insectos peligrosos conoces? ¿Te han picado (*bitten*)? ¿Les tienes miedo?

EL CARIBE

En detalle

Los bosques
DEL MAR

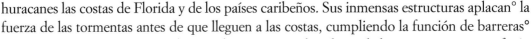

¿Te sumergiste alguna vez en el más absoluto de los silencios para contemplar los majestuosos arrecifes de coral? En el Caribe hay más de 26 mil kilómetros cuadrados (16 mil millas cuadradas) de arrecifes, también llamados *bosques tropicales del mar* por la inmensa biodiversidad que se encuentra en ellos. Sus extravagantes formas de intensos colores proporcionan el ecosistema ideal para las más de cuatro mil especies de peces y miles de especies de plantas que en ellos habitan.

Nuestras vidas también dependen de estas formaciones: los arrecifes del Caribe protegen de los huracanes las costas de Florida y de los países caribeños. Sus inmensas estructuras aplacan° la fuerza de las tormentas antes de que lleguen a las costas, cumpliendo la función de barreras° naturales. También protegen las playas de la erosión y son un refugio para muchas especies animales en peligro de extinción.

En Cuba se destacan° los arrecifes de María la Gorda, en el extremo occidental de la isla. En esta área altamente protegida, más de veinte especies de corales forman verdaderas cordilleras, grutas° y túneles subterráneos.

Lamentablemente, los arrecifes están en peligro por culpa de la mano del hombre. La construcción desmedida° en las costas y la contaminación de las aguas por los desechos° de las alcantarillas° provocan la sedimentación. Esto enturbia° el agua y mata el coral porque le quita la luz que necesita. La pesca descontrolada, el exceso de turismo y la recolección de coral por parte de los buceadores son otros de sus grandes enemigos. De hecho, algunos expertos dicen que el 70 por ciento del coral desaparecerá en unos 40 años. Así que, si eres uno de los afortunados que pueden visitarlos, cuídalos; no los toques y avisa si ves que alguien los está dañando. Su futuro depende de todos nosotros. ∎

3200 km de arrecifes

Cuba

María la Gorda

166 km de arrecifes

República Dominicana

237 especies de coral

Puerto Rico

Parque Nacional Submarino La Caleta

Los arrecifes de coral son uno de los más antiguos hábitats de la Tierra; algunos de ellos tienen más de 10.000 años. Muchos los confunden con plantas o con rocas, pero los arrecifes de coral son, en realidad, estructuras formadas por pólipos° de coral, unos animales diminutos° que al morir dejan unos residuos de piedra caliza°. Los arrecifes son el refugio ideal para muchos tipos de animales, tales como esponjas, peces y tortugas.

aplacan *placate* barreras *barriers* se destacan *stand out* grutas *caves* desmedida *excessive* desechos *waste*
alcantarillas *sewers* enturbia *clouds* pólipos *polyps* diminutos *minute* piedra caliza *limestone*

Frases de animales

andar como perro sin pulga° (Méx.)   *to be carefree*

comer como un chancho   *to eat like a pig*

¡el mono está chiflando!° (Cu.)   *how windy!*

estar como una cabra° (Esp.)   *to be as mad as a hatter*

marca perro (Arg., Chi. y Uru.)   *(of an object) by an unknown brand*

¡me pica el bagre!° (Arg.)   *I'm getting hungry!*

¡qué búfalo/a! (Nic.)   *fantastic!*

¡qué tortuga! (Col.)   *(of a person) how slow!*

ser un(a) rata (Esp.)   *to be stingy*

Organizaciones ambientales

Protección de la biosfera El Parque Nacional Yasuní, declarado Reserva Mundial de la Biosfera por la UNESCO en 1989, está ubicado en la Amazonía ecuatoriana. En la actualidad, varias organizaciones ambientales intentan frenar el avance de empresas petroleras que operan en el 60 por ciento del territorio del parque.

Patagonia sin represas En 2011, este movimiento formado por varias asociaciones ecologistas chilenas frenó el plan para la construcción de cinco represas hidroeléctricas° en el sur de Chile. Este plan habría inundado 5.900 hectáreas de reservas naturales.

Protección de aves amenazadas Gracias al Fondo Peregrino de Panamá y a instituciones como el Smithsonian Institute, las aves arpías° están siendo rescatadas y protegidas. Se calcula que Panamá es el único país de América Latina que protege esta ave. El águila arpía es la segunda ave más grande del mundo, después del águila de Filipinas, y es el ave nacional de Panamá.

PARQUE NACIONAL SUBMARINO LA CALETA

En 1984, por obra y gracia del Grupo de Investigadores Submarinos, el buque de rescate *Hickory* se hundió en el Parque Nacional Submarino La Caleta, a unos 17 kilómetros de Santo Domingo. No fue un accidente; el objetivo de los especialistas fue sumergir el buque intacto para que sirviera de arrecife artificial a las especies en peligro. Con el paso de los años, el barco se cubrió de esponjas y corales, y por él pasan miles de peces. El *Hickory*, que está a unos 20 metros de profundidad, es hoy día una de las mayores atracciones del Parque. Por cierto, el *Hickory* no es el único atractivo del Parque Nacional. Tiene otro barco-museo hundido para el buceo. En las aguas del parque, que alcanzan una profundidad de 180 metros (590 pies), se pueden contemplar tres terrazas de arrecifes. Los corales forman verdaderas alfombras de tonos rojos, amarillos y anaranjados que impresionan al buceador más exigente.

> **"El hombre no sólo es un problema para sí, sino también para la biosfera en que le ha tocado vivir."**
> (Ramón Margalef, ecólogo español)

 Conexión Internet

¿Qué peces habitan los arrecifes de coral del Caribe?

To research this topic go to **vhlcentral.com**.

andar como... *(lit.) to be like a dog without a flea* **el mono...** *(lit.) the monkey is whistling* **estar como...** *(lit.) to be like a goat* **me pica...** *(lit.) my catfish is itching me* **represas...** *hydroelectric dams* **aves arpías** *harpy eagles*

¿Qué aprendiste?

recursos

v̂ Text   CH
p. 86

1 ¿Cierto o falso? Indica si estas afirmaciones son ciertas o falsas. Corrige las falsas.

1. Los arrecifes de coral son unas plantas de intensos colores.

2. Los arrecifes de coral también son conocidos como los *bosques tropicales del mar*.

3. Los huracanes se hacen más fuertes cuando pasan por los arrecifes.

4. Estas estructuras son un ecosistema ideal para las especies en peligro de extinción.

5. Las formaciones de coral necesitan luz.

6. Está permitido que los turistas tomen un poco de coral para llevárselo.

7. María la Gorda se encuentra en el extremo occidental de Puerto Rico.

8. En María la Gorda, los arrecifes forman túneles y cordilleras.

9. La construcción de casas cerca de las playas no afecta al desarrollo de los arrecifes.

10. Los arrecifes de coral son uno de los hábitats más antiguos del planeta.

11. En los arrecifes no viven tortugas porque no encuentran su alimento.

12. Los expertos están preocupados por el futuro de los arrecifes.

2 Opciones Elige la opción correcta.

1. El Grupo de Investigadores Submarinos hundió el *Hickory* para crear (un parque nacional/un arrecife artificial).

2. El Parque Nacional Submarino La Caleta está en (Puerto Rico/la República Dominicana).

3. ¿No quieres contribuir para el regalo de Juan? ¡Eres (una rata/un chancho)!

4. Si estás en Argentina y tienes hambre, dices que (te pica el bagre/estás como una cabra).

3 Preguntas Contesta las preguntas.

1. ¿Qué quieren frenar las organizaciones ambientales en el Parque Nacional Yasuní?

2. ¿Qué animales protege el Fondo Peregrino de Panamá?

3. ¿Qué busca la organización Patagonia sin represas?

4. En tu opinión, ¿a qué se refiere Ramón Margalef cuando dice que el hombre es un problema para la biosfera?

4 Opiniones ¿Les preocupa a ustedes la contaminación del mar? ¿Creen que tienen algún hábito en su vida diaria que perjudica nuestros mares? ¿Están dispuestos a cambiar su estilo de vida para conservar los mares sin contaminación? ¿Qué cambiarían? Compartan su opinión con la clase.

PROYECTO

Arrecifes del Caribe

Busquen información sobre los arrecifes de coral de Cuba, Puerto Rico y la República Dominicana. Elijan una zona de arrecifes y preparen una presentación para la clase. La presentación debe incluir:

- datos sobre la ubicación y la extensión

- datos sobre turismo

- datos sobre las especies de coral y otras especies de los arrecifes

- información sobre el estado de los arrecifes. ¿Están en peligro? ¿Alguna organización los protege?

¡No olviden incluir un mapa con la ubicación exacta para presentarlo en la clase!

 Practice more at vhlcentral.com.

Video: *Flash cultura*

Un bosque tropical

Ahora que ya has leído sobre la riqueza del mar del Caribe, mira este episodio de **Flash cultura** para conocer las maravillas del bosque tropical lluvioso de Puerto Rico, con su sorprendente variedad de árboles milenarios.

VOCABULARIO ÚTIL

la brújula	*compass*	**estar en forma**	*to be fit*
la caminata	*hike*	**el/la nene/a**	*kid*
la cascada	*waterfall*	**la lupa**	*magnifying glass*
el chapuzón	*dip*	**subir**	*to climb*
la cima	*peak*	**la torre**	*tower*

Preparación ¿Te gusta estar en contacto con la naturaleza? ¿De qué manera? ¿Has visitado alguno de los bosques nacionales de tu país? ¿Cuál(es)?

Comprensión Indica si estas afirmaciones son ciertas o falsas. Después, en parejas, corrijan las falsas.

1. El nombre *Yunque* proviene del español y significa "dios de la montaña".
2. El Yunque es la reserva forestal más antigua del hemisferio occidental.
3. El símbolo de Puerto Rico es el arroz con gandules.
4. Para llegar a la cima es necesario estar en forma y llevar brújula, agua, mapa, etc.
5. Una caminata hasta la cima puede llevar hasta dos días.
6. Como la cima está rodeada de nubes, los árboles no pueden crecer mucho.

Expansión En parejas, contesten estas preguntas.

- Imagina que sólo puedes llevar tres de los objetos del equipo para llegar a la cima de El Yunque. ¿Cuáles llevarías? ¿Por qué?

- ¿Alguno de los atractivos de El Yunque te anima (*encourages you*) a visitar este bosque en tus próximas vacaciones? ¿Cuál? ¿Por qué?

- ¿Qué tipo de comida llevas cuando vas de excursión? ¿Qué otras cosas llevas en la mochila?

Corresponsal: Diego Palacios
País: Puerto Rico

En El Yunque hay más especies de árboles que en ningún otro de los bosques nacionales, muchos de los cuales son cientos de veces más grandes, como el Parque Yellowstone o el Yosemite.

Nadar en los ríos de El Yunque es uno de los pasatiempos favoritos de los puertorriqueños, así como es meterse debajo de las cascadas.

El Yunque es el único bosque tropical lluvioso. del Sistema Nacional de Bosques de los Estados Unidos.

recursos

vhlcentral

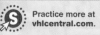

6.1 The future Tutorial

Mañana por la tarde estaremos en el campamento.

Nos quedaremos cuidando a Bambi.

- The future tense (**el futuro**) uses the same endings for all **-ar, -er**, and **-ir** verbs. For regular verbs, the endings are added to the infinitive.

The future tense		
hablar	**deber**	**abrir**
hablaré	deberé	abriré
hablarás	deberás	abrirás
hablará	deberá	abrirá
hablaremos	deberemos	abriremos
hablaréis	deberéis	abriréis
hablarán	deberán	abrirán

¡ATENCIÓN!

Note that all of the future tense endings carry a written accent mark except the **nosotros** form.

- For irregular verbs, the same future endings are added to the irregular stem.

Infinitive	stem	future forms
caber	cabr-	cabré, cabrás, cabrá, cabremos, cabréis, cabrán
haber	habr-	habré, habrás, habrá, habremos, habréis, habrán
poder	podr-	podré, podrás, podrá, podremos, podréis, podrán
querer	querr-	querré, querrás, querrá, querremos, querréis, querrán
saber	sabr-	sabré, sabrás, sabrá, sabremos, sabréis, sabrán
poner	pondr-	pondré, pondrás, pondrá, pondremos, pondréis, pondrán
salir	saldr-	saldré, saldrás, saldrá, saldremos, saldréis, saldrán
tener	tendr-	tendré, tendrás, tendrá, tendremos, tendréis, tendrán
valer	valdr-	valdré, valdrás, valdrá, valdremos, valdréis, valdrán
venir	vendr-	vendré, vendrás, vendrá, vendremos, vendréis, vendrán
decir	dir-	diré, dirás, dirá, diremos, diréis, dirán
hacer	har-	haré, harás, hará, haremos, haréis, harán
satisfacer	satisfar-	satisfaré, satisfarás, satisfará, satisfaremos, satisfaréis, satisfarán

- Most verbs derived from irregular verbs follow the same pattern.

poner   pondré
proponer   propondré

- In Spanish, as in English, the future tense is one of many ways to express actions or conditions that will happen in the future.

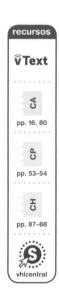

PRESENT INDICATIVE

conveys a sense of certainty that the action will occur

Llegan a la costa mañana.
They arrive at the coast tomorrow.

PRESENT SUBJUNCTIVE

refers to an action that has yet to occur; used after verbs of will and influence

Prefiero que **lleguen** a la costa mañana.
I prefer that they arrive at the coast tomorrow.

ir a + [infinitive]

expresses the near future; is commonly used in everyday speech

Van a llegar a la costa mañana.
They are going to arrive at the coast tomorrow.

FUTURE TENSE

expresses an action that will occur; often implies more certainty than **ir a** + [infinitive]

Llegarán a la costa mañana.
They will arrive at the coast tomorrow.

- The English word *will* can refer either to future time or to someone's willingness to do something. To express willingness, Spanish uses the verb **querer** + [infinitive], not the future tense.

¿**Quieres contribuir** a la protección del medio ambiente?
Will you contribute to the protection of the environment?

Quiero ayudar, pero no sé por dónde empezar.
I'm willing to help, but I don't know where to begin.

- In Spanish, the future tense may be used to express conjecture or probability, even about present events. English expresses this sense in various ways, such as *wonder*, *bet*, *must be*, *may*, *might*, and *probably*.

¿Qué hora **será**?
I wonder what time it is.

¿**Lloverá** mañana?
Do you think it will rain tomorrow?

Ya **serán** las dos de la mañana.
It must be two a.m. by now.

Probablemente **tendremos** un poco de sol y un poco de viento.
It'll probably be sunny and windy.

- When the present subjunctive follows a conjunction of time like **cuando**, **después (de) que**, **en cuanto**, **hasta que**, and **tan pronto como**, the future tense is often used in the main clause of the sentence.

Nos quedaremos lejos de la costa **hasta que pase** el huracán.
We'll stay far from the coast until the hurricane passes.

En cuanto termine de llover, **regresaremos** a casa.
As soon as it stops raining, we'll go back home.

Tan pronto como salga el sol, **iré** a la playa a tomar fotos.
As soon as the sun comes up, I'll go to the beach to take photos.

¡ATENCIÓN!

The future tense is used less frequently in Spanish than in English.

Te llamo mañana.
I'll call you tomorrow.

recursos

v̂Text

CA
pp. 16, 80

CP
pp. 53–54

CH
pp. 87–88

vhlcentral

Práctica

1 **Catástrofe** Hay muchas historias que cuentan el fin del mundo. Aquí tienes una de ellas.

A. Primero, lee la historia y subraya las expresiones del futuro. Después cambia esas expresiones por verbos en futuro.

(1) Los videntes (*fortune tellers*) aseguran que van a llegar catástrofes. (2) El clima va a cambiar. (3) Va a haber huracanes y terremotos. (4) Vamos a vivir tormentas permanentes. (5) Una gran niebla va a caer sobre el mundo. (6) El suelo del bosque va a temblar. (7) El mundo que conocemos también va a acabarse. (8) En ese instante, la Tierra va a volver a sus orígenes.

1. _____
2. _____
3. _____
4. _____
5. _____
6. _____
7. _____
8. _____

B. Ahora, en parejas, escriban su propia historia del futuro del planeta. Pueden inspirarse en el párrafo anterior o pueden escribir una versión más optimista.

2 **Horóscopo chino** En el horóscopo chino, cada signo es un animal. Lee las predicciones del horóscopo chino para la serpiente. Conjuga los verbos en paréntesis usando el futuro.

Trabajo: Esta semana (1) _____ (tener) que trabajar duro. (2) _____ (salir) poco y no (3) _____ (poder) divertirte, pero (4) _____ (valer) la pena. Muy pronto (5) _____ (conseguir) el puesto que esperas.

Dinero: (6) _____ (venir) tormentas económicas. No malgastes tus ahorros.

Salud: (7) _____ (resolver) tus problemas respiratorios, pero (8) _____ (deber) cuidarte la garganta.

Amor: (9) _____ (recibir) una noticia muy buena. Una persona especial te (10) _____ (decir) que te ama. (11) _____ (venir) días felices.

3 **El futuro** En parejas, imaginen que uno/a de ustedes es un(a) investigador(a). La otra persona es un(a) estudiante que quiere saber qué sucederá en el futuro. El/La investigador(a) deberá contestar preguntas relacionadas con estos temas.

trabajo   estudios   naturaleza   política

MODELO   **ESTUDIANTE** ¿Existirán las bibliotecas en el futuro?
INVESTIGADOR(A) Sí, pero habrá menos debido al desarrollo de la tecnología.

Practice more at
vhlcentral.com.

Comunicación

4

Viaje ecológico Tú y tu compañero/a tienen que planear un viaje ecológico. Decidan a qué país irán, en qué fechas y qué harán allí. Usen ocho verbos en futuro.

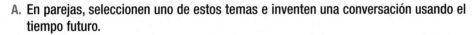

ECOTURISMO

Puerto Rico

- acampar en la costa y disfrutar de las playas
- visitar el Viejo San Juan
- montar a caballo por la Cordillera Central
- ir en bicicleta por la costa
- viajar en barco por Isla Culebra

República Dominicana

- ir en kayak por los ríos tropicales
- bucear por los arrecifes
- ir de safari por La Descubierta y ver los cocodrilos del Lago Enriquillo
- disfrutar del paisaje de Barahona
- observar las aves en el Parque Nacional del Este

5

¿Qué será de…? Todo cambia con el paso del tiempo. En parejas, conversen sobre lo que sucederá en el futuro en relación con estos temas y lugares.

- las ballenas (*whales*) en 2200
- Venecia en 2065
- los libros tradicionales en 2105
- la televisión en 2056
- Internet en 2050
- las hamburguesas en 2080
- los Polos Norte y Sur en 2300
- el Amazonas en 2100
- Los Ángeles en 2245
- el petróleo en 2090

6

¿Dónde estarán en 20 años? La fama es, en muchas ocasiones, pasajera (*fleeting*). En grupos de tres, hagan una lista de cinco personas famosas y anticipen lo que será de ellas dentro de veinte años.

7

Situaciones

A. En parejas, seleccionen uno de estos temas e inventen una conversación usando el tiempo futuro.

1. Dos jóvenes han terminado sus estudios y hablan sobre lo que harán para convertirse en millonarios.

2. Dos ladrones acaban de robar todo el dinero de un banco internacional. Piensa en lo que harán para escapar de la policía.

3. Los/as hermanos/as Rondón han decidido convertir su granja (*farm*) en un centro de ecoturismo. Deben planear algunas atracciones para los turistas.

4. Dos científicos se reúnen para participar en un intercambio (*exchange*) de ideas. El objetivo es controlar, reducir e, idealmente, eliminar la contaminación del aire en las grandes ciudades. Cada uno/a dice lo que hará o inventará para conseguirlo.

B. Ahora, interpreten su conversación ante la clase. La clase votará por la conversación más creativa.

- In Spanish, adverbial clauses are commonly introduced by conjunctions. Certain conjunctions require the subjunctive, while others can be followed by the subjunctive or the indicative, depending on the context in which they are used.

¡Estoy dejando espacio para que la atrapen!

No le des más comida aunque ponga cara de perrito.

Conjunctions that require the subjunctive

- Certain conjunctions are always followed by the subjunctive because they introduce actions or states that are uncertain or have not yet happened. These conjunctions commonly express purpose, condition, or intent.

MAIN CLAUSE	CONNECTOR	SUBORDINATE CLAUSE
Se acabará el petróleo en pocos años	a menos que	busquemos energías alternativas.

Conjunctions that require the subjunctive	
a menos que *unless*	**en caso (de) que** *in case*
antes (de) que *before*	**para que** *so that*
con tal (de) que *provided that*	**sin que** *without; unless*

El gobierno se prepara **en caso de que haya** una gran sequía el verano que viene.
The government is getting ready in case there is a big drought in the coming summer.

A menos que haga mal tiempo, iremos a la montaña el próximo miércoles.
We will go to the mountains next Wednesday unless the weather is bad.

Debemos proteger a los animales salvajes **antes de que se extingan**.
We should protect wild animals before they become extinct.

- If there is no change of subject in the sentence, a subordinate clause is not necessary. Instead, the prepositions **antes de, con tal de, en caso de, para**, and **sin** can be used, followed by the infinitive. Note that the connector **que** is not necessary in this case.

Las organizaciones ecologistas trabajan **para proteger** los arrecifes de coral.
Environmental organizations work to protect coral reefs.

Tienes que pedir permiso **antes de darles de comer** a los monos del zoológico.
You have to ask permission before feeding the monkeys at the zoo.

¡ATENCIÓN!

An adverbial clause (**cláusula adverbial**) is one that modifies or describes verbs, adjectives, or other adverbs. It describes how, why, when, or where an action takes place.

¡ATENCIÓN!

Adverbial clauses can also go before the main clause. Note that a comma is used in that case.

No iré a la fiesta a menos que me inviten.

A menos que me inviten, no iré a la fiesta.

Conjunctions followed by the subjunctive or the indicative

¡ATENCIÓN!

A pesar de, **después de**, and **hasta** can also be followed by an infinitive, instead of **que** + [*subjunctive*], when there is no change of subject.

Voy a acostarme después de ver las noticias.

- If the action in the main clause has not yet occurred, then the subjunctive is used after conjunctions of time or concession.

Conjunctions of time or concession

a pesar de que *despite*	**hasta que** *until*
aunque *although; even if*	**luego que** *as soon as*
cuando *when*	**mientras que** *while*
después (de) que *after*	**siempre que** *as long as*
en cuanto *as soon as*	**tan pronto como** *as soon as*

La excursión no saldrá **hasta que estemos** todos.
The excursion will not leave until we all are here.

Dejaremos libre al pájaro **en cuanto** el veterinario nos **diga** que puede volar.
We will free the bird as soon as the vet tells us it can fly.

Aunque me **digan** que es inofensivo, no me acercaré al perro.
Even if they tell me he's harmless, I'm not going near the dog.

Cuando Pedro vaya a cazar, tendrá cuidado con las serpientes venenosas.
When Pedro goes hunting, he will be careful of the poisonous snakes.

- If the action in the main clause has already happened, or happens habitually, then the indicative is used in the adverbial clause.

Tan pronto como paró de llover, Matías **salió** a jugar al parque.

As soon as the rain stopped, Matías went out to play in the park.

Mi padre y yo **siempre** nos lo pasamos bien **cuando vamos** al río.

My father and I always have fun when we go to the river.

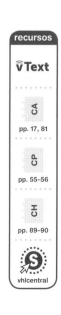

recursos

v̂Text

CA
pp. 17, 81

CP
pp. 55–56

CH
pp. 89–90

vhlcentral

Práctica

1 **Reunión** Completa las oraciones con el indicativo (presente o pretérito) o el subjuntivo de los verbos entre paréntesis.

1. Los ecologistas no apoyarán al alcalde (*mayor*) a menos que éste _____ (cambiar) su política de medio ambiente.

2. El alcalde va a hablar con su asesor (*advisor*) antes de que _____ (llegar) los ecologistas.

3. Los ecologistas entraron en la oficina del alcalde tan pronto como _____ (saber) que los esperaban.

4. El alcalde les asegura que siempre piensa en el medio ambiente cuando _____ (dar) permisos para construir edificios nuevos.

5. Los ecologistas van a estar preocupados hasta que el alcalde _____ (responder) a todas sus preguntas.

2 **¿Infinitivo o subjuntivo?** Completa las oraciones con el verbo en infinitivo o en subjuntivo.

1. Compraré un carro híbrido con tal de que no _____(ser) muy caro. Compraré un carro híbrido con tal de _____(conservar) los recursos naturales.

2. Los biólogos viajan para _____(estudiar) la biodiversidad. Los biólogos viajan para que la biodiversidad se _____(conocer).

3. Él se preocupará por el calentamiento global después de que los científicos le _____(demostrar) que es una realidad. Él se preocupará por el calentamiento global después de _____(ver) con sus propios ojos lo que ocurre.

4. No podremos continuar sin _____(tener) un mapa. No podremos continuar sin que alguien nos _____(dar) un mapa.

3 **Declaraciones** Elige la conjunción adecuada para completar la conversación entre un periodista y la señora Corbo, encargada de relaciones públicas de un zoológico.

PERIODISTA Señora Corbo, ¿qué le parece el artículo que se ha publicado en el que se dice que el zoológico no trata bien a los animales?

SRA. CORBO Lo he leído, y (1) _____ (aunque / cuando) yo no estoy de acuerdo con el artículo, hemos iniciado una investigación. (2) _____ (Hasta que / Tan pronto como) terminemos la investigación, se lo comunicaremos a la prensa. Queremos hablar con todos los empleados (3) _____ (en cuanto / para que) no haya ninguna duda.

PERIODISTA ¿Es verdad que limpian las jaulas sólo cuando va a haber una inspección (4) _____ (para que / sin que) el zoológico no tenga problemas con las autoridades?

SRA. CORBO Le aseguro que todo se limpia diariamente hasta el último detalle. Y si no me cree, lo invito a que nos visite mañana mismo.

PERIODISTA ¿Cuándo cree que sabrán lo que ha ocurrido?

SRA. CORBO (5) _____ (En cuanto / Aunque) termine la investigación.

Practice more at
vhlcentral.com.

Comunicación

4

Instrucciones Javier va a salir de viaje por el país y le ha dejado una lista de instrucciones a su compañero de casa. En parejas, túrnense para preparar las instrucciones usando oraciones adverbiales con subjuntivo y las conjunciones de la lista.

> **MODELO** No uses mi computadora a menos que sea una emergencia.

| a menos que |
| a pesar de que |
| con tal de que |
| cuando |
| en caso de que |
| en cuanto |
| para que |
| siempre que |
| tan pronto como |

Instrucciones
- Darles de comer a los peces
- Comprar productos ecológicos
- No pasear el perro si hay tormenta
- Usar sólo papel reciclado
- No usar mucha agua excepto para regar (to water) las plantas
- Llamarme por cualquier problema

5

Situaciones En parejas, túrnense para completar las oraciones.

1. Terminaré mis estudios a tiempo a menos que…
2. Me iré a vivir a otro país en caso de que…
3. Ahorraré (*I will save*) mucho dinero para que…
4. Yo cambiaré de carrera en cuanto…
5. Me jubilaré (*will retire*) cuando…

6

Huracán En grupos de cuatro, imaginen que son compañeros/as de casa y que un huracán se acerca a la zona donde viven. Escriban un plan para explicar qué harán en las diferentes situaciones. Usen el subjuntivo y las conjunciones adverbiales.

- las bombillas de luz se queman
- las ventanas se rompen
- las líneas de teléfono se cortan
- el sótano se inunda (*flood*)
- los vecinos ya se han ido
- no hay suficiente alimento
- no hay conexión a Internet

6.3 Prepositions: *a, hacia,* and *con* Tutorial

The preposition *a*

- The preposition **a** can mean *to, at, for, upon, within, of, from,* or *by,* depending on the context. Sometimes it has no direct translation in English.

Terminó **a** las doce.
It ended at midnight.

Lucy estaba **a** mi derecha.
Lucy was to/on my right.

El mar Caribe está **a** doscientas cincuenta millas de aquí.
The Caribbean Sea is two hundred and fifty miles from here.

Le compré un pájaro exótico **a** Juan.
I bought an exotic bird from/for Juan.

Al llegar a casa, me sentí feliz.
Upon returning home, I felt happy.

Fui **a** casa de mis padres para ayudarlos después de la inundación.
I went to my parents' house to help them after the flood.

- The preposition **a** introduces indirect objects.

Le prometió **a** su hijo que irían a navegar.
He promised his son they would go sailing.

Hoy, en el zoo, le di de comer **a** un conejo.
Today, in the zoo, I fed a rabbit.

- The preposition **a** can be used to give commands or make suggestions.

¡**A** comer!
Let's eat!

¡**A** dormir!
Time for bed!

- When a direct object noun is a person (or a pet), it is preceded by the personal **a**, which has no equivalent in English. The personal **a** is also used with the words **alguien**, **nadie**, **alguno**, and **ninguno**.

¿Viste **a** tus amigos en el parque?
Did you see your friends in the park?

No, no he visto **a** nadie.
No, I haven't seen anyone.

- The personal **a** is not used when the person in question is not specific.

La organización ambiental busca voluntarios.
The environmental organization is looking for volunteers.

Sí, necesitan voluntarios para limpiar la costa.
Yes, they need volunteers to clean the coast.

The preposition *hacia*

- With movement, either literal or figurative, **hacia** means *toward* or *to*.

La actitud de Manuel **hacia** mí fue negativa.
Manuel's attitude toward me was negative.

El biólogo se dirige **hacia** Puerto Rico para la entrevista.
The biologist is headed to Puerto Rico for the interview.

- With time, **hacia** means *approximately, around, about,* or *toward.*

El programa que queremos ver empieza **hacia** las 8.
The show that we want to watch will begin around 8:00.

La televisión se hizo popular **hacia** la segunda mitad del siglo XX.
Television became popular toward the second half of the twentieth century.

The preposition *con*

La idea es tener contacto con la naturaleza.

¡Maldito pez! En una playa tropical con tres mujeres.

- The preposition **con** means *with*.

  Me gustaría hablar **con** el director
  del departamento.
  *I would like to speak with the director
  of the department.*

  Es una organización ecológica **con**
  muchos miembros.
  *It's an environmental organization
  with lots of members.*

- Many English adverbs can be expressed in Spanish with **con** + [*noun*].

  Habló del tema **con** cuidado.
  She spoke about the issue carefully.

  Hablaba **con** cariño.
  He spoke affectionately.

- The preposition **con** is also used rhetorically to emphasize the value or the quality of
  something or someone, contrary to a given fact or situation. In this case, **con** conveys
  surprise at an apparent conflict between two known facts. In English, the words *but*, *even
  though*, and *in spite of* are used.

  Los turistas tiraron los envoltorios al suelo.
  The tourists threw wrappers on the ground.

  ¡**Con** lo limpio que estaba todo!
  But the place was so clean!

- If **con** is followed by **mí** or **ti**, it forms a contraction: **conmigo**, **contigo**.

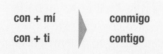

con + mí   conmigo

con + ti   contigo

  ¿Quieres venir **conmigo** al campo?
  *Do you want to come with me
  to the countryside?*

  Por supuesto que quiero
  ir **contigo**.
  Of course I want to go with you.

- **Consigo** is the contraction of **con** + **usted/ustedes** or con + **él/ella/ellos/ellas**. **Consigo** is
  equivalent to the English *with himself/herself/yourself* or *with themselves/yourselves*, and is
  commonly followed by **mismo**. It is only used when the subject of the sentence is the same
  person referred to after **con**.

  Están satisfechos **consigo mismos**.

  La sequía trajo **consigo** muchos problemas.

  Fui al cine **con él**.

  Prefiero ir al parque **con usted**.

recursos

v̂Text

CA
pp. 18, 82

CP
pp. 57–58

CH
pp. 91–92

vhlcentral

Práctica

1

¿Cuál es? Elige entre las preposiciones **a**, **hacia** y **con** para completar cada oración.

1. El león caminaba _____ el árbol.
2. Dijeron que la tormenta empezaría _____ las dos de la tarde.
3. Le prometí que iba _____ ahorrar combustible.
4. Ellos van a tratar de ser responsables _____ el medio ambiente.
5. Contribuyó a la campaña ecológica _____ mucho dinero.
6. El depósito de combustible estaba _____ mi izquierda.

2

Amigos Primero, completa los párrafos con las preposiciones **a** y **con**. Marca los casos que no necesitan una preposición con una **X**.

Emilio invitó (1) _____ María (2) _____ ir de excursión. Él quería ir al bosque (3) _____ ella porque quería mostrarle un paisaje donde se podían ver (4) _____ muchos pájaros. Él sabía que (5) _____ ella le gustaba observar (6) _____ las aves. María le dijo que sí (7) _____ Emilio. Ella no conocía (8) _____ nadie más (9) _____ quien compartir su interés por la naturaleza. Hacía poco que había llegado (10) _____ la ciudad y buscaba (11) _____ amigos (12) _____ sus mismos intereses.

3

Conversación Completa la conversación de Emilio y María con la opción correcta de la preposición **con**. Puedes usar las opciones de la lista más de una vez.

con	consigo	con nosotros
conmigo	contigo	con ustedes

EMILIO Gracias por haber venido (1) _____ a correr por el campo. Ha sido una tarde divertida.

MARÍA No, Emilio. Gracias a ti por haberme invitado a venir (2) _____. No conocía este sitio y es maravilloso. ¡(3)_____ lo que me gusta el campo! Echo de menos venir más a menudo.

EMILIO Pues ya lo sabes, puedes venir (4) _____ cuando quieras. ¿Qué te parece si lo repetimos la próxima semana?

MARÍA Me encantaría volver. La próxima vez, vendré (5) _____ mis zapatos de tenis nuevos.

EMILIO A veces, vengo (6) _____ mi hermano pequeño. Tiene once años, seguro que te cae bien. Si quieres, la semana que viene puede venir (7) _____. Él siempre se trae un cronómetro (*stopwatch*) (8) _____. Él dice que va a ser un atleta famoso.

MARÍA Perfecto, la semana que viene venimos los tres. Estoy segura de que lo voy a pasar bien (9) _____.

Practice more at
vhlcentral.com.

Comunicación  Diagnostics

4 **Safari** En parejas, escriban un artículo periodístico breve sobre lo que le sucedió a un grupo de turistas durante un safari. Usen por lo menos cuatro frases de la lista. Sean imaginativos. Después, compartan el informe periodístico con la clase.

a correr	a tomar una foto	hacia el carro
al guía	con la boca abierta	hacia el león
a nadie	con la cámara digital	hacia el tigre

5 **Noticias** En grupos de cuatro o cinco, lean los titulares e inventen la noticia. Formen un círculo. El primero debe leer el titular al segundo, añadiendo (*adding*) algo. El estudiante repite la noticia al tercero y añade otra cosa, y así sucesivamente (*and so on*). Las partes que añadan a la noticia deben incluir las preposiciones **a, con** o **hacia**.

> **MODELO** Acusaron a Petrosur de contaminar el río.
>
> **ESTUDIANTE 1:** Acusaron a Petrosur de contaminar el río <u>con productos químicos</u>.
>
> **ESTUDIANTE 2:** Acusaron a Petrosur de contaminar el río <u>con productos químicos</u>. <u>A diario se ven horribles manchas que flotan en el agua</u>.
>
> **ESTUDIANTE 3:** Acusaron a Petrosur de contaminar el río <u>con productos químicos</u>. <u>A diario se ven horribles manchas que flotan en el agua hacia la bahía</u>.

1. Inventaron un combustible nuevo.
2. El presidente felicitó (*congratulated*) a los bomberos.
3. Inauguran hoy una nueva reserva.
4. Se acerca una tormenta.

6   **Síntesis**

A. En parejas háganse estas preguntas sobre la naturaleza. Deben usar el futuro, el subjuntivo y las preposiciones **a, hacia** y **con** en sus respuestas.

1. ¿Conoces a alguien que contribuya a cuidar el medio ambiente?
2. ¿Te gusta cazar? ¿Conoces a mucha gente que cace?
3. ¿Crees que reciclar es importante? ¿Por qué? ¿Qué sucederá si no reciclamos?
4. ¿Qué actitud tienes hacia el uso de productos desechables?
5. ¿Crees que el calentamiento global empeorará a menos que cambiemos nuestro estilo de vida?
6. ¿Qué medidas debe tomar el gobierno para que no se agoten los recursos naturales?

B. Informen a la clase de lo que han aprendido de su compañero/a usando las preposiciones correspondientes. Sigan el modelo.

> **MODELO** Juana, mi compañera, dice que no conoce a nadie que contribuya a cuidar el medio ambiente. Ella dice que si no reciclamos, tendremos problemas con la cantidad de basura...

Antes de ver el corto

EL DÍA MENOS PENSADO

país México
duración 13 minutos

director Rodrigo Ordóñez
protagonistas Julián, Inés, Ricardo (vecino), Esther (esposa de Ricardo)

Vocabulario

acabarse *to run out; to come to an end*
la cisterna *cistern; underground tank*
descuidar(se) *to get distracted; to neglect*
disculparse *to apologize*
envenenado/a *poisoned*
quedarse sin *to run out of*

resentido/a *resentful*
la salida *exit*
sobre todo *above all*
el tanque *tank*
la tubería *piping*
el/la vándalo/a *vandal*

1 **El carpincho Pedro** Completa el párrafo con las palabras o las frases apropiadas.

Noticia de último momento: un grupo de (1) _____ causó graves daños (*harm*) en la Reserva Ecológica. Aparentemente, los guardias nocturnos (2) _____ y no los vieron entrar por una de las (3) _____. Los delincuentes hicieron un agujero (*hole*) en la (4) _____ que lleva agua para llenar los (5) _____ en la zona donde se encuentran los baños. Pero eso no fue todo. Por la mañana, los guardaparques se encontraron con una triste escena. Además de encontrar el parque inundado (*flooded*) y de (6) _____ agua en la (7) _____, encontraron muy enfermo al carpincho (*capybara*) Pedro, el animalito más querido de la reserva. Le habían dado comida (8) _____. Afortunadamente, los veterinarios aseguran que el carpincho se va a recuperar.

2 **Preguntas** En parejas, contesten las preguntas.

1. ¿Qué tipos de contaminación hay en su comunidad? Mencionen dos o tres.
2. ¿Creen que algún día se puede acabar el agua? ¿Qué pasará si eso sucede?
3. Observen el afiche del cortometraje. ¿Qué está mirando el hombre?
4. Observen los fotogramas. ¿Qué está sucediendo en cada uno?
5. El corto se titula *El día menos pensado* (*When you least expect it*). ¿Qué catástrofes ecológicas pueden ocurrir el día menos pensado?

Practice more at
vhlcentral.com.

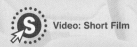

El día menos pensado

Una producción de FONDO NACIONAL PARA LA CULTURA Y LAS ARTES/INSTITUTO MEXICANO DE CINEMATOGRAFÍA/ GUERRILLA FILMS con apoyo de MEXATIL INDUSTRIAL, S.A. DE C.V./EQUIPMENT & FILM DESIGN (EFD)/CALABAZITAZ TIERNAZ/KODAK DE MÉXICO/CINECOLOR MÉXICO Guión y Dirección RODRIGO ORDÓÑEZ Basada en un cuento de SERGIO FERNÁNDEZ BRAVO Fotografía EVERARDO GONZÁLEZ Productor Ejecutivo GABRIEL SORIANO Dirección de Arte AMARANTA SÁNCHEZ Música Original CARLOS RUIZ Diseño Sonoro LENA ESQUENAZI Edición JUAN MANUEL FIGUEROA Actores FERNANDO BECERRIL/MARTA AURA/BRUNO BICHIR/CLAUDIA RÍOS

Escenas

ARGUMENTO Una ciudad se ha quedado sin agua. Mucha gente se ha ido. Algunos se quedan vigilando la poca agua que les queda.

JULIÁN Inés, nos tenemos que ir.
INÉS Dicen que todo se va a arreglar. Que si no, es cuestión de esperar hasta que lleguen las lluvias.
JULIÁN Sí, pero no podemos confiar en eso. No a estas alturas°.

INÉS ¿Cómo vamos a salir de la ciudad? Dicen que en todas las salidas hay vándalos. Y que están muy resentidos porque ellos fueron los primeros que se quedaron sin agua.
JULIÁN Si no digo que no sea peligroso. Pero cuando se nos acabe el agua nos tenemos que ir de todos modos.

INÉS ¿Pasa algo?
JULIÁN Ya no tenemos agua.
INÉS En la tele dijeron que...
JULIÁN ¡Qué importa lo que hayan dicho! ¡Se acabó!

JULIÁN Aunque lograran° traer agua a la ciudad, no pueden distribuirla. Las tuberías están contaminadas desde el accidente. Ninguna ayuda llegará a tiempo, y menos aquí.
INÉS Pero no quiero dejar mi casa.

JULIÁN Y a ustedes, ¿cuándo se les acabó el agua?
RICARDO Antier° en la noche nos dimos cuenta.
JULIÁN Ricardo, ¿quieren venir con nosotros?

JULIÁN No nos va a pasar nada, Inés. ¿Qué nos pueden hacer? Todos estamos igual.

a estas alturas *at this stage* **lograran** *managed to*
antier *the day before yesterday*

Después de ver el corto

1 **Comprensión** Contesta las preguntas con oraciones completas.

1. ¿Qué hace el hombre en el techo de su casa? ¿Por qué?
2. ¿Qué le dice el hombre a su esposa cuando está desayunando?
3. ¿Qué hay en las salidas de la ciudad?
4. ¿Qué pasa con las tuberías?
5. ¿Por qué deciden irse de la ciudad? ¿Quiénes van con ellos en el coche?
6. ¿Por qué quieren los vándalos atacar a las personas que van en el carro?

2 **Ampliación** En parejas, contesten las preguntas.

1. ¿Qué creen que ocurre al final?
2. El agua está envenenada por un accidente. ¿Qué tipo de accidente creen que hubo?
3. ¿Creen que Ricardo es una mala persona porque intentó robar agua? ¿Por qué?
4. ¿Quiénes son las personas que aparecen al final del corto? ¿Qué quieren?
5. Imaginen que son los protagonistas de este corto. ¿Qué opciones tienen?

3 **¿El agua en peligro?** En grupos de tres, lean el texto y respondan a las preguntas.

Construimos nuestras ciudades cerca del agua; nos bañamos en el agua; jugamos en el agua; trabajamos con el agua. Nuestras economías están en gran parte basadas sobre la fuerza de su corriente, el transporte a través de ella, y todos los productos que compramos y vendemos están vinculados, de una u otra manera, al agua. Nuestra vida diaria se desarrolla y se configura en torno al agua. Sin el agua que nos rodea nuestra existencia sería inconcebible. En las últimas décadas, nuestra estima por el agua ha decaído. Ya no es un elemento digno de veneración y protección, sino un producto de consumo que hemos descuidado enormemente. El 80 por ciento de nuestro cuerpo está compuesto de agua y dos tercios de la superficie del planeta están cubiertos por agua: el agua es nuestra cultura, nuestra vida.

Declaración de la UNESCO con motivo del Día Mundial del Agua 2006.

1. ¿Creen que realmente estamos descuidando el agua, o que el aumento del consumo es una consecuencia normal del aumento de la población?
2. Algunos expertos opinan que en el futuro se puede desencadenar una guerra mundial por el agua. ¿Creen que esto es una exageración? ¿Por qué?
3. ¿Creen que es posible conservar el agua y otros recursos naturales sin tener que hacer grandes cambios en nuestro estilo de vida?
4. ¿Creen que hay naciones que son más responsables que otras por el consumo excesivo de recursos naturales? Expliquen su respuesta.

Practice more at vhlcentral.com.

recursos

vText

vhlcentral

Autorretrato con mono, 1938
Frida Kahlo, México

"Quien rompe una tela de araña,
a ella y a sí mismo daña."

— Anónimo

Antes de leer

El eclipse

Sobre el autor

Augusto Monterroso (1921–2003) nació en Honduras, pero pasó su infancia y juventud en Guatemala. En 1944 se radicó (*settled*) en México tras dejar Guatemala por motivos políticos. A pesar de su origen y de haber vivido su vida adulta en México, siempre se consideró guatemalteco. Monterroso tuvo acceso desde pequeño al mundo intelectual de los adultos. Fue prácticamente autodidacta: abandonó la escuela a los once años y con sólo quince fundó una asociación de artistas y escritores. Considerado padre y maestro del microcuento latinoamericano, Monterroso recurre (*resorts to*) en su prosa al humor inteligente con el que presenta su visión de la realidad. Entre sus obras se destacan *La oveja negra y demás fábulas* (1969) y la novela *Lo demás es silencio* (1978). Recibió numerosos premios, entre los que destaca el Príncipe de Asturias en 2000.

Vocabulario

aislado/a *isolated*	**florecer** *to blossom*	**sacrificar**
digno/a *worthy*	**oscurecer** *to darken*	*to sacrifice*
disponerse a *to be about to*	**prever** *to foresee*	**salvar** *to save*
la esperanza *hope*	**la prisa** *hurry; rush*	**valioso/a** *valuable*

Exploradores Completa esta introducción de un cuento con las palabras apropiadas.

Los exploradores salieron rumbo a la ciudad perdida sin (1) _____ ninguno de los peligros de la selva. El viejo mapa indicaba que la ciudad escondía un (2) _____ tesoro. Cuando (3) _____ a iniciar la marcha, se dieron cuenta de que iba a (4) _____ antes de que llegaran, por lo que decidieron avanzar con (5) _____. Tenían la (6) _____ de llegar antes de la medianoche.

Conexión personal ¿Alguna vez viste un eclipse? ¿Cómo fue la experiencia? ¿Hay algún fenómeno natural al que le tengas miedo? ¿Cuál? ¿Por qué?

Análisis literario: el microcuento

El microcuento es un relato breve, pero no por eso se trata de un relato simple. En estos cuentos, el lector participa activamente porque debe compensar los recursos utilizados (economía lingüística, insinuación, elipsis) a través de la especulación o haciendo uso de sus conocimientos previos. A medida que lees *El eclipse,* haz una lista de los conocimientos previos y también de las especulaciones que sean necesarias para comprender el relato. Después, compara tu lista con la de tus compañeros/as. ¿Qué elementos de sus listas coinciden?

EL ECLIPSE

Augusto Monterroso

Audio:
Dramatic Reading

friar

powerful/captured

Cuando fray° Bartolomé Arrazola se sintió perdido, aceptó que ya nada podría salvarlo. La selva poderosa° de Guatemala lo había apresado°, implacable y definitiva. Ante su ignorancia topográfica se
5 sentó con tranquilidad a esperar la muerte. Quiso morir allí, sin ninguna esperanza, aislado, con el pensamiento fijo en la España distante, particularmente en el convento de Los Abrojos, donde Carlos Quinto condescendiera una vez a bajar de su eminencia para decirle que confiaba en el celo°

zeal

redemptive 10 religioso de su labor redentora°.

surrounded Al despertar se encontró rodeado° por un grupo de
face indígenas de rostro° impasible que se disponían a sacrificarlo ante un altar, un altar que a Bartolomé le pareció como el
bed/fears lecho° en que descansaría, al fin, de sus temores°, de su
15 destino, de sí mismo.

Tres años en el país le habían conferido un mediano
command (of a language) dominio° de las lenguas nativas. Intentó algo. Dijo algunas palabras que fueron comprendidas.

Entonces floreció en él una idea que tuvo por digna de su talento y de su cultura universal y de su arduo conocimiento
20 de Aristóteles. Recordó que para ese día se esperaba un eclipse total de sol. Y dispuso, en lo más íntimo°, valerse de° aquel
deepest recesses/to take advantage of conocimiento para engañar° a sus opresores y salvar la vida.
to trick

—Si me matáis —les dijo— puedo hacer que el sol se oscurezca en su altura.

25 Los indígenas lo miraron fijamente y Bartolomé sorprendió la incredulidad en sus ojos. Vio que se produjo un pequeño
counsel/disdain consejo°, y esperó confiado, no sin cierto desdén°.

Dos horas después el corazón de fray Bartolomé Arrazola
was gushing chorreaba° su sangre vehemente sobre la piedra de los
30 sacrificios (brillante bajo la opaca luz de un sol eclipsado), mientras uno de los indígenas recitaba sin ninguna inflexión de voz, sin prisa, una por una, las infinitas fechas en que se producirían eclipses solares y lunares, que los astrónomos de la comunidad maya habían previsto y anotado en sus códices
35 sin la valiosa ayuda de Aristóteles. ∎

El eclipse
Augusto Monterroso

1 **Comprensión** Contesta las preguntas con oraciones completas.

1. ¿Dónde se encontraba fray Bartolomé?
2. ¿Conocía el protagonista la lengua de los indígenas?
3. ¿Qué querían hacer los indígenas con fray Bartolomé?
4. ¿Qué les advirtió fray Bartolomé a los indígenas?
5. ¿Qué quería fray Bartolomé que los indígenas creyeran?
6. ¿Qué recitaba un indígena mientras el corazón del fraile sangraba?

2 **Interpretación** Contesta las siguientes preguntas.

1. ¿Por qué crees que fray Bartolomé pensaba en el convento de Los Abrojos antes de morir?
2. ¿Cuál había sido la misión de fray Bartolomé en Guatemala?
3. ¿Quién le había encomendado esa misión?
4. ¿Por qué no le sirvieron a fray Bartolomé sus conocimientos sobre Aristóteles?

3 **Fenómenos naturales** En grupos de tres, investiguen acerca de un fenómeno o desastre natural, o un acontecimiento que haya despertado grandes temores o supersticiones.

A. Investiguen qué predicciones se hicieron de estos eventos y cuáles fueron sus consecuencias reales. Si lo desean, pueden elegir un evento que no esté en la lista. Presenten la investigación ante la clase.

- el cometa Halley
- la llegada del año 2000
- la amenaza nuclear durante la guerra fría
- la erupción del volcán Vesubio en Pompeya

B. Escriban un microcuento sobre uno de los fenómenos o acontecimientos presentados. Lean el microcuento al resto de la clase. Sus compañeros/as deben adivinar de qué fenómeno o acontecimiento se trata.

4 **Escribir** En la selva guatemalteca, fray Bartolomé seguramente observó gran cantidad de plantas silvestres y animales salvajes que no conocía hasta entonces. Investiga acerca de la flora y la fauna de la selva guatemalteca. Luego, imagina que eres fray Bartolomé y tienes que escribirle una carta al Rey Carlos V contándole lo que observaste en la selva. Usa el vocabulario de la lección.

MODELO Estimado Rey Carlos V: Como Su Majestad sabe, le escribo desde la selva de Guatemala, adonde llegué hace ya tres años. En esta carta, quiero contarle...

recursos
v̂Text
vhlcentral

Practice more at
vhlcentral.com.

Antes de leer

Vocabulario

ambiental	*environmental*	**el monte**	*mountain*
el bombardeo	*bombing*	**la pureza**	*purity*
el ecosistema	*ecosystem*	**el refugio**	*refuge*
la especie	*species*	**el terreno**	*land*
el/la manifestante	*protester*	**el veneno**	*poison*

El Yunque Completa las oraciones con el vocabulario de la tabla.

1. Puerto Rico es una isla de _____ muy variado: hay montañas, playas y hasta un bosque tropical, el Bosque Nacional del Caribe, también llamado El Yunque.

2. El Yunque tiene una diversidad de vegetación impresionante, que incluye casi 250 _____ de árboles.

3. También es un _____ natural para los animales, ya que en el bosque están protegidos de la caza (*hunting*).

4. El _____ más alto de El Yunque es El Toro, con una altura de 1.077 metros (3.533 pies).

5. Hay grupos dedicados a la protección _____ de El Yunque. Buscan preservar la _____ de este paraíso tropical.

Conexión personal ¿Qué significado tiene la naturaleza para ti? ¿Es una fuente de trabajo o de alimento (*food*)? ¿O es un lugar de diversión y belleza? ¿Qué haces para proteger la naturaleza? ¿Cómo crees que será el mundo natural dentro de cien años? ¿Y dentro de quinientos?

Contexto cultural

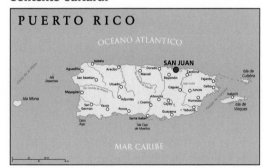

Situada en el agua transparente del Mar Caribe, la pequeña isla de **Vieques** es un refugio de lagunas, bahías y playas que forman un hábitat ideal para varias clases de tortugas marinas (*sea turtles*), el manatí y arrecifes de coral. La gente de Vieques comparte los pequeños montes y las aguas cristalinas (*crystal clear*) de la isla con una rica variedad de flora y fauna, entre ellas cinco especies de plantas y diez especies de animales en peligro de extinción. La isla de Vieques, de 33 kilómetros de largo por 7,2 de ancho (20,5 por 4,3 millas), es un municipio de Puerto Rico que tiene nueve mil habitantes. Puerto Rico es un Estado Libre Asociado de los Estados Unidos. Los habitantes de Puerto Rico, también llamados *boricuas*, son ciudadanos estadounidenses.

La conservación de Vieques

Vieques — Vista aérea de la zona de maniobras militares

"¡Vieques renace!"° anuncia el gobierno de este municipio puertorriqueño, que busca estimular la economía de una isla rica en naturaleza, pero pobre en economía. Vieques dispone de° sitios arqueológicos importantes, playas espectaculares, un fuerte° histórico y una bahía bioluminiscente, la Bahía Mosquito, que es una maravilla de la naturaleza. Sus arrecifes de coral contienen un ecosistema de enorme productividad y diversidad biológica. Forman un pequeño paraíso que alberga y protege una inmensa variedad de especies de plantas y animales acuáticos.

5

Vieques is reborn!

boasts

fort

10 Sin embargo, en vez de tener una tradición de alto turismo, la isla ha padecido° graves problemas. Vieques fue utilizada para prácticas de bombardeo desde 1941. En esa época muchas personas fueron desalojadas° cuando la Armada° de los Estados Unidos 15 ocupó dos áreas en los extremos de la isla. Las prácticas continuaron por varias décadas, pero 20 en abril de 1999 un guardia de seguridad murió cuando una bomba cayó fuera de la zona de tiro°. 25 La muerte de David Sanes encolerizó° a los viequenses° y dio origen° a una campaña de desobediencia civil.

30 El presidente Clinton prometió cesar el entrenamiento° de bombardeo en Vieques, pero éste continuó con bombas inertes a pesar de que los viequenses habían exigido "¡Ni una bomba más!". Los manifestantes entraban en

suffered
evicted
Navy
live-fire range
angered inhabitants of Vieques gave rise to
training

la zona de tiro y establecían campamentos; otros se manifestaban° en Puerto Rico y en 35 los Estados Unidos, y pronto captaron° la atención internacional. Robert Kennedy, Jr., Jesse Jackson, Rigoberta Menchú y el Dalai Lama, entre otros, hicieron declaraciones a 40 favor de° Vieques y muchas personas fueron a la cárcel° después de ser arrestadas en la zona de tiro.

La protesta se centró en 45 gran parte en los problemas que las bombas habían causado al medioambiente, a la economía de Vieques y a la salud de los viequenses. 50 Las décadas de prácticas de bombardeo dejaron un nivel muy alto de contaminación, que incluye la presencia de uranio reducido (un veneno muy peligroso). 55 Algunos piensan que la incidencia de cáncer de Vieques—25 por ciento más alta que la de todo Puerto Rico—se debe a la exposición de los habitantes a elementos tóxicos. Estas acusaciones han provocado controversia ya 60 que la Armada negó los efectos sobre la salud de los viequenses. Finalmente, después de una dura campaña de protesta y lucha°, las prácticas de bombardeo terminaron para siempre en 2003. Los terrenos de la Armada 65 pasaron al Departamento de Caza y Pesca, y la Agencia de Protección Ambiental (EPA) declaró en 2005 que la limpieza ambiental de Vieques sería una de las prioridades nacionales. 70

Los extremos este y oeste de la isla ahora constituyen una reserva ambiental, la más grande del Caribe. Los viequenses esperan que la isla pueda, en su renacimiento, volver a un estado de mayor pureza natural y al mismo 75 tiempo, desarrollar su economía. Vieques sigue siendo un símbolo de resistencia y es un lugar cada día más popular para el turismo local y extranjero. ■

demonstrated
captured
supporting
jail
struggle

> **La protesta se centró en gran parte en los problemas que las bombas habían causado al medioambiente, a la economía de Vieques y a la salud de los viequenses.**

¿Qué es la bioluminiscencia?

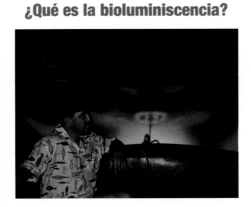

Es un efecto de fosforescencia verdeazul, causado por unos microorganismos que, al agitarse, dan un brillo extraordinario a las aguas durante la noche. El pez o bañista que se mueve bajo el agua emite una luz radiante. Para que se produzca este fenómeno extraordinario, se requiere una serie de condiciones muy especiales de temperatura, ambiente y poca contaminación.

Después de leer

La conservación de Vieques

1 Comprensión Elige la respuesta correcta.

1. Vieques es un municipio de
   (la República Dominicana/Puerto Rico).

2. Entre los atractivos de la isla se encuentra
   (un pico altísimo/una bahía bioluminiscente).

3. Los arrecifes de coral son importantes para la biodioversidad porque
   (albergan una inmensa variedad de especies/protegen la capa de ozono).

4. La protesta en contra de la presencia de la Armada se produjo después
   (de la muerte de un guardia de seguridad/de que hablara el Dalai Lama).

5. Las prácticas de bombardeo dejaron
   (problemas de erosión/un nivel alto de contaminación).

6. Muchas personas fueron arrestadas
   (por robar uranio reducido/por ingresar en la zona de prácticas de bombardeo).

7. Los extremos de la isla ahora contienen
   (una zona de tiro/una reserva ambiental).

8. La bioluminiscencia es un efecto causado por
   (microorganismos/la contaminación).

2 Interpretación Responde a las preguntas.

1. ¿Qué potencial turístico tiene Vieques? Da ejemplos.

2. ¿Qué hacía la Armada en Vieques?

3. ¿Cuál era el deseo de los manifestantes de Vieques?

4. ¿Por qué creen que la Armada de los Estados Unidos estaba autorizada a hacer prácticas de bombardeo en Vieques?

5. ¿Qué ocurre cuando una persona o un pez nada en la bahía bioluminiscente?

3 Ampliación En parejas, contesten las preguntas.

1. ¿Por qué es importante conservar una isla como Vieques?

2. ¿Qué efectos puede tener la declaración de la EPA? ¿Cómo puede mejorar la vida de los viequenses si se limpia la contaminación?

4 Reunión con el presidente En grupos de cuatro, inventen una conversación sobre las prácticas de la Armada de Estados Unidos. Por una parte hablan dos manifestantes, y por otra el Presidente Clinton y un(a) representante de la Armada. Utilicen los tiempos verbales que conocen, incluyendo el futuro. Después, representen la conversación delante de la clase.

5 El futuro de Vieques Imagina que vives en Vieques. Escribe una carta a un(a) amigo/a contándole cómo crees que cambiarán las cosas en tu isla. Explícale cómo se resolverán los problemas de contaminación y cómo se va a promover el turismo.

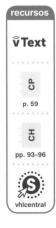

Practice more at
vhlcentral.com.

Atando cabos

¡A conversar!

Mascotas exóticas

A. En parejas, preparen una conversación. Imaginen que uno/a de ustedes se va de vacaciones y le pide a un(a) amigo/a que le cuide la mascota (*pet*) exótica. Utilicen las formas del futuro y las preposiciones aprendidas en esta lección.

B. Hablen sobre las preguntas y luego compartan sus opiniones con el resto de la clase. Usen las frases y expresiones del recuadro para expresar sus opiniones.

- ¿Creen que está bien tener mascotas exóticas? ¿Por qué?
- ¿Creen que está bien exhibir animales en los zoológicos? ¿Por qué?

No estoy (muy) de acuerdo.	Para mí, ...
No es así.	En mi opinión, ...
No comparto esa opinión.	(Yo) creo que...
No coincido.	Estoy convencido/a de que...

¡A escribir!

Patrimonio mundial Investiga sobre uno de estos lugares de Cuba declarados Patrimonio de la Humanidad por la UNESCO. Luego, escribe un artículo de viajes.

> Valle de Viñales
> Parque Nacional Alejandro de Humboldt

A. Usa estas preguntas como guía: ¿Dónde está el lugar que eligieron? ¿Cuáles son sus características? ¿Por qué fue declarado patrimonio mundial? ¿Tiene sólo valor natural o es importante por su cultura e historia?

B. Empieza con una oración expresiva sobre el aspecto principal del lugar. Luego añade detalles en orden de importancia.

C. Cuando hayas terminado, intercambia tu artículo con el de tu compañero/a para corregirlo.

recursos

v Text

CA
pp. 109–110

CP
p. 60

CH
pp. 97–98

My Vocabulary

La naturaleza

el árbol	tree
el arrecife	reef
el bosque (lluvioso)	(rain) forest
el campo	countryside; field
la cordillera	mountain range
la costa	coast
el desierto	desert
el mar	sea
la montaña	mountain
el paisaje	landscape; scenery
la tierra	land; earth
húmedo/a	humid; damp
seco/a	dry
a orillas de	on the shore of
al aire libre	outdoors

Los animales

el ave (f.)/ el pájaro	bird
el cerdo	pig
el conejo	rabbit
el león	lion
el mono	monkey
la oveja	sheep
el pez	fish
la rana	frog
la serpiente	snake
el tigre	tiger
la vaca	cow
atrapar	to trap; to catch
cazar	to hunt
dar de comer	to feed
extinguirse	to become extinct
morder (o:ue)	to bite
en peligro de extinción	endangered
salvaje	wild
venenoso/a	poisonous

Los fenómenos naturales

el huracán	hurricane
el incendio	fire
la inundación	flood
el relámpago	lightning
la sequía	drought
el terremoto	earthquake
la tormenta (tropical)	(tropical) storm
el trueno	thunder

El medio ambiente

el calentamiento global	global warming
la capa de ozono	ozone layer
el combustible	fuel
la contaminación	pollution; contamination
la deforestación	deforestation
el desarrollo	development
la erosión	erosion
la fuente de energía	energy source
el medio ambiente	environment
los recursos naturales	natural resources
agotar	to use up
conservar	to conserve; to preserve
contaminar	to pollute; to contaminate
contribuir (a)	to contribute
desaparecer	to disappear
destruir	to destroy
malgastar	to waste
proteger	to protect
reciclar	to recycle
resolver (o:ue)	to solve
dañino/a	harmful
desechable	disposable
renovable	renewable
tóxico/a	toxic

Más vocabulario

Expresiones útiles	Ver p. 209
Estructura	Ver pp. 216–217, 220–221 y 224–225

Cinemateca

la cisterna	cistern; underground tank
la salida	exit
el tanque	tank
la tubería	piping
el/la vándalo/a	vandal
acabarse	to run out; to come to an end
descuidar(se)	to get distracted; to neglect
disculparse	to apologize
quedarse sin	to run out of
envenenado/a	poisoned
resentido/a	resentful
sobre todo	above all

Literatura

la esperanza	hope
la prisa	hurry; rush
disponerse a	to be about to
florecer	to blossom
oscurecer	to darken
prever	to foresee
sacrificar	to sacrifice
salvar	to save
aislado/a	isolated
digno/a	worthy
valioso/a	valuable

Cultura

el bombardeo	bombing
el ecosistema	ecosystem
la especie	species
el/la manifestante	protester
el monte	mountain
la pureza	purity
el refugio	refuge
el terreno	land
el veneno	poison
ambiental	environmental

La tecnología y la ciencia

Contextos
páginas 244–247
- La tecnología
- La astronomía y el universo
- Los científicos
- La ciencia y los inventos

Fotonovela
páginas 248–251
- *El poder de la tecnología*

Enfoques
Argentina
páginas 252–255
- **En detalle:** Argentina: tierra de animadores
- **Perfil:** Innovar
- **Flash cultura:** Inventos argentinos

Estructura
páginas 256–265
- The present perfect
- The past perfect
- Diminutives and augmentatives

Cinemateca
páginas 266–269
- **Cortometraje:** *Happy Cool*

Lecturas
páginas 270–278
- **Literatura:** *Ese bobo del móvil* de Arturo Pérez-Reverte
- **Cultura:** *Hernán Casciari: arte en la blogosfera*

Atando cabos
página 279
- ¡A conversar!
- ¡A escribir!

Communicative Goals

VOICE BOARD

I will expand my ability to...
- describe past events and conditions
- emphasize the size of objects and people
- express affection or scorn

La tecnología y la ciencia

 My Vocabulary

La tecnología

Gisela se pasa largas horas frente a su **computadora portátil navegando en la red**, leyendo **blogs** y **descargando** su música preferida.

la arroba @ symbol

el blog blog

el buscador search engine

la computadora portátil laptop

la contraseña password

el corrector ortográfico spell checker

la dirección de correo electrónico e-mail address

la informática computer science

Internet Internet

el mensaje (de texto) (text) message

la página web web page

el programa (de computación) software

el reproductor de CD/DVD/MP3 CD/DVD/MP3 player

el (teléfono) celular cell phone

adjuntar (un archivo) to attach (a file)

borrar to erase

descargar to download

guardar to save

navegar en la red to surf the web

digital digital

en línea online

inalámbrico/a wireless

La astronomía y el universo

el agujero negro black hole

el cohete rocket

el cometa comet

el espacio space

la estrella (fugaz) (shooting) star

el/la extraterrestre alien

la gravedad gravity

el ovni UFO

el planeta planet

el telescopio telescope

el transbordador espacial space shuttle

Los científicos

el/la astronauta astronaut

el/la astrónomo/a astronomer

el/la biólogo/a biologist

el/la científico/a scientist

el/la físico/a physicist

el/la ingeniero/a engineer

el/la matemático/a mathematician

el/la (bio)químico/a (bio)chemist

La ciencia y los inventos

Los científicos han realizado incontables **experimentos** con el **ADN** humano, los cuales han sido esenciales para los **avances revolucionarios** de las últimas décadas.

el ADN (ácido desoxirribonucleico) *DNA*

el avance *advance; breakthrough*

la célula *cell*

el desafío *challenge*

el descubrimiento *discovery*

el experimento *experiment*

el gen *gene*

el invento *invention*

la patente *patent*

la teoría *theory*

clonar *to clone*

comprobar (o:ue) *to prove*

crear *to create*

fabricar *to manufacture; to make*

formular *to formulate*

inventar *to invent*

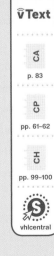

investigar *to investigate; to research*

avanzado/a *advanced*

(bio)químico/a *(bio)chemical*

especializado/a *specialized*

ético/a *ethical*

innovador(a) *innovative*

revolucionario/a *revolutionary*

recursos

v̂ Text

CA
p. 83

CP
pp. 61–62

CH
pp. 99–100

S
vhlcentral

---

1 **Escuchar**

A. Escucha lo que dice Mariana Serrano y luego decide si las oraciones son **ciertas** o **falsas**. Corrige las falsas.

1. Mariana Serrano es la presidenta de la Asociación de Ingenieros de Mar del Plata.

2. Mariana Serrano reflexiona sobre los desafíos del futuro.

3. No hay dinero para investigar nuevas medicinas.

4. Carlos Obregón es astrónomo.

B. Escucha la conversación entre Carlos Obregón y Mariana Serrano y contesta las preguntas.

1. ¿Qué le ha pasado a Carlos?

2. ¿De qué sabe mucho el amigo de Carlos?

3. ¿Qué adjuntó el amigo de Carlos en el correo electrónico?

4. ¿Dónde escribe Mariana casi todos los días?

5. ¿Qué le tiene que dar Mariana a Carlos?

6. ¿Cómo se la va a dar Mariana?

2 **Definiciones** Conecta cada descripción con la palabra correcta.

_____ 1. Se utiliza en las direcciones de correo electrónico.

_____ 2. Un objeto extraterrestre.

_____ 3. Reproducir un ser vivo exactamente igual.

_____ 4. Se utiliza para investigar en Internet.

_____ 5. El vehículo que se utiliza para ir al espacio.

_____ 6. Se utiliza para ver las estrellas.

a. cohete
b. buscador
c. telescopio
d. clonar
e. arroba
f. ovni

Práctica

3 **No pertenece** Identifica la palabra que no pertenece al grupo.

1. ADN–célula–buscador–gen

2. astronauta–red–cohete–espacio

3. descargar–adjuntar–guardar–clonar

4. descubrimiento–gravedad–avance–invento

5. bioquímico–avanzado–revolucionario–innovador

6. científico–biólogo–extraterrestre–ingeniero

4 **Para… se necesita…** ¿Qué se necesita para hacer lo siguiente? Añade
el artículo correcto: **un** o **una**.

buscador	corrector ortográfico	matemático	teléfono celular
computadora portátil	desafío	patente	telescopio
contraseña	experimento	reproductor	teoría

1. Para encontrar una lista de sitios web se necesita _____.

2. Para ver un DVD se necesita _____.

3. Para navegar en la red en la playa se necesita _____.

4. Para hacer una llamada en un autobús se necesita _____.

5. Para escribir sin errores en la computadora se necesita _____.

6. Para proteger la información de la computadora se necesita _____.

7. Para demostrar que uno es el inventor de un objeto se necesita _____.

8. Para observar la Luna y las estrellas desde la Tierra se necesita _____.

5 **Definiciones** Primero, elige cinco palabras de la lista y escribe una definición
para cada una. Luego, en parejas, túrnense para leerse las definiciones y
adivinar de qué palabra se trata.

MODELO   —Es un diario en Internet donde se pueden escribir los pensamientos
y opiniones personales.
—Es un **blog.**

astronauta	digital	invento
astrónomo/a	en línea	navegar en la red
biólogo/a	experimento	patente
borrar	físico/a	teléfono celular
descargar	gen	teoría

Practice more at
vhlcentral.com.

Comunicación

6 **Actualidad científica** Parece que no hay límites en los avances científicos. ¿Qué opinas tú sobre el tema? Marca las afirmaciones con las que estés de acuerdo y comparte tus opiniones con un(a) compañero/a.

☐ 1. La clonación de seres humanos es una herramienta importante para luchar contra las enfermedades genéticas.

☐ 2. La clonación de seres humanos disminuirá (*will diminish*) nuestro respeto por la vida humana.

☐ 3. Es injusto que el gobierno invierta en programas para viajar a la Luna cuando hay gente que muere de hambre en la Tierra.

☐ 4. El exceso de estimulación visual y sonora de los videojuegos afecta el desarrollo de los niños.

☐ 5. Las redes sociales, como Facebook, favorecen las relaciones personales.

☐ 6. La abundancia de información en la red es buena para la humanidad.

7 **Soluciones** En grupos de tres, den consejos a estas personas para solucionar sus situaciones. Utilicen la imaginación y tantas palabras del vocabulario como puedan.

● Un astrónomo ha detectado una tormenta espacial y piensa que puede ser peligroso mandar un cohete al espacio. No quiere que los astronautas estén en peligro. Sus jefes, sin embargo, no quieren cancelarlo porque, de lo contrario, saben que recibirán críticas en los periódicos.

● Celia ha escrito un mensaje de texto para su amiga, pero se lo ha enviado a su jefe por error. El mensaje decía: "Eva, ¡mi jefe está loco!" Celia necesita una solución antes de que sea demasiado tarde.

8 **Observaciones de la galaxia** En parejas, escriban una historia corta basada en el dibujo. Utilicen por lo menos ocho palabras de **Contextos**. ¡Dejen volar la imaginación!

> **¿Quién era el hombre?**
>
> **¿Dónde estaba?**
>
> **¿Qué quería hacer?**
>
> **¿Qué hecho inesperado sucedió?**

La oficina de la revista *Facetas* recibe una pantalla plana.

Video: *Fotonovela*

PERSONAJES   AGUAYO   DIANA

HOMBRE 1 Aquí está la pantalla líquida que pidieron. Pues, tiene imagen digital, sonido de alta definición, control remoto universal y capacidad para conexión de satélite e Internet desde el momento de la instalación.

JOHNNY ¿Y está en esa caja tan grandota?

HOMBRE 1 Si es tan amable, me da su firmita en la parte de abajo, por favor.

Johnny está en el suelo desmayado.

HOMBRE 2 ¿Por qué no piden una ambulancia?

MARIELA No se preocupe. Fue sólo una pequeñísima sobredosis de euforia.

HOMBRE 1 ¡Esto es tan emocionante! Nunca se había desmayado nadie.

FABIOLA No conocían a Johnny.

HOMBRE 2 Eso es lo que yo llamo "el poder de la tecnología".

ÉRIC Jefe, pruebe con esto a ver si despierta. (*Le entrega un poco de sal*).

AGUAYO ¿Qué se supone que haga?

ÉRIC Ábralo y páseselo por la nariz.

AGUAYO Esto no funciona.

DIANA Ay, yo conozco un remedio infalible.

ÉRIC ¡¿Qué haces?!

Diana le pone sal en la boca a Johnny. Johnny se despierta.

Más tarde... Johnny y Fabiola van a poner la pantalla en la pared.

AGUAYO Johnny, ¿estás seguro de que sabes lo que haces?

JOHNNY Tranquilo, jefe, no es tan difícil.

FABIOLA Es sólo un agujerito en la pared.

El teléfono suena.

MARIELA Revista *Facetas*, buenas tardes. Jefe, tiene una llamada de su esposa en la línea tres.

AGUAYO Pregúntale dónde está y dile que la llamo luego.

MARIELA Un segundito.

AGUAYO Estaré en mi oficina. No quiero ver este desorden.

Mientras trabajan, se va la luz.

FABIOLA ¡Johnny!

JOHNNY ¿Qué pasó?

FABIOLA ¡Johnny! ¡Johnny!

JOHNNY Está bien, está bien. Ahí viene el jefe.

AGUAYO No es tan difícil. Es sólo un agujerito en la pared... ¡No funciona ni el teléfono!

JOHNNY (*a Aguayo*) Si quiere, puede usar mi celular.

ÉRIC

FABIOLA

JOHNNY

MARIELA

HOMBRE 1

HOMBRE 2

JOHNNY ¿Sabían que en el transbordador espacial de la NASA tienen este tipo de pantallas?

MARIELA Espero que a ningún astronauta le dé por desmayarse.

AGUAYO ¿Dónde vamos a instalarla?

DIANA En esta pared, pero hay que buscar quien lo haga porque nosotros no tenemos las herramientas.

JOHNNY ¿Qué? ¿No tienes una caja (de herramientas)?

ÉRIC A menos que quieras pegar la pantalla con cinta adhesiva y luego ponerle aceite lubricante, no.

FABIOLA Hay una construcción allá abajo.

Johnny y Fabiola se van a buscar las herramientas.

Más tarde, en la sala de conferencias...

AGUAYO Rodeados de la mejor tecnología para terminar alumbrados por unas velas.

DIANA Nada ha cambiado desde los inicios de la humanidad.

MARIELA Hablando de cosas profundas... ¿Alguna vez se han preguntado adónde se va la luz cuando se va?

Expresiones útiles

Expressing size
Si es tan amable, ¿me da su firmita?
Would you please sign? (Lit. If you were so kind, would you give me your little signature?)
Fue sólo una pequeñísima sobredosis de euforia.
It was just a tiny overdose of euphoria.
Un segundito.
Just a second. (Lit. A tiny second.)
¿Y está en esa caja tan grandota?
And is it in that really big box?

Talking about what has/had happened
Nada ha cambiado.
Nothing has changed.
¿Alguna vez se han preguntado...?
Have you ever asked yourselves...?
Nada había cambiado.
Nothing had changed.
Nunca se había desmayado nadie.
No one had ever fainted before.

Additional vocabulary
el agujerito *small hole*
alta definición *high definition*
la conexión de satélite
  satellite connection
el control remoto universal
  universal remote control
el desorden *disorder; mess*
funcionar *to work*
la herramienta *tool*
la imagen *image*
instalar *to install*
la luz *power; electricity*
la pantalla (plana) *(flat) screen*
rodeado/a *surrounded*

recursos

vText

CA
pp. 43–44

S vhlcentral

Comprensión

1 **¿Cierto o falso?** Indica si las oraciones son **ciertas** o **falsas**.

1. Johnny se desmayó debido a la euforia del momento.
2. La nueva tecnología no impresiona a nadie.
3. Aguayo está preocupado por lo que hace Johnny.
4. A pesar de los avances de la tecnología, las velas son prácticas.
5. Según Diana, sus remedios nunca funcionan.

2 **Razones** Elige el final lógico para cada oración.

—— 1. Alguien propone pedir una ambulancia porque

—— 2. Éric le explica a Aguayo cómo despertar a Johnny porque

—— 3. Diana propone buscar a alguien para instalar la pantalla porque

—— 4. Aguayo se encierra en su oficina porque

—— 5. Los empleados alumbran la oficina con velas porque

a. no tienen herramientas.
b. no hay luz.
c. Aguayo no sabe cómo hacerlo.
d. no quiere ver el desorden.
e. Johnny se desmayó.

3 **Definiciones** Busca en la **Fotonovela** la palabra que corresponda a cada definición.

———— 1. Artefacto que permite controlar a distancia distintos aparatos electrónicos.

———— 2. Poner o colocar algo en un lugar adecuado.

———— 3. Vehículo que viaja por el espacio.

———— 4. Instrumentos que generalmente se usan para instalar o para arreglar algo.

———— 5. Red informática mundial formada por la conexión directa entre las computadoras.

———— 6. Sistema inalámbrico de televisión que incluye acceso a gran variedad de películas, eventos deportivos y noticias internacionales.

4 **¿Por qué lo dicen?** En parejas, expliquen a qué se refieren los personajes de la **Fotonovela** en cada cita (*quote*).

1. **HOMBRE** Eso es lo que yo llamo "el poder de la tecnología".
2. **MARIELA** Fue sólo una pequeñísima sobredosis de euforia.
3. **AGUAYO** ¿Estás seguro de que sabes lo que haces?
4. **DIANA** Nada ha cambiado desde los inicios de la humanidad.
5. **AGUAYO** ¡No funciona ni el teléfono!
6. **DIANA** Yo conozco un remedio infalible.

 Practice more at
vhlcentral.com.

Ampliación

5 **¿Adicto a Internet?** Conversa con tu compañero/a sobre estas preguntas y luego decide si él/ella es adicto/a a Internet.

1. ¿Cuántas cuentas de correo electrónico tienes? ¿Con qué frecuencia la chequeas?

2. ¿Dejas de hacer las tareas de clase o trabajo por pasar más tiempo navegando en Internet? ¿Por qué? Explica con ejemplos.

3. ¿Visitas sitios de chat? ¿Cuáles? ¿Con quién hablas? ¿Piensas que es más divertido chatear que charlar en persona?

4. Si se corta la conexión a Internet por más de tres días, ¿cómo te sientes?, ¿te pones ansioso/a?, ¿permaneces indiferente? Explica con ejemplos.

5. Si necesitas hablar con un(a) amigo/a que vive cerca, ¿prefieres chatear o ir directamente a su casa?

6 **Apuntes culturales** En parejas, lean los párrafos y contesten las preguntas.

Los cibercafés

¡Johnny podrá usar la nueva pantalla para navegar por Internet! En Hispanoamérica, fuera de la casa y el trabajo, los **cibercafés** son sitios muy populares para acceder a Internet. Además, es un punto de encuentro entre amigos, ya que se sirve café y comida. ¿Seguirá yendo Johnny a los cibercafés o ahora llevará a sus amigos a la oficina?

Los mensajes de texto

Johnny le prestó el celular a Aguayo para que se comunicara con su esposa. Si viviera en Argentina, seguramente haría como la mayoría de los argentinos y le enviaría un **mensaje de texto** a su esposa diciendo: "tamos sin luz n l ofi. dsps t llamo" (Estamos sin luz en la oficina. Después te llamo). ¡Ojalá que el jefe no le gaste todos los minutos a Johnny!

La conexión satelital

Con conexión satelital, Johnny podrá acceder a canales de todo el mundo. De igual modo, muchos inmigrantes hispanos en los EE.UU. pueden seguir en contacto con sus países de origen gracias a este servicio: los ecuatorianos pueden mirar **ECUAVISA Internacional** y los peruanos, **Sur Perú**.

1. ¿Has estado en algún cibercafé? ¿Cuándo? ¿Dónde? ¿Son comunes los cibercafés donde tú vives? ¿Dónde te conectas habitualmente?

2. Muchos jóvenes prefieren enviar mensajes de texto en lugar de llamar por teléfono. ¿Tú mandas mensajes de texto? ¿A quiénes? ¿Cuántos por día?

3. ¿Existe en tu cultura un lenguaje especial para los mensajes de texto? Explica con varios ejemplos.

4. ¿Cuántos canales de televisión tienes en tu casa? ¿Cuáles son los que miras más a menudo?

ARGENTINA

En detalle

Additional Reading

ARGENTINA: TIERRA DE ANIMADORES

Hijitus

Indudablemente°, todos pensamos en Walt Disney como el gran creador y el pionero del cine de animación, pero no estuvo solo durante esos primeros años; artistas de muchos países experimentaron con nuevas técnicas cinematográficas. El argentino Quirino Cristiani fue uno de ellos y, aparte de ser el primero en crear un largometraje de animación, *El apóstol* (1917), inventó y patentó una cámara especial para este tipo de cine. Ésta tenía forma de torre° y se manejaba con los pies, hecho que le permitía usar las manos para crear el movimiento de los dibujos. Cristiani fue, también, el primero en poner sonido a una cinta animada de larga duración, *Peludópolis* (1931). Desafortunadamente, todas sus películas, excepto *El mono relojero*, fueron destruidas a causa de dos incendios° en los años 1957 y 1961.

El éxito argentino en el mundo de la animación no se acabó con esta catástrofe. El auge de la animación en Argentina se produjo en los años 60 y 70, cuando el historietista Manuel García Ferré, un español naturalizado argentino, llevó a la pantalla televisiva a su personaje *Hijitus*. Ésta fue la primera y la más exitosa serie televisiva animada de Latinoamérica. Hijitus es un niño de la calle que vive en la ciudad de Trulalá, asediada° por personajes malvados°, como la Bruja Cachavacha y el Profesor Neurus. Para luchar contra Neurus y su pandilla°, Hijitus se convierte en Súper Hijitus. García Ferré es también el creador de otros éxitos televisivos y cinematográficos, como *Petete, Trapito, Calculín, Ico* y *Manuelita*.

Entre la nueva generación de animadores, se destaca° Juan Pablo Zaramella, un joven creador de enorme proyección internacional. Zaramella realiza muchas de sus películas usando plastilina° y el método *stop-motion*. Su corto *Viaje a Marte* ha recibido más de cincuenta premios en todo el mundo. ■

Diferentes técnicas del cine de animación

Dibujos animados Cada fotograma de la película es un dibujo diferente. Se combinan los dibujos para crear la idea de movimiento.

Stop-motion Los escenarios y personajes están hechos en tres dimensiones, normalmente con plastilina. En el caso de la técnica *claymation* (subcategoría del *stop-motion*), se van moviendo los objetos y se toman fotos de los movimientos.

Animación por computadora Se generan imágenes en diferentes programas de computadora.

Indudablemente *Undoubtedly* **torre** *tower* **incendios** *fires* **asediada** *besieged* **malvados** *evil* **pandilla** *gang* **se destaca** *stands out* **plastilina** *modeling clay*

Animación y computación

las caricaturas (Col., Méx.)
los dibujitos (Arg.) *cartoons*
los muñequitos (Cu.)

las películas CG *CG movies*

el/la laptop (Amér. L.)
la notebook (Arg.) *laptop*
el portátil (Esp.)

el computador (Col. y Chi.)
el ordenador (Esp.) *computer*

el mouse (Amér. L.)
el ratón (Esp. y Pe.) *mouse*

Otros pioneros hispanos

Las investigaciones sobre **las neuronas** de la bióloga argentina Cecilia Bouzat, han contribuido a comprender mejor enfermedades como el Alzheimer. En 2014, Bouzat recibió el prestigioso premio L'Oreal-Unesco para la Mujer en la Ciencia.

Ellen Ochoa, una mujer nacida en California de ascendencia mexicana que de niña soñó con ser flautista, se ha convertido en **la primera astronauta hispana** en trabajar para la NASA. También ha obtenido tres patentes por inventos relacionados con **sistemas ópticos de análisis**.

Durante la década de los 50, el ingeniero chileno Raúl Ramírez inventó y patentó una pequeña máquina manual llamada **CINVA–RAM** que permitía a las familias pobres construir los muros° de sus casas. Hoy, esta máquina se utiliza en programas de "viviendas autosustentables", por los que las familias construyen° sus propias casas.

INNOVAR

El Ministerio de Ciencia, Tecnología e Innovación Productiva de Argentina organiza anualmente un concurso para emprendedores° e innovadores inventores argentinos. Con ocho categorías y más de cincuenta premios valorados en un total de 950.000 pesos (unos 100.000 dólares estadounidenses), cada año se presentan al certamen° miles de investigadores, diseñadores, técnicos y estudiantes universitarios disputándose estos prestigiosos trofeos.

Desde que el proyecto *Innovar* comenzó en 2005, ha otorgado premios a cientos de fascinantes e ingeniosos inventos, desde una bicicleta accionada a mano hasta un robot que se puede desarmar° para aprender su mecanismo e interactuar con él (ver foto), pasando por textiles que repelen a los mosquitos, un deshidratador solar para verduras e incluso plantas que resisten la sequía.

> **"Los inventos han alcanzado ya su límite y no veo esperanzas de que se mejoren en el futuro."**
> (Julius Sextus Frontinus, ingeniero romano, siglo I)

Conexión Internet

¿Qué inventos facilitan la vida cotidiana de las personas con discapacidades?

Investiga sobre este tema en **vhlcentral.com**.

muros *walls* **construyen** *build* **emprendedores** *enterprising* **certamen** *contest* **desarmar** *disassemble*

¿Qué aprendiste?

1 **¿Cierto o falso?** Indica si las oraciones son **ciertas** o **falsas**. Corrige las falsas.

1. Walt Disney fue el primer director que realizó un largometraje de animación.

2. La cámara que inventó Cristiani sólo le permitía trabajar con las manos.

3. La primera película de animación con sonido fue *El apóstol.*

4. Las películas del cineasta Quirino Cristiani fueron robadas.

5. El auge de la animación en Argentina se produjo en los años 60 y 70.

6. Hijitus es un personaje creado por Juan Pablo Zaramella.

7. Hijitus se convierte en Súper Hijitus para luchar contra el Profesor Neurus y su pandilla.

8. El cortometraje de Zaramella, *Viaje a Marte*, ha ganado más de cincuenta premios en Argentina.

9. En los dibujos animados, cada uno de los fotogramas de la película es un dibujo diferente.

10. En el sistema de *stop-motion*, los escenarios y personajes se dibujan en programas de computadora.

2 **Oraciones** Subraya la opción correcta.

1. *Innovar* es un concurso argentino para (escritores/inventores).

2. El chileno Raúl Ramírez inventó una máquina para levantar (pesas/muros).

3. El mexicano Guillermo González Camarena patentó (una cámara de cine/el primer televisor a color).

4. Ellen Ochoa es (flautista y astronauta/ astronauta e inventora).

5. Si estás en Colombia y quieres ver animación, dices que quieres ver (dibujitos/caricaturas).

3 **Preguntas** En parejas, contesten las preguntas.

1. ¿Qué técnica crees que tiene más dificultad: la *claymation* o la animación por computadora? ¿Por qué?

2. ¿Por qué crees que en muchos países hispanos se usan términos de computación en inglés, como *mouse* o *laptop*? ¿Está bien usarlos o deben usarse términos en español?

3. ¿Por qué crees que el gobierno argentino creó *Innovar*? ¿Piensas que es una buena inversión?

4 **Opiniones** En parejas, hagan una lista con los cinco inventos más importantes de los últimos cien años. ¿Por qué los han elegido? Compartan su opinión con la clase. ¿Hay algún invento que esté en todas las listas? ¿Cuál es el más importante? ¿Están de acuerdo?

PROYECTO

Inventores

Busca información sobre un(a) inventor(a) argentino/a (o de otro país hispanohablante) y prepara una presentación para la clase sobre su vida y su invento más importante. Debes incluir:

• una breve biografía del/de la inventor(a)

• una descripción del invento

• el uso de su invento

• una foto o una ilustración del invento

• tu opinión acerca de la importancia del invento en la época en la que vivió el/la inventor(a) y en la actualidad

Practice more at **vhlcentral.com**.

Video: *Flash cultura*

Inventos argentinos

Ya conoces los aportes (*contributions*) argentinos al mundo del cine y de la tecnología. En este episodio de **Flash cultura**, descubrirás la gran variedad de inventos argentinos que han marcado un antes y un después en la historia de la humanidad.

VOCABULARIO ÚTIL

la birome (*Arg.*) *ballpoint pen*

el frasco *bottle*

la jeringa descartable *disposable syringe*

la masa (cruda) *(raw) dough*

la pluma *fountain pen*

la sangre *blood*

el subterráneo *subway*

la tinta *ink*

Preparación ¿Qué creaciones argentinas conoces hasta ahora? ¿Cuál te parece más interesante? ¿Por qué?

Comprensión Indica si estas afirmaciones son **ciertas** o **falsas**. Después, en parejas, corrijan las falsas.

1. La primera línea de metro en Latinoamérica se construyó en Montevideo.

2. El sistema de huellas dactilares fue creación de un policía de Buenos Aires.

3. El helicóptero de Raúl Pescara, además de eficaz, es un helicóptero seguro y capaz de moverse en dos direcciones.

4. El *by-pass* y la jeringa descartable son inventos argentinos.

5. Una birome es un bolígrafo.

6. La compañía Estmar inventó los zapatos ideales para bailar tango.

Expansión En parejas, contesten estas preguntas.

- ¿Qué invento les parece más importante? ¿Por qué?

- Si estuvieran en Argentina, ¿qué harían primero: ir a una función de tango, visitar un museo de ciencia y tecnología o comerse una empanada?

- Si tuvieran que prescindir de (*do without*) un invento argentino, ¿de cuál sería? ¿Por qué creen que es el menos importante?

Corresponsal: Silvina Márquez
País: Argentina

El colectivo es un autobús de corta distancia inventado por dos porteños° en 1928.

La mejor manera de identificar personas mediante sus huellas dactilares° se la debemos a un policía de Buenos Aires.

El semáforo° especial permite, mediante sonidos, avisarles a los ciegos°—es decir, los no videntes—cuándo pueden cruzar la calle.

porteños *residents of Buenos Aires* **huellas dactilares** *fingerprints*
semáforo *traffic light* **ciegos** *blind people*

recursos

vhlcentral

Practice more at
vhlcentral.com.

7.1 The present perfect Tutorial

Nada ha cambiado desde los inicios de la humanidad.

¡ATENCIÓN!

While English speakers often use the present perfect to express actions that continue into the present time, Spanish uses the phrase **hace** + [*period of time*] + **que** + [*present tense*].

Hace dos años que estudio español.

I have studied Spanish for two years.

● In Spanish, as in English, the present perfect tense (**el pretérito perfecto**) expresses what *has happened*. It generally refers to recently completed actions or to a past that still bears relevance in the present.

> Mi jefe **ha decidido** que a partir de esta semana hay que comunicarse por Internet y no gastar en llamadas internacionales.
> *My boss has decided that as of this week we have to communicate through the Internet rather than spend money on international calls.*

> Juan **ha terminado** la carrera de ingeniería, pero aún no **ha decidido** qué va a hacer a partir de ahora.
> *Juan has graduated as an engineer, but he still hasn't decided what to do from now on.*

● The present perfect is formed with the present tense of the verb **haber** and a past participle. Regular past participles are formed by adding **-ado** to the stem of **-ar** verbs, and **-ido** to the stem of **-er** and **-ir** verbs.

The present perfect		
comprar	**beber**	**recibir**
he comprado	he bebido	he recibido
has comprado	has bebido	has recibido
ha comprado	ha bebido	ha recibido
hemos comprado	hemos bebido	hemos recibido
habéis comprado	habéis bebido	habéis recibido
han comprado	han bebido	han recibido

● Note that past participles do not change form in the present perfect tense.

> Todavía no **hemos comprado** las computadoras nuevas.
> *We still haven't bought the new computers.*

> La bióloga aún no **ha terminado** su trabajo de investigación.
> *The biologist hasn't finished her research work yet.*

● To express that something *has just happened*, use **acabar de** + [*infinitive*]. **Acabar** is a regular **-ar** verb.

> **Acabo de recibir** un mensaje de texto.
> *I've just received a text message.*

> **¡Acabamos de ver** un ovni!
> *We just saw a UFO!*

- When the stem of an **-er** or **-ir** verb ends in **a, e,** or **o,** the past participle requires a written accent (**ído**) to maintain the correct stress. No accent mark is needed for stems ending in **u.**

ca-er → caído   le-er → leído

o-ír → oído   constru-ir → construido

- Many verbs have irregular past participles.

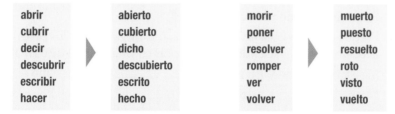

abrir	abierto	morir	muerto
cubrir	cubierto	poner	puesto
decir	dicho	resolver	resuelto
descubrir	descubierto	romper	roto
escribir	escrito	ver	visto
hacer	hecho	volver	vuelto

> Perdón, es que **he escrito** cuatro mensajes por correo electrónico y todavía no me **han resuelto** el problema.
> *Excuse me, but I have written four e-mails and you still haven't solved my problem.*

> El ingeniero me asegura que ya **ha visto** sus mensajes y dice que muy pronto lo llamará.
> *The engineer assures me that he has seen your e-mails and says he will call you soon.*

- Note that, unlike in English, the verb **haber** may not be separated from the past participle by any other word (**no,** adverbs, pronouns, etc.).

> ¿Por qué **no has patentado todavía** tu invento?
> *Why haven't you patented your invention yet?*

> ¡**Todavía no lo he terminado** de perfeccionar!
> *I haven't yet finished perfecting it!*

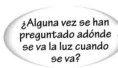

¿Alguna vez se han preguntado adónde se va la luz cuando se va?

- Note that when a past participle is used as an adjective, it must agree in number and gender with the noun it modifies. Past participles are often used as adjectives with **estar** or other verbs to describe physical or emotional states.

> Las fórmulas matemáticas ya están **preparadas**.
> *The mathematical equations are already prepared.*

> Los laboratorios están **cerrados** hasta el lunes.
> *The laboratories are closed until Monday.*

recursos

v̂Text

CA
pp. 19, 84

CP
pp. 63–64

CH
pp. 103–104

S

vhlcentral

Práctica

1 **El asistente de laboratorio** La directora del laboratorio está enojada porque el asistente ha llegado tarde. Completa la conversación con las formas del pretérito perfecto.

DIRECTORA ¿Dónde (1) _____ (estar) tú toda la mañana y qué (2) _____ (hacer) con mi computadora portátil?

ASISTENTE Ay, (yo) (3) _____ (tener) la peor mañana de mi vida... Resulta que ayer me llevé su computadora para seguir con el análisis del experimento y...

DIRECTORA Pero, ¿por qué no usaste la tuya?

ASISTENTE Porque usted todavía no (4) _____ (descargar) todos los programas que necesito. Estaba haciendo unas compras en la tarde, y la dejé en alguna parte.

DIRECTORA Me estás mintiendo. En realidad la (5) _____ (romper), ¿no?

ASISTENTE No, no la (6) _____ (romper); la (7) _____ (perder). Por eso esta mañana (8) _____ (volver) a todas las tiendas y les (9) _____ (preguntar) a todos por ella. De momento, nadie la (10) _____ (ver).

2 **Oraciones** Combina los elementos para formar oraciones completas. Utiliza el pretérito perfecto y añade elementos cuando sea necesario.

> **MODELO** yo / siempre / querer / un iPad
> Yo siempre he querido un iPad.

1. nosotros / comprar / cámara digital más innovadora
2. tú / nunca / pensar / en ser matemático
3. los científicos / ya / descubrir / cura
4. el profesor / escribir / fórmulas en la pizarra
5. mis padres / siempre / creer / en los ovnis

3 **Experiencias** Indica si has hecho o experimentado lo siguiente.

> **MODELO** ir al Polo Sur
> No he ido al Polo Sur, pero he viajado a Latinoamérica.

1. viajar a la luna
2. ganar la lotería
3. ver a un extraterrestre
4. inventar algo
5. conocer al presidente del país
6. estar despierto/a por más de dos días
7. hacer algo revolucionario
8. soñar con ser astronauta

4 **Preguntas personales** Busca un(a) compañero/a de clase a quien no conozcas bien y hazle preguntas sobre su vida usando el pretérito perfecto.

> **MODELO** —¿Has tomado clases de informática?
> —Sí, he tomado muchas clases de informática. ¡Siempre me ha fascinado la tecnología!

conocer a una persona famosa	ganar algún premio
escribir poemas	visitar un país hispano
participar en una obra de teatro	vivir en el extranjero

Practice more at
vhlcentral.com.

Comunicación

5 **Tecnofobia** Utiliza el pretérito perfecto para completar las oraciones. Luego, en parejas, conviertan las oraciones de la encuesta en preguntas para descubrir si son tecnomaníaticos/as o tecnofóbicos/as. Comparen los resultados. ¿Están de acuerdo?

¿Eres tecnofóbico?

No parece haber punto intermedio: generalmente, la gente ama la tecnología o la odia. Completa las oraciones para saber si eres tecnomaníatico o tecnofóbico.

1. Yo _____ (comprar) ___ aparatos electrónicos durante el último año.
   a. más de diez
   b. entre cinco y diez
   c. menos de cinco
   d. cero

2. Yo _____ (tratar) de aprender ___ sobre los avances tecnológicos de los últimos meses.
   a. todo lo posible
   b. lo suficiente
   c. un poco
   d. muy poco

3. Para comunicarme con mis amigos, siempre _____ (preferir) ___.
   a. Facebook o Twitter
   b. los mensajes de texto telefónicos
   c. las llamadas telefónicas
   d. las cartas escritas a mano

4. Los recursos que _____ (utilizar) más este año para hacer investigaciones son ___.
   a. buscadores
   b. enciclopedias en línea
   c. las bases de datos de la biblioteca
   d. enciclopedias tradicionales

5. Para las noticias diarias, mi fuente favorita esta semana _____ (ser) ___.
   a. Internet
   b. la televisión
   c. la radio
   d. el periódico

6. Para conseguir música, yo _____ (depender) sobre todo de ___.
   a. escuchar música en Internet
   b. descargar archivos MP3
   c. comprar los CD en línea
   d. escuchar los CD de mis padres

7. El teléfono que _____ (usar) más este año es ___.
   a. un celular nuevo con *wi-fi*
   b. el celular que compré hace tres años
   c. el teléfono de casa
   d. ninguno; prefiero hablar en persona

8. Siempre _____ (creer) que los avances tecnológicos ___ la calidad de vida.
   a. son esenciales para
   b. mejoran
   c. pueden empeorar
   d. arruinan

Clave

a.	= 3 puntos
b.	= 2 puntos
c.	= 1 punto
d.	= 0 puntos

Resultados

19 - 24 ¡Eres **tecnomaníatico**!

13 - 18 Te sientes cómodo en un mundo tecnológico.

7 - 12 No te has mantenido al día con los avances recientes.

0 - 6 ¡Eres **tecnofóbico**!

6 **Celebridades** En grupos de tres, cada miembro debe pensar en una persona famosa, sin decir quién es. Las otras dos personas deben hacer preguntas. Utilicen el pretérito perfecto para dar pistas hasta que adivinen el nombre de cada celebridad.

MODELO

ESTUDIANTE 1 Este hombre ha ganado muchísimo dinero y ha creado una compañía influyente y poderosa.

ESTUDIANTE 2 ¿Es Donald Trump?

ESTUDIANTE 1 No. Él ha cambiado para siempre el mundo tecnológico.

ESTUDIANTE 3 ¿Es Bill Gates?

The past perfect  Tutorial

- The past perfect tense (**el pretérito pluscuamperfecto**) is formed with the imperfect of **haber** and a past participle. As with other perfect tenses, the past participle does not change form.

The past perfect		
viajar	**perder**	**incluir**
había viajado	había perdido	había incluido
habías viajado	habías perdido	habías incluido
había viajado	había perdido	había incluido
habíamos viajado	habíamos perdido	habíamos incluido
habíais viajado	habíais perdido	habíais incluido
habían viajado	habían perdido	habían incluido

- In Spanish, as in English, the past perfect expresses what someone *had done* or what *had occurred* before another action or condition in the past.

Decidí comprar una cámara digital nueva porque la vieja se me **había roto** varias veces.
I decided to buy a new digital camera because the old one had broken on me several times.

Cuando por fin les dieron la patente, otros ingenieros ya **habían inventado** una tecnología mejor.
When they were finally given the patent, other engineers had already invented a better technology.

- **Antes, aún, nunca, todavía**, and **ya** are often used with the past perfect to indicate that one action occurred before another. Note that adverbs, pronouns, and the word **no** may not separate **haber** from the past participle.

¡Nunca se había desmayado nadie!

Cuando se fue la luz, **aún no había guardado** el documento; ¡lo perdí!
When the light went out, I hadn't yet saved the document; I lost it!

Ya me había explicado la teoría, pero no la entendí hasta que vi el experimento.
He had already explained the theory to me, but I didn't understand it until I saw the experiment.

María Eugenia y Gisela **nunca habían visto** una estrella fugaz tan luminosa.
María Eugenia and Gisela had never seen such a bright shooting star.

Los ovnis **todavía no habían aterrizado**, pero los terrícolas ya estaban corriendo asustados.
The UFOs hadn't yet landed but the earthlings were already running scared.

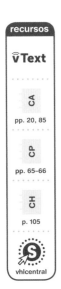

Práctica y comunicación

1 **Discurso** Jorge Báez, un médico dedicado a la genética, ha recibido un premio por su trabajo. Completa su discurso de agradecimiento con el pluscuamperfecto.

Muchas gracias por este premio. Recuerdo que antes de cumplir doce años ya (1) _____ (decidir) ser médico. Desde pequeño, mi madre siempre me (2) _____ (llevar) al hospital donde ella trabajaba y recuerdo que desde la primera vez me (3) _____ (fascinar) esos médicos vestidos de blanco. Luego, cuando cumplí veintiséis años, ya (4) _____ (pasar) tres años estudiando las propiedades de los genes humanos, en especial desde que (5) _____ (ver) un programa en la televisión sobre la clonación. Cuando terminé mis estudios de posgrado, ya se (6) _____ (hacer) grandes adelantos científicos...

2 **Explicación** Reescribe las oraciones usando el pluscuamperfecto. Sigue el modelo.

> **MODELO** **Me duché a las 7:00. Antes de ducharme hablé con mi hermano.**
> Ya había hablado con mi hermano antes de ducharme.

1. Yo salí de casa a las 8:00. Antes de salir de casa miré mi correo electrónico.
2. Llegué a la oficina a las 8:30. Antes de llegar a la oficina tomé un café.
3. Se apagó la computadora a las 10:00. Yo guardé los archivos a las 9:55.
4. Fui a tomar un café. Antes, comprobé que todo estaba bien.

3 **Informe** En grupos de tres, imaginen que son policías y deben preparar un informe sobre un accidente. Inventen una historia de lo que ha ocurrido en la vida de los personajes dos horas antes, dos minutos antes y dos segundos antes del accidente. Usen el pluscuamperfecto.

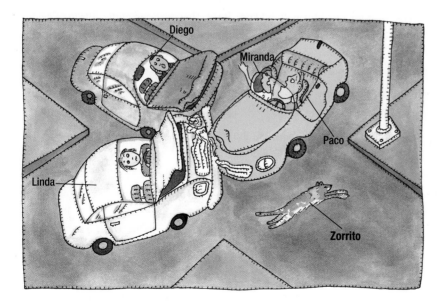

Practice more at
vhlcentral.com.

7.3 Diminutives and augmentatives Tutorial

- Diminutives and augmentatives (**diminutivos y aumentativos**) are frequently used in conversational Spanish. They emphasize size or express shades of meaning like affection, amazement, scorn, or ridicule. Diminutives and augmentatives are formed by adding a suffix to the root of nouns, adjectives (which agree in gender and number), and occasionally adverbs.

Diminutives

Tranquilo, jefe, es sólo un agujerito en la pared.

- Here are the most common diminutive suffixes.

Diminutive endings		
-ito/a	-cito/a	-ecito/a
-illo/a	-cillo/a	-ecillo/a

Jaimito, ¿me traes un **cafecito** con un **panecillo**?
Jimmy, would you bring me a little cup of coffee with a roll?

Ahorita, **abuelita**, se los preparo **rapidito**.
Right away, Granny, I'll have them ready in a jiffy.

- Most words form the diminutive by adding **-ito/a**. However, the suffix **-illo/a** is also common in some regions. For words ending in vowels (except **-e**), the last vowel is dropped before the suffix.

  bajo → bajito *very short; very softly*   **libro → libr**illo *booklet*

  ahora → ahorita *right now; very soon*   **ventana → ventan**illa *plane/car/bus window*

  Miguel → Miguelito *Mikey*   **campana → campan**illa *hand bell*

- Most words that end in **-e, -n**, or **-r** use the forms **-cito/a** or **-cillo/a**. However, one-syllable words often use **-ecito/a** or **-ecillo/a**.

  hombre → hombrecillo *funny little man*   **pan → pan**ecillo *roll*

  Carmen → Carmencita *little Carmen*   **flor → flor**ecita *little flower*

  amor → amorcito *sweetheart*   **pez → pec**ecito *little fish*

- Note these spelling changes.

  chic**o → chi**qu**illo** *little boy; very small*   **ag**u**a → ag**ü**ita** *little bit of water*

  amig**o → ami**gu**ito** *little friend*   **lu**z **→ lu**c**ecita** *little light*

- Some words take on new meanings when diminutive suffixes are added.

  manzana → manzanilla   **bomba → bombilla**

  apple   *camomile*   *bomb*   *lightbulb*

Augmentatives

¿Y está en esa caja tan grandota?

- The most common augmentative suffixes are forms of **-ón/-ona, -ote/-ota**, and **-azo/-aza**.

Augmentative endings		
-ón	-ote	-azo
-ona	-ota	-aza

¡ATENCIÓN!

Sometimes, double endings are used for additional emphasis.

chico/a → chiquito/a → **chiqui**tito/a

grande → grandote/a **grand**ototе

> Hijo, ¿por qué tienes ese **chichonazo** en la cabeza?
> *Son, why do you have that huge bump on your head?*
>
> Jorge se gastó un **dinerazo** en una **pantallota** enorme, ¡sólo para ver partidos de fútbol!
> *Jorge spent a ton of money on an humongous TV screen, just to watch soccer games!*

- Most words form the augmentative by simply adding the suffix to the word. For words ending in vowels, the final vowel is usually dropped.

soltero → solterón *confirmed bachelor*	**casa → cas**ona *big house; mansion*
grande → grandote/a *really big*	**palabra → palabr**ota *swear word*
perro → perrazo *big, scary dog*	**manos → man**azas *big hands (clumsy)*

- There is a tendency to change a feminine word to a masculine one when the suffix **-ón** is used, unless it refers specifically to someone's gender.

la silla → el sillón *armchair*	**la mujer → la mujer**ona *big woman*
la mancha → el manchón *large stain*	**mimosa → mimos**ona *very affectionate*

- The letters **t** or **et** are occasionally added to the beginning of augmentative endings.

guapa → guapetona	**golpe → golpe**tazo

- The masculine suffix **-azo** can also mean *blow* or *shot*.

flecha → flechazo	**rodilla → rodill**azo
arrow arrow wound; love at first sight	*knee a blow with the knee*

- Some words take on new meanings when augmentative suffixes are added.

cabeza → cabezón	**tela → telón**
head stubborn	*fabric theater curtain*
caja → cajón	**bala → balón**
box drawer	*bullet ball*

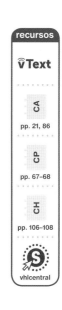

recursos

v̂ Text

CA
pp. 21, 86

CP
pp. 67–68

CH
pp. 106–108

vhlcentral

Práctica

1 **La carta** Completa la carta con la forma indicada de cada palabra. Haz los cambios que creas necesarios.

> Querido (1) _____ (Pablo, -ito):
>
> Tu mamá me contó lo del (2) _____ (golpe, -tazo) que te dio Lucas
> en la escuela. Pues, cuando yo era (3) _____ (pequeño, -ito), como
> tú, jugaba siempre en la calle. Mi (4) _____ (abuela, -ita) me decía
> que no fuera con los (5) _____ (amigos, -ote) de mi hermano
> porque ellos eran mayores que yo y eran (6) _____ (hombres, -ón).
> Yo entonces, era muy (7) _____ (cabeza, -ón) y nunca hacía lo que
> ella decía. Una tarde, estaba jugando al fútbol, y uno de ellos me dio un
> (8) _____ (rodilla, -azo) que me rompió la (9) _____ (nariz,
> -ota). Nunca más jugué con ellos, y desde entonces, sólo salí con mis
> (10) _____ (amigos, -ito). Espero que me vengas a visitar
> (11) _____ (pronto, -ito). Un (12) _____ (beso, -ito) de
>
> Tu abuelo César

2 **Oraciones incompletas** Completa las oraciones con el aumentativo o diminutivo que corresponde a la definición entre paréntesis.

1. ¿Por qué no les gusta a los profesores que los estudiantes digan _____ (palabras feas y desagradables)?
2. El _____ (perro pequeño) de mi novia es muy lindo y amistoso.
3. Ese abogado tiene una buena _____ (nariz grande) para adivinar los problemas de sus clientes.
4. Mis abuelos viven en una _____ (casa grande) muy vieja.
5. La cantante Samantha siempre lleva una _____ (flor pequeña) en el cabello.
6. A mi _____ (hermana menor) le fascinan los libros de ciencia ficción.

3 **¿Qué palabra es?** Reemplaza cada una de estas frases con el aumentativo o diminutivo que exprese la misma idea.

1. muy grande _____
2. agujero pequeño _____
3. cuarto grande y amplio _____
4. sillas para niños _____
5. libro grande y grueso _____
6. estrella pequeña _____
7. hombre alto y fuerte _____
8. muy cerca _____
9. abuelo querido _____
10. hombres que piensan que siempre tienen la razón _____

S Practice more at
vhlcentral.com.

Comunicación  Diagnostics

4 **En el parque** Todas las mañanas el señor Escobar sale a correr al parque. En parejas, miren los dos dibujos y túrnense para describir las diferencias entre lo que vio ayer y lo que ha visto hoy. Utilicen oraciones completas con diminutivos y/o aumentativos.

> **MODELO** —Ayer el señor Escobar vio un perrito lindo en el parque, pero esta mañana un perrazo feroz lo ha perseguido.

abuelo	cerca	grande	pan
alto	delgado	lejos	pequeño
avión	galleta	libro	perro
bajo	gordo	nieto	taza

5 **Síntesis**

A. Es el año 2500. Junto con dos amigos/as, has decidido pasar un semestre en el espacio. Han creado un blog para contar lo que han visto y han hecho cada día. Escriban cinco entradas del blog. Deben incluir por lo menos tres verbos en el pretérito perfecto, tres en el pluscuamperfecto y tres diminutivos y/o aumentativos. Utilicen algunas frases y palabras de la lista y añadan sus propias ideas.

> **MODELO** Lunes, 13 de marzo
> Hemos pasado el día entero orbitando la Luna. De niños, siempre habíamos querido ser astronautas, y este viaje es un sueño hecho realidad. Desde aquí, la Tierra es sólo una pelotita, como el globo que habíamos estudiado de chiquitos...

Esta mañana hemos...	
Aún no hemos...	
Los astronautas nos han...	

Antes del viaje, habíamos...
Cuando llegamos a la Luna,
el profesor ya había...
En el pasado,
los astrónomos habían...

cerquita	estrellita
chiquito	grandote
cohetazo	rapidito

B. Ahora, presenten las cinco entradas de su blog ante la clase.

Antes de ver el corto

HAPPY COOL

país Argentina

duración 14 minutos

director Gabriel Dodero

protagonistas Julio, Mabel
(esposa), Pablito (hijo), suegro,
Daniel (amigo)

Vocabulario

al alcance de la mano *within reach*

al final de cuentas *after all*

congelar(se) *to freeze*

derretir(se) (e:i) *to melt*

descongelar(se) *to defrost*

duro/a *hard; difficult*

la guita *cash; dough (slang)*

hacer clic *to click*

el interrogante *question; doubt*

la plata *money (L. Am.)*

el/la vago/a *slacker*

vos *tú (L. Am.)*

---

1 **Oraciones incompletas** Completa las oraciones con las palabras o las frases apropiadas.

1. Hoy día, gracias a Internet, todo parece estar _____. Sólo hay que escribir un par de palabras en un buscador, _____ y listo.

2. Mi hermana es una _____. Quiere ganar _____ sin trabajar.

3. Los científicos no pueden prever con exactitud cuánto tiempo tardarán en _____ los glaciares.

4. Para preparar la cena esta noche, no quiero trabajar mucho. Simplemente voy a _____ la pasta que sobró (*was left over*) del otro día. _____, Juan Carlos llega a casa tan cansado del trabajo que no disfruta de la comida.

2   **Preguntas** En parejas, contesten las preguntas y expliquen sus respuestas.

1. ¿Creen que la vida en el futuro va a ser mejor?

2. ¿Qué avances tecnológicos creen que existirán para el año 2050? Mencionen tres.

3. ¿De qué manera pueden la ciencia y la tecnología ayudar a resolver problemas sociales? Den tres ejemplos.

4. Observen el afiche del cortometraje. ¿Qué está mirando la mujer? ¿Dónde está?

5. Observen los fotogramas. ¿Qué sucede en cada uno? ¿Creen que las imágenes son de la misma época?

6. Imaginen que se puede viajar en el tiempo. ¿Qué consecuencias puede tener esto?

 Practice more at
vhlcentral.com.

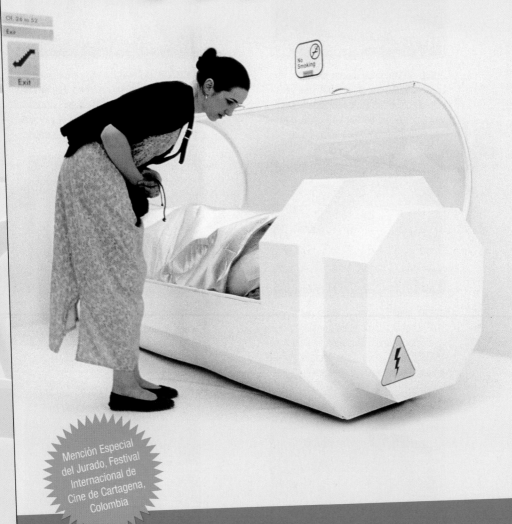

Happy Cool

Mención Especial del Jurado, Festival Internacional de Cine de Cartagena, Colombia

Una producción del INSTITUTO NACIONAL DE CINE Y ARTES AUDIOVISUALES Guión y Dirección GABRIEL DODERO

Producción Ejecutiva ANDRÉS "Gato" MARTÍNEZ CANTÓ Dirección de Fotografía LEANDRO MARTÍNEZ

Dirección de Arte PATRICIA IBARRA Montaje LEANDRO PATRONELLI Dirección de Sonido FERNANDO VEGA

Actores CARLOS BERRAYMUNDO/CECILIA ROCHE/JORGE OCHOA/NORBERTO ARCUSÍN/GONZALO SAN MARTÍN/

NORBERTO FERNÁNDEZ/GISELLE CHEWELLE

Escenas

ARGUMENTO En Buenos Aires, el desempleo ha obligado a la gente a buscar un futuro mejor en la tecnología.

JULIO Yo vengo de buscar trabajo y no consigo nada, y encima tengo que ver esto. El chico me pierde el respeto a mí, yo ya no sé qué decirle a tu papá, que nos está bancando° acá en su casa.

LOCUTOR No hay trabajo, pero hay una empresa que piensa en usted. *Happy Cool*, la tecnología que lo ayuda a esperar los buenos tiempos. [...] ¡Congélese! y viva el resto de su vida en el momento oportuno.

JULIO Mirá°, Mabel, yo quizá me tenga que congelar. Un tiempito nomás. Yo creo que esto en uno o dos años se soluciona.
MABEL Pero, Julio, ¿qué decís°? ¿Cómo podés° pensar en una cosa así?

DANIEL ¿Vos te acordás° cuando éramos pibes°, que pensábamos que en el 2000 la tecnología iba a ser tan poderosa que no iba a hacer falta laburar°?

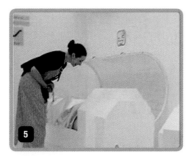

MABEL Ay, Julio, ¡qué tecnología!
JULIO Sí, sí... se ve que es gente seria... hay mucha plata invertida acá.
MABEL Ah... no sé qué voy a hacer. No sé si traerte flores como si estuvieras en un cementerio o qué.

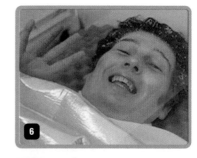

MABEL Volvé° pronto.
JULIO Ojalá que la situación económica mejore...
MABEL Ojalá...
JULIO Sí, así me descongelan cuanto antes.
MABEL Cuidate°... te voy a extrañar.

nos está bancando *he is putting us up* **Mirá** *Mira* **decís** *dices* **podés** *puedes* **acordás** *acuerdas*
pibes *kids* **laburar** *work* **Volvé** *Vuelve* **Cuidate** *Cuídate*

Después de ver el corto

1 **Comprensión** Contesta las preguntas con oraciones completas.

1. ¿De quién es la casa donde viven Julio y su familia?
2. ¿Cuánto tiempo lleva desempleado Julio?
3. ¿Qué promete la empresa *Happy Cool*?
4. ¿Qué opina Julio de la congelación al principio?
5. ¿Quién paga por la congelación de Julio?
6. ¿En qué año se descongela Julio?
7. ¿Qué pasó en su familia mientras él estaba congelado?
8. ¿Cómo soluciona Mabel la situación al final?

2 **Interpretación** En parejas, contesten las preguntas y expliquen sus respuestas.

1. ¿Para quiénes se destinan los servicios de *Happy Cool*? ¿Por qué?
2. ¿Por qué creen que Julio decide finalmente que sí quiere ser congelado?
3. ¿Es el regreso de Julio como él lo imaginaba? ¿Por qué?
4. ¿Por qué resulta irónico el comentario de Mabel: "Al final, lo casero es lo mejor"?

3 **Ampliación** En parejas, contesten las preguntas.

1. ¿Por qué piensan que la gente cree en la publicidad de *Happy Cool*?
2. Imaginen que están desempleados desde hace tres años. ¿Qué harían?
3. ¿Confían en la publicidad de productos o servicios que parecen demasiado buenos o demasiado baratos? Den ejemplos.
4. ¿Creen que en el futuro la ciencia y la tecnología van a estar tan avanzadas que no va a ser necesario trabajar?

4 **El regreso** Imagina que la congelación ha sido un éxito y Julio despierta en un futuro mejor. Escribe un párrafo explicando qué es lo que ocurre.

- ¿Cómo ha sido la vida de su esposa?
- ¿Cómo es su hijo y qué hace?
- ¿Cómo está su suegro? ¿Qué piensa ahora de su yerno?
- ¿Cómo es la situación económica?
- ¿Qué tipo de trabajo consigue Julio?
- ¿Son ahora todos más felices?
- ¿Fue una buena idea congelarse?

5 **Viajeros** En el sueño de Julio hay una máquina para viajar en el tiempo. En grupos de tres, imaginen que ustedes pudieron usarla tres veces. Escriban lo que hicieron en cada viaje y luego compartan sus viajes con la clase.

6 **Un anuncio** En grupos de cuatro, creen un anuncio televisivo para una empresa que ofrece una solución original a personas que no tienen trabajo. Puede ser un servicio serio o disparatado (*absurd*). Tengan en cuenta estos puntos. Luego, presenten su anuncio a la clase.

- ¿En qué consiste el servicio?
- ¿Es una solución temporal o definitiva?
- ¿A quién está dirigido?
- ¿Cuál es el eslogan?

recursos

v̂ Text

vhlcentral

Practice more at
vhlcentral.com.

La tecnología y la ciencia

Composición Constructiva, 1943
Joaquín Torres García, Uruguay

"Ninguna ciencia, en cuanto a ciencia,
engaña; el engaño está en quien no sabe."

— Miguel de Cervantes

Antes de leer

Ese bobo del móvil

Sobre el autor

Arturo Pérez-Reverte nació en Cartagena, España, en 1951. Comenzó su carrera como corresponsal de guerra en prensa, radio y televisión, y durante veinte años vivió un gran número de conflictos internacionales. Comenzó a escribir ficción en 1986 y a partir de 1994 se dedicó de lleno (*fully*) a la literatura, especialmente a la novela de aventuras. Gran cantidad de sus novelas publicadas se han traducido a varios idiomas y algunas fueron llevadas al cine, como *La tabla de Flandes, El Club Dumas* (dirigida por Roman Polanski con el título de *La Novena Puerta*) y *Alatriste.* En 2010 publicó la novela *El asedio.* Desde 1991 escribe una página de opinión en la revista *El Semanal,* que se ha convertido en una de las más leídas de España. Además, desde el año 2003 es miembro de la Real Academia Española.

Vocabulario

ahorrarse *to save oneself*	**el/la bobo/a** *silly, stupid person*	**el/la navegante** *navigator*
apagado/a *turned off*	**la motosierra** *power saw*	**sonar (o:ue)** *to ring*
el auricular *telephone receiver*	**el móvil** *cell phone (Esp.)*	**el vagón** *carriage; train car*

Oraciones incompletas Completa las oraciones utilizando las palabras del vocabulario.

1. En España al teléfono celular lo llaman _____.

2. Antes, los aventureros eran _____ y viajaban de puerto a puerto.

3. Esperé durante horas una llamada, pero el teléfono nunca _____. Más tarde recordé que lo había dejado _____. ¡Qué _____ que soy!

4. Al llegar a la estación, el tren ya partía y apenas pude subir al último _____.

Conexión personal ¿Te gusta estar siempre conectado con tus amigos? ¿Tienes teléfono celular? ¿Lo usas mucho? Cuando hablas con alguien, ¿buscas tener un poco de privacidad, o no te importa que la gente te escuche?

Análisis literario: la ironía

La ironía consiste en un uso figurativo del lenguaje en el que se expresa lo contrario de lo que se piensa. Para eso se utiliza una palabra o frase que tiene la intención de sugerir el significado opuesto al enunciado. Por ejemplo, se puede señalar la avaricia (*greed*) de alguien con el comentario: "¡Qué generosidad!" Inventa el comentario irónico que podrías hacer en estas circunstancias.

- Regresas a tu casa y te encuentras con mucho ruido y problemas.
- Te das cuenta de que la fila en la que estás avanza lentamente.
- Tenías planes de pasar el día al aire libre y de repente empieza a llover.

Ese bobo del móvil

Arturo Pérez-Reverte

Mira, Manolo, Paco, María Luisa o como te llames. Me vas a perdonar que te lo diga aquí, por escrito, de modo más o menos público; pero así me 5 ahorro decírtelo a la cara el próximo día que nos encontremos en el aeropuerto, o en el AVE°, o en el café. Así evito coger yo el teléfono y decirle a quien sea, a grito pelado°, aquí estoy, y te llamo para contarte que tengo 10 al lado a un imbécil que cuenta su vida y no me deja vivir. De esta manera soslayo° incidentes.

Spanish high-speed train

shouting at the top of one's voice

avoid

Y la próxima vez, cuando en mitad de tu impúdica° cháchara° te vuelvas casualmente hacia mí y veas que te estoy mirando, sabrás lo que tengo en la cabeza. Lo que pienso de 15 ti y de tu teléfono parlanchín°. Que también puede ocurrir que, aparte de mí, haya más gente alrededor que piense lo mismo; lo que pasa es que la mayor parte de esa gente no puede despacharse a gusto° cada semana en 20 una página como ésta, y yo tengo la suerte de que sí. Y les brindo el toro°.

immodest/ chit-chat; idle talk

chattering

to speak one's mind

make a dedicati (Lit: Dedicate the bull in a bullfight

Estoy hasta la glotis° de tropezarme
contigo y con tu teléfono. Te lo juro, chaval°.
O chavala. El otro día te vi por la calle,
y al principio creí que estabas majareta°,
imagínate, un fulano° que camina hablando
solo en voz muy alta y gesticulando furioso
con una mano arriba y abajo. Ése está para
los tigres, pensé. Hasta que vi el móvil que
llevaba pegado a la oreja, y al pasar por
tu lado me enteré, con pelos y señales, de
que las piezas de PVC° no han llegado
esta semana, como tú esperabas, y que el
gestor° de Ciudad Real es un indeseable. A
mí, francamente, el PVC y el gestor de Ciudad
Real me importan un carajo°; pero conseguiste
que, a mis propias preocupaciones, sumara las
tuyas. Vaya a cuenta de la solidaridad, me dije.
Ningún hombre es una isla. Y seguí camino.

A la media hora te encontré de nuevo en
un café. Lo mismo° no eras tú, pero te juro
que tenías la misma cara de bobo mientras
le gritabas al móvil. Yo había comprado un
libro maravilloso, un libro viejo que hablaba
de costas lejanas y antiguos navegantes, e
intentaba leer algunas páginas y sumergirme
en su encanto. Pero ahí estabas tú, en la mesa
contigua, para tenerme al corriente° de que
te hallabas en Madrid y en un café, cosa que
por otra parte yo sabía perfectamente porque
te estaba viendo, y de que no volverías a
Zaragoza hasta el martes por la noche. Por
qué por la noche y no por la mañana, me
dije, interrogando inútilmente a Alfonso el
cerillero°, que se encogía de hombros° como
diciendo: a mí que me registren°. Tal vez
tiene motivos poderosos o inconfesables,
deduje tras cavilar° un rato sobre el asunto:
una amante, un desfalco°, un escaño° en el
Parlamento. Al fin despejaste la incógnita
diciéndole a quien fuera que Ordóñez llegaba
de La Coruña a mediodía, y eso me tranquilizó

bastante. Estaba claro, tratándose de Ordóñez.
Entonces decidí cambiar de mesa.

Al día siguiente estabas en el aeropuerto.
Lo sé porque yo era el que se encontraba detrás
en la cola de embarque, cuando le decías a tu
hijo que la motosierra estaba estropeada°.
No sé para qué diablos quería tu hijo, a su
edad, usar la motosierra; pero durante un
rato obtuve de ti una detallada relación° del
uso de la motosierra y de su aceite lubricante.
Me volví un experto en la maldita motosierra,
en cipreses y arizónicas. El regreso lo hice en
tren a los dos días, y allí estabas tú, claro, un
par de asientos más lejos. Te reconocí por la
musiquilla del móvil, que es la de Bonanza.
Sonó quince veces y te juro que nunca he
odiado tanto a la familia Cartwright. Para
la ocasión te habías travestido de ejecutiva
madura, eficiente y agresiva; pero te reconocí
en el acto cuando informabas a todo el
vagón sobre pormenores° diversos de tu vida
profesional. Gritabas mucho, la verdad, tal vez
para imponerte a las otras voces y musiquillas
de tirurí tirurí que pugnaban° con la tuya
a lo largo y ancho del vagón. Yo intentaba
corregir las pruebas de una novela, y no podía
concentrarme. Aquí hablabas del partido de
fútbol del domingo, allá saludabas a la familia,
acullá° comentabas lo mal que le iba a Olivares
en Nueva York. Me sentí rodeado°, como
checheno° en Grozni. Horroroso. Tal vez por
eso, cuando me levanté, fui a la plataforma
del vagón, encendí el móvil que siempre llevo
apagado e hice una llamada, procurando°
hablar bajito° y con una mano cubriendo la
voz sobre el auricular, la azafata del vagón
me miró de un modo extraño, con sospecha.
Si habla así pensaría, tan disimulado° y
clandestino, algo tiene que ocultar (...). ∎

Publicado en *El Semanal*, 5 de marzo de 2000

I've had it
dude

loony
so-and-so

plastic

manager

I couldn't care less

Maybe

up-to-date

match-seller/ shrugged search

to ponder
embezzlement/ seat

damaged

account

details

struggled

over there
surrounded
Chechnyan

trying
softly

hidden; concealed

Después de leer

Ese bobo del móvil
Arturo Pérez-Reverte

1 **Comprensión** Responde a las preguntas con oraciones completas.

1. ¿Qué sentimientos le provocan al narrador los que hablan por teléfono?
2. ¿En qué lugares se encuentra con estas personas?
3. ¿La gente que habla por teléfono celular está loca?
4. ¿Qué "musiquillas" escucha el narrador en el tren?
5. Según el narrador, ¿qué tienen en común esas personas además del teléfono?

2 **Análisis** Vuelve a leer el relato y responde a las preguntas.

1. El narrador utiliza la segunda persona (tú) en este relato. ¿Se dirige sólo a personas que se llaman Manolo, Paco y María Luisa?
2. El autor comienza el artículo con: "Me vas a perdonar que te lo diga aquí". ¿Crees que el autor realmente se está disculpando?
3. Busca ejemplos de expresiones o palabras sobre la forma de hablar por teléfono de estas personas. ¿Cómo contribuyen estas expresiones al tono del relato? ¿Qué dicen acerca de la opinión del autor?

3 **Interpretación** Responde a las preguntas con oraciones completas.

1. ¿Por qué crees que al narrador le molestan tanto las personas que hablan por el móvil? ¿Te parece que su reacción es exagerada? ¿Por qué?
2. Las personas del relato, ¿hablan de cosas importantes por sus móviles? ¿Qué te parece que los motiva a utilizar el teléfono celular?
3. ¿También crees tú que todos los que hablan por su móvil tienen "la misma cara de bobo"? ¿Qué otras características encuentra el narrador en ellos?
4. ¿Te parece que el narrador se resiste a los avances tecnológicos? ¿Por qué?
5. El autor habla de "contaminación de ruido en un espacio público". ¿Crees que es legítimo protestar contra eso?

4 **Opiniones** En parejas, lean estas afirmaciones y digan si están de acuerdo o no, y por qué. Después, compartan su opinión con la clase.

- El teléfono celular nos ayuda a mantenernos en contacto.
- Nuestra sociedad está obsesionada con el teléfono celular, que puede llegar a ser una adicción.

5 **Escribir** Elige uno de los temas y redacta una carta de opinión para un periódico. Tu carta debe tener por lo menos diez oraciones. Elige un tono irónico marcadamente a favor o en contra y explica tus razones.

- Responde al artículo de Pérez-Reverte.
- Escribe sobre algún avance al servicio de la vida diaria.

Practice more at
vhlcentral.com.

Antes de leer

Vocabulario

a la vanguardia *at the forefront*	**el enlace** *link*
actualizar *to update*	**el/la novelista** *novelist*
la bitácora *travel log; weblog*	**el sitio web** *website*
la blogonovela *blog novel*	**el/la usuario/a** *user*
la blogosfera *blogosphere*	**la web** *the web*

Mi amigo periodista Completa las oraciones. No puedes usar la misma palabra más de una vez.

1. Mi amigo periodista entiende mucho de tecnología y prefiere utilizar la _____ para informarse y para publicar sus ideas.

2. Él no compra periódicos, sino que consulta varios _____ de noticias.

3. Después escribe sus comentarios sobre la política argentina en una _____ con _____ que conectan al lector a periódicos electrónicos.

4. Muchos _____ contemporáneos están interesados en participar en un nuevo fenómeno literario conocido como la _____.

Conexión personal ¿Con qué frecuencia te conectas a Internet? ¿Es fundamental para ti o podrías vivir sin estar conectado/a? ¿Para qué navegas por Internet?

	siempre	a veces	casi nunca	nunca
banca electrónica				
comunicación				
diversión				
estudios				
noticias				
trabajo				

Contexto cultural

"¿Qué hacía la gente antes de la existencia de Internet?" Muchos nos hacemos esta pregunta en situaciones cotidianas, como al resolver un debate entre amigos con una búsqueda rápida en una base de datos (*database*), al pagar una factura por medio de la banca electrónica o al hablar con alguien a mil kilómetros de distancia con el mensajero instantáneo. Internet ha transformado la vida moderna, abriendo paso (*paving the way*) a múltiples posibilidades de comunicación, comercio, investigación y diversión. ¿Hay algo que siga igual después de la revolución informática? ¿Qué ha pasado, por ejemplo, con el arte? ¿Cómo ha sido afectado por las innovaciones tecnológicas?

Hernán Casciari:
arte en la blogosfera

Si el medio artístico° del siglo XX fue el cine, ¿cuál será el nuevo
medio del siglo XXI? El trabajo innovador del argentino Hernán
Casciari sugiere la posibilidad de la blogonovela. Casciari ha
desarrollado el nuevo género con creatividad, humor y una buena
5   dosis de ironía. Las blogonovelas imitan el formato del blog —un
diario electrónico, también llamado bitácora—, pero los "autores"
son o personajes de ficción o versiones apócrifas° de individuos
reales. El uso de Internet permite que Casciari incorpore imágenes

para que la lectura sea también una
10 experiencia visual. Explica el escritor:
"Vale más ilustrar un rostro con una
fotografía o un dibujo, en lugar de
hacer una descripción literaria". Sus
sitios web incluyen enlaces para que
15 la lectura sea activa. También invitan
a dejar comentarios para que lectura y
escritura sean interactivas.

alters various patterns
categorize 20
La blogonovela rompe con varios
esquemas° tradicionales y se hace
difícil de clasificar°. Si Casciari prefiere a
veces la fotografía a la descripción, ¿es la
blogonovela literatura o arte visual? ¿Aspira a
ser un arte serio o cultura popular? Si el autor
es argentino pero vive en España, ¿la obra se
25 debe considerar española o argentina? Por
otra parte, si aparece primero en Internet,
¿sería realmente un arte global?

rules
30
Además, las blogonovelas juegan con
niveles de realidad y con las reglas° de la
ficción. El diario falso seduce al lector, que
cree leer confesiones íntimas. Sin embargo,
el autor de una blogonovela mantiene una
relación inusual con su lector. La persona que
abre una novela tradicional recibe información
following the order 35 según el orden° de las páginas de un libro.
Pero el usuario informado de un sitio web
beginning crea su propio orden. ¿Cuál es el comienzo° y
cuál es el final de un blog? En *Weblog de una
mujer gorda*, Casciari incluye muchos enlaces,
40 que a veces introducen información antes de
la bitácora. Pero ¿qué pasa si un individuo
decide no abrir un enlace? El lector de una
blogonovela es autor de su propio camino en
zigzag, una lectura animada por ilustraciones
45 gráficas y fotos.

Weblog de una mujer gorda es la
blogonovela más célebre de Casciari.
La autora ficticia es Mirta Bertotti,
una mujer de poca educación pero
con aptitud tecnológica y facilidad 50
con las palabras. Esta madre sufrida°, *long-suffering*
pero de actitud optimista, decide un
día crear un blog sobre su familia
desestructurada°. Mirta actualiza su *dysfunctional*
bitácora frecuentemente, narrando las 55
particularidades de los Bertotti, los
problemas de los hijos adolescentes y otros
relatos° sobre los retos° de su vida. Mirta *stories/ challenges*
parece quejarse de su mala suerte, pero
sus palabras revelan humor, cariño y fuerza 60
interior°, una resistencia a los problemas muy *inner strength*
modernos que afectan su vida.

Casciari desafía nuestras expectativas,
pero más que reírse del lector, le provoca
risa y sorpresa. Sus experimentos de ficción 65
y realidad —como solicitar comentarios
auténticos en blogs de ficción— nos divierten,
pero además nos introducen a un nuevo
y amplio° mundo creativo, posible ahora *wide*
debido al encuentro entre el arte e Internet. ■ 70

Datos biográficos

Hernán Casciari nació
en Buenos Aires en
1971. Además de estar
a la vanguardia de las
blogonovelas, Casciari
es también periodista. En 2005 creó la
blogonovela *El diario de Letizia Ortiz*, donde
inventaba los pensamientos íntimos de la
entonces futura reina de España. También
en 2005, la exitosa blogonovela *Weblog de
una mujer gorda* fue publicada en España
como libro con el título *Más respeto, que soy
tu madre,* que se adaptó al cine en 2010.
Un año después, en 2011, publicó el libro
Charlas con mi hemisferio derecho.

Después de leer

Hernán Casciari: arte en la blogosfera

1 **Comprensión** Responde a las preguntas con oraciones completas.

1. ¿De dónde es Hernán Casciari?
2. ¿Qué es una blogonovela?
3. ¿Además de ser blogonovelista, que profesión tiene Casciari?
4. ¿Por qué el autor a veces prefiere usar una foto en vez de una descripción?
5. ¿Qué incluyen los sitios web de Casciari para que la lectura sea activa e interactiva?
6. ¿Cómo es la autora ficticia del *Weblog de una mujer gorda*?

2 **Interpretación** Contesta las preguntas utilizando oraciones completas.

1. ¿Cuáles son las diferencias entre un blog y una blogonovela? ¿Cuáles son las semejanzas?
2. ¿Cuáles son algunas de las novedades artísticas de la blogonovela?
3. ¿Cómo cambia la experiencia de un lector que lee una obra en Internet en vez de abrir un libro? ¿Qué prefieres tú? Explica tus razones.
4. ¿Estás de acuerdo con Casciari en que a veces es mejor "ilustrar un rostro con una fotografía o un dibujo"? ¿Por qué?

3 **Comunicación** En parejas, respondan a las preguntas y compartan sus respuestas con la clase.

1. Muchos de los problemas de la familia Bertotti son muy actuales, por ejemplo, las situaciones difíciles en las que se encuentran los adolescentes de hoy día. ¿Prefieren un arte que represente la realidad contemporánea? ¿O les gusta un arte que introduzca otras épocas o temas lejanos?
2. Cuando en 2005 salió *El diario de Letizia Ortiz*, algunos lectores pensaron que el blog era el diario auténtico de la entonces futura reina. ¿Qué piensan de esta situación? ¿Conoces otros ejemplos de este tipo de confusión entre la ficción y la realidad?
3. ¿De qué manera ha cambiado el arte con las innovaciones tecnológicas de las últimas décadas? ¿Pueden pensar en ejemplos del mundo de la música?
4. ¿Qué actividades hacen ustedes en Internet que sus padres de jóvenes hacían de otra manera? ¿Cómo reaccionan sus padres y abuelos ante los avances tecnológicos?
5. Cada vez hay más personas que tienen su propio blog. ¿Son autores de algún blog? ¿Qué opinan de este fenómeno? ¿Qué ventajas y desventajas tiene?

4 **Escribir** Elige un personaje público que aparezca frecuentemente en la prensa. Imagina los pensamientos íntimos de esta persona —las cosas que no pueden saber los periódicos o las revistas— y narra un día de su vida en forma de blogonovela. Escribe como mínimo diez oraciones.

recursos

v̂Text

CP
p. 69

CH
pp. 109–112

S
vhlcentral

Practice more at
vhlcentral.com.

Atando cabos

¡A conversar!

Inventores de robots En grupos pequeños, imaginen que son un grupo de científicos. Tienen que diseñar un robot que pueda realizar una tarea normalmente hecha por seres humanos. Preparen una presentación sobre su robot para compartir con la clase. Al finalizar, realicen una votación para elegir el mejor robot.

Elegir el tema: Reúnanse y elijan la tarea que realizará su robot. Pueden elegir una tarea de la lista u otra que deseen.

- Pasear el perro
- Sacar la basura todos los días
- Preparar el desayuno
- Jugar juegos de mesa con un ser humano
- Entrenar a niños para jugar al béisbol
- Hacer las compras en el supermercado

Preparar: Decidan cómo va a ser el robot. Usen las preguntas como guía. También pueden preparar un afiche con un dibujo del robot.

- ¿Qué nombre le pondrían? ¿Por qué?
- ¿Cómo va a ser el robot?
- ¿Cómo va a realizar la tarea elegida? Describan un día en la vida del robot.
- ¿Quién se va a beneficiar con la creación del robot?

Organizar: Organicen la información en un esquema. Asignen distintas partes de la presentación a cada integrante del grupo.

Presentación: Durante la presentación, inviten al resto de la clase a participar haciendo preguntas acerca del robot. Sean convincentes. Expliquen por qué su robot es un avance importante. Recuerden que la clase elegirá el mejor robot.

¡A escribir!

Robots futbolistas
Desde 1996, cada año se celebra la competencia internacional RoboCup, protagonizada por robots autónomos futbolistas. Este proyecto tiene como objetivo promover la investigación en el campo de la inteligencia artificial. Los organizadores de este mundial de fútbol de robots aspiran a desarrollar (*develop*) para el año 2050 "robots humanoides completamente autónomos que puedan ganarle al equipo de fútbol humano que sea campeón del mundo".

El blog del robot Imagina que eres un robot participante de la RoboCup o el robot que diseñó tu grupo en la actividad anterior. Escribe una entrada en tu blog sobre el primer día en que trabajas para los seres humanos. Usa el pretérito perfecto y el pluscuamperfecto.

MODELO Hoy es el primer día que me toca acompañar a los niños a la escuela. Mi memoria y mis circuitos no han podido descansar de tantos nervios. Nunca había estado tan nervioso...

recursos

v̂ Text

CA
pp. 111–112

CP
p. 70

CH
pp. 113–114

S
vhlcentral

7 VOCABULARIO

 My Vocabulary

La tecnología

la arroba	@ symbol
el blog	blog
el buscador	search engine
la computadora portátil	laptop
la contraseña	password
el corrector ortográfico	spell checker
la dirección de correo electrónico	e-mail address
la informática	computer science
Internet	Internet
el mensaje (de texto)	(text) message
la página web	web page
el programa (de computación)	software
el reproductor de CD/DVD/MP3	CD/DVD/MP3 player
el (teléfono) celular	cell phone
adjuntar (un archivo)	to attach (a file)
borrar	to erase
descargar	to download
guardar	to save
navegar en la red	to surf the web
digital	digital
en línea	online
inalámbrico/a	wireless

La astronomía y el universo

el agujero negro	black hole
el cohete	rocket
el cometa	comet
el espacio	space
la estrella (fugaz)	(shooting) star
el/la extraterrestre	alien
la gravedad	gravity
el ovni	UFO
el planeta	planet
el telescopio	telescope
el transbordador espacial	space shuttle

Los científicos

el/la astronauta	astronaut
el/la astrónomo/a	astronomer
el/la biólogo/a	biologist
el/la científico/a	scientist
el/la físico/a	physicist
el/la ingeniero/a	engineer
el/la matemático/a	mathematician
el/la (bio)químico/a	(bio)chemist

La ciencia y los inventos

el ADN (ácido desoxirribonucleico)	DNA
el avance	advance; breakthrough
la célula	cell
el desafío	challenge
el descubrimiento	discovery
el experimento	experiment
el gen	gene
el invento	invention
la patente	patent
la teoría	theory
clonar	to clone
comprobar (o:ue)	to prove
crear	to create
fabricar	to manufacture; to make
formular	to formulate
inventar	to invent
investigar	to investigate; to research
avanzado/a	advanced
(bio)químico/a	(bio)chemical
especializado/a	specialized
ético/a	ethical
innovador(a)	innovative
revolucionario/a	revolutionary

Más vocabulario

Expresiones útiles	Ver p. 249
Estructura	Ver pp. 256–257, 260 y 262–263

Cinemateca

la guita	cash; dough
el interrogante	question; doubt
la plata	money
el/la vago/a	slacker
vos	tú
congelar(se)	to freeze
derretir(se) (e:i)	to melt
descongelar(se)	to defrost
hacer clic	to click
duro/a	hard; difficult
al alcance de la mano	within reach
al final de cuentas	after all

Literatura

el auricular	telephone receiver
el/la bobo/a	silly, stupid person
la motosierra	power saw
el móvil	cell phone
el/la navegante	navigator
el vagón	carriage; train car
ahorrarse	to save oneself
sonar (o:ue)	to ring
apagado/a	turned off

Cultura

la bitácora	travel log; weblog
la blogonovela	blog novel
la blogosfera	blogosphere
el enlace	link
el/la novelista	novelist
el sitio web	website
el/la usuario/a	user
la web	the web
actualizar	to update
a la vanguardia	at the forefront

La economía y el trabajo

Contextos
páginas 282–285
- El trabajo
- Las finanzas
- La economía
- La gente en el trabajo

Fotonovela
páginas 286–289
- *Necesito un aumento*

Enfoques
Venezuela
páginas 290–293
- **En detalle:** Las telenovelas
- **Perfil:** Carolina Herrera
- **Flash cultura:** Las alpacas

Estructura
páginas 294–305
- The conditional
- The past subjunctive
- **Si** clauses with simple tenses

Cinemateca
páginas 306–309
- **Cortometraje:** *Clown*

Lecturas
páginas 310–320
- **Literatura:** *La abeja haragana* de Horacio Quiroga
- **Cultura:** *Gustavo Dudamel: la estrella de "El Sistema"*

Atando cabos
página 321
- ¡A conversar!
- ¡A escribir!

Communicative Goals

I will expand my ability to...
- express what I or others would do
- express will, emotion, doubt, or denial in the past
- express uncertainty, indefiniteness, condition, and intent in the past
- discuss hypothetical situations and events that depend on other events

La economía y
el trabajo

 My Vocabulary

El trabajo

el aumento de sueldo *raise in salary*
la compañía *company*
la conferencia *conference*
el contrato *contract*
el currículum (vitae) *résumé*
el empleo *employment; job*
la entrevista de trabajo *job interview*

En la **entrevista de trabajo**, Eugenia presentó su **currículum vitae** e hizo preguntas sobre **la compañía**, las tareas del **puesto** y las condiciones de **empleo**.

el puesto *position; job*
la reunión *meeting*
el sueldo mínimo *minimum wage*

administrar *to manage; to run*
ascender (e:ie) *to rise; to be promoted*
contratar *to hire*
despedir (e:i) *to fire*
exigir *to demand*
ganar bien/mal *to be well/poorly paid*
ganarse la vida *to earn a living*
jubilarse *to retire*
renunciar *to quit*
solicitar *to apply for*

(des)empleado/a *(un)employed*
exitoso/a *successful*
(in)capaz *(in)competent; (in)capable*

Las finanzas

el ahorro *savings*
la bancarrota *bankruptcy*
el cajero automático *ATM*
la cuenta corriente *checking account*
la cuenta de ahorros *savings account*
la deuda *debt*
la hipoteca *mortgage*
el presupuesto *budget*

ahorrar *to save*
cobrar *to charge; to receive*
depositar *to deposit*
financiar *to finance*
gastar *to spend*
invertir (e:ie) *to invest*
pedir (e:i) prestado/a *to borrow*
prestar *to lend*

a corto/largo plazo *short/long-term*
fijo/a *permanent; fixed*
financiero/a *financial*

La economía

la bolsa (de valores) *stock market*
el comercio *commerce; trade*
el desempleo *unemployment*
la empresa multinacional *multinational company*
la huelga *strike*
el impuesto (de ventas) *(sales) tax*
la inversión (extranjera) *(foreign) investment*
el mercado *market*
la pobreza *poverty*
la riqueza *wealth*
el sindicato *labor union*

exportar *to export*
importar *to import*

La señora Bonilla comenzó su carrera profesional como **vendedora**, luego pasó a ser **gerente** y ahora es una alta **ejecutiva**. Espera que le ofrezcan ser **socia** este año.

el/la asesor(a) *consultant; advisor*
el/la contador(a) *accountant*
el/la dueño/a *owner*
el/la ejecutivo/a *executive*
el/la empleado/a *employee*
el/la gerente *manager*
el hombre/la mujer de negocios
    businessman/woman
el/la socio/a *partner; member*
el/la vendedor(a) *salesperson*

recursos

v̂Text

CA
p. 87

CP
pp. 71–72

CH
pp. 115–116

vhlcentral

Práctica

1 **Escuchar**

A. Escucha el anuncio de *Creditinstant* y luego decide si las oraciones son **ciertas** o **falsas**. Corrige las falsas.

1. *Creditinstant* ofrece un puesto de trabajo con un buen sueldo.

2. *Creditinstant* ofrece tres mil dólares.

3. Los clientes tienen que devolver el dinero a corto plazo.

4. Los clientes pueden solicitar el dinero llamando por teléfono.

5. *Creditinstant* deposita el dinero en la cuenta de ahorros en veinticuatro horas.

6. Los clientes pueden gastar el dinero en lo que quieran.

B. Escucha la conversación entre un cliente y un representante de *Creditinstant* y contesta las preguntas con oraciones completas.

1. ¿Qué necesita la clienta?

2. ¿En qué trabaja la clienta?

3. ¿Qué puesto de trabajo tiene su esposo?

4. ¿Para qué necesita la clienta el dinero?

2 **No pertenece** Indica qué palabra no pertenece a cada grupo.

1. empleo–sindicato–sueldo–cajero automático

2. currículum–deuda–entrevista–contrato

3. entrevista–bolsa de valores–inversión–mercado

4. depositar–socio–cajero automático–cuenta corriente

5. asesor–ejecutivo–gerente–importar

6. renunciar–exportar–despedir–jubilarse

7. comercio–capaz–exitoso–ascender

8. gastar–prestar–exigir–ahorrar

Práctica

3 **¿Qué buscan?** Indica qué quiere cada una de estas personas.

_____ 1. un(a) contador(a)

_____ 2. el/la ministro/a de economía

_____ 3. un(a) empleado/a que lleva mucho tiempo en la empresa

_____ 4. una persona desempleada

_____ 5. el/la dueño/a de una empresa

_____ 6. un(a) gerente que entrevista a un(a) solicitante

quiere

a. conseguir un trabajo lo antes posible

b. que sus clientes paguen lo mínimo posible de impuestos

c. un aumento de sueldo

d. hacerle preguntas sobre el currículum vitae

e. que sus ejecutivos administren bien su dinero

f. que baje el desempleo y vengan inversiones del extranjero

4 **Cosas que dice la gente** Completa las oraciones con los términos de la lista.

administrar	depositar	incapaces	riqueza
ahorros	empleo	inversiones	sindicato
bolsa de valores	financieros	jubilar	vendedora

1. "Ya me quiero _____. Estoy cansado y quiero disfrutar de mis nietos."

2. "Si no mejoramos nuestra forma de _____, esta empresa fracasará."

3. "¿Quiere usted reducir sus deudas, invertir en la _____ y ahorrar para la jubilación? Nuestros asesores _____ lo pueden ayudar."

4. "He gastado todos mis _____. Necesito un _____."

5. "Se deben recibir más _____ para salvar la compañía."

6. "El _____ está en contra de los despidos de empleados."

5 **Definiciones**

A. En parejas, definan brevemente las palabras.

ascender	contrato	exigir	importar	riqueza
cobrar	despedir	huelga	mercado	socio

B. Improvisen una entrevista en la que uno/a de ustedes es el/la gerente y la otra persona solicita un puesto de trabajo. Usen al menos seis palabras de la lista. Después, representen su entrevista ante la clase.

MODELO

ENTREVISTADOR ¿Por qué lo despidieron de su último empleo?

SOLICITANTE Bueno, todo empezó el día de la huelga de…

Practice more at vhlcentral.com.

Comunicación

6 **¿Qué opinas?** En parejas, contesten las preguntas y después compartan su opinión con la clase.

1. ¿Piensas que el dinero es lo más importante en la vida? Explica tu respuesta.

2. ¿Sigues la información de la bolsa de valores? ¿Crees que es buena idea invertir todos los ahorros en la bolsa de valores? ¿Por qué?

3. ¿Crees que la economía del país afecta tu vida personal? ¿De qué manera?

4. ¿Piensas que se podrá acabar con la pobreza?

5. ¿Qué sacrificarías para conseguir que no hubiera más pobreza en el mundo?

6. ¿Crees que la economía de tu país va a ser la más fuerte dentro de veinte años? Explica tu respuesta.

7. ¿Qué consecuencias piensas que tiene la globalización?

8. ¿Es positiva la globalización para los países ricos? ¿Y para los pobres?

7 **El consejero de trabajo** En parejas, imaginen que uno/a de ustedes está a punto de graduarse y no sabe qué trabajo hacer. La otra persona es un(a) asesor(a) de trabajo. Túrnense para hacerse preguntas y darse consejos sobre cuál sería el mejor trabajo para cada uno/a. Utilicen y amplíen las preguntas e ideas de la lista.

Preguntas

a. ¿Eres capaz de trabajar bajo presión?

b. ¿Te gusta administrar?

c. ¿Qué te importa más: ganar mucho dinero o disfrutar del trabajo?

d. ¿Te gusta trabajar en equipo o prefieres trabajar solo/a?

e. ¿Qué clases te han gustado más?

f. ¿Te gusta viajar?

g. ¿Es importante que tu trabajo sea creativo?

h. ¿Esperas que tu empleo ayude a mejorar la sociedad?

i. ¿Quieres ser dueño/a de tu propia compañía?

j. ¿Qué tipos de conferencias te interesan más: de tecnología, de música, de educación?

k. ¿En qué tipo de trabajo has tenido más éxito?

l. ¿...?

Debes trabajar en...

- los negocios
- las ciencias
- la política
- una empresa multinacional
- las finanzas
- la tecnología
- las artes
- una organización humanitaria
- la educación
- el turismo
- un restaurante
- la medicina
- el comercio
- ...

El equipo de *Facetas* celebra el segundo aniversario
de la revista. Es un momento lleno de recuerdos.

PERSONAJES   **AGUAYO**   **DIANA**

 Video: *Fotonovela*

En la sala de conferencias...

TODOS ¡Cumpleaños feliz!

AGUAYO Antes de apagar las velas de nuestro segundo aniversario, quiero que cada uno cierre los ojos y luego pida un deseo.

JOHNNY Lo estoy pensando...

TODOS Uno, dos, tres...

Apagan las velas.

DIANA Ahh... ¿Quién lo diría? Dos años y tantos recuerdos.

AGUAYO ¿Recuerdas cuando viniste a tu entrevista de trabajo y Éric pensó que tu padre era millonario?

FABIOLA Sí. Recuerdo que puso esa cara.

Fabiola recuerda...

AGUAYO Éric, te presento a Fabiola Ledesma, nuestra nueva escritora.

ÉRIC ¿No eres tú la hija del banquero y empresario millonario Ledesma?

FABIOLA No. Mi padre es ingeniero y no es millonario.

ÉRIC Perdona. Por un momento pensé que me había enamorado de ti.

De vuelta al presente...

AGUAYO Ahora de vuelta al trabajo. (*Se marcha.*)

MARIELA ¡Aposté que nos darían la tarde libre!

DIANA Chicos, he estado pensando en hacerle un regalo de aniversario a Aguayo.

FABIOLA Siento no poder ayudarte, pero estoy en crisis económica.

MARIELA Por lo menos ayúdenme a escoger el regalo.

FABIOLA Debe ser algo importado. Algo pequeño, fino y divertido.

ÉRIC ¿Qué tal un pececito de colores?

TODOS Me refiero a algo de corte ejecutivo, Éric. Algo exclusivo.

ÉRIC Mariela, ¿qué le darías a un hombre que lo tiene todo?

MARIELA Mi número de teléfono.

En la oficina de Aguayo...

FABIOLA Jefe, ¿tiene un minuto?

AGUAYO ¿Sí?

FABIOLA Usted sabe que tengo un gran currículum y que soy muy productiva en lo mío.

AGUAYO ¿Sí?

FABIOLA Y que mis artículos son bien acogidos, y ello le ha traído a la revista...

ÉRIC

FABIOLA

JOHNNY

MARIELA

Expresiones útiles

Proposing a toast
Brindo por nuestra revista.
I toast our magazine.
Brindemos por nuestro éxito.
Let's toast our success.
¡Salud!
Cheers!
¡A tu salud!
To your health!

Talking about what someone would or wouldn't do
¡Pensé que nos darían la tarde libre!
I thought they would give us the afternoon off!
¿Qué le darías a un hombre/una mujer que lo tiene todo?
What would you give to a man/woman who has everything?
Le daría...
I would give him/her...

Additional vocabulary
anterior *previous*
apagar las velas *to blow out the candles*
bien acogido/a *well-received*
la crisis económica *economic crisis*
el/la empresario/a *entrepreneur*
importado/a *imported*
llavero *keychain*
merecer *to deserve*
No lo/la culpo. *I don't blame him/her.*
pedir un deseo *to make a wish*
¿Quién lo diría? *Who would have thought?*
ser productivo/a *to be productive*
temprano *early*
trabajar duro *to work hard*

De vuelta al presente...

AGUAYO Brindo por nuestra revista, por nuestro éxito y, en conclusión, brindo por quienes trabajan duro... ¡Salud!

TODOS ¡Salud!

DIANA Eso me recuerda el primer día que Johnny trabajó en la oficina.

Diana recuerda...

DIANA Se supone que estuvieras aquí hace media hora y sin embargo, llegas tarde. Los empleados en esta empresa entran a las nueve de la mañana y trabajan duro todo el día. Sabes lo que es el trabajo duro, ¿verdad?

JOHNNY En mi trabajo anterior entraba a las cuatro de la mañana y jamás llegué tarde.

DIANA A esa hora nunca se sabe si llegas demasiado tarde o demasiado temprano.

AGUAYO ¿Qué es lo que quieres, Fabiola?

AGUAYO ¿Qué pasa contigo? Te aumenté el sueldo hace seis meses.

FABIOLA Pero hay tres compañías que andan detrás de mí. Por lo tanto, merezco otro aumento.

AGUAYO ¿Qué empresas son?

FABIOLA *(avergonzada)* La del teléfono, la del agua y la de la luz.

Más tarde...

DIANA Ya sé qué regalarle a Aguayo... un llavero.

(Éric y Fabiola ponen cara de repugnancia.)

DIANA ¿Qué?

FABIOLA No lo culpo si lo cambia por un pez.

recursos

v̂Text | CA | S
pp. 45–46 | vhlcentral

Comprensión

1

La trama Indica en qué orden ocurrieron los hechos (*events*) de este episodio.

_____ a. Brindan por la revista.

_____ b. Cantan cumpleaños feliz.

_____ c. Fabiola pide un aumento de sueldo.

_____ d. Diana piensa regalarle a Aguayo un llavero.

_____ e. Éric sugiere regalarle a Aguayo un pececito de colores.

_____ f. Fabiola dice que está en crisis económica.

2

¿Pasado o presente? En la **Fotonovela**, los personajes recuerdan algunos sucesos (*events*) del pasado. Indica si estas oraciones describen sucesos del **pasado** o del **presente**. Luego completa las oraciones con la forma adecuada del verbo.

	Pasado	Presente
1. Éric _____ (creer) que Fabiola era hija de un millonario.	☐	☐
2. Los empleados de la revista _____ (brindar) por el aniversario.	☐	☐
3. Éric _____ (pensar) que se había enamorado de Fabiola.	☐	☐
4. Diana _____ (proponer) hacerle un regalo a Aguayo.	☐	☐
5. Johnny _____ (llegar) tarde a la oficina.	☐	☐
6. Fabiola le _____ (pedir) a Aguayo un aumento de sueldo.	☐	☐

3

¿Quién lo diría? ¿Qué empleado de *Facetas* diría cada una de estas oraciones?

_____ 1. Hace ya dos años que trabajamos aquí. ¡Quién lo diría!

_____ 2. ¡Pidan todos un deseo!

_____ 3. Jefe, usted sabe que trabajo muy duro.

_____ 4. Mi padre no es empresario.

_____ 5. Yo pensaba que nos dejarían irnos más temprano del trabajo.

4

Preguntas Contesta las preguntas con oraciones completas.

1. ¿Qué celebran los empleados de *Facetas*?

2. ¿Por qué creía Éric que se había enamorado de Fabiola? Explica tu respuesta.

3. ¿Por qué Fabiola no puede ayudar con el regalo?

4. ¿Le gusta a Fabiola la idea de regalarle un llavero a Aguayo?

5

Lo tiene todo ¿Qué le darías tú a alguien que lo tiene todo? Trabajen en grupos de cinco para inventar una conversación entre los empleados de *Facetas*. Tendrán que ponerse de acuerdo sobre un regalo para Aguayo. Utilicen la frase **Yo le daría...** y expliquen sus razones.

MODELO

FABIOLA ¡Ese llavero no es muy elegante, Diana! Yo le daría un reloj porque él siempre insiste en que lleguemos a tiempo a la oficina.

JOHNNY ¡Pero Aguayo ya tiene un Rolex! Yo le daría...

Practice more at vhlcentral.com.

Ampliación

6 Preguntas Conversen sobre estas preguntas y compartan sus respuestas con la clase.

1. ¿Qué le darías tú a Aguayo?

2. ¿Conoces tú a alguien que lo tiene todo? ¿Cómo es esa persona? ¿Trabaja duro? ¿Crees que merece todo lo que tiene?

3. ¿Alguna vez tuviste que comprarle un regalo a esa persona? ¿Qué escogiste?

4. ¿Cuál es el mejor regalo que has recibido en tu vida? ¿Por qué?

5. ¿Cuáles son los mejores regalos por menos de $10? ¿Por menos de $25? ¿Por menos de $100?

7 Apuntes culturales En parejas, lean los párrafos y contesten las preguntas.

El currículum vitae

Fabiola tiene mucha experiencia laboral. Seguramente, cuando presentó su **currículum vitae** a *Facetas*, además de la información profesional, incluyó datos personales que son comunes en el mundo laboral hispano: fecha de nacimiento, estado civil, una foto en color, si tiene carro... ¿Habrá salido en la foto con la misma cara de enojo con que salió en el pasaporte?

El ingeniero millonario

El padre de Fabiola no es millonario, sino un modesto ingeniero, pero el venezolano **Lorenzo Mendoza** es ingeniero y millonario. Dueño del Grupo Polar, que además financia la fundación más grande del país, Mendoza construyó la tercera fortuna más grande de Latinoamérica con empresas que fundó su abuelo. Sin embargo, lleva una vida modesta junto a su esposa e hijos.

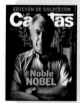

Facetas y Caretas

¡*Facetas* cumple dos años! Otra revista importante en el mundo hispano es *Caretas*. Comenzó a publicarse en 1950 en una pequeña oficina de Lima, Perú. Hoy es la revista más leída del país y trata temas como política, cultura, eventos sociales y viajes. ¡Ojalá que *Facetas* tenga el mismo éxito!

1. ¿Sabías que en algunos países hispanos es común poner en el currículum el estado civil y la cantidad de hijos? ¿Qué piensas sobre el acto de incluir datos personales en el currículum? ¿Estás de acuerdo? En tu cultura, ¿qué información contiene un currículum?

2. ¿Qué millonarios conoces? ¿Qué ventajas y desventajas hay en ser millonario? Explica tu respuesta.

3. ¿Lees revistas? ¿Qué tipos de revistas te interesan más? ¿Por qué? ¿Estás suscrito/a a alguna? ¿A cuál(es)?

4. En tu opinión, ¿son más populares las revistas tradicionales o las revistas en Internet? ¿Por qué? ¿Qué ventajas tiene cada tipo de revista? ¿Cuál prefieres tú?

En detalle

VENEZUELA

LAS TELENOVELAS

La novela en papel puede ser muchas cosas: en la pantalla, sólo puede ser telenovela. ¿Qué ingredientes conforman la telenovela? Una historia de amor en capítulos transmitidos de lunes a viernes; una pareja principal cuyo amor se enfrenta a múltiples obstáculos, uno o dos villanos y un montón de conflictos, intrigas, mentiras y misterios. Y, si de telenovelas se trata, hay que hablar de Latinoamérica.

Desde los años 50, el género desembarcó en los hogares y creció sin parar. En los 60, cada país fue desarrollando su propio estilo y el mercado de exportación se extendió a Europa del Este, Medio Oriente y Asia. Históricamente, los mayores productores han sido Venezuela, México, Brasil y Argentina.

Como las telenovelas son un trabajo en equipo, su producción implica la creación de numerosos puestos de trabajo para actores, escritores, productores, directores, escenógrafos, maquilladores, etc. A eso se agrega la etapa de posproducción y finalmente la de exportación. En Venezuela, llegó un momento en que el mercado de exportación de telenovelas era mayor que el de la exportación nacional del mercado automotor, textil o de papel.

La mujer del vendaval

A pesar de su popularidad, estas producciones también tienen sus críticos. "Las telenovelas contribuyen a crear estereotipos", dice la socióloga mexicana Carmen Aquilani. "Las villanas suelen ser mujeres inteligentes, ricas y seguras de sí mismas, mientras que la mujer buena suele ser sumisa y pobre", dice. "Además, presentan unos cánones de belleza que no representan a la sociedad", asegura. Según ella, los personajes principales casi siempre son de origen europeo y las sirvientas son de origen africano. Pero no todo el mundo está de acuerdo con estas críticas. "Las telenovelas no son más que entretenimiento y a la gente le encantan", dice una aficionada a estos programas de televisión. ∎

El presidente de Venezuela Hugo Chávez, fallecido en 2013, censuró muchas telenovelas por su contenido crítico con su gobierno. Además, Chávez financió series con ideología socialista donde los personajes representan, no a la élite blanca, sino a la mayoría mestiza del país.

Telenovelas al aire por país productor emitidas en Latinoamérica y España

México (Televisa)	27%
México (TV Azteca)	8%
Estados Unidos (Telemundo)	18%
Colombia (RCN y Caracol TV)	12%
Brasil (TV Globo y Rede Record)	12%
Venezuela (Venevisión y RCTV)	8%
Argentina (Telefe y Cris Morena RGB)	4%
Otros productores	11%

Fuente: *La industria de la telenovela mexicana: Procesos de comunicación, documentación y comercialización.*

El dinero

los chavos (P. R.) la lana (Méx.) las pelas/la pasta (Esp.)	*money*
la peseta (P. R.)	*quarter (U.S. coin)*
comer cable (Ven.) estar pelado/a (Col., Esp.) no tener guano (Cu.)	*to be broke; to have no money*
estar forrado/a en billete (Col. y Méx.) tener una pila de dinero	*to be loaded*
ser gasolero/a (Arg.)	*to be stingy*
el/la mileurista (Esp.)	*a young, educated person who only makes a thousand euros a month*

Telenovelas en Latinoamérica

En México, el Grupo Televisa produce entre diez y doce telenovelas anuales. Uno de sus grandes éxitos fue *Corazón salvaje*, que Televisa filmó en cuatro ocasiones. La última versión (2009) sufrió un recorte de presupuesto del 40% por la crisis económica y no logró desbancar° a la versión de 1993, una de las más vendidas en la historia de Televisa, que, con guión de María Zarattini, impuso un héroe que desafiaba los modelos patriarcales.

Colombia brilla en el universo de las telenovelas gracias al escritor Fernando Gaitán, creador de *Yo soy Betty, la fea* (1999), que figura en el Libro Guinness por ser la novela más versionada° de la historia. Según datos de la Organización Mundial del Comercio, en 2011 las exportaciones del sector audiovisual colombiano llegaron a los 35 millones de dólares.

En Argentina, Telefe Contenidos produce anualmente entre cuatro y cinco telenovelas. Sus telenovelas tienen un tono policial y temas controvertidos, como *Montecristo* (2006), cuya trama se centraba en los hijos de desaparecidos durante la dictadura militar argentina.

CAROLINA HERRERA

Carolina Herrera siempre creyó en su buen gusto°. En 1979, cuando ya había nacido su primera nieta, esta aristócrata venezolana decidió probar suerte en el negocio de la moda. Creó su primera colección en 1981, y en 1987 entró en la rama° de los trajes de novia. En 2005 creó la línea CH Carolina Herrera, ampliando° su negocio a perfumes, bolsos°, ropa de hombre y zapatos: un imperio económico que genera unas ventas anuales de más de 200 millones de dólares. Su estilo sencillo y elegante conquistó a primeras damas estadounidenses, desde Jacqueline Onassis hasta Michelle Obama.

Aunque la gran dama de la moda venezolana sigue estando al frente del negocio, su hija, Carolina Herrera Jr., va asumiendo más y más control de la compañía familiar. Ella, sin embargo, quiere reafirmar su identidad y asegura que, a diferencia de su madre, no se considera modista°. "Sólo soy una persona creativa que sabe lo que le gusta", asegura.

> « Mira si será malo el trabajo, que deben pagarte para que lo hagas. »
> (Facundo Cabral, cantautor argentino)

Conexión Internet

En muchos países, el día del trabajador es el primero de mayo. ¿Cuál es el origen de esta celebración?

Investiga más sobre el tema en **vhlcentral.com**.

desbancar *to replace* más versionada *with the most remakes* buen gusto *good taste* la rama *branch* ampliando *expanding* bolsos *handbags* modista *fashion designer*

¿Qué aprendiste?

recursos

v Text | CH
p. 118

1 **Comprensión** Indica si estas afirmaciones son **ciertas** o **falsas**. Corrige las falsas.

1. Las telenovelas sólo se transmiten los fines de semana.

2. Además de una historia de amor, la telenovela debe incluir conflictos, intrigas y mentiras.

3. En Europa del Este y Asia se producen muchas telenovelas.

4. El género de la telenovela comenzó en la década de 1920.

5. Perú es el país más importante en la producción de telenovelas.

6. Gracias a la producción y exportación de telenovelas, se generan muchos puestos de trabajo.

7. En Venezuela, la industria de las telenovelas llegó a superar en ganancias a otras industrias nacionales.

8. Algunas personas creen que las telenovelas presentan estereotipos.

9. Los personajes principales de las telenovelas suelen ser de origen africano.

10. Hugo Chávez no influyó en el contenido de las telenovelas de Venezuela.

11. Hugo Chávez apoyó a la industria venezolana de la telenovela.

2 **Oraciones incompletas** Completa las oraciones con la información correcta.

1. La versión de 2009 de *Corazón salvaje* sufrió un _____.

2. *Yo soy Betty, la fea* aparece en el Libro Guinness como la telenovela _____.

3. Las telenovelas de Telefe tratan temas _____.

4. Carolina Herrera vistió a algunas _____.

5. Carolina Herrera Jr. se considera una persona _____.

3 **Opiniones** En parejas, contesten las preguntas.

1. ¿Qué opinas de las telenovelas producidas en tu país? ¿Qué características comparten con las latinoamericanas?

2. ¿Mirarías una telenovela para practicar español? ¿Por qué?

3. ¿Crees que las productoras de telenovelas deberían hacer un esfuerzo por representar mejor a las mujeres y a las minorías raciales? ¿Por qué?

4. ¿Qué otro/a gran empresario/a de Hispanoamérica conoces? ¿Qué sabes de esa persona?

PROYECTO

Producción en Latinoamérica

Muchos productos latinoamericanos se cuentan entre los mejores del mundo. Investiga la industria de un producto típico latinoamericano y prepara una presentación para la clase. Puedes investigar productos como bebidas, miel, madera, café, flores, productos de cuero, ajo, peras y manzanas, soja, lana, carne, etc.

- ¿Cómo es su producción?
- ¿Qué alcance tiene su exportación?
- ¿Cuál es su impacto en la economía local?
- ¿Se consigue el producto en tu ciudad?

 Practice more at **vhlcentral.com.**

 Video: *Flash cultura*

Las alpacas

¿Sabías que en la zona andina existen animales que hace cientos de años eran considerados dignos de la realeza? En este episodio de **Flash cultura**, podrás conocerlos y enterarte de cómo y por qué contribuyen a la economía regional.

VOCABULARIO ÚTIL

cariñoso/a *friendly*	**la mascota** *pet*
esquilar *to shear*	**tejer** *to weave*
la hebra de hilo *thread*	**la temporada** *season*
la manta *blanket*	**teñir** *to dye*

Preparación ¿Has comprado en alguna tienda de comercio justo? ¿Has comprado productos de comercio justo en el supermercado? ¿Te gustan los productos artesanales? ¿Por qué?

Comprensión Indica si estas afirmaciones son ciertas o falsas. Después, en parejas, corrijan las falsas.

1. La alpaca es un animal tan dócil y cariñoso que puede adoptarse como mascota.

2. Fueron los conquistadores españoles quienes la domesticaron en la antigüedad.

3. Las cuatro especies de los camélidos sudamericanos son domésticas.

4. Las alpacas son esquiladas cada vez que llueve.

5. La fibra de la alpaca que se esquila se transforma a continuación en un hilo y después se tiñe de colores con elementos vegetales.

6. La tradición indica que las mujeres deben aprender a tejer con sus madres para ser admitidas plenamente en la comunidad.

Expansión En parejas, contesten estas preguntas.

- ¿Alguna vez han tenido una mascota? ¿Qué características debe tener un animal para que lo dejen entrar en sus casas? ¿Tendrían una alpaca como mascota?

- En sus comunidades o familias, ¿existe alguna tradición que pase de madres a hijas o de padres a hijos?

- Si fueran de viaje a Lima, ¿comprarían regalos en las tiendas de productos de alpaca? ¿Por qué? ¿Qué comprarían?

 Practice more at vhlcentral.com.

Corresponsal: Omar Fuentes
País: Perú

La alpaca parece un pequeño camello sin joroba° y con las orejas más grandes.

La producción de telas y productos de fibra de alpaca le da empleo a miles de personas en esta región.

Esta preciosa fibra cuenta con la gama° de colores naturales más grande del mundo.

recursos
vhlcentral

joroba *hump* **gama** *range*

8.1 The conditional

Tutorial

- To express the idea of what *would* happen, use the conditional tense.

¿Qué le darías a un hombre que lo tiene todo?

- The conditional tense (**el condicional**) uses the same endings for all **-ar, -er**, and **-ir** verbs. For regular verbs, the endings are added to the infinitive.

The conditional		
dar	**ser**	**vivir**
daría	sería	viviría
darías	serías	vivirías
daría	sería	viviría
daríamos	seríamos	viviríamos
daríais	seríais	viviríais
darían	serían	vivirían

¡ATENCIÓN!

Note that all of the conditional endings carry a written accent mark.

- Verbs with irregular future stems have the same irregular stem in the conditional.

Infinitive	stem	conditional
caber	cabr-	cabría, cabrías, cabría, cabríamos, cabríais, cabrían
haber	habr-	habría, habrías, habría, habríamos, habríais, habrían
poder	podr-	podría, podrías, podría, podríamos, podríais, podrían
querer	querr-	querría, querrías, querría, querríamos, querríais, querrían
saber	sabr-	sabría, sabrías, sabría, sabríamos, sabríais, sabrían
poner	pondr-	pondría, pondrías, pondría, pondríamos, pondríais, pondrían
salir	saldr-	saldría, saldrías, saldría, saldríamos, saldríais, saldrían
tener	tendr-	tendría, tendrías, tendría, tendríamos, tendríais, tendrían
valer	valdr-	valdría, valdrías, valdría, valdríamos, valdríais, valdrían
venir	vendr-	vendría, vendrías, vendría, vendríamos, vendríais, vendrían
decir	dir-	diría, dirías, diría, diríamos, diríais, dirían
hacer	har-	haría, harías, haría, haríamos, haríais, harían
satisfacer	satisfar-	satisfaría, satisfarías, satisfaría, satisfaríamos, satisfaríais, satisfarían

Uses of the conditional

- The conditional is used to express what *would* occur under certain circumstances.

> En Venezuela, ¿qué lugar **visitarías** primero?
> *In Venezuela, which place would you visit first?*

> **Iría** primero a Caracas y después a Isla Margarita.
> *First, I would go to Caracas and then to Isla Margarita.*

¿No sería ahora el momento justo para ir de vacaciones a **la Isla Margarita?**

¡ATENCIÓN!

The English *would* is often used to express the conditional, but it can also express what *used to happen*. To express habitual past actions, Spanish uses the imperfect, not the conditional.

Cuando era pequeña, iba a la playa durante los veranos.
When I was young, I would go to the beach in the summer.

- The conditional is also used to make polite requests.

> Me **gustaría** cobrar este cheque.
> *I would like to cash this check.*

> ¿**Podría** firmar aquí, en el reverso?
> *Would you please sign here, on the back?*

- In subordinate clauses, the conditional is often used to express what *would happen* after another action took place. To express what *will happen* after another action takes place, the future tense is used instead.

CONDITIONAL	FUTURE
Creía que hoy **haría** mucho viento. *I thought it would be very windy today.*	**Creo** que mañana **hará** mucho viento. *I think it will be very windy tomorrow.*

- In Spanish, the conditional may be used to express conjecture or probability about a past condition or event. English expresses this sense with expressions such as *wondered, must have been,* and *was probably.*

> ¿Qué hora **era** cuando regresó?
> *What time did he return?*

> **Serían** las ocho.
> *It must have been eight o'clock.*

> ¿Cuánta gente **había** en la fiesta?
> *How many people were at the party?*

> **Habría** como diez personas.
> *There must have been about ten people.*

- The conditional is also used to report statements made in the future tense.

> Iremos a la fiesta.
> *We'll go to the party.*

> Dijeron que **irían** a la fiesta.
> *They said they'd go to the party.*

recursos

vText

CA
pp. 22, 88

CP
pp. 73–74

CH
pp. 119–120

S
vhlcentral

Práctica

1 **La entrevista** Alberto sueña con trabajar para una agencia medioambiental y estaría dispuesto a hacer cualquier cosa para que la directora lo contrate. Utiliza el condicional de los verbos entre paréntesis para completar la conversación.

ALBERTO Si yo pudiera formar parte de esta organización, (1) _____ (estar) dispuesto (*ready*) a ayudar en todo lo posible.

ELENA Sí, lo sé, pero tú no (2) _____ (poder) hacer mucho. No tienes la preparación necesaria. Tú (3) _____ (necesitar) estudios de biología.

ALBERTO Bueno, yo (4) _____ (ayudar) con las cosas menos difíciles. Por ejemplo, (5) _____ (hacer) el café para las reuniones.

ELENA Estoy segura de que todos (6) _____ (agradecer) tu colaboración. Les preguntaré para ver si necesitan ayuda.

ALBERTO Eres muy amable, Elena. (7) _____ (dar) cualquier cosa por trabajar con ustedes. Y (8) _____ (considerar) la posibilidad de volver a la universidad para estudiar biología. (9) _____ (tener) que trabajar duro, pero lo (10) _____ (hacer) porque no (11) _____ (saber) qué hacer sin un trabajo significativo. Sé que el esfuerzo (12) _____ (valer) la pena.

2 **El primer día** La agencia contrató a Alberto y hoy fue su primer día como asistente administrativo. Utiliza el condicional para cambiar estos mandatos informales por los mandatos formales que la directora le dio a Alberto. Sigue el modelo.

Mandatos informales	Mandatos formales
Hazme un café.	¿Me harías un café, por favor?
Saca estas fotocopias.	1.
Pon los mensajes en mi escritorio.	2.
Manda este fax.	3.
Diles a los voluntarios que vengan también.	4.
Sal a almorzar con nosotros.	5.

3 **Lo que hizo Juan** Utilizamos el condicional para expresar el futuro en el contexto de una acción pasada. Explica lo que quiso hacer Juan usando las claves dadas. Agrega también por qué no lo pudo hacer.

MODELO pensar / llegar

Juan pensó que llegaría temprano a la oficina, pero el metro tardó media hora.

1. pensar / comer
2. decir / poner
3. imaginar / tener
4. escribir / venir
5. contarles / querer

6. suponer / hacer
7. explicar / salir
8. creer / terminar
9. decidir / viajar
10. opinar / ser

S Practice more at **vhlcentral.com.**

Comunicación

4 **¿Qué pasaría?** En parejas, completen estas oraciones utilizando verbos en el condicional. Luego compartan sus oraciones con la clase.

> **MODELO** **Si yo trabajara para una empresa multinacional, …**
>
> —Si yo trabajara para una empresa multinacional, viajaría por el mundo entero. Aprendería cinco idiomas y…

1. Si siguiera aumentando el desempleo en el país, …
2. Si yo ganara mucho dinero, …
3. Si mi novio/a decidiera trabajar en otro país, …
4. Si todos mis profesores estuvieran en huelga, …
5. Si mi jefe/a me despidiera, …
6. Si no tuviera que ganarme la vida, …

5 **¿Qué harías?** Explícale a un(a) compañero/a lo que harías en cada una de estas situaciones. Usa el condicional.

6 **El trabajo de tus sueños** Imagina que puedes escoger cualquier profesión del mundo. Explícale a un(a) compañero/a cuál sería tu trabajo ideal, por qué te gustaría esa profesión y qué harías en tu empleo. Háganse preguntas y utilicen por lo menos cuatro verbos en el condicional.

> **MODELO** Mi trabajo ideal sería jugar al baloncesto en la NBA. Me gustaría porque soy adicto a este deporte, pero también porque ganaría millones y podría…

8.2 **The past subjunctive** Tutorial

Forms of the past subjunctive

- The past subjunctive (**el imperfecto del subjuntivo**) of all verbs is formed by dropping the **-ron** ending from the **ustedes/ellos/ellas** form of the preterite and adding the past subjunctive endings.

The past subjunctive		
caminar	**perder**	**vivir**
caminara	perdiera	viviera
caminaras	perdieras	vivieras
caminara	perdiera	viviera
camináramos	perdiéramos	viviéramos
caminarais	perdierais	vivierais
caminaran	perdieran	vivieran

¡ATENCIÓN!

The **nosotros/as** form of the past subjunctive always has a written accent.

Estela dudaba que su madre la **ayudara** a financiar un carro nuevo.
Estela doubted that her mother would help her finance a new car.

A los dueños les sorprendió que **vendieran** más en enero que en diciembre.
The owners were surprised that they sold more in January than in December.

Ya hablé con el recepcionista y me recomendó que le **escribiera** al gerente.
I already spoke to the receptionist and he recommended that I write to the manager.

- Verbs that have stem changes, spelling changes, or irregularities in the **ustedes/ellos/ellas** form of the preterite also have them in all forms of the past subjunctive.

infinitive	preterite form	past subjunctive forms
pedir	pidieron	pidiera, pidieras, pidiera, pidiéramos, pidierais, pidieran
sentir	sintieron	sintiera, sintieras, sintiera, sintiéramos, sintierais, sintieran
dormir	durmieron	durmiera, durmieras, durmiera, durmiéramos, durmierais, durmieran
influir	influyeron	influyera, influyeras, influyera, influyéramos, influyerais, influyeran
saber	supieron	supiera, supieras, supiera, supiéramos, supierais, supieran
ir/ser	fueron	fuera, fueras, fuera, fuéramos, fuerais, fueran

- In Spain and some other parts of the Spanish-speaking world, the past subjunctive is commonly used with another set of endings (**-se, -ses, -se, -semos, -seis, -sen**). You will also see these forms in literary selections.

La señora Medina exigió que le **mandásemos** el contrato para el viernes.
Ms. Medina demanded that we send her the contract by Friday.

La señora Medina exigió que le **mandáramos** el contrato para el viernes.
Ms. Medina demanded that we send her the contract by Friday.

Uses of the past subjunctive

- The past subjunctive is required in the same situations as the present subjunctive, except that the point of reference is always in the past. When the verb in the main clause is in the past, the verb in the subordinate clause is in the past subjunctive.

Te pedí que llegaras a las nueve, Johnny.

PRESENT SUBJUNCTIVE	PAST SUBJUNCTIVE
El jefe sugiere que **vayas** a la reunión.	El jefe sugirió que **fueras** a la reunión.
The boss recommends that you go to the meeting.	*The boss recommended that you go to the meeting.*
Espero que ustedes no **tengan** problemas con el nuevo sistema.	Esperaba que no **tuvieran** problemas con el nuevo sistema.
I hope you won't have any problems with the new system.	*I was hoping you wouldn't have any problems with the new system.*
Buscamos a alguien que **conozca** bien el mercado.	Buscábamos a alguien que **conociera** bien el mercado.
We are looking for someone who knows the market well.	*We were looking for someone who knew the market well.*
Les mando mi currículum en caso de que **haya** un puesto disponible.	Les mandé mi currículum en caso de que **hubiera** un puesto disponible.
I'm sending them my résumé in case there is a position available.	*I sent them my résumé, in case there were a position available.*

- Use the past subjunctive after the expression **como si** (*as if*).

    Alfredo gasta dinero **como si fuera** millonario.
    Alfredo spends money as if he were a millionaire.

    El presidente habló de la economía **como si** no **hubiera** una recesión.
    The president talked about the economy as if there were no recession.

    Ella rechazó mi opinión **como si** no **importara**.
    She rejected my opinion as if it didn't matter.

- The past subjunctive is also commonly used with **querer** to make polite requests or to soften statements.

    Quisiera que me llames hoy.
    I would like you to call me today.

    Quisiera hablar con usted.
    I would like to speak with you.

recursos

v̂ Text

CA
pp. 23, 89

CP
pp. 75–76

CH
pp. 121–122

vhlcentral

Práctica

1 **El peor día** Completa el mensaje que Jessica le mandó a su hermano después de su primer día como pasante (*intern*) de verano. Utiliza el imperfecto del subjuntivo.

De:	jessica8@email.com
Para:	luismiguel@email.com
Asunto:	¡El peor día de mi vida!

Luis Miguel:

Sé que te pedí el otro día que no me (1)_____ (dar) más consejos sobre qué hacer este verano, pero ¡ahora sí necesito tus consejos! Hoy fue el peor día de mi vida, ¡te lo juro! Me aconsejaste que no (2)_____ (solicitar) un puesto en esta empresa, pero a mí no me importaba que ellos me (3)_____ (pagar) el sueldo mínimo. No creía que (4)_____ (existir) ninguna oportunidad mejor que ésta. ¡Pero hoy el jefe me trató como si yo (5)_____ (ser) su esclava! Primero exigió que yo (6)_____ (preparar) el café para toda la oficina. Después me dijo que (7)_____ (salir) a comprar más tinta (*ink*) para la impresora. Luego, como si eso (8)_____ (ser) poco, insistió en que yo (9)_____ (ordenar) su escritorio. ¡Como si toda mi experiencia del verano pasado no (10)_____ (valer) ni un centavo! Hablando de dinero... cuando le pedí que (11)_____ (depositar) el sueldo en mi cuenta corriente, él me dijo, "¿Qué sueldo? Nuestros pasantes trabajan gratis". ¡Renuncié y punto!

2 **¿Qué le pidieron?** María Laura Santillán es directora de una escuela privada. En parejas, usen la tabla y preparen una conversación en la que ella le cuenta a un amigo todo lo que le pidieron que hiciera el primer día de clase.

MODELO
— ¿Qué te pidió tu secretaria?
— Mi secretaria me pidió que le diera menos trabajo.

Personajes	Verbo	Actividad
los profesores		construir un gimnasio nuevo
los estudiantes		hacer menos ruido
el club que protege el medio ambiente	me pidió que	plantar más árboles
los vecinos de la escuela	me pidieron que	dar más días de vacaciones
el entrenador del equipo de fútbol		comprar más computadoras

3 **Dueño** El dueño del apartamento donde vivían tú y tu familia era muy estricto. Con un(a) compañero/a, túrnense para comentar las reglas que tenían que seguir, usando el imperfecto del subjuntivo.

MODELO El dueño nos dijo/pidió/ordenó que no cocináramos coliflor.

1. no usar la calefacción en marzo
2. limpiar los pisos dos veces al día
3. no tener visitas en el apartamento después de las 7 de la noche
4. hacer la cama todos los días
5. sacar la basura todos los días
6. no encender las luces antes de las 8 de la noche

Practice more at
vhlcentral.com.

Comunicación

4 **De niño** En parejas, háganse estas preguntas y contesten con detalles. Luego, utilicen el imperfecto del subjuntivo para hacerse cinco preguntas más sobre su niñez.

MODELO
—¿Esperabas que tus padres te compraran videojuegos?
—Sí, y también esperaba que me dieran más independencia./
No, pero esperaba que me llevaran al cine todos los sábados.

La imaginación ✳	Las relaciones ♡	⚑ La escuela ⚑
¿Esperabas que tus padres te compraran videojuegos?	¿Querías que tu primer amor durara toda la vida?	¿Soñabas con que el/la maestro/a cancelara la clase todos los días?
¿Dudabas que los superhéroes existieran?	¿Querías que tus padres hicieran todo lo que pedías?	¿Esperabas que tus amigos de la infancia fueran a la universidad contigo?
¿Esperabas que Santa Claus te trajera los regalos que le pedías?	¿Querías que tus familiares pasaran menos o más tiempo contigo?	¿Deseabas que las vacaciones de verano se alargaran (*were longer*)?
¿Qué más esperabas?	¿Qué más querías?	¿Qué más deseabas?

5 **¡No aguanto a mi hermana menor!** Tú y tu hermana no logran ponerse de acuerdo sobre algunos problemas. Por eso, hablaron con sus padres para pedirles ayuda. Ellos escucharon todas las quejas, les dieron consejos y les pidieron que hablaran otra vez la semana siguiente.

A. Primero, escribe cinco oraciones para describir lo que le pediste a tu hermana. Usa el imperfecto del subjuntivo.

 B. Ahora, en grupos de cuatro, preparen una conversación entre los padres y los/las hermanos/as. Cada persona debe usar el imperfecto del subjuntivo. Luego representen la conversación para la clase. ¿Habrá solución?

MODELO

MADRE Bueno, les pedimos que trataran de resolver los problemas. ¿Cómo les fue?

ESTUDIANTE 1 Le dije a Isabel que no se pusiera mi ropa sin pedir permiso. ¡Pero el día siguiente salió para la escuela con mi camiseta favorita!

ESTUDIANTE 2 Y yo le pedí a Celia que no escuchara música cuando estoy durmiendo. ¡Pero sigue poniendo la radio a todo volumen!

PADRE ¿Es verdad Isabel?

- **Si** (*if*) clauses express a condition or event upon which another condition or event depends. Sentences with **si** clauses are often hypothetical statements. They contain a subordinate clause (**si** clause) and a main clause (result clause).

No lo culpo si lo cambia por un pez.

- The **si** clause may be the first or second clause in a sentence. Note that a comma is used only when the **si** clause comes first.

Si tienes tiempo, ven con nosotros.
If you have time, come with us.

Iré con ustedes **si** no trabajo.
I'll go with you if I don't work.

Hypothetical statements about possible events

- In hypothetical statements about conditions or events that are possible or likely to occur, the **si** clause uses the present indicative. The main clause may use the present indicative, the future indicative, **ir a** + [*infinitive*], or a command.

Si clause: PRESENT INDICATIVE		Main clause
Si salgo temprano del trabajo, *If I finish work early,*	PRESENT TENSE	**voy** al cine con Andrés. *I'm going to the movies with Andrés.*
Si usted no mejora su currículum, *If you don't improve your résumé,*	FUTURE TENSE	nunca **conseguirá** empleo. *you'll never get a job.*
Si la jefa me pregunta, *If the boss asks me,*	IR A + [*INFINITIVE*]	no le **voy a mentir**. *I'm not going to lie to her.*
Si hay algún problema, *If there is a problem,*	COMMAND	**llámenos** de inmediato. *call us right away.*

Hypothetical statements about improbable situations

- In hypothetical statements about current conditions or events that are improbable or contrary-to-fact, the **si** clause uses the past subjunctive. The main clause uses the conditional.

¡ATENCIÓN!

A contrary-to-fact situation is one that is possible, but will probably not happen and/or has not occurred.

Si clause: PAST SUBJUNCTIVE

¡**Si** ustedes no **fueran** tan incapaces,
If you weren't all so incapable,

Si sacaras un préstamo a largo plazo,
If you took out a long-term loan,

Si no **estuviera** tan cansada,
If I weren't so tired,

Main clause: CONDITIONAL

ya lo **tendrían** listo!
you'd already have this ready!

pagarías menos al mes.
you'd pay less each month.

saldría a cenar contigo.
I'd go out to dinner with you.

Si no estuviera en crisis económica, te ayudaría.

Si yo fuera él, les daría la tarde libre.

Habitual conditions and actions in the past

- In statements that express habitual past actions that are not contrary-to-fact, both the **si** clause and the main clause use the imperfect.

Si clause: IMPERFECT

Si Milena **tenía** tiempo libre,
If Milena had free time,

Si mi papá **salía** de viaje de negocios,
If my dad went on a business trip,

Main clause: IMPERFECT

siempre **iba** a la playa.
she would always go to the beach.

siempre me **traía** un regalito.
he always brought me back a little present.

Si no me levantaba a las tres de la mañana, llegaba tarde al trabajo.

recursos

v̂Text

CA
pp. 24, 90

CP
pp. 77–78

CH
pp. 123–124

S
vhlcentral

Práctica

1

1 **Situaciones** Completa las oraciones con el tiempo verbal adecuado.

A. Situaciones probables o posibles

    1. Si Teresa no viene pronto, nosotros _____ (tener) que ir sin ella.

    2. Si tú no _____ (trabajar) hoy, vamos al cine.

B. Situaciones hipotéticas sobre eventos improbables

    3. Si Carla tuviera más experiencia, yo la _____ (contratar).

    4. Si Gabriel _____ (ganar) más, podría ir de viaje.

C. Situaciones habituales sobre el pasado

    5. Si llegaba tarde en mi trabajo anterior, la gerente me _____ (gritar).

    6. Si nosotros no _____ (hacer) la tarea, el profesor Cortijo nos daba una prueba sorpresa.

2 **Si trabajara menos** Carolina y Leticia trabajan cuarenta horas por semana y se imaginan qué harían si trabajaran menos horas. Completa la conversación con el condicional o el imperfecto del subjuntivo.

CAROLINA Estoy todo el día en la oficina, pero si (1) _____ (trabajar) menos, tendría más tiempo para divertirme. Si sólo viniera a la oficina algunas horas por semana, (2) _____ (practicar) el alpinismo más a menudo.

LETICIA ¿Alpinismo? ¡Qué aburrido! Si yo tuviera más tiempo libre, (3) _____ (hacer) todas las noches lo mismo: (4) _____ (ir) al cine, luego (5) _____ (salir) a cenar y, para terminar la noche, (6) _____ (hacer) una fiesta para celebrar que ya no tengo que ir a trabajar por la mañana. Si nosotras (7) _____ (tener) la suerte de no tener que trabajar nunca más, nos pasaríamos todo el día sin hacer absolutamente nada.

CAROLINA ¿Te imaginas? Si la vida fuera así, nosotras (8) _____ (ser) mucho más felices, ¿no crees?

3 **Situaciones** Completa las oraciones.

    1. Si salimos esta noche, …

    2. Si me llama el jefe, …

    3. Saldré contigo después del trabajo si …

    4. Si mis padres no me prestan dinero, …

    5. Si tuviera el coche este sábado, …

    6. Tendría más dinero si …

    7. Si íbamos de vacaciones, …

    8. Si peleaba con mis hermanos, …

    9. Te prestaría el libro si …

    10. Si mis amigos no tienen otros planes, …

Practice more at vhlcentral.com.

4

Si yo fuera... En parejas, háganse preguntas sobre quiénes serían y cómo serían sus vidas si fueran estas personas.

MODELO un(a) cantante famoso/a

—¿Si fueras una cantante famosa, quién serías?
—Si fuera una cantante famosa, sería Christina Aguilera. Pasaría el tiempo haciendo videos, dando conciertos...

1. un(a) cantante famoso/a
2. un personaje histórico famoso
3. el personaje de un libro
4. un(a) actor/actriz famoso/a
5. un(a) empresario/a
6. un(a) deportista exitoso/a

5

¿Qué harías? En parejas, miren los dibujos y túrnense para preguntarse qué harían si les ocurriera lo que muestra cada dibujo. Sigan el modelo y sean creativos/as.

MODELO —¿Qué harías si alguien te invitara a bailar tango?
—Si alguien me invitara a bailar tango, seguramente yo me pondría muy nervioso/a y saldría corriendo.

1. Tu suegro viene de visita sin avisar.

2. Estás en una playa donde hay tiburones.

3. Tu carro se descompone en el desierto.

4. Te quedas atrapado/a en un ascensor.

6

Síntesis En grupos de cuatro, conversen sobre lo que harían en estas situaciones. Luego cada persona debe inventar una situación más y preguntarles a sus compañeros/as qué harían. Utilicen oraciones con **si**, el condicional y el imperfecto del subjuntivo.

1. ver a alguien intentando robar un carro
2. quedar atrapado/a en una tormenta de nieve
3. tener ocho hijos
4. despertarse tarde la mañana del examen final
5. descubrir que tienes el poder de ser invisible
6. enamorarse de alguien a primera vista

Antes de ver el corto

CLOWN

país España **director** Stephen Lynch

duración 11 minutos **protagonistas** el payaso, Luisa, el jefe

Vocabulario

la amenaza *threat*	**factura** *bill*
avergonzar *to embarrass*	**humillar** *to humiliate*
el/la cobrador(a) *debt collector*	**el/la moroso/a** *debtor*
cumplir *to carry out*	**el/la payaso/a** *clown*
deber *to owe*	**el sueldo fijo** *base salary*
dejar en paz *to leave alone*	**tozudo/a** *stubborn*

1 **Oraciones incompletas** Completa las oraciones con las palabras apropiadas.

1. Alguien que no paga sus deudas es un _____.
2. Además del _____, la empresa me paga comisiones.
3. Una persona _____ nunca quiere cambiar de opinión.
4. Un _____ trabaja en el circo.
5. Cuando alguien no paga, algunas empresas contratan a un _____.

2 **Preguntas** En parejas, contesten las preguntas.

1. ¿Has tenido alguna vez un trabajo que no te gustaba? ¿Cuál?
2. Imagina que necesitas trabajar con urgencia. ¿Dónde buscarías trabajo? ¿Por qué?
3. ¿Eres capaz de hacer cosas que no te gustan por dinero? Explica tu respuesta.
4. ¿Qué empleo crees que nunca harías? ¿Por qué?
5. Cuando eras niño/a, ¿qué trabajo soñabas con tener de grande?

3 **¿Qué sucederá?** En parejas, miren el fotograma e imaginen lo que va a ocurrir en la historia. Preparen una lista de adjetivos que podrían usarse para describir la personalidad del payaso. Compartan sus ideas con la clase.

Practice more at vhlcentral.com.

con **ROGER CASAMAJOR** y **LUCÍA DEL RÍO**
THE LIFT presenta una película de **STEPHEN LYNCH**
montaje **GABRIEL JORGES** • fotografía **PABLO CRUZ**
dirección de arte **ANJA MAYER** • diseño de vestuario **ANA LAURA SOLIS**
música **MARVIN PONTIAC / LOS CHICHOS**
guión **STEPHEN LYNCH** • producida por **JUAN CARLOS POLANCO**
dirigida por **STEPHEN LYNCH**

ARGUMENTO Un hombre comienza su primer día como cobrador vestido de payaso.

PAYASO ¿Luisa River? ¿Luisa River?
LUISA Sí.
PAYASO Debe usted 771 euros a Telefónica. Vengo a cobrar.
LUISA ¿Y tú quién eres?
PAYASO Soy de los cobradores del circo.

LUISA Llega tarde tu amenaza. Debo tres meses de alquiler, y ya he vendido el coche, y la tele y todo, y tengo dos hijos y su padre no pasa un duro°. Así que tu factura me la suda° en este momento. Lo siento, payaso, me encantaría pagarte, pero esto es lo que hay°.

PAYASO ¿Tú crees que yo me quería dedicar a esto? Pues no. Pero si tengo que hacerlo para mantener a mi mujer y a mi bebé, pues lo haré. Es patético, pero lo haré.
LUISA ¿Tienes un bebé?
PAYASO Una niña, de siete meses.

LUISA No tengo teléfono. Ni trabajo. Así que les dices a tus clientes que o me encuentran trabajo o que me dejen en paz.
PAYASO Mire, Luisa, se lo voy a explicar para que lo entienda. Mi trabajo consiste en humillarla y seguirla hasta que nos pague.

PAYASO ¿Estás orgullosa? ¿No te avergüenza? ¿No tienes vergüenza, Luisa? Yo llevo la nariz roja, ¿pero quién hace aquí el payaso?
LUISA ¿Quieres una respuesta? Pues sí, estoy orgullosa de no tener que ganarme la vida humillando a la gente.

JEFE ¿Y cómo ha ido?
PAYASO Bueno, pues… bien.
JEFE ¿Pero cobraste o no?
PAYASO No, cobrar, cobrar no, pero…
JEFE ¿Fuiste tozudo?
PAYASO ¡Muy tozudo!

duro *five-peseta coin* **me la suda** *I don't give a damn*
esto es lo que hay *take it or leave it*

Después de ver el corto

1 **Comprensión** Contesta las preguntas con oraciones completas.

1. ¿En qué consiste el trabajo del payaso?
2. ¿Por qué sigue a Luisa?
3. ¿Qué razones le da Luisa al payaso para no pagar?
4. ¿Adónde van después de bajar del autobús?
5. ¿Tiene familia el payaso?
6. ¿Qué razones le da el payaso a su jefe para explicar que Luisa no puede pagar?
7. ¿Qué le dice el jefe al payaso?
8. ¿Por qué se enoja el payaso con Luisa?

2 **Ampliación** Contesta las preguntas con oraciones completas.

1. ¿Por qué está nervioso el payaso al principio?
2. ¿Piensas que le gusta su trabajo? ¿Por qué?
3. Explica qué ocurre al final del corto.
4. ¿Crees que Luisa actuó bien? ¿Por qué? Explica tu respuesta.
5. Imagina que no tienes dinero y te ofrecen este puesto de trabajo. ¿Lo tomarías? Explica tu respuesta.

3 **Opiniones** En parejas, lean la cita. ¿Están de acuerdo con lo que se expresa en ella? Compartan su opinión con la clase.

❝ Pues sí, estoy orgullosa de no tener que ganarme la vida humillando a la gente como haces tú. No tengo nada, muy bien, pero tengo mi dignidad. ❞

4 **Entrevistas de trabajo** En parejas, imaginen la entrevista de trabajo entre el hombre y el jefe de la empresa de cobradores.

A. Contesten estas preguntas.

- ¿Qué preguntas le hizo el jefe antes de ofrecerle el trabajo?
- ¿Qué contestó el hombre?
- ¿Cómo reaccionó cuando le dijeron que tenía que vestirse de payaso?

B. Ensayen la entrevista de trabajo entre el hombre y el jefe. Luego, representen la entrevista frente a la clase.

recursos

v̂Text

· · · · · · · ·

S

vhlcentral

Practice more at
vhlcentral.com.

Mercado de flores, 1949
Diego Rivera, México

"Cuando llegue la inspiración, que
me encuentre trabajando."

— Pablo Picasso

Antes de leer

La abeja haragana

Sobre el autor

Horacio Quiroga nació en Salto, Uruguay, el 31 de diciembre de 1878. En su juventud, practicó ciclismo, fotografía, mecánica y carpintería. Fue un trabajador compulsivo y pionero de la escritura profesional. En 1898 se mudó a Argentina. Vivió en San Ignacio, Misiones, donde cultivaba orquídeas y vivía en estrecho (*close*) contacto con la naturaleza en la selva. Su interés por la literatura comenzó por la poesía y su primer libro fue *Los arrecifes de coral* (1901), al que siguieron, entre otros, *Cuentos de amor, de locura y de muerte* (1917), antología de relatos de estilo modernista, y la obra para niños *Cuentos de la selva* (1918), colección de relatos protagonizados por animales.

Vocabulario

la advertencia *warning*	**el descanso** *rest*	**la miel** *honey*
el aprendizaje *learning*	**la experiencia** *experience*	**el polen** *pollen*
la colmena *beehive*	**la fatiga** *fatigue*	**trabajador(a)** *hard-working*
el deber *duty*	**haragán/haragana** *lazy*	**volar (o:ue)** *to fly*

El valor del trabajo Un abuelo le da consejos a su nieto sobre el valor del trabajo. Completa el párrafo con las palabras correctas.

La persona (1) _____ no llega a ningún lado en este mundo: se necesita mucho esfuerzo para lograr algo en la vida, sin hacerle caso a la (2) _____ que uno pueda sentir. El (3) _____ llegará después. Esta (4) _____ proviene de mi propia (5) _____. Es un largo (6) _____ que se hace durante toda la vida, pero, al final, la persona (7) _____ puede estar satisfecha de haber cumplido con su (8) _____.

Conexión personal ¿Crees que las cosas que se hacen con esfuerzo tienen más valor? ¿O es mejor cuando se obtienen por buena suerte o ingenio? ¿Qué te parece más justo? ¿Qué opinas de la expresión maquiavélica de que "el fin justifica los medios"?

Análisis literario: la fábula

La fábula es un breve relato que suele incluir una moraleja (*moral*) extraída de los eventos. La conducta de las personas se compara con el comportamiento típico de ciertos animales, que son los protagonistas de las fábulas y encarnan (*embody*) vicios y virtudes humanas. Por ejemplo: la hormiga (*ant*) representa la laboriosidad (*hard work*) y la previsión (*foresight*). ¿Qué virtudes representan estos animales?

 la serpiente el perro el gato el caballo

Horacio Quiroga

La abeja haragana

Había una vez en una colmena una abeja que no quería trabajar, es decir, recorría los árboles uno por uno para tomar el jugo de las flores; pero en ⁵ vez de conservarlo para convertirlo en miel, se lo tomaba del todo.

Era, pues, una abeja haragana. Todas las mañanas, apenas el sol calentaba el aire, la abejita se asomaba° a la puerta de la colmena, ¹⁰ veía que hacía buen tiempo, se peinaba con las patas, como hacen las moscas, y echaba entonces a volar, muy contenta del lindo día. Zumbaba° muerta de gusto de flor en flor, entraba en la colmena, volvía a salir, y así se ¹⁵ lo pasaba todo el día mientras las otras abejas se mataban trabajando para llenar la colmena de miel, porque la miel es el alimento de las abejas recién nacidas°.

stuck her head out — se asomaba°

She buzzed — Zumbaba°

newborn — recién nacidas°

Como las abejas son muy serias, comenzaron a disgustarse con el proceder° ²⁰ de la hermana haragana. En la puerta de las colmenas hay siempre unas cuantas abejas que están de guardia° para cuidar que no entren bichos° en la colmena. Estas abejas suelen ser muy viejas, con gran experiencia de la vida y ²⁵ tienen el lomo° pelado° porque han perdido todos los pelos de rozar° contra la puerta de la colmena.

Un día, pues, detuvieron a la abeja haragana cuando iba a entrar, diciéndole: ³⁰

—Compañera: es necesario que trabajes, porque todas las abejas debemos trabajar.

La abejita contestó:

—Yo ando todo el día volando, y me canso mucho. ³⁵

—No es cuestión de que te canses mucho

behavior — proceder°

on duty — de guardia°

bugs — bichos°

back / hairless — lomo° pelado°

brushing — rozar°

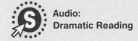
—respondieron—, sino de que trabajes un poco. Es la primera advertencia que te hacemos.

Y diciendo así la dejaron pasar.

40 Pero la abeja haragana no se corregía. De modo que a la tarde siguiente las abejas que estaban de guardia le dijeron:

—Hay que trabajar, hermana.

Y ella respondió en seguida:

45 —¡Uno de estos días lo voy a hacer!

—No es cuestión de que lo hagas uno de estos días —le respondieron— sino mañana mismo.

Y la dejaron pasar.

50 Al anochecer siguiente se repitió la misma cosa. Antes de que le dijeran nada, la abejita exclamó:

—¡Sí, sí hermanas! ¡Ya me acuerdo de lo que he prometido!

55 —No es cuestión de que te acuerdes de lo prometido —le respondieron—, sino de que trabajes. Hoy es 19 de abril. Pues bien: trata de que mañana, 20, hayas traído una gota° siquiera de miel. Y ahora, pasa.

drop

60 Y diciendo esto, se apartaron para dejarla entrar.

Pero el 20 de abril pasó en vano como todos los demás. Con la diferencia de que al caer el sol el tiempo se descompuso y

65 comenzó a soplar° un viento frío.

to blow

La abejita haragana voló apresurada° hacia su colmena, pensando en lo calentito que estaría allá dentro. Pero cuando quiso entrar, las abejas que estaban de guardia se

in a hurry

70 lo impidieron.

—¡No se entra! —le dijeron fríamente.

—¡Yo quiero entrar! —clamó° la abejita—. Ésta es mi colmena.

cried out

—Ésta es la colmena de unas pobres abejas

75 trabajadoras —le contestaron las otras—. No hay entrada para las haraganas.

—¡Mañana sin falta voy a trabajar! —insistió la abejita.

—No hay mañana para las que no

80 trabajan —respondieron las abejas. Y esto diciendo la empujaron° afuera.

pushed

La abejita, sin saber qué hacer, voló un rato aún; pero ya la noche caía y se veía apenas. Quiso cogerse° de una hoja°, y cayó al suelo. Tenía el cuerpo entumecido° por el aire 85 frío, y no podía volar más.

to hold on to/ leaf
numb

Arrastrándose° entonces por el suelo, trepando° y bajando de los palitos° y piedritas°, que le parecían montañas, llegó a la puerta de la colmena, a tiempo que 90 comenzaban a caer frías gotas de lluvia.

Crawling
climbing/ little sticks/ little stones

—¡Perdón! —gimió° la abeja—. ¡Déjenme entrar!

groaned

—Ya es tarde —le respondieron.

—¡Por favor, hermanas! ¡Tengo sueño! 95

—Es más tarde aún.

—¡Compañeras, por piedad! ¡Tengo frío!

—Imposible.

—¡Por última vez! ¡Me voy a morir! Entonces le dijeron: 100

—No, no morirás. Aprenderás en una sola noche lo que es el descanso ganado con el trabajo. Vete.

Y la echaron.

Entonces, temblando de frío, con las alas 105 mojadas° y tropezando°, la abeja se arrastró, se arrastró hasta que de pronto rodó° por un agujero°; cayó rodando, mejor dicho, al fondo de una caverna°.

wet/stumbling
rolled
hole
cave

Creyó que no iba a concluir nunca 110 de bajar. Al fin llegó al fondo, y se halló° bruscamente ante una víbora°, una culebra° verde de lomo color ladrillo°, que la miraba enroscada° y presta a lanzarse sobre° ella.

found herself
viper/snake
brick
curled up/ pounce on

En verdad, aquella caverna era el hueco° 115 de un árbol que habían trasplantado hacía tiempo, y que la culebra había elegido de guarida°.

hollow
lair

Las culebras comen abejas, que les gustan mucho. Por esto la abejita, al encontrarse ante 120 su enemiga°, murmuró cerrando los ojos:

enemy

—¡Adiós mi vida! Ésta es la última hora que yo veo la luz.

Pero con gran sorpresa suya, la culebra no solamente no la devoró sino que le dijo: 125

—¿Qué tal, abejita? No has de ser° muy

You must not be

trabajadora para estar aquí a estas horas.

—Es cierto —murmuró la abejita—. No trabajo, y yo tengo la culpa°.

I'm to blame

—Siendo así —agregó° la culebra, burlona°—, voy a quitar del mundo a un mal bicho como tú. Te voy a comer, abeja.

added 130
mockingly

—¡No es justo eso, no es justo! No es justo que usted me coma porque es más fuerte que yo. Los hombres saben lo que es justicia.

135

—¡Ah, ah! —exclamó la culebra, enroscándose° ligero°—. ¿Tú conoces bien a los hombres? ¿Tú crees que los hombres, que les quitan la miel a ustedes, son más justos, grandísima tonta?

coiling up/ swiftly

140

—No, no es por eso que nos quitan la miel —respondió la abeja.

—¿Y por qué, entonces?

—Porque son más inteligentes.

145

Así dijo la abejita. Pero la culebra se echó a reír, exclamando:

—¡Bueno! Con justicia o sin ella, te voy a comer; apróntate°.

get ready

Y se echó atrás, para lanzarse sobre la abeja. Pero ésta exclamó:

150

—Usted hace eso porque es menos inteligente que yo.

—Pues bien —dijo la culebra—, vamos a verlo. Vamos a hacer dos pruebas. La que haga la prueba más rara, ésa gana. Si gano yo, te como.

155

—¿Y si gano yo? —preguntó la abejita.

—Si ganas tú —repuso su enemiga—, tienes el derecho de pasar la noche aquí, hasta que sea de día. ¿Te conviene°?

Does that work for you? 160

—Aceptado —contestó la abeja.

La culebra se echó a reír de nuevo, porque se le había ocurrido una cosa que jamás podría hacer una abeja. Y he aquí lo que hizo:

165

Salió un instante afuera, tan velozmente que la abeja no tuvo tiempo de nada. Y volvió trayendo una cápsula de semillas° de eucalipto, de un eucalipto que estaba al lado de la colmena y que le daba sombra.

seed pod

170

Los muchachos hacen bailar como trompos° esas cápsulas, y les llaman trompitos de eucalipto.

spinning tops

—Esto es lo que voy a hacer —dijo la culebra—. ¡Fíjate bien, atención!

Y arrollando° vivamente la cola alrededor del trompito como un piolín° la desenvolvió a toda velocidad, con tanta rapidez que el trompito quedó bailando y zumbando como un loco.

175 *coiling up*
string

La culebra reía, y con mucha razón, porque jamás una abeja ha hecho ni podrá hacer bailar a un trompito. Pero cuando el trompito, que se había quedado dormido zumbando, como les pasa a los trompos de naranjo, cayó por fin al suelo, la abeja dijo:

180

185

—Esa prueba es muy linda, y yo nunca podré hacer eso.

—Entonces, te como —exclamó la culebra.

—¡Un momento! Yo no puedo hacer eso; pero hago una cosa que nadie hace.

190

—¿Qué es eso?

—Desaparecer.

—¿Cómo? —exclamó la culebra, dando un salto de sorpresa—. ¿Desaparecer sin salir de aquí?

195

—Sin salir de aquí.

—Pues bien, ¡hazlo! Y si no lo haces, te como en seguida —dijo la culebra.

El caso es que mientras el trompito bailaba, la abeja había tenido tiempo de examinar la caverna y había visto una plantita que crecía allí. Era un arbustillo°, casi un yuyito°, con grandes hojas del tamaño de una moneda de dos centavos.

200

shrub
weed

La abeja se arrimó° a la plantita, teniendo cuidado de no tocarla, y dijo así:

205 *came closer to*

—Ahora me toca a mí, señora Culebra. Me va a hacer el favor de darse vuelta, y contar hasta tres. Cuando diga "tres" búsqueme por todas partes, ¡ya no estaré más!

210

Y así pasó, en efecto. La culebra dijo rápidamente: "uno..., dos..., tres", y se volvió y abrió la boca cuan grande era, de sorpresa: allí no había nadie. Miró arriba, abajo, a todos lados, recorrió los rincones°, la plantita, tanteó° todo con la lengua. Inútil: la abeja había desaparecido.

215 *corners; nooks*
she felt out

La culebra comprendió entonces que si su

prueba del trompito era muy buena, la prueba
de la abeja era simplemente extraordinaria.
¿Qué se había hecho? ¿Dónde estaba?

Una voz que apenas se oía —la voz de la
abejita— salió del medio de la cueva.

—¿No me vas a hacer nada? —dijo la
voz—. ¿Puedo contar con tu juramento?

—Sí —respondió la culebra—. Te lo juro.
¿Dónde estás?

—Aquí —respondió la abejita, apareciendo
súbitamente° de entre una hoja cerrada de
la plantita.

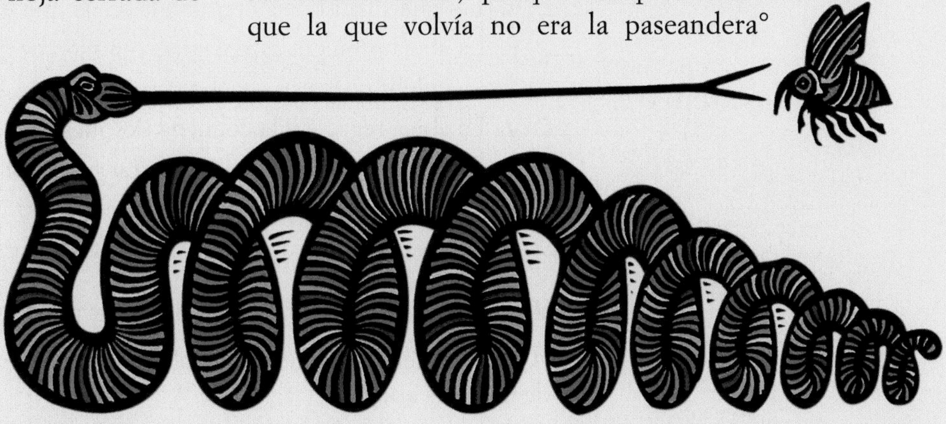

¿Qué había pasado?
Una cosa muy sencilla:
la plantita en cuestión
era una sensitiva°, muy
común también en Buenos
Aires, y que tiene la
particularidad de que sus
hojas se cierran al menor
contacto. Solamente que
esta aventura pasaba
en Misiones°, donde la
vegetación es muy rica, y por lo tanto muy
grandes las hojas de las sensitivas. De
aquí que al contacto de la abeja, las
hojas se cerraron, ocultando° completamente
al insecto.

La inteligencia de la culebra no había
alcanzado nunca a darse cuenta de este
fenómeno; pero la abeja lo había observado, y
se aprovechaba de él para salvar su vida.

La culebra no dijo nada, pero quedó muy
irritada con su derrota°, tanto que la abeja
pasó toda la noche recordando a su enemiga
la promesa que había hecho de respetarla.

Fue una noche larga, interminable, que las
dos pasaron arrimadas contra° la pared más
alta de la caverna, porque la tormenta se había
desencadenado°, y el agua entraba como un
río adentro.

Hacía mucho frío, además, y adentro
reinaba la oscuridad más completa. De
cuando en cuando la culebra sentía impulsos
de lanzarse sobre la abeja, y ésta creía
entonces llegado el término de su vida.

Nunca jamás creyó la abejita que
una noche podría ser tan fría, tan larga,
tan horrible. Recordaba su vida anterior,
durmiendo noche tras noche en la colmena,
bien calentita, y lloraba entonces en silencio.

Cuando llegó el día, y salió el sol, porque
el tiempo se había compuesto, la abejita voló
y lloró otra vez en silencio ante la puerta
de la colmena hecha por el esfuerzo° de la
familia. Las abejas de guardia la dejaron pasar
sin decirle nada, porque comprendieron
que la que volvía no era la paseandera°

haragana, sino una abeja que había hecho
en sólo una noche un duro aprendizaje de la
vida.

Así fue, en efecto. En adelante, ninguna
como ella recogió tanto polen ni fabricó tanta
miel. Y cuando el otoño llegó, y llegó también
el término de sus días, tuvo aún tiempo de dar
una última lección antes de morir a las jóvenes
abejas que la rodeaban°:

—No es nuestra inteligencia, sino nuestro
trabajo quien nos hace tan fuertes. Yo usé una
sola vez mi inteligencia, y fue para salvar mi
vida. No habría necesitado de ese esfuerzo, si
hubiera trabajado como todas. Me he cansado
tanto volando de aquí para allá, como
trabajando. Lo que me faltaba era la noción
del deber, que adquirí aquella noche.

Trabajen, compañeras, pensando que
el fin a que tienden° nuestros esfuerzos
—la felicidad de todos— es muy superior a la
fatiga de cada uno. A esto los hombres llaman
ideal, y tienen razón. No hay otra filosofía en
la vida de un hombre y de una abeja. ∎

Glosses (margin):

220

225

230

suddenly

mimosa
pudica or
sensitiva
plant 235

province in
Argentina

240

hiding 245

defeat

pushed up
against

had broken
out

255

260

265

270

effort

275 wanderer

280

285 surrounded
her

290

295 work towards

Después de leer

La abeja haragana
Horacio Quiroga

1 **Comprensión** Enumera los acontecimientos en el orden en que aparecen en el cuento.

_____ a. La abeja haragana gana la prueba.

__1__ b. Las guardianas dejan que la abeja haragana entre en la colmena, pero le advierten que será la última vez.

_____ c. Una culebra le anuncia que la va a devorar.

_____ d. Las guardianas dejan pasar a la abeja que ya no es haragana.

_____ e. La abeja promete cambiar, pero no lo cumple.

_____ f. La culebra hace su prueba con éxito.

_____ g. La abeja regresa a la colmena después de pasar la noche fuera.

_____ h. Las guardianas le prohíben entrar en la colmena.

_____ i. La culebra le propone hacer dos pruebas.

_____ j. La abeja cae por un hueco dentro de una caverna.

2 **Análisis** Lee el relato nuevamente y responde las preguntas.

1. ¿Qué características podrías señalar de la abeja haragana? ¿En qué se diferenciaba de las otras abejas?

2. ¿Qué te parece que puede representar la víbora?

3. En el relato, ¿qué es lo que salva a la abeja de la víbora?

4. ¿Cuál es la moraleja de la fábula?

3 **Interpretación** En parejas, respondan las preguntas.

1. En el relato se contraponen claramente dos lugares: la colmena y el exterior. ¿Puedes encontrar una palabra que caracterice a cada uno?

2. Las guardianas advierten a la abeja varias veces antes de impedirle la entrada. ¿Te parece bien lo que hacen? ¿Crees que tienen razón?

3. ¿Por qué es tan importante que todas colaboren con la tarea de recoger el polen? ¿Para qué sirve la miel que hacen las abejas? ¿Qué sentido tiene eso para la comunidad?

4. ¿Qué crees que hizo recapacitar a la abeja haragana?

5. ¿Estás de acuerdo con la moraleja de la fábula?

6. ¿Te parece que la abeja fue feliz al aceptar las reglas de la colmena?

4 **Tu propia fábula** Elige una de las comparaciones de la lista y escribe una fábula breve sobre el animal y la cualidad o vicio. Si lo prefieres, puedes elegir otro animal y otra cualidad o vicio. No olvides concluir el relato con una moraleja.

- inocente como un cordero (*lamb*)
- fuerte como un león
- astuto (*sly*) como un zorro (*fox*)
- terco (*stubborn*) como una mula

Practice more at vhlcentral.com.

Antes de leer

Vocabulario

apoyar *to support*

los bajos recursos *low-income*

la belleza *beauty*

la clave *key*

conseguir *to obtain*

cumplir *to fulfill*

la instrucción *education*

luchar *to fight*

la red *network*

tocar *to play*

Oraciones incompletas Completa las oraciones con las palabras adecuadas.

1. Las personas de _____ tienen dificultades económicas.

2. Es necesario _____ a los niños que quieren aprender música.

3. La _____ musical es muy importante para desarrollar la inteligencia.

4. Los idealistas creen que se puede _____ lo imposible.

5. La _____ para cumplir los sueños es la perseverancia.

6. Se sabe que _____ un instrumento musical mejora la memoria.

Conexión personal Comenta las siguientes preguntas con un(a) compañero/a.

1. ¿A qué jugabas cuando eras niño/a?

2. ¿Qué querías ser de mayor cuando eras pequeño/a?

3. ¿Crees que cuando eras niño/a tuviste todas las oportunidades que necesitabas?¿Por qué?

4. ¿Alguna vez hiciste algo especial para ayudar a los demás? ¿Qué hiciste?

5. ¿Hay alguna persona que haya influido en tu educación? ¿Quién fue? ¿Qué aprendiste de esa persona?

6. ¿Qué sueño te gustaría alcanzar en los próximos diez años?

Contexto cultural

José Antonio Abreu

Practice more at vhlcentral.com.

"¿Por qué concentrar en una clase [social] el privilegio de tocar a Mozart o a Beethoven?" pregunta el filántropo venezolano **José Antonio Abreu.** Su experiencia como músico y como economista, y su energía vital han sido claves para el desarrollo de "El Sistema", un programa de instrucción musical especialmente pensado para niños de bajos recursos. Desde 1975 ha habido una docena de gobiernos en Venezuela y todos ellos han apoyado este proyecto. Hay cientos de orquestas infantiles y juveniles, además de coros y escuelas de música en todo el país, que admiten más de 400.000 niños de entre 2 y 18 años. En un país polarizado por la política y las diferencias socioeconómicas, todo el mundo apoya "El Sistema".

Gustavo Dudamel:
la estrella de "El Sistema"

Al director de la Orquesta Filarmónica de Los Ángeles, Gustavo Dudamel, se le iluminan los ojos cuando recuerda el momento en que la música dejó de ser sólo un juego. "De pronto se convierte en algo mucho más profundo", dice este venezolano alegre y carismático. La
5   experiencia que marcó su vida y su carrera fue su paso por "El Sistema", un programa de instrucción musical para niños desfavorecidos°   *disadvantaged* fundado en Venezuela en 1975, y que se extiende por todo el mundo. Su fundador, José Antonio Abreu, considera a Dudamel "un ejemplo insuperable para la juventud musical de América Latina y del mundo".
10 Él es la estrella de "El Sistema".

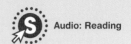
De niño, Gustavo Dudamel quería tocar el trombón en una banda de salsa, como su padre. "Tenía los brazos muy cortos para el trombón", dice. "Así que empecé a tocar el

15 violín". Lo aprendió a tocar en una de las escuelas de "El Sistema", donde se convirtió en un auténtico virtuoso de este instrumento. Pero todavía no había descubierto su verdadera vocación musical. Su oportunidad

20 no tardaría en llegar. Cuando sólo tenía 12 años, el retraso° del director de un ensayo en la orquesta juvenil de Barquisimeto le dio la oportunidad de dejar su violín y tomar la batuta° para hacer reír a sus compañeros

25 con imitaciones de directores conocidos; lo hizo tan bien que meses después se convirtió en el director asistente de la orquesta. A los 16 años dirigía la Orquesta Sinfónica Simón Bolívar y la Orquesta Nacional de la Juventud

30 de Venezuela, y a los 23 ganó el concurso Gustav Mahler para directores menores de 35 años. "Siempre supe que Gustavo era un talento superlativo", afirma José Antonio Abreu, su mentor.

35 Por su estilo exuberante y su energía en el escenario se le comparó con Leonard Bernstein. Su fama y su talento lo llevaron, con tan sólo 26 años, a ser nombrado Director de la Orquesta Filarmónica de Los

40 Ángeles. Hoy viaja por todo el mundo y se ha convertido en el director joven más famoso del escenario internacional, pero afirma que no puede imaginar su vida sin "El Sistema". ¿La razón? Hay mucho más que música en

45 lo que hace. Para Dudamel, en sintonía con° la idea de Abreu y el lema° de "El Sistema", "Tocar, cantar y luchar", una orquesta es una metáfora de una sociedad ideal en la que todos sus miembros ocupan un lugar único.

delay (line 21)
baton (line 24)
in tune with (line 45)
motto (line 46)

"El talento musical no sirve° sin disciplina, y los músicos deben sentir pasión por lo que hacen", dice Dudamel.

Los niños comienzan desde muy pequeños su instrucción en "El Sistema", y allí aprenden todo junto con la música, buscando

55 la armonía común. La gran mayoría de esos niños proviene° de zonas de bajos recursos. El programa no sólo consigue mantenerlos alejados° de la calle, también genera en ellos sentido de autoestima y trabajo en equipo°.

60 Se estima° que cada niño que participa en el programa influye en la vida de tres adultos. Considerando que más de dos millones de niños han pasado por las orquestas de "El Sistema", la red formada por la música resulta

65 verdaderamente "milagrosa", como muchos la califican. Esa es la clave que Dudamel encontró para poder cumplir los sueños. "No hay nada más importante que tener acceso a la belleza", afirma con una gran sonrisa.

70 Porque la inspiración es contagiosa. ∎

50 *has little value*
comes from
far from
60 *teamwork*
It's estimated

Muchos de los graduados de "El Sistema" se han convertido en músicos de fama internacional; otros son hoy abogados, maestros, ingenieros. Para todos ha sido fundamental compartir algo tan poderoso como la música, en la red iniciada por Abreu.

El éxito ha hecho de "El Sistema" un modelo imitado en más de 35 países, desde Canadá y Reino Unido, hasta India, El Salvador y muchos otros. Apoyados por el trabajo de voluntarios y con aportes de organizaciones nacionales, donantes privados, fundaciones y programas de becas, estos proyectos continúan la idea original de Abreu: "El Sistema" es, siempre y en primer lugar, una organización social, y la música, su medio para unir, incluir y educar.

Después de leer

Gustavo Dudamel: la estrella de "El Sistema"

1 **Comprensión** Contesta las preguntas con oraciones completas.

1. ¿Por qué Gustavo Dudamel quería tocar el trombón?
2. ¿Cuál fue el primer instrumento que tocó Gustavo Dudamel?
3. ¿De qué trabaja actualmente Dudamel?
4. Según Dudamel, ¿qué debe tener un músico además de talento?
5. Además de la instrucción musical, ¿qué otras cosas aprenden los niños en "El Sistema"?
6. ¿Qué es lo más importante para Dudamel?

2 **Interpretación** En parejas, contesten las preguntas con oraciones completas.

1. ¿De qué manera ayuda "El Sistema" a los niños que participan en él?
2. ¿En qué sentido piensas que Dudamel puede ser un "talento superlativo"?
3. ¿Qué clase de beneficios genera "El Sistema"?
4. ¿Por qué piensas que se ha calificado a "El Sistema" como "milagroso"?
5. ¿Con qué compara la orquesta Dudamel? ¿Te parece apropiada la comparación? ¿Por qué?
6. ¿Qué significa para ti el lema "tocar, cantar y luchar"?

3 **Proyecto social** En grupos, creen un proyecto social. Desarrollen una propuesta para que una empresa privada les ayude a financiarlo teniendo en cuenta los puntos sugeridos. Después, presenten las propuestas a la clase.

- breve definición del problema
- personas u organizaciones a las que van a ayudar
- propuesta de actividad; cómo van a ayudar
- empresa o institución a la que dirigen la propuesta y razones de la elección
- elementos necesarios para llevarla a cabo
- un lema que identifique el objetivo y el espíritu de la propuesta

4 **Debate** Para Gustavo Dudamel, el aprendizaje de la música ayuda a crear valores. En grupos, comenten si están de acuerdo con esta idea y si creen que el arte contribuye a crear mejores ciudadanos.

5 **Ampliación** El modelo de instrucción creado por José Antonio Abreu utiliza la enseñanza y la práctica de la música como instrumentos de transformación social y de desarrollo humano. En grupos, comenten cuáles creen qué serían las transformaciones que puede producir la música en las sociedades.

6 **Un poco de música** Busca información en Internet sobre Gustavo Dudamel. Después, escucha alguna de las obras musicales que dirige y prepara una presentación para la clase.

Practice more at
vhlcentral.com.

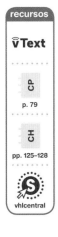

recursos

v̂Text

CP
p. 79

CH
pp. 125–128

S

vhlcentral

Atando cabos

¡A conversar!

Proyecto publicitario

A. Formen grupos de cuatro. Imaginen que deben presentar un proyecto publicitario al directorio de una empresa. Elijan uno de estos proyectos.

- camisas que nunca se arrugan
- un programa para aprender a hablar español mientras duermes
- un servicio para encontrar compañeros de estudio por Internet
- una peluquería (*hair salon*) para personas y animales

B. Para preparar el proyecto, respondan a estas preguntas.

1. ¿Qué quieren vender con su publicidad?
2. ¿Cómo son las personas que comprarían el producto o servicio? ¿Qué edad tienen? ¿De qué sexo son? ¿Qué cosas les gustan?
3. ¿Qué tipo(s) de publicidad harían (afiches, en radio, en televisión, en Internet)?
4. ¿Qué necesitarían para hacer la publicidad?
5. ¿Cuál será el eslogan del producto o servicio?

C. Preparen la presentación de su proyecto para el resto de la clase. Decidan quién presentará cada punto. Practiquen la presentación varias veces. Pueden usar elementos visuales como ayuda (afiches, etc.). Para ordenar su presentación, pueden utilizar estas expresiones:

- Este proyecto es para...
- Sabemos que el público...
- Por eso hemos decidido...

- En primer/segundo lugar...
- Además / También / Igualmente...
- Finalmente / Por último...

D. Presenten el proyecto. Expongan las razones de lo que han decidido hacer. Sus compañeros pueden hacerles preguntas sobre el proyecto.

E. Cuando cada grupo haya terminado su presentación, voten para elegir la mejor idea publicitaria.

¡A escribir!

Pasantía de verano Imagina que quieres solicitar un puesto para una pasantía (*internship*) de verano en una de las empresas de la actividad anterior. Escribe una carta de tres párrafos para solicitar un puesto como pasante de verano. Usa cláusulas con **si** en tu carta.

- Primer párrafo: explica por qué estás escribiendo.
- Segundo párrafo: da detalles sobre tus estudios y experiencia laboral.
- Tercer párrafo: explica por qué crees que eres el/la mejor candidato/a para el puesto.

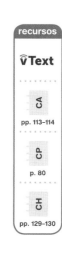

recursos

v̂Text

CA

pp. 113–114

CP

p. 80

CH

pp. 129–130

 My Vocabulary

El trabajo

el aumento de sueldo	raise in salary
la compañía	company
la conferencia	conference
el contrato	contract
el currículum (vitae)	résumé
el empleo	employment; job
la entrevista de trabajo	job interview
el puesto	position; job
la reunión	meeting
el sueldo mínimo	minimum wage
administrar	to manage; to run
ascender (e:ie)	to rise; to be promoted
contratar	to hire
despedir (e:i)	to fire
exigir	to demand
ganar bien/mal	to be well/poorly paid
ganarse la vida	to earn a living
jubilarse	to retire
renunciar	to quit
solicitar	to apply for
(des)empleado/a	(un)employed
exitoso/a	successful
(in)capaz	(in)competent; (in)capable

Las finanzas

el ahorro	savings
la bancarrota	bankruptcy
el cajero automático	ATM
la cuenta corriente	checking account
la cuenta de ahorros	savings account
la deuda	debt
la hipoteca	mortgage
el presupuesto	budget
ahorrar	to save
cobrar	to charge; to receive
depositar	to deposit
financiar	to finance
gastar	to spend

invertir (e:ie)	to invest
pedir (e:i) prestado/a	to borrow
prestar	to lend
a corto/largo plazo	short/long-term
fijo/a	permanent; fixed
financiero/a	financial

La economía

la bolsa (de valores)	stock market
el comercio	commerce; trade
el desempleo	unemployment
la empresa multinacional	multinational company
la huelga	strike
el impuesto (de ventas)	(sales) tax
la inversión (extranjera)	(foreign) investment
el mercado	market
la pobreza	poverty
la riqueza	wealth
el sindicato	labor union
exportar	to export
importar	to import

La gente en el trabajo

el/la asesor(a)	consultant; advisor
el/la contador(a)	accountant
el/la dueño/a	owner
el/la ejecutivo/a	executive
el/la empleado/a	employee
el/la gerente	manager
el hombre/la mujer de negocios	businessman/woman
el/la socio/a	partner; member
el/la vendedor(a)	salesperson

Más vocabulario

Expresiones útiles	Ver p. 287
Estructura	Ver pp. 294–295, 298–299 y 302–303

Cinemateca

la amenaza	threat
el/la cobrador(a)	debt collector
la factura	bill
el/la moroso/a	debtor
el/la payaso/a	clown
el sueldo fijo	base salary
avergonzar	to embarrass
cumplir	to carry out
deber	to owe
dejar en paz	to leave alone
humillar	to humiliate
tozudo/a	stubborn

Literatura

la advertencia	warning
el aprendizaje	learning
la colmena	beehive
el deber	duty
el descanso	rest
la experiencia	experience
la fatiga	fatigue
la miel	honey
el polen	pollen
volar (o:ue)	to fly
haragán/haragana	lazy
trabajador(a)	hard-working

Cultura

los bajos recursos	low-income
la belleza	beauty
la clave	key
la instrucción	education
la red	network
apoyar	to support
conseguir	to obtain
cumplir	to fulfill
luchar	to fight
tocar	to play

Contextos
páginas 324–327
- La televisión, la radio y el cine
- La cultura popular
- Los medios de comunicación
- La prensa

Fotonovela
páginas 328–331
- *¡O estás con ella o estás conmigo!*

Enfoques
Uruguay y Paraguay
páginas 332–335
- **En detalle:** El mate
- **Perfil:** Las murgas y el candombe
- **Flash cultura:** Lo mejor de Argentina

Estructura
páginas 336–343
- The present perfect subjunctive
- Relative pronouns
- The neuter **lo**

Cinemateca
páginas 344–347
- **Cortometraje:** *Sintonía*

Lecturas
páginas 348–356
- **Literatura:** *"Dos palabras"* (fragmento) de Isabel Allende
- **Cultura:** *Guaraní: la lengua vencedora*

Atando cabos
página 357
- ¡A conversar!
- ¡A escribir!

Communicative Goals

VOICE BOARD

I will expand my ability to...

- express will, emotion, doubt, or denial in the past
- express uncertainty, indefiniteness, condition, and intent in the past
- create longer, more informative sentences
- reference general ideas

🔊 Ⓢ My Vocabulary

La cultura popular y los medios de comunicación

La televisión, la radio y el cine

La **locutora** les anunció a los **oyentes** de la **radioemisora** que iba a presentar una canción de la **banda sonora** del nuevo éxito de Almodóvar.

la banda sonora *soundtrack*
la cadena *network*
el canal *channel*
el/la corresponsal *correspondent*
el/la crítico/a de cine *film critic*
el documental *documentary*
los efectos especiales *special effects*
el episodio (final) *(final) episode*
el/la locutor(a) de radio *radio announcer*
el/la oyente *listener*
la (radio)emisora *radio station*
el reportaje *news report*
el/la reportero/a *reporter*
los subtítulos *subtitles*
la telenovela *soap opera*
el/la televidente *television viewer*
la temporada *season*
el video musical *music video*

grabar *to record*
rodar (o:ue) *to film*
transmitir *to broadcast*

doblado/a *dubbed*
en directo/vivo *live*

La cultura popular

la celebridad *celebrity*
el chisme *gossip*
la estrella (pop) *(pop) star [m/f]*
la fama *fame*
la moda pasajera *fad*
la tendencia/la moda *trend*

hacerse famoso/a *to become famous*
tener buena/mala fama
    to have a good/bad reputation

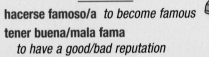

actual *current*
de moda *popular; in fashion*
influyente *influential*
pasado/a de moda *out-of-date; no longer popular*

Los medios de comunicación

el acontecimiento *event*
la actualidad *current events*
el anuncio *advertisement; commercial*
la censura *censorship*
la libertad de prensa *freedom of the press*
los medios de comunicación *media*
la parcialidad *bias*
la publicidad *advertising*
el público *public; audience*

enterarse (de) *to become
    informed (about)*
estar al tanto/al día *to be informed,
    up-to-date*

actualizado/a *up-to-date*
controvertido/a *controversial*
de último momento *up-to-the-minute*
destacado/a *prominent*
(im)parcial *(un)biased*

La prensa

María lee el **periódico** todas las mañanas. Prefiere leer primero los **titulares** de la **portada** y las **tiras cómicas**. Después lee las **noticias internacionales**.

el/la lector(a) *reader*

las noticias locales/nacionales/internacionales
local/domestic/international news

el periódico/el diario *newspaper*

el/la periodista *journalist*

la portada *front page; cover*

> **El Mundo**
> El Presidente denuncia terrorismo
> Ex líder robó fondos secretos

la prensa *press*

la prensa sensacionalista *tabloid(s)*

el/la redactor(a) *editor*

la revista (electrónica) *(online) magazine*

la sección de sociedad *lifestyle section*

la sección deportiva *sports page/section*

la tira cómica *comic strip*

el titular *headline*
———

imprimir *to print*

publicar *to publish*

suscribirse (a) *to subscribe (to)*

recursos

v̂Text

CA
p. 91

CP
pp. 81–82

CH
pp. 131–132

S
vhlcentral

Práctica

1 Escuchar

A. La famosa periodista Laura Arcos está esperando la llegada de famosos al Teatro Nacional, donde se van a entregar unos premios. Escucha lo que dice Laura y después elige la opción correcta.

1. a. Es un programa de radio.
   b. Es un programa de televisión.

2. a. Se van a entregar premios al mejor teatro hispano.
   b. Se van a entregar premios al mejor cine hispano.

3. a. El programa se grabó la noche anterior.
   b. El programa se transmite en directo.

4. a. Augusto Ríos es un reportero de la sección de sociedad.
   b. Augusto Ríos es un famoso crítico de cine.

5. a. Augusto Ríos no sabe mucho de moda.
   b. Augusto Ríos está al tanto de la última moda.

B. Laura Arcos entrevista a la actriz Ángela Vera. Escucha su conversación y después contesta las preguntas.

1. ¿Es importante para la actriz Ángela Vera seguir las tendencias de la moda?

2. ¿Ha tenido buenas críticas su última película?

3. ¿Es el director de la película una celebridad?

4. ¿A qué género pertenecía la primera película de Juan Izaguirre y de qué se trataba?

2 Analogías Completa cada analogía.

actual	destacado	imprimir
chisme	emisora	lector

1. radio : oyente :: revista : _____
2. televisión : cadena :: radio : _____
3. parcialidad : parcial :: actualidad : _____
4. periódico : noticia :: prensa sensacionalista : _____
5. cine : rodar :: prensa : _____
6. influyente : importante :: prominente : _____

Práctica

3 **Definiciones** Indica qué palabras corresponden a cada definición.

____ 1. Dice si una película es buena o no.

____ 2. Escucha la radio.

____ 3. Habla en la radio.

____ 4. Se suscribe a sus revistas y periódicos favoritos.

____ 5. Aparece en videos musicales y en conciertos.

____ 6. Revisa artículos y mejora la calidad de la revista.

a. crítico de cine
b. estrella pop
c. lector
d. locutor
e. oyente
f. redactor

4 **El acontecimiento del año** Completa el texto con las palabras correctas de la lista.

acontecimiento	destacado	mala fama	sensacionalista
anuncios	enterarme	periodista	tira cómica
cadena	estrella	público	transmitieron

No quise perderme el (1) _____ del año y al final me lo perdí. La
(2) _____ de cine asistió al estreno de su última película y una
(3) _____ famosa la entrevistó. Fotógrafos de buena y (4) _____
sacaban fotos para venderlas a las revistas de prensa (5) _____. Algunos
reporteros entrevistaban a un (6) _____ crítico de cine. El (7) _____
se entretenía viendo escenas de la película en una pantalla gigante. Varios canales de
televisión (8) _____ el acontecimiento en directo. Al final, no sé qué pasó.
Cambié de canal durante los (9) _____ y me quedé dormido. Mañana voy a
leer la sección de sociedad para (10) _____ de todos los detalles.

5 **Los medios de comunicación** Di si estás de acuerdo o no con cada afirmación.
Después, comparte tus opiniones con la clase.

	Sí	No
1. Hoy día es más fácil enterarse de lo que pasa en el mundo.	☐	☐
2. Gracias a los medios de comunicación, la gente tiene menos prejuicios que antes.	☐	☐
3. La libertad de prensa es un mito.	☐	☐
4. La publicidad quiere entretener al público.	☐	☐
5. El único objetivo de la prensa sensacionalista es informar.	☐	☐
6. Gracias a Internet, es fácil encontrar información imparcial.	☐	☐
7. La imagen tiene mucho poder en el mundo de la comunicación.	☐	☐
8. Hoy día los reporteros son vendedores de opiniones.	☐	☐
9. Tenemos demasiada información. Es imposible asimilarla.	☐	☐
10. El mundo ha mejorado gracias a los medios de comunicación.	☐	☐

Practice more at
vhlcentral.com.

Comunicación

6 **Preguntas** En parejas, háganse las preguntas y comparen sus intereses y opiniones.

1. Si pudieras, ¿trabajarías en una telenovela?

2. Si fueras corresponsal político/a, ¿crees que serías imparcial?

3. ¿Crees que la censura de la prensa es necesaria en algunas ocasiones? ¿Por qué?

4. ¿Qué periodista piensas que es el/la más controvertido/a? ¿Por qué?

5. ¿Te interesa leer noticias de actualidad? ¿Por qué?

6. ¿Qué secciones del periódico te interesan más? ¿Cuáles son tus programas favoritos de radio y televisión?

7. ¿Cuáles son las características de un buen locutor? ¿Es mejor si entretiene al público o si habla lo mínimo posible?

8. ¿Te interesan más las noticias locales, nacionales o internacionales? ¿Por qué?

9. Cuando ves una película, ¿qué te importa más: la trama (*plot*), la actuación, los efectos especiales o la banda sonora?

10. Si pudieras suscribirte gratis a cinco revistas, ¿cuáles escogerías? ¿Por qué?

7 **Escritores**

A. En parejas, escriban por lo menos tres oraciones que podrían aparecer en cada uno de estos medios.

- la portada de un periódico
- el episodio final de una comedia
- un documental
- un controvertido *talk show* de radio
- un artículo de una revista sensacionalista
- una tira cómica

B. Ahora, lean sus oraciones a otra pareja y traten de adivinar el medio en el que aparece cada oración.

8 **Nueva revista** En grupos de tres, imaginen que trabajan en una agencia de publicidad y los han contratado para anunciar una revista que va a salir al mercado. Hagan el anuncio y después compártanlo con la clase. Usen las preguntas como guía.

- ¿Cuál es el nombre?
- ¿Qué tiene de especial?
- ¿Qué secciones va a tener?
- ¿A qué tipo de lectores se dirige?
- ¿Cómo son los periodistas y reporteros que van a trabajar en ella?
- ¿Cada cuánto tiempo sale un nuevo número?
- ¿Cuánto cuesta?

Fabiola consigue su primer papel como doble de una estrella de telenovelas.

Video: *Fotonovela*

PERSONAJES   AGUAYO   DIANA

JOHNNY ¿Qué tal te fue?

FABIOLA Bien.

AGUAYO ¿Es todo lo que tienes que decir de una entrevista con Patricia Montero, la gran actriz de telenovelas? Pensé que estarías más emocionada.

FABIOLA Lo estoy. Tengo que hacer mi gran escena en la telenovela y quiero concentrarme.

AGUAYO Y JOHNNY ¿Qué?

FABIOLA Al terminar la entrevista, cuando salí del camerino, un señor me preguntó si yo era la doble de Patricia Montero.

MARIELA ¿Y qué le dijiste?

FABIOLA Dije, bueno... sí.

AGUAYO ¡No puedo creer que hayas hecho eso!

FABIOLA Fue una de esas situaciones en las que uno, aunque realmente no quiera, tiene que mentir.

ÉRIC Y, ¿qué pasó después?

FABIOLA Me dio estos papeles.

JOHNNY ¡Es el guión de la telenovela!

FABIOLA Mañana tengo que estar muy temprano en el canal, lista para grabar.

JOHNNY ¡Aquí hay escenas bien interesantes!

Más tarde, ensayando la escena...

FABIOLA Éric será el director.

JOHNNY ¿Por qué no puedo ser yo el director?

ÉRIC No tienes los juguetitos.

FABIOLA Tú serás Fernando y Mariela será Carla.

ÉRIC Comencemos. Página tres. La escena en donde Valeria sorprende a Fernando con Carla. Tú estarás aquí y tú aquí. (*Los separa.*)

JOHNNY ¿Qué? ¿No sabes leer? (*Lee.*) "Sorprende a Fernando en los brazos de Carla." (*Se abrazan.*)

ÉRIC Está bien. Fabiola, llegarás por aquí y los sorprenderás. ¿Listos? ¡Acción!

FABIOLA ¡Fernando Javier! Tendrás que decidir. ¡O estás con ella o estás conmigo!

JOHNNY ¡Valeria...! (*Pausa.*)

JOHNNY (*Continúa.*) Ni la amo a ella, ni te amo a ti... (*Diana entra.*) Las amo a las dos.

Diana se queda horrorizada.

ÉRIC

FABIOLA

JOHNNY

MARIELA

4

AGUAYO (*Lee.*) "Valeria entra a la habitación y sorprende a Fernando en brazos de…" ¿Carla? (*Pausa.*)

AGUAYO (*Continúa.*) "Sorprende a Fernando en brazos de Carla." ¡Lo sabía! Sabía que el muy idiota la engañaría con esa estúpida. Ni siquiera es lo suficientemente hombre para…

Aguayo se va. Los demás se quedan sorprendidos.

5

AGUAYO Me alegro que hayas conseguido ese papel. El otro día pasé frente al televisor y vi un pedacito. Mi esposa no se la pierde.

FABIOLA Hablando de eso, quería pedirle permiso para tomarme el resto del día libre. Necesito ensayar las escenas de mañana.

AGUAYO Las puedes practicar en la oficina. A los chicos les encanta ese asunto de las telenovelas.

9

FABIOLA (*Explica la situación.*) Y por eso estamos ensayando mis escenas.

DIANA Gracias a Dios… pero yo creo que están confundidos. Los dobles no tienen líneas. Sólo hacen las escenas en donde la estrella está en peligro.

MARIELA Cierto. (*Lee.*) Página seis: "Valeria salta por la ventana".

10

Más tarde…

ÉRIC ¡Acción!

FABIOLA Sé que decidieron casarse. Espero que se hayan divertido a mis espaldas. Adiós, mundo cruel. (*Grita, pero no salta.*) ¡Aaahhhggg!

ÉRIC Muy bien. Ahora, ¡salta!

FABIOLA Ni loca. Primero, mi maquillaje.

recursos

vText | CA pp. 47–48 | vhlcentral

Comprensión

Comprensión Respondan a las preguntas con oraciones completas.

1. ¿Por qué Fabiola dice que necesita concentrarse?
2. ¿Cómo consiguió Fabiola el papel?
3. ¿Cuál es el personaje de la telenovela que no le gusta a Aguayo?
4. ¿Qué ve Valeria, la protagonista, cuando entra a la habitación?
5. ¿A quién ama Fernando?
6. ¿Por qué cree Diana que sus compañeros están confundidos?

¿Quién es? Todos quieren ayudar a Fabiola a ensayar las escenas de la telenovela.

A. ¿Quién representa cada papel?

1. Valeria _____
2. Fernando _____
3. Carla _____
4. el director de la telenovela _____

Aguayo   Diana   Éric

Johnny   Mariela   Fabiola

B. ¿Cuál de los empleados de *Facetas* haría cada uno de estos comentarios?

1. ¡Uy! ¿Se habrán dado cuenta de que yo veo telenovelas?
2. Este papel es aburridísimo. ¡No digo ni una palabra!
3. Soy el más preparado para dirigir a los actores.
4. Mis compañeros no saben nada sobre los dobles.
5. Este papel es más peligroso de lo que pensaba.
6. ¡Este director no sabe nada! Voy a hacer lo que dice el guión.

Opiniones En parejas, pregúntense si están de acuerdo con estas afirmaciones. Razonen sus respuestas y compartan sus opiniones con la clase.

Sí **No**

☐ ☐ 1. Hay ciertas situaciones en las que, aunque uno no quiera, es mejor mentir que decir la verdad.

☐ ☐ 2. Ser actor/actriz es más interesante que ser director(a).

☐ ☐ 3. Es posible estar enamorado/a de dos personas a la vez.

☐ ☐ 4. Preferiría ser estrella de televisión que ser doble.

☐ ☐ 5. Si descubriera a mi novio/a en los brazos de otra persona, rompería con él/ella.

☐ ☐ 6. Para hacerse famoso/a, es más importante ser bello/a que talentoso/a.

Practice more at vhlcentral.com.

Ampliación

4

Los productores En grupos de cinco, diseñen su propia telenovela. Primero, asignen papeles a estos cinco actores y expliquen la relación entre ellos. Luego, inventen un título para la telenovela y escriban el diálogo para una de las escenas. Cada personaje debe decir por lo menos una línea. Finalmente, representen la escena con todos los personajes.

Lida

Francisco

José

Lourdes

Martín

5

Apuntes culturales En parejas, lean los párrafos y contesten las preguntas.

Thalía

Camino a las estrellas

¡Fabiola consiguió su primer papel en una telenovela! Las telenovelas latinoamericanas se pueden comparar al cine de Hollywood por su importancia social y económica. Megaestrellas mexicanas como **Thalía**, **Salma Hayek** y **Gael García Bernal** (**Lección 2**), que iniciaron sus carreras artísticas en telenovelas, no tendrían su fama actual sin ellas. ¿Tendrá la misma suerte Fabiola?

Luces, cámara y ¡acción!

Éric daría todo por ser un director de cine como Juan José Campanella. Este cineasta argentino ha dirigido episodios de series como *House M.D.* y *Law and Order*. Sus películas más conocidas son *El hijo de la novia*, *El secreto de sus ojos*, ganadora del Óscar a la mejor película extranjera de 2010, y *Metegol*, que ganó el Goya a la mejor película de animación en 2013. ¿Qué diría Éric en la ceremonia de entrega de los Óscar?

Campanella

La radionovela

Aguayo es un gran aficionado a las telenovelas. Otro género muy popular en el mundo hispano es la **radionovela**. Este tipo de novela transmitida por radio entretiene a la audiencia tanto como las telenovelas, y en Centroamérica también cumple la función de educar a los habitantes sobre los desastres naturales y sus medidas de prevención. ¿Qué pensará Aguayo de las radionovelas?

1. ¿Qué otras megaestrellas latinas conoces? ¿Cómo comenzaron su carrera?
2. ¿En qué se diferencian las telenovelas latinoamericanas de las de EE.UU.?
3. ¿Conoces otros directores de cine del mundo hispanohablante? ¿Qué películas los hicieron famosos?
4. ¿Qué programas de radio escuchas? ¿Escuchas radionovelas?
5. ¿Te gustan las telenovelas o prefieres las series semanales?

URUGUAY Y
PARAGUAY

En detalle

Additional Reading

EL MATE

Si visitas Montevideo, vas a presenciar° una escena cotidiana° muy llamativa°: gente bebiendo de un extraño recipiente° con un tubito de metal. Dentro del curioso recipiente (el mate), generalmente hecho de calabaza° seca, está la famosa **yerba mate**. Aunque Uruguay no produce yerba mate, es el principal consumidor per cápita del mundo. Millones de personas consumen esta infusión, que se ha convertido en el distintivo° cultural de Uruguay, Paraguay y Argentina. También se consume en el sur de Brasil y en Chile.

Una leyenda cuenta que el dios Tupá bajó del cielo y les enseñó a los guaraníes° cómo preparar y tomar la yerba mate. En tiempos de la Conquista, los jesuitas cultivaban yerba mate, pero preparaban la bebida como té. Creían que la forma tradicional (usando una calabaza y un tubito, la bombilla) era obra del demonio. Sin embargo, los intentos de prohibición no tuvieron éxito y la bebida se expandió rápidamente entre los gauchos° y los esclavos° africanos.

Tal vez el mate se haya convertido en un ritual debido a su efecto energético. La yerba contiene **mateína**, una sustancia similar a la cafeína, pero que no tiene los mismos efectos negativos sobre los patrones° de sueño. Además de ser antioxidante, aporta vitaminas y minerales importantes, como potasio, fósforo y magnesio.

Sin embargo, el mate se toma más por tradición que por sus propiedades. La bebida se ha arraigado° tanto en la rutina diaria de Uruguay y Paraguay que ya forma parte de la identidad popular. Según el renombrado antropólogo Daniel Vidart, el mate "empareja° las clases sociales", y en su preparación y consumo "hay una concepción del mundo y de la vida". ■

El mate en Norteamérica
Poco a poco, el mate está adquiriendo popularidad en Norteamérica. Generalmente no lo toman de la manera tradicional, sino que lo preparan como té. Sin embargo, se puede comprar yerba mate en muchos supermercados, así como botellas de yerba mate para tomarla como té helado. ¡En algunos cafés también puedes pedir un *mate latte*!

Cómo preparar o "cebar" mate
- Calentar agua (¡No tan caliente como para el té!)
- Llenar ¾ del mate con yerba
- Verter° agua caliente
- Colocar la bombilla
- ¡Comenzar la mateada!

La "mateada"
- Todos toman del mismo mate.
- La persona que ceba el mate —el cebador— va pasando el mate lleno a cada persona y toma mate al último.

presenciar *witness* **cotidiana** *everyday* **llamativa** *striking* **recipiente** *container* **calabaza** *gourd* **distintivo** *symbol* **guaraníes** *Guarani (indigenous group)* **gauchos** *inhabitants of the flatlands of Uruguay and Argentina* **esclavos** *slaves* **patrones** *patterns* **arraigado** *rooted deeply* **empareja** *evens up* **Verter** *To pour*

El mate y otras bebidas

jugo (Amér. L.)
zumo (Esp.) *juice*

refresco (Esp. y Méx.)
fresco (Hon.) *soda*

infusión *herbal tea*
mate (Bol.) *any kind of tea*
tereré (Par. y Arg.) *cold mate*
ser un(a) matero/a *(of a person) to drink a lot of mate*
ser un mate amargo (Arg. y Uru.) *to have no sense of humor / to be moody*

Bebidas y bailes

Otras bebidas típicas
Introducida en 1910, **Inca Kola** es la gaseosa° más popular del Perú. Es de color amarillo brillante y se hace con **hierba luisa**. Eslóganes

como "El sabor del Perú" la convirtieron en un símbolo nacional capaz de imponerse ante la Coca-Cola.

La **horchata** es una bebida típica salvadoreña y de otros países de Centroamérica, elaborada a base de arroz y agua. Se puede saborear con azúcar, canela°, vainilla o lima.

Otros bailes típicos
Hoy la **cumbia** se escucha por toda Latinoamérica. Su origen proviene de ritmos bailados por esclavos africanos llevados a Colombia. Este ritmo contagioso se baila en discotecas, bailes y fiestas.

Comúnmente, se asocia la **salsa** con el Caribe y Centroamérica, pero este género nació en barrios hispanos neoyorquinos como resultado de una mezcla de influencias puertorriqueñas, cubanas, africanas, españolas y estadounidenses.

LAS MURGAS Y EL CANDOMBE

La fusión de tradiciones españolas, africanas y americanas se convierte en protagonista del Carnaval de Montevideo a través de las **murgas**. La murga uruguaya, un género músico-teatral de finales del siglo XIX, es el principal atractivo del carnaval. Sus representaciones, en las que participan normalmente unas quince personas, suelen centrarse en dos temas: el propio carnaval y la crítica social. Hoy, es una de las expresiones con mayor poder de identidad uruguaya, pues combina un fuerte mensaje político con la influencia de las músicas populares más antiguas, como el **candombe**. Éste es un estilo musical, nacido en Uruguay, que proviene de los ritmos africanos traídos por los esclavos en la época colonial. Los grupos que tocan candombe se llaman **comparsas** y, durante el carnaval, toman las calles de Montevideo en el conocido **desfile de llamadas**, una celebración de la herencia mestiza y mulata de Uruguay. El Carnaval de Montevideo se inicia en enero y termina a principios de marzo.

❝ Un pueblo sin tradición es un pueblo sin porvenir. ❞
(Alberto Lleras Camargo, político colombiano)

⨽ Conexión Internet

¿Cómo se festeja el carnaval en otros países hispanos?

Investiga sobre este tema en **vhlcentral.com**.

gaseosa *soda* **canela** *cinnamon*

¿Qué aprendiste?

1 **Comprensión** Indica si estas afirmaciones sobre el mate son **ciertas** o **falsas**. Corrige las falsas.

1. Es muy frecuente ver a gente bebiendo mate en Uruguay.

2. El recipiente para el mate suele ser de metal.

3. La bombilla es el tubo que se utiliza para beber el mate.

4. El mate se bebe principalmente en Argentina, Uruguay y Paraguay.

5. Los primeros en consumir la yerba mate como infusión fueron los indígenas guaraníes.

6. La bebida se hizo popular muy rápidamente entre la población no indígena.

7. Los jesuitas intentaron prohibir todo tipo de infusiones hechas con yerba mate.

8. La mateína altera los patrones del sueño más que la cafeína.

9. Cuando un grupo de personas toma mate, cada persona toma de un recipiente distinto.

10. El mate tiene minerales, pero no vitaminas.

11. La persona que sirve el mate se llama "cebador".

12. El mate es más popular por su larga tradición que por sus propiedades para la salud.

2 **Oraciones incompletas** Completa las oraciones.

1. La murga uruguaya es _____.
a. un grupo de teatro clásico   b. un ritmo africano   c. un género músico-teatral

2. El Carnaval de Montevideo empieza en el mes de _____.
a. enero   b. febrero   c. marzo

3. La horchata se prepara con _____.
a. trigo   b. café   c. arroz

4. En España, le dicen *zumo* al _____.
a. té frío   b. tereré   c. jugo

3 **Preguntas** Contesta las preguntas.

1. ¿Hay radioemisoras o discotecas en tu comunidad donde pongan salsa? ¿Qué bailes son populares en tu ciudad?

2. En tu opinión, ¿cuál es el mensaje del eslogan "El sabor del Perú", usado para promocionar Inca Kola?

3. ¿Alguna vez tomaste mate? ¿Lo harías? ¿Lo volverías a tomar?

4. En tu cultura, ¿es común que varias personas tomen del mismo recipiente?

4 **Opiniones** El candombe y la murga forman parte de la identidad cultural de Uruguay. En parejas, hagan una lista de cinco tradiciones norteamericanas que sean parte imprescindible de su cultura popular. Después, compartan su lista con la clase.

PROYECTO

Raíces africanas

El candombe uruguayo tiene sus raíces en los ritmos que tocaban los esclavos africanos. Muchos otros ritmos populares de Latinoamérica también provienen de África o tienen una fuerte influencia africana. La lista incluye la cumbia, el merengue, la salsa, el mambo y hasta el tango. Elige e investiga uno de estos ritmos y prepara un afiche informativo para presentar en clase.

Tu investigación debe incluir:

• el nombre del ritmo, su origen e historia

• dónde es popular y cuáles son sus características

• qué importancia/papel tiene el ritmo que elegiste en la cultura popular local

• otros datos importantes

Practice more at **vhlcentral.com**.

Lo mejor de Argentina

Ya conoces el mate, una verdadera pasión en Argentina. Este episodio de **Flash cultura** te llevará a descubrir otros aspectos que también son esenciales en este país para relacionarse, comunicarse y disfrutar.

VOCABULARIO ÚTIL

a las apuradas *in a hurry*	**intercambiar** *to exchange*
ajetreado/a *busy*	**la parrilla** *grill*
chupar *to suck*	**reconocido/a** *renowned*
la caña *straw*	**la tertulia** *gathering*

Preparación ¿Te gusta bailar? ¿Alguna vez tomaste clases para aprender algún ritmo latinoamericano? ¿Te gustaría bailar tango?

Comprensión Indica si estas afirmaciones son ciertas o falsas. Después, en parejas, corrijan las falsas.

1. El Café Tortoni se encuentra en el centro de Buenos Aires.

2. Las tertulias del Tortoni eran reuniones de artistas que se hacían por las mañanas para conversar e intercambiar ideas.

3. Carlos Gardel fue un reconocido escritor argentino.

4. El instrumento más importante del tango es el bandoneón.

5. Actualmente, sólo los ancianos bailan en las milongas.

6. El mate es una bebida para compartir.

Expansión En parejas, contesten estas preguntas.

- Si fueran al Tortoni, ¿pedirían un café, un submarino o un agua tónica, como hacía Borges?

- ¿Se animarían a aprender a bailar tango en la Plaza Dorrego delante de todos? ¿Les gustaría probar el mate?

- Si viajaran a la Argentina y tuvieran poco tiempo, ¿cuál de estas actividades preferirían hacer: visitar los cafés porteños, comprar antigüedades en San Telmo, ir a una milonga o comer un asado en una estancia? ¿Por qué?

Corresponsal: Silvina Márquez
País: Argentina

La capital argentina tiene una de las culturas de café más famosas del mundo.

En la Plaza Dorrego… todos los domingos hay un mercado al aire libre° donde venden antigüedades… también se puede disfrutar… del tango.

En una estancia°… podemos… disfrutar un asado°… y… andar a caballo°.

recursos

vhlcentral

mercado al aire libre *open-air market*
estancia *ranch* **asado** *barbecue*
andar a caballo *ride horses*

9.1 The present perfect subjunctive

Tutorial

Me alegro de que hayas conseguido ese papel.

Espero que se hayan divertido a mis espaldas.

- The present perfect subjunctive (**el pretérito perfecto de subjuntivo**) is formed with the present subjunctive of **haber** and a past participle.

The present perfect subjunctive		
cerrar	**perder**	**asistir**
haya cerrado	haya perdido	haya asistido
hayas cerrado	hayas perdido	hayas asistido
haya cerrado	haya perdido	haya asistido
hayamos cerrado	hayamos perdido	hayamos asistido
hayáis cerrado	hayáis perdido	hayáis asistido
hayan cerrado	hayan perdido	hayan asistido

- The present perfect subjunctive is used to refer to recently completed actions or past actions that still bear relevance in the present. It is used mainly in the subordinate clause of a sentence whose main clause expresses will, emotion, doubt, or uncertainty.

PRESENT PERFECT INDICATIVE	PRESENT PERFECT SUBJUNCTIVE
Luis me dijo que **ha dejado** de ver ese programa.	Me alegro de que Luis **haya dejado** de ver ese programa.
Luis told me that he has stopped watching that show.	*I'm glad that Luis has stopped watching that show.*

- Note the difference in meaning between the three subjunctive tenses you have learned so far.

PRESENT SUBJUNCTIVE	PRESENT PERFECT SUBJUNCTIVE	PAST SUBJUNCTIVE
Las cadenas nacionales **buscan** corresponsales que **hablen** varios idiomas.	**Prefieren** contratar a los que **hayan trabajado** en el extranjero.	Antes, **insistían** en que los solicitantes **tuvieran** cinco años de experiencia.
The national networks look for correspondents who speak several languages.	*They prefer to hire those who have worked abroad.*	*In the past, they insisted that applicants have five years' experience.*

Práctica y comunicación

1 ¿**Indicativo o subjuntivo?** Elige entre el pretérito perfecto del indicativo y el pretérito perfecto del subjuntivo para completar las oraciones.

1. Necesito contratar un corresponsal que (ha / haya) estado en el Paraguay.
2. Quiero conocer al actor que (ha / haya) trabajado en *Los juegos del hambre*.
3. Hasta que no (has / hayas) conocido a las personas que leen la prensa sensacionalista, no sabrás por qué la leen.
4. Estoy seguro de que todos los actores (han / hayan) estudiado el guión.
5. Cuando ustedes (han / hayan) leído esta noticia, estarán de acuerdo conmigo.
6. No creo que (has / hayas) escrito ese artículo sin la ayuda de Miguel.

2 **Opuestas** Escribe la oración que expresa lo opuesto en cada ocasión. En algunos casos debes usar el pretérito perfecto del subjuntivo y en otros el pretérito perfecto indicativo.

> **MODELO** **No creo que ese actor haya aprendido a actuar bien.**
> Creo que ese actor ha aprendido a actuar bien.

1. El corresponsal cree que los periodistas han hablado con el crítico.
2. No creo que el director les haya dado pocas órdenes a sus actores.
3. Estoy seguro de que la mayoría del público ha leído la noticia.
4. No es seguro que la prensa sensacionalista haya publicado esa noticia.
5. Pienso que ese actor ha sido el protagonista de *Hombres de negro 3.*

3 **Competencia** Julieta y Marcela han estado juntas en una audición y Julieta ha conseguido el papel de la protagonista. En parejas, combinen los elementos de la lista y añadan detalles para escribir cinco quejas (*complaints*) de Marcela. Utilicen el pretérito perfecto del subjuntivo. Luego, dramaticen una conversación entre las dos actrices.

Dudo que
Me molesta que
Me sorprende que
No creo que
No es justo que
Quiero que

darme explicaciones
conseguir el papel
tener suficiente experiencia
trabajar con ese director
darme otra oportunidad
escoger la mejor actriz

4 **¡Despedido!** Hoy el dueño de la emisora ha despedido a Eduardo Storni, el famoso y controvertido locutor del programa *Storni, ¡sin censura!* En parejas, escriban su conversación. Utilicen por lo menos cinco oraciones con el pretérito perfecto del indicativo y del subjuntivo. Luego represéntenla para la clase.

> **MODELO** **DUEÑO** Es una lástima que usted no haya escuchado nuestras advertencias. Usted ha violado casi todas las reglas de la cadena.
> **STORNI** Pero mi público siempre me ha apoyado. Mis oyentes estarán furiosos de que usted no haya respetado la libertad de prensa.

Practice more at **vhlcentral.com.**

9.2 Relative pronouns Tutorial

¡No puedo creer que hayas hecho eso!

Fue una de esas situaciones en las que uno tiene que mentir.

The relative pronoun *que*

- **Que** (*that, which, who*) is the most frequently used relative pronoun (**pronombre relativo**). It can refer to people or things, subjects or objects, and can be used in restrictive clauses (no commas) or nonrestrictive clauses (with commas). Note that although some relative pronouns may be omitted in English, they must always be used in Spanish.

  El reportaje **que** vi ayer me hizo cambiar de opinión.
  The report (that) I saw last night made me change my opinion.

  Las primeras diez personas **que** respondan correctamente ganarán una suscripción gratuita.
  The first ten people who respond correctly will win a free subscription.

  El desastre fue causado por la lluvia, **que** ha durado más de dos semanas.
  The disaster was caused by the rain, which has lasted over two weeks.

El/La que

- After prepositions, **que** follows the definite article: **el que, la que, los que**, or **las que**. The article must agree in gender and number with the antecedent (the noun or pronoun it refers to). When referring to *things* (but not *people*), the article may be omitted after short prepositions, such as **en, de**, and **con**.

  Los periódicos **para los que** escribo son independientes.
  The newspapers I write for are independent. (Lit.: for which I write)

  El edificio **en (el) que** viven es viejo.
  The building they live in is old.

  La fotógrafa **con la que** trabajo ganó varios premios.
  The photographer with whom I work won several awards.

- **El que, la que, los que**, and **las que** are also used for clarification in nonrestrictive clauses (with commas) when it might be unclear to *what* or *whom* the clause refers.

  Hablé con los empleados de la compañía, **los que** están contaminando el río.
  I spoke with the employees of the company, the ones who are polluting the river.

  Hablé con los empleados de la compañía, **la que** está contaminando el río.
  I spoke with the employees of the company, (the one) which is polluting the river.

¡ATENCIÓN!

Relative pronouns are used to connect short sentences or clauses in order to create longer, smoother sentences. Unlike the interrogative words **qué, quién(es),** and **cuál(es),** relative pronouns never have accent marks.

¡ATENCIÓN!

In everyday Spanish, **en que** and **en... cual** are often replaced by **donde.**

La casa **donde** vivo es muy grande.

La universidad **donde** estudio es muy prestigiosa.

El/La cual

- **El cual, la cual, los cuales**, and **las cuales** are generally interchangeable with **el que, la que, los que**, and **las que** after prepositions. They are often used in more formal speech or writing. Note that when **el cual** and its forms are used, the definite article is never omitted.

  > El edificio **en el cual** se encuentra la emisora de radio es viejo.
  > *The building in which the radio station is located is old.*

  > La revista **para la cual** trabajo es muy influyente.
  > *The magazine for which I work is very influential.*

Quien/Quienes

- **Quien** (*singular*) and **quienes** (*plural*) only refer to people. **Quien(es)** can generally be replaced by forms of **el que** and **el cual**, although the reverse is not always true.

  > Los investigadores, **quienes (los que/los cuales)** estudian los medios de comunicación, son del Ecuador.
  > *The researchers, who are studying mass media, are from Ecuador.*

  > El investigador **de quien (del que/del cual)** hablaron era mi profesor.
  > *The researcher about whom they spoke was my professor.*

¡ATENCIÓN!

When used with **a** or **de**, the contractions **al que/cual** and **del que/cual** are formed.

- Although **que** and **quien(es)** may both refer to people, their use depends on the structure of the sentence.

- In restrictive clauses (no commas) that refer to people, **que** is used if no preposition or a personal **a** is present. If a preposition or the personal **a** is present, **quien** (or **el que/el cual**) is used instead. Below, **que** is equivalent to *who*, while **quien** expresses *whom*.

  > La gente **que** mira televisión está harta de las cadenas sensacionalistas.
  > *The people who watch TV are tired of sensationalist networks.*

  > Esperamos la respuesta de los políticos **a quienes (a los que/a los cuales)** queremos entrevistar.
  > *We're waiting for a response from the politicians (whom) we want to interview.*

- In nonrestrictive clauses (with commas) that refer to people, **quien** (or **el que/el cual**) is used. However, in spoken Spanish, **que** can also be used.

  > Juan y María, **quienes** trabajan conmigo, escriben la sección deportiva.
  > *Juan and María, who work with me, write the sports section.*

The relative adjective *cuyo*

- The relative adjective **cuyo (cuya, cuyos, cuyas)** means *whose* and agrees in number and gender with the noun it precedes. Remember that **de quién(es)**, not **cuyo**, is used in questions to express *whose*.

  > El equipo periodístico, **cuyo** proyecto aprobaron, viajará en febrero.
  > *The team of reporters, whose project they approved, will travel in February.*

  > La fotógrafa Daniela Pérez, **cuyas** fotos anteriores ganaron muchos premios, los acompañará.
  > *Photographer Daniela Pérez, whose earlier photos won many awards, will go with them.*

recursos

v̂Text

CA
pp. 26, 93

CP
pp. 85–86

CH
p. 137

S
vhlcentral

Práctica

1 **Oraciones incompletas** Selecciona la palabra o expresión adecuada para completar las oraciones.

1. El señor Castillo, _____ revista se dedica a la moda, está de viaje en París.
   a. cuya   b. cuyo   c. cuyos

2. Los músicos _____ conociste ayer han grabado la banda sonora de la película.
   a. a quien   b. a quienes   c. quien

3. El corto _____ te hablé no está doblado.
   a. del que   b. de quien   c. el cual

4. El reportaje de anoche, _____ se transmitió en el canal 7, me pareció muy sensacionalista.
   a. el cual   b. la cual   c. los que

5. Los artículos _____ se publican en esa revista son puro chisme.
   a. los cuales   b. los que   c. que

2 **El tereré** Completa este artículo sobre el tereré con los pronombres relativos de la lista. Algunos pronombres pueden repetirse.

EL TERERÉ

| que |
| en el que |
| con quien |
| cuyo |
| en la que |

Existe un país (1) _____ el mate tuvo (2) _____ adaptarse a su clima: el Paraguay. En este país, (3) _____ clima subtropical presenta calurosos veranos, el tradicional mate caliente debió convertirse en una bebida fría y refrescante (4) _____ ayudara a atenuar el clima. Así, el tereré, (5) _____ nombre proviene del guaraní, es la bebida más popular de los paraguayos.

Para prepararlo, se coloca yerba en el recipiente llamado mate. En lugar de agua caliente en un termo o pava, se usa una jarra (6) _____ se coloca agua y/o jugo de limón con mucho hielo. La bebida se bebe con una bombilla (*straw*), (7) _____ generalmente es de metal. En el Paraguay, se dice (8) _____ el tereré es como un amigo (9) _____ se comparten alegrías y tristezas, momentos cotidianos y toda una vida.

3 **Definiciones** Escribe una definición para cada término. Usa pronombres relativos.

> **MODELO** **el redactor**
> Es la persona cuyo trabajo es preparar artículos para publicación.

1. la prensa sensacionalista _____
2. los subtítulos _____
3. la portada _____
4. el titular _____
5. los televidentes _____
6. la fama _____

Practice more at
vhlcentral.com.

Comunicación

4

Tendencias Piensa sobre las tendencias actuales y completa el recuadro con tus preferencias. En parejas, compartan esta información. Informen a sus compañeros/as lo que han aprendido sobre la otra persona usando pronombres relativos. Sigan el modelo.

MODELO Ana Sofía mira todo el tiempo videos musicales en su iPod. Es una persona a quien le encanta llevar su iPod a todos lados.

	Sí	No	Depende
1. Me aburren los videos musicales en la tele. Prefiero verlos en un iPod.	☐	☐	☐
2. Siempre escucho música alternativa y pienso que el *hip-hop* no es arte.	☐	☐	☐
3. Yo sólo compro ropa cara a la que se le ve el logotipo estampado (*printed*) en grande.	☐	☐	☐
4. ¿Documentales? ¿Qué es eso? Sólo miro los éxitos de taquilla de Hollywood.	☐	☐	☐
5. ¡Puaj! Los programas de telerrealidad (*reality shows*) son horribles y deberían prohibirse.	☐	☐	☐
6. Me puedo pasar horas leyendo revistas de moda y de chismes sobre famosos.	☐	☐	☐
7. ¡Qué chévere (*How cool*)! ¡Un restaurante con platos innovadores! Los restaurantes de comidas tradicionales ya pasaron de moda.	☐	☐	☐
8. ¡Nada de salsa! No me gusta la música latina. Prefiero escuchar las 40 principales (*top 40*) de la radio.	☐	☐	☐

5

¿Quién es quién? La clase se divide en dos equipos. Un integrante del equipo A piensa en un(a) compañero/a y da tres pistas. El equipo B tiene que adivinar de quién se trata. Si adivina con la primera pista, obtiene 3 puntos; con la segunda, obtiene 2 puntos; y con la tercera, obtiene 1 punto.

MODELO Estoy pensando en alguien con quien almorzamos.
Estoy pensando en alguien cuyos ojos son marrones.
Estoy pensando en alguien que lleva pantalones azules.

6

Fama En parejas, preparen una entrevista entre un reportero y una estrella. Utilicen por lo menos seis pronombres relativos.

MODELO **REPORTERO** Díganos, ¿dónde encontró este vestido tan divino?
ESTRELLA Gracias, me lo regaló un amigo muy talentoso, cuya tienda siempre tiene lo mejor de la moda.
REPORTERO Y me he enterado de que está usted con un nuevo amor, quien trabajó con usted en su última telenovela…

9.3 The neuter *lo* 🅢 Tutorial

- The definite articles **el, la, los**, and **las** modify masculine or feminine nouns. The neuter article **lo** is used to refer to concepts that have no gender.

¿Es todo lo que tienes que decir?

¡Lo sabía! Ni es lo suficientemente hombre para...

- In Spanish, the construction **lo** + [*masculine singular adjective*] is used to express general characteristics and abstract ideas. The English equivalent of this construction is *the* + [*adjective*] + *thing*.

> Cuando leo las noticias, **lo difícil** es diferenciar entre el hecho y la opinión.
> *When I read the news, the difficult thing is to differentiate between fact and opinion.*

> **Lo bueno** de ser famosa es que me da la oportunidad de cambiar el mundo.
> *The good thing about being famous is that it gives me the chance to change the world.*

- To express the idea of *the most* or *the least*, **más** and **menos** can be added after **lo**. **Lo mejor** and **lo peor** mean *the best/worst* (*thing*).

> Para ser un buen reportero, **lo más importante** es ser imparcial.
> *To be a good reporter, the most important thing is to be unbiased.*

> ¡Aún no te he contado **lo peor** del artículo!
> *I still haven't told you about the worst part of the article!*

- The construction **lo** + [*adjective or adverb*] + **que** is used to express the English *how* + [*adjective*]. In these cases, the adjective agrees in number and gender with the noun it modifies.

lo + [*adjective*] + **que**	**lo** + [*adverb*] + **que**
¿No te das cuenta de **lo bella que** eres, María Fernanda?	Recuerda **lo bien que** te fue el año pasado en su clase.
María Fernanda, don't you realize how beautiful you are?	*Remember how well you did last year in his class.*

- **Lo que** is equivalent to the English *what, that,* or *which*. It is used to refer to an idea, or to a previously mentioned situation or concept.

> ¿Qué fue **lo que** más te gustó de tu viaje a Uruguay?
> *What was the thing that you enjoyed most about your trip to Uruguay?*

> **Lo que** más me gustó fue el Carnaval de Montevideo.
> *The thing I liked best was the Carnival of Montevideo.*

¡ATENCIÓN!

The phrase **lo** + [*adjective or adverb*] + **que** may be replaced by **qué** + [*adjective or adverb*].

No sabes *qué difícil* es hablar con él.
You don't know how difficult it is to talk to him.

Fíjense *qué pronto* se entera la prensa.
Just think about how soon the press will find out.

---

recursos

v Text

CA
pp. 27, 94

CP
pp. 87–88

CH
pp. 138–139

🅢
vhlcentral

Práctica y comunicación

1

Chisme La gran estrella pop, Estela Moreno, responde a las críticas que han aparecido en medios periodísticos sobre su súbita (*sudden*) boda con Ricardo Rubio. Completa las oraciones con **lo, lo que** o **qué**.

"Repito que es completamente falso (1) _____ ha salido en la prensa sensacionalista. Siempre habíamos querido una ceremonia pequeña y privada para mantener (2) _____ romántico de la ocasión. El lugar, la fecha, los pocos invitados... pues todo (3) _____ tuvimos planeado desde hace meses. ¡Ay, (4) _____ difícil fue guardar el secreto para que el público no se diera cuenta de (5) _____ estábamos planeando! (6) _____ más me molesta es que la prensa nos acuse de un romance súbito. (7) _____ nuestro es un amor que comenzó hace dos años y que durará para toda la vida. ¡Ya (8) _____ verán con el tiempo!"

2

Reacciones Combina las frases para formar oraciones con **lo** + [adjetivo/adverbio] + **que**.

> **MODELO**
> **parecer mentira / qué poco Juan se preocupa por el chisme**
> Parece mentira lo poco que Juan se preocupa por el chisme.

1. asombrarme / qué lejos está el centro comercial
2. sorprenderme / qué obediente es tu gato
3. no poder creer / qué influyente es la publicidad
4. ser una sorpresa / qué bien se vive en este pueblo
5. ser increíble / qué rápido se hizo famoso aquel cantante

3

Ser o no ser En grupos de cuatro, conversen sobre las ventajas y desventajas de cada una de estas profesiones. Luego escriban oraciones completas para describir **lo bueno, lo malo, lo mejor** o **lo peor** de cada profesión. Compartan sus ideas con la clase.

actor/actriz	crítico/a de cine	redactor(a)
cantante	locutor(a) de radio	reportero/a

4

Síntesis En parejas, escriban una carta al periódico escolar dando su opinión sobre un tema de actualidad. Usen por lo menos tres verbos en el pretérito perfecto de subjuntivo, tres oraciones con **lo** o **lo que** y tres oraciones con pronombres relativos. Usen algunas frases de la lista o inventen otras. Lean su carta a la clase y debatan el tema.

me molesta que...	lo importante...	que
me alegra que...	lo que más/menos...	el/la cual
no puedo creer que...	lo que pienso sobre...	quien(es)

 **Practice more at vhlcentral.com.**

Antes de ver el corto

SINTONÍA

país España **director** Jose Mari Goenaga
duración 9 minutos **protagonistas** el hombre, la mujer, el locutor

Vocabulario

aclarar *to clarify*
dar la gana *to feel like*
darse cuenta (de) *to realize*
darse por aludido/a *to realize/*
  assume that one is being referred to
embalarse *to go too fast*
fijarse en *to notice*

el maletero *trunk*
la nuca *nape*
parar el carro *to hold one's horses*
pillar(se) *to get (catch)*
la sintonía *synchronization;*
  tuning; connection

1 **Definiciones** Escribe la palabra adecuada para cada definición.

1. la parte del carro en la que guardas las compras: _____
2. la parte de atrás de la cabeza: _____
3. el hecho de explicar algo para evitar confusiones: _____
4. comprender o entender algo: _____
5. ir demasiado deprisa: _____

2 **Preguntas** Contesta las preguntas.

1. ¿Prefieres escuchar programas de radio o sólo música cuando vas en autobús o en carro?
2. Si tuvieras un problema que no supieras solucionar, ¿llamarías a un programa de radio o de televisión? ¿Por qué?
3. Imagina que te sientes atraído/a por alguien que ves en la calle. ¿Le pedirías una cita?
4. Si escuchas a dos personas que parecen hablar de ti sin decir tu nombre, ¿te das por aludido/a enseguida o tardas en darte cuenta?

3 **¿Qué sucederá?** En parejas, miren los fotogramas e imaginen lo que va a ocurrir en la historia. ¿Cuál es la relación entre el locutor y las personas que esperan para pagar el peaje (*toll*)? Compartan sus ideas con la clase. Incluyan tres o cuatro datos o especulaciones sobre cada fotograma.

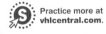
Practice more at
vhlcentral.com.

ARGUMENTO Un joven, atrapado en un atasco en la carretera, se siente atraído por la chica que maneja el carro de al lado.

LOCUTOR Última oportunidad para llamar... No os cortéis° y decidle a quien queráis lo que os dé la gana y no lo dejéis para otro momento. El número, el número es el 943365482... Tenemos una nueva llamada. Hola, ¿con quién hablamos?

HOMBRE Manuel Ezeiza. Manolo, Manolo de Donosti.
LOCUTOR Muy bien, Manolo de Donosti. ¿Y a quién quieres enviar tu mensaje?
HOMBRE La verdad es que no lo sé, pero sé que nos está oyendo.

LOCUTOR Bueno, igual el mensaje puede darnos alguna pista°.
HOMBRE Sí, bueno, llamaba porque me he fijado que te has dejado parte del vestido fuera del coche. Y, bueno, yo no te conozco pero... te he visto cantando y querría, quedar contigo... o tomar algo...

LOCUTOR Bueno, para el carro... Esto es un poco surrealista. Le estás pidiendo una cita a una cantante que va en un coche con el abrigo fuera. ¿Y cómo sabe que te diriges a ella?
HOMBRE Todavía no lo sabe. Está sonriendo, como si esto no fuera con ella.

LOCUTOR Pues dale una pista para que se aclare. ¿Cómo es ella? ¿Qué hace?
HOMBRE Pues lleva algo rojo... ahora se toca la nuca con su mano y ahora el pelo... que es muy oscuro. Y ahora parece que empieza a darse cuenta. Sí, sí, definitivamente se ha dado cuenta.

LOCUTOR A ver, ¿quién le dice a ella que tú no eres, no sé, un psicópata?
HOMBRE ¿Y quién me dice a mí que no es ella la psicópata? Se trata de asumir riesgos. Yo tampoco te conozco. Pensaba que estaría bien quedar contigo.

No os cortéis *Don't be shy* **pista** *clue*

Después de ver el corto

1

Comprensión Contesta las preguntas con oraciones completas.

1. ¿Dónde está el hombre?
2. ¿A quién llama por teléfono?
3. ¿Qué tipo de programa de radio es?
4. ¿Por qué llama el hombre al programa de radio?
5. ¿Cómo sabe que la mujer está oyendo ese programa de radio?
6. ¿Por qué le dice el locutor al hombre que la mujer a lo mejor no quiere salir con él?
7. ¿Dónde se conocen el hombre y la mujer en persona?
8. ¿Qué le dice la mujer al hombre?

2

Ampliación Contesta las preguntas con oraciones completas.

1. ¿El hombre le habla siempre al locutor o le habla también a la mujer directamente? Explica tu respuesta.
2. ¿Qué harías tú si vieras que alguien en el carro de al lado se ha pillado la ropa en la puerta?
3. En un momento la mujer apaga la radio, pero después la vuelve a encender. ¿Qué crees que está pensando en ese momento?
4. ¿Por qué crees que para la mujer en la gasolinera?

3

Imagina

A. En parejas, preparen la conversación entre el hombre y la mujer en la gasolinera. Cada uno debe tener por lo menos tres intervenciones en la conversación. Luego, representen la conversación frente a la clase.

B. Imaginen qué ocurre después. ¿Siguen en contacto? ¿Tienen una cita? ¿Qué ocurre en sus vidas? Compartan su final con la clase.

4

Relaciones mediáticas En parejas, inventen una historia de amor sobre dos personas que se conocen a través de uno de los medios de la lista. Incluyan detalles sobre cómo se conoció la pareja, por qué fue a través de ese medio específico y cuál fue el desenlace (*outcome*) de la historia. Después, cuenten su historia a la clase.

una revista	un programa de radio
un programa de televisión	Internet

Practice more at
vhlcentral.com.

Automóviles vestidos, 1941
Salvador Dalí, España

"Modestamente, la televisión no es culpable de nada. Es un espejo en el que nos miramos todos, y al mirarnos nos reflejamos."

— Manuel Campo Vidal

Antes de leer

Dos palabras (fragmento)
Isabel Allende

Sobre el autor

Isabel Allende nació en 1942, en Lima, Perú, aunque es de nacionalidad chilena. Inició su carrera como periodista en la televisión y la prensa de Chile. En 1975 se exilió con su familia en Venezuela cuando el general Pinochet llegó al poder. En 1981, al saber que su abuelo estaba por morir, comenzó a escribirle una carta que luego se convertiría en la novela *La casa de los espíritus*, de enorme éxito internacional. Continuó publicando libros de gran popularidad como *Eva Luna*, *De Amor y de sombra* y *El plan infinito*. Dos de sus novelas fueron llevadas al cine. Desde 1987 vive en California y en 1993 obtuvo la ciudadanía estadounidense.

Vocabulario

atónito/a *astonished*	**comerciar** *to trade*	**el/la fulano/a** *so-and-so*
el bautismo *baptism*	**de corrido** *fluently*	**el oficio** *trade*
burlar *to trick*	**descarado/a** *rude*	**pregonar** *to hawk*

Vocabulario Completa las oraciones.

1. El _____ es un rito religioso de los cristianos.

2. No sé cómo se llama ese _____, pero no me cae bien.

3. El _____ del vendedor consiste en _____ con todo tipo de productos.

4. Espero que Juan no piense que soy _____ por contestarle así.

5. El actor no pudo recitar _____ su monólogo; se le olvidó.

Conexión personal ¿Qué poder crees que tienen las palabras en la sociedad actual? ¿Piensas que pueden suceder cosas prodigiosas en la vida real o que todo tiene una explicación racional?

Análisis literario: Desarrollo del personaje

La acción de una novela depende de la capacidad de sus personajes para llevarla a cabo. Por ejemplo, para contar una historia sobre un viaje a la Luna, es necesario desarrollar personajes valientes y aventureros; y para escribir una historia de amor, es necesario crear personajes sensibles, capaces de enamorarse y de tener sentimientos sublimes. En el fragmento de *Cuentos de Eva Luna* que vas a leer, la autora desarrolla un misterioso personaje llamado Belisa Crepusculario. Mientras lees el fragmento, fíjate en las claves que da la autora sobre ese personaje para determinar qué tipo de acción tendrá lugar en el resto de la narración.

Dos palabras

(fragmento)

Isabel Allende

Tenía el nombre de Belisa Crepusculario, pero no por fe de bautismo o acierto de su madre, sino porque ella misma lo buscó hasta encontrarlo y se vistió con él. Su oficio era vender palabras. Recorría el país, desde las regiones más altas y frías hasta las costas calientes, instalándose° en las ferias y en los mercados donde montaba cuatro palos con un toldo° de lienzo, bajo el cual se protegía del sol y de la lluvia para atender a su clientela. No necesitaba pregonar su mercadería, porque de tanto caminar por aquí y por allá, todos la conocían. Había quienes la aguardaban de un año para otro, y cuando aparecía por la aldea con su atado° bajo el brazo hacían cola

setting up

canopy

bundle

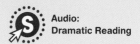
market stall 15 frente a su tenderete°. Vendía a precios justos. Por cinco centavos entregaba versos de memoria, por siete mejoraba la calidad de los sueños, por nueve escribía cartas de enamorados, por doce inventaba insultos para enemigos irreconciliables. También 20 vendía cuentos, pero no eran cuentos de fantasía, sino largas historias verdaderas que recitaba de corrido, sin saltarse nada. Así llevaba las nuevas de un pueblo a otro. La gente le pagaba por agregar una o dos líneas: nació un niño, murió fulano, se *harvests* 25 casaron nuestros hijos, se quemaron las cosechas°. En cada lugar se juntaba una pequeña multitud a su alrededor para oírla cuando comenzaba a hablar y así se enteraban de las vidas de otros, *details* de los parientes lejanos, de los pormenores° de 30 la Guerra Civil. A quien le comprara cincuenta centavos, ella le regalaba una palabra secreta para *to scare off* espantar° la melancolía. No era la misma para todos, por supuesto, porque eso habría sido un engaño colectivo. Cada uno recibía la suya con la 35 certeza de que nadie más la empleaba para ese fin en el universo y más allá.

Belisa Crepusculario había nacido en una familia tan mísera°, que ni siquiera poseía nombres *poor* para llamar a sus hijos. Vino al mundo y creció en 40 la región más inhóspita, donde algunos años las lluvias se convierten en avalanchas de agua que se llevan todo, y en otros no cae ni una gota del cielo, el sol se agranda hasta ocupar el horizonte entero y el mundo se convierte en un desierto. 45 Hasta que cumplió doce años no tuvo otra ocupación ni virtud que sobrevivir al hambre y la fatiga de siglos. Durante una interminable *drought* sequía° le tocó enterrar a cuatro hermanos menores y cuando comprendió que llegaba su *prairies* 50 turno, decidió echar a andar por las llanuras° en dirección al mar, a ver si en el viaje lograba burlar a la muerte. La tierra estaba erosionada, partida en *cracks* profundas grietas°, sembrada de piedras, fósiles *prickly* de árboles y de arbustos espinudos°, esqueletos 55 de animales blanqueados por el calor. De vez en cuando tropezaba con familias que, como ella, *mirage* iban hacia el sur siguiendo el espejismo° del agua. Algunos habían iniciado la marcha llevando sus pertenencias al hombro o en carretillas, pero 60 apenas podían mover sus propios huesos y a poco *dragged* andar debían abandonar sus cosas. Se arrastraban° *themselves* penosamente, con la piel convertida en cuero de lagarto y los ojos quemados por la reverberación

de la luz. Belisa los saludaba con un gesto al pasar, pero no se detenía, porque no podía gastar 65 sus fuerzas en ejercicios de compasión. Muchos cayeron por el camino, pero ella era tan tozuda° *stubborn* que consiguió atravesar el infierno y arribó por fin a los primeros manantiales°, finos hilos de agua, *springs* casi invisibles, que alimentaban una vegetación 70 raquítica°, y que más adelante se convertían en *stunted* riachuelos y esteros°. *estuaries*

Belisa Crepusculario salvó la vida y además descubrió por casualidad la escritura. Al llegar a una aldea en las proximidades de la costa, el viento 75 colocó a sus pies una hoja de periódico. Ella tomó aquel papel amarillo y quebradizo° y estuvo largo *brittle* rato observándolo sin adivinar su uso, hasta que la curiosidad pudo más que su timidez. Se acercó a un hombre que lavaba un caballo en el mismo 80 charco turbio° donde ella saciara su sed. *muddy puddle*

— ¿Qué es esto? —preguntó.

—La página deportiva del periódico — replicó el hombre sin dar muestras de asombro ante su ignorancia. 85

La respuesta dejó atónita a la muchacha, pero no quiso parecer descarada y se limitó a inquirir el significado de las patitas de mosca dibujadas sobre el papel.

—Son palabras, niña. Allí dice que 90 Fulgencio Barba noqueó° al Negro Tiznao en el *knocked-out* tercer round.

Ese día Belisa Crepusculario se enteró que las palabras andan sueltas sin dueño y cualquiera con un poco de maña° puede apoderárselas para 95 *skill* comerciar con ellas. Consideró su situación y concluyó que aparte de prostituirse o emplearse como sirvienta en las cocinas de los ricos, eran pocas las ocupaciones que podía desempeñar. Vender palabras le pareció una alternativa decente. 100 A partir de ese momento ejerció esa profesión y nunca le interesó otra. Al principio ofrecía su mercancía sin sospechar que las palabras podían también escribirse fuera de los periódicos. Cuando lo supo calculó las infinitas proyecciones 105 de su negocio, con sus ahorros le pagó veinte pesos a un cura para que le enseñara a leer y escribir y con los tres que le sobraron se compró un diccionario. Lo revisó desde la A hasta la Z y luego lo lanzó° al mar, porque no 110 *threw* era su intención estafar° a los clientes con *to swindle* palabras envasadas°. [...] ■ *canned*

Después de leer

Dos palabras (fragmento)
Isabel Allende

1 **Comprensión** Indica si las oraciones son **ciertas** o **falsas**. Corrige las falsas.

1. La familia de Belisa Crepusculario era muy pobre.
2. Ella se marchó de su pueblo con cuatro de sus hermanos.
3. La protagonista aprendió a leer y a escribir en su casa.
4. A Belisa no le gustaba engañar ni estafar a la gente.
5. Belisa anunciaba sus servicios en los periódicos.
6. La gente le pagaba a Belisa por contar lo que pasaba en el pueblo.

2 **Interpretación** Contesta las preguntas.

1. ¿En qué trabaja Belisa Crepusculario?
2. ¿La autora dice que Belisa se "vistió con su nombre". ¿Qué quiere decir eso?
3. ¿Qué hizo Belisa para "burlar a la muerte"?
4. ¿Cómo descubrió las palabras Belisa?
5. ¿Por qué crees que Belisa arrojó el diccionario al mar?

3 **Análisis** En parejas, digan si están de acuerdo o no con estas afirmaciones sobre Belisa Crepusculario. Justifiquen sus respuestas con ejemplos del texto.

1. Le cobraba demasiado dinero a la gente.
2. Era una mujer valiente.
3. Era muy popular y la gente creía en ella.
4. Nació en una familia de clase media.
5. Era inteligente y tenía un interés natural por todo.

4 **La autora y su personaje** En parejas, busquen en Internet información adicional sobre la vida de Isabel Allende. Después, discutan sobre el tipo de relación que puede existir entre la autora y Belisa Crepusculario. Usen las siguientes preguntas a modo de guía.

1. ¿Qué semejanzas creen que existen entre Belisa Crepusculario e Isabel Allende?
2. ¿En qué aspectos creen que la autora se identifica con su personaje?

5 **Ampliación** En parejas, creen su propia descripción de Belisa Crepusculario. Puede ser una descripción de su personalidad o de su apariencia física. Después, preséntenla ante la clase.

6 **Perspectiva** En grupos, imaginen que son periodistas y escriban una entrevista a Belisa Crepusculario.

- determinen el tipo de publicación donde aparecerá la entrevista
- determinen si Belisa será un personaje realista o si tendrá elementos fantásticos
- describan los gestos y la comunicación no verbal de la entrevista
- la entrevista puede incluir preguntas personales

recursos

v̂ Text

vhlcentral

Practice more at
vhlcentral.com.

Antes de leer

Vocabulario

aislar *to isolate*
bilingüe *bilingual*
el guaraní *Guarani*
el/la hablante *speaker*

el idioma *language*
la lengua *language; tongue*
monolingüe *monolingual*
vencer *to conquer*

Idiomas de Bolivia Completa las oraciones con el vocabulario de la tabla.

1. Gran parte de los ciudadanos de Bolivia son _____ de español.

2. Aunque los conquistadores españoles trataron de imponer el _____ de su tierra, no se puede decir que los habitantes de Bolivia son _____.

3. La _____ materna de muchos bolivianos no viene de los españoles, sino de los indígenas.

4. Hay muchos bolivianos _____ que se comunican en español y quechua o en español y aymara.

5. El _____ se habla en Paraguay y en partes de Bolivia, Argentina y Brasil.

Conexión personal ¿De dónde vienen tus antepasados? ¿Han preservado algo de otra cultura? ¿Qué? ¿Te identificas con esa(s) cultura(s)?

Contexto cultural

Los ríos, las montañas y la historia se han juntado (*come together*) para aislar a algunos pueblos de Latinoamérica y, en el proceso, permitir la supervivencia (*survival*) de cientos de idiomas indígenas. Suramérica manifiesta una diversidad lingüística casi incomparable. De hecho, en la época anterior a la conquista europea, existían más de 1.500 idiomas. En la actualidad, suramericanos bilingües y monolingües conversan en más de 350 lenguas de raíces (*roots*) no relacionadas. Entre las más de 500 lenguas que se calcula que existen en Latinoamérica, se encuentran 56 familias lingüísticas y 73 idiomas aislados, es decir, idiomas sin relación aparente. En comparación, los idiomas de Europa provienen de (*come from*) tres familias lingüísticas y hay sólo un idioma aislado, el vasco.

Algunas lenguas indígenas disponen de pocos hablantes y están en peligro de extinción, pero muchas otras prosperan y mantienen un papel central. Por ejemplo, el quechua, idioma de los incas, tiene diez millones de hablantes, sobre todo en Perú y Bolivia, y también en zonas de Colombia, Ecuador, Argentina y Chile. En Bolivia, Paraguay y Perú, por lo menos una lengua indígena comparte con el español el rango de lengua oficial del país.

Guaraní: la lengua vencedora

Es más probable que un habitante de Asunción, capital de Paraguay, salude a un amigo con las palabras **Mba'éichapa reiko?** que con la pregunta ¿*Qué tal?* Lo más lógico es que el compañero responda **Iporânte ha nde?** en vez de *Bien, ¿y tú?* También es más

5 probable que un niño paraguayo comience la escuela (o **mbo'ehao**) sin hablar español que sin saber comunicarse en guaraní.

Hay cientos de idiomas en Latinoamérica, pero el caso del guaraní en el Paraguay es único. Más que una lengua oficial, el guaraní es la lengua del pueblo paraguayo. Cuando los españoles invadieron lo que ahora se conoce como Hispanoamérica, trajeron e impusieron° su lengua como parte de la conquista cultural. Aunque muchas personas se resistieron a aprenderlo, el español se convirtió° en lengua del gobierno y de las instituciones oficiales en casi todas partes. En la actualidad, el hecho de conversar en español o en uno de los múltiples idiomas indígenas depende frecuentemente del origen de un individuo, de su contexto social y de sus raíces familiares, entre otras cosas. El uso de una lengua autóctona° típicamente se limita a las poblaciones indígenas, sobre todo a las que viven aisladas. En el Paraguay, aunque la mayoría de la población es mestiza°, actualmente las comunidades indígenas de origen guaraní son una minoría sumamente° pequeña. Sin embargo, el guaraní se ha adoptado universalmente como lengua oral de todas las personas y en todos los lugares.

El conocido escritor uruguayo Eduardo Galeano afirma que no hay otro país más que el Paraguay en el que "la lengua de los vencidos se haya convertido en lengua de los vencedores". Las estadísticas cuentan una historia impresionante: casi el 40% de la población paraguaya es monolingüe en guaraní, más del 50% es bilingüe y sólo el 5% es monolingüe en español. Es decir, la lengua de la minoría nativa ha conquistado el país. Casi todos los hablantes del guaraní se expresan en *jopara*, una versión híbrida del idioma que toma prestadas palabras del español.

Aunque la predominancia° del guaraní es innegable°, los defensores de la lengua han observado que el español ha mantenido hasta hace poco una posición privilegiada en el gobierno y en la educación. La falta de equilibrio se debe a una variedad de razones complejas, incluyendo algunos factores sociales, diferentes oportunidades económicas

y el uso del español para comunicarse con la comunidad global. No obstante, en las últimas décadas se reconoce cada vez más la importancia del guaraní y su prestigio aumenta°. En 1992 se cambió la constitución paraguaya para incluir la declaración: "El Paraguay es un país pluricultural y bilingüe. Son idiomas oficiales el castellano y el guaraní". El guaraní prospera también en las artes y en los medios de comunicación. Existe una larga tradición popular de narrativa oral que en las últimas décadas se ha incorporado a la escritura y ha inspirado a jóvenes poetas. El célebre novelista paraguayo Augusto Roa Bastos (1917–2005) introdujo expresiones y sonidos del guaraní en sus cuentos. Aunque la presencia en los medios escritos aún es escasa°, los nuevos medios de comunicación del siglo XX y XXI contribuyen a la promoción del idioma y permiten, por ejemplo, que se estudie guaraní y que se publiquen narrativas en Internet.

¿Cómo logró una lengua indígena superar al español y convertirse en el idioma más hablado del Paraguay? ¿Se debe a alguna particularidad del lenguaje? ¿O es la consecuencia de factores históricos, como la decisión de los jesuitas de predicar° el catolicismo en guaraní? ¿Qué papel tiene el aislamiento del Paraguay, ubicado en el corazón del continente y sin salida al mar? Nunca se podrá identificar una sola razón, pero es evidente que con su capacidad de supervivencia y adaptación a los nuevos tiempos, el guaraní comienza a conquistar el futuro. ∎

El guaraní

- En el Paraguay, más del 90% de la población se comunica en guaraní. Junto con el español, es lengua oficial del país.
- También se habla guaraní en partes del Brasil, Bolivia y la Argentina.
- La moneda del Paraguay se llama guaraní.

Margin glosses:
- imposed (line 13)
- became (line 16)
- native (line 23)
- of Spanish and Native American descent (line 26)
- extremely (line 28)
- prevalence (line 46)
- undeniable (line 47)
- is growing (line 55)
- limited (line 71)
- preach (line 81)

Después de leer

Guaraní: la lengua vencedora

1 **Comprensión** Decide si las oraciones son **ciertas** o **falsas**. Corrige las falsas.

Cierto	Falso	
☐	☐	1. Suramérica manifiesta poca variedad lingüística.
☐	☐	2. Por lo general, en Suramérica sólo las poblaciones indígenas hablan una lengua indígena.
☐	☐	3. La mayoría de la población paraguaya es de origen guaraní.
☐	☐	4. El 50% de la población de Paraguay es monolingüe en español.
☐	☐	5. La Constitución de 1992 declaró que Paraguay es un país pluricultural y bilingüe.
☐	☐	6. Existe una larga tradición popular de narrativa oral en guaraní.
☐	☐	7. Augusto Roa Bastos escribió sus cuentos completamente en español.
☐	☐	8. La moneda de Paraguay se llama asunción.

2 **Análisis** Contesta las preguntas utilizando oraciones completas.

1. ¿Cuáles son algunas de las señales de que una lengua prospera?
2. ¿De qué manera es especial el caso del guaraní?
3. ¿Por qué se dice que el guaraní es el lenguaje del pueblo paraguayo?
4. ¿A quiénes se refiere Eduardo Galeano cuando habla de los "vencedores" y los "vencidos"?
5. ¿Qué es el *jopara* y quién lo utiliza?

3 **Reflexión** En grupos de tres, expliquen el significado y el posible contexto de los tres dichos populares del recuadro. ¿Hay algún dicho en español o en inglés que tenga un mensaje similar? ¿Qué elementos característicos de la cultura local se hacen evidentes en los dichos?

Dichos populares en guaraní

Hetárõ machu kuéra, mbaipy jepe nahatãi.
Si hay muchas cocineras, ni la polenta se puede hacer.

Ñande rógape mante japytu'upa.
Sólo descansamos bien en nuestra casa.

Ani rerovase nde ajaka ava ambue akã ári.
No pongas tu canasto en la cabeza de otra persona.

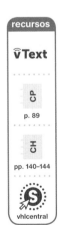

recursos

v̂Text

CP
p. 89

CH
pp. 140–144

vhlcentral

4 **Ensayo** ¿Por qué crees que el gobierno de Paraguay cambió su constitución en 1992? ¿El cambio protege a una minoría o refleja la realidad de la mayoría? ¿Cuáles son las ventajas de vivir en un país pluricultural y bilingüe? ¿Hay alguna complicación? Escribe una composición de por lo menos tres párrafos dando tu opinión sobre estas preguntas.

Practice more at
vhlcentral.com.

Atando cabos

¡A conversar!

¿Telenovelas educativas?

A. Lean la cita y, en grupos de tres, compartan sus respuestas a estas preguntas.

> "Todo programa [de televisión] educa, sólo que —lo mismo que la escuela, lo mismo que el hogar— puede educar bien o mal." (Mario Kaplún, periodista)

1. ¿Están de acuerdo con esta cita? ¿O creen que sólo los programas propiamente educativos pueden enseñar algo al público?
2. Si "educar" significa "aumentar los conocimientos", ¿de qué manera un programa de televisión puede educar "mal"? ¿Están de acuerdo con esa definición?

B. Los participantes de un debate tuvieron que dar su opinión sobre el valor de las telenovelas teniendo en cuenta lo dicho por Mario Kaplún. Lean las dos opiniones y decidan con cuál están de acuerdo. Agreguen más argumentos para defender sus posturas. Usen **que**, **cual** y **cuyo**.

El debate de hoy: las telenovelas

En la cita, Mario Kaplún se refiere a la televisión en general. ¿Qué pasa en el caso particular de las telenovelas? ¿Creen que las telenovelas educan "bien" o "mal"?

Carlos Moreira (52)
Colonia, Uruguay
¡Estoy de acuerdo! Incluso las peores telenovelas pueden educar "bien". En primer lugar, siempre educan indirectamente. Los personajes suelen ser estereotipos, lo cual es importante porque permite que los televidentes se identifiquen con los deseos y los temores de personajes que se muestran como modelos positivos. Además, en países como México se producen telenovelas con fines específicamente educativos, los cuales incluyen enseñar al público acerca de enfermedades, problemas sociales, etc.

Sonia Ferrero (37)
Ciudad del Este, Paraguay
Las telenovelas siempre educan mal, lo que es igual que decir que no educan. ¿Qué puede tener de educativo un melodrama exagerado con personajes que se engañan constantemente? ¿Qué pueden tener de positivo historias que muestran relaciones personales retorcidas (*twisted*)? Yo no veo nada educativo en melodramas que perpetúan estereotipos sobre buenos, malos, ricos y pobres. Me gustaría ver telenovelas más realistas, cuyos personajes sean personas comunes.

¡A escribir!

Televisión en guaraní Imagina que vives en Paraguay y tu telenovela favorita sólo se transmite en español. Escribe una carta al periódico pidiendo que se haga una versión doblada o subtitulada al guaraní. Incluye tu opinión sobre estas preguntas:

- ¿Quiénes se beneficiarían? ¿Por qué?
- ¿Quién debería cubrir el costo de la versión en guaraní: los productores de la telenovela o el gobierno?
- ¿Debería ser obligatorio ofrecer versiones de programas en los dos idiomas?

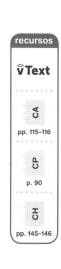

recursos

v̂ Text

CA
pp. 115–116

CP
p. 90

CH
pp. 145–146

 My Vocabulary

La televisión, la radio y el cine

la banda sonora	soundtrack
la cadena	network
el canal	channel
el/la corresponsal	correspondent
el/la crítico/a de cine	film critic
el documental	documentary
los efectos especiales	special effects
el episodio (final)	(final) episode
el/la locutor(a) de radio	radio announcer
el/la oyente	listener
la (radio)emisora	radio station
el reportaje	news report
el/la reportero/a	reporter
los subtítulos	subtitles
la telenovela	soap opera
el/la televidente	television viewer
la temporada	season
el video musical	music video
grabar	to record
rodar (o:ue)	to film
transmitir	to broadcast
doblado/a	dubbed
en directo/vivo	live

La cultura popular

la celebridad	celebrity
el chisme	gossip
la estrella (pop)	(pop) star [m/f]
la fama	fame
la moda pasajera	fad
la tendencia/ la moda	trend
hacerse famoso/a	to become famous
tener buena/ mala fama	to have a good/ bad reputation
actual	current
de moda	popular; in fashion
influyente	influential
pasado/a de moda	out-of-date; no longer popular

Los medios de comunicación

el acontecimiento	event
la actualidad	current events
el anuncio	advertisement; commercial
la censura	censorship
la libertad de prensa	freedom of the press
los medios de comunicación	media
la parcialidad	bias
la publicidad	advertising
el público	public; audience
enterarse (de)	to become informed (about)
estar al tanto/al día	to be informed, up-to-date
actualizado/a	up-to-date
controvertido/a	controversial
de último momento	up-to-the-minute
destacado/a	prominent
(im)parcial	(un)biased

La prensa

el/la lector(a)	reader
las noticias locales/ nacionales/ internacionales	local/domestic/ international news
el periódico/ el diario	newspaper
el/la periodista	journalist
la portada	front page; cover
la prensa	press
la prensa sensacionalista	tabloid(s)
el/la redactor(a)	editor
la revista (electrónica)	(online) magazine
la sección de sociedad	lifestyle section
la sección deportiva	sports page/section
la tira cómica	comic strip
el titular	headline
imprimir	to print
publicar	to publish
suscribirse (a)	to subscribe (to)

Cinemateca

el maletero	trunk
la nuca	nape
la sintonía	synchronization: tuning; connection
aclarar	to clarify
dar la gana	to feel like
darse cuenta (de)	to realize
darse por aludido/a	to realize, assume that one is being referred to
embalarse	to go too fast
fijarse en	to notice
parar el carro	to hold your horses
pillar(se)	to get (catch)

Literatura

el bautismo	baptism
el/la fulano/a	so-and-so
el oficio	trade
burlar	to trick
comerciar	to trade
pregonar	to hawk
atónito/a	astonished
descarado/a	rude
de corrido	fluently

Cultura

el guaraní	Guaraní
el/la hablante	speaker
el idioma	language
la lengua	language; tongue
aislar	to isolate
vencer	to conquer
bilingüe	bilingual
monolingüe	monolingual

Más vocabulario

Expresiones útiles	Ver p. 329
Estructura	Ver pp. 336, 338–339 y 342

La literatura y el arte

Contextos
páginas 360–363
- La literatura
- Los géneros literarios
- Los artistas
- El arte
- Las corrientes artísticas

Fotonovela
páginas 364–367
- *Unas pinturas… radicales*

Enfoques
Chile
páginas 368–371
- **En detalle:** Las casas de Neruda
- **Perfil:** Neruda en el cine
- **Flash cultura:**
  Arquitectura modernista

Estructura
páginas 372–377
- The future perfect
- The conditional perfect
- The past perfect subjunctive

Cinemateca
páginas 378–381
- **Cortometraje:** *Las viandas*

Lecturas
páginas 382–390
- **Literatura:** *Continuidad de los parques* de Julio Cortázar
- **Cultura:** *De Macondo a McOndo*

Atando cabos
página 391
- ¡A conversar!
- ¡A escribir!

Communicative Goals

I will expand my ability to...
- say what will have happened
- say what would have happened
- make contrary-to-fact statements about the past

🔊 Ⓢ My Vocabulary

La literatura
y el arte

La literatura

Carolina está terminando su segunda novela, que **narra** la historia de una divertida familia de actores en Chile. La historia está narrada desde **el punto de vista** del hijo mayor, **protagonista** de esta **obra literaria.**

Los géneros literarios

la (auto)biografía *(auto)biography*
la ciencia ficción *science fiction*
la literatura infantil/juvenil
   children's literature
la novela rosa *romance novel*
la poesía *poetry*
la prosa *prose*

clásico/a *classic*
de terror *horror (story/novel)*
didáctico/a *educational*
histórico/a *historical*
humorístico/a *humorous*
policíaco/a *detective (story/novel)*
satírico/a *satirical*
trágico/a *tragic*

el argumento *plot*
la caracterización *characterization*
la estrofa *stanza*
el/la narrador(a) *narrator*
la obra de teatro *play*
la obra literaria *literary work*
el personaje *character*
el/la protagonista *protagonist*
el punto de vista *point of view*
la rima *rhyme*
el verso *line (of poetry)*

desarrollarse *to take place*
hojear *to skim*
narrar *to narrate*
tratarse de *to be about;*
   to deal with

Los artistas

el/la artesano/a *artisan*
el/la dramaturgo/a *playwright*
el/la ensayista *essayist*
el/la escultor(a) *sculptor*
el/la muralista *muralist*
el/la novelista *novelist*
el/la pintor(a) *painter*
el poeta / la poetisa *poet*

El arte

En la clase de **bellas artes**, Carla y Lucía tienen que pintar una **naturaleza muerta**. Carla eligió usar **óleo**, pero Lucía prefiere la **acuarela**.

la acuarela *watercolor*
el autorretrato *self-portrait*
las bellas artes *fine arts*
el cuadro *painting*
la escultura *sculpture*
la naturaleza muerta *still life*
la obra (de arte) *work (of art)*
el óleo *oil painting*
el pincel *paintbrush*
la pintura *paint; painting*
la tela *canvas*

dibujar *to draw*
diseñar *to design*
esculpir *to sculpt*
reflejar *to reflect; to depict*

abstracto/a *abstract*
contemporáneo/a *contemporary*
inquietante *disturbing; unsettling*
intrigante *intriguing*
llamativo/a *striking*
luminoso/a *bright*
realista *realistic; realist*

al estilo de *in the style of*
de buen/mal gusto *in good/bad taste*

Las corrientes artísticas

la corriente/el movimiento *movement*
el cubismo *cubism*
el expresionismo *expressionism*
el impresionismo *impressionism*
el realismo *realism*
el romanticismo *romanticism*
el surrealismo *surrealism*

Práctica

1 Escuchar

A. Escucha el programa de televisión y después completa las oraciones con la opción correcta.

1. Se ha organizado una exposición en el Museo de Arte (Contemporáneo / Moderno).

2. La exposición trata de los movimientos artísticos desde el (romanticismo / realismo).

3. En la exposición se pueden ver las obras de escultores y (muralistas / pintores) del país.

4. Muchos creen que la obra de José Ortiz es de (buen / mal) gusto.

5. Al presentador, la obra de José Ortiz le parece muy (intrigante / abstracta).

B. Escucha la entrevista del programa *ArteDifusión* y contesta las preguntas.

1. ¿A qué género literario pertenece la novela *El viento*?

2. ¿De qué otros géneros tiene elementos?

3. ¿Desde qué punto de vista se ha escrito esta novela?

4. ¿Qué personajes son los más frecuentes en la obra de Mayka Ledesma?

5. ¿Qué tienen que hacer los lectores para darse cuenta de que es una obra divertida?

C. En parejas, inventen una entrevista a un(a) escritor(a) o artista famoso/a y represéntenla para la clase.

2 Relaciones Conecta las palabras de forma lógica.

_____ 1. estrofa   a. corriente artística
_____ 2. cubismo   b. obra de teatro
_____ 3. tela   c. pincel
_____ 4. esculpir   d. artesano
_____ 5. dramaturgo   e. escultor
_____ 6. novela policíaca   f. verso
_____ 7. artesanía   g. realismo
_____ 8. realista   h. género literario

Práctica

3 **Un crítico sin inspiración** Completa las oraciones de un crítico con las palabras y expresiones de la lista.

acuarela	de mal gusto
al estilo de	inquietante
argumento	llamativo

1. Sus obras son muy _____; en todas usa muchos colores brillantes.

2. La _____ escena en la que aparece el fantasma del padre está inspirada en su novela anterior.

3. Vi un par de óleos interesantes en su nueva exhibición, pero lo que más impresiona son las _____.

4. El _____ de la novela es tan complicado que confunde al lector.

5. Los jóvenes artistas desean pintar _____ la admirada maestra chilena.

4 **Géneros** En parejas, lean los fragmentos de estas obras e indiquen a qué género literario pertenecen. Luego, elijan uno de los fragmentos y desarrollen un breve argumento.

1. María Fernanda del Olmo estaba locamente enamorada de Roberto Castro, pero vivía su amor en silencio. _____

2. Una intensísima luz lo despertó. Al mirar por la ventana vio cientos de robots caminando por la calle. _____

3. El detective Mora estaba seguro de que el criminal que buscaba estaba muy cerca. _____

4. Sólo tenía doce años cuando nos fuimos a vivir a Chile. Todavía lo recuerdo como uno de los momentos más importantes de mi vida. _____

5 **Preferencias** Contesta las preguntas con oraciones completas. Después, comparte tus respuestas con un(a) compañero/a.

1. ¿Cuál es tu género literario favorito? ¿Y tu personaje favorito? ¿Por qué?

2. ¿Crees que hay arte de mal gusto? Justifica tu respuesta.

3. Imagina que eres artista. ¿Qué serías: muralista, poeta o poetisa, escultor(a), otro? ¿Por qué?

4. ¿Qué tipo de arte te interesa más: el realista o el abstracto?

5. ¿Qué influye más en la sociedad, la literatura o el arte? ¿Por qué?

6. ¿Qué corriente artística te parece más interesante? ¿Por qué?

Practice more at
vhlcentral.com.

Comunicación

6

Corrientes artísticas En grupos de tres, describan estos cuadros y respondan las preguntas. Utilicen términos de la lista en sus respuestas.

- ¿A qué corriente artística pertenece la obra?
- ¿Cómo es el estilo del/de la pintor(a)?
- ¿Qué adjetivos usarías para describir el cuadro?
- ¿Hay otras obras u otros artistas que sean comparables?

abstracto	llamativo
contemporáneo	luminoso
cubismo	realismo
expresionismo	realista
impresionismo	romanticismo
intrigante	surrealismo

Pop Monalisa
Margarita María Vélez Cuervo

Rostros
Juan Manrique

Almiares (Haystacks)
Claude Monet

7

Críticas literarias En parejas, escriban una breve crítica de una obra literaria que hayan leído. Utilicen los puntos de análisis de la lista como guía. Luego presenten su crítica a la clase y ofrezcan su opinión sobre el valor artístico de la obra. ¿La recomendarían?

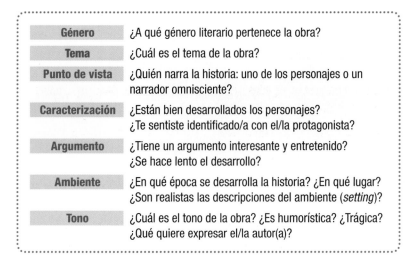

Género	¿A qué género literario pertenece la obra?
Tema	¿Cuál es el tema de la obra?
Punto de vista	¿Quién narra la historia: uno de los personajes o un narrador omnisciente?
Caracterización	¿Están bien desarrollados los personajes? ¿Te sentiste identificado/a con el/la protagonista?
Argumento	¿Tiene un argumento interesante y entretenido? ¿Se hace lento el desarrollo?
Ambiente	¿En qué época se desarrolla la historia? ¿En qué lugar? ¿Son realistas las descripciones del ambiente (*setting*)?
Tono	¿Cuál es el tono de la obra? ¿Es humorística? ¿Trágica? ¿Qué quiere expresar el/la autor(a)?

Johnny enseña a sus compañeros de trabajo
cómo criticar una obra de arte.

Video: *Fotonovela*

PERSONAJES   AGUAYO   DIANA

JOHNNY Chicos, ésas son las pinturas de las que les hablé. Las conseguí muy baratas. Voy a escribir un artículo sobre ellas. ¿Les dicen algo?

MARIELA Sí, me dicen ¡*ahhgg*!

JOHNNY ¿Cómo que son feas? Es arte. No pueden criticarlo así.

MARIELA Es lo que la gente hace con el arte. Sea modernismo, surrealismo o cubismo, si es feo es feo.

JOHNNY Les mostraré cómo se critica una obra de arte correctamente. Hagamos como si estuviésemos observando las pinturas en una galería. ¿Quieren?

ÉRIC Bien.

Fingiendo que están en una galería...

JOHNNY Me imagino que habrán visto toda la exposición. ¿Qué les parece?

ÉRIC Habría preferido ir al cine. Estas pinturas son una porquería.

JOHNNY No puedes decir eso en una exposición. Si las obras no te gustan, tú debes decir algo más artístico, como que son primitivas o son radicales.

MARIELA Si hubiera pensado que son primitivas o que son radicales, lo habría dicho. Pero son horribles.

JOHNNY Mariela, *horrible* ya no se usa.

Diana pasa y ve las pinturas.

DIANA Esas pinturas son… ¡horribles!

Luego, en la cocina...

JOHNNY El artista jamás cambiará los colores. ¿Por qué me hiciste decirle que sí?

MARIELA No hubieras vendido ni una sola pieza.

JOHNNY No quiero venderlas, tengo que escribir sobre ellas.

MARIELA No está de más. Podrías llegar a ser un gran vendedor de arte.

JOHNNY (*imaginando...*) Nadie hubiera imaginado un final mejor para esta subasta. Les presento una obra maestra: la *Mona Lisa*.

AGUAYO Quinientos millones de pesos.

JOHNNY ¿Quién da más?

FABIOLA Mil millones de pesos.

JOHNNY Se lo lleva la señorita.

FABIOLA ¿Podría hablar con el artista para que le acentúe un poco la sonrisa?

Más tarde, en la oficina...

JOHNNY Me alegra que hayas decidido no cambiar la obra.

FABIOLA Hubiera sido una falta de respeto.

JOHNNY Claro. Bueno, que la disfrutes.

ÉRIC

FABIOLA

JOHNNY

MARIELA

4

5

Fabiola llega a la oficina...

FABIOLA ¡Qué hermoso! Es como el verso de un poema. Habré visto arte antes, pero esto es especial. ¿Está a la venta?

MARIELA ¡Claro!

FABIOLA Hay un detalle. No tiene amarillo. ¿Podrías hablar con el artista para que le cambie algunos colores?

JOHNNY ¡Imposible!

FABIOLA Son sólo pinceladas.

JOHNNY Está bien. Voy a hablar con el artista para que le haga los cambios.

FABIOLA Gracias. Pero recuerda que es ésta. Las otras dos son algo...

MARIELA ¿Radicales?

ÉRIC ¿Primitivas?

FABIOLA No, horribles.

9

10

En el escritorio de Mariela...

ÉRIC Perdiste la apuesta. Págame.

MARIELA Todavía no puedo creer que haya comprado esa pintura.

ÉRIC Oye, si lo prefieres, en vez de pagar la apuesta, puedes invitarme a cenar.

MARIELA *(sonriendo)* Ni que me hubiera vuelto loca.

Entra Aguayo...

AGUAYO ¿Son las obras para tu artículo?

JOHNNY Sí. ¿Qué le parecen, jefe?

AGUAYO Diría que éstas dos son... primitivas. Pero la del medio *(mirando el cuadro de Fabiola)* definitivamente es... horrible.

Expresiones útiles

Speculating about the past
Me imagino que habrán visto toda la exposición.
I gather you've seen the whole exhibition.
Si hubiera pensado que son primitivas o que son radicales, lo habría dicho.
If I had thought they were primitive or radical, I would have said so.
Nadie hubiera imaginado un final mejor.
No one could have imagined a better ending.

Reacting to an idea or opinion
¿Cómo que son feos/as?
What do you mean they're ugly?
Habría preferido...
I would have preferred...
Si hubiera pensado que..., lo habría dicho.
If I had thought that..., I would have said so.
¡Ni que me hubiera vuelto loco/a!
As if I'd gone mad!

Additional vocabulary
acentuar *to accentuate*
criticar *to critique; to criticize*
estar a la venta *to be for sale*
la galería *gallery*
la pieza *piece*
la pincelada *brushstroke*
la porquería *garbage; poor quality*
la subasta *auction*

recursos

vText CA pp. 49–50 vhlcentral

Comprensión

1 **¿Qué pasó?** Indica el orden en el que ocurrieron estos hechos.

____ a. Diana dice que los cuadros son horribles.

____ b. Aguayo opina sobre las pinturas de Johnny.

____ c. Johnny les enseña a sus compañeros cómo criticar una obra de arte.

____ d. Mariela y Éric hablan de su apuesta (*bet*).

____ e. Fabiola quiere comprar una de las pinturas de Johnny.

____ f. Johnny sueña con ser un gran vendedor de arte.

2 **¿Realidad o fantasía?** Indica cuáles de estos acontecimientos ocurrieron y cuáles son imaginarios.

Realidad	Fantasía	
☐	☐	1. Los empleados de *Facetas* fueron a una galería de arte.
☐	☐	2. Fabiola compró un cuadro que a Mariela le parecía horrible.
☐	☐	3. El pintor agregó amarillo a su cuadro para que Fabiola lo comprara.
☐	☐	4. Johnny vendió la *Mona Lisa* en una subasta.
☐	☐	5. Mariela y Éric salieron a cenar.
☐	☐	6. Aguayo dijo que dos de las piezas eran primitivas.

3 **¿Quién?** Decide quién dijo o podría haber dicho cada una de estas oraciones.

Éric **Johnny** **Fabiola** **Mariela**

1. No pueden criticar el arte diciendo que es feo. _____

2. A esta pintura le falta color amarillo. _____

3. Todavía no puedo creer que Fabiola haya comprado la pintura. _____

4. ¿Por qué no me invitas a cenar, Mariela? _____

5. Podrías llegar a ser un gran vendedor de arte. _____

4 **Conversaciones** En parejas, improvisen una de estas situaciones.

• Mariela y Éric hacen la apuesta. ¿Qué dicen?

• Johnny le pide al pintor que cambie los colores del cuadro. ¿Cómo reacciona el pintor?

• Fabiola le muestra el cuadro a su novio. ¿Qué opina él?

Practice more at vhlcentral.com.

Ampliación

5 **Sueños** Johnny sueña que llega a ser un famoso vendedor de arte. En parejas, escojan a otros dos personajes de la **Fotonovela** e inventen sus sueños y fantasías.

> **MODELO** Diana sueña que está en un museo y conoce a Leonardo da Vinci. ¡Da Vinci le pregunta a Diana si puede hacer un retrato de ella!...

6 **Apuntes culturales** En parejas, lean los párrafos y contesten las preguntas.

Salvador Dalí

¿Una exposición o una película?

Según Éric, el cine es más divertido que una exposición surrealista. Uno de los máximos íconos del surrealismo fue **Salvador Dalí,** excéntrico pintor español (ver **p. 348**) que también incursionó en actividades artísticas como el cine y la literatura. En *Un perro andaluz*, película clásica del cine español de Luis Buñuel y Salvador Dalí, no hay idea ni imagen que tenga aparente explicación lógica. ¡Quizás a Éric le resulte interesante!

Hablar con precisión

Para Johnny, hay pinturas radicales, primitivas, pero jamás feas o bonitas. Por ejemplo, si Johnny criticara la obra del famoso pintor figurativo chileno **Gonzalo Cienfuegos,** diría: "Como se observa en su obra *El trofeo*, su arte es radical, aunque las figuras aparezcan con cierto realismo. El pintor crea su propio lenguaje con humor e ironía..." ¿Entenderán Éric y Mariela lo que quiere decir Johnny?

El trofeo

Museo MALBA

Por amor al arte

Fabiola se enamoró de una pintura y decidió comprarla. Como ella, el argentino **Eduardo Constantini** compró dos pinturas en 1970. Su colección privada fue creciendo hasta transformarse en el **MALBA**, Museo de Arte Latinoamericano de Buenos Aires, que posee más de doscientas obras en su colección permanente.

1. El surrealismo fue un movimiento de vanguardia. ¿Qué otros movimientos artísticos conoces? ¿Cómo son?
2. ¿Qué tipo de arte te gusta más: el arte clásico, como la *Mona Lisa* de Leonardo da Vinci, el surrealismo de Dalí, o la pintura realista de Cienfuegos?
3. ¿Has visitado algún museo recientemente? ¿Cuál? Cuenta lo que viste.
4. ¿Cuál es tu opinión sobre los coleccionistas de arte? ¿Piensas que malgastan su dinero o, por el contrario, realizan una inversión?
5. ¿Qué opinas del arte digital?
6. ¿Crees que el grafiti debería ser legal? ¿Por qué?
7. ¿Qué obra de arte te gustaría tener en la sala de tu casa? ¿Por qué?

En detalle

Additional Reading

LAS CASAS
DE NERUDA

Isla Negra

Pablo Neruda, además de poeta, fue un asiduo° viajero.
Sus continuos viajes como cónsul y su posterior exilio político lo llevaron a una veintena de países. La distancia marcó, sin duda, su eterno deseo de crear refugios personales en sus casas de Chile, y le dio la oportunidad de coleccionar una gran variedad de objetos curiosos.

A lo largo de los años, Neruda compró y luego mandó construir y remodelar tres casas en su país natal: "La Sebastiana", en Valparaíso; "La Chascona", en Santiago; y la "Isla Negra", en la ciudad costera del mismo nombre. Para él, estas construcciones eran mucho más que simples casas; eran, como su poesía, creaciones personales y, muchas veces, una proyección de sus universos poéticos. Las iba construyendo sin prisa, con gran dedicación y eligiendo hasta el más mínimo detalle.

Isla Negra era la favorita del poeta, y allí fue enterrado° junto a Matilde Urrutia, su gran amor. Hoy día, las tres residencias son casas-museo y reciben más de 100.000 visitantes al año. La Fundación Pablo Neruda, creada por voluntad° expresa del poeta, las administra. Aparte de conservar su patrimonio artístico y encargarse del mantenimiento° de las casas, la fundación también organiza actividades culturales y exposiciones.

Actualmente, gracias al deseo de Neruda de mantener las casas como legado° para el pueblo chileno, todos sus admiradores pueden visitarlas y sentir, por un momento, que forman parte del particular mundo creativo del escritor. ■

Isla Negra
Neruda compró una pequeña cabaña en 1939 y la fue ampliando a lo largo de los años. La reconstruyó de tal manera que pareciera el interior de un barco. En su interior se destacan las colecciones de conchas marinas, botellas y mascarones de proa°.

La Chascona
Está situada en un terreno empinado° en Santiago de Chile. Se inició su construcción en 1953 y fue bautizada "La Chascona" en honor a Matilde Urrutia. *Chascona*, en Chile, significa "despeinada°".

La Sebastiana
Llamada así en honor al arquitecto Sebastián Collado, "La Sebastiana" está en la ciudad de Valparaíso. Se inauguró el 18 de septiembre de 1961. Decorada también con motivos marinos y con una vista panorámica de la ciudad y la bahía, era el lugar favorito de Neruda para pasar la Nochevieja°.

---

asiduo *frequent* **enterrado** *buried* **voluntad** *wish* **mantenimiento** *maintenance* **legado** *legacy*
mascarones de proa *figureheads* **empinado** *steep* **despeinada** *with tousled hair* **Nochevieja** *New Year's Eve*

Artes visuales

el arte digital   *digital art*
el arte gráfico   *graphic art*
el videoarte   *video art*

la alfarería   *clay pottery*
la cerámica   *pottery*
el dibujo   *drawing*
el grabado   *engraving*
el grafiti   *graffiti*
el mural   *mural painting*
la orfebrería   *goldwork*
el tapiz   *tapestry*

Otros creadores

Frida Kahlo es una de las figuras más representativas de la pintura introspectiva mexicana del siglo XX. Su vida estuvo marcada por enfermedades y un matrimonio tortuoso con el muralista Diego Rivera. Es conocida principalmente por sus autorretratos, en los que expresa el dolor de su vida personal (ver **p. 232**).

Santiago Calatrava es
el arquitecto español de más
fama internacional en la
actualidad. En sus creaciones
predomina el color blanco.
El Museo de las Artes y las
Ciencias y el Hemisfèric de Valencia (España), son algunas de sus obras más destacadas.

Ariel Lacayo Argueñal es un famoso chef nicaragüense. Estudió administración y cursó una maestría en enología en los Estados Unidos. En el restaurante neoyorquino Patria, cocinó para celebridades como los Clinton, Nicole Kidman y los príncipes de Mónaco. Hoy, junto a su padre, deleita paladares° en un restaurante criollo en Nicaragua.

NERUDA EN EL CINE

Manuel Basoalto

Se ha dicho muchas veces que Pablo Neruda tuvo una vida de cine. Sin embargo, durante décadas nadie pensó en hacer una película sobre el poeta más universal del Nuevo Mundo. Un día el sobrino de Neruda, Manuel Basoalto, se dio cuenta de esta deuda del cine chileno. Tres años más tarde, en 2014, Basoalto estrenó la primera película de ficción sobre su vida. Se centra en los meses después de que Neruda criticara al presidente de Chile, Gabriel González Videla. Después, el poeta tiene que cambiar de identidad y huir a Argentina. El guión° está basado en entrevistas, cartas y otros documentos inéditos° sobre el poeta. "Es una película de suspenso ", dice el director. El actor chileno José Secall es quien interpreta al poeta. Basoalto lo eligió porque quería un actor bueno y poco conocido. "Finalmente vi que José podía ser un Neruda muy creíble", aseguró.

José Secall

> **"** La eternidad es una de las raras virtudes de la literatura. **"**
> (Adolfo Bioy Casares, escritor argentino)

Conexión Internet

¿Qué papel tuvo el arquitecto español Germán Rodríguez Arias en las casas de Neruda?

Investiga sobre este tema en **vhlcentral.com**.

deleita paladares *pleases the palate* **guión** *script* **inéditos** *unpublished*

¿Qué aprendiste?

1 **¿Cierto o falso?** Indica si estas afirmaciones son **ciertas** o **falsas**. Corrige las falsas.

1. Neruda no salió nunca de Chile.
2. Neruda coleccionó una gran variedad de objetos curiosos.
3. Neruda tenía dos casas en Chile: Isla Negra y La Chascona.
4. La casa La Chascona se llama así porque está ubicada en un pueblo que también tiene ese nombre.
5. Neruda intervenía muy activamente en la construcción y decoración de sus casas.
6. El poeta está enterrado junto a su esposa en La Sebastiana.
7. Hoy día, las tres casas más famosas del poeta son museos.
8. La Fundación Pablo Neruda se creó por deseo e iniciativa de los admiradores del poeta.
9. La casa Isla Negra está decorada como si fuera un barco.
10. A Pablo Neruda le gustaba pasar la Nochevieja en la casa La Sebastiana.
11. En la Chascona se destaca una colección de conchas marinas.
12. La Sebastiana tiene una vista privilegiada de la ciudad de Santiago.

2 **Oraciones incompletas** Completa las oraciones con la información correcta.

1. El director de la película *Neruda* se llama _____.
2. José Secall es un actor de teatro que _____.
3. En las creaciones de Santiago Calatrava predomina _____.
4. Frida Kahlo se casó con _____.

3 **Preguntas** Contesta las preguntas.

1. ¿Qué forma de artesanía preferirías hacer, la alfarería o la orfebrería? ¿Por qué?
2. ¿Has practicado alguna vez alguna de las técnicas de **Así lo decimos**? ¿Qué hiciste?
3. ¿Crees que la gastronomía se puede considerar una forma de arte? Explica tu respuesta.

4 **Opiniones** En parejas, elijan otro artista o creador hispano que no haya sido mencionado en esta lección. Expliquen por qué les interesa ese artista o sus obras.

MODELO Hemos elegido al pintor y escultor colombiano Fernando Botero. Nos interesan sus esculturas voluminosas porque...

PROYECTO

Artistas

Elige una obra en particular de uno de los artistas que se han presentado en **El mundo hispanohablante**. Busca información y prepara una presentación breve para la clase. No olvides mostrar una fotografía o ilustración de la obra. Usa las preguntas como guía.

- ¿Quién es el/la artista?
- ¿Cómo se llama la obra?
- ¿Cuáles son las características de la obra?
- ¿Por qué es famosa la obra y por qué la elegiste?

 Practice more at **vhlcentral.com**.

 Video: *Flash cultura*

Arquitectura modernista

Ahora que ya sabes acerca de las casas de Pablo Neruda en Chile, mira este episodio de **Flash cultura**. Conocerás los diferentes tipos de la singular arquitectura modernista en Barcelona y sus máximos representantes.

Correspansal: Mari Carmen Ortiz
País: España

Entre 1880 y 1930, surge° el modernismo en Cataluña de forma radicalmente diferente al resto de Europa.

VOCABULARIO ÚTIL

brillar *to shine*	**el hierro forjado** *wrought iron*
la calavera *skull*	**el tejado** *tile roof*
el encargo *job, assignment*	**el tranvía** *streetcar*
la fachada *front of building*	**redondeado/a** *rounded*

Preparación ¿Qué tipo de arquitectura te gusta? ¿Prefieres los edificios modernos o los edificios más tradicionales? ¿Cuál es tu monumento favorito? ¿Por qué es especial para ti?

Comprensión Indica si estas afirmaciones son ciertas o falsas. Después, en parejas, corrijan las falsas.

1. La zona de Barcelona donde está la Casa Batlló se conoce como La Gran Manzana.

2. En el Paseo de Gracia hay casas con estilos muy diferentes y contrastantes.

3. El modernismo en Cataluña es muy diferente al modernismo del resto de Europa porque los arquitectos modernistas catalanes dan menos importancia a la estética y a los materiales.

4. Lluís Domènech i Montaner fue el creador de la Sagrada Familia.

5. Puig i Cadafalch fue influenciado por la arquitectura holandesa y flamenca.

6. La sala de las cien columnas está en el Parque Güell.

Expansión En parejas, contesten estas preguntas.

- ¿Qué obra del video les ha gustado más? ¿Por qué?

- ¿Dónde preferirían vivir: en la Casa Amatller, en la Casa Batlló o en una de las casas de Neruda? ¿Por qué?

- ¿Conocen otros monumentos que contengan algunas de las características del modernismo? ¿Cuáles?

El Parque Güell posee los toques y detalles característicos de Gaudí. El uso de baldosines° irregulares... formas curvas... contrastes sorpresivos...

Desgraciadamente, su inesperada muerte paralizó las obras, y el edificio sigue todavía inacabado a pesar de los muchos esfuerzos de continuación.

surge *emerges* **baldosines** *ceramic tiles*

recursos

S
vhlcentral

 Practice more at **vhlcentral.com.**

10.1 The future perfect Tutorial

- The future perfect tense (**el futuro perfecto**) is formed with the future of **haber** and a past participle.

The future perfect		
pintar	**vender**	**salir**
habré pintado	habré vendido	habré salido
habrás pintado	habrás vendido	habrás salido
habrá pintado	habrá vendido	habrá salido
habremos pintado	habremos vendido	habremos salido
habréis pintado	habréis vendido	habréis salido
habrán pintado	habrán vendido	habrán salido

- The future perfect is used to express what *will have happened* at a certain point. The phrase **para** + [*time expression*] is often used with the future perfect.

  Ya **habré leído** la novela para el lunes.

  I will already have read the novel by Monday.

  Para el año que viene, los arquitectos **habrán diseñado** el nuevo museo.

  By next year, the architects will have designed the new museum.

- **Antes de (que), (para) cuando, dentro de**, and **hasta (que)** are also used with time expressions or other verb forms to indicate when the action in the future perfect will have happened.

  Cuando lleguemos al teatro, ya **habrá empezado** la obra.

  When we get to the theater, the play will have already started.

  Lo **habré terminado dentro de** dos horas.

  I will have finished it within two hours.

- The future perfect may also express speculation regarding a past action.

  ¿Habrá tenido éxito la exposición de este fin de semana?

  I wonder if this weekend's exhibition was a success.

  No lo sé, pero **habrá ido** mucha gente a verla.

  I don't know, but I suppose a lot of people went to see it.

Me imagino que habrán visto toda la exposición.

recursos

v̂Text

CA
pp. 28, 96

CP
pp. 93–94

CH
p. 151

vhlcentral

Práctica y comunicación

1

Artes y letras Completa las oraciones con el futuro perfecto.

1. Me imagino que ustedes ya _____ (leer) el poema para mañana.

2. ¿_____ (conocer) Juan a la famosa autora?

3. Para la próxima semana, Ana y yo _____ (terminar) de leer el cuento.

4. Le dije al pintor que yo _____ (conseguir) una modelo para el jueves.

5. Me imagino que las obras ya se _____ (vender).

2

Planes Tú y tus amigos habían planeado encontrarse a las seis de la tarde para ir al ballet, pero nadie ha venido y tú no sabes por qué. Escribe suposiciones con la información del cuadro. Sigue el modelo.

> **MODELO**
> **Entendí mal los planes.**
> Habré entendido mal los planes.

1. Me dejaron un mensaje telefónico.	
2. Uno de mis amigos tuvo un accidente.	
3. Me equivoqué de día.	
4. Fue una broma.	
5. Lo soñé.	

3

Excusas Cada vez que la profesora hace preguntas, Mónica responde con excusas. En parejas, utilicen el futuro perfecto para completar la conversación. Después, inventen un final para la conversación.

PROFESORA Buenos días. ¿Todos (1) _____ (entregar) el ensayo para el final del día?

MÓNICA Yo lo (2) _____ (escribir) para el viernes, profesora.

PROFESORA Pero me imagino que tú ya (3) _____ (ver) la exposición del escultor, ¿verdad?

MÓNICA Pues... estuve con fiebre... todo el fin de semana. Pero voy mañana.

PROFESORA Por lo menos (4) _____ (ir) a la biblioteca a hacer las investigaciones necesarias, ¿no?

MÓNICA Pues, fui, pero otro estudiante ya había sacado los libros que necesitaba. Según la bibliotecaria, él los (5) _____ (devolver) para mañana.

4

El futuro Hazles estas preguntas a tres de tus compañeros/as.

- Cuando terminen las próximas vacaciones de verano, ¿qué habrás hecho?
- Antes de terminar la escuela secundaria, ¿qué aventuras habrás tenido?
- Dentro de diez años, ¿dónde habrás estado y a quién habrás conocido?
- Cuando tengas cuarenta años, ¿qué decisiones importantes habrás tomado?
- Cuando seas anciano/a, ¿qué lecciones habrás aprendido de la vida?

Practice more at
vhlcentral.com.

The conditional perfect Tutorial

> Habría preferido ir al cine. Estas pinturas son una porquería.

- The conditional perfect tense (**el condicional perfecto**) is formed with the conditional of **haber** and a past participle.

The conditional perfect		
pensar	**tener**	**sentir**
habría pensado	habría tenido	habría sentido
habrías pensado	habrías tenido	habrías sentido
habría pensado	habría tenido	habría sentido
habríamos pensado	habríamos tenido	habríamos sentido
habríais pensado	habríais tenido	habríais sentido
habrían pensado	habrían tenido	habrían sentido

- The conditional perfect tense is used to express what *might have occurred* but did not.

Habría ido al museo, pero mi amiga tenía otros planes.

I would have gone to the museum, but my friend had other plans.

Seguramente, **habrías ganado** la apuesta.

You probably would have won the bet.

Otros actores **habrían representado** mejor esta obra.

Other actors would have performed this play better.

Creo que Andrés **habría sido** un gran pintor.

I think Andrés would have been a great painter.

> Habría dicho que es... horrible.

- The conditional perfect may also express probability or conjecture about the past.

¿**Habrían apreciado** los críticos su gran creatividad?

I wonder if the critics might have appreciated her great creativity.

Los **habría sorprendido** con su talento.

She might have surprised them with her talent.

recursos

vText

CA
pp. 29, 97

CP
pp. 95–96

CH
p. 152

vhlcentral

Práctica y comunicación

1 **Lo que habrían hecho** Completa las oraciones con el condicional perfecto.

1. No me gustó la obra de teatro. Incluso yo mismo _____ (imaginar) un protagonista más interesante.

2. Yo, en su lugar, lo _____ (dibujar) de modo más abstracto.

3. A la autora le _____ (gustar) escribir ficción histórica, pero el público sólo quería más novelas rosas.

4. Nosotros _____ (escribir) ese cuento desde otro punto de vista.

5. ¿Tú _____ (hacer) lo mismo en esa situación?

2 **Otro final** En parejas, conecten las historias con sus finales. Luego utilicen el condicional perfecto para inventar otros finales. Sigan el modelo.

> **MODELO** *Titanic* / **El barco se hunde (*sinks*).**
>
> En nuestra historia, el barco no se habría hundido. Los novios se habrían casado y...

La Bella y la Bestia	El monstruo mata a su creador.
Frankenstein	Se casa con el príncipe.
El Señor de los Anillos	Frodo destruye el anillo.
Romeo y Julieta	Regresa a su hogar en Kansas.
El Mago de Oz	Los novios se mueren.

3 **¿Y ustedes?** En parejas, miren los dibujos y túrnense para decir lo que habrían hecho en cada situación. Utilicen el condicional perfecto y sean creativos.

1.

2.

3.

4.

5.

6.

4 **Autobiografías** Utiliza el condicional perfecto para escribir un párrafo de tu autobiografía. Menciona tres cosas que no cambiarías de tu vida y tres cosas que habrías hecho de forma diferente.

Practice more at
vhlcentral.com.

Me molestó que
hubieras pedido
ese cambio.

Quizás hubiera
sido una falta
de respeto.

- The past perfect subjunctive (**el pluscuamperfecto del subjuntivo**) is formed with the past subjunctive of **haber** and a past participle.

The past perfect subjunctive		
cambiar	**poder**	**influir**
hubiera cambiado	hubiera podido	hubiera influido
hubieras cambiado	hubieras podido	hubieras influido
hubiera cambiado	hubiera podido	hubiera influido
hubiéramos cambiado	hubiéramos podido	hubiéramos influido
hubierais cambiado	hubierais podido	hubierais influido
hubieran cambiado	hubieran podido	hubieran influido

- The past perfect subjunctive is used in subordinate clauses under the same conditions as other subjunctive forms. It refers to actions or conditions that had taken place before another past occurence.

Le molestó que los escritores
no **hubieran asistido** a su
conferencia.

*It annoyed her that the writers
hadn't attended her lecture.*

No era cierto que la galería
hubiera cerrado sus puertas
definitivamente.

*It was not true that the gallery had
closed its doors permanently.*

- When the action in the main clause is in the past, both the past subjunctive and the past perfect subjunctive can be used in the subordinate clause. However, the meaning of each sentence may be different.

PAST SUBJUNCTIVE	PAST PERFECT SUBJUNCTIVE
Esperaba que me **llamaras.** ¡Qué bueno oír tu voz!	Esperaba que me **hubieras llamado.** ¿Qué pasó?
I was hoping you would call me. It's great to hear your voice!	*I wished that you would have called me. What happened?*
Deseaba que me **ayudaras.** *I wished that you would help me.*	Deseaba que me **hubieras ayudado.** *I wished that you would have helped me.*

Práctica y comunicación

 Diagnostics

1 Hubiera... Completa las oraciones con el pluscuamperfecto del subjuntivo.

1. Habría ido a la tertulia si no _____ (llover).
2. Si yo _____ (lograr) publicar mi libro, habría sido un superventas.
3. Me molestó que ellos no _____ (dar) el premio al otro poeta.
4. Si nosotros _____ (pensar) eso, lo habríamos dicho.
5. Si ella _____ (pedir) más por sus cuadros, habría ganado millones.
6. ¡Qué lástima que sus padres no _____ (apoyar) su interés por las artes!

2 Oraciones Une los elementos de las columnas para crear cinco oraciones con el pluscuamperfecto del subjuntivo.

Dudaba de que	yo	escribir cuentos policíacos
Esperábamos que	tú	ganar un premio literario
Me sorprendió que	el artista	tener talento
Ellos querían que	nosotros	venir a la exposición
No creías que	los poetas	vender ese autorretrato

3 ¡A quejarse! Daniel es escritor y Graciela es pintora. Tienen mucho talento, pero no han tenido éxito en sus profesiones. En parejas, utilicen el pluscuamperfecto del subjuntivo para escribir una conversación en la que se quejaron de las oportunidades que perdieron.

MODELO

GRACIELA No fue justo que le hubieran dado ese premio literario a García Márquez. Tienes mucho más talento que él...

No fue justo que....
No podía creer que...
Si hubiera logrado...
Si tú sólo hubieras...

4 Síntesis En grupos de cuatro, dramaticen una conversación en la que uno/a de ustedes entrevista al ganador y a los dos finalistas del concurso *El ídolo de la música*. Utilicen por lo menos tres usos del futuro perfecto, del condicional perfecto, y del pluscuamperfecto del subjuntivo. Luego representen su entrevista para la clase.

MODELO

REPORTERO Carolina, eres el nuevo ídolo de la música. ¡El año que viene será increíble! ¿Qué crees que habrá pasado para esta fecha, el próximo año?

GANADORA Pues, seguramente habré grabado mi primer disco y...

REPORTERO Christopher, tus aficionados no habrán creído lo que pasó esta noche. Si hubieras tenido otra oportunidad, ¿qué habrías hecho distinto?

FINALISTA Quizás si hubiera cantado algo más clásico, los jueces no me habrían criticado tanto. O si hubiera..

Practice more at
vhlcentral.com.

Antes de ver el corto

LAS VIANDAS

país España
duración 19 minutos
director José Antonio Bonet

protagonistas Papandreu (chef), el comensal, empleados del restaurante, otros comensales

Vocabulario

acompañar *to come with*
la barbaridad *outrageous thing*
el cochinillo *suckling pig*
el/la comensal *dinner guest*

el compromiso *awkward situation*
contundente *filling; heavy*
el jabalí *wild boar*
la ofensa *insult*

1 **Definiciones** Completa las oraciones con las palabras apropiadas.

1. Cuando un plato es muy caro, podemos decir que cuesta una _____.
2. Si un plato te llena inmediatamente, significa que es un plato _____.
3. Alguien que está invitado a comer es un _____.
4. Un _____ es una especie de cerdo salvaje.
5. En algunas culturas, rechazar la comida es una _____.
6. Meter a alguien en un _____ significa ponerlo en una situación incómoda.

2   **Preguntas** En parejas, contesten las preguntas.

1. ¿Te gusta cocinar? ¿Crees que cocinar es un arte?
2. ¿Qué profesiones consideras que son arte? ¿Por qué?
3. ¿Conoces a alguien que sea o que se considere artista? ¿Cómo es?
4. Según tu opinión, ¿tienen los artistas una personalidad diferente a las personas que no son artistas? Explica tu respuesta.

3 **¿Qué sucederá?** En parejas, miren los fotogramas e imaginen lo que va a ocurrir en la historia. Compartan sus ideas con la clase.

Practice more at
vhlcentral.com.

master cluster

presenta

ROBERTO ÁLVAREZ   JOSÉ MARÍA POU

Las Viandas

(Viands)

un film de/a film by
JOSE ANTONIO BONET

PEDRO CASABLANC   MIGUEL DEL ARCO   JOSÉ RAMÓN PARDO   SARA ILLÁN

LOLA LEMOS MARGARITA LASCOITI JORGE SUQUET ANNE CAILLON JEAN-MARIE MONDINI JOSE TORIJA ISABEL GALVEZ ANDREA RAMIREZ CLAUDIA ALVAREZ

Productor Ejecutivo/Executive Producer PEDRO PALACIOS   Productor Asociado/Associate Producer CHRISTOPHE BOUFFIL·CANTONI   Fotografía/Director of Photography ALFONSO POSTIGO
Casting JOSÉ CARLOS RUIZ   Director de Arte/Art Director HÉCTOR G. BERTRAND   Música/Music NACHO CABELLO   Montaje/Editing ADORACIÓN G. ELIPE
Vestuario/Costumes JOSÉ MARÍA DE COSSÍO   Sonido Directo/Sound Recording SOUNDERS CREACIÓN SONORA   Postproducción de Sonido/Sound Postproduction DAVID RODRÍGUEZ
basado en un argumento de/based on a story by SANTIAGO G. AGULLÓ & JOSÉ ANTONIO BONET con la participación de/with the collaboration of JAVIER F. VALLADO
Escrita y Dirigida por/Written and Directed by JOSÉ ANTONIO BONET

CANAL+ ESPAÑA   Cinema JOVE   DOLBY DIGITAL EN SALAS SELECTIVAS   Kodak Motion Picture Film   ica

Escenas

ARGUMENTO Un hombre va a un restaurante perdido en las montañas, donde probará los platos de un chef extranjero muy especial.

COMENSAL Buenas tardes. ¿Todavía se puede comer?
MAITRE Por supuesto. Leonora, el abrigo del señor… ¿Me acompaña, por favor?

MAITRE El primer plato del menú: sopa de judiones° con tocino° y salchicha vienesa°. El señor Papandreu, nuestro chef, ganó un premio con este plato.
COMENSAL ¿No le parece un poco contundente?

(Murmullos)
CHEF ¿El nuevo devuelve [la] comida?
CAMARERO Sí, sí, sí.
CHEF ¡Esto es una ofensa! ¡Nadie devuelve nunca [la] comida a Papandreu! ¡Papandreu es un artista! ¡Papandreu es [el] número uno! *(gritos)* Un artista.

MAITRE Señor, nos está poniendo a todos en un serio compromiso. Debe comerse el cochinillo de inmediato.
COMENSAL ¿Pero es que no lo entiende? ¡No puedo más!

COMENSAL Perdóneme, señor, pero ¡tengo que pedirle ayuda! Bueno, usted mismo lo está viendo. ¡Quieren que me coma un cochinillo! ¿Pero están locos?
HOMBRE No se preocupe. Lo he visto todo y tiene razón. Le comprendo. Confíe en mí. Hablaré con Papandreu.

COMENSAL *(gritando)* ¡No quiero comer más! ¡No quiero comer este jabalí!
CHEF ¡Quieto! ¡Vas a comer jabalí como [un] niño bueno! ¡Come!
(Después de que el cliente come el jabalí.)
CHEF ¡El postre! ¡Papandreu, artista genial!

judiones *butter beans* **tocino** *bacon* **salchicha vienesa** *frankfurter*

Después de ver el corto

1 **Comprensión** Contesta las preguntas con oraciones completas.

1. ¿Dónde está el restaurante?
2. ¿Qué ocurre cuando el cliente dice que no puede comer más sopa?
3. ¿Por qué se enoja el chef cuando regresa el camarero a la cocina?
4. ¿Para qué va el comensal al servicio (*restroom*)?
5. En el servicio, ¿qué le promete el otro comensal al protagonista?
6. ¿Qué hace el protagonista al ver que el otro comensal no lo ha ayudado?
7. ¿Qué hacen los camareros y el chef cuando lo detienen?

2 **Ampliación** Contesta las preguntas con oraciones completas.

1. ¿Por qué dice el chef que todo el mundo debe probar su comida?
2. ¿Por qué crees que los otros clientes no ayudan al protagonista?
3. ¿Qué temas se tratan en *Las viandas* además de la cocina?
4. ¿Crees que Papandreu es un artista? ¿Por qué? ¿Es común que los artistas se comporten así?
5. ¿Qué sucede al final de la historia? ¿Podrá el protagonista irse del restaurante? ¿Y los demás comensales?
6. ¿Qué habrías hecho tú si fueras el protagonista?

3 **Los comensales** En parejas, elijan un fotograma y describan la vida del personaje o los personajes. Escriban por lo menos cinco oraciones. Usen las preguntas como guía.

- ¿Cómo son?
- ¿Por qué están en el restaurante?

- ¿Cómo son sus vidas?
- ¿Qué opinan de Papandreu?

4 **¡Soy un artista!** En parejas, imaginen que se encuentran con un artista un poco especial, como el chef de *Las viandas*. La escena, sin embargo, se desarrolla en otro ambiente. Elijan uno de los lugares y personajes sugeridos, u otro que prefieran, y escriban un párrafo contando la historia. Después, compártanla con la clase.

- un quirófano (*operating room*) y un cirujano de gran renombre
- una pasarela (*runway*) y una supermodelo
- un estudio de diseño y un diseñador premiado
- una peluquería y un estilista famoso

Practice more at
vhlcentral.com.

Dos mujeres leyendo, 1934
Pablo Picasso, Spain

"La literatura nace del paso entre lo que el hombre es y lo que quisiera ser."

— Mario Vargas Llosa

Antes de leer

Continuidad de los parques

Sobre el autor

Julio Cortázar nació en Bruselas, Bélgica, en 1914. Llegó a Argentina cuando tenía cuatro años. En 1932 se graduó como maestro de escuela y luego comenzó sus estudios en la Universidad de Buenos Aires, los cuales no pudo terminar por motivos económicos. Desde 1951, hasta su muerte en 1984, vivió en París. A pesar de vivir muchos años fuera de Argentina, Cortázar siempre se mostró interesado en la realidad sociopolítica de América Latina. En sus textos representa al mundo como un gran laberinto del que el ser humano debe escapar. Su obra se caracteriza por el uso magistral (*masterful*) del lenguaje y el juego constante entre la realidad y la fantasía. Por esta última característica se lo considera uno de los creadores del "realismo fantástico". Sus obras más conocidas son la novela *Rayuela* (1963) y libros de cuentos como *Historias de cronopios y de famas* (1962).

Vocabulario

acariciar *to caress*	**la mejilla** *cheek*
al alcance *within reach*	**el pecho** *chest*
el arroyo *stream*	**el/la testigo** *witness*
la coartada *alibi*	**la trama** *plot*

Oraciones incompletas Completa las oraciones.

1. Esa película tiene una _____ muy complicada.
2. La niña _____ la cara del bebé; tiene la _____ muy suave.
3. Decidimos acampar junto al _____.
4. El otro día fui _____ de un hecho extraordinario.

Conexión personal ¿Leíste alguna vez un libro tan interesante y fascinante que simplemente no podías dejar de leerlo? ¿Cuál? ¿Tuviste una experiencia similar con una película o serie de televisión?

Análisis literario: el realismo fantástico

Entretejer (*Weaving*) la ficción y la realidad se ha convertido en un recurso frecuente en la literatura latinoamericana. Este recurso es particularmente común en la obra de escritores argentinos como Jorge Luis Borges y Julio Cortázar. A diferencia del realismo mágico, que se caracteriza por mostrar lo maravilloso como normal, en el realismo fantástico se confunden realidad y fantasía. Se presenta un hecho real y se le agrega un elemento ilusorio o fantástico sin nunca marcar claramente los límites entre uno y otro. Esto lleva a historias dentro de historias y el lector debe darse cuenta, o a veces elegir conscientemente, en qué historia está o qué está sucediendo. A medida que leas *Continuidad de los parques,* busca elementos del realismo fantástico.

Continuidad

Julio Cortázar

de los parques

Había empezado a leer la novela unos días antes. La abandonó por negocios urgentes, volvió a abrirla cuando regresaba en tren a la finca°; se dejaba interesar lentamente por la trama, por el dibujo de los personajes. Esa tarde, después de escribir una carta a su apoderado° y discutir con el mayordomo° una cuestión de aparcerías°, volvió al libro en la tranquilidad del estudio que miraba hacia el parque de los robles°. Arrellanado° en su sillón favorito, de espaldas a la puerta que lo hubiera molestado como una irritante posibilidad de intrusiones, dejó que su mano izquierda acariciara una y otra vez el terciopelo° verde y se puso a leer los últimos capítulos. Su memoria retenía sin esfuerzo los nombres y las imágenes de los protagonistas; la ilusión novelesca lo ganó casi enseguida. Gozaba del placer casi perverso de irse desgajando° línea a línea de lo que lo rodeaba, y sentir a la vez que su cabeza descansaba cómodamente en el terciopelo del alto respaldo°, que los cigarrillos seguían al alcance de la mano, que más allá de los ventanales danzaba el aire del atardecer bajo los robles. Palabra a palabra, absorbido por la sórdida disyuntiva° de los héroes, dejándose ir hacia las imágenes que se concertaban y adquirían color y movimiento, fue testigo del último encuentro en la cabaña del monte°.

Primero entraba la mujer, recelosa°; ahora llegaba el amante, lastimada la cara por el chicotazo° de una rama°. Admirablemente restañaba° ella la sangre con sus besos, pero él rechazaba sus caricias, no había venido para repetir las ceremonias de una pasión secreta, protegida por un mundo de hojas secas y senderos furtivos. El puñal° se entibiaba° contra su pecho y debajo latía° la libertad agazapada°. Un diálogo anhelante° corría por las páginas como un arroyo de serpientes, y se sentía que todo estaba decidido desde siempre. Hasta esas caricias que enredaban° el cuerpo del amante como queriendo retenerlo y disuadirlo, dibujaban abominablemente la figura de otro cuerpo que era necesario destruir. Nada había sido olvidado: coartadas, azares, posibles errores. A partir de esa hora cada instante tenía su empleo minuciosamente atribuido. El doble repaso despiadado° se interrumpía apenas para que una mano acariciara una mejilla. Empezaba a anochecer.

Sin mirarse ya, atados rígidamente a la tarea que los esperaba, se separaron en la puerta de la cabaña. Ella debía seguir por la senda° que iba al norte. Desde la senda opuesta él se volvió un instante para verla correr con el pelo suelto. Corrió a su vez, parapetándose° en los árboles y los setos°, hasta distinguir en la bruma malva° del crepúsculo° la alameda° que llevaba a la casa. Los perros no debían ladrar°, y no ladraron. El mayordomo no estaría a esa hora, y no estaba. Subió los tres peldaños° del porche y entró. Desde la sangre galopando° en sus oídos le llegaban las palabras de la mujer: primero una sala azul, después una galería, una escalera alfombrada°. En lo alto, dos puertas. Nadie en la primera habitación, nadie en la segunda. La puerta del salón, y entonces el puñal en la mano, la luz de los ventanales, el alto respaldo de un sillón de terciopelo verde, la cabeza del hombre en el sillón leyendo una novela. ∎

Margin glosses:

5 country house — finca°
agent — apoderado°
butler — mayordomo°
sharecropping — aparcerías°
10 oak trees / Settled — robles° / Arrellanado°
velvet 15 — terciopelo°
tearing off 20 — desgajando°
back (of chair or sofa) — respaldo°
25 dilemma — disyuntiva°
the cabin in the woods 30 — cabaña del monte°
suspicious(ly) — recelosa°
lash / branch — chicotazo° / rama°
staunched 35 — restañaba°

dagger / was becoming warm — puñal° / entibiaba°
was beating — latía°
crouched (in wait) / yearning 40 — agazapada° / anhelante°
were entangling — enredaban°
45
ruthless 50 — despiadado°
trail 55 — senda°
taking cover — parapetándose°
hedges / mauve mist 60 — setos° / bruma malva°
twilight / tree-lined path bark — crepúsculo° / alameda° / ladrar°
steps — peldaños°
65 pounding — galopando°
carpeted — alfombrada°
70

Continuidad de los parques

Julio Cortázar

1 Comprensión Ordena los hechos que suceden en el cuento.

_____ a. Sentado en su sillón de terciopelo verde, volvió al libro en la tranquilidad del estudio.

_____ b. Finalmente, ella se fue hacia el norte y él llegó hasta la casa del bosque.

_____ c. Un hombre regresó a su finca después de haber terminado unos negocios urgentes.

_____ d. Llegó hasta el salón y se dirigió hacia el hombre que, sentado en el sillón de terciopelo verde, estaba leyendo una novela.

_____ e. Ese día los perros no ladraron y el mayordomo no estaba.

_____ f. En la novela, una mujer y su amante se encontraban en una cabaña.

_____ g. Él subió los tres peldaños del porche y entró en la casa.

_____ h. Se habían reunido allí para terminar de planear un asesinato.

2 Interpretación Contesta las preguntas.

1. Según se deduce de sus costumbres, ¿cómo crees que es la personalidad del hombre que estaba sentado en el sillón? Presenta ejemplos del cuento.

2. ¿Por qué crees que el mayordomo no trabajaba ese día?

3. ¿Qué relación hay entre la pareja de la cabaña y el hombre que está leyendo la novela?

4. ¿Quién crees que es la víctima? Haz una lista de las claves que hay en el cuento.

5. ¿Qué elementos visuales del cuento son propios de la novela de misterio?

6. ¿Cómo logra el escritor mantener la atención de sus lectores?

3 Análisis En parejas, conversen sobre estas preguntas.

1. ¿Qué habría pasado si el hombre del sillón hubiera cerrado el libro antes?

2. Imaginen que la novela que está leyendo el hombre es de otro género: humor, romance, ciencia ficción, etc. ¿Cuál habría sido el final en ese caso? Escríbanlo y, luego, compártanlo con la clase.

3. Expliquen por qué creen que este cuento se titula "Continuidad de los parques".

4 Un nuevo final Escribe un párrafo que describa lo que sucede después del final del cuento. Decide si el final será sobre el hombre que lee la novela o sobre la segunda historia que parece estar dentro de la primera.

recursos

v̂Text

vhlcentral

Practice more at
vhlcentral.com.

Antes de leer

La muerte y la doncella Completa las oraciones con el vocabulario de la tabla.

1. El argentino-chileno Ariel Dorfman se considera representante del _____ literario de Latinoamérica, en parte por el éxito de su obra de teatro *La muerte y la doncella.*

2. La _____ de Dorfman incluye géneros como la novela y el ensayo.

3. *La muerte y la doncella* _____ los efectos de la tortura en una mujer que cree encontrarse con su torturador.

4. La obra es interesante porque los personajes no son _____, sino que son individuos complejos.

5. La acción _____ en un lugar que no se identifica, pero podría ser el Chile de Pinochet.

Conexión personal ¿Puede haber estereotipos positivos? ¿O son todos, por definición, negativos? ¿Cómo puede un estereotipo aparentemente positivo afectar negativamente a un individuo?

Contexto cultural

Gabriel García Márquez

En 1967, Gabriel García Márquez (ver **pp. 192–195**) escribió una obra que se ha convertido en uno de los símbolos más reconocibles de la literatura de América Latina. *Cien años de soledad* es uno de los mayores ejemplos del *realismo mágico* y nos transporta al pueblo mítico de Macondo, donde objetos comunes como el hielo (*ice*) se presentan como maravillosos, mientras que las cosas más sorprendentes —como una lluvia de flores que caen del cielo— se narran como si fueran normales. Incluso en el siglo XXI, las obras de García Márquez dominan el mercado literario y se siguen estudiando como ejemplos de un género innovador y sorprendente. Lo que es más notable aún, han conseguido definir un estilo que se reconoce mundialmente como latinoamericano y que todavía inspira a nuevos escritores. Isabel Allende y Laura Esquivel son dos escritoras destacadas que emplean la técnica del realismo mágico para combinar lo cotidiano con lo sobrenatural. Las muy exitosas novelas *La casa de los espíritus* (1982) y *Como agua para chocolate* (1989) son claros ejemplos de este género.

De Macondo a McOndo

En Santiago de Chile, ¿es típico observar una tormenta de flores?
¿Es sorprendente encontrar un cubito de hielo° en una Coca-Cola   *ice cube*
en Buenos Aires? Un grupo de jóvenes escritores, encabezado° por   *led*
el chileno Alberto Fuguet, responde rotundamente° que no. Estos   *emphatically*
5 escritores afirman que tienen más en común con la generación
estadounidense que creció con los videojuegos y MTV que con
el mundo mágico y mítico de Macondo. Por eso, transformando
el nombre del pueblo ficticio de las novelas de García Márquez,
el grupo tomó el nombre "McOndo" en un guiño de ojo° al   *wink*

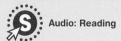
omnipresente McDonald's, a las pioneras computadoras Macintosh y a los *condos*.

El grupo McOndo escribe una literatura intensamente personal, urbana y llena de alusiones a la cultura popular. Fuguet describe a su grupo como apolítico, adicto a la televisión por cable y aficionado a Internet. La televisión, la radio, el cine e Internet se infiltran en sus obras e introducen temas globales y muy corrientes°. Las obras de Fuguet revelan más huellas de Hollywood que de García Márquez o Borges, y mayor influencia de videos musicales estadounidenses que de *Cien años de soledad*.

¿Qué hay de latinoamericano en las obras de McOndo?, se preguntan algunos lectores que identifican América Latina con el realismo mágico. ¿No podrían transcurrir en cualquier sitio?, es otra pregunta habitual. Justamente, el editor de una revista literaria estadounidense muy prestigiosa le hizo esta pregunta a Fuguet después de que la revista rechazara° uno de sus cuentos. Las novelas de Isabel Allende y Laura Esquivel, por ejemplo, llevan al lector a un lugar exótico cuyos olores y colores son a la vez extraños y familiares. ¿Pueden tener éxito en el mercado literario relatos en los que nada es exótico para los lectores acostumbrados a la vida urbana de la gran ciudad?

Los escritores de McOndo tampoco se identifican con los productos de sus contemporáneos más realistas como, por ejemplo, Sandra Cisneros, Julia Álvarez y Esmeralda Santiago, que cuentan la difícil experiencia de los latinos en los Estados Unidos. Los personajes de McOndo son latinos

current (20)
rejected (35)

en un mundo globalizado. Esto se ve como un hecho normal y no como una experiencia especial o traumática. Según los autores de McOndo, su literatura es tan latinoamericana como las otras porque sus obras tratan acerca de la realidad de muchas personas: una existencia moderna, comercial, confusa y sin fronteras. En su opinión, la noción de que la realidad latinoamericana está constituida por hombres de fuerza

Los escritores de McOndo

Algunos escritores que se identifican con **Alberto Fuguet** y el mundo de McOndo son Rodrigo Fresán y Martín Rejtman de Argentina, Jaime Bayly del Perú, Sergio Gómez de Chile, Edmundo Paz Soldán de Bolivia (ver **p. 349**) y Naief Yehya de México. En 1997 Sergio Gómez y Alberto Fuguet editaron una antología de cuentos titulada *McOndo*, que incluye relatos de escritores latinoamericanos menores de treinta y cinco años.

descomunal°, tormentas de flores y muchachas que suben al cielo no sólo es estereotípica sino empobrecedora°. En un ensayo muy conocido de salon.com que se ha convertido en el manifiesto de los escritores de McOndo, Fuguet escribe: "Es una injusticia reducir la esencia de América Latina a hombres con ponchos y sombreros, zares de la droga° que portan armas° y señoritas sensuales que se menean° al ritmo de la salsa". Fuguet prefiere representar el mundo reconocible de Internet, la comida rápida y la música popular. Sólo con el tiempo sabremos si su propuesta° estética tendrá la presencia duradera°, la influencia y la importancia indiscutida del realismo mágico. ∎

colossal (65)
damaging
drug lords / gun-toting sway
proposal (80)
long-lasting

Después de leer

De Macondo a McOndo

1 **Comprensión** Responde las preguntas con oraciones completas.

1. En el siglo XXI, ¿tienen éxito las obras de realismo mágico?
2. ¿De dónde viene el nombre McOndo?
3. ¿Cuáles son algunas de las influencias importantes en la literatura de Fuguet?
4. ¿Cuáles son algunas de las críticas que reciben los escritores de McOndo?
5. ¿Por qué se identifican más los escritores de McOndo con algunos jóvenes estadounidenses que con García Márquez u otros escritores?

2 **Reflexión** En parejas, respondan las preguntas.

1. ¿Qué opinan los jóvenes de McOndo de las representaciones de hombres con ponchos y de las señoritas sensuales que bailan salsa?
2. ¿Qué opinas del uso de estereotipos en la literatura y en el cine?
3. ¿Crees que el estilo de los escritores de McOndo es incompatible con el realismo mágico? ¿Se podrían combinar en una obra? ¿Cuál sería el resultado?

3 **Comparación** En grupos de tres, comparen las dos citas. La primera es de la lectura de García Márquez de la **Lección 5** y la segunda de Augusto Monterroso de la **Lección 6**. Las dos narran un cambio clave dentro de cada historia.

> Un chorro (*spurt*) de luz dorada y fresca como el agua empezó a salir de la bombilla (*light bulb*) rota, y lo dejaron correr hasta que el nivel llegó a cuatro palmos. Entonces cortaron la corriente (*electric current*), sacaron el bote, y navegaron a placer (*leisurely*) por entre las islas de la casa.

> Entonces floreció en él una idea que tuvo por digna de su talento y de su cultura universal y de su arduo conocimiento de Aristóteles. Recordó que para ese día se esperaba un eclipse total de sol. Y dispuso [...] valerse de (*to make use of*) aquel conocimiento para engañar (*deceive*) a sus opresores y salvar la vida.

1. ¿Qué es lo que puede suceder después de cada una de las citas? ¿Cuál de los sucesos que pueden ocurrir es más "maravilloso"?
2. ¿Qué diferencias pueden observar en el estilo de los dos escritores? ¿Cuál es más directo? ¿Cuál usa más recursos literarios, por ejemplo, metáforas?
3. ¿Qué estilo prefieren? ¿Por qué?

4 **Realismo mágico tecnológico** Elige una de las situaciones y escribe el primer párrafo de un cuento en el que el autor decide recurrir al realismo mágico para describir objetos y situaciones que se relacionan con la tecnología, la vida urbana y la cultura pop.

- un virus infectó la computadora
- tu celular hace llamadas por sí solo
- tu iPad lee tus pensamientos
- tu Wii quiere jugar al aire libre

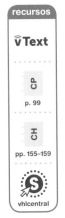

recursos

vText

CP
p. 99

CH
pp. 155–159

vhlcentral

Practice more at
vhlcentral.com.

Atando cabos

¡A conversar!

Literatura y arte En grupos de cuatro, preparen una presentación sobre un(a) artista que les interese.

Tema: Preparen una presentación sobre alguno de los artistas famosos de esta lección o elijan otro.

Preparación: Investiguen en Internet o en la biblioteca. Una vez tengan la información sobre el/la artista, elijan los puntos más importantes que van a tratar. Busquen o preparen material audiovisual para ofrecer una visión más amplia del tema.

Organización: Escriban un esquema que les ayude a organizar su presentación. Pueden guiarse respondiendo las siguientes preguntas.

1. ¿Dónde nació el/la artista?

2. ¿A qué se dedicó o dedica?

3. ¿Cómo llegó a ser conocido/a?

4. ¿Qué logros alcanzó con su obra?

Estrategia de comunicación

Cómo hablar de arte

1. No habríamos elegido a este/a artista si su obra no fuera...

2. Se hizo famoso/a gracias a...

3. Uno de los rasgos que caracteriza a este/a artista es...

4. A veces, los temas que trata son...

5. En esta obra podemos ver ciertos rasgos del movimiento cubista/surrealista/indigenista...

6. Actualmente, sus obras...

¡A escribir!

Obras maestras culinarias Imagina que eres un chef que, al igual que el chef de *Las viandas*, se considera un(a) verdadero/a artista. Todas las semanas escribes una columna con críticas de restaurantes para una revista de arte. Elige un plato que te guste cocinar o que siempre comas en tu restaurante favorito y escribe un párrafo para describir el plato como si fuera una obra de arte. Usa el vocabulario que aprendiste en esta lección.

MODELO Hoy quiero presentarles una obra radical: empanadillas de cochinillo con salsa Dalí. Es un verdadero festival de los sentidos.

recursos

v̂Text

CA

pp. 117–118

CP

p. 100

CH

pp. 160–161

My Vocabulary

La literatura

el argumento	plot
la caracterización	characterization
la estrofa	stanza
el/la narrador(a)	narrator
la obra de teatro	play
la obra literaria	literary work
el personaje	character
el/la protagonista	protagonist
el punto de vista	point of view
la rima	rhyme
el verso	line (of poetry)
desarrollarse	to take place
hojear	to skim
narrar	to narrate
tratarse de	to be about; to deal with

Los géneros literarios

la (auto)biografía	(auto)biography
la ciencia ficción	science fiction
la literatura infantil / juvenil	children's literature
la novela rosa	romance novel
la poesía	poetry
la prosa	prose
clásico/a	classic
de terror	horror (story/novel)
didáctico/a	educational
histórico/a	historical
humorístico/a	humorous
policíaco/a	detective (story/novel)
satírico/a	satirical
trágico/a	tragic

Los artistas

el/la artesano/a	artisan
el/la dramaturgo/a	playwright
el/la ensayista	essayist
el/la escultor(a)	sculptor
el/la muralista	muralist
el/la novelista	novelist
el/la pintor(a)	painter
el poeta / la poetisa	poet

El arte

la acuarela	watercolor
el autorretrato	self-portrait
las bellas artes	fine arts
el cuadro	painting
la escultura	sculpture
la naturaleza muerta	still life
la obra (de arte)	work (of art)
el óleo	oil painting
el pincel	paintbrush
la pintura	paint; painting
la tela	canvas
dibujar	to draw
diseñar	to design
esculpir	to sculpt
reflejar	to reflect; to depict
abstracto/a	abstract
contemporáneo/a	contemporary
inquietante	disturbing; unsettling
intrigante	intriguing
llamativo/a	striking
luminoso/a	bright
realista	realistic; realist
al estilo de	in the style of
de buen/mal gusto	in good/bad taste

Las corrientes artísticas

la corriente/el movimiento	movement
el cubismo	cubism
el expresionismo	expressionism
el impresionismo	impressionism
el realismo	realism
el romanticismo	romanticism
el surrealismo	surrealism

Más vocabulario

Expresiones útiles	Ver p. 365
Estructura	Ver pp. 372, 374 y 376

Cinemateca

la barbaridad	outrageous thing
el cochinillo	suckling pig
el/la comensal	dinner guest
el compromiso	awkward situation
el jabalí	wild boar
la ofensa	insult
acompañar	to come with
contundente	filling; heavy

Literatura

el arroyo	stream
la coartada	alibi
la mejilla	cheek
el pecho	chest
el/la testigo	witness
la trama	plot
acariciar	to caress
al alcance	withing reach

Cultura

la alusión	allusion
el canon (literario)	(literary) canon
el estereotipo	stereotype
la narrativa	narrative work
el relato	account
editar	to publish
transcurrir	to take place
tratar (sobre/acerca de)	to be about; to deal with
estético/a	aesthetic

Apéndice A

Verb Conjugation Tables pages 394–403

Vocabulario

Spanish–English pages 404–432
English–Spanish pages 433–461

Índice pages 462–463

Credits pages 464–466

Verb Conjugation Tables

Guide to the Verb List and Tables

Below you will find the infinitive of the verbs introduced as active vocabulary in **DESCUBRE**. Each verb is followed by a model verb conjugated according to the same pattern. The number in parentheses indicates where in the verb tables, pp. 396–403, you can find the conjugated forms of the model verb.

abrazar (z:c) like cruzar (37)

aburrir(se) like vivir (3)

acabar(se) like hablar (1)

acariciar like hablar (1)

acentuar (acentúo) like graduar (40)

acercarse (c:qu) like tocar (43)

aclarar like hablar (1)

acompañar like hablar (1)

aconsejar like hablar (1)

acordar(se) (o:ue) like contar (24)

acostar(se) (o:ue) like contar (24)

acostumbrar(se) like hablar (1)

actualizar (z:c) like cruzar (37)

adelgazar (z:c) like cruzar (37)

adjuntar like hablar (1)

adorar like hablar (1)

afeitar(se) like hablar (1)

afligir(se) (g:j) like proteger (42) for spelling change only

agotar like hablar (1)

ahorrar like hablar (1)

aislar (aíslo) like enviar (39)

alojar(se) like hablar (1)

amar like hablar (1)

amenazar (z:c) like cruzar (37)

anotar like hablar (1)

apagar (g:gu) like llegar (41)

aparecer (c:zc) like conocer (35)

aplaudir like vivir (3)

apreciar like hablar (1)

arreglar(se) like hablar (1)

arrepentirse (e:ie) like sentir (33)

ascender (e:ie) like entender (27)

atraer like traer (21)

atrapar like hablar (1)

atreverse like comer (2)

averiguar like hablar (1)

bailar like hablar (1)

bañar(se) like hablar (1)

barrer like comer (2)

beber like comer (2)

bendecir (e:i) like decir (8)

besar like hablar (1)

borrar like hablar (1)

botar like hablar (1)

brindar like hablar (1)

caber (4)

caer (y) (5)

calentar (e:ie) like pensar (30)

cancelar like hablar (1)

cazar (z:c) like cruzar (37)

celebrar like hablar (1)

cepillar(se) like hablar (1)

clonar like hablar (1)

cobrar like hablar (1)

cocinar like hablar (1)

colocar (c:qu) like tocar (43)

colonizar (z:c) like cruzar (37)

comer(se) (2)

componer like poner (15)

comprobar (o:ue) like contar (24)

conducir (c:zc) (6)

congelar(se) like hablar (1)

conocer (c:zc) (35)

conquistar like hablar (1)

conseguir (e:i) (gu:g) like seguir (32)

conservar like hablar (1)

contagiar(se) like hablar (1)

contaminar like hablar (1)

contar (o:ue) (24)

contentarse like hablar (1)

contraer like traer (21)

contratar like hablar (1)

contribuir (y) like destruir (38)

convertirse (e:ie) like sentir (33)

coquetear like hablar (1)

crear like hablar (1)

crecer (c:zc) like conocer (35)

creer (y) (36)

criar(se) (crío) like enviar (39)

criticar (c:qu) like tocar (43)

cruzar (z:c) (37)

cuidar like hablar (1)

cumplir like vivir (3)

curarse like hablar (1)

dar(se) (7)

deber like comer (2)

decir (e:i) (8)

delatar like hablar (1)

denunciar like hablar (1)

depositar like hablar (1)

derretir(se) (e:i) like pedir (29)

derribar like hablar (1)

derrocar (c:qu) like tocar (43)

derrotar like hablar (1)

desafiar (desafío) like enviar (39)

desaparecer (c:zc) like conocer (35)

desarrollar(se) like hablar (1)

descansar like hablar (1)

descargar (g:gu) like llegar (41)

descongelar(se) like hablar (1)

descubrir like vivir (3) except past participle is descubierto

descuidar(se) like hablar (1)

desear like hablar (1)

deshacer like hacer (11)

despedir(se) (e:i) like pedir (29)

despertar(se) (e:ie) like pensar (30)

destruir (y) (38)

devolver (o:ue) like volver (34)

dibujar like hablar (1)

dirigir (g:j) like proteger (42) for spelling change only

disculpar(se) like hablar (1)

discutir like vivir (3)

diseñar like hablar (1)

disfrutar like hablar (1)

disgustar like hablar (1)

disponer(se) like poner (15)

distinguir (gu:g) like seguir (32) for spelling change only

distraer like traer (21)

divertirse (e:ie) like sentir (33)

doler (o:ue) like volver (34) *except* past participle is regular

dormir(se) (o:ue) (25)

ducharse like hablar (1)

echar like hablar (1)

editar like hablar (1)

educar (c:qu) like tocar (43)

elegir (e:i) (g:j) like pedir (29) for stem change, like proteger (42) for spelling change only

embalar(se) like hablar (1)

emigrar like hablar (1)

empatar like hablar (1)

empeorar like hablar (1)

empezar (e:ie) (z:c) (26)

enamorarse like hablar (1)

encabezar (z:c) like cruzar (37)

encantar like hablar (1)

encargar(se) (g:gu) like llegar (41)

encender (e:ie) like entender (27)

enfermarse like hablar (1)

enganchar like hablar (1)

engañar like hablar (1)

engordar like hablar (1)

ensayar like hablar (1)

entender (e:ie) (27)

enterarse like hablar (1)

enterrar (e:ie) like pensar (30)

entretener(se) like tener (20)

enviar (envío) (39)

esclavizar (z:c) like cruzar (37)

escoger (g:j) like proteger (42)

esculpir like vivir (3)

establecer(se) (c:zc) like conocer (35)

estar (9)

exigir (g:j) like proteger (42) for spelling change only

explotar like hablar (1)

exportar like hablar (1)

expulsar like hablar (1)

expulsar like hablar (1)

extinguir(se) (gu:g) like seguir (32) for spelling change only

fabricar (c:qu) like tocar (43)

faltar like hablar (1)

fascinar like hablar (1)

festejar like hablar (1)

fijar(se) like hablar (1)

financiar like hablar (1)

florecer (c:zc) like conocer (35)

flotar like hablar (1)

formular like hablar (1)

freír (e:i) (frío) like reír (31)

funcionar like hablar (1)

gastar like hablar (1)

gobernar (e:ie) like pensar (30)

grabar like hablar (1)

graduar(se) (gradúo) (40)

guardar(se) like hablar (1)

gustar like hablar (1)

haber (10)

habitar like hablar (1)

hablar (1)

hacer(se) (11)

herir (e:ie) like sentir (33)

hervir (e:ie) like sentir (33)

hojear like hablar (1)

huir (y) like destruir (38)

humillar like hablar (1)

importar like hablar (1)

impresionar like hablar (1)

imprimir like vivir (3)

inscribirse like vivir (3)

insistir like vivir (3)

instalar like hablar (1)

integrar(se) like hablar (1)

interesar like hablar (1)

invadir like vivir (3)

inventar like hablar (1)

invertir (e:ie) like sentir (33)

investigar (g:gu) like llegar (41)

ir (12)

jubilarse like hablar (1)

jugar (u:ue) (g:gu) (28)

jurar like hablar (1)

lastimarse like hablar (1)

latir like vivir (3)

lavar(se) like hablar (1)

levantar(se) like hablar (1)

liberar like hablar (1)

lidiar like hablar (1)

limpiar like hablar (1)

llegar (g:gu) (41)

llevar(se) like hablar (1)

lograr like hablar (1)

luchar like hablar (1)

madrugar (g:gu) like llegar (41)

malgastar like hablar (1)

manipular like hablar (1)

maquillarse like hablar (1)

meditar like hablar (1)

mejorar like hablar (1)

merecer (c:zc) like conocer (35)

meter(se) like comer (2)

molestar like hablar (1)

morder (o:ue) like volver (34) *except* past participle is regular

morirse (o:ue) like dormir (25) *except* past participle is muerto

mudar(se) like hablar (1)

narrar like hablar (1)

navegar (g:gu) like llegar (41)

necesitar like hablar (1)

obedecer (c:zc) like conocer (35)

ocultar(se) like hablar (1)

odiar like hablar (1)

oír (y) (13)

olvidar(se) like hablar (1)

opinar like hablar (1)

oponerse like poner (15)

oprimir like vivir (3)

oscurecer (c:zc) like conocer (35)

parar like hablar (1)

parecer(se) (c:zc) like conocer (35)

patear like hablar (1)

pedir (e:i) (29)

peinar(se) like hablar (1)

pensar (e:ie) (30)

permanecer (c:zc) like conocer (35)

pertenecer (c:zc) like conocer (35)

pillar like hablar (1)

pintar like hablar (1)

poblar (o:ue) like contar (24)

poder (o:ue) (14)

poner(se) (15)

preferir (e:ie) like sentir (33)

preocupar(se) like hablar (1)

prestar like hablar (1)

prevenir like venir (22)

prever like ver (23)

probar(se) (o:ue) like contar (24)

producir (c:zc) like conducir (6)

prohibir (prohíbo) like enviar (39) for spelling change only

proponer like poner (15)

proteger (g:j) (42)

protestar like hablar (1)

publicar (c:qu) like tocar (43)

quedar(se) like hablar (1)

quejarse like hablar (1)

querer (e:ie) (16)

quitar(se) like hablar (1)

recetar like hablar (1)

rechazar (z:c) like cruzar (37)

reciclar like hablar (1)

reclamar like hablar (1)

recomendar (e:ie) like pensar (30)

reconocer (c:zc) like conocer (35)

recorrer like comer (2)

recuperar(se) like hablar (1)

reducir (c:zc) like conducir (6)

reflejar like hablar (1)

regresar like hablar (1)

rehacer like hacer (11)

reír(se) (e:i) (31)

relajar(se) like hablar (1)

rendirse (e:i) like pedir (29)

renunciar like hablar (1)

reservar like hablar (1)

resolver (o:ue) like volver (34)

retratar like hablar (1)

reunir(se) (reúno) like graduar (40) for spelling change only

rezar (z:c) like cruzar (37)

rociar like hablar (1)

rodar (o:ue) like contar (24)

rogar (o:ue) (g:gu) like contar (24) for stem changes; like llegar (41) for spelling change

romper like comer (2) *except* past participle is roto

saber (17)

sacrificar (c:qu) like tocar (43)

salir (18)

salvar like hablar (1)

sanar like hablar (1)

secar(se) (c:qu) like tocar (43)

seguir (e:i) (gu:g) (32)

seleccionar like hablar (1)

sentir(se) (e:ie) (33)

señalar like hablar (1)

sepultar like hablar (1)

ser (19)

soler (o:ue) like volver (34) *except* past participle is regular

solicitar like hablar (1)

sonar (o:ue) like contar (24)

soñar (o:ue) like contar (24)

sorprender(se) like comer (2)

subsistir like vivir (3)

suceder like comer (2)

sufrir like vivir (3)

sugerir (e:ie) like sentir (33)

suponer like poner (15)

suprimir like vivir (3)

suscribirse like vivir (3)

tener (20)

tirar like hablar (1)

titularse like hablar (1)

tocar (c:qu) (43)

torear like hablar (1)

toser like comer (2)

traducir (c:zc) like conducir (6)

traer (21)

transcurrir like vivir (3)

transmitir like vivir (3)

trasnochar like hablar (1)

tratar(se) like hablar (1)

valer like salir (18) for irregular endings, *except* imperative **tú** is vale

vencer (c:z) (44)

venerar like hablar (1)

venir (22)

ver(se) (23)

vestir(se) (e:i) like pedir (29)

vivir (3)

volar (o:ue) like contar (24)

volver (o:ue) (34)

votar like hablar (1)

Regular verbs: simple tenses

Infinitive	INDICATIVE					SUBJUNCTIVE		IMPERATIVE
	Present	Imperfect	Preterite	Future	Conditional	Present	Past	
1 hablar	hablo	hablaba	hablé	hablaré	hablaría	hable	hablara	
	hablas	hablabas	hablaste	hablarás	hablarías	hables	hablaras	habla tú (no hables)
Participles:	habla	hablaba	habló	hablará	hablaría	hable	hablara	hable Ud.
hablando	hablamos	hablábamos	hablamos	hablaremos	hablaríamos	hablemos	habláramos	hablemos
hablado	habláis	hablabais	hablasteis	hablaréis	hablaríais	habléis	hablarais	hablad (no habléis)
	hablan	hablaban	hablaron	hablarán	hablarían	hablen	hablaran	hablen Uds.
2 comer	como	comía	comí	comeré	comería	coma	comiera	
	comes	comías	comiste	comerás	comerías	comas	comieras	come tú (no comas)
Participles:	come	comía	comió	comerá	comerían	coma	comiera	coma Ud.
comiendo	comemos	comíamos	comimos	comeremos	comeríamos	comamos	comiéramos	comamos
comido	coméis	comíais	comisteis	comeréis	comeríais	comáis	comierais	comed (no comáis)
	comen	comían	comieron	comerán	comerían	coman	comieran	coman Uds.
3 vivir	vivo	vivía	viví	viviré	viviría	viva	viviera	
	vives	vivías	viviste	vivirás	vivirías	vivas	vivieran	vive tú (no vivas)
Participles:	vive	vivía	vivió	vivirá	viviría	viva	viviera	viva Ud.
viviendo	vivimos	vivíamos	vivimos	viviremos	viviríamos	vivamos	viviéramos	vivamos
vivido	vivís	vivíais	vivisteis	viviréis	viviríais	viváis	vivierais	vivid (no viváis)
	viven	vivían	vivieron	vivirán	vivirían	vivan	vivieran	vivan Uds.

All verbs: compound tenses

PERFECT TENSES						
INDICATIVE					SUBJUNCTIVE	
Present Perfect	**Past Perfect**	**Future Perfect**	**Conditional Perfect**		**Present Perfect**	**Past Perfect**
he	había	habré	habría		haya	hubiera
has	habías	habrás	habrías		hayas	hubieras
ha } hablado	había } hablado	habrá } hablado	habría } hablado		haya } hablado	hubiera } hablado
hemos } comido	habíamos } comido	habremos } comido	habríamos } comido		hayamos } comido	hubiéramos } comido
habéis } vivido	habíais } vivido	habréis } vivido	habríais } vivido		hayáis } vivido	hubierais } vivido
han	habían	habrán	habrían		hayan	hubieran

PROGRESSIVE TENSES

INDICATIVE				SUBJUNCTIVE	
Present Progressive	Past Progressive	Future Progressive	Conditional Progressive	Present Progressive	Past Progressive
estoy	estaba	estaré	estaría	esté	estuviera
estás	estabas	estarás	estarías	estés	estuvieras
está _hablando_	estaba _hablando_	estará _hablando_	estaría _hablando_	esté _hablando_	estuviera _hablando_
estamos _comiendo_	estábamos _comiendo_	estaremos _comiendo_	estaríamos _comiendo_	estemos _comiendo_	estuviéramos _comiendo_
estáis _viviendo_	estabais _viviendo_	estaréis _viviendo_	estaríais _viviendo_	estéis _viviendo_	estuvierais _viviendo_
están	estaban	estarán	estarían	estén	estuvieran

Irregular verbs

Infinitive	INDICATIVE					SUBJUNCTIVE		IMPERATIVE
	Present	Imperfect	Preterite	Future	Conditional	Present	Past	
4 caber	**quepo**	cabía	**cupe**	**cabré**	**cabría**	**quepa**	**cupiera**	
	cabes	cabías	**cupiste**	**cabrás**	**cabrías**	**quepas**	**cupieras**	cabe tú (no **quepas**)
Participles:	cabe	cabía	**cupo**	**cabrá**	**cabría**	**quepa**	**cupiera**	**quepa** Ud.
cabiendo	cabemos	cabíamos	**cupimos**	**cabremos**	**cabríamos**	**quepamos**	**cupiéramos**	**quepamos**
cabido	cabéis	cabíais	**cupisteis**	**cabréis**	**cabríais**	**quepáis**	**cupierais**	cabed (no **quepáis**)
	caben	cabían	**cupieron**	**cabrán**	**cabrían**	**quepan**	**cupieran**	**quepan** Uds.
5 caer(se)	**caigo**	caía	caí	caeré	caería	**caiga**	**cayera**	
	caes	caías	**caíste**	caerás	caerías	**caigas**	**cayeras**	cae tú (no **caigas**)
Participles:	cae	caía	**cayó**	caerá	caería	**caiga**	**cayera**	**caiga** Ud.
cayendo	caemos	caíamos	**caímos**	caeremos	caeríamos	**caigamos**	**cayéramos**	**caigamos**
caído	caéis	caíais	**caísteis**	caeréis	caeríais	**caigáis**	**cayerais**	caed (no **caigáis**)
	caen	caían	**cayeron**	caerán	caerían	**caigan**	**cayeran**	**caigan** Uds.
6 conducir (c:zc)	**conduzco**	conducía	**conduje**	conduciré	conduciría	**conduzca**	**condujera**	
	conduces	conducías	**condujiste**	conducirás	conducirías	**conduzcas**	**condujeras**	conduce tú (no **conduzcas**)
	conduce	conducía	**condujo**	conducirá	conduciría	**conduzca**	**condujera**	**conduzca** Ud.
Participles:	conducimos	conducíamos	**condujimos**	conduciremos	conduciríamos	**conduzcamos**	**condujéramos**	**conduzcamos**
conduciendo	conducís	conducíais	**condujisteis**	conduciréis	conduciríais	**conduzcáis**	**condujerais**	conducid (no **conduzcáis**)
conducido	conducen	conducían	**condujeron**	conducirán	conducirían	**conduzcan**	**condujeran**	**conduzcan** Uds.

Verb Conjugation Tables

Infinitive	INDICATIVE					SUBJUNCTIVE		IMPERATIVE
	Present	Imperfect	Preterite	Future	Conditional	Present	Past	
7 dar	**doy**	daba	**di**	daré	daría	**dé**	**diera**	
	das	dabas	**diste**	darás	darías	des	**dieras**	da tú (no des)
Participles:	da	daba	**dio**	dará	daría	**dé**	**diera**	**dé** Ud.
dando	damos	dábamos	**dimos**	daremos	daríamos	demos	**diéramos**	demos
dado	**dais**	dabais	**disteis**	daréis	daríais	**deis**	**dierais**	dad (no **deis**)
	dan	daban	**dieron**	darán	darían	den	**dieran**	den Uds.
8 decir (e:i)	**digo**	decía	**dije**	**diré**	**diría**	diga	dijera	
	dices	decías	**dijiste**	**dirás**	**dirías**	digas	dijeras	**di** tú (no **digas**)
Participles:	**dice**	decía	**dijo**	**dirá**	**diría**	diga	dijera	diga Ud.
diciendo	decimos	decíamos	**dijimos**	**diremos**	**diríamos**	digamos	dijéramos	digamos
dicho	decís	decíais	**dijisteis**	**diréis**	**diríais**	digáis	dijerais	decid (no **digáis**)
	dicen	decían	**dijeron**	**dirán**	**dirían**	digan	dijeran	**digan** Uds.
9 estar	**estoy**	estaba	**estuve**	estaré	estaría	**esté**	**estuviera**	
	estás	estabas	**estuviste**	estarás	estarías	**estés**	**estuvieras**	**está** tú (no **estés**)
Participles:	**está**	estaba	**estuvo**	estará	estaría	**esté**	**estuviera**	**esté** Ud.
estando	estamos	estábamos	**estuvimos**	estaremos	estaríamos	estemos	**estuviéramos**	estemos
estado	estáis	estabais	**estuvisteis**	estaréis	estaríais	estéis	**estuvierais**	estad (no estéis)
	están	estaban	**estuvieron**	estarán	estarían	**estén**	**estuvieran**	**estén** Uds.
10 haber	**he**	había	**hube**	**habré**	**habría**	haya	hubiera	
	has	habías	**hubiste**	**habrás**	**habrías**	hayas	hubieras	
Participles:	**ha**	había	**hubo**	**habrá**	**habría**	haya	hubiera	
habiendo	**hemos**	habíamos	**hubimos**	**habremos**	**habríamos**	hayamos	hubiéramos	
habido	habéis	habíais	**hubisteis**	**habréis**	**habríais**	hayáis	hubierais	
	han	habían	**hubieron**	**habrán**	**habrían**	hayan	hubieran	
11 hacer	**hago**	hacía	**hice**	**haré**	**haría**	haga	hiciera	
	haces	hacías	**hiciste**	**harás**	**harías**	hagas	hicieras	**haz** tú (no **hagas**)
Participles:	hace	hacía	**hizo**	**hará**	**haría**	haga	hiciera	haga Ud.
haciendo	hacemos	hacíamos	**hicimos**	**haremos**	**haríamos**	hagamos	hiciéramos	hagamos
hecho	hacéis	hacíais	**hicisteis**	**haréis**	**haríais**	hagáis	hicierais	haced (no **hagáis**)
	hacen	hacían	**hicieron**	**harán**	**harían**	hagan	hicieran	**hagan** Uds.
12 ir	**voy**	**iba**	**fui**	iré	iría	vaya	fuera	
	vas	**ibas**	**fuiste**	irás	irías	vayas	fueras	**ve** tú (no **vayas**)
Participles:	**va**	**iba**	**fue**	irá	iría	vaya	fuera	vaya Ud.
yendo	**vamos**	**íbamos**	**fuimos**	iremos	iríamos	vayamos	**fuéramos**	**vamos** (no **vayamos**)
ido	**vais**	**ibais**	**fuisteis**	iréis	iríais	vayáis	fuerais	id (no **vayáis**)
	van	**iban**	**fueron**	irán	irían	vayan	fueran	**vayan** Uds.
13 oír (y)	**oigo**	oía	**oí**	oiré	oiría	oiga	oyera	
	oyes	oías	**oíste**	oirás	oirías	oigas	oyeras	**oye** tú (no **oigas**)
Participles:	**oye**	oía	**oyó**	oirá	oiría	oiga	oyera	oiga Ud.
oyendo	**oímos**	oíamos	**oímos**	oiremos	oiríamos	oigamos	oyéramos	oigamos
oído	oís	oíais	**oísteis**	oiréis	oiríais	oigáis	oyerais	**oíd** (no **oigáis**)
	oyen	oían	**oyeron**	oirán	oirían	oigan	oyeran	**oigan** Uds.

	Infinitive	INDICATIVE					SUBJUNCTIVE		IMPERATIVE
		Present	Imperfect	Preterite	Future	Conditional	Present	Past	
14	poder (o:ue)	puedo	podía	pude	podré	podría	pueda	pudiera	
		puedes	podías	pudiste	podrás	podrías	puedas	pudieras	puede tú (no puedas)
	Participles:	puede	podía	pudo	podrá	podría	pueda	pudiera	pueda Ud.
	pudiendo	podemos	podíamos	pudimos	podremos	podríamos	podamos	pudiéramos	podamos
	podido	podéis	podíais	pudisteis	podréis	podríais	podáis	pudierais	poded (no podáis)
		pueden	podían	pudieron	podrán	podrían	puedan	pudieran	puedan Uds.
15	poner	pongo	ponía	puse	pondré	pondría	ponga	pusiera	
		pones	ponías	pusiste	pondrás	pondrías	pongas	pusieras	pon tú (no pongas)
	Participles:	pone	ponía	puso	pondrá	pondría	ponga	pusiera	ponga Ud.
	poniendo	ponemos	poníamos	pusimos	pondremos	pondríamos	pongamos	pusiéramos	pongamos
	puesto	ponéis	poníais	pusisteis	pondréis	pondríais	pongáis	pusierais	poned (no pongáis)
		ponen	ponían	pusieron	pondrán	pondrían	pongan	pusieran	pongan Uds.
16	querer (e:ie)	quiero	quería	quise	querré	querría	quiera	quisiera	
		quieres	querías	quisiste	querrás	querrías	quieras	quisieras	quiere tú (no quieras)
	Participles:	quiere	quería	quiso	querrá	querría	quiera	quisiera	quiera Ud.
	queriendo	queremos	queríamos	quisimos	querremos	querríamos	queramos	quisiéramos	queramos
	querido	queréis	queríais	quisisteis	querréis	querríais	queráis	quisierais	quered (no queráis)
		quieren	querían	quisieron	querrán	querrían	quieran	quisieran	quieran Uds.
17	saber	sé	sabía	supe	sabré	sabría	sepa	supiera	
		sabes	sabías	supiste	sabrás	sabrías	sepas	supieras	sabe tú (no sepas)
	Participles:	sabe	sabía	supo	sabrá	sabría	sepa	supiera	sepa Ud.
	sabiendo	sabemos	sabíamos	supimos	sabremos	sabríamos	sepamos	supiéramos	sepamos
	sabido	sabéis	sabíais	supisteis	sabréis	sabríais	sepáis	supierais	sabed (no sepáis)
		saben	sabían	supieron	sabrán	sabrían	sepan	supieran	sepan Uds.
18	salir	salgo	salía	salí	saldré	saldría	salga	saliera	
		sales	salías	saliste	saldrás	saldrías	salgas	salieras	sal tú (no salgas)
	Participles:	sale	salía	salió	saldrá	saldría	salga	saliera	salga Ud.
	saliendo	salimos	salíamos	salimos	saldremos	saldríamos	salgamos	saliéramos	salgamos
	salido	salís	salíais	salisteis	saldréis	saldríais	salgáis	salierais	salid (no salgáis)
		salen	salían	salieron	saldrán	saldrían	salgan	salieran	salgan Uds.
19	ser	soy	era	fui	seré	sería	sea	fuera	
		eres	eras	fuiste	serás	serías	seas	fueras	sé tú (no seas)
	Participles:	es	era	fue	será	sería	sea	fuera	sea Ud.
	siendo	somos	éramos	fuimos	seremos	seríamos	seamos	fuéramos	seamos
	sido	sois	erais	fuisteis	seréis	seríais	seáis	fuerais	sed (no seáis)
		son	eran	fueron	serán	serían	sean	fueran	sean Uds.
20	tener	tengo	tenía	tuve	tendré	tendría	tenga	tuviera	
		tienes	tenías	tuviste	tendrás	tendrías	tengas	tuvieras	ten tú (no tengas)
	Participles:	tiene	tenía	tuvo	tendrá	tendría	tenga	tuviera	tenga Ud.
	teniendo	tenemos	teníamos	tuvimos	tendremos	tendríamos	tengamos	tuviéramos	tengamos
	tenido	tenéis	teníais	tuvisteis	tendréis	tendríais	tengáis	tuvierais	tened (no tengáis)
		tienen	tenían	tuvieron	tendrán	tendrían	tengan	tuvieran	tengan Uds.

		INDICATIVE				SUBJUNCTIVE		IMPERATIVE
Infinitive	**Present**	**Imperfect**	**Preterite**	**Future**	**Conditional**	**Present**	**Past**	
21 traer	**traigo**	traía	**traje**	traeré	traería	**traiga**	**trajera**	
	traes	traías	**trajiste**	traerás	traerías	**traigas**	**trajeras**	trae tú (no **traigas**)
Participles:	trae	traía	**trajo**	traerá	traería	**traiga**	**trajera**	**traiga** Ud.
trayendo	traemos	traíamos	**trajimos**	traeremos	traeríamos	**traigamos**	**trajéramos**	**traigamos**
traído	traéis	traíais	**trajisteis**	traeréis	traeríais	**traigáis**	**trajerais**	traed (no **traigáis**)
	traen	traían	**trajeron**	traerán	traerían	**traigan**	**trajeran**	**traigan** Uds.
22 venir	**vengo**	venía	**vine**	**vendré**	**vendría**	**venga**	**viniera**	
	vienes	venías	**viniste**	**vendrás**	**vendrías**	**vengas**	**vinieras**	**ven** tú (no **vengas**)
Participles:	**viene**	venía	**vino**	**vendrá**	**vendría**	**venga**	**viniera**	**venga** Ud.
viniendo	venimos	veníamos	**vinimos**	**vendremos**	**vendríamos**	**vengamos**	**viniéramos**	**vengamos**
venido	venís	veníais	**vinisteis**	**vendréis**	**vendríais**	**vengáis**	**vinierais**	venid (no **vengáis**)
	vienen	venían	**vinieron**	**vendrán**	**vendrían**	**vengan**	**vinieran**	**vengan** Uds.
23 ver	**veo**	**veía**	**vi**	veré	vería	**vea**	viera	
	ves	**veías**	viste	verás	verías	**veas**	vieras	ve tú (no **veas**)
Participles:	ve	**veía**	**vio**	verá	vería	**vea**	viera	**vea** Ud.
viendo	vemos	**veíamos**	vimos	veremos	veríamos	**veamos**	viéramos	**veamos**
visto	**veis**	**veíais**	visteis	veréis	veríais	**veáis**	vierais	ved (no **veáis**)
	ven	**veían**	vieron	verán	verían	**vean**	vieran	**vean** Uds.

Stem-changing verbs

		INDICATIVE				SUBJUNCTIVE		IMPERATIVE
Infinitive	**Present**	**Imperfect**	**Preterite**	**Future**	**Conditional**	**Present**	**Past**	
24 contar	**cuento**	contaba	conté	contaré	contaría	**cuente**	contara	
(o:ue)	**cuentas**	contabas	contaste	contarás	contarías	**cuentes**	contaras	**cuenta** tú (no **cuentes**)
	cuenta	contaba	contó	contará	contaría	**cuente**	contara	**cuente** Ud.
Participles:	contamos	contábamos	contamos	contaremos	contaríamos	contemos	contáramos	contemos
contando	contáis	contabais	contasteis	contaréis	contaríais	contéis	contarais	contad (no contéis)
contado	**cuentan**	contaban	contaron	contarán	contarían	**cuenten**	contaran	**cuenten** Uds.
25 dormir	**duermo**	dormía	dormí	dormiré	dormiría	**duerma**	**durmiera**	
(o:ue)	**duermes**	dormías	dormiste	dormirás	dormirías	**duermas**	**durmieras**	**duerme** tú (no **duermas**)
	duerme	dormía	**durmió**	dormirá	dormiría	**duerma**	**durmiera**	**duerma** Ud.
Participles:	dormimos	dormíamos	dormimos	dormiremos	dormiríamos	**durmamos**	**durmiéramos**	**durmamos**
durmiendo	dormís	dormíais	dormisteis	dormiréis	dormiríais	**durmáis**	**durmierais**	dormid (no **durmáis**)
dormido	**duermen**	dormían	**durmieron**	dormirán	dormirían	**duerman**	**durmieran**	**duerman** Uds.
26 empezar	**empiezo**	empezaba	**empecé**	empezaré	empezaría	**empiece**	empezara	
(e:ie) (z:c)	**empiezas**	empezabas	empezaste	empezarás	empezarías	**empieces**	empezaras	**empieza** tú (no **empieces**)
	empieza	empezaba	empezó	empezará	empezaría	**empiece**	empezara	**empiece** Ud.
Participles:	empezamos	empezábamos	empezamos	empezaremos	empezaríamos	**empecemos**	empezáramos	**empecemos**
empezando	empezáis	empezabais	empezasteis	empezaréis	empezaríais	**empecéis**	empezarais	empezad (no **empecéis**)
empezado	**empiezan**	empezaban	empezarán	empezarán	empezarían	**empiecen**	empezaran	**empiecen** Uds.

		INDICATIVE				SUBJUNCTIVE		IMPERATIVE
Infinitive	**Present**	**Imperfect**	**Preterite**	**Future**	**Conditional**	**Present**	**Past**	
27 entender (e:ie)	**entiendo**	entendía	entendí	entenderé	entendería	**entienda**	entendiera	
	entiendes	entendías	entendiste	entenderás	entenderías	**entiendas**	entendieras	**entiende** tú (no **entiendas**)
	entiende	entendía	entendió	entenderá	entendería	**entienda**	entendiera	**entienda** Ud.
Participles:	entendemos	entendíamos	entendimos	entenderemos	entenderíamos	entendamos	entendiéramos	entendamos
entendiendo	entendéis	entendíais	entendisteis	entenderéis	entenderíais	entendáis	entendierais	entended (no entendáis)
entendido	**entienden**	entendían	entendieron	entenderán	entenderían	**entiendan**	entendieran	**entiendan** Uds.
28 jugar (u:ue) (g:gu)	**juego**	jugaba	**jugué**	jugaré	jugaría	**juegue**	jugara	
	juegas	jugabas	jugaste	jugarás	jugarías	**juegues**	jugaras	**juega** tú (no **juegues**)
	juega	jugaba	jugó	jugará	jugaría	**juegue**	jugara	**juegue** Ud
Participles:	jugamos	jugábamos	jugamos	jugaremos	jugaríamos	**juguemos**	jugáramos	**juguemos**
jugando	jugáis	jugabais	jugasteis	jugaréis	jugaríais	**juguéis**	jugarais	jugad (no **juguéis**)
jugado	**juegan**	jugaban	jugaron	jugarán	jugarían	**jueguen**	jugaran	**jueguen** Uds.
29 pedir (e:i)	**pido**	pedía	pedí	pediré	pediría	**pida**	**pidiera**	
	pides	pedías	pediste	pedirás	pedirías	**pidas**	**pidieras**	**pide** tú (no **pidas**)
Participles:	**pide**	pedía	**pidió**	pedirá	pediría	**pida**	**pidiera**	**pida** Ud.
pidiendo	pedimos	pedíamos	pedimos	pediremos	pediríamos	**pidamos**	**pidiéramos**	**pidamos**
pedido	pedís	pedíais	pedisteis	pediréis	pediríais	**pidáis**	**pidierais**	pedid (no **pidáis**)
	piden	pedían	**pidieron**	pedirán	pedirían	**pidan**	**pidieran**	**pidan** Uds.
30 pensar (e:ie)	**pienso**	pensaba	pensé	pensaré	pensaría	**piense**	pensara	
	piensas	pensabas	pensaste	pensarás	pensarías	**pienses**	pensaras	**piensa** tú (no **pienses**)
	piensa	pensaba	pensó	pensará	pensaría	**piense**	pensara	**piense** Ud.
Participles:	pensamos	pensábamos	pensamos	pensaremos	pensaríamos	pensemos	pensáramos	pensemos
pensando	pensáis	pensabais	pensasteis	pensaréis	pensaríais	penséis	pensarais	pensad (no penséis)
pensado	**piensan**	pensaban	pensaron	pensarán	pensarían	**piensen**	pensaran	**piensen** Uds.
31 reír (e:i)	**río**	reía	reí	reiré	reiría	**ría**	**riera**	
	ríes	reías	**reíste**	reirás	reirías	**rías**	**rieras**	**ríe** tú (no **rías**)
Participles:	**ríe**	reía	**rió**	reirá	reiría	**ría**	**riera**	**ría** Ud.
riendo	**reímos**	reíamos	**reímos**	reiremos	reiríamos	**riamos**	**riéramos**	**riamos**
reído	reís	reíais	**reísteis**	reiréis	reiríais	**riáis**	**rierais**	**reíd** (no **riáis**)
	ríen	reían	**rieron**	reirán	reirían	**rían**	**rieran**	**rían** Uds.
32 seguir (e:i) (gu:g)	**sigo**	seguía	seguí	seguiré	seguiría	**siga**	**siguiera**	
	sigues	seguías	seguiste	seguirás	seguirías	**sigas**	**siguieras**	**sigue** tú (no **sigas**)
	sigue	seguía	**siguió**	seguirá	seguiría	**siga**	**siguiera**	**siga** Ud.
Participles:	seguimos	seguíamos	seguimos	seguiremos	seguiríamos	**sigamos**	**siguiéramos**	**sigamos**
siguiendo	seguís	seguíais	seguisteis	seguiréis	seguiríais	**sigáis**	**siguierais**	seguid (no **sigáis**)
seguido	**siguen**	seguían	**siguieron**	seguirán	seguirían	**sigan**	**siguieran**	**sigan** Uds.
33 sentir (e:ie)	**siento**	sentía	sentí	sentiré	sentiría	**sienta**	**sintiera**	
	sientes	sentías	sentiste	sentirás	sentirías	**sientas**	**sintieras**	**siente** tú (no **sientas**)
Participles:	**siente**	sentía	**sintió**	sentirá	sentiría	**sienta**	**sintiera**	sienta Ud.
sintiendo	sentimos	sentíamos	sentimos	sentiremos	sentiríamos	**sintamos**	**sintiéramos**	**sintamos**
sentido	sentís	sentíais	sentisteis	sentiréis	sentiríais	**sintáis**	**sintierais**	sentid (no **sintáis**)
	sienten	sentían	**sintieron**	sentirán	sentirían	**sientan**	**sintieran**	**sientan** Uds.

		INDICATIVE					SUBJUNCTIVE		IMPERATIVE
	Infinitive	Present	Imperfect	Preterite	Future	Conditional	Present	Past	
34	volver	**vuelvo**	volvía	volví	volveré	volvería	**vuelva**	volviera	
	(o:ue)	**vuelves**	volvías	volviste	volverás	volverías	**vuelvas**	volvieras	**vuelve** tú (no **vuelvas**)
		vuelve	volvía	volvió	volverá	volvería	**vuelva**	volviera	**vuelva** Ud.
	Participles:	volvemos	volvíamos	volvimos	volveremos	volveríamos	volvamos	volviéramos	volvamos
	volviendo	volvéis	volvíais	volvisteis	volveréis	volveríais	volváis	volvierais	volved (no volváis)
	vuelto	**vuelven**	volvían	volvieron	volverán	volverían	**vuelvan**	volvieran	**vuelvan** Uds.

Verbs with spelling changes only

		INDICATIVE					SUBJUNCTIVE		IMPERATIVE
	Infinitive	Present	Imperfect	Preterite	Future	Conditional	Present	Past	
35	conocer	**conozco**	conocía	conocí	conoceré	conocería	**conozca**	conociera	
	(c:zc)	conoces	conocías	conociste	conocerás	conocerías	**conozcas**	conocieras	conoce tú (no **conozcas**)
		conoce	conocía	conoció	conocerá	conocería	**conozca**	conociera	**conozca** Ud.
	Participles:	conocemos	conocíamos	conocimos	conoceremos	conoceríamos	**conozcamos**	conociéramos	**conozcamos**
	conociendo	conocéis	conocíais	conocisteis	conoceréis	conoceríais	**conozcáis**	conocierais	conoced (no **conozcáis**)
	conocido	conocen	conocían	conocieron	conocerán	conocerían	**conozcan**	conocieran	**conozcan** Uds.
36	creer (y)	creo	creía	creí	creeré	creería	crea	**creyera**	
		crees	creías	**creíste**	creerás	creerías	creas	**creyeras**	cree tú (no creas)
	Participles:	cree	creía	**creyó**	creerá	creería	crea	**creyera**	crea Ud.
	creyendo	creemos	creíamos	**creímos**	creeremos	creeríamos	creamos	**creyéramos**	creamos
	creído	creéis	creíais	**creísteis**	creeréis	creeríais	creáis	**creyerais**	creed (no creáis)
		creen	creían	**creyeron**	creerán	creerían	crean	**creyeran**	crean Uds.
37	cruzar (z:c)	cruzo	cruzaba	**crucé**	cruzaré	cruzaría	**cruce**	cruzara	
		cruzas	cruzabas	cruzaste	cruzarás	cruzarías	**cruces**	cruzaras	cruza tú (no **cruces**)
	Participles:	cruza	cruzaba	cruzó	cruzará	cruzaría	**cruce**	cruzara	**cruce** Ud.
	cruzando	cruzamos	cruzábamos	cruzamos	cruzaremos	cruzaríamos	**crucemos**	cruzáramos	**crucemos**
	cruzado	cruzáis	cruzabais	cruzasteis	cruzaréis	cruzaríais	**crucéis**	cruzarais	cruzad (no **crucéis**)
		cruzan	cruzaban	cruzaron	cruzarán	cruzarían	**crucen**	cruzaran	**crucen** Uds.
38	destruir (y)	**destruyo**	destruía	destruí	destruiré	destruiría	**destruya**	**destruyera**	
		destruyes	destruías	destruiste	destruirás	destruirías	**destruyas**	**destruyeras**	**destruye** tú (no **destruyas**)
	Participles:	**destruye**	destruía	**destruyó**	destruirá	destruiría	**destruya**	**destruyera**	**destruya** Ud.
	destruyendo	destruimos	destruíamos	destruimos	destruiremos	destruiríamos	**destruyamos**	**destruyéramos**	**destruyamos**
	destruido	destruís	destruíais	destruisteis	destruiréis	destruiríais	**destruyáis**	**destruyerais**	destruid (no **destruyáis**)
		destruyen	destruían	**destruyeron**	destruirán	destruirían	**destruyan**	**destruyeran**	**destruyan** Uds.
39	enviar	**envío**	enviaba	envié	enviaré	enviaría	**envíe**	enviara	
	(envío)	**envías**	enviabas	enviaste	enviarás	enviarías	**envíes**	enviaras	**envía** tú (no **envíes**)
		envía	enviaba	envió	enviará	enviaría	**envíe**	enviara	**envíe** Ud.
	Participles:	enviamos	enviábamos	enviamos	enviaremos	enviaríamos	enviemos	enviáramos	enviemos
	enviando	enviáis	enviabais	enviasteis	enviaréis	enviaríais	enviéis	enviarais	enviad (no enviéis)
	enviado	**envían**	enviaban	enviaron	enviarán	enviarían	**envíen**	enviaran	**envíen** Uds.

Infinitive	INDICATIVE					SUBJUNCTIVE		IMPERATIVE
	Present	Imperfect	Preterite	Future	Conditional	Present	Past	
40 graduarse (gradúo)	**gradúo**	graduaba	gradué	graduaré	graduaría	**gradúe**	graduara	
	gradúas	graduabas	graduaste	graduarás	graduarías	**gradúes**	graduaras	**gradúa** tú (no **gradúes**)
	gradúa	graduaba	graduó	graduará	graduaría	**gradúe**	graduara	**gradúe** Ud.
Participles:	graduamos	graduábamos	graduamos	graduaremos	graduaríamos	graduemos	graduáramos	graduemos
graduando	graduáis	graduabais	graduasteis	graduaréis	graduaríais	graduéis	graduarais	graduad (no graduéis)
graduado	**gradúan**	graduaban	graduaron	graduarán	graduarían	**gradúen**	graduaran	**gradúen** Uds.
41 llegar (g:gu)	llego	llegaba	**llegué**	llegaré	llegaría	**llegue**	llegara	
	llegas	llegabas	llegaste	llegarás	llegarías	**llegues**	llegaras	llega tú (no **llegues**)
Participles:	llega	llegaba	llegó	llegará	llegaría	**llegue**	llegara	**llegue** Ud.
llegando	llegamos	llegábamos	llegamos	llegaremos	llegaríamos	**lleguemos**	llegáramos	**lleguemos**
llegado	llegáis	llegabais	llegasteis	llegaréis	llegaríais	**lleguéis**	llegarais	llegad (no **lleguéis**)
	llegan	llegaban	llegaron	llegarán	llegarían	**lleguen**	llegaran	**lleguen** Uds.
42 proteger (g:j)	**protejo**	protegía	protegí	protegeré	protegería	**proteja**	protegiera	
	proteges	protegías	protegiste	protegerás	protegerías	**protejas**	protegieras	protege tú (no **protejas**)
	protege	protegía	protegió	protegerá	protegería	**proteja**	protegiera	**proteja** Ud.
Participles:	protegemos	protegíamos	protegimos	protegeremos	protegeríamos	**protejamos**	protegiéramos	**protejamos**
protegiendo	protegéis	protegíais	protegisteis	protegeréis	protegeríais	**protejáis**	protegierais	proteged (no **protejáis**)
protegido	protegen	protegían	protegieron	protegerán	protegerían	**protejan**	protegieran	**protejan** Uds.
43 tocar (c:qu)	toco	tocaba	**toqué**	tocaré	tocaría	**toque**	tocara	
	tocas	tocabas	tocaste	tocarás	tocarías	**toques**	tocaras	toca tú (no **toques**)
Participles:	toca	tocaba	tocó	tocará	tocaría	**toque**	tocara	**toque** Ud.
tocando	tocamos	tocábamos	tocamos	tocaremos	tocaríamos	**toquemos**	tocáramos	**toquemos**
tocado	tocáis	tocabais	tocasteis	tocaréis	tocaríais	**toquéis**	tocarais	tocad (no **toquéis**)
	tocan	tocaban	tocaron	tocarán	tocarían	**toquen**	tocaran	**toquen** Uds.
44 vencer (c:z)	**venzo**	vencía	vencí	venceré	vencería	**venza**	venciera	
	vences	vencías	venciste	vencerás	vencerías	**venzas**	vencieras	vence tú (no **venzas**)
Participles:	vence	vencía	venció	vencerá	vencería	**venza**	venciera	**venza** Ud.
venciendo	vencemos	vencíamos	vencimos	venceremos	venceríamos	**venzamos**	venciéramos	**venzamos**
vencido	vencéis	vencíais	vencisteis	venceréis	venceríais	**venzáis**	vencierais	venced (no **venzáis**)
	vencen	vencían	vencieron	vencerán	vencerían	**venzan**	vencieran	**venzan** Uds.

Guide to Vocabulary

Contents of the glossary

This glossary contains the words and expressions listed on the **Vocabulario** page found at the end of each lesson in **DESCUBRE** as well as other useful vocabulary. The number following an entry indicates the **DESCUBRE** level and lesson where the word or expression was introduced. Check the **Estructura** sections of each lesson for words and expressions related to those grammar topics.

Abbreviations used in this glossary

adj.	adjective	*f.*	feminine	*interj.*	interjection	*prep.*	preposition
adv.	adverb	*fam.*	familiar	*m.*	masculine	*pron.*	pronoun
conj.	conjunction	*form.*	formal	*pl.*	plural	*sing.*	singular
d.o.	direct obj.	*i.o.*	indirect obj.	*p.p.*	past participle	*v.*	verb

Note on alphabetization

In the Spanish alphabet **ñ** is a separate letter following **n**. Therefore in this glossary you will find that **añadir** follows **anuncio**.

Spanish-English

A

a *prep.* at; to 1.1
  a bordo aboard 1.1
  a dieta on a diet 2.6
  a la derecha to the right 1.2
  a la izquierda to the left 1.2
  a la plancha grilled 1.8
  a la(s) (+ *time*) at (+ *time*) 1.1
  a menos que *conj.* unless 2.4
  a menudo *adv.* often 2.1
  a nombre de in the name of 1.5
  a plazos in installments 2.5
  ¿A qué hora...? At what time...? 1.1
  A sus órdenes. At your service. 2.2
  a tiempo *adv.* on time 2.1
  a veces *adv.* sometimes 2.1
  a ver let's see 1.2
¡Abajo el/la...! *adv.* Down with...! 2.6
abeja *f.* bee
abierto/a *adj.* open 1.5, 2.5
abogado/a *m., f.* lawyer 2.7
abrazar *v.* to hug; to hold 3.1
abrazar(se) *v.* to hug; to embrace (each other) 2.2
abrazo *m.* hug
abrigo *m.* coat 1.6
abril *m.* April 1.5
abrir *v.* to open 1.3
abrir(se) *v.* to open
  abrirse paso to make one's way
abrocharse *v.* to fasten

abrocharse el cinturón de seguridad to fasten one's seat belt
abstracto/a *adj.* abstract 3.10
abuelo/a *m., f.* grandfather; grandmother 1.3
abuelos *pl.* grandparents 1.3
aburrido/a *adj.* bored; boring 1.5
aburrir *v.* to bore 1.7, 3.2
aburrirse *v.* to get bored 2.8, 3.2
acabar de (+ *inf.*) *v.* to have just (*done something*) 1.6
acabarse *v.* to run out; to come to an end 3.6
acampar *v.* to camp 1.5
acantilado *m.* cliff
acariciar *v.* to caress 3.10
acaso *adv.* perhaps 3.3
accidente *m.* accident 2.1
  accidente automovilístico *m.* car accident 3.5
acción *f.* action 2.8
  de acción action (*genre*) 2.8
aceite *m.* oil 1.8
acentuar *v.* to accentuate 3.10
acercarse (a) *v.* to approach 3.2
ácido/a *adj.* acid 2.4
aclarar *v.* to clarify 3.9
acoger *v.* to welcome; to take in; to receive
acogido/a *adj.* received
  bien acogido/a well received 3.8
acompañar *v.* to go with; to accompany 2.5, 3.10
aconsejar *v.* to advise; to suggest 2.3, 3.4
acontecimiento *m.* event 2.9, 3.9
acordar (o:ue) *v.* to agree 3.2

acordarse (de) (o:ue) *v.* to remember 1.7, 3.2
acostarse (o:ue) *v.* to go to bed 1.7, 3.2
acostumbrado/a a *adj.* accustomed to
  estar acostumbrado/a a to be used to
acostumbrarse (a) *v.* to get used to; to grow accustomed to 3.3
activista *m., f.* activist
activo/a *adj.* active 2.6
acto: en el acto immediately; on the spot 3.3
actor *m.* actor 2.7, 3.9
actriz *f.* actor 2.7, 3.9
actual *adj.* current 3.9
actualidad *f.* current events 3.9
actualidades *f., pl.* news; current events 2.9
actualizado/a *adj.* up-to-date 3.9
actualizar *v.* to update 3.7
actualmente *adv.* currently
acuarela *f.* watercolor 3.10
acuático/a *adj.* aquatic 1.4
adelantado/a *adj.* advanced
adelanto *m.* improvement 3.4
adelgazar *v.* to lose weight 3.4; to slim down 2.6
además (de) *adv.* furthermore; besides 2.1
adicional *adj.* additional
adinerado/a *adj.* wealthy 3.8
adiós *m.* good-bye 1.1
adivinar *v.* to guess
adjetivo *m.* adjective
adjuntar *v.* to attach 3.7
  adjuntar un archivo to attach a file 3.7
administración de empresas *f.* business administration 1.2

administrar *v.* to manage; to run
3.8

ADN (ácido desoxirribonucleico)
m. DNA 3.7

adolescencia *f.* adolescence 1.9

¿adónde? *adv.* where (to)?
(*destination*) 1.2

adorar *v.* to adore 3.1

aduana *f.* customs 1.5

  agente de aduanas *m., f.*
  customs agent 3.5

advertencia *f.* warning 3.8

aeróbico/a *adj.* aerobic 2.6

aeropuerto *m.* airport 1.5

afectado/a *adj.* affected 2.4

afeitarse *v.* to shave 1.7, 3.2

aficionado/a (a) *adj.* fond of; a
fan (of) 1.4, 3.2

  ser aficionado/a de to be a
  fan of

afirmativo/a *adj.* affirmative

afligir *v.* afflict 3.4

afligirse *v.* to get upset 3.3

afortunado/a *adj.* lucky

afueras *f., pl.* suburbs; outskirts
2.3

agencia de viajes *f.* travel
agency 1.5

agenda *f.* datebook 3.3

agente *m., f.* agent; officer;

  agente de aduanas *m., f.*
  customs agent 3.5

  agente de viajes *m., f.* travel
  agent 1.5

agnóstico/a *adj.* agnostic

agobiado/a *adj.* overwhelmed
3.1

agosto *m.* August 1.5

agotado/a *adj.* exhausted 3.4

agotar *v.* to use up 3.6

agradable *adj.* pleasant

agradecimiento *m.* gratitude

agua *f.* water 1.8

  agua mineral mineral water
  1.8

aguja *f.* needle 3.4

agujero *m.* hole

  agujero en la capa de ozono
  m. hole in the ozone layer

  agujero negro *m.* black hole
  3.7

  agujerito *m.* small hole 3.7

ahogado/a *adj.* drowned 3.5

ahogarse *v.* to smother; to drown

ahora *adv.* now 1.2

  ahora mismo right now 1.5

ahorrar *v.* to save (*money*) 2.5,
3.8

ahorrarse *v.* to save oneself 3.7

ahorros *m.* savings 2.5, 3.8

aire *m.* air 1.5

aislado/a *adj.* isolated 3.6

aislar *v.* to isolate 3.9

ajedrez *m.* chess 3.2

ajo *m.* garlic 1.8

al (*contraction of* **a + el**) 1.2

  al aire libre open-air 1.6

  al contado in cash 2.5

  al este to the east 2.5

  al fondo (de) at the end (of)
  2.3

  al lado de beside 1.2

  al norte to the north 2.5

  al oeste to the west 2.5

  al sur to the south 2.5

ala *f.* wing

alba *f.* dawn; daybreak

albergue *m.* hostel 3.5

álbum *m.* album 3.2

alcalde/alcaldesa *m., f.* mayor

alcance *m.* reach 3.7

  al alcance within reach 3.10

  al alcance de la mano within
  reach 3.7

alcanzar *v.* to reach; to achieve;
to succeed in

alcoba *f.* bedroom 2.3

aldea *f.* village

alegrarse (de) *v.* to be happy 2.4

alegre *adj.* happy; joyful 1.5

alegría *f.* happiness 1.9

alemán, alemana *adj.* German
1.3

alérgico/a *adj.* allergic 2.1

alfombra *f.* carpet; rug 2.3

algo *pron.* something; anything
1.7

algodón *m.* cotton 1.6

alguien *pron.* someone;
somebody; anyone 1.7

algún, alguno(s)/a(s) *adj.,
pron.* any; some 1.7

alimentación *f.* diet (nutrition)
3.4

alimento *m.* food

aliviar *v.* to reduce 2.6

  aliviar el estrés/la tensión
  to reduce stress/tension 2.6

allá *adv.* there

allí *adv.* there 1.5

  allí mismo right there 2.5

alma *f.* soul 3.1

almacén *m.* department store 1.6

almohada *f.* pillow 2.3

almorzar (o:ue) *v.* to have lunch
1.4

almuerzo *m.* lunch 1.8

aló *interj.* hello (*on the
telephone*) 2.2

alojamiento *m.* lodging 3.5

alojarse *v.* to stay 3.5

alquilar *v.* to rent 2.3

  alquilar una película to rent a
  movie 3.2

alquiler *m.* rent (payment) 2.3

**alta definición: de alta
definición** *adj.* high definition
3.7

alterar *v.* to modify; to alter

alternador *m.* alternator 2.2

altillo *m.* attic 2.3

altiplano *m.* high plateau

alto/a *adj.* tall 1.3

altoparlante *m.* loudspeaker

aluminio *m.* aluminum 2.4

alusión *f.* allusion 3.10

ama de casa *m., f.* housekeeper;
caretaker 2.3

amable *adj.* nice; friendly 1.5

amado/a *m., f.* loved one;
sweetheart 3.1

amanecer *m.* sunrise; morning

amar *v.* to love 3.1

amarillo/a *adj.* yellow 1.6

ambiental *adj.* environmental
3.6

ambos/as *pron., adj.* both

amenaza *f.* threat 3.8

amigo/a *m., f.* friend 1.3

amistad *f.* friendship 1.9

amor *m.* love 1.9

  amor (no) correspondido
  (un)requited love

amueblado/a *adj.* furnished

analgésico *m.* painkiller 3.4

anaranjado/a *adj.* orange 1.6

anciano/a *m., f.* elderly
gentleman/lady; *adj.* elderly

andar *v.* to walk

  andar (+ *pres. participle*) to be
  (*doing something*)

  andar en patineta to
  skateboard 1.4

anfitrión/anfitriona *m., f.*
host(ess) 3.8

anillo *m.* ring 3.5

animado/a *adj.* lively 3.2

animal *m.* animal 2.4

animar *v.* to cheer up; to
encourage

  ¡Anímate! Cheer up! (*sing.*)
  3.2

  ¡Anímense! Cheer up! (*pl.*)
  3.2

ánimo *m.* spirit 3.1

aniversario (de bodas) *m.*
(wedding) anniversary 1.9

anoche *adv.* last night 1.6

anotar (un gol/un punto) *v.* to
score (a goal/a point) 3.2

ansia *f.* anxiety 3.1

ansioso/a *adj.* anxious 3.1

anteayer *adv.* the day before
yesterday 1.6

antemano: de antemano *adv.*
beforehand

antena *f.* antenna

  antena parabólica satellite dish

anterior *adj.* previous 3.8

antes *adv.* before 1.7

  antes de *prep.* before 1.7

  antes (de) que *conj.* before
  2.4

  antes que nada first and
  foremost

antibiótico *m.* antibiotic **2.1**
antigüedad *f.* antiquity
antiguo/a *adj.* ancient
antipático/a *adj.* unpleasant **1.3**
anunciar *v.* to announce; to advertise **2.9**
anuncio *m.* advertisement; commercial **2.7, 3.9**
añadir *v.* to add
año *m.* year **1.5**
  año pasado last year **1.6**
apagado/a *adj.* turned off **3.7**
apagar *v.* to turn off **2.2, 3.3**
  apagar las velas to blow out the candles **3.8**
aparato *m.* appliance
aparecer *v.* to appear **3.1**
apartamento *m.* apartment **2.3**
apellido *m.* last name **1.3**
apenas *adv.* hardly; scarcely **2.1, 3.3**
aplaudir *v.* to applaud **2.8, 3.2**
aplicación *f.* application **2.2**
apogeo *m.* height; highest level **3.5**
aportación *f.* contribution
apostar (o:ue) *v.* to bet
apoyarse (en) *v.* to lean (on)
apreciado/a *adj.* appreciated
apreciar *v.* to appreciate **2.8, 3.1**
aprender (a + *inf.*) *v.* to learn **1.3**
aprendizaje *m.* learning
aprobación *f.* approval **3.9**
aprobar (o:ue) *v.* to approve; to pass (*a class*)
  aprobar una ley to pass a law
aprovechar *v.* to make good use of; to take advantage of
apuesta *f.* bet
apurarse *v.* to hurry; to rush **2.6**
apuro: tener apuro to be in a hurry; to be in a rush
aquel, aquella *adj.* that (over there) **1.6**
aquél, aquélla *pron.* that (over there) **1.6**
aquello *neuter pron.* that thing; that fact **1.6**
aquellos/as *pl. adj.* those (over there) **1.6**
aquéllos/as *pl. pron.* those (ones) (over there) **1.6**
aquí *adv.* here **1.1**
  Aquí está... Here it is... **1.5**
  Aquí estamos en... Here we are at/in... **1.2**
  aquí mismo right here **2.2**
araña *f.* spider **3.6**
árbitro/a *m., f.* referee **3.2**
árbol *m.* tree **2.4, 3.6**
archivo *m.* file **2.2**
  bajar un archivo to download a file
arduo/a *adj.* hard **3.3**
arepa *f.* cornmeal cake

argumento *m.* plot **3.10**
árido/a *adj.* arid
aristocrático/a *adj.* aristocratic
arma *f.* weapon
armado/a *adj.* armed
armario *m.* closet **2.3**
arqueología *f.* archaeology
arqueólogo/a *m., f.* archaeologist **2.7**
arquitecto/a *m., f.* architect **2.7**
arrancar *v.* to start (*a car*) **2.2**
arrastrar *v.* to drag
arrecife *m.* reef **3.6**
arreglar *v.* to fix; to arrange **2.2**; to neaten; to straighten up **2.3**
arreglarse *v.* to get ready **3.3**
arrepentirse (e:ie) (de) *v.* to repent; to regret **3.2**
arriba *adv.* up
arriesgado/a *adj.* risky **3.5**
arriesgar(se) *v.* to risk; to take a risk
arroba *f.* @ symbol **2.2, 3.7**
arroyo *m.* stream **3.10**
arroz *m.* rice **1.8**
arruga *f.* wrinkle
arte *m.* art **1.2**
  artes *f., pl.* arts **2.8**
artefacto *m.* artifact **3.5**
artesanía *f.* craftsmanship; crafts **2.8**
artesano/a *m., f.* artisan **3.10**
artículo *m.* article **2.9**
artista *m., f.* artist **1.3**
artístico/a *adj.* artistic **2.8**
arveja *m.* pea **1.8**
asado/a *adj.* roast **1.8**
asaltar *v.* to rob **3.10**
ascender (e:ie) *v.* to rise; to be promoted **3.8**
ascenso *m.* promotion **2.7**
ascensor *m.* elevator **1.5**
asco *m.* revulsion
  dar asco to be disgusting
asegurar *v.* to assure; to guarantee
asegurarse *v.* to make sure
aseo *m.* cleanliness; hygiene
  aseo personal *m.* personal care
asesor(a) *m., f.* consultant; advisor **3.8**
así *adv.* like this; so (*in such a way*) **2.1, 3.3**
  así así so-so
asiento *m.* seat **3.2**
asistir (a) *v.* to attend **1.3**
asombrar *v.* to amaze
asombrarse *v.* to be astonished
asombro *m.* amazement; astonishment
asombroso/a *adj.* astonishing
aspecto *m.* appearance; look
  tener buen/mal aspecto to look healthy/sick **3.4**

aspiradora *f.* vacuum cleaner **2.3**
aspirante *m. f.* candidate; applicant **2.7**
aspirina *f.* aspirin **2.1, 3.4**
astronauta *m., f.* astronaut **3.7**
astrónomo/a *m., f.* astronomer **3.7**
asunto *m.* matter; topic
asustado/a *adj.* frightened; scared
atar *v.* to tie (up)
ataúd *m.* casket **3.2**
ateísmo *m.* atheism
ateo/a *adj.* atheist
aterrizar *v.* to land (*an airplane*) **3.5**
atletismo *m.* track-and-field events
atracción *f.* attraction
atraer *v.* to attract **3.1**
atrapar *v.* to trap; to catch **3.6**
atrasado/a *adj.* late **3.3**
atrasar *v.* to delay
atreverse (a) *v.* to dare (to) **3.2**
atropellar *v.* to run over
atún *m.* tuna **1.8**
audiencia *f.* audience
aumentar de peso to gain weight **2.6**
aumento *m.* increase **2.7**
  aumento de sueldo *m.* pay raise **2.7, 3.8**
aunque *conj.* although
auricular *m.* telephone receiver **3.7**
ausente *adj.* absent
auténtico/a *adj.* real; genuine **3.3**
auto(móvil) *m.* auto(mobile) **1.5**
autobiografía *f.* autobiography **3.10**
autobús *m.* bus **1.1**
autoestima *f.* self-esteem **3.4**
automático/a *adj.* automatic
autopista *f.* highway **2.2**
autoritario/a *adj.* strict; authoritarian **3.1**
autorretrato *m.* self-portrait **3.3, 3.10**
auxiliar de vuelo *m., f.* flight attendant
auxilio *m.* help; aid
  primeros auxilios *m., pl.* first aid **3.4**
avance *m.* advance; breakthrough **3.7**
avanzado/a *adj.* advanced **3.7**
avaro/a *m., f.* miser
ave *f.* bird **2.4, 3.6**
avenida *f.* avenue
aventura *f.* adventure **2.8, 3.5**
  de aventura adventure (*genre*) **2.8**
aventurero/a *m., f.* adventurer **3.5**
avergonzado/a *adj.* ashamed; embarrassed **1.5**

avergonzar *v.* to embarrass **3.8**
averiguar *v.* to find out **3.1**
avión *m.* airplane **1.5**
avisar *v.* to inform; to warn
aviso *m.* notice; warning **3.5**
¡Ay! *interj.* Oh!
  ¡Ay, qué dolor! Oh, what pain!
ayer *adv.* yesterday **1.6**
ayudar(se) *v.* to help (each other)
  2.2, 2.3
azar *m.* chance **3.5**
azúcar *m.* sugar **1.8**
azul *adj.* blue **1.6**

B

bahía *f.* bay **3.5**
bailar *v.* to dance **1.2, 3.1**
bailarín/bailarina *m.,*
  f. dancer **2.8**
baile *m.* dance **2.8**
bajar *v.* to lower
bajar(se) de *v.* to get off of/out of
  (*a vehicle*) **2.2**
bajo/a *adj.* short (*in height*) **1.3**
  bajo control under control **1.7**
balcón *m.* balcony **2.3, 3.3**
balón *m.* ball **3.2**
baloncesto *m.* basketball **1.4**
banana *f.* banana **1.8**
bañarse *v.* to bathe; to take a
  bath **1.7, 3.2**
bancario/a *adj.* banking
bancarrota *f.* bankruptcy **3.8**
banco *m.* bank **2.5**
banda *f.* band **2.8**
banda sonora *f.* soundtrack **3.9**
bandera *f.* flag
baño *m.* bathroom **1.7**
barato/a *adj.* cheap; inexpensive
  1.6, 3.3
barbaridad *f.* outrageous thing
  3.10
barco *m.* boat **1.5**
barrer *v.* to sweep **2.3, 3.3**
  barrer el suelo to sweep the
    floor **2.3**
barrio *m.* neighborhood **2.3**
bastante *adv.* quite; enough **3.3;**
  rather **2.1;** pretty **2.4**
basura *f.* trash **2.3**
batalla *f.* battle
baúl *m.* trunk **2.2**
bautismo *m.* baptism
beber *v.* to drink **1.3, 3.1**
bebida *f.* drink **1.8**
béisbol *m.* baseball **1.4**
bellas artes *f., pl.* fine arts **2.8,**
  3.10
belleza *f.* beauty **2.5**
bendecir (e:i) *v.* to bless
beneficio *m.* benefit **2.7**
besar *v.* to kiss **3.1**
besar(se) *v.* to kiss (each other) **2.2**

beso *m.* kiss **1.9**
biblioteca *f.* library **1.2**
bicicleta *f.* bicycle **1.4**
bien *adj., adv.* well **1.1**
  bien acogido/a *adj.* well
    received **3.8**
bienestar *m.* well-being **2.6, 3.4**
bienvenida *f.* welcome **3.5**
bienvenido(s)/a(s) *adj.* welcome
  2.3
bilingüe *adj.* bilingual **3.9**
billar *m.* billiards **3.2**
billete *m.* paper money; ticket
billón *m.* trillion
biografía *f.* biography **3.10**
biología *f.* biology **1.2**
biólogo/a *m., f.* biologist **3.7**
bioquímico/a *adj.* biochemical
  3.7
bisabuelo/a *m., f.* great-
  grandfather; great-grandmother
  1.3
bistec *m.* steak **1.8**
bitácora *f.* travel log; weblog **3.7**
bizcocho *m.* biscuit
blanco/a *adj.* white **1.6**
blog *m.* blog **3.7**
blogonovela *f.* blognovel **3.7**
blogosfera *f.* blogosphere **3.7**
bluejeans *m., pl.* jeans **1.6**
blusa *f.* blouse **1.6**
bobo/a *m., f.* silly, stupid person
  3.7
boca *f.* mouth **2.1**
boda *f.* wedding **1.9**
boleto *m.* ticket **2.8**
boliche *m.* bowling **3.2**
bolsa *f.* purse, bag **1.6;** sack;
  stock market
  bolsa (de valores) *f.* stock
    market **3.8**
bombardeo *m.* bombing **3.6**
bombero/a *m., f.* firefighter **2.7**
bondad *f.* goodness
  **¿Tendría usted la bondad de
    (+ inf.)...?** Could you please...?
    (*form.*)
bonito/a *adj.* pretty **1.3**
bordo: a bordo *adv.* on board
  3.5; aboard **1.1**
borrador *m.* eraser **1.2**
borrar *v.* to erase **2.2, 3.7**
bosque *m.* forest **2.4**
  bosque lluvioso *m.* rain forest
    3.6
  bosque tropical *m.* tropical
    forest; rain forest **2.4**
bostezar *v.* to yawn
bota *f.* boot **1.6**
botar *v.* to throw... out **3.5**
botarse *v.* to outdo oneself
  (*P. Rico; Cuba*) **3.5**
bote *m.* boat **3.5**
botella *f.* bottle **1.9**
botones *m., f. sing.* bellhop **1.5**

brazo *m.* arm **2.1**
brindar *v.* to make a toast **1.9, 3.2**
broma *f.* joke **3.1**
bromear *v.* to joke
brújula *f.* compass **3.5**
bucear *v.* to scuba dive **1.4**
buceo *m.* scuba diving **3.5**
budista *adj.* Buddhist
buen, bueno/a *adj.* good **1.3, 1.6**
  estar bueno/a to (still) be
    good (*i.e., fresh*)
  ser bueno/a to be good
    (*by nature*)
  ¡Buen fin de semana! Have
    a nice weekend!
  Buen provecho. Enjoy your meal.
  ¡Buen viaje! Have a good
    trip! **1.6**
  buena forma good shape
    (*physical*) **2.6**
  Buena idea. Good idea. **1.4**
  Buenas noches. Good
    evening.; Good night. **1.1**
  Buenas tardes. Good
    afternoon. **1.1**
  buenísimo extremely good
  ¿Bueno? Hello. (*on the tele-
    phone*) **2.2**
  Buenos días. Good morning.
    1.1
bueno *adv.* well **1.2, 2.8**
búfalo *m.* buffalo
bulevar *m.* boulevard
burla *f.* mockery
burlarse (de) *v.* to make fun (of)
burocracia *f.* bureaucracy
buscador *m.* browser **2.2,**
  search engine **3.7**
buscar *v.* to look for **1.2**
búsqueda *f.* search
buzón *m.* mailbox **2.5**

C

caballo *m.* horse **1.5**
cabaña *f.* cabin **1.5**
caber *v.* to fit **3.1**
  no cabe duda de there's no
    doubt **2.4**
cabeza *f.* head **2.1**
cabo *m.* cape; end (*rope, string*)
  al fin y al cabo sooner or later;
    after all
  llevar a cabo to carry out (*an
    activity*)
cabra *f.* goat
cacique *m.* tribal chief
cada *adj.* each **1.6**
cadena *f.* network **3.9**
  cadena de televisión *f.*
    television network
caducar *v* to expire
caer(se) *v.* to fall (down) **2.1, 3.1**

caer bien/mal *to (not) get along well with* 3.2

café *m.* café 1.4; coffee 1.8; *adj.* brown 1.6

cafeína *f.* caffeine 2.5

cafetera *f.* coffeemaker 2.3

cafetería *f.* cafeteria 1.2

caído/a *adj., p.p.* fallen 2.5

caja *f.* cash register 1.6; box

caja de herramientas *f.* toolbox

cajero/a *m., f.* cashier 2.5

cajero automático *m.* ATM 2.5

calcetín (calcetines) *m.* sock(s) 1.6

calculadora *f.* calculator 2.2

caldo *m.* soup

calentamiento global *m.* global warming 3.6

calentarse (e:ie) *v.* to warm up 2.6, 3.3

calidad *f.* quality 1.6

callado/a *adj.* quiet; silent

callarse *v.* to be quiet/silent

calle *f.* street 2.2

calmante *m.* tranquilizer 3.4

calmarse *v.* to calm down; to relax

calor *m.* heat 1.4

caloría *f.* calorie 2.6

calzar *v.* to take size... shoes 1.6

calzoncillos *m. pl.* underwear (*men's*)

cama *f.* bed 1.5

cámara de video *f.* video camera 2.2

cámara digital *f.* digital camera 2.2

camarero/a *m., f.* waiter; waitress 1.8

camarón *m.* shrimp 1.8

cambiar (de) *v.* to change 1.9

cambio *m.* change

a cambio de in exchange for

cambio de moneda *m.* currency exchange

camerino *m.* star's dressing room 3.9

caminar *v.* to walk 1.2

camino *m.* road

camión *m.* truck; bus

camisa *f.* shirt 1.6

camiseta *f.* t-shirt 1.6

campamento *m.* campground 3.5

campaña *f.* campaign

campeón/campeona *m., f.* champion 3.2

campeonato *m.* championship 3.2

campo *m.* countryside 1.5; field 3.6; ball field 3.5

canadiense *adj.* Canadian 1.3

canal *m.* channel 3.9; television channel 2.2, 2.8

cancelar *v.* to cancel 3.5

cáncer *m.* cancer

cancha *f.* field 3.2

canción *f.* song 2.8

candidato/a *m., f.* candidate 2.9

canon literario *m.* literary canon 3.10

cansado/a *adj.* tired 1.5

cansancio *m.* exhaustion 3.3

cansarse *v.* to become tired

cantante *m., f.* singer 2.8, 3.2

cantar *v.* to sing 1.2

capa *f.* layer

capa de ozono *f.* ozone layer 3.6

capaz *adj.* competent; capable 3.8

capilla *f.* chapel

capital *f.* capital city 1.1

capitán *m.* captain

capítulo *m.* chapter

capó *m.* hood 2.2

cara *f.* face 1.7

caracterización *f.* characterization 3.10

caramelo *m.* caramel 1.9

cargo *m.* position

estar a cargo de to be in charge of 3.1

cariño *m.* affection 3.1

cariñoso/a *adj.* affectionate 3.1

carne *f.* meat 1.8

carne de res *f.* beef 1.8

carnicería *f.* butcher shop 2.5

caro/a *adj.* expensive 1.6, 3.3

carpintero/a *m., f.* carpenter 2.7

carrera *f.* career 2.7

carretera *f.* highway 2.2

carro *m.* car; automobile 2.2

carta *f.* letter 1.4; (playing) card 1.5

cartas *f. pl.* (playing) cards 3.2

cartel *m.* poster 2.3

cartera *f.* wallet 1.6

cartero/a *m., f.* mail carrier 2.5

casa *f.* house; home 1.2

casado/a *adj.* married 1.9, 3.1

casarse (con) *v.* to get married (to) 1.9

cascada *f.* cascade; waterfall 3.5

casi *adv.* almost 2.1, 3.3

casi nunca *adv.* rarely 3.3

castigo *m.* punishment

casualidad *f.* chance; coincidence 3.5

por casualidad by chance 3.3

catástrofe *f.* catastrophe; disaster

catástrofe natural *f.* natural disaster

categoría *f.* category 3.5

de buena categoría *adj.* high quality 3.5

católico/a *adj.* Catholic

catorce *n., adj.* fourteen 1.1

cazar *v.* to hunt 2.4, 3.6

cebolla *f.* onion 1.8

ceder *v.* give up

cederrón *m.* CD-ROM

celda *f.* cell

celebrar *v.* to celebrate 1.9, 3.2

celebridad *f.* celebrity 3.9

celos *m. pl.* jealousy

tener celos de to be jealous of 3.1

celoso/a *adj.* jealous 3.1

célula *f.* cell 3.7

celular *adj.* cellular 2.2

cementerio *m.* cemetery

cena *f.* dinner 1.8

cenar *v.* to have dinner 1.2

censura *f.* censorship 3.9

centavo *m.* cent

centro *m.* downtown 1.4

centro comercial *m.* shopping mall 1.6, 3.3

cepillarse *v.* to brush 3.2

cepillarse los dientes/el pelo to brush one's teeth/one's hair 1.7

cerámica *f.* pottery 2.8

cerca de *prep.* near 1.2

cerdo *m.* pork 1.8; pig 3.6

cereales *m., pl.* cereal; grains 1.8

cero *m.* zero 1.1

cerrado/a *adj.* closed 1.5, 2.5

cerrar (e:ie) *v.* to close 1.4

cerro *m.* hill

certeza *f.* certainty

certidumbre *f.* certainty

césped *m.* grass 2.4

ceviche *m.* marinated fish dish 1.8

ceviche de camarón *m.* lemon-marinated shrimp 1.8

chaleco *m.* vest

champán *m.* champagne 1.9

champiñón *m.* mushroom 1.8

champú *m.* shampoo 1.7

chaqueta *f.* jacket 1.6

chatear *v.* to chat 2.2

chau *fam. interj.* bye 1.1

cheque *m.* (bank) check 2.5

cheque de viajero *m.* traveler's check 2.5

chévere *adj. fam.* terrific

chico/a *m., f.* boy; girl 1.1

chino/a *adj.* Chinese 1.3

chisme *m.* gossip 3.9

chiste *m.* joke 3.1

chocar (con) *v.* to run into

chocolate *m.* chocolate 1.9

choque *m.* collision, crash 2.9, 3.3

choza *f.* hut

chuleta *f.* chop (*food*) 1.8

chuleta de cerdo *f.* pork chop 1.8

cibercafé *m.* cybercafé

cicatriz *f.* scar

ciclismo *m.* cycling 1.4

cielo *m.* sky 2.4
cien(to) *n., adj.* one hundred 1.2
ciencia *f.* science 1.2
  ciencia ficción *f.* science fiction (genre) 2.8, 3.10
científico/a *m., f.* scientist 2.7, 3.7; *adj.* scientific
cierto/a *adj.* certain, sure 2.4
  ¡Cierto! Sure!
  es cierto it's certain 2.4
  no es cierto it's not certain 2.4
cinco *n., adj.* five 1.1
cincuenta *n., adj.* fifty 1.2
cine *m.* movie theater 1.4, 3.2
cinta *f.* (audio) tape
  cinta caminadora *f.* treadmill 2.6
cinturón *m.* belt 1.6
  cinturón de seguridad *m.* seatbelt 3.5
  abrocharse el cinturón de seguridad to fasten one's seatbelt
  ponerse el cinturón to fasten the seatbelt 3.5
  quitarse el cinturón to unfasten the seatbelt 3.5
circo *m.* circus 3.2
circulación *f.* traffic 2.2
cirugía *f.* surgery 3.4
cirujano/a *m., f.* surgeon 3.4
cisterna *f.* cistern; underground tank 3.6
cita *f.* date; quotation 1.9
  cita a ciegas *f.* blind date 3.1
ciudad *f.* city 1.4
ciudadano/a *m., f.* citizen; *adj.* citizen 2.9
civilización *f.* civilization
civilizado/a *adj.* civilized
Claro (que sí). *interj., fam.* Of course. 2.7, 3.3
clase *f.* class 1.2
  clase de ejercicios aeróbicos *f.* aerobics class 2.6
clásico/a *adj.* classical 2.8; classic 3.10
claustro *m.* cloister
cliente/a *m., f.* customer 1.6
clima *m.* climate
clínica *f.* clinic 2.1
clonar *v.* to clone 3.7
club *m.* club
  club deportivo *m.* sports club 3.2
coartada *f.* alibi 3.10
cobrador(a) *m., f.* debt collector 3.8
cobrar *v.* to cash (*a check*) 2.5; to charge; to receive 3.8
coche *m.* car; automobile 2.2
cochinillo *m.* suckling pig 3.10
cocina *f.* kitchen; stove 2.3

cocinar *v.* to cook 2.3, 3.3
cocinero/a *m., f.* cook, chef 2.7
codo *m.* elbow
cofre *m.* hood 2.2
cohete *m.* rocket 3.7
cola *f.* line 2.5; tail
  hacer cola to wait in line 3.2
coleccionar *v.* to collect
coleccionista *m., f.* collector
colesterol *m.* cholesterol 2.6
colgar (o:ue) *v.* to hang (up)
colina *f.* hill
colmena *f.* beehive 3.8
colocar *v.* to place (*an object*) 3.2
colonia *f.* colony
colonizar *v.* to colonize
color *m.* color 1.3, 1.6
columnista *m., f.* columnist 3.9
combatiente *m., f.* combatant
combustible *m.* fuel 3.6
comedia *f.* comedy; play 2.8
comediante *m., f.* comedian 3.1
comedor *m.* dining room 2.3
comensal *m., f.* dinner guest 3.10
comenzar (e:ie) *v.* to begin 1.4
comer *v.* to eat 1.3, 3.1, 3.2
comercial *adj.* commercial; business-related 2.7
comerciante *m., f.* storekeeper; trader
comercio *m.* commerce; trade 3.8
comerse *v.* to eat up 3.2
comestible *adj.* edible
  planta comestible *f.* edible plant
cometa *m.* comet 3.7
comida *f.* food 3.6; meal 1.8
  comida enlatada *f.* canned food 3.6
  comida rápida *f.* fast food 3.4
como *prep., conj.* like; as 1.8
¿cómo? *adv.* what?; how? 1.1
  ¿Cómo es...? What's... like? 1.3
  ¿Cómo está usted? *form.* How are you? 1.1
  ¿Cómo estás? *fam.* How are you? 1.1
  ¿Cómo les fue...? *pl.* How did... go for you? 2.6
  ¿Cómo que son...? What do you mean they are...?
  ¿Cómo se llama (usted)? *form.* What's your name? 1.1
  ¿Cómo te llamas (tú)? *fam.* What's your name? 1.1
cómo *adv.* how
  ¡Cómo no! Of course!
cómoda *f.* chest of drawers 2.3
cómodo/a *adj.* comfortable 1.5

compañero/a de clase *m., f.* classmate 1.2
compañero/a de cuarto *m., f.* roommate 1.2
compañía *f.* company; firm 2.7, 3.8
compartir *v.* to share 1.3
completamente *adv.* completely 2.7
completo/a *adj.* complete; filled up
componer *v.* to compose 3.1
compositor(a) *m., f.* composer 2.8
comprar *v.* to buy 1.2
compras *f., pl.* purchases 1.5
  ir de compras to go shopping 1.5
comprender *v.* to understand 1.3
comprobar (o:ue) *v.* to prove 3.7
comprometerse (con) *v.* to get engaged (to) 1.9
compromiso *m.* awkward situation 3.10; commitment; responsibility 3.1
computación *f.* computer science 1.2
computadora *f.* computer 1.1
  computadora portátil *f.* portable computer; laptop 2.2, 3.7
comunicación *f.* communication 2.9
comunicarse (con) *v.* to communicate (with) 2.9
comunidad *f.* community 1.1, 3.4
con *prep.* with 1.2
  Con él/ella habla. This is he/she. (*on the telephone*) 2.2
  con frecuencia *adv.* frequently 2.1
  Con permiso. Pardon me.; Excuse me. 1.1
  con tal (de) que *conj.* provided (that) 2.4
conciencia *f.* conscience
concierto *m.* concert 2.8, 3.2
concordar (o:ue) *v.* to agree
concurso *m.* game show; contest 2.8
conducir *v.* to drive 1.6, 2.2, 3.1
conductor(a) *m., f.* driver 1.1; announcer
conejo *m.* rabbit 3.6
conexión de satélite *f.* satellite connection 3.7
conferencia *f.* conference 3.8
confesar (e:ie) *v.* to confess
confianza *f.* trust; confidence 3.1
confirmar *v.* to confirm 1.5

confirmar una reservación to confirm a reservation 1.5

confundido/a *adj.* confused 1.5

confundir (con) *v.* to confuse (with)

congelado/a *adj.* frozen

congelador *m.* freezer 2.3

congelar(se) *v.* to freeze 3.7

congeniar *v.* to get along

congestionado/a *adj.* congested; stuffed-up 2.1

congestionamiento *m.* traffic jam 3.5

conjunto *m.* collection
conjunto (musical) *m.* (musical) group, band

conmigo *pron.* with me 1.4, 1.9

conmovedor(a) *adj.* moving

conocer *v.* to know 3.1; to be acquainted with 1.6

conocido/a *adj.; p.p.* known

conocimiento *m.* knowledge

conquista *f.* conquest

conquistador(a) *m., f.* conquistador; conqueror

conquistar *v.* to conquer

conseguir (e:i) *v.* to get; to obtain 1.4
conseguir boletos/entradas to get tickets 3.2

consejero/a *m., f.* counselor; advisor 2.7

consejo *m.* advice

conservación *f.* conservation 2.4

conservador(a) *adj.* conservative; *m., f.* curator

conservar *v.* to conserve 2.4; to preserve 3.6

considerar *v.* to consider
Considero que... In my opinion...

consiguiente *adj.* resulting; consequent
por consiguiente consequently; as a result

construir *v.* to build

consulado *m.* consulate

consulta *f.* doctor's appointment 3.4

consultorio *m.* doctor's office 2.1, 3.4

consumir *v.* to consume 2.6

consumo *m.* consumption
consumo de energía *m.* energy consumption

contabilidad *f.* accounting 1.2

contador(a) *m., f.* accountant 2.7, 3.8

contagiarse *v.* to become infected 3.4

contaminación *f.* pollution 2.4
contaminación del aire/del agua *f.* air/water pollution 2.4, 3.6

contaminado/a *adj.* polluted 2.4

contaminar *v.* to pollute 2.4; to contaminate 3.6

contar (o:ue) *v.* to tell 1.4; to count 3.2
contar con to count on 2.3

contemporáneo/a *adj.* contemporary 3.10

contentarse con *v.* to be contented/satisfied with 3.1

contento/a *adj.* happy; content 1.5

contestadora *f.* answering machine 2.2

contestar *v.* to answer 1.2

contigo *fam. pron.* with you 1.9

continuación *f.* sequel

contraer *v.* to contract 3.1

contraseña *f.* password 3.7

contratar *v.* to hire 2.7, 3.8

contrato *m.* contract 3.8

contribuir (a) *v.* to contribute 3.6

control *m.* control 1.7
control remoto (universal) *m.* (universal) remote control 2.2, 3.7

controlar *v.* to control 2.4

controvertido/a *adj.* controversial 3.9

contundente *adj.* filling; heavy 3.10

conversación *f.* conversation 1.2

conversar *v.* to converse, to chat 1.2

convertirse (e:ie) (en) *v.* to become 3.2

copa *f.* wineglass 2.3
Copa del Mundo *f.* World Cup

coquetear *v.* to flirt 3.1

coraje *m.* courage

corazón *m.* heart 2.1, 3.1

corbata *f.* tie 1.6

cordillera *f.* mountain range 3.6

cordura *f.* sanity 3.4

coro *m.* choir; chorus

corrector ortográfico *m.* spell-checker 3.7

corredor(a) de bolsa *m., f.* stockbroker 2.7

correo *m.* mail; post office 2.5
correo electrónico *m.* e-mail 1.4

correr *v.* to run 1.3

corresponsal *m., f.* correspondent 3.9

corrida *f.* bullfight 3.2

corriente *f.* movement 3.10

corrupción *f.* corruption

corte *m.* cut
de corte ejecutivo of an executive nature

cortesía *f.* courtesy

cortinas *f., pl.* curtains 2.3

corto *m.* short film 3.1

corto/a *adj.* short *(in length)* 1.6

cortometraje *m.* short film 3.1

cosa *f.* thing 1.1

cosecha *f.* harvest

costa *f.* coast 3.6

costar (o:ue) *f.* to cost 1.6

costoso/a *adj.* costly; expensive

costumbre *f.* custom; habit 3.3

cotidiano/a *adj.* everyday 3.3
vida cotidiana *f.* everyday life

cráter *m.* crater 2.4

crear *v.* to create 3.7

creatividad *f.* creativity

crecer *v.* to grow 3.1

crecimiento *m.* growth

creencia *f.* belief

creer *v.* to believe 2.4
creer (en) *v.* to believe (in) 1.3
no creer (en) *v.* not to believe (in) 2.4
No creas. Don't you believe it.

creído/a *adj.* conceited; *p.p.* believed 2.5

crema de afeitar *f.* shaving cream 1.7

creyente *m., f.* believer

criar *v.* to raise
haber criado to have raised 3.1

criarse *v.* to grow up 3.1

crimen *m.* crime; murder 2.9

crisis *f.* crisis
crisis económica *f.* economic crisis 3.8

cristiano/a *adj.* Christian

criticar *v.* to critique 3.10

crítico/a *m., f.* critic; *adj.* critical
crítico/a de cine movie critic 3.9

crucero *m.* cruise ship 3.5

cruzar *v.* to cross 2.5

cuaderno *m.* notebook 1.1

cuadra *f.* (city) block 2.5

cuadro *m.* picture 2.3; painting 3.3, 3.10

¿cuál(es)? *pron.* which?; which one(s)? 1.2
¿Cuál es la fecha de hoy? What is today's date? 1.5

cuando *conj.* when 1.7, 2.4

¿cuándo? *adv.* when? 1.2

¿cuánto(s)/a(s)? *adj.* how much/how many? 1.1
¿Cuánto cuesta...? How much does... cost? 1.6
¿Cuántos años tienes? *fam.* How old are you? 1.3

cuarenta *n., adj.* forty 1.2

cuarentón/cuarentona *adj.* forty-year-old; in her/his forties

cuarto *m.* room 1.2, 1.7
cuarto de baño *m.* bathroom 1.7

cuarto/a *n., adj.* fourth 1.5
menos cuarto quarter to *(time)*
y cuarto quarter after *(time)* 1.1

cuatro *n., adj.* four 1.1
cuatrocientos/as *n., adj.* four hundred 1.2
cubierto/a *adj., p.p.* covered
cubiertos *m., pl.* silverware
cubismo *m.* cubism 3.10
cubrir *v.* to cover
cucaracha *f.* cockroach 3.6
cuchara *f.* (table or large) spoon 2.3
cuchillo *m.* knife 2.3
cuello *m.* neck 2.1
cuenta *f.* calculation, sum; bill 1.9; account 2.5
  al final de cuentas after all
  cuenta corriente *f.* checking account 2.5, 3.8
  cuenta de ahorros *f.* savings account 2.5, 3.8
  tener en cuenta to keep in mind
cuento *m.* short story 2.8
cuerpo *m.* body 2.1
  cuerpo y alma heart and soul
cueva *f.* cave
cuidado *m.* care 1.3, 3.1
  bien cuidado/a well-kept
cuidadoso/a *adj.* careful 3.1
cuidar(se) *v.* to take care of (oneself) 2.4, 3.1
  ¡Cuídense! Take care! 2.5
culpa *f.* guilt
culpable *adj.* guilty
cultivar *v.* to grow
culto *m.* worship
culto/a *adj.* cultured; educated; refined
cultura *f.* culture 2.8
  cultura popular pop culture
cumbre *f.* summit; peak
cumpleaños *m., sing.* birthday 1.9
cumplir *v.* to carry out 3.8
  cumplir años to have a birthday 1.9
cuñado/a *m., f.* brother-in-law; sister-in-law 1.3
cura *m.* priest
curarse *v.* to heal; to be cured 3.4
curativo/a *adj.* healing 3.4
currículum (vitae) *m.* résumé 2.7, 3.8
curso *m.* course 1.2

D

danza *f.* dance 2.8
dañar *v.* to damage; to break down 2.1
dañino/a *adj.* harmful 3.6
dar *v.* to give 1.6, 1.9
  dar a to look out upon (*location*)

dar asco to be disgusting
dar de comer to feed 3.6
dar direcciones *v.* to give directions 2.5
dar el primer paso to take the first step
dar la gana to feel like 3.9
dar la vuelta (al mundo) to go around (the world)
dar paso a to give way to
dar un consejo to give advice
dar un paseo to take a stroll/walk 3.2
dar una vuelta to take a walk/stroll
darse con to bump into; to run into (*something*) 2.1
darse cuenta to realize 3.2, 3.9
darse por aludido/a to realize/assume that one is being referred to 3.9
darse por vencido to give up
darse prisa to hurry; to rush 2.6
dardos *m. pl.* darts 3.2
dato *m.* piece of data
de *prep.* of; from 1.1
  de algodón (made of) cotton 1.6
  de aluminio (made of) aluminum 2.4
  de buen humor in a good mood 1.5
  de compras shopping 1.5
  de cuadros plaid 1.6
  ¿De dónde eres? *fam.* Where are you from? 1.1
  ¿De dónde es usted? *form.* Where are you from? 1.1
  de excursión hiking 1.4
  de hecho in fact
  de ida y vuelta roundtrip 1.5
  de la mañana in the morning; A.M. 1.1
  de la noche in the evening; at night; P.M. 1.1
  de la tarde in the afternoon; in the early evening; P.M. 1.1
  de lana (made of) wool 1.6
  de lunares polka-dotted 1.6
  de mal humor in a bad mood 1.5
  de mi vida of my life 2.6
  de moda in fashion 1.6
  De nada. You're welcome. 1.1
  De ninguna manera. No way. 2.7
  de niño/a as a child 2.1
  de parte de on behalf of 2.2
  ¿De parte de quién? Who is calling? (*on the telephone*) 2.2
  de plástico (made of) plastic 2.4
  ¿de quién...? *pron., sing.* whose...? 1.1

¿de quiénes...? *pron., pl.* whose...? 1.1
de rayas striped 1.6
de repente *adv.* suddenly 1.6, 3.3
de seda (made of) silk 1.6
de terror horror (*story/novel*) 3.10
de vaqueros western (*genre*) 2.8
de vez en cuando from time to time 2.1
de vidrio (made of) glass 2.4
debajo de *prep.* below; under 1.2
deber *m.* responsibility; obligation 2.9; duty 3.8
deber *v.* to owe 3.8; should; must; ought to 1.3
  deber dinero to owe money 3.2
Debe ser... It must be... 1.6
debido a due to (the fact that)
débil *adj.* weak 2.6
década *f.* decade
decidido/a *adj.* decided 2.5
decidir (+ inf.) *v.* to decide 1.3
décimo/a *n., adj.* tenth 1.5
decir (e:i) (que) *v.* to say (that) 3.1; to tell (that) 1.4, 1.9
  decir la respuesta to say the answer 1.4
  decir la verdad to tell the truth 1.4
  decir mentiras to tell lies 1.4
declarar *v.* to declare; to say 2.9
dedicatoria *f.* dedication
dedo *m.* finger 2.1
  dedo del pie *m.* toe 2.1
deforestación *f.* deforestation 2.4, 3.6
dejar *v.* to leave; to allow; to let 2.3; to quit; to leave behind 2.7
  dejar a alguien to leave someone 3.1
  dejar de (+ inf.) *v.* to stop (*doing something*) 2.4
  dejar de fumar to quit smoking 3.4
  dejar en paz to leave alone 3.8
  dejar una propina to leave a tip 1.9
del (*contraction of* **de + el**) of the; from the
delante de *prep.* in front of 1.2
delgado/a *adj.* thin; slender 1.3
delicioso/a *adj.* delicious 1.8
demás *adj.* the rest; *pron.* others; other people
demasiado *adj., adv.* too; too much 1.6
democracia *f.* democracy
demorar *v.* to delay

dentista *m., f.* dentist 2.1

dentro de (diez años) within (ten years) 2.7; inside

denunciar *v.* to denounce 3.9

dependiente/a *m., f.* clerk 1.6

deporte *m.* sport 1.4

deportista *m., f.* athlete, sports person 3.2

deportivo/a *adj.* sports-related 1.4

depositar *v.* to deposit 2.5, 3.8

depresión *f.* depression 3.4

deprimido/a *adj.* depressed 3.1

derecha *f.* right 1.2

derecho *adj.* straight (ahead) 2.5
  a la derecha de to the right of 1.2

derecho *m.* law; *pl.* rights 2.9
  derechos civiles *m.* civil rights
  derechos humanos *m.* human rights

derramar *v.* to spill

derretir(se) (e:i) *v.* to melt 3.7

derribar *v.* to bring down; to overthrow

derrocar *v.* to overthrow

derrota *f.* defeat

derrotado/a *adj.* defeated

derrotar *v.* to defeat

desafiante *adj.* challenging 3.4

desafiar *v.* to challenge 3.2

desafío *m.* challenge 3.7

desanimado/a *adj.* discouraged

desanimarse *v.* to get discouraged

desánimo *m.* the state of being discouraged 3.1

desaparecer *v.* to disappear 3.1, 3.6

desarrollado/a *adj.* developed

desarrollar *v.* to develop 2.4

desarrollarse *v.* to take place 3.10

desarrollo *m.* development 3.6
  país en vías de desarrollo developing country

desastre (natural) *m.* (natural) disaster 2.9

desatar *v.* to untie

desayunar *v.* to have breakfast 1.2

desayuno *m.* breakfast 1.8

descafeinado/a *adj.* decaffeinated 2.6

descansar *v.* to rest 1.2, 3.4

descanso *m.* rest 3.8

descargar *v.* to download 2.2, 3.7

descendiente *m., f.* descendent

descompuesto/a *adj.* not working; out of order 2.2

descongelar(se) *v.* to defrost 3.7

desconocido/a *m., f.* stranger

describir *v.* to describe 1.3

descrito/a *p.p.* described 2.5

descubierto/a *p.p.* discovered 2.5

descubridor(a) *m., f.* discoverer

descubrimiento *m.* discovery 3.7

descubrir *v.* to discover 2.4, 3.4

descuidar(se) *v.* to get distracted; to neglect 3.6

desde *prep.* from 1.6

desear *v.* to wish; to desire 1.2, 3.4

desechable *adj.* disposable 3.6

desempleado/a *adj.* unemployed 3.8

desempleo *m.* unemployment 2.9, 3.8

desenlace *m.* ending

deseo *m.* desire; wish
  pedir un deseo to make a wish

deshacer *v.* to undo 3.1

desierto *m.* desert 2.4, 3.6

desigual *adj.* unequal

desigualdad *f.* inequality 2.9

desilusión *f.* disappointment

desmayarse *v.* to faint 3.4

desorden *m.* disorder; mess 3.7

desordenado/a *adj.* disorderly 1.5

despacho *m.* office

despacio *adv.* slowly 2.1

despedida *f.* farewell 3.5

despedido/a *adj.* fired

despedir (e:i) *v.* to fire 2.7, 3.8

despedirse (de) (e:i) *v.* to say good-bye (to) 3.3

despegar *v.* to take off 3.5

despejado/a *adj.* clear (*weather*)

despertador *m.* alarm clock 1.7

despertarse (e:ie) *v.* to wake up 1.7, 3.2

después *adv.* afterwards; then 1.7
  después de *prep.* after 1.7
  después de que *conj.* after 2.4

destacado/a *adj.* prominent 3.9

destacar *v.* to emphasize; to point out

destino *m.* destination 3.5

destrozar *v.* to destroy

destruir *v.* to destroy 2.4, 3.6

detestar *v.* to detest

detrás de *prep.* behind 1.2

deuda *f.* debt 3.8

devolver (o:ue) *v.* to return (*items*) 3.3

devoto/a *adj.* pious

día *m.* day 1.1
  día de fiesta *m.* holiday 1.9
  estar al día con las noticias to keep up with the news

diamante *m.* diamond 3.5

diario *m.* diary 1.1; newspaper 2.9, 3.9

diario/a *adj.* daily 1.7, 3.3

dibujar *v.* to draw 1.2, 3.10

dibujo *m.* drawing 2.8
  dibujos animados *m., pl.* cartoons 2.8

diccionario *m.* dictionary 1.1

dicho/a *adj., p.p.* said 2.5

diciembre *m.* December 1.5

dictador(a) *m., f.* dictator

dictadura *f.* dictatorship 2.9

didáctico/a *adj.* educational 3.10

diecinueve *n., adj.* nineteen 1.1

dieciocho *n., adj.* eighteen 1.1

dieciséis *n., adj.* sixteen 1.1

diecisiete *n., adj.* seventeen 1.1

diente *m.* tooth 1.7

dieta *f.* diet 2.6
  comer una dieta equilibrada to eat a balanced diet 2.6
  estar a dieta to be on a diet 3.4

diez *n., adj.* ten 1.1

difícil *adj.* difficult; hard 1.3

Diga. Hello. (*on telephone*) 2.2

digestión *f.* digestion

digital *adj.* digital 3.7

digno/a *adj.* worthy 3.6

diligencia *f.* errand 2.5

diluvio *m.* heavy rain

dinero *m.* money 1.6
  dinero en efectivo cash 3.3

Dios *m.* God

dios(a) *m., f.* god/goddess 3.5

diputado/a *m., f.* representative

dirección *f.* address 2.5
  dirección de correo electrónico *f.* e-mail address 3.7
  dirección electrónica *f.* e-mail address 2.2

direcciones *f., pl.* directions 2.5

directo/a *adj.* direct
  en directo *adj.* live 3.9

director(a) *m., f.* director; (*musical*) conductor 2.8

dirigir *v.* to direct 2.8; to manage 3.1

disco compacto *m.* compact disc (CD)

discoteca *f.* discotheque; dance club 3.2

discriminación *f.* discrimination 2.9

discriminado/a *adj.* discriminated

disculpar *v.* to excuse

disculparse *v.* to apologize 3.6

discurso *m.* speech 2.9
  pronunciar un discurso to give a speech

discutir *v.* to argue 3.1

diseñador(a) *m., f.* designer 2.7

diseñar *v.* to design 3.8, 3.10

diseño *m.* design

disfraz *m.* costume

disfrazado/a *adj.* disguised; in costume

disfrutar (de) *v.* to enjoy 3.2; to reap the benefits (of) 2.6

disgustado/a *adj.* upset 3.1

disgustar *v.* to upset 3.2

disminuir *v* to decrease

disponerse a *v.* to be about to 3.6

disponible *adj.* available

distinguido/a *adj.* honored

distinguir *v.* to distinguish 3.1

distraer *v.* to distract 3.1

distraído/a *adj.* distracted

disturbio *m.* riot 3.8

diversidad *f.* diversity 3.4

diversión *f.* fun activity; entertainment; recreation 1.4

divertido/a *adj.* fun 1.7, 3.2

divertirse (e:ie) *v.* to have fun 1.9, 3.2

divorciado/a *adj.* divorced 1.9, 3.1

divorciarse (de) *v.* to get divorced (from) 1.9

divorcio *m.* divorce 1.9, 3.1

doblado/a *adj.* dubbed 3.9

doblaje *m.* dubbing (*film*)

doblar *v.* to dub (*film*); to fold; 3.1; to turn 2.5; to turn (*a corner*)

doble *m., f.* double (*in movies*) 3.9; *adj.* double

doce *n., adj.* twelve 1.1

doctor(a) *m., f.* doctor 1.3, 2.1

documental *m.* documentary 2.8, 3.9

documentos de viaje *m., pl.* travel documents

dolencia *f.* illness; condition 3.4

doler (o:ue) *v.* to hurt 2.1; to ache 3.2

dolor *m.* ache; pain 2.1

  dolor de cabeza *m.* headache 2.1

doméstico/a *adj.* domestic 2.3

domingo *m.* Sunday 1.2

dominio *m.* rule

dominó *m.* dominoes

don/doña title of respect used with a person's first name 1.1

donde *prep.* where

¿dónde? *adv.* where? 1.1

  ¿Dónde está...? Where is...? 1.2

dondequiera *adv.* wherever 3.4

dormir (o:ue) *v.* to sleep 1.4, 3.2

dormirse (o:ue) *v.* to go to sleep; to fall asleep 1.7, 3.2

dormitorio *m.* bedroom 2.3

dos *n., adj.* two 1.1

  dos veces *adv.* twice; two times 1.6

doscientos/as *n., adj.* two hundred 1.2

drama *m.* drama; play 2.8

dramático/a *adj.* dramatic 2.8

dramaturgo/a *m., f.* playwright 2.8, 3.10

droga *f.* drug 2.6

drogadicto/a *m., f.* drug addict 2.6

ducha *f.* shower 1.7

ducharse *v.* to shower 3.2; to take a shower 1.7

duda *f.* doubt 2.4

dudar *v.* to doubt 2.4

  no dudar *v.* not to doubt 2.4

dueño/a *m., f.* owner 3.8; landlord 1.8

dulces *m., pl.* sweets; candy 1.9

durante *prep.* during 1.7

durar *v.* to last 2.9

duro/a *adj.* hard; difficult 3.7

E

e *conj.* (*used instead of* y *before words beginning with* i *and* hi) and 1.4

echar *v.* to throw; to throw away 3.5

  echar a correr to take off running

  echar (una carta) al buzón to put (a letter) in the mailbox 2.5; to mail 2.5

  echar un vistazo to take a look

ecología *f.* ecology 2.4

economía *f.* economics 1.2

ecosistema *m.* ecosystem 3.6

ecoturismo *m.* ecotourism 2.4, 3.5

Ecuador *m.* Ecuador 1.1

ecuatoriano/a *adj.* Ecuadorian 1.3

edad *f.* age 1.9

Edad Media *f.* Middle Ages

edificio *m.* building 2.3

  edificio de apartamentos *m.* apartment building 2.3

editar *v.* to publish 3.10

educar *v.* to educate; to inform; to raise; to bring up 3.1

efectivo *m.* cash

efectos especiales *m., pl.* special effects 3.9

efectos secundarios *m., pl.* side effects 3.4

eficiente *adj.* efficient

ejecutivo/a *m., f.* executive 3.8

  de corte ejecutivo of an executive nature 3.8

ejercicio *m.* exercise 2.6

  ejercicios aeróbicos *m.* aerobic exercises 2.6

  ejercicios de estiramiento *m.* stretching exercises 2.6

ejército *m.* army 2.9,

el *m., sing., def. art.* the 1.1

él *sub. pron.* he 1.1; *pron., obj. of prep.* him 1.9

elecciones *f. pl.* election 2.9

electoral *adj.* electoral

electricista *m., f.* electrician 2.7

electrodoméstico *m.* electric appliance 2.3

electrónico/a *adj.* electronic

elegante *adj.* elegant 1.6

elegido/a *adj.* chosen; elected

elegir (e:i) *v.* to elect 2.9; to choose

ella *sub. pron.* she 1.1; *pron., obj. of prep.* her 1.9

ellos/as *sub. pron.* they 1.1; *pron., obj. of prep.* them 1.9

embajada *f.* embassy

embajador(a) *m., f.* ambassador

embalarse *v.* to go too fast (*Esp.*) 3.9

embarazada *adj.* pregnant 2.1

embarcar *v.* to board

emergencia *f.* emergency 2.1

emigrar *v.* to emigrate

emisión *f.* broadcast

  emisión en vivo/directo *f.* live broadcast

emisora *f.* (radio) station

emitir *v.* to broadcast 2.9

emocionado/a *adj.* excited 3.1

emocionante *adj.* exciting

empatar *v.* to tie (*games*) 3.2

empate *m.* tie (*game*) 3.2

empeorar *v.* to deteriorate; to get worse 3.4

emperador *m.* emperor

emperatriz *f.* empress

empezar (e:ie) *v.* to begin 1.4

empleado/a *m., f.* employee 1.5, 3.8

empleado/a *adj.* employed 3.8

empleo *m.* employment 2.7; job 3.8

empresa *f.* company, firm 2.7

  empresa multinacional *f.* multinational company 3.8

empresario/a *m., f.* entrepreneur 3.8

empujar *v.* to push

en *prep.* in; on; at 1.2

  en casa at home 1.7

  en caso (de) que *conj.* in case (that) 2.4

  en cuanto *conj.* as soon as 2.4

  en efectivo in cash 2.5

  en exceso in excess 2.6

  en línea inline 1.4; online 3.7

  ¡En marcha! Let's get going! 2.6

  en mi nombre in my name

  en punto on the dot; exactly; sharp (*time*) 1.1

Vocabulario

¿en qué? in what?; how? **1.2**
¿En qué puedo servirles?
   How can I help you? **1.5**
enamorado/a (de) *adj.* in love (with) **1.5, 3.1**
enamorarse (de) *v.* to fall in love (with) **1.9, 3.1**
encabezar *v.* to lead
encantado/a *adj.* delighted; Pleased to meet you. **1.1**
encantar *v.* to like very much **3.2**; to love (*inanimate objects*) **1.7**
   ¡Me encantó! I loved it! **2.6**
encargado/a *m., f.* person in charge
   estar encargado/a de to be in charge of **3.1**
encargarse de *v.* to be in charge of **3.1**
encender (e:ie) *v.* to turn on **3.3**
encima de *prep.* on top of **1.2**
encogerse *v.* to shrink
   encogerse de hombros to shrug
encontrar (o:ue) *v.* to find **1.4**
encontrar(se) (o:ue) *v.* to meet (each other); to run into (each other) **2.2**
encuesta *f.* poll; survey **2.9**
energía *f.* energy **2.4**
   energía eólica *f.* wind power
   energía nuclear *f.* nuclear energy **2.4**
   energía solar *f.* solar energy **2.4**
enérgico/a *adj.* energetic **3.8**
enero *m.* January **1.5**
enfermarse *v.* to get sick **2.1, 3.4**
enfermedad *f.* disease; illness **2.1, 3.4**
enfermero/a *m., f.* nurse **2.1, 3.4**
enfermo/a *adj.* sick **2.1**
enfrentar *v.* to confront
enfrente de *adv.* opposite; facing **2.5**
enganchar *v.* to get caught **3.5**
engañar *v.* to betray **3.9**
engordar *v.* to gain weight **2.6, 3.4**
enlace *m.* link **3.7**
enojado/a *adj.* mad; angry **1.5**
enojarse (con) *v.* to get angry (with) **1.7**
enojo *m.* anger
enrojecer *v.* to turn red; to blush
ensalada *f.* salad **1.8**
ensayar *v.* to rehearse **3.9**
ensayista *m., f.* essayist **3.10**
ensayo *m.* essay; rehearsal
enseguida *adv.* right away **1.9, 3.3**
enseñanza *f.* teaching; lesson

enseñar *v.* to teach **1.2**
ensuciar *v.* to get (*something*) dirty **2.3**
entender (e:ie) *v.* to understand **1.4**
enterarse (de) *v.* to become informed (about) **3.9**
enterrado/a *adj.* buried **3.2**
enterrar (e:ie) *v.* to bury
entonces *adv.* then **1.7**
   en aquel entonces at that time **3.3**
entrada *f.* entrance **2.3**; ticket **2.8**
entre *prep.* between; among **1.2**
entrega *f.* delivery
entremeses *m., pl.* hors d'oeuvres; appetizers **1.8**
entrenador(a) *m., f.* coach; trainer **2.6, 3.2**
entrenarse *v.* to train **2.6**
entretener(se) (e:ie) *v.* to entertain, to amuse (oneself) **3.2**
entretenido/a *adj.* entertaining **3.2**
entrevista *f.* interview **2.7**
   entrevista de trabajo *f.* job interview **3.8**
entrevistador(a) *m., f.* interviewer **2.7**
entrevistar *v.* to interview **2.7**
envase *m.* container **2.4**
envenenado/a *adj.* poisoned **3.6**
enviar *v.* to send; to mail **2.5**
epidemia *f.* epidemic **3.4**
episodio *m.* episode **3.9**
   episodio final final episode **3.9**
época *f.* era; epoch; historical period
equilibrado/a *adj.* balanced **2.6**
equipado/a *adj.* equipped **2.6**
equipaje *m.* luggage **1.5**
equipo *m.* team **1.4, 3.2**
equivocado/a *adj.* wrong **1.5**
equivocarse *v.* to be mistaken; to make a mistake
eres *fam., sing.* you are **1.1**
erosión *f.* erosion **3.6**
erudito/a *adj.* learned
es he/she/it is **1.1**
   Es bueno que... It's good that... **2.3**
   Es de... He/She is from... **1.1**
   es extraño it's strange **2.4**
   Es importante que... It's important that... **2.3**
   es imposible it's impossible **2.4**
   es improbable it's improbable **2.4**
   Es la una. It's one o'clock. **1.1**
   Es malo que... It's bad that... **2.3**
   Es mejor que... It's better that... **2.3**

Es necesario que... It's necessary that... **2.3**
es obvio it's obvious **2.4**
es ridículo it's ridiculous **2.4**
es seguro it's sure **2.4**
es terrible it's terrible **2.4**
es triste it's sad **2.4**
es una lástima it's a shame **2.4**
Es urgente que... It's urgent that... **2.3**
es verdad it's true **2.4**
esa(s) *f., adj.* that; those **1.6**
ésa(s) *f., pron.* that (one); those (ones) **1.6**
esbozar *v.* to sketch
esbozo *m.* outline; sketch
escalada *f.* climb (*mountain*)
escalador(a) *m., f.* climber
escalar *v.* to climb **1.4**
   escalar montañas to climb mountains **1.4**
escalera *f.* stairs; stairway **2.3**; staircase **3.3**
escena *f.* scene **3.1**
escenario *m.* scenery; stage **3.2**
esclavitud *f.* slavery
esclavizar *v.* enslave
esclavo/a *m., f.* slave
escoba *f.* broom
escoger *v.* to choose **1.8, 3.1**
escribir *v.* to write **1.3**
   escribir un mensaje electrónico to write an e-mail message **1.4**
   escribir una carta to write a letter **1.4**
   escribir una postal to write a postcard
escrito/a *adj., p.p.* written **2.5**
escritor(a) *m., f.* writer **2.8**
escritorio *m.* desk **1.2**
escuchar *v.* to listen (to)
   escuchar la radio to listen to the radio **1.2**
   escuchar música to listen to music **1.2**
escuela *f.* school **1.1**
esculpir *v.* to sculpt **2.8, 3.10**
escultor(a) *m., f.* sculptor **2.8, 3.10**
escultura *f.* sculpture **2.8, 3.10**
ese *m., sing., adj.* that **1.6**
ése *m., sing., pron.* that (one) **1.6**
esfuerzo *m.* effort
eso *neuter pron.* that; that thing **1.6**
esos *m., pl., adj.* those **1.6**
ésos *m., pl., pron.* those (ones) **1.6**
espacial *adj.* related to space
   transbordador espacial *m.* space shuttle **3.7**
espacio *m.* space **3.7**
espacioso/a *adj.* spacious

espalda *f.* back
  a mis espaldas behind my back 3.9
  estar de espaldas a to have one's back to
espantar *v.* to scare
España *f.* Spain 1.1
español *m.* Spanish *(language)* 1.2
español(a) *adj.* Spanish 1.3
espárragos *m., pl.* asparagus 1.8
especialista *m., f.* specialist
especialización *f.* major 1.2
especializado/a *adj.* specialized 3.7
especie *f.* species 3.6
  especie en peligro de extinción endangered species
espectacular *adj.* spectacular 2.6
espectáculo *m.* show 2.8, 3.2
espectador(a) *m., f.* spectator 3.2
espejo *m.* mirror 1.7
  espejo retrovisor *m.* rearview mirror
espera *f.* wait
esperanza *f.* hope 3.6
esperar *v.* to hope; to wish 2.4
  esperar (+ inf.) *v.* to wait (for); to hope 1.2
espiritual *adj.* spiritual
esposo/a *m., f.* husband; wife; spouse 1.3
esquí (acuático) *m.* (water) skiing 1.4
esquiar *v.* to ski 1.4
esquina *f.* corner 2.5
está he/she/it is; you are 1.2
  Está bien. That's fine. 2.2
  Está (muy) despejado. It's (very) clear. *(weather)*
  Está lloviendo. It's raining. 1.5
  Está nevando. It's snowing. 1.5
  Está (muy) nublado. It's (very) cloudy. *(weather)* 1.5
esta(s) *f., adj.* this; these 1.6
  esta noche tonight 1.4
ésta(s) *f., pron.* this (one); these (ones) 1.6
  Ésta es... *f.* This is... *(introducing someone)* 1.1
estabilidad *f.* stability
establecer *v.* to start, to establish 2.7
establecer(se) *v.* to establish (oneself)
estación *f.* station; season 1.5
  estación de autobuses *f.* bus station 1.5
  estación del metro *f.* subway station 1.5
  estación de tren *f.* train station 1.5

estacionamiento *m.* parking lot 2.5
estacionar *v.* to park 2.2
estadio *m.* stadium 1.2
estado civil *m.* marital status 1.9
estado de ánimo *m.* mood 3.4
Estados Unidos (EE.UU.) *m.* United States 1.1
estadounidense *adj.* from the United States 1.3
estampado/a *adj.* print
estampilla *f.* stamp 2.5
estante *m.* bookcase; bookshelves 2.3
estar *v.* to be 1.2
  estar a cargo de to be in charge of
  estar a (veinte kilómetros) de aquí to be (20 kilometers) from here 2.2
  estar a dieta to be on a diet 2.6
  estar a la venta to be for sale 3.10
  estar aburrido/a to be bored 1.5
  estar afectado/a (por) to be affected (by) 2.4
  estar al día to be up-to-date 3.9
  estar al tanto to be informed 3.9
  estar bajo control to be under control 1.7
  estar bajo presión to be under stress/pressure
  estar bueno/a to be good (*i.e., fresh*)
  estar cansado/a to be tired 1.5
  estar contaminado/a to be polluted 2.4
  estar de acuerdo to agree 2.7
  estar de moda to be in fashion 1.6
  estar de vacaciones to be on vacation 1.5
  estar en buena forma to be in good shape 2.6
  estar enfermo/a to be sick 2.1
  estar harto/a (de) to be fed up (with); to be sick (of) 3.1
  estar listo/a to be ready 2.6
  estar lleno/a to be full 3.5
  estar perdido/a to be lost 2.5
  estar resfriado/a to have a cold 3.4
  estar roto/a to be broken 2.1
  estar seguro/a to be sure 1.5
  estar torcido/a to be twisted; to be sprained 2.1
  Estoy (completamente) de acuerdo. I agree (completely). 2.7

  No está nada mal. It's not bad at all. 1.5
  No estoy de acuerdo. I don't agree. 2.7
estatal *adj.* public; pertaining to the state
estatua *f.* statue 2.8
este *m.* east 2.5; *interj.* um 2.8
este *m., sing., adj.* this 1.6
éste *m., sing., pron.* this (one) 1.6
  Éste es... *m.* This is... *(introducing someone)* 1.1
estéreo *m.* stereo 2.2
estereotipo *m.* stereotype 3.10
estético/a *m., f.* aesthetic 3.10
estilo *m.* style
  al estilo de... in the style of... 3.10
estiramiento *m.* stretching 2.6
esto *neuter pron.* this; this thing 1.6
estómago *m.* stomach 2.1
estornudar *v.* to sneeze 2.1
estos *m., pl., adj.* these 1.6
éstos *m., pl., pron.* these (ones) 1.6
estrecho/a *adj.* narrow
estrella *f.* star 2.4
  estrella de cine *m., f.* movie star 2.8
  estrella fugaz *f.* shooting star
  estrella pop *f. m., f.* pop star 3.9
estreno *m.* premiere; debut 3.2
estrés *m.* stress 2.6
estrofa *f.* stanza 3.10
estudiante *m., f.* student 1.1, 1.2
estudiantil *adj.* student 1.2
estudiar *v.* to study 1.2
estudio *m.* studio
  estudio de grabación *m.* recording studio
estufa *f.* stove 2.3
estupendo/a *adj.* stupendous 1.5
etapa *f.* stage 1.9; phase
eterno/a *adj.* eternal
ético/a *adj.* ethical 3.7
  poco ético/a unethical
etiqueta *f.* label; tag
evitar *v.* to avoid 2.4
examen *m.* test; exam 1.2
  examen médico *m.* physical exam 2.1
excelente *adj.* excellent 1.5
exceso *m.* excess; too much 2.6
excitante *adj.* exciting
excursión *f.* excursion; hike; tour 3.5
excursionista *m., f.* hiker
exigir *v.* to demand 3.1, 3.4, 3.8
exilio político *m.* political exile
exitoso/a *adj.* successful 3.8

exótico/a *adj.* exotic
experiencia *f.* experience 2.9, 3.8
experimentar *v.* to experience; to feel
experimento *m.* experiment 3.7
explicar *v.* to explain 1.2
exploración *f.* exploration
explorar *v.* to explore
explotación *f.* exploitation
explotar *v.* to exploit
exportaciones *f., pl.* exports
exportar *v.* to export 3.8
exposición *f.* exhibition
expresión *f.* expression
expresionismo *m.* expressionism 3.10
expulsar *v.* to expel
extinción *f.* extinction 2.4
extinguir *v.* to extinguish
extinguirse *v.* to become extinct 3.6
extranjero/a *adj.* foreign 2.8
extrañar *v.* to miss
  extrañar a (alguien) to miss (someone)
  extrañarse de algo to be surprised about something
extraño/a *adj.* strange 2.4
extraterrestre *m., f.* alien 3.7

F

fábrica *f.* factory
fabricar *v.* to manufacture; to make 3.7
fabuloso/a *adj.* fabulous 1.5
facciones *f.* facial features 3.3
fácil *adj.* easy 1.3
factor *m.* factor
  factores de riesgo risk factors
factura *f.* bill 3.8
falda *f.* skirt 1.6
fallecer *v.* to die
falso/a *adj.* insincere 3.1
faltar *v.* to lack; to need 1.7, 3.2
fama *f.* fame 3.9
  tener buena/mala fama to have a good/bad reputation 3.9
familia *f.* family 1.3
famoso/a *adj.* famous 2.7, 3.9
  hacerse famoso to become famous 3.9
farándula *f.* entertainment 3.1
farmacia *f.* pharmacy 2.1
faro *m.* lighthouse; beacon 3.5
fascinar *v.* to fascinate 1.7; to like very much 3.2
fatiga *f.* fatigue; weariness 3.8
fatigado/a *adj.* exhausted 3.3
favor *m.* favor
  hacer un/el favor (a) to do someone a/the favor
favoritismo *m.* favoritism

favorito/a *adj.* favorite 1.4
fax *m.* fax (machine)
fe *f.* faith
febrero *m.* February 1.5
fecha *f.* date 1.5
felicidad *f.* happiness
  ¡Felicidades! Congratulations! 1.9
  ¡Felicidades a todos! Congratulations to all!
  ¡Felicitaciones! Congratulations! 1.9
feliz *adj.* happy 1.5, 3.3
  ¡Feliz cumpleaños! Happy birthday! 1.9
fenomenal *adj.* great, phenomenal 1.5
feo/a *adj.* ugly 1.3
feria *f.* fair 3.2
festejar *v.* to celebrate 3.2
festival *m.* festival 2.8, 3.2
fiabilidad *f.* reliability
fiebre *f.* fever 2.1, 3.4
fiesta *f.* party 1.9
fijarse *v.* to notice 3.9
  fijarse en to take notice of 3.2
fijo/a *adj.* fixed, set 1.6, 3.8
fin *m.* end 1.4
  al fin y al cabo sooner or later; after all
  fin de semana *m.* weekend 1.4
final: al final de cuentas after all 3.7
finalmente *adv.* finally 2.6
financiar *v.* to finance 3.8
financiero/a *adj.* financial 3.8
finanza(s) *f.* finance(s)
firma *f.* signature
firmar *v.* to sign *(a document)* 2.5
física *f.* physics 1.2
físico/a *m., f.* physicist 3.7
flan (de caramelo) *m.* baked (caramel) custard 1.9
flexible *adj.* flexible 2.6
flor *f.* flower 2.4
florecer *v.* to flower 3.6
flotar *v.* to float 3.5
folklórico/a *adj.* folk; folkloric 2.8
folleto *m.* brochure
fondo *m.* end 2.3; bottom
  a fondo *adv.* thoroughly
forma *f.* form; shape 2.6
  de todas formas in any case
  mala forma física *f.* bad physical shape
  ponerse en forma to get in shape 3.4
formular *v.* to formulate 3.7
formulario *m.* form 2.5
fortaleza *f.* strength
forzado/a *adj.* forced
foto(grafía) *f.* photograph 1.1
fraile *m.* friar

francés, francesa *adj.* French 1.3
frasco *m.* flask
frecuentemente *adv.* frequently 2.1
freír (e:i) *v.* to fry 3.3
frenos *m., pl.* brakes
fresco/a *adj.* cool 1.5
frijoles *m., pl.* beans 1.8
frío/a *adj.* cold 1.5
frito/a *adj.* fried 1.8
frontera *f.* border 3.5
fruta *f.* fruit 1.8
frutería *f.* fruit store 2.5
frutilla *f.* strawberry
fuente *f.* fountain; source
  fuente de energía *f.* energy source 3.6
  fuente de fritada *f.* platter of fried food, mixed grill 1.8
fuera *adv.* outside
fuerte *adj.* strong 2.6
fuerza *f.* force; power
  fuerza de voluntad *f.* will power 3.4
  fuerza laboral *f.* labor force
  fuerzas armadas *f., pl.* armed forces
fumar *v.* to smoke 2.6
  no fumar *v.* not to smoke 2.6
función *f.* performance *(theater/ movie)* 3.2
funcionar *v.* to work 2.2, 3.7; to function
fútbol *m.* soccer 1.4
  fútbol americano *m.* football 1.4
futurista *adj.* futuristic
futuro/a *adj.* future 2.7
  en el futuro in the future 2.7

G

gafas (de sol)/(oscuras) *f., pl.* (sun)glasses 1.6
galería *f.* gallery 3.10
galleta *f.* cookie 1.9
gana *f.* desire
  sentir/tener ganas de to want to; to feel like
ganar *v.* to win 1.4; to earn *(money)* 2.7
  ganar bien/mal to be well/ poorly paid 3.8
  ganar las elecciones to win an election
  ganar un partido to win a game 3.2
  ganarse la vida to earn a living 3.8
ganga *f.* bargain 1.6, 3.3
garaje *m.* garage; (mechanic's) repair shop 2.2; garage *(in a house)* 2.3
garganta *f.* throat 2.1

gasolina *f.* gasoline **2.2**
gasolinera *f.* gas station **2.2**
gastar *v.* to spend *(money)* **1.6, 3.8**
gato *m.* cat **2.4**
gemelo/a *m., f.* twin **1.3**
gen *m.* gene **3.7**
generar *v.* to produce; to generate
generoso/a *adj.* generous
genética *f.* genetics **3.4**
gente *f.* people **1.3**
geografía *f.* geography **1.2**
gerente *m., f.* manager **2.7, 3.8**
gesto *m.* gesture
gimnasio *m.* gymnasium **1.4**
gobernador(a) *m., f.* governor
gobernante *m., f.* ruler
gobernar (e:ie) *v.* to govern
gobierno *m.* government **2.4**
golf *m.* golf **1.4**
gordo/a *adj.* fat **1.3**
grabadora *f.* tape recorder **1.1**
grabar *v.* to record **2.2, 3.9**
gracias *f., pl.* thank you; thanks **1.1**
  Gracias por todo. Thanks for everything. **1.9, 2.6**
  Gracias una vez más. Thanks again. **1.9**
gracioso/a *adj.* funny; pleasant **3.1**
graduarse (de/en) *v.* to graduate (from/in) **1.9**
gran, grande *adj.* big; large **1.3**
grasa *f.* fat **2.6**
gratis *adj.* free of charge **2.5**
grave *adj.* grave; serious **2.1**
gravedad *f.* gravity **3.7**
gravísimo/a *adj.* extremely serious **2.4**
grillo *m.* cricket
gripe *f.* flu **2.1, 3.4**
gris *adj.* gray **1.6**
gritar *v.* to shout; to scream **1.7**
grupo *m.* group
  grupo musical *m.* musical group; band
guantes *m., pl.* gloves **1.6**
guapo/a *adj.* handsome; good-looking **1.3**
guaraní *m.* Guarani **3.9**
guardar *v.* to save *(on a computer)* **2.2**; to save **3.7**
guardarse (algo) *v.* to keep (something) to yourself **3.1**
guerra *f.* war **2.9**
  guerra civil *f.* civil war
guerrero/a *m., f.* warrior
guía *m., f.* guide
  guía turístico/a *m., f.* tour guide **3.5**
guión *m.* screenplay; script **3.9**
guita *f.* cash; dough *(Arg.)* **3.7**
gusano *m.* worm
gustar *v.* to be pleasing to; to like **1.2, 3.2, 3.4**

  Me gustaría... I would like...
  ¡No me gusta nada...! I don't like... at all!
gusto *m.* pleasure **2.8**; taste **3.10**
  Con mucho gusto. Gladly.
  El gusto es mío. The pleasure is mine. **1.1**
  de buen/mal gusto in good/bad taste **3.10**
  Gusto de verlo/la. *form.* It's nice to see you. **2.9**
  Gusto de verte. *fam.* It's nice to see you. **2.9**
  Mucho gusto. Pleased to meet you. **1.1**
  ¡Qué gusto volver a verlo/la! *form.* I'm happy to see you again! **2.9**
  ¡Qué gusto volver a verte! *fam.* I'm happy to see you again! **2.9**

H

haber *(aux.) v.* to have *(done something)* **2.6**
  Ha sido un placer. It's been a pleasure. **2.6**
habilidad *f.* skill
hábilmente *adv.* skillfully
habitación *f.* room **1.5, 3.5**
  habitación individual/doble *f.* single/double room **1.5, 3.5**
habitante *m., f.* inhabitant
habitar *v.* to inhabit
hablante *m., f.* speaker **3.9**
hablar *v.* to talk; to speak **1.2, 3.1**
  Hablando de esto, ... Speaking of that, ...
hacer *v.* to do; to make **1.4, 3.1, 3.4**
  Hace buen tiempo. The weather is good. **1.5**
  Hace (mucho) calor. It's (very) hot. *(weather)* **1.5**
  Hace fresco. It's cool. *(weather)* **1.5**
  Hace (mucho) frío. It's very cold. *(weather)* **1.5**
  Hace mal tiempo. The weather is bad. **1.5**
  Hace (mucho) sol. It's (very) sunny. *(weather)* **1.5**
  Hace (mucho) viento. It's (very) windy. *(weather)* **1.5**
  hacer algo a propósito to do something on purpose
  hacer clic to click **3.7**
  hacer cola to wait in line **3.2**
  hacer diligencias to run errands **2.5**
  hacer ejercicio to exercise **2.6**
  hacer ejercicios aeróbicos to do aerobics **2.6**

  hacer ejercicios de estiramiento to do stretching exercises **2.6**
  hacer un/el favor (a) to do someone a/the favor
  hacer el papel (de) to play the role (of) **2.8**
  hacer gimnasia to work out **2.6**
  hacer juego (con) to match (with) **1.6**
  hacer la cama to make the bed **2.3**
  hacer las maletas to pack (one's) suitcases **1.5, 3.5**
  hacer mandados to run errands **3.3**
  hacer quehaceres domésticos to do household chores **2.3**
  hacer transbordo to change (planes/trains) **3.5**
  hacer turismo to go sightseeing
  hacer un viaje to take a trip **1.5, 3.5**
  hacer una excursión to go on a hike; to go on a tour
  hacerle caso a alguien to pay attention to someone **3.1**
  hacerle daño a alguien to hurt someone
  hacerle gracia a alguien to be funny to someone
  hacerse daño to hurt oneself
hacia *prep.* toward **2.5**
hallazgo *m.* finding; discovery **3.4**
hambre *f.* hunger **1.3**
hambriento/a *adj.* hungry
hamburguesa *f.* hamburger **1.8**
haragán/haragana *adj.* lazy; idle **3.8**
harto/a *adj.* tired; fed up (with)
  estar harto/a (de) to be fed up (with); to be sick (of) **3.1**
hasta *prep.* until **1.6**; toward
  hasta la fecha up until now
  Hasta la vista. See you later. **1.1**
  Hasta luego. See you later. **1.1**
  Hasta mañana. See you tomorrow. **1.1**
  hasta que *conj.* until **2.4**
  Hasta pronto. See you soon. **1.1**
hay *v.* there is; there are **1.1**
  Hay (mucha) contaminación. It's (very) smoggy.
  Hay (mucha) niebla. It's (very) foggy.
  Hay que It is necessary that **2.5**
  No hay duda de There's no doubt **2.4**
  No hay de qué. You're welcome. **1.1**
hecho *p.p.* done **2.5**

heladería *f.* ice cream shop **2.5**
helado *m.* ice cream **1.9**
helado/a *adj.* iced **1.8**
helar (e:ie) *v.* to freeze
heredar *v.* to inherit
herencia *f.* heritage
  herencia cultural *f.* cultural heritage
herida *f.* injury **3.4**
herido/a *adj.* injured
herir (e:ie) *v.* to hurt **3.1**
hermanastro/a *m., f.* stepbrother; stepsister **1.3**
hermano/a *m., f.* brother; sister **1.3**
  hermano/a mayor/menor *m., f.* older/younger brother/ sister **1.3**
hermanos *m., pl.* siblings (brothers and sisters) **1.3**
hermoso/a *adj.* beautiful **1.6**
heroico/a *adj.* heroic
herradura *f.* horseshoe
herramienta *f.* tool
  caja de herramientas *f.* toolbox
hervir (e:ie) *v.* to boil **3.3**
hierba *f.* grass **2.4**
higiénico/a *adj.* hygienic
hijastro/a *m., f.* stepson; stepdaughter **1.3**
hijo/a *m., f.* son; daughter **1.3**
  hijo/a único/a *m., f.* only child **1.3**
hijos *m., pl.* children **1.3**
hindú *adj.* Hindu
hipoteca *f.* mortgage **3.8**
historia *f.* history **1.2**; story **2.8**
historiador(a) *m., f.* historian
histórico/a *adj.* historic; historical **3.10**
hockey *m.* hockey **1.4**
hogar *m.* home; fireplace **3.3**
hojear *v.* to skim **3.10**
hola *interj.* hello; hi **1.1**
hombre *m.* man **1.1**
  hombre de negocios *m.* businessman **2.7, 3.8**
hombro *m.* shoulder
  encogerse de hombros to shrug
hondo/a *adj.* deep **3.2**
hora *f.* hour **1.1;** the time
  horas de visita *f., pl.* visiting hours
horario *m.* schedule **1.2, 3.3**
hormiga *f.* ant **3.6**
horno *m.* oven **2.3**
  horno de microondas *m.* microwave oven **2.3**
horror *m.* horror **2.8**
  de horror horror (*genre*) **2.8**
hospedarse *v.* to stay; to lodge
hospital *m.* hospital **2.1**
hotel *m.* hotel **1.5**

hoy *adv.* today **1.2**
  hoy día *adv.* nowadays
  Hoy es... Today is... **1.2**
huelga *f.* strike (*labor*) **2.9, 3.8**
huella *f.* trace; mark **3.8**
huerto *m.* orchard
hueso *m.* bone **2.1**
huésped *m., f.* guest **1.5**
huevo *m.* egg **1.8**
humanidad *f.* humankind
humanidades *f., pl.* humanities **1.2**
húmedo/a *adj.* humid; damp **3.6**
humillar *v.* to humiliate **3.8**
humorístico/a *adj.* humorous **3.10**
hundir *v.* to sink
huracán *m.* hurricane **2.9, 3.6**

I

ida *f.* one way (*travel*)
idea *f.* idea **1.4**
ideología *f.* ideology
idioma *m.* language **3.9**
iglesia *f.* church **1.4**
igual *adj.* equal
igualdad *f.* equality **2.9**
igualmente *adv.* likewise **1.1**
ilusión *f.* illusion; hope
imagen *f.* image; picture **3.2, 3.7**
imaginación *f.* imagination
imparcial *adj.* unbiased **3.9**
imperio *m.* empire
impermeable *m.* raincoat **1.6**
importaciones *f., pl.* imports
importado/a *adj.* imported **3.8**
importante *adj.* important **1.3, 3.4**
importar *v.* to be important to; to matter **1.7, 3.2, 3.4;** to import **3.8**
imposible *adj.* impossible **2.4**
impresionar *v.* to impress **3.1**
impresionismo *m.* impressionism **3.10**
impresora *f.* printer **2.2**
imprevisto/a *adj.* unexpected **3.3**
imprimir *v.* to print **2.2, 3.9**
improbable *adj.* improbable **2.4**
improviso: de improviso *adv.* unexpectedly
impuesto *m.* tax **2.9**
  impuesto de ventas *m.* sales tax **3.8**
inalámbrico/a *adj.* wireless **3.7**
incapaz *adj.* incompetent; incapable **3.8**
incendio *m.* fire **2.9; 3.6**
incertidumbre *f.* uncertainty

incluido/a *adj.* included **3.5**
increíble *adj.* incredible **1.5**
independencia *f.* independence
índice *m.* index
  índice de audiencia *m.* ratings
indígena *adj.* indigenous **3.9;** *m., f.* indigenous person **3.4**
individual *adj.* private (*room*) **1.5**
industria *f.* industry
inesperado/a *adj.* unexpected **3.3**
inestabilidad *f.* instability
infancia *f.* childhood
infección *f.* infection **2.1**
inflamado/a *adv.* inflamed **3.4**
inflamarse *v.* to become inflamed
inflexible *adj.* inflexible
influyente *adj.* influential **3.9**
informar *v.* to inform **2.9**
informarse *v.* to get information
informática *f.* computer science **3.7**
informativo *m.* news bulletin **3.9**
informe *m.* report **2.9**
ingeniero/a *m., f.* engineer **1.3, 3.7**
inglés *m.* English (*language*) **1.2**
inglés, inglesa *adj.* English **1.3**
ingresar *v.* to enter; to enroll in; to become a member of
  ingresar datos to enter data
injusto/a *adj.* unjust
inmaduro/a *adj.* immature **3.1**
inmigración *f.* immigration
inmoral *adj.* immoral
innovador(a) *adj.* innovative **3.7**
inodoro *m.* toilet **1.7**
inquietante *adj.* disturbing; unsettling **3.10**
inscribirse *v.* to register
inseguro/a *adj.* insecure **3.1**
insensatez *f.* folly **3.4**
insistir (en) *v.* to insist (on) **2.3, 3.4**
inspector(a) de aduanas *m., f.* customs inspector **1.5**
inspirado/a *adj.* inspired
instalar *v.* to install **3.7**
integrarse (a) *v.* to become part (of)
inteligente *adj.* intelligent **1.3**
intercambiar *v.* to exchange
interesante *adj.* interesting **1.3**
interesar *v.* to be interesting to; to interest **1.7, 3.2**
internacional *adj.* international **2.9**
Internet *m., f.* Internet **2.2, 3.7**
interrogante *m.* question; doubt **3.7**

intrigante *adj.* intriguing 3.10
inundación *f.* flood 2.9, 3.6
inundar *v.* to flood
inútil *adj.* useless 3.2
invadir *v.* to invade
inventar *v.* to invent 3.7
invento *m.* invention 3.7
inversión *f.* investment
  inversión extranjera *f.*
    foreign investment 3.8
inversor(a) *m., f.* investor
invertir (e:ie) *v.* to invest 2.7, 3.8
investigador(a) *m., f.* researcher
  3.4
investigar *v.* to investigate;
  to research 3.7
invierno *m.* winter 1.5
invitado/a *m., f.* guest (*at a*
  function) 1.9
invitar *v.* to invite 1.9
inyección *f.* injection 2.1
ir *v.* to go 1.4, 3.1, 3.2
  ir a (+ inf.) to be going to (*do*
    something) 1.4
  ir de compras to go shopping
    1.5, 3.3
  ir de excursión (a las
    montañas) to go for a hike
    (in the mountains) 1.4
  ir de pesca to go fishing
  ir de vacaciones to go on
    vacation 1.5, 3.5
  ir en autobús to go by bus 1.5
  ir en auto(móvil) to go by
    auto(mobile); to go by car 1.5
  ir en avión to go by plane 1.5
  ir en barco to go by boat 1.5
  ir en metro to go by subway
  ir en motocicleta to go by
    motorcycle 1.5
  ir en taxi to go by taxi 1.5
  ir en tren to go by train 1.5
irresponsable *adj.* irresponsible
irse (de) *v.* to go away (from)
  3.2; to leave 1.7
isla *f.* island 3.5
italiano/a *adj.* Italian 1.3
itinerario *m.* itinerary 3.5
izquierdo/a *adj.* left 1.2
  a la izquierda de to the left
    of 1.2

J

jabalí *m.* wild boar 3.10
jabón *m.* soap 1.7
jamás *adv.* never; not ever 1.7
jamón *m.* ham 1.8
japonés, japonesa *adj.*
  Japanese 1.3
jarabe (para la tos) *m.* (cough)
  syrup 3.4
jardín *m.* garden; yard 2.3

jaula *f.* cage
jefe, jefa *m., f.* boss 2.7
jornada *f.* (work) day
joven *adj.* young 1.3; *m., f.*
  youth; young person 1.1
joyería *f.* jewelry store 2.5
jubilación *f.* retirement
jubilarse *v.* to retire (*from*
  work) 1.9, 3.8
judío/a *adj.* Jewish
juego *m.* game 3.2
  juego de mesa *m.* board game
    3.2
  juego de pelota *m.* ball game
    3.5
jueves *m., sing.* Thursday 1.2
juez(a) *m., f.* judge
jugador(a) *m., f.* player 1.4
jugar (u:ue) *v.* to play 1.4
  jugar a las cartas to play
    cards 1.5
jugo (de fruta) *m.* (fruit) juice
  1.8
juicio *m.* trial; judgment
julio *m.* July 1.5
jungla *f.* jungle 2.4
junio *m.* June 1.5
juntos/as *adj.* together 1.9
jurar *v.* to promise
justicia *f.* justice
justo/a *adj.* just
juventud *f.* youth 1.9

K

kilómetro *m.* kilometer 2.2

L

la *f., sing., def. art.* the 1.1; *f.,*
  sing., d.o. pron. her, it, *form.*
  you 1.5
laboratorio *m.* laboratory 1.2
  laboratorio espacial *m.* space
    lab
ladrillo *m.* brick
ladrón/ladrona *m., f.* thief
lago *m.* lake 2.4
lágrimas *f. pl.* tears
lámpara *f.* lamp 2.3
lana *f.* wool 1.6
langosta *f.* lobster 1.8
lanzar *v.* to throw; to launch
lápiz *m.* pencil 1.1
largo/a *adj.* long 1.6
  a largo plazo long-term
  a lo largo de along; beside
largometraje *m.* full-length film
las *f., pl., def. art.* the 1.1; *f.,*
  pl., d.o. pron. them, *form.*
  you 1.5
lástima *f.* shame 2.4

lastimar *v.* to injure
lastimarse *v.* to injure oneself
  2.1; to get hurt 3.4
  lastimarse el pie to injure
    one's foot 2.1
lata *f.* (tin) can 2.4
latir *v.* to beat 3.4
lavabo *m.* sink 1.7
lavadora *f.* washing machine
  2.3
lavandería *f.* laundromat 2.5
lavaplatos *m., sing.* dishwasher
  2.3
lavar *v.* to wash 2.3, 3.3
  lavar (el suelo/los platos) to
    wash (the floor/the dishes) 2.3
lavarse *v.* to wash oneself 1.7,
  3.2
  lavarse la cara to wash one's
    face 1.7
  lavarse las manos to wash
    one's hands 1.7
le *sing., i.o. pron.* to/for him, her,
  form. you 1.6
  Le presento a... *form.* I
    would like to introduce you to
    (name). 1.1
lealtad *f.* loyalty
lección *f.* lesson 1.1
leche *f.* milk 1.8
lechuga *f.* lettuce 1.8
lector(a) *m., f.* reader 3.9
leer *v.* to read 1.3
  leer correo electrónico to
    read e-mail 1.4
  leer un periódico to read a
    newspaper 1.4
  leer una revista to read a
    magazine 1.4
leído *p.p.* read 2.5
lejano/a *adj.* distant 3.5
lejos de *prep.* far from 1.2
lengua *f.* tongue 3.9; language
  1.2
  lenguas extranjeras *f., pl.*
    foreign languages 1.2
lentes (de sol) *m., pl.*
  (sun)glasses
  lentes de contacto *m., pl.*
    contact lenses
lento/a *adj.* slow 2.2
león *m.* lion 3.6
les *pl., i.o. pron.* to/for them,
  form. you 1.6
lesión *f.* wound 3.4
letrero *m.* sign 2.5
levantar *v.* to pick up; to lift 2.6
  levantar pesas to lift weights
    2.6
levantarse *v.* to get up 1.7, 3.2
ley *f.* law 2.4
  aprobar una ley to approve
    a law; to pass a law
  cumplir la ley to abide by the
    law

Vocabulario

proyecto de ley *m.* bill
leyenda *f.* legend 3.5
liberal *adj.* liberal
liberar *v.* to liberate
libertad *f.* liberty; freedom 2.9
  libertad de prensa freedom of the press 3.9
libre *adj.* free 1.4
  al aire libre outdoors 3.6
librería *f.* bookstore 1.2
libro *m.* book 1.2
licencia de conducir *f.* driver's license 2.2
líder *m., f.* leader
liderazgo *m.* leadership
lidiar *v.* to fight (*bulls*) 3.2
límite *m.* border
limón *m.* lemon 1.8
limpiar *v.* to clean 2.3, 3.3
  limpiar la casa to clean the house 2.3
limpieza *f.* cleaning 3.3
limpio/a *adj.* clean 1.5
línea *f.* line
listo/a *adj.* ready; smart 1.5
literatura *f.* literature 1.2, 3.10
  literatura infantil/juvenil children's literature 3.10
llamar *v.* to call 2.2
  llamar por teléfono to call on the phone
llamarse *v.* to be called; to be named 1.7
llamativo/a *adj.* striking 3.10
llanta *f.* tire 2.2
llanto *m.* weeping; crying 3.3
llave *f.* key 1.5
llegada *f.* arrival 1.5, 3.5
llegar *v.* to arrive 1.2
llenar *v.* to fill 2.2, 2.5
  llenar el tanque to fill the tank 2.2
  llenar (un formulario) to fill out (a form) 2.5
lleno/a *adj.* full 2.2
llevar *v.* to carry 1.2, 3.2; to wear; to take 1.6
  llevar a cabo to carry out (*an activity*)
  llevar… años de (casados) to be (married) for… years 3.1
  llevar una vida sana to lead a healthy lifestyle 2.6
llevarse *v.* to carry away 3.2
  llevarse bien/mal (con) to get along well/badly (with) 1.9, 3.1
llover (o:ue) *v.* to rain 1.5
  Llueve. It's raining. 1.5
lluvia *f.* rain 2.4
  lluvia ácida *f.* acid rain 2.4
lo *m., sing. d.o. pron.* him, it, *form.* you 1.5
  ¡Lo hemos pasado de película! We've had a great time! 2.9

¡Lo hemos pasado maravillosamente! We've had a great time! 2.9
lo mejor the best (thing) 2.9
Lo pasamos muy bien. We had a good time. 2.9
lo peor the worst (thing) 2.9
lo que *conj.* that which; what 2.3
Lo siento. I'm sorry. 1.1
Lo siento muchísimo. I'm so sorry. 1.4
loco/a *adj.* crazy 1.6
  ¡Ni loco/a! *adj.* No way! 3.9
locura *f.* madness; insanity
locutor(a) *m., f.* (TV or radio) announcer 2.9, 3.9
lograr *v.* to manage; to achieve 3.3
lomo a la plancha *m.* grilled flank steak 1.8
loro *m.* parrot
los *m., pl., def. art.* the 1.1; *m. pl., d.o. pron.* them, *form.* you 1.5
lotería *f.* lottery
lucha *f.* struggle; fight
luchar (contra/por) *v.* to fight; to struggle (against/for) 2.9
lucir *v.* to wear, to display 3.3
luego *adv.* then 1.7; later 1.1
lugar *m.* place 1.4
lujo *m.* luxury 3.8
  de lujo luxurious
lujoso/a luxurious 3.5
luminoso/a *adj.* bright 3.10
luna *f.* moon 2.4
  luna llena *f.* full moon
lunares *m.* polka dots 1.6
lunes *m., sing.* Monday 1.2
luz *f.* light; power; electricity 2.3, 3.7

M

macho *m.* male
madera *f.* wood
madrastra *f.* stepmother 1.3
madre *f.* mother 1.3
  madre soltera *f.* single mother
madrugar *v.* to wake up early 3.4
madurez *f.* maturity; middle age 1.9
maduro/a *adj.* mature 3.1
maestro/a *m., f.* teacher 2.7
magia *f.* magic
magnífico/a *adj.* magnificent 1.5
maíz *m.* corn 1.8
mal, malo/a *adj.* bad 1.3
maldición *f.* curse
malestar *m.* discomfort 3.4
maleta *f.* suitcase 1.1, 3.5

hacer las maletas to pack one's suitcases 1.5, 3.5
maletero *m.* trunk 3.9
malgastar *v.* to waste 3.6
malhumorado/a *adj.* ill-tempered; in a bad mood
mamá *f.* mom 1.3
manantial *m.* spring
mancha *f.* stain
manchar *v.* to stain
mandar *v.* to order 2.3; to send; to mail 2.5
manejar *v.* to drive 2.2
manera *f.* way 2.7
manga *f.* sleeve 3.5
manifestación *f.* protest; demonstration
manifestante *m., f.* protester 3.6
manipular *v.* to manipulate 3.9
mano *f.* hand 1.1
  mano de obra *f.* labor
  ¡Manos arriba! Hands up!
manta *f.* blanket 2.3
mantener *v.* to keep; to maintain 2.6
  mantenerse en contacto to keep in touch 3.1
  mantenerse en forma to stay in shape 2.6, 3.4
mantequilla *f.* butter 1.8
manuscrito *m.* manuscript
manzana *f.* apple 1.8
mañana *f.* morning, A.M. 1.1; tomorrow 1.1
mapa *m.* map 1.2
maquillaje *m.* makeup 1.7, 3.3
maquillarse *v.* to put on makeup 1.7, 3.2
mar *m.* sea 1.5, 3.6
maratón *m.* marathon
maravilloso/a *adj.* marvelous 1.5
marca *f.* brand
marcar *v.* to mark
  marcar (un gol/punto) to score (a goal/point) 3.2
marcharse *v.* to leave
marco *m.* frame
mareado/a *adj.* dizzy 3.4; nauseated 2.1
margarina *f.* margarine 1.8
marido *m.* husband
marinero *m.* sailor
mariposa *f.* butterfly
mariscos *m., pl.* shellfish 1.8
marítimo/a *adj.* maritime
marrón *adj.* brown 1.6
martes *m., sing.* Tuesday 1.2
marzo *m.* March 1.5
más *pron., adj., adv.* more 1.2
  más allá de beyond
  más bien rather
  más de (+ *number*) more than 1.8
  más… que more… than 1.8
  más tarde later (on) 1.7

masaje *m.* massage 2.6
masticar *v.* to chew
matador/a *m., f.* bullfighter who kills the bull 3.2
matemáticas *f., pl.* mathematics 1.2
matemático/a *m., f.* mathematician 3.7
materia *f.* course 1.2
matiz *m.* subtlety
matrimonio *m.* marriage 1.9
máximo/a *adj.* maximum 2.2
mayo *m.* May 1.5
mayonesa *f.* mayonnaise 1.8
mayor *m.* elder; *adj.* older 1.3
 el/la mayor *adj.* the eldest 1.8; the oldest
 mayor de edad of age
mayoría *f.* majority
me *sing., d.o. pron.* me 1.5; *sing., i.o. pron.* to/for me 1.6
 Me duele mucho. It hurts me a lot. 2.1
 Me gusta... I like... 1.2
 Me gustaría(n)... I would like... 2.8
 Me llamo... My name is... 1.1
 Me muero por... I'm dying to (for)...
 No me gustan nada. I don't like them at all. 1.2
mecánico/a *m., f.* mechanic 2.2; *adj.* mechanical
mecanismo *m.* mechanism
mediano/a *adj.* medium
medianoche *f.* midnight 1.1
medias *f., pl.* pantyhose, stockings 1.6
medicamento *m.* medication 2.1
medicina *f.* medicine 2.1
 medicina alternativa *f.* alternative medicine
médico/a *m., f.* doctor 1.3; *adj.* medical 2.1
medida *f.* means; measure
 medidas de seguridad *f. pl.* security measures 3.5
medio/a *adj.* half 1.3; *m.* half; middle; means
 medio ambiente *m.* environment 2.4
 medio/a hermano/a *m., f.* half-brother; half-sister 1.3
 mediodía *m.* noon 1.1
 medios de comunicación *m., pl.* means of communication; media 2.9
 y media thirty minutes past the hour (*time*) 1.1
medir (e:i) *v.* to measure
meditar *v.* to meditate
mejilla *f.* cheek 3.10
mejor *adj.* better 1.8
 el/la mejor *adj.* the best 1.8
mejorar *v.* to improve 2.4, 3.4

melocotón *m.* peach 1.8
mendigo/a *m., f.* beggar
menor *adj.* younger 1.3
 el/la menor *adj.* the youngest 1.8
menos *adv.* less 2.1
 menos cuarto..., menos quince... quarter to... (*time*) 1.1
 menos de (+ *number*) fewer than 1.8
 menos... que less... than 1.8
mensaje *m.* message
 mensaje de texto *m.* text message 2.2, 3.7
 mensaje electrónico *m.* e-mail message 1.4
mentira *f.* lie 1.4, 3.1
 de mentiras pretend 3.5
mentiroso/a *adj.* lying 3.1
menú *m.* menu 1.8
menudo: a menudo *adv.* frequently; often 3.3
mercadeo *m.* marketing 3.1
mercado *m.* market 1.6, 3.8
 mercado al aire libre *m.* open-air market 1.6
mercancía *f.* merchandise
merecer *v.* to deserve 3.8
merendar (e:ie) *v.* to snack 1.8; to have an afternoon snack
merienda *f.* afternoon snack 2.6
mes *m.* month 1.5
mesa *f.* table 1.2
mesero/a *m., f.* waiter; waitress
mesita *f.* end table 2.3
 mesita de noche *f.* night stand 2.3
mestizo/a *m., f.* person of mixed ethnicity (part indigenous)
meta *f.* finish line
meterse *v.* to break in (*to a conversation*) 3.1
metro *m.* subway 1.5
mexicano/a *adj.* Mexican 1.3
México *m.* Mexico 1.1
mezcla *f.* mixture
mezquita *f.* mosque
mí *pron., obj. of prep.* me 1.9
mi(s) *poss. adj.* my 1.3
microonda *f.* microwave 2.3
 horno de microondas *m.* microwave oven 2.3
miedo *m.* fear 1.3
miel *f.* honey 3.8
mientras *adv.* while
miércoles *m., sing.* Wednesday 1.2
mil *m.* one thousand 1.2
 mil millones *m.* billion
 Mil perdones. I'm so sorry. (*lit.* A thousand pardons.) 1.4
milagro *m.* miracle
militar *m., f.* military
milla *f.* mile 2.2

millón *m.* million 1.2
 millones (de) *m.* millions (of)
mineral *m.* mineral 2.6
ministro/a *m., f.* minister
 ministro/a protestante *m., f.* Protestant minister
minoría *f.* minority
minuto *m.* minute 1.1
mío(s)/a(s) *poss. adj. and pron.* my; (of) mine 2.2
mirada *f.* gaze 3.1
mirar *v.* to look (at); to watch 1.2
 mirar (la) televisión to watch television 1.2
misa *f.* mass 3.2
mismo/a *adj.* same 1.3
 él/ella mismo/a himself; herself
 Lo mismo digo yo. The same here.
mitad *f.* half
mito *m.* myth 3.5
mochila *f.* backpack 1.2
moda *f.* fashion 1.6; trend
 de moda *adj.* popular; in fashion 3.9
 moda pasajera *f.* fad 3.9
modelo *m., f.* model (*fashion*)
módem *m.* modem
moderno/a *adj.* modern 2.8
modificar *v.* to modify; to reform
modo *m.* means; manner
mojar *v.* to moisten
mojarse *v.* to get wet
molestar *v.* to bother; to annoy 1.7, 3.2
momento *m.* moment
 de último momento *adj.* up-to-the-minute 3.9
 noticia de último momento *f.* last-minute news
monarca *m., f.* monarch
monitor *m.* (computer) monitor 2.2
monitor(a) *m., f.* trainer
monja *f.* nun
mono *m.* monkey 3.6
monolingüe *adj.* monolingual 3.9
montaña *f.* mountain 1.4, 3.6
montar a caballo to ride a horse 1.5
monte *m.* mountain 3.6
monumento *m.* monument 1.4
mora *f.* blackberry 1.8
morado/a *adj.* purple 1.6
moral *adj.* moral
morder (o:ue) *v.* to bite 3.6
moreno/a *adj.* brunet(te) 1.3
morir (o:ue) *v.* to die 1.8
morirse (o:ue) de *v.* to die of 3.2
moroso/a *m., f.* debtor 3.8
mosca *f.* fly 3.6
mostrar (o:ue) *v.* to show 1.4

motocicleta *f.* motorcycle   1.5
motor *m.* motor
motosierra *f.* power saw   3.7
móvil *m.* cell phone   3.7
movimiento *m.* movement   3.10
muchacho/a *m., f.* boy; girl   1.3
muchísimo *adj., adv.* very much   1.2
mucho/a *adj., adv.* a lot of; much   1.2; many   1.3
  (Muchas) gracias. Thank you (very much).; Thanks (a lot).   1.1
  muchas veces *adv.* a lot; many times   2.1
  Muchísimas gracias. Thank you very, very much.   1.9
  Mucho gusto. Pleased to meet you.   1.1
mudar *v.* to change   3.2
mudarse *v.* to move (*from one house to another*)   2.3, 3.2
mueble *m.* piece of furniture   3.3
muebles *m., pl.* furniture   2.3
muela *f.* molar
muelle *m.* pier   3.5
muerte *f.* death   1.9
muerto *p.p.* died   2.5
muestra *f.* sample; example
mujer *f.* wife; woman   1.1
  mujer de negocios *f.* businesswoman   2.7, 3.8
  mujer policía *f.* female police officer
mujeriego *m.* womanizer   3.2
multa *f.* fine
multinacional *f.* multinational company
multitud *f.* crowd
mundial *adj.* worldwide
Mundial *m.* World Cup   3.2
mundo *m.* world   2.4
municipal *adj.* municipal
muralista *m., f.* muralist   3.10
músculo *m.* muscle   2.6
museo *m.* museum   1.4
música *f.* music   1.2, 2.8
musical *adj.* musical   2.8
músico/a *m., f.* musician   2.8, 3.2
musulmán/musulmana *adj.* Muslim
muy *adv.* very   1.1
  Muy amable. That's very kind of you.   1.5
  (Muy) bien, gracias. (Very) well, thanks.   1.1

N

nacer *v.* to be born   1.9
nacimiento *m.* birth   1.9
nacional *adj.* national   2.9
nacionalidad *f.* nationality   1.1

nada *pron., adv.* nothing   1.1; not anything   1.7
  nada mal not bad at all   1.5
nadar *v.* to swim   1.4
nadie *pron.* no one, nobody, not anyone   1.7
naipes *m. pl.* playing cards   3.2
naranja *f.* orange   1.8
nariz *f.* nose   2.1
narrador(a) *m., f.* narrator   3.10
narrar *v.* to narrate   3.10
narrativa *f.* narrative work   3.10
natación *f.* swimming   1.4
nativo/a *adj.* native
natural *adj.* natural   2.4
naturaleza *f.* nature   2.4
  naturaleza muerta *f.* still life   3.10
nave espacial *f.* spaceship
navegante *m., f.* navigator   3.7
navegar *v.* to sail   3.5
  navegar (en Internet) to surf (the Internet)   2.2
  navegar la red to surf the web   3.7
Navidad *f.* Christmas   1.9
necesario/a *adj.* necessary   2.3, 3.4
necesidad *f.* need   3.5
  de primerísima necesidad of utmost necessity   3.5
necesitar (+ *inf.*) *v.* to need   1.2, 3.4
necio/a *adj.* stupid
negar (e:ie) *v.* to deny   2.4
  no negar (e:ie) *v.* not to deny   2.4
negativo/a *adj.* negative
negocio *m.* business
negocios *m., pl.* business; commerce   2.7
negro/a *adj.* black   1.6
nervioso/a *adj.* nervous   1.5
nevar (e:ie) *v.* to snow   1.5
  Nieva. It's snowing.   1.5
ni... ni... *conj.* neither... nor...   1.7
nido *m.* nest
niebla *f.* fog
nieto/a *m., f.* grandson; granddaughter   1.3
nieve *f.* snow
niñez *f.* childhood   1.9
ningún, ninguno/a(s) *adj., pron.* no; none; not any   1.7
  ningún problema no problem
niño/a *m., f.* child   1.3
nítido/a *adj.* sharp
nivel *m.* level
  nivel del mar *m.* sea level
no *adv.* no; not   1.1
  ¿no? right?   1.1
  No cabe duda de... There is no doubt...   2.4
  No es así. That's not the way it is.   2.7

No es para tanto. It's not a big deal.   2.3
no es seguro it's not sure   2.4
no es verdad it's not true   2.4
No está nada mal. It's not bad at all.   1.5
no estar de acuerdo to disagree
No estoy seguro. I'm not sure.
no hay there is not; there are not   1.1
No hay de qué. You're welcome.   1.1
No hay duda de... There is no doubt...   2.4
No hay problema. No problem.   1.7
¡No me diga(s)! You don't say!   2.2
No me gustan nada. I don't like them at all.   1.2
no muy bien not very well   1.1
No quiero. I don't want to.   1.4
No sé. I don't know.
No se preocupe. *form.* Don't worry.   1.7
No te preocupes. *fam.* Don't worry.   1.7
no tener razón to be wrong   1.3
noche *f.* night   1.1
nombrar *v.* to name
nombre *m.* name   1.1
  nombre artístico *m.* stage name   3.1
nominación *f.* nomination
nominado/a *m., f.* nominee
norte *m.* north   2.5
norteamericano/a *adj.* (North) American   1.3
nos *pl., d.o. pron.* us   1.5; *pl., i.o. pron.* to/for us   1.6
  Nos divertimos mucho. We had a lot of fun.   2.9
  Nos vemos. See you.   1.1
nosotros/as *sub. pron.* we   1.1; *pron., obj. of prep.* us   1.9
noticia *f.* news
noticias *f., pl.* news   2.9
  noticias locales/nacionales/ internacionales local/domestic/ international news   3.9
noticiero *m.* newscast   2.9
novecientos/as *n., adj.* nine hundred   1.2
novela rosa *f.* romance novel   3.10
novelista *m., f.* novelist   3.7, 3.10
noveno/a *n., adj.* ninth   1.5
noventa *n., adj.* ninety   1.2
noviembre *m.* November   1.5
novio/a *m., f.* boyfriend; girlfriend   1.3

nube *f.* cloud   2.4
nublado/a *adj.* cloudy   1.5
   Está (muy) nublado. It's (very) cloudy.   1.5
nuca *f.* nape   3.9
nuclear *adj.* nuclear   2.4
nuera *f.* daughter-in-law   1.3
nuestro(s)/a(s) *poss. adj.* our   1.3; *poss. adj. and pron.* (of) ours   2.2
nueve *n., adj.* nine   1.1
nuevo/a *adj.* new   1.6
número *m.* number   1.1; (shoe) size   1.6
nunca *adv.* never; not ever   1.7
nutrición *f.* nutrition   2.6
nutricionista *m., f.* nutritionist 2.6
nutritivo/a *adj.* nutritious   3.4

O

o *conj.* or   1.7
   o... o; either... or   1.7
obedecer *v.* to obey   2.9, 3.1
obesidad *f.* obesity   3.4
obra *f.* work (*of art, literature, music, etc.*)   2.8
   obra de arte *f.* work of art   3.10
   obra de teatro *f.* play (*theater*)   3.2
   obra maestra *f.* masterpiece 2.8, 3.3
obsequio *m.* gift
obtener *v.* to obtain; to get   2.7
obvio/a *adj.* obvious   2.4
océano *m.* ocean
ochenta *n., adj.* eighty   1.2
ocho *n., adj.* eight   1.1
ochocientos/as *n., adj.* eight hundred   1.2
ocio *m.* leisure
octavo/a *n., adj.* eighth   1.5
octubre *m.* October   1.5
ocupación *f.* occupation   2.7
ocupado/a *adj.* busy   1.5
ocurrir *v.* to occur; to happen   2.9
ocurrírsele a alguien *v.* to occur to someone
odiar *v.* to hate   1.9, 3.1
oeste *m.* west   2.5
ofensa *f.* insult   3.10
oferta *f.* offer   2.3; proposal   3.9
oficina *f.* office   2.3
oficio *m.* trade   2.7
ofrecer *v.* to offer   1.6
ofrecerse (a) *v.* to offer (to)
oído *m.* (*sense*) hearing; inner ear 2.1
   oído *p.p.* heard   2.5
oír *v.* to hear   1.4, 3.1
   Oiga./Oigan. *form., sing./pl.* Listen. (*in conversation*)   1.1

Oye. *fam., sing.* Listen. (*in conversation*)   1.1
ojalá (que) *interj.* I hope (that); I wish (that)   2.4
ojeras *f. pl.* bags under the eyes
ojo *m.* eye   2.1
ola *f.* wave   3.5
óleo *m.* oil painting   3.10
Olimpiadas *f. pl.* Olympics
olvidar *v.* to forget   2.1
olvidarse (de) *v.* to forget (about)   3.2
olvido *m.* forgetfulness; oblivion 3.1
ombligo *m.* navel   3.4
once *n., adj.* eleven   1.1
onda *f.* wave
ópera *f.* opera   2.8
operación *f.* operation   2.1, 3.4
operar *v.* to operate
opinar *v.* to think; to be of the opinion
   Opino que... In my opinion...
oponerse a *v.* to oppose   3.4
oprimir *v.* to oppress
ordenado/a *adj.* orderly   1.5
ordinal *adj.* ordinal (number)
oreja *f.* (outer) ear   2.1
organismo público *m.* government agency   3.9
orgulloso/a *adj.* proud   3.1
   estar orgulloso/a de to be proud of
orilla *f.* shore
   a orillas de on the shore of 3.6
ornamentado/a *adj.* ornate
orquesta *f.* orchestra   2.8
ortografía *f.* spelling
ortográfico/a *adj.* spelling
os *fam., pl., d.o. pron.* you   1.5; *fam., pl., i.o. pron.* to/for you   1.6
oscurecer *v.* to darken   3.6
oso *m.* bear
otoño *m.* autumn   1.5
otro/a *adj.* other; another   1.6
   otra vez *adv.* again
oveja *f.* sheep   3.6
ovni *m.* UFO   3.7
oyente *m., f.* listener   3.9

P

paciente *m., f.* patient   2.1
pacífico/a *adj.* peaceful
padrastro *m.* stepfather   1.3
padre *m.* father   1.3
   padre soltero *m.* single father
padres *m., pl.* parents   1.3
pagar *v.* to pay   1.6, 1.9
pagar a plazos to pay in installments   2.5

pagar al contado to pay in cash   2.5
pagar en efectivo to pay in cash   2.5
pagar la cuenta to pay the bill   1.9
página *f.* page   2.2
   página principal *f.* home page   2.2
   página web web page   3.7
país *m.* country   1.1
   país en vías de desarrollo *m.* developing country
paisaje *m.* landscape   1.5; scenery   3.6
pájaro *m.* bird   2.4, 3.6
palabra *f.* word   1.1
palmera *f.* palm tree
pan *m.* bread   1.8
   pan tostado *m.* toasted bread 1.8
panadería *f.* bakery   2.5
panfleto *m.* pamphlet
pantalla *f.* screen   2.2, 3.2
   pantalla de computadora *f.* computer screen
   pantalla de televisión *f.* television screen   3.2
   pantalla líquida f. LCD screen 3.7
pantalones *m., pl.* pants   1.6
   pantalones cortos *m., pl.* shorts   1.6
pantuflas *f.* slippers   1.7
papa *f.* potato   1.8
   papas fritas *f., pl.* fried potatoes; French fries   1.8
papá *m.* dad   1.3
papás *m., pl.* parents   1.3
papel *m.* paper   1.2; role   2.8, 3.9
   desempeñar un papel to play a role (*in a play*); to carry out
papelera *f.* wastebasket   1.2
paquete *m.* package   2.5
par *m.* pair   1.6
   par de zapatos *m.* pair of shoes   1.6
para *prep.* for; in order to; by; used for; considering   2.2; for
   Para mí, ... In my opinion, ...
   para nada not at all
   para que *conj.* so that   2.4
parabrisas *m., sing.* windshield 2.2
paradoja *f.* paradox
parar *v.* to stop   2.2
   parar el carro to hold your horses   3.9
parcial *adj.* biased   3.9
parcialidad *f.* bias   3.9
parecer *v.* to seem   1.6, 3.2
   A mi parecer, ... In my opinion, ...

Vocabulario

Al parecer, no le gustó. It looks like he/she didn't like it. 3.6
Me parece hermosa/o. I think it's pretty.
Me pareció... I thought.. 3.1
Parece que está triste/ contento/a. It looks like he/she is sad/happy. 3.6
¿Qué te pareció Mariela? What did you think of Mariela? 3.1
parecerse *v.* to look like 3.2, 3.3
pared *f.* wall 2.3, 3.5
pareja *f.* (married) couple; partner 1.9, 3.1
parientes *m., pl.* relatives 1.3
parque *m.* park 1.4
parque de atracciones *m.* amusement park 3.2
párrafo *m.* paragraph
parroquia *f.* parish
parte *f.* part
de parte de on behalf of 2.2
Por mi parte, ... As for me, ...
particular *adj.* private; personal; particular
partido *m.* party (*politics*); game; match (*sports*) 1.4
ganar/perder un partido to win/lose a game 3.2
partido político *m.* political party
pasado/a *adj.* last; past 1.6
pasado *p.p.* passed
pasado/a de moda *adj.* out-of-date; no longer popular 3.9
pasaje *m.* ticket 1.5
pasaje de ida y vuelta *m.* roundtrip ticket 1.5, 3.5
pasajero/a *m., f.* passenger 1.1; *adj.* fleeting; passing
pasaporte *m.* passport 1.5, 3.5
pasar *v.* to go through 1.5; to pass (across, through, etc.)
pasar la aspiradora to vacuum 2.3, 3.3
pasar por el banco to go by the bank 2.5
pasar por la aduana to go through customs
pasar tiempo to spend time
pasarlo bien/mal to have a good/bad time 1.9, 3.1
Son cosas que pasan. These things happen.
pasarse *v.* to go too far
pasatiempo *m.* pastime 3.2; hobby 1.4
pasear *v.* to take a walk; to stroll 1.4
pasear en bicicleta to ride a bicycle 1.4
pasear por to walk around 1.4

paseo *m.* stroll
pasillo *m.* hallway 2.3
paso *m.* passage; pass; step
abrirse paso to make one's way
pasta de dientes *f.* toothpaste 1.7
pastel *m.* cake; pie 1.9
pastel de chocolate *m.* chocolate cake 1.9
pastel de cumpleaños *m.* birthday cake
pastelería *f.* pastry shop 2.5
pastilla *f.* pill 3.4; tablet 2.1
pasto *m.* grass
pata *f.* foot/leg of an animal
patada *f.* kick 3.3
patata *f.* potato 1.8
patatas fritas *f., pl.* fried potatoes; French fries 1.8
patear *v.* to kick 3.2
patente *f.* patent 3.7
patinar (en línea) *v.* to (inline) skate 1.4
patineta *f.* skateboard 1.4
patio *m.* patio; yard 2.3
pavo *m.* turkey 1.8
payaso/a *m., f.* clown 3.8
paz *f.* peace 2.9
pecado *m.* sin
pececillo de colores *m.* goldfish
pecho *m.* chest 3.10
pedir (e:i) *v.* to ask 3.1, 3.4; to ask for; to request 1.4; to order (*food*) 1.8
pedir prestado to borrow 2.5, 3.8
pedir un deseo to make a wish 3.8
pedir un préstamo to apply for a loan 2.5
pegar *v.* to stick
peinarse *v.* to comb one's hair 1.7, 3.2
pelear *v.* to fight
película *f.* film; movie 1.4
peligro *m.* danger 2.4
en peligro de extinción endangered 3.6
peligroso/a *adj.* dangerous 2.9, 3.5
pelirrojo/a *adj.* red-haired 1.3
pelo *m.* hair 1.7
pelota *f.* ball 1.4
peluquería *f.* beauty salon 2.5
peluquero/a *m., f.* hairdresser 2.7
pena *f.* sorrow 3.4
¡Qué pena! What a pity!
penicilina *f.* penicillin 2.1
pensar (e:ie) *v.* to think 1.4, 3.1
pensar (+ inf.) *v.* to intend to 1.4; to plan to (*do something*)
pensar en *v.* to think about 1.4
pensión *f.* boardinghouse; bed and breakfast inn

peor *adj.* worse 1.8
el/la peor *adj.* the worst 1.8
pequeño/a *adj.* small 1.3
pera *f.* pear 1.8
perder (e:ie) *v.* to lose; to miss 1.4;
perder las elecciones to lose an election
perder un partido to lose a game 3.2
perder un vuelo to miss a flight 3.5
pérdida *f.* loss
perdido/a *adj.* lost 2.5
Perdón. Pardon me.; Excuse me. 1.1
perdonar *v.* to forgive
Perdona. *fam.*/**Perdone.** *form.* Pardon me.; Excuse me.
perezoso/a *adj.* lazy
perfeccionar *v.* to improve; to perfect
perfecto/a *adj.* perfect 1.5
periódico *m.* newspaper 1.4, 3.9
periodismo *m.* journalism 1.2
periodista *m., f.* journalist 1.3, 3.9
permanecer *v.* to remain; to last 3.4
permisivo/a *adj.* permissive; easy-going 3.1
permiso *m.* permission
Con permiso. Pardon me.; Excuse me.
pero *conj.* but 1.2
perro *m.* dog 2.4
perseguir (e:i) *v.* to pursue; to persecute
persona *f.* person 1.3
personaje *m.* character 2.8, 3.10
personaje principal *m.* main character 2.8
personaje secundario *m.* secondary character
pertenecer (a) *v.* to belong (to)
pesadilla *f.* nightmare
pesas *f. pl.* weights 2.6
pesca *f.* fishing 3.5
pescadería *f.* fish market 2.5
pescado *m.* fish (*cooked*) 1.8
pescador(a) *m., f.* fisherman; fisherwoman
pescar *v.* to fish 1.5
pesimista *m., f.* pessimist
peso *m.* weight 2.6
pez *m.* fish (*live*) 2.4, 3.6
picadura *f.* insect bite
picar *v.* to sting, to peck
picnic *m.* picnic
pico *m.* peak, summit
pie *m.* foot 2.1
piedad *f.* mercy 3.8
piedra *f.* stone 2.4, 3.5
pierna *f.* leg 2.1
pieza *f.* piece (*art*) 3.10

pillar *v.* to get (catch) 3.9
piloto *m., f.* pilot
pimienta *f.* black pepper 1.8
pincel *m.* paintbrush 3.10
pincelada *f.* brush stroke 3.10
pintar *v.* to paint 2.8, 3.3
pintor(a) *m., f.* painter 2.7, 3.3, 3.10
pintura *f.* painting 3.10; picture 2.3, 2.8
piña *f.* pineapple 1.8
pirámide *f.* pyramid 3.5
piscina *f.* swimming pool 1.4
piso *m.* floor (*of a building*) 1.5
pizarra *f.* blackboard 1.2
placer *m.* pleasure 2.6
  Ha sido un placer. It's been a pleasure. 2.6
plancha *f.* iron
planchar la ropa to iron the clothes 2.3
planear *v.* to plan
planes *m., pl.* plans
planeta *m.* planet 3.7
planta *f.* plant 2.4
  planta baja *f.* ground floor 1.5
plástico *m.* plastic 2.4
plata *f.* money (*L. Am.*) 3.7
plato *m.* dish (*in a meal*) 1.8; plate 2.3
  plato principal *m.* main dish 1.8
playa *f.* beach 1.5
plaza *f.* city or town square 1.4
  plaza de toros *f.* bullfighting stadium 3.2
plazo: a corto/largo plazo short/long-term 3.8
plazos *m., pl.* periods; time 2.5
pluma *f.* pen 1.2
población *f.* population 3.4, 2.4
poblador(a) *m., f.* settler; inhabitant
poblar (o:ue) *v.* to settle; to populate
pobre *adj.* poor 1.6
pobreza *f.* poverty 3.8
poco/a *adj.* little; few 1.5, 2.1
poder (o:ue) *v.* to be able to 3.1; can 1.4
poderoso/a *adj.* powerful
poema *m.* poem 2.8
poesía *f.* poetry 2.8, 3.10
poeta *m., f.* poet 2.8, 3.10
polémica *f.* controversy
polen *m.* pollen 3.8
policía *f.* police (force) 2.2
policíaco/a *adj.* detective (*story/novel*) 3.10
política *f.* politics 2.9
político/a *m., f.* politician 2.7, 3.11; *adj.* political 2.9
pollo *m.* chicken 1.8
  pollo asado *m.* roast chicken 1.8

polvo *m.* dust 3.3
  quitar el polvo to dust 3.3
ponchar *v.* to go flat
poner *v.* to put; to place 1.4, 3.1, 3.2; to turn on (*electrical appliances*) 2.2
  poner a prueba to test; to challenge
  poner cara (de hambriento/a) to make a (hungry) face
  poner la mesa to set the table 2.3
  poner un disco compacto to play a CD
  poner(se) una inyección to give/to get an injection, a shot 2.1, 3.4
ponerse (+ *adj.*) *v.* to become (+ *adj.*) 1.7; to put on (*clothing*) 1.7, 3.2
  ponerse a dieta to go on a diet 3.4
  ponerse bien/mal to get well/ill 3.4
  ponerse de pie to stand up
  ponerse el cinturón *to fasten the seat belt* 3.5
  ponerse en forma to get in shape 3.4
  ponerse pesado/a to become annoying
popa *f.* stern 3.5
por *prep.* in exchange for; for; by; in; through; around; along; during; because of; on account of; on behalf of; in search of; by way of; by means of 2.2
  por aquí around here 2.2
  por avión by plane
  por ejemplo for example 2.2
  por eso that's why; therefore 2.2
  por favor please 1.1
  por fin *adv.* finally 2.2
  por la mañana in the morning 1.7
  por la noche at night 1.7
  por la tarde in the afternoon 1.7
  por lo menos *adv.* at least 2.1
  ¿por qué? *adv.* why? 1.2
  Por supuesto. Of course. 2.7
  por teléfono by phone; on the phone
  por último *adv.* finally 1.7
porque *conj.* because 1.2
porquería *f.* garbage; poor quality 3.10
portada *f.* front page; cover 3.9
portarse bien/mal *v.* to behave well/badly
portátil *m.* portable 2.2
porvenir *m.* future 2.7
  ¡Por el porvenir! Here's to the future! 2.7

posesivo/a *adj.* possessive 1.3
posible *adj.* possible 2.4
  en todo lo posible as much as possible
  es posible it's possible 2.4
  no es posible it's not possible 2.4
postal *f.* postcard
postre *m.* dessert 1.9
pozo *m.* well
  pozo petrolero *m.* oil well
practicar *v.* to practice 1.2
  practicar deportes to play sports 1.4
precio (fijo) *m.* (fixed; set) price 1.6
precolombino/a *adj.* pre-Columbian
preferir (e:ie) *v.* to prefer 1.4, 3.4
pregunta *f.* question
preguntar *v.* to ask (*a question*) 1.2
preguntarse *v.* to wonder
prehistórico/a *adj.* prehistoric
premiar *v.* to give a prize
premio *m.* prize; award 2.8
prender *v.* to turn on 2.2
prensa *f.* press 2.9, 3.9
  prensa sensacionalista *f.* tabloid(s) 3.9
  rueda de prensa *f.* press conference
preocupado/a (por) *adj.* worried (about) 1.5, 3.1
preocupar *v.* to worry 3.2
preocuparse (por) *v.* to worry (about) 1.7, 3.2
preparar *v.* to prepare 1.2
preposición *f.* preposition
presentación *f.* introduction
presentador(a) de noticias *m., f.* news reporter
presentar *v.* to introduce; to present 2.8; to put on (*a performance*) 2.8
  Te presento a... I would like to introduce (*name*) to you. *fam.* 1.1
  Le presento a... I would like to introduce (*name*) to you. *form.* 1.1
presentir (e:ie) *v.* to foresee
presionar *v.* to pressure; to stress
presiones *f., pl.* pressures 2.6
prestado/a *adj.* borrowed
préstamo *m.* loan 2.5
prestar *v.* to lend 3.8; to loan 1.6
presupuesto *m.* budget 3.8
prevenido/a *adj.* cautious
prevenir *v.* to prevent 3.4
prever *v.* to foresee 3.6
previsto/a *adj., p.p.* planned 3.3

Vocabulario

primavera *f.* spring 1.5
primer(a) ministro/a *m., f.* prime minister
primer, primero/a *n., adj.* first 1.5
    primeros auxilios *m. pl.* first aid 3.4
primo/a *m., f.* cousin 1.3
principal *adj.* main 1.8
prisa *f.* haste 1.3; hurry; rush 3.6
    darse prisa to hurry; to rush 2.6
privilegio *m.* privilege 3.8
proa *f.* bow 3.5
probable *adj.* probable 2.4
    es probable it's probable 2.4
    no es probable it's not probable 2.4
probador *m.* dressing room 3.3
probar (o:ue) *v.* to taste; to try 1.8, 3.3
probarse (o:ue) *v.* to try on 1.7, 3.3
problema *m.* problem 1.1
procesión *f.* procession
producir *v.* to produce 3.1
productivo/a *adj.* productive 3.8
profesión *f.* profession 1.3, 2.7
profesor(a) *m., f.* teacher 1.1, 1.2
profundo/a *adj.* deep
programa *m.* 1.1
    programa de computación *m.* software 2.2, 3.7
    programa de entrevistas/ realidad *m.* talk/reality show 2.8
programador(a) *m., f.* computer programmer 1.3
prohibido/a *adj.* prohibited 3.5
prohibir *v.* to prohibit 2.1, 3.4; to forbid
prominente *adj.* prominent
promover (o:ue) *v.* to promote
pronombre *m.* pronoun
pronto *adv.* soon 3.1
pronunciar *v.* to pronounce
    pronunciar un discurso to give a speech
propaganda *f.* advertisement 3.9
propensión *f.* tendency
propietario/a *m., f.* (property) owner
propina *f.* tip 1.9
propio/a *adj.* own 2.7
proponer *v.* to propose 3.1, 3.4
    proponer matrimonio to propose marriage 3.1
proporcionar *v.* to provide; to supply
propósito: a propósito *adv.* on purpose 3.3
prosa *f.* prose 3.10
protagonista *m., f.* protagonist; main character 3.1, 3.10

proteger *v.* to protect 2.4, 3.1, 3.6
protegido/a *adj.* protected 3.5
proteína *f.* protein 2.6
protestar *v.* to protest
provecho *m.* benefit
    Buen provecho. Enjoy your meal. 3.6
proveniente (de) *adj.* originating (in); coming from
provenir (de) *v.* to come from; to originate from
próximo/a *adj.* next 2.7
proyecto *m.* project
    proyecto de ley *m.* bill
prueba *f.* test; quiz 1.2; proof 3.2
psicología *f.* psychology 1.2
psicólogo/a *m., f.* psychologist 2.7
publicar *v.* to publish 2.8, 3.9
publicidad *f.* advertising 3.9
público *m.* public; audience 2.8, 3.9
pueblo *m.* town 1.4; people 3.4
puente *m.* bridge
puerta *f.* door 1.2
    puerta de embarque *f.* (airline) gate 3.5
puerto *m.* port 3.5
Puerto Rico *m.* Puerto Rico 1.1
puertorriqueño/a *adj.* Puerto Rican 1.3
pues *conj.* well 1.2, 2.8
puesto *m.* position; job 2.7, 3.8; *p.p.* put 2.5
punto *m.* period 3.2
    punto de vista *m.* point of view 3.10
pureza *f.* purity 3.6
puro/a *adj.* clean; pure 2.4

Q

que *pron.* that; which; who 2.3
    ¿En qué...? In which...? 1.2
    ¿qué? *pron.* what? 1.1
    ¡Qué...! How...! 1.3
    ¿Qué día es hoy? What day is it? 1.2
    ¡Qué dolor! What pain!
    ¿Qué hay de nuevo? What's new? 1.1
    ¿Qué hora es? What time is it? 1.1
    ¿Qué les parece? What do you (pl.) think?
    ¿Qué pasa? What's happening?; What's going on? 1.1
    ¿Qué pasó? What happened? 2.2
    ¿Qué precio tiene? What is the price?

    ¡Qué ropa más bonita! What pretty clothes! 1.6
    ¡Qué sorpresa! What a surprise!
    ¿Qué tal...? How are you?; How is it going? 1.1; How is/are...? 1.2
    ¿Qué talla lleva/usa? What size do you wear? *form.* 1.6
    ¿Qué tiempo hace? How's the weather? 1.5
    ¡Qué va! Of course not!
quedar *v.* to be left over; to fit (*clothing*) 1.7; to be left behind; to be located 2.5
quedarse *v.* to stay 1.7, 3.5; to remain 1.7
    quedarse callado/a to remain silent 3.1
    quedarse sin to run out of 3.6
    quedarse sordo/a to go deaf 3.4
    quedarse viudo/a to become widowed
quehacer *m.* chore 3.3
    quehaceres domésticos *m., pl.* household chores 2.3
queja *f.* complaint
quejarse (de) *v.* to complain (about) 3.2
quemado/a *adj.* burned (out) 2.2
quemar *v.* to burn (*a CD*) 2.2
querer (e:ie) *v.* to want 3.1, 3.4; to love 1.4
queso *m.* cheese 1.8
quien(es) *pron.* who; whom; that 2.3
¿quién(es)? *pron.* who?; whom? 1.1
    ¿Quién es...? Who is...? 1.1
    ¿Quién habla? Who is speaking? (*telephone*) 2.2
química *f.* chemistry 1.2
químico/a *m., f.* chemist 3.7; *adj.* chemical 3.7
quince *n., adj.* fifteen 1.1
    menos quince quarter to (*time*) 1.1
    y quince quarter after (*time*) 1.1
quinceañera *f.* young woman's fifteenth birthday celebration; fifteen-year old girl 1.9
quinientos/as *n., adj.* five hundred 1.2
quinto/a *n., adj.* fifth 1.5
quirúrgico/a *adj.* surgical
quisiera *v.* I would like 2.8
quitar *v.* to take away; to remove 3.2
    quitar el polvo to dust 2.3, 3.3
    quitar la mesa to clear the table 2.3

quitarse *v.* to take off **1.7;** to take off (*clothing*) **3.2**
  quitarse el cinturón to unfasten the seatbelt **3.5**
quizás *adv.* maybe **1.5**

R

rabino/a *m., f.* rabbi
racismo *m.* racism **2.9**
radiación *f.* radiation
radio *f.* radio (*medium*) **1.2;** *m.* radio (set) **1.2**
radioemisora *f.* radio station **3.9**
radiografía *f.* x-ray **2.1**
raíz *f.* root
rana *f.* frog **3.6**
rancho *m.* ranch
rápido/a *adv.* quickly **2.1**
rasgo *m.* trait; characteristic
rata *f.* rat
ratón *m.* mouse **2.2**
ratos libres *m., pl.* spare (free) time **1.4, 3.2**
raya *f.* war paint **3.5;** stripe **1.6**
rayo *m.* ray; lightning
  ¿Qué rayos...? What on earth...? **3.5**
raza *f.* race
razón *f.* reason **1.3**
reactor *m.* reactor
realismo *m.* realism **3.10**
realista *adj.* realistic; realist **3.10**
rebaja *f.* sale **1.6**
rebeldía *f.* rebelliousness
rebuscado/a *adj.* complicated
recado *m.* (telephone) message **2.2**
recepción *f.* front desk **3.5**
receta *f.* prescription **2.1, 3.4**
recetar *v.* to prescribe **2.1, 3.4**
rechazar *v.* to reject
rechazo *m.* refusal; rejection
recibir *v.* to receive **1.3**
reciclable *adj.* recyclable
reciclaje *m.* recycling **2.4**
reciclar *v.* to recycle **2.4, 3.6**
recién casado/a *m., f.* newlywed **1.9**
recital *m.* recital
reclamar *v.* to claim; to demand
recoger *v.* to pick up **2.4**
recomendable *adj.* recommendable; advisable **3.5**
  poco recomendable not advisable; inadvisable
recomendar (e:ie) *v.* to recommend **1.8, 2.3, 3.4**
reconocer *v.* to recognize **3.1**
reconocimiento *m.* recognition
recordar (o:ue) *v.* to remember **1.4**
recorrer *v.* to tour an area; to go across; to travel **3.5**

recuerdo *m.* memory
recuperarse *v.* to recover **3.4**
recurso *m.* resource **2.4**
  recurso natural *m.* natural resource **2.4, 3.6**
red *f.* network; web **2.2**
redactor(a) *m., f.* editor **3.9**
  redactor(a) jefe *m., f.* editor-in-chief
redondo/a *adj.* round **3.2**
reducir *v.* to reduce **2.4**
  reducir velocidad *v.* to reduce speed **3.5**
reembolso *m.* refund **3.3**
reflejar *v.* to reflect; to depict **3.10**
reforma *f.* reform
  reforma económica *f.* economic reform
refresco *m.* soft drink **1.8**
refrigerador *m.* refrigerator **2.3**
refugiarse *v.* to take refuge
refugio *m.* refuge **3.6**
regalar *v.* to give (*a gift*) **1.9**
regalo *m.* gift **1.6**
regatear *v.* to bargain **1.6**
región *f.* region; area **2.4**
regla *f.* rule
regocijo *m.* joy **3.4**
regresar *v.* to return **1.2, 3.5**
regreso *m.* return (*trip*)
regular *adj.* so-so; OK **1.1**
rehacer *v.* to remake; to redo **3.1**
reído *p.p.* laughed **2.5**
reina *f.* queen
reino *m.* reign; kingdom
reír(se) (e:i) *v.* to laugh **1.9**
relacionado/a *adj.* related
  estar relacionado/a to have good connections
relaciones *f., pl.* relationships
relajarse *v.* to relax **1.9, 3.4**
relámpago *m.* lightning **3.6**
relato *m.* story; account **3.10**
religión *f.* religion
religioso/a *adj.* religious
reloj *m.* clock; watch **1.2**
remitente *m.* sender
remo *m.* oar **3.5**
remordimiento *m.* remorse
rendimiento *m.* performance
rendirse (e:i) *v.* to surrender
renovable *adj.* renewable **3.6**
renunciar (a) *v.* to resign (from) **2.7;** to quit **3.8**
  renunciar a un cargo to resign a post
repaso *m.* revision; review **3.10**
repentino/a *adj.* sudden **3.3**
repertorio *m.* repertoire
repetir (e:i) *v.* to repeat **1.4**
reportaje *m.* report **2.9;** news report **3.9**
reportero/a *m., f.* reporter **2.7, 3.9**

reposo *m.* rest
  estar en reposo to be at rest
repostería *f.* pastry
represa *f.* dam
representante *m., f.* representative **2.9**
reproducirse *v.* to reproduce
reproductor de CD/DVD/MP3 *m.* CD/DVD/MP3 player **2.2, 3.7**
resbaladizo/a *adj.* slippery
resbalar *v.* to slip
rescatar *v.* to rescue
resentido/a *adj.* resentful **3.6**
reservación *f.* reservation
reservar *v.* to reserve **3.5**
resfriado *m.* cold (*illness*) **2.1, 3.4**
residencia estudiantil *f.* dormitory **1.2**
residir *v.* to reside
resolver (o:ue) *v.* to resolve; to solve **2.4, 3.6**
respeto *m.* respect
respiración *f.* breathing **3.4**
respirar *v.* to breathe **2.4**
responsable *adj.* responsible
respuesta *f.* answer
restaurante *m.* restaurant **1.4**
resuelto/a *adj., p.p.* resolved **2.5**
retrasado/a *adj.* delayed **3.5**
retrasar *v* to delay
retraso *m.* delay
retratar *v.* to portray **3.3**
retrato *m.* portrait **3.3**
reunión *f.* meeting **2.7, 3.8**
reunirse (con) *v.* to get together (with) **3.2**
revisar *v.* to check **2.2**
  revisar el aceite to check the oil **2.2**
revista *f.* magazine **1.4, 3.9**
  revista electrónica *f.* online magazine **3.9**
revolucionario/a *adj.* revolutionary **3.7**
revolver (o:ue) *v.* to stir; to mix up
rey *m.* king
rezar *v.* to pray
rico/a *adj.* rich **1.6;** tasty; delicious **1.8**
ridículo/a *adj.* ridiculous **2.4**
riesgo *m.* risk
rima *f.* rhyme **3.10**
rincón *m.* corner; nook
río *m.* river **2.4**
riqueza *f.* wealth **3.8**
riquísimo/a *adj.* extremely delicious **1.8**
rociar *v.* to spray **3.6**
rodar (o:ue) *v.* to film **3.9**
rodeado/a *adj.* surrounded **3.7**
rodear *v.* to surround
rodilla *f.* knee **2.1**

Vocabulario

rogar (o:ue) *v.* to beg   2.3, 3.4
rojo/a *adj.* red   1.6
romanticismo *m.* romanticism   3.10
romántico/a *adj.* romantic   2.8
romper *v.* to break   2.1
 romper (con) *v.* to break up (with)   1.9, 3.1
 romperse la pierna to break one's leg   2.1
ropa *f.* clothing; clothes   1.6
 ropa interior *f.* underwear   1.6
rosado/a *adj.* pink   1.6
roto/a *adj.* broken   2.1, 2.5
rozar *v.* to brush against; to touch lightly
rubio/a *adj.* blond(e)   1.3
ruedo *m.* bull ring   3.2
ruido *m.* noise
ruina *f.* ruin   3.5
ruso/a *adj.* Russian   1.3
ruta maya *f.* Mayan Trail   3.5
rutina *f.* routine   1.7, 3.3
 rutina diaria *f.* daily routine   1.7

S

sábado *m.* Saturday   1.2
saber *v.* to know; to know how   1.6; to taste   1.8
 saber (a) to taste (like)   1.8, 3.1
 ¿Cómo sabe? How does it taste?   3.4
 Sabe a ajo/menta/limón. It tastes like garlic/mint/lemon.   3.4
 ¿Y sabe bien? And does it taste good?   3.4
sabiduría *f.* wisdom
sabio/a *adj.* wise
sabor *m.* taste; flavor
 ¿Qué sabor tiene? ¿Chocolate? What flavor is it? Chocolate?   3.4
 Tiene un sabor dulce/agrio/amargo/agradable. It has a sweet/sour/bitter/pleasant taste.   3.4
sabrosísimo/a *adj.* extremely delicious   1.8
sabroso/a *adj.* tasty; delicious   1.8
sacar *v.* to take out
 sacar fotos to take photos   1.5
 sacar la basura to take out the trash   2.3
 sacar(se) un diente to have a tooth removed   2.1
sacerdote *m.* priest

saciar *v.* to satisfy; to quench
sacrificar *v.* to sacrifice   3.6
sacrificio *m.* sacrifice
sacristán *m.* sexton
sacudir *v.* to dust   2.3
 sacudir los muebles to dust the furniture   2.3
sagrado/a *adj.* sacred; holy
sal *f.* salt   1.8
sala *f.* living room   2.3; room; hall
 sala de conciertos *f.* concert hall
 sala de emergencia(s) *f.* emergency room   2.1, 3.4
salario *m.* salary   2.7
salchicha *f.* sausage   1.8
salida *f.* departure; exit   1.5, 3.6
salir *v.* to leave   1.4; to go out   3.1
 salir (a comer) to go out (to eat)   3.2
 salir (con) to go out (with)   3.1; to date   1.9
 salir de to leave from
 salir para to leave for (*a place*)
salmón *m.* salmon   1.8
salón de belleza *m.* beauty salon   2.5
salto *m.* jump
salud *f.* health   2.1, 3.4
 ¡A tu salud! To your health!
 ¡Salud! Cheers!   3.8
saludable *adj.* healthy   2.1; nutritious   3.4
saludar(se) *v.* to greet (each other)   2.2
saludo *m.* greeting   1.1
 saludos a... greetings to...   1.1
salvaje *adj.* wild   3.6
salvar *v.* to save   3.6
sanar *v.* to heal   3.4
sandalia *f.* sandal   1.6
sandía *f.* watermelon
sándwich *m.* sandwich   1.8
sano/a *adj.* healthy   2.1, 3.4
satélite *m.* satellite
sátira *f.* satire
satírico/a *adj.* satirical   3.10
 tono satírico/a *m.* satirical tone
se *ref. pron.* himself, herself, itself, themselves; *form.* yourself, yourselves   1.7
se *impersonal* one   2.1
 Se hizo... He/She/It became...
 Se nos dañó... The... broke down.   2.2
 Se nos pinchó una llanta. We had a flat tire.   2.2
secadora *f.* clothes dryer   2.3
secarse *v.* to dry oneself   1.7; to dry off   3.2
sección *f.* section   3.9
 sección de (no) fumar *f.* (non)smoking section   1.8

sección de sociedad *f.* lifestyle section   3.9
sección deportiva *f.* sports page/section   3.9
seco/a *adj.* dry   3.6
secretario/a *m., f.* secretary   2.7
secuencia *f.* sequence
secuestro *m.* kidnapping
sed *f.* thirst   1.3
seda *f.* silk   1.6
sedentario/a *adj.* sedentary   2.6
seguir (e:i) *v.* to follow; to continue   1.4
según *prep.* according to
segundo/a *n., adj.* second   1.5
seguridad *f.* safety; security   3.5
 cinturón de seguridad *m.* seatbelt   3.5
 medidas de seguridad *f. pl.* security measures   3.5
seguro *m.* insurance   3.5
seguro/a *adj.* sure; safe   1.5; confident   3.1
seis *n., adj.* six   1.1
seiscientos/as *n., adj.* six hundred   1.2
seleccionar *v.* to select; to pick out   3.3
sello *m.* stamp   2.5
selva *f.* jungle   2.4, 3.5
semana *f.* week   1.2
 fin de semana *m.* weekend   1.4
 semana pasada *f.* last week   1.6
semanal *adj.* weekly
semestre *m.* semester   1.2
semilla *f.* seed
senador(a) *m., f.* senator
sendero *m.* trail; trailhead   2.4
sensato/a *adj.* sensible   3.1
sensible *adj.* sensitive   3.1
sentarse (e:ie) *v.* to sit down   1.7
sentido *m.* sense
 en sentido figurado figuratively
 sentido común *m.* common sense
sentimiento *m.* feeling; emotion   3.1
sentir(se) (e:ie) *v.* to feel   1.7, 3.1; to be sorry; to regret   2.4
señal *f.* sign   3.2
señalar *v.* to point to; to signal   3.2
señor (Sr.) *m.* Mr.; sir   1.1
señora (Sra.) *f.* Mrs.; ma'am   1.1
señorita (Srta.) *f.* Miss   1.1
separado/a *adj.* separated   1.9, 3.1
separarse (de) *v.* to separate (from)   1.9

septiembre *m.* September **1.5**
séptimo/a *n., adj.* seventh **1.5**
sepultar *v.* to bury
sequía *f.* drought **3.6**
ser *v.* to be **1.1, 3.1**
 ser aficionado/a (a) to be a
  fan (of) **1.4**
 ser alérgico/a (a) to be allergic
  (to) **2.1**
 ser gratis to be free of charge
  2.5
serio/a *adj.* serious
serpiente *f.* snake **3.6**
servicio de habitación *m.* room
 service **3.5**
servicios *m., pl.* facilities
servidumbre *f.* servants; servitude
 3.3
servilleta *f.* napkin **2.3**
servir (e:i) *v.* to serve **1.8;**
 to help **1.5**
sesenta *n., adj.* sixty **1.2**
sesión *f.* showing
setecientos/as *n., adj.* seven
 hundred **1.2**
setenta *n., adj.* seventy **1.2**
sexismo *m.* sexism **2.9**
sexto/a *n., adj.* sixth **1.5**
sí *adv.* yes **1.1**
si *conj.* if **1.4**
SIDA *m.* AIDS **2.9**
sido *p.p.* been **2.6**
siempre *adv.* always **1.7**
siete *n., adj.* seven **1.1**
siglo *m.* century
silbar *v.* to whistle
silla *f.* seat **1.2**
sillón *m.* armchair **2.3**
similar *adj.* similar
simpático/a *adj.* nice; likeable
 1.3
sin *prep.* without **1.2, 2.4**
 sin duda without a doubt
 sin embargo *adv.* however
 sin que *conj.* without **2.4**
 sin ti without you *fam.*
sinagoga *f.* synagogue
sincero/a *adj.* sincere
sindicato *m.* labor union **3.8**
sino *conj.* but (rather) **1.7**
síntoma *m.* symptom **2.1**
sintonía *f.* tuning;
 synchronization **3.9**
sintonizar *v.* to tune into (*radio
 or television*)
siquiera *conj.* even
 ni siquiera *conj.* not even
sitio web *m.* website **2.2, 3.7**
situado/a *adj., p.p.* situated;
 located
 estar situado/a en to be set in
soberanía *f.* sovereignty
soberano/a *m., f.* sovereign; ruler
sobre *m.* envelope **2.5;** *prep.*
 on; over **1.2**

sobre todo above all **3.6**
sobredosis *f.* overdose
sobrevivencia *f.* survival
sobrevivir *v.* to survive
sobrino/a *m., f.* nephew; niece
 1.3
sociable *adj.* sociable
sociedad *f.* society
socio/a *m., f.* partner; member
 3.8
sociología *f.* sociology **1.2**
sofá *m.* couch; sofa **2.3**
sol *m.* sun **1.4, 1.5, 2.4**
solar *adj.* solar **2.4**
soldado *m., f.* soldier **2.9**
soleado/a *adj.* sunny
soledad *f.* solitude; loneliness **3.3**
soler (o:ue) *v.* to be in the habit
 of; to be used to **3.3**
solicitar *v.* to apply (*for a job*)
 2.7, 3.8
solicitud (de trabajo) *f.* (job)
 application **2.7**
sólo *adv.* only **1.3**
solo/a *adj.* alone; lonely **3.1**
soltero/a *adj.* single **1.9, 3.1**
 madre soltera *f.* single mother
 padre soltero *m.* single father
solución *f.* solution **2.4**
sombrero *m.* hat **1.6**
Son las dos. It's two o'clock. **1.1**
sonar (o:ue) *v.* to ring **2.2, 3.7**
sonreído *p.p.* smiled **2.5**
sonreír (e:i) *v.* to smile **1.9**
soñar (o:ue) (con) *v.* to dream
 (about) **3.1**
sopa *f.* soup **1.8**
soplar *v.* to blow
soportar *v.* to support
 soportar a alguien to put up
  with someone **3.1**
sordo/a *adj.* deaf
 quedarse sordo/a to go deaf
  3.4
sorprender *v.* to surprise **1.9,**
 3.2
sorprenderse (de) *v.* to be
 surprised (about) **3.2**
sorpresa *f.* surprise **1.9**
sortija *f.* ring **3.5**
sospecha *f.* suspicion
sospechar *v.* to suspect
sótano *m.* cellar **2.3**
soy I am **1.1**
 Soy de... I'm from... **1.1**
 Soy yo. That's me. **1.1**
su(s) *poss. adj.* his; her; its;
 form. your; their **1.3**
suavidad *f.* smoothness
subasta *f.* auction **3.10**
subdesarrollo *m.*
 underdevelopment
subida *f.* ascent
subir(se) a *v.* to get on/into
 (*a vehicle*) **2.2**

subsistir *v.* to survive
subtítulos *m., pl.* subtitles **3.9**
suburbio *m.* suburb
suceder *v.* to happen **3.1**
sucio/a *adj.* dirty **1.5**
sucre *m.* former Ecuadorian
 currency **1.6**
sucursal *f.* branch
sudar *v.* to sweat **2.6**
suegro/a *m., f.* father-in-law;
 mother-in-law **1.3**
sueldo *m.* salary **2.7**
 aumento de sueldo *m.* raise
  in salary **3.8**
 sueldo fijo *m.* base salary **3.8**
 sueldo mínimo *m.* minimum
  wage **3.8**
suelo *m.* floor **2.3**
suelto/a *adj.* loose
sueño *n.* sleep **1.3**
suerte *f.* luck **1.3**
suéter *m.* sweater **1.6**
sufrimiento *m.* pain; suffering
sufrir (de) *v.* to suffer (from)
 2.1, 3.4
 sufrir muchas presiones to
  be under a lot of pressure **2.6**
 sufrir una enfermedad to
  suffer an illness **2.1**
sugerir (e:ie) *v.* to suggest **2.3,**
 3.4
superar *v.* to overcome
superficie *f.* surface
supermercado *m.* supermarket
 2.5, 3.3
supervivencia *f.* survival
suponer *v.* to suppose **1.4, 3.1**
suprimir *v.* to abolish; to suppress
supuesto/a *adj.* false; so-called;
 supposed
 Por supuesto. Of course.
sur *m.* south **2.5**
surrealismo *m.* surrealism **3.10**
suscribirse (a) *v.* to subscribe
 (to) **3.9**
sustantivo *m.* noun
suyo(s)/a(s) *poss. adj. and pron.*
 (of) his/her; (of) hers; (of) its;
 form. (of) your, (of) yours, (of)
 their **2.2**

T

tacaño/a *adj.* cheap; stingy **3.1**
tacón *m.* heel
 tacón alto high heel
tal como *conj.* just as
tal vez *adv.* maybe **1.5**
talento *m.* talent **3.1**
talentoso/a *adj.* talented **2.8, 3.1**
talla *f.* size **1.6**
 talla grande *f.* large **1.6**

taller mecánico *m.* garage; workshop; mechanic's repairshop 2.2

también *adv.* also; too 1.2, 1.7

tampoco *adv.* neither; not either 1.7

tan *adv.* so 1.5
  tan pronto como *conj.* as soon as 2.4
  tan… como as… as 1.8

tanque *m.* tank 2.2, 3.6

tanto *adv.* so much
  tanto… como as much… as 1.8
  tantos/as… como as many… as 1.8

tapa *f.* lid, cover

tapón *m.* traffic jam 3.5

taquilla *f.* box office 3.2

tarde *f.* afternoon; evening; P.M. 1.1; *adv.* late 1.7

tarea *f.* homework 1.2

tarjeta *f.* card
  tarjeta de crédito/débito *f.* credit/debit card 1.6, 3.3
  tarjeta de embarque *f.* boarding card 3.5
  tarjeta postal *f.* postcard

tatarabuelo/a *m., f.* great-great-grandfather/mother

taxi *m.* taxi 1.5

taza *f.* cup 2.3

té *m.* tea 1.8
  té helado *m.* iced tea 1.8

te *sing., fam., d.o. pron.* you 1.5; *sing., fam., i.o. pron.* to/for you 1.6
  ¿Te gusta(n)…? Do you like…? 1.2
  ¿Te gustaría? Would you like to? 2.8
  Te presento a… *fam.* I would like to introduce… to you. 1.1

teatro *m.* theater 2.8

teclado *m.* keyboard 2.2

técnico/a *m., f.* technician 2.7

tejido *m.* weaving 2.8

tela *f.* canvas 3.10

teleadicto/a *m., f.* couch potato 2.6

teléfono (celular) *m.* (cell) telephone 2.2, 3.7

telenovela *f.* soap opera 2.8, 3.9

telescopio *m.* telescope 3.7

teletrabajo *m.* telecommuting 2.7

televidente *m., f.* television viewer 3.9

televisión *f.* television 1.2, 2.2, 3.2
  televisión por cable *f.* cable television

televisor *m.* television set 2.2, 3.2

temer *v.* to fear, to be afraid 2.4

temperatura *f.* temperature 2.1

templo *m.* temple

temporada *f.* season; period; temporada alta/baja high/low season 3.5

temprano *adv.* early 1.7

tendencia *f.* trend 3.9
  tendencia izquierdista/derechista *f.* left-wing/right-wing bias

tenedor *m.* fork 2.3

tener *v.* to have 1.3
  tener… años to be… years old 1.3
    Tengo… años. I'm… years old. 1.3
  tener buen/mal aspecto to look healthy/sick 3.4
  tener buena/mala fama to have a good/bad reputation 3.9
  tener (mucho) calor to be (very) hot 1.3
  tener celos (de) to be jealous (of) 3.1
  tener (mucho) cuidado to be (very) careful 1.3
  tener dolor to have pain 2.1
  tener éxito to be successful 2.7
  tener fiebre to have a fever 2.1
  tener (mucho) frío to be (very) cold 1.3
  tener ganas de (+ *inf.*) to feel like (*doing something*) 1.3
  tener (mucha) hambre to be (very) hungry 1.3
  tener (mucho) miedo (de) to be (very) afraid (of); to be (very) scared (of) 1.3
  tener miedo (de) que to be afraid that
  tener planes to have plans
  tener (mucha) prisa to be in a (big) hurry 1.3
  tener que (+ *inf.*) *v.* to have to (*do something*) 1.3
  tener razón to be right 1.3
  tener (mucha) sed to be (very) thirsty 1.3
  tener (mucho) sueño to be (very) sleepy 1.3
  tener (mucha) suerte to be (very) lucky 1.3
  tener tiempo to have time 1.4
  tener una cita to have a date; to have an appointment 1.9

tenis *m.* tennis 1.4

tensión *f.* tension 2.6
  tensión (alta/baja) *f.* (high/low) blood pressure 3.4

teoría *f.* theory 3.7

terapia intensiva *f.* intensive care 3.4

tercer, tercero/a *n., adj.* third 1.5

térmico/a *adj.* thermal

terminar *v.* to end; to finish 1.2
  terminar de (+ *inf.*) *v.* to finish (*doing something*) 1.4

terremoto *m.* earthquake 2.9, 3.6

terreno *m.* land 3.6

terrible *adj.* terrible 2.4

territorio *m.* territory

terrorismo *m.* terrorism

testigo *m., f.* witness 3.10

ti *pron., obj. of prep., fam.* you

tiburón *m.* shark 3.5

tiempo *m.* time 1.4; weather 1.5
  a tiempo on time 3.3
  tiempo libre *m.* free time 3.2

tienda *f.* shop; store 1.6
  tienda de campaña *f.* tent

tierra *f.* land; earth 3.6; soil 2.4

tigre *m.* tiger 3.6

timbre *m.* doorbell; tone; tone of voice 3.3
  tocar el timbre to ring the doorbell

timidez *f.* shyness

tímido/a *adj.* shy 3.1

tío/a *m., f.* uncle; aunt 1.3

tíos *m.* aunts and uncles 1.3

típico/a *adj.* typical; traditional

tipo *m.* guy 3.2

tira cómica *f.* comic strip 3.9

tirar *v.* to throw 3.5

titular *m.* headline 3.9

titularse *v.* to graduate 3.3

título *m.* title

tiza *f.* chalk 1.2

toalla *f.* towel 1.7

tobillo *m.* ankle 2.1

tocadiscos compacto *m.* compact disc player 2.2

tocar *v.* to play (*a musical instrument*) 2.8; to touch 2.4
  ¿A quién le toca? Whose turn is it? 3.2
  tocar el timbre to ring the doorbell 3.3
  ¿Todavía no me toca? Is it my turn yet? 3.2

todavía *adv.* yet; still 1.5

todo *m.* everything 1.5
  Todo está bajo control. Everything is under control. 1.7

todo(s)/a(s) *adj.* all 1.4; whole; *adv.* every
  en todo el mundo throughout the world 2.4
  todo derecho straight (ahead) 2.5
  todos los días everyday 2.1

todos *m., pl.* all of us; everybody; everyone
  ¡Todos a bordo! All aboard! 1.1

tomar *v.* to take; to drink   1.2
  tomar clases to take classes   1.2
  tomar el sol to sunbathe   1.4
  tomar en cuenta take into account
  tomar en serio to take seriously   3.8
  tomar fotos to take photos   1.5
  tomar la temperatura to take someone's temperature   2.1
tomate *m.* tomato   1.8
tonto/a *adj.* silly; foolish   1.3
torcerse (o:ue) (el tobillo) *v.* to sprain (one's ankle)   2.1
torcido/a *adj.* twisted; sprained   2.1
torear *v.* to fight bulls in the bullring   3.2
toreo *m.* bullfighting   3.2
torero/a *m., f.* bullfighter   3.2
tormenta *f.* storm   2.9
  tormenta tropical *f.* tropical storm   3.6
tornado *m.* tornado   2.9
torneo *m.* tournament   3.2
tortilla *f.* tortilla   1.8
  tortilla de maíz *f.* corn tortilla   1.8
tos *f., sing.* cough   2.1, 3.4
toser *v.* to cough   2.1, 3.4
tostado/a *adj.* toasted   1.8
tostadora *f.* toaster   2.3
tóxico/a *adj.* toxic   3.6
tozudo/a *adj.* stubborn   3.8
trabajador(a) *adj.* industrious   3.8; hard-working   1.3
trabajar *v.* to work   1.2
  trabajar duro to work hard   3.8
trabajo *m.* job; work   2.7
tradicional *adj.* traditional   3.1
traducir *v.* to translate   1.6, 3.1
traer *v.* to bring   1.4, 3.1
tráfico *m.* traffic   2.2
tragar *v.* to swallow
tragedia *f.* tragedy   2.8
trágico/a *adj.* tragic   3.10
traición *f.* betrayal
traído *p.p.* brought   2.5
traidor(a) *m., f.* traitor
traje (de baño) *m.* (bathing) suit   1.6
  traje de luces *m.* bullfighter's outfit (*lit.* costume of lights)   3.2
trama *f.* plot   3.10
tranquilo/a *adj.* calm   3.1; quiet   2.6
  Tranquilo/a. Relax.   1.7
transbordador espacial *m.* space shuttle   3.7
transcurrir *v.* to take place   3.10
tránsito *m.* traffic
transmisión *f.* transmission
transmitir *v.* to broadcast   2.9, 3.9
transplantar *v.* to transplant

transporte público *m.* public transportation
trasnochar *v.* to stay up very late or all night   3.4
trastorno *m.* disorder
tratado *m.* treaty
tratamiento *m.* treatment   3.4
tratar *v.* to treat   3.4
  tratar (sobre/acerca de) to be about; to deal with   3.4
  tratar de (+ *inf.*) *v.* to try (*to do something*)   2.6
tratarse de *v.* to be about; to deal with   3.10
Trato hecho. You've got a deal.   2.8
trayectoria *f.* path; history   3.1
trazar *v.* to trace
trece *n., adj.* thirteen   1.1
treinta *n., adj.* thirty   1.1, 1.2
  y treinta thirty minutes past the hour (*time*)   1.1
tren *m.* train   1.5
tres *n., adj.* three   1.1
trescientos/as *n., adj.* three hundred   1.2
tribu *f.* tribe
tribunal *m.* court
trimestre *m.* trimester; quarter   1.2
triste *adj.* sad   1.5
tropical *adj.* tropical
  tormenta tropical *f.* tropical storm   3.6
truco *m.* trick   3.2
trueno *m.* thunder   3.6
trueque *m.* barter; exchange
tú *fam. sub. pron.* you   1.1
  Tú eres... You are...   1.1
tu(s) *fam. poss. adj.* your   1.3
tubería *f.* piping; plumbing   3.6
turismo *m.* tourism   1.5, 3.5
turista *m., f.* tourist   1.1, 3.5
turístico/a *adj.* touristic; tourist   3.5
tuyo(s)/a(s) *fam. poss. adj. and pron.* your; (of) yours   2.2

U

u *conj.* (*used instead of o before words beginning with o and ho*) or
ubicar *v.* to put in a place; to locate
ubicarse *v.* to be located
Ud. *form., sing., sub. pron.* you   1.1
Uds. *form., pl., sub. pron.* you   1.1
último/a *adj.* last
un, una *indef. art.* a; an   1.1
uno/a *n., adj.* one   1.1
  a la una at one o'clock   1.1
  una vez *adv.* once; one time   1.6

una vez más one more time   1.9
único/a *adj.* only   1.3; unique
universidad *f.* university; college   1.2
unos/as *pl. indef. art.* some   1.1; *pron.* some   1.1
uña *f.* fingernail
urbano/a *adj.* urban
urgente *adj.* urgent   2.3, 3.4
usar *v.* to wear; to use   1.6
usted (Ud.) *form., sing. sub. pron.* you   1.1
ustedes (Uds.) *form., pl. sub. pron.* you   1.1
usuario/a *m., f.* user   3.7
útil *adj.* useful
uva *f.* grape   1.8

V

vaca *f.* cow   2.4, 3.6
vacaciones *f. pl.* vacation   1.5
vacuna *f.* vaccine   3.4
vacunar(se) *v.* to vaccinate; to get vaccinated   3.4
vago/a *m., f.* slacker   3.7
vagón *m.* carriage; coach   3.7
valer *v.* to be worth   3.1
valiente brave   3.5
valioso/a *adj.* valuable   3.6
valle *m.* valley   2.4
valor *m.* bravery; value
vamos let's go   1.4
vándalo/a *m., f.* vandal   3.6
vanguardia *f.* vanguard
  a la vanguardia at the forefront   3.7
vaquero *m.* cowboy   2.8
  de vaqueros western (*genre*)   2.8
varios/as *adj. pl.* various; several   1.8
vaso *m.* glass   2.3
veces *f., pl.* times   1.6
vecino/a *m., f.* neighbor   2.3
veinte *n., adj.* twenty   1.1
veinticinco *n., adj.* twenty-five   1.1
veinticuatro *n., adj.* twenty-four   1.1
veintidós *n., adj.* twenty-two   1.1
veintinueve *n., adj.* twenty-nine   1.1
veintiocho *n., adj.* twenty-eight   1.1
veintiséis *n., adj.* twenty-six   1.1
veintisiete *n., adj.* twenty-seven   1.1
veintitrés *n., adj.* twenty-three   1.1
veintiún, veintiuno/a *n., adj.* twenty-one   1.1
vejez *f.* old age   1.9

Vocabulario

vela *f.* candle
velocidad *f.* speed 2.2
  velocidad máxima *f.* speed limit 2.2
venado *m.* deer
vencer *v.* to conquer; to defeat 3.2, 3.9
vencido/a *adj.* expired 3.5
venda *f.* bandage 3.4
vendedor(a) *m., f.* salesperson 1.6, 3.8
vender *v.* to sell 1.6
veneno *m.* poison 3.6
venenoso/a *adj.* poisonous 3.6
venerar *v.* to worship
venir *v.* to come 1.3, 3.1
venta *f.* sale
  estar a la venta to be for sale
ventaja *f.* advantage
ventana *f.* window 1.2
ver *v.* to see 1.4, 3.1
  a ver let's see 1.2
  ver películas to see movies 1.4
  Yo lo/la veo muy triste. He/She looks very sad to me. 3.6
verano *m.* summer 1.5
verbo *m.* verb
verdad *f.* truth
  ¿verdad? right? 1.1
verde *adj.* green 1.6
verduras *pl., f.* vegetables 1.8
vergüenza *f.* shame; embarrassment
  tener vergüenza (de) to be ashamed (of) 3.1
verse *v.* to look; to appear
  ¡Qué guapo/a te ves! How attractive you look! *fam.* 3.6
  ¡Qué elegante se ve usted! How elegant you look! *form.* 3.6
  Se ve tan feliz. He/She looks so happy. 3.6
verso *m.* line (*of poetry*) 3.10
vestido *m.* dress 1.6
vestidor *m.* fitting room
vestirse (e:i) *v.* to get dressed 1.7, 3.2
vez *f.* time 1.6
  a veces *adv.* sometimes 3.3
  de vez en cuando now and then; once in a while 3.3
  érase una vez once upon a time
  por primera/última vez for the first/last time 3.2
viajar *v.* to travel 1.2
viaje *m.* trip 1.5, 3.5
  hacer un viaje to take a trip 3.5
viajero/a *m., f.* traveler 1.5, 3.5
victoria *f.* victory
victorioso/a *adj.* victorious
vida *f.* life 1.9
  vida cotidiana *f.* everyday life
video *m.* video

video musical *m.* music video 3.9
video(casete) *m.* video(cassette)
videocasetera *f.* VCR 2.2
videoconferencia *f.* videoconference 2.7
videojuego *m.* video game 1.4, 3.2
vidrio *m.* glass 2.4
viejo/a *adj.* old 1.3
viento *m.* wind 1.5
viernes *m., sing.* Friday 1.2
vigente *adj.* valid 3.5
vigilar *v.* to watch
vinagre *m.* vinegar 1.8
vino *m.* wine 1.8
violencia *f.* violence 2.9
virus *m.* virus 3.4
visitar *v.* to visit 1.4
  visitar monumentos to visit monuments 1.4
vistazo *m.* glance;
  echar un vistazo to take a look
visto/a *adj., p.p.* seen 2.5
vitamina *f.* vitamin 2.6
viudo/a *m., f.* widower; widow 1.9; widowed 3.1
vivienda *f.* housing 2.3
vivir *v.* to live 1.3, 3.1
vivo/a *adj.* bright; lively; living
  en vivo *adj.* live 3.9
volante *m.* steering wheel 2.2
volar (o:ue) *v.* to fly 3.8
volcán *m.* volcano 2.4
vóleibol *m.* volleyball 1.4
volver (o:ue) *v.* to come back; to return 1.4
  volver a ver(te/lo/la) to see (you/him/her) again 2.9
vos *sub. pron., sing.* you
vosotros/as *sub. pron. form., pl.* you 1.1
votar *v.* to vote 2.9
vuelo *m.* flight
vuelta *f.* return trip
vuelto/a *adj., p.p.* returned 2.5
vuestro(s)/a(s) *poss. adj.* your 1.3; *poss. adj. and pron., fam.* (of) yours 2.2

W

walkman *m.* walkman
web *f.* (the) web 3.7

Y

y *conj.* and 1.1
  y cuarto quarter after (*time*) 1.1
  y media half-past (*time*) 1.1
  y quince quarter after (*time*) 1.1

y treinta thirty (minutes past the hour) 1.1
  ¿Y tú? *fam.* And you? 1.1
  ¿Y usted? *form.* And you? 1.1
ya *adv.* already 1.6
yerno *m.* son-in-law 1.3
yeso *m.* cast 3.4
yo *sub. pron.* I 1.1
  Yo soy... I'm... 1.1
yogur *m.* yogurt 1.8

Z

zaguán *m.* entrance hall; vestibule 3.3
zanahoria *f.* carrot 1.8
zapatería *f.* shoe store 2.5
zapatos de tenis *m., pl.* tennis shoes, sneakers 1.6
zoológico *m.* zoo 3.2

English-Spanish

A

a **un, uno/a** *m., f., sing.; indef. art.* 1.1
@ symbol **arroba** *f.* 2.2
A.M. **mañana** *f.* 1.1
able: be able to **poder (o:ue)** *v.* 1.4
aboard **a bordo** 1.1
abolish **suprimir** *v.*
above all **sobre todo** 3.6
absent **ausente** *adj.*
abstract **abstracto/a** *adj.* 3.10
accentuate **acentuar** *v.* 3.10
accident **accidente** *m.* 2.1
 car accident **accidente automovilístico** *m.* 3.5
accompany **acompañar** *v.* 2.5
account **cuenta** *f.* 2.5;
 (story) **relato** *m.* 3.10
 checking account **cuenta corriente** *f.* 2.5, 3.8
 on account of **por** *prep.* 2.2
 savings account **cuenta de ahorros** *f.* 2.5, 3.8
accountant **contador(a)** *m., f.* 2.7, 3.8
accounting **contabilidad** *f.* 1.2
accustomed (to) **acostumbrado/a (a)** *adj.*
 grow accustomed (to) **acostumbrarse (a)** *v.* 3.3
ache **dolor** *m.* 2.1; **doler (o:ue)** *v.* 3.2
achieve **lograr** *v.* 3.3;
 alcanzar *v.*
acid **ácido/a** *adj.* 2.4
 acid rain **lluvia ácida** *f.* 2.4
acquainted: be acquainted with **conocer** *v.* 1.6
action *(genre)* **de acción** *f.* 2.8
active **activo/a** *adj.* 2.6
activist **activista** *m., f.*
actor **actor, actriz** *m., f.* 2.7, 3.9
add **añadir** *v.*
addict *(drug)* **drogadicto/a** *m., f.* 2.6
additional **adicional** *adj.*
address **dirección** *f.* 2.5
adjective **adjetivo** *m.*
admission ticket **entrada** *f.*
adolescence **adolescencia** *f.* 1.9
adore **adorar** *v.* 3.1
advance **avance** *m.* 3.7
advanced **adelantado/a** *adj.*;
 avanzado/a *adj.* 3.7
advantage **ventaja** *f.*
 take advantage of **aprovechar** *v.*
adventure **aventura** *f.* 3.5
 adventure *(genre)* **de aventura** *f.* 2.8
adventurer **aventurero/a** *m., f.* 3.5

advertise **anunciar** *v.* 2.9
advertisement **anuncio** *m.* 2.7; **propaganda** *f.* 3.9
advertising **publicidad** *f.* 3.9
advice **consejo** *m.* 1.6
 give advice **dar consejos** 1.6
advisable **recomendable** *adj.* 3.5
 not advisable **poco recomendable** *adj.*
advise **aconsejar** *v.* 2.3, 3.4
advisor **consejero/a** *m., f.* 2.7; **asesor(a)** *m., f.* 3.8
aerobic **aeróbico/a** *adj.* 2.6
 aerobics class **clase de ejercicios aeróbicos** *f.* 2.6
 do aerobics **hacer ejercicios aeróbicos** 2.6
aesthetic **estético/a** *m., f.* 3.10
affected **afectado/a** *adj.* 2.4
 be affected (by) **estar afectado/a (por)** 2.4
affection **cariño** *m.* 3.1
affectionate **cariñoso/a** *adj.* 3.1
affirmative **afirmativo/a** *adj.*
afflict **afligir** *v.* 3.4
afraid: be (very) afraid (of) **tener (mucho) miedo (de)** 1.3
 be afraid that **tener miedo (de) que; temer** *v.* 2.4
after **después de** *prep.* 1.7; **después de que** *conj.* 2.4
 after all **al final de cuentas** 3.7; **al fin y al cabo**
afternoon **tarde** *f.* 1.1
afterward **después** *adv.* 1.7
again **otra vez** *adv.*
age **edad** *f.* 1.9
 of age **mayor de edad**
agent **agente** *m., f.*
 customs agent **agente de aduanas** *m., f.* 3.5
agnostic **agnóstico/a** *adj.*
agree **concordar (o:ue)** *v.*;
 acordar (o:ue) *v.* 3.2; **estar de acuerdo** 2.7
 I agree (completely). **Estoy (completamente) de acuerdo.** 2.7
 I don't agree. **No estoy de acuerdo.** 2.7
agreement **acuerdo** *m.* 2.7
aid **auxilio** *m.*
 first aid **primeros auxilios** *m. pl.* 3.4
AIDS **SIDA** *m.* 2.9
air **aire** *m.* 2.4
 air pollution **contaminación del aire** *f.* 2.4
airplane **avión** *m.* 1.5
airport **aeropuerto** *m.* 1.5
alarm clock **despertador** *m.* 1.7
album **álbum** *m.* 3.2
alibi **coartada** *f.* 3.10
alien **extraterrestre** *m., f.* 3.7

all **todo(s)/a(s)** *adj.* 1.4
 All aboard! **¡Todos a bordo!** 1.1
 all of us **todos** 1.1
 all over the world **en todo el mundo**
allergic **alérgico/a** *adj.* 2.1
 be allergic (to) **ser alérgico/a (a)** 2.1
alleviate **aliviar** *v.*
allusion **alusión** *f.* 3.10
almost **casi** *adv.* 2.1, 3.3
alone **solo/a** *adj.* 3.1
along **por** *prep.* 2.2
already **ya** *adv.* 1.6
also **también** *adv.* 1.2, 1.7
alternative medicine **medicina alternativa** *f.*
alternator **alternador** *m.* 2.2
although **aunque** *conj.*
aluminum **aluminio** *m.* 2.4
 (made of) aluminum **de aluminio** 2.4
always **siempre** *adv.* 1.7
amaze **asombrar** *v.*
amazement **asombro** *m.*
ambassador **embajador(a)** *m., f.*
American, (North) **norteamericano/a** *adj.* 1.3
among **entre** *prep.* 1.2
amuse (oneself) **entretener(se) (e:ie)** *v.* 3.2
amusement **diversión** *f.*
ancient **antiguo/a** *adj.*
and **y** *conj.* 1.1; **e** *(before words beginning with* i *or* hi*)* 1.4
 And you? **¿Y tú?** *fam.* 1.1; **¿Y usted?** *form.* 1.1
anger **enojo** *m.*
angry **enojado/a** *adj.* 1.5
 get angry (with) **enojarse** *v.* **(con)** 1.7
animal **animal** *m.* 2.4
ankle **tobillo** *m.* 2.1
anniversary **aniversario** *m.* 1.9
 wedding anniversary **aniversario de bodas** 1.9
announce **anunciar** *v.* 2.9
announcer (TV/radio) **locutor(a)** *m., f.* 2.9; **conductor(a)** *m., f.*
annoy **molestar** *v.* 1.7, 3.2
another **otro/a** *adj.* 1.6
answer **contestar** *v.* 1.2; **respuesta** *f.*
answering machine **contestadora** *f.* 2.2
ant **hormiga** *f.* 3.6
antenna **antena** *f.*
antibiotic **antibiótico** *m.* 2.1
antiquity **antigüedad** *f.*
anxiety **ansia** *f.* 3.1
anxious **ansioso/a** *adj.* 3.1
any **algún, alguno/a(s)** *adj., pron.* 1.7
anyone **alguien** *pron.* 1.7
anything **algo** *pron.* 1.7

Vocabulario

apartment **apartamento** *m.* 2.3
apartment building **edificio de apartamentos** *m.* 2.3
apologize **disculparse** *v.* 3.6
appear **parecer** *v.*; **aparecer** *v.* 3.1
appearance **aspecto** *m.*
appetizers **entremeses** *m.*, *pl.* 1.8
applaud **aplaudir** *v.* 2.8, 3.2
apple **manzana** *f.* 1.8
appliance (electric) **electrodoméstico** *m.* 2.3
applicant **aspirante** *m.*, *f.* 2.7
application **aplicación** (*program*) *f.* 2.2; **solicitud** *f.* 2.7
   job application **solicitud de trabajo** *f.* 2.7
apply (*for a job*) **solicitar** *v.* 2.7, 3.8
   apply for a loan **pedir un préstamo** 2.5
appointment **cita** *f.* 1.9
   have an appointment **tener una cita** 1.9
appreciate **apreciar** *v.* 2.8, 3.1
appreciated **apreciado/a** *adj.*
approach **acercarse (a)** *v.* 3.2
approval **aprobación** *f.* 3.9
approve **aprobar (o:ue)** *v.*
April **abril** *m.* 1.5
aquatic **acuático/a** *adj.* 1.4
archaeologist **arqueólogo/a** *m.*, *f.* 2.7
archaeology **arqueología** *f.*
architect **arquitecto/a** *m.*, *f.* 2.7
area **región** *f.* 2.4
argue **discutir** *v.* 3.1
arid **árido/a** *adj.*
aristocratic **aristocrático/a** *adj.*
arm **brazo** *m.* 2.1
armchair **sillón** *m.* 2.3
armed **armado/a** *adj.*
army **ejército** *m.* 2.9
around **por** *prep.* 2.2
   around here **por aquí** 2.2
arrange **arreglar** *v.* 2.2
arrival **llegada** *f.* 1.5, 3.5
arrive **llegar** *v.* 1.2
art **arte** *m.* 1.2
   arts **artes** *f.*, *pl.* 2.8
   fine arts **bellas artes** *f.*, *pl.* 2.8
article **artículo** *m.* 2.9
artifact **artefacto** *m.* 3.5
artisan **artesano/a** *m.*, *f.* 3.10
artist **artista** *m.*, *f.* 1.3
artistic **artístico/a** *adj.* 2.8
as **como** *prep.*, *conj.* 1.8
   as... as **tan... como** 1.8
   as a child **de niño/a** 2.1
   as many... as **tantos/as... como** 1.8
   as much... as **tanto... como** 1.8

as soon as **en cuanto** *conj.* 2.4; **tan pronto como** *conj.* 2.4
ascent **subida** *f.*
ashamed **avergonzado/a** *adj.*
   be ashamed (of) **tener vergüenza (de)** 3.1
ask (*a question*) **preguntar** *v.*
   ask for **pedir (e:i)** *v.* 1.4, 3.1, 3.4
asparagus **espárragos** *m.*, *pl.* 1.8
aspirin **aspirina** *f.* 2.1, 3.4
assure **asegurar** *v.*
astonished: be astonished **asombrarse** *v.*
astonishing **asombroso/a** *adj.*
astonishment **asombro** *m.*
astronaut **astronauta** *m.*, *f.* 3.7
astronomer **astrónomo/a** *m.*, *f.* 3.7
at **a** *prep.* 1.1; **en** *prep.* 1.2
   at (+ *time*) **a la(s)** (+ *time*) 1.1
   at home **en casa** 1.7
   at least **por lo menos** 2.1
   at night **por la noche** 1.7
   at the end (of) **al fondo (de)** 2.3
   At what time...? **¿A qué hora...?** 1.1
   At your service. **A sus órdenes.** 2.2
atheism **ateísmo** *m.*
atheist **ateo/a** *adj.*
athlete **deportista** *m.*, *f.* 3.2
ATM **cajero automático** *m.* 2.5
attach **adjuntar** *v.* 3.7
   attach a file **adjuntar un archivo** 3.7
attend **asistir (a)** *v.* 1.3
attic **altillo** *m.* 2.3
attract **atraer** *v.* 1.4, 3.1
attraction **atracción** *f.*
auction **subasta** *f.* 3.10
audience **público** *m.* 2.8, 3.9; **audiencia** *f.*
August **agosto** *m.* 1.5
aunt **tía** *f.* 1.3
   aunts and uncles **tíos** *m.*, *pl.* 1.3
authoritarian **autoritario/a** *adj.* 3.1
autobiography **autobiografía** *f.* 3.10
automatic **automático/a** *adj.*
automobile **automóvil** *m.* 1.5; **carro** *m.* 2.2; **coche** *m.* 2.2
autumn **otoño** *m.* 1.5
available **disponible** *adj.*
avenue **avenida** *f.*
avoid **evitar** *v.* 2.4
award **premio** *m.* 2.8
awkward situation **compromiso** *m.* 3.10

B

back **espalda** *f.*
   behind my back **a mis espaldas** 3.9
   have one's back to **estar de espaldas a**
backpack **mochila** *f.* 1.2
bad **mal, malo/a** *adj.* 1.3
   It's bad that... **Es malo que...** 2.3
   It's not at all bad. **No está nada mal.** 1.5
bag **bolsa** *f.* 1.6
   bags under the eyes **ojeras** *f.*, *pl.*
bakery **panadería** *f.* 2.5
balanced **equilibrado/a** *adj.* 2.6
   eat a balanced diet **comer una dieta equilibrada** 2.6
balcony **balcón** *m.* 2.3, 3.3
ball **pelota** *f.* 1.4; **balón** *m.* 3.2
ball field **campo** *m.* 3.5
ball game **juego de pelota** *m.* 3.5
banana **banana** *f.* 1.8
band **banda** *f.* 2.8; **conjunto** (*musical*) *m.*
bandage **venda** *f.* 3.4
bank **banco** *m.* 2.5
banking **bancario/a** *adj.*
bankruptcy **bancarrota** *f.* 3.8
baptism **bautismo** *m.*
bargain **ganga** *f.* 1.6, 3.3; **regatear** *v.* 1.6
barter **trueque** *m.*
baseball (*game*) **béisbol** *m.* 1.4
basement **sótano** *m.* 2.3
basketball (*game*) **baloncesto** *m.* 1.4
bathe **bañarse** *v.* 1.7
bathing suit **traje** *m.* **de baño** 1.6
bathroom **baño** *m.* 1.7; **cuarto de baño** *m.* 1.7
battle **batalla** *f.*
bay **bahía** *f.* 3.5
be **ser** *v.* 1.1; **estar** *v.* 1.2
   be able to **poder (o:ue)** *v.* 3.1
   be about (*deal with*) **tratarse de** *v.* 3.10; **tratar (sobre/ acerca de)** *v.* 3.4
   be about to **disponerse a** *v.* 3.6
   be promoted **ascender (e:ie)** *v.* 3.8
   be... years old **tener... años** 1.3
beach **playa** *f.* 1.5
beans **frijoles** *m.*, *pl.* 1.8
bear **oso** *m.*
beat **latir** *v.* 3.4
beautiful **hermoso/a** *adj.* 1.6
beauty **belleza** *f.* 2.5

beauty salon **peluquería** *f.* 2.5; **salón** *m.* **de belleza** 2.5

because **porque** *conj.* 1.2
because of **por** *prep.* 2.2

become (+ *adj.*) **ponerse (+ *adj.*)** 1.7; **convertirse (en) (e:ie)** *v.* 3.2
become annoying **ponerse pesado/a** *v.*
become extinct **extinguirse** *v.* 3.6
become infected **contagiarse** *v.* 3.4
become inflamed **inflamarse** *v.*
become informed (about) **enterarse (de)** *v.* 3.9
become part (of) **integrarse (a)** *v.*
become tired **cansarse** *v.*

bed **cama** *f.* 1.5
go to bed **acostarse (o:ue)** *v.* 1.7

bed and breakfast inn **pensión** *f.*

bedroom **alcoba** *f.* 2.3; **dormitorio** *m.* 2.3; **recámara** *f.*

beef **carne de res** *f.* 1.8

beehive **colmena** *f.* 3.8

been **sido** *p.p.* 2.6

before **antes** *adv.* 1.7; **antes de** *prep.* 1.7; **antes (de) que** *conj.* 2.4

beforehand **de antemano**

beg **rogar (o:ue)** *v.* 2.3, 3.4

beggar **mendigo/a** *m., f.*

begin **comenzar (e:ie)** *v.* 1.4; **empezar (e:ie)** *v.* 1.4

behalf: on behalf of **de parte de** 2.2

behave well/badly **portarse** *v.* **bien/mal**

behind **detrás de** *prep.* 1.2

belief **creencia** *f.*

believe (in) **creer** *v.* **(en)** 1.3, 2.4
Don't you believe it. **No creas.**
not to believe **no creer** 2.4

believed **creído** *p.p.* 2.5

believer **creyente** *m., f.*

bellhop **botones** *m., f. sing.* 1.5

belong (to) **pertenecer (a)** *v.*

below **debajo de** *prep.* 1.2

belt **cinturón** *m.* 1.6
seatbelt **cinturón de seguridad** *m.* 3.5

benefit **beneficio** *m.* 2.7

benefits **beneficios** *m. pl.*

beside **al lado de** *prep.* 1.2

besides **además (de)** *adv.* 2.1

best **el/la mejor** *adj.* 1.8; **lo mejor** *neuter* 2.9

bet **apostar (o:ue)** *v.*; **apuesta** *f.*

betray **engañar** *v.* 3.9

betrayal **traición** *f.*

better **mejor** *adj.* 1.8
It's better that... **Es mejor que...** 2.3

between **entre** *prep.* 1.2

beverage **bebida** *f.*

beyond **más allá de**

bias **parcialidad** *f.* 3.9
left-wing/right-wing bias **tendencia izquierdista/ derechista** *f.*

biased **parcial** *adj.* 3.9

bicycle **bicicleta** *f.* 1.4

big **gran, grande** *adj.* 1.3

bilingual **bilingüe** *adj.* 3.9

bill **cuenta** *f.* 1.9; **factura** *f.* 3.8; **proyecto de ley** *m.*

billiards **billar** *m.* 3.2

billion **mil millones** *m.*

biochemical **bioquímico/a** *adj.* 3.7

biography **biografía** *f.* 3.10

biologist **biólogo/a** *m., f.* 3.7

biology **biología** *f.* 1.2

bird **ave** *f.* 2.4, 3.6; **pájaro** *m.* 2.4, 3.6

birth **nacimiento** *m.* 1.9

birthday **cumpleaños** *m., sing.* 1.9
have a birthday **cumplir años** 1.9

biscuit **bizcocho** *m.*

bite **morder (o:ue)** *v.* 3.6

black **negro/a** *adj.* 1.6

blackberry **mora** *f.* 1.8

blackboard **pizarra** *f.* 1.2

blanket **manta** *f.* 2.3

bless **bendecir (e:i)** *v.*

block (city) **cuadra** *f.* 2.5

blog **blog** *m.* 3.7

blognovel **blogonovela** *f.* 3.7

blogosphere **blogosfera** *f.* 3.7

blond(e) **rubio/a** *adj.* 1.3

blood **sangre** *f.* 3.4
(high/low) blood pressure **tensión (alta/baja)** *f.* 3.4

blouse **blusa** *f.* 1.6

blow **soplar** *v.*
blow out the candles **apagar las velas** 3.8

blue **azul** *adj.* 1.6

blush **enrojecer** *v.*

board **embarcar** *v.*
on board **a bordo** *adj.* 3.5

board game **juego de mesa** *m.* 3.2

boarding card **tarjeta de embarque** *f.* 3.5

boarding house **pensión** *f.*

boat **barco** *m.* 1.5; **bote** *m.* 3.5

body **cuerpo** *m.* 2.1

boil **hervir (e:ie)** *v.* 3.3

bombing **bombardeo** *m.* 3.6

bone **hueso** *m.* 2.1

book **libro** *m.* 1.2

bookcase **estante** *m.* 2.3

bookshelves **estantes** *m.* 2.3

bookstore **librería** *f.* 1.2

boot **bota** *f.* 1.6

border **frontera** *f.* 3.5; **límite** *m.*

bore **aburrir** *v.* 1.7, 3.2

bored **aburrido/a** *adj.* 1.5
be bored **estar aburrido/a** 1.5
get bored **aburrirse** *v.* 2.8

boring **aburrido/a** *adj.* 1.5

born: be born **nacer** *v.* 1.9

borrow **pedir prestado** 2.5, 3.8

borrowed **prestado/a** *adj.*

boss **jefe** *m.*, **jefa** *f.* 2.7

both **ambos/as** *pron., adj.*

bother **molestar** *v.* 1.7, 3.2

bottle **botella** *f.* 1.9

bottom **fondo** *m.*

boulevard **bulevar** *m.*

bow **proa** *f.* 3.5

bowling **boliche** *m.* 3.2

box **caja** *f.*
toolbox **caja de herramientas** *f.*

box office **taquilla** *f.* 3.2

boy **chico** *m.* 1.1; **muchacho** *m.* 1.3

boyfriend **novio** *m.* 1.3

brakes **frenos** *m., pl.*

branch **sucursal** *f.*

brand **marca** *f.*

brave **valiente** 3.5

bravery **valor** *m.*

bread **pan** *m.* 1.8

break **romper** *v.* 2.1
break (one's leg) **romperse (la pierna)** 2.1
break down **dañar** *v.* 2.1
break in (*to a conversation*) **meterse** *v.* 3.1
break up (with) **romper** *v.* **(con)** 1.9, 3.1
The... broke down. **Se nos dañó el/la...** 2.2

breakfast **desayuno** *m.* 1.2, 1.8
have breakfast **desayunar** *v.* 1.2

breakthrough **avance** *m.* 3.7

breathe **respirar** *v.* 2.4

breathing **respiración** *f.* 3.4

brick **ladrillo** *m.*

bridge **puente** *m.*

bright **luminoso/a** *adj.* 3.10

bring **traer** *v.* 1.4, 3.1
bring down **derribar** *v.*
bring up (*raise*) **educar** *v.* 3.1

broadcast **transmitir** *v.* 2.9, 3.9; **emitir** *v.* 2.9; **emisión** *f.*
live broadcast **emisión en vivo/directo** *f.*

brochure **folleto** *m.*

broken **roto/a** *adj.* 2.1, 2.5
be broken **estar roto/a** 2.1

broom **escoba** *f.*

brother **hermano** *m.* 1.3
brothers and sisters **hermanos** *m., pl.* 1.3

brother-in-law **cuñado** *m.* 1.3

brought **traído** *p.p.* 2.5

Vocabulario

brown **café** *adj.* 1.6; **marrón**
  adj. 1.6
browser **buscador** *m.* 2.2
brunet(te) **moreno/a** *adj.* 1.3
brush **cepillar(se)** *v.* 1.7, 3.2
  brush against **rozar** *v.*
  brush one's hair **cepillarse el**
    pelo 1.7
  brush one's teeth **cepillarse los**
    dientes 1.7
brush stroke **pincelada** *f.* 3.10
Buddhist **budista** *adj.*
budget **presupuesto** *m.* 3.8
buffalo **búfalo** *m.*
build **construir** *v.* 1.4
building **edificio** *m.* 2.3
bull ring **ruedo** *m.* 3.2
bullfight **corrida** *f.* 3.2
bullfighter **torero/a** *m.*, *f.* 3.2
  bullfighter who kills the bull
    matador/a *m.*, *f.* 3.2
  bullfighter's outfit **traje de**
    luces *m.* 3.2
bullfighting **toreo** *m.* 3.2
  bullfighting stadium **plaza de**
    toros *f.* 3.2
bump into (*something accidentally*)
  darse con 2.1; (*someone*)
  encontrarse *v.* 2.2
bureaucracy **burocracia** *f.*
buried **enterrado/a** *adj.* 3.2
burn (*a CD*) **quemar** *v.* 2.2
burned (out) **quemado/a** *adj.* 2.2
bury **enterrar (e:ie), sepultar** *v.*
bus **autobús** *m.* 1.1
  bus station **estación** *f.* **de**
    autobuses 1.5
business **negocios** *m. pl.* 2.7
  business administration
    administración *f.* **de**
    empresas 1.2
  business-related **comercial** *adj.*
    2.7
businessman **hombre de**
  negocios *m.* 3.8
businessperson **hombre/mujer**
  de negocios *m.*, *f.* 2.7
businesswoman **mujer de**
  negocios *f.* 3.8
busy **ocupado/a** *adj.* 1.5
but **pero** *conj.* 1.2; (*rather*) **sino**
  conj. 1.7
butcher shop **carnicería** *f.* 2.5
butter **mantequilla** *f.* 1.8
butterfly **mariposa** *f.*
buy **comprar** *v.* 1.2
by **por** *conj.* 2.2; **para**
  prep. 2.2
  by means of **por** *prep.* 2.2
  by phone **por teléfono** 2.2
  by plane **en avión** 1.5
  by way of **por** *prep.* 2.2
bye **chau** *interj. fam.* 1.1

C

cabin **cabaña** *f.* 1.5
cable television **televisión** *f.*
  por cable
café **café** *m.* 1.4
cafeteria **cafetería** *f.* 1.2
caffeine **cafeína** *f.* 2.6
cage **jaula** *f.*
cake **pastel** *m.* 1.9
  chocolate cake **pastel de**
    chocolate *m.* 1.9
calculation (*sum*) **cuenta** *f.*
calculator **calculadora** *f.* 2.2
call **llamar** *v.* 2.2
  be called **llamarse** *v.* 1.7
  call on the phone **llamar por**
    teléfono
calm **tranquilo/a** *adj.* 2.6, 3.1
calm down **calmarse** *v.*
  Calm down. **Tranquilo/a.**
calorie **caloría** *f.* 2.6
camera **cámara** *f.* 2.2
camp **acampar** *v.* 1.5
campaign **campaña** *f.*
campground **campamento** *m.*
  3.5
can **poder (o:ue)** *v.* 1.4; (*tin*)
  lata *f.* 2.4
Canadian **canadiense** *adj.* 1.3
cancel **cancelar** *v.* 3.5
cancer **cáncer** *m.*
candidate **aspirante** *m.*, *f.* 2.7;
  candidato/a *m.*, *f.* 2.9
candle **vela** *f.*
candy **dulces** *m., pl.* 1.9
canon **canon** *m.* 3.10
canvas **tela** *f.* 3.10
capable **capaz** *adj.* 3.8
cape **cabo** *m.*
capital city **capital** *f.* 1.1
captain **capitán** *m.*
car **coche** *m.* 2.2; **carro**
  m. 2.2; **auto(móvil)** *m.* 1.5
caramel **caramelo** *m.* 1.9
card **tarjeta** *f.*; (*playing*) **carta**
  f. 1.5, 3.2; **naipe** *f.* 3.2
  credit/debit card **tarjeta de**
    crédito/débito *f.*
care **cuidado** *m.* 1.3, 3.1
  personal care **aseo personal** *m.*
  Take care! **¡Cuídense!** 2.6
  take care of **cuidar** *v.* 2.4
career **carrera** *f.* 2.7
careful **cuidadoso/a** *adj.* 3.1
  be (very) careful **tener**
    (mucho) cuidado 1.3
caress **acariciar** *v.* 3.3, 3.10
caretaker **ama** *m.*, *f.* **de**
  casa 2.3
carpenter **carpintero/a** *m.*,
  f. 2.7
carpet **alfombra** *f.* 2.3
carriage **vagón** *m.* 3.7

carrot **zanahoria** *f.* 1.8
carry **llevar** *v.* 1.2, 3.2
  carry away **llevarse** *v.* 3.2
  carry out **cumplir** *v.* 3.8
  carry out (*an activity*) **llevar a**
    cabo
cartoons **dibujos** *m., pl.*
  animados 2.8
cascade **cascada** *f.* 3.5
case: in any case **de todas**
  formas
  in case (that) **en caso (de) que**
    conj. 2.4
cash (*a check*) **cobrar** *v.* 2.5;
  (en) efectivo 1.6; **dinero en**
  efectivo *m.* 3.3; (*Arg.*) **guita** *f.*
  pay in cash **pagar al contado**
    2.5; **pagar en efectivo** 2.5
cashier **cajero/a** *m.*, *f.*
cash register **caja** *f.* 1.6
casket **ataúd** *m.* 3.2
cast **yeso** *m.* 3.4
cat **gato** *m.* 2.4
catastrophe **catástrofe** *f.*
catch **atrapar** *v.* 3.6; **pillar** *v.*
  3.9
category **categoría** *f.* 3.5
Catholic **católico/a** *adj.*
cautious **prevenido/a** *adj.*
cave **cueva** *f.*
CD player **reproductor de CD**
  m. 3.7
CD-ROM **cederrón** *m.*
celebrate **celebrar** *v.* 1.9;
  festejar *v.* 3.2
celebration **celebración** *f.*
  young woman's fifteenth
    birthday celebration
    quinceañera *f.* 1.9
celebrity **celebridad** *f.* 3.9
cell **célula** *f.* 3.7; **celda** *f.*
cell phone **móvil** *m.* 3.7;
  teléfono celular *m.* 3.7
cellar **sótano** *m.* 2.3
cellular **celular** *adj.* 2.2
cellular telephone **teléfono**
  celular *m.* 2.2
cemetery **cementerio** *m.*
censorship **censura** *f.* 3.9
cent **centavo** *m.*
century **siglo** *m.*
cereal **cereales** *m., pl.* 1.8
certain **cierto** *m.* 2.4; **seguro**
  m. 2.4
  it's (not) certain **(no) es**
    cierto/seguro 2.4
certainty **certeza** *f.*,
  certidumbre *f.*
chalk **tiza** *f.* 1.2
challenge **desafío** *m.* 3.7;
  desafiar *v.* 3.2; **poner a**
  prueba
challenging **desafiante** *adj.* 3.4
champagne **champán** *m.* 1.9

champion **campeón/campeona**
m., f.   3.2

championship **campeonato** m.
3.2

chance **azar** m.   3.5; **casualidad**
f.   3.5
by chance **por casualidad**
3.3

change **cambio** m.; **cambiar** v.
(de)   1.9; **mudar** v.   3.2
change (planes/trains) **hacer** v.
transbordo   3.5

channel **canal** m.   3.9
television channel **canal de**
televisión m.   2.2, 2.8

chapel **capilla** f.

chapter **capítulo** m.

character (fictional) **personaje**
m.   2.2, 2.8, 3.10
main/secondary character
personaje principal/
secundario m.   2.8

characteristic (trait) **rasgo** m.

characterization **caracterización**
f.   3.10

charge **cobrar** v.   3.8
be in charge of **encargarse de**
v.   3.1; **estar a cargo de;**
estar encargado/a de
person in charge **encargado/a**
m., f.

chat **conversar** v.   1.2; **chatear**
v.   2.2

chauffeur **conductor(a)** m.,
f.   1.1

cheap (stingy) **tacaño/a** adj.   3.1;
(inexpensive) **barato/a** adj.
1.6, 3.3

check (bank) **cheque** m.   2.5;
comprobar (o:ue) v.; **revisar**
v.   2.2
check the oil **revisar el aceite**
2.2

checking account **cuenta** f.
corriente   2.5

cheek **mejilla** f.   3.10

cheer up **animar** v.
Cheer up! **¡Anímate!** sing.;
¡Anímense! pl.   3.2

Cheers! **¡Salud!**   3.8

cheese **queso** m.   1.8

chef **cocinero/a** m., f.   2.7

chemical **químico/a** adj.   3.7

chemist **químico/a** m., f.   3.7

chemistry **química** f.   1.2

chess **ajedrez** m.   3.2

chest **pecho** m.   3.10

chest of drawers **cómoda** f.   2.3

chew **masticar** v.

chicken **pollo** m.   1.8

child **niño/a** m., f.   1.3

childhood **niñez** f.   1.9;
infancia f.

children **hijos** m., pl.   1.3

Chinese **chino/a** adj.   1.3

chocolate **chocolate** m.   1.9
chocolate cake **pastel** m. **de**
chocolate   1.9

choir **coro** m.

cholesterol **colesterol** m.   2.6

choose **elegir (e:i)** v.; **escoger**
v.   1.8, 3.1

chop (food) **chuleta** f.   1.8

chore **quehacer** m.   3.3

chorus **coro** m.

chosen **elegido/a** adj.

Christian **cristiano/a** adj.

Christmas **Navidad** f.   1.9

church **iglesia** f.   1.4

cinema **cine** m.   3.2

circus **circo** m.   3.2

cistern **cisterna** f.   3.6

citizen **ciudadano/a** m., f.   2.9

city **ciudad** f.   1.4

civilization **civilización** f.

civilized **civilizado/a** adj.

claim **reclamar** v.

clarify **aclarar** v.   3.9

class **clase** f.   1.2
take classes **tomar clases**   1.2

classic **clásico/a** adj.   3.10

classical **clásico/a** adj.   2.8

classmate **compañero/a** m., f. **de**
clase   1.2

clean (pure) **puro/a** adj.   2.4;
limpio/a adj.   1.5; **limpiar**
v.   2.3, 3.3
clean the house **limpiar la casa**
2.3

cleaning **limpieza** f.   3.3

cleanliness **aseo** m.

clear (weather) **despejado/a** adj.
clear the table **quitar la mesa**
2.3
It's (very) clear. (weather) **Está**
(muy) despejado.

clerk **dependiente/a** m., f.   1.6

click **hacer clic**   3.7

cliff **acantilado** m.

climate **clima** m.

climb (mountain) **escalada** f.;
escalar v.   1.4
climb mountains **escalar**
montañas   1.4

climber **escalador(a)** m., f.

clinic **clínica** f.   2.1

clock **reloj** m.   1.2

cloister **claustro** m.

clone **clonar** v.   3.7

close **cerrar (e:ie)** v.   1.4

closed **cerrado/a** adj.   1.5

closet **armario** m.   2.3

clothes **ropa** f.   1.6

clothes dryer **secadora** f.   2.3

clothing **ropa** f.   1.6

cloud **nube** f.   2.4

cloudy **nublado/a** adj.   1.5
It's (very) cloudy. **Está (muy)**
nublado.   1.5

clown **payaso/a** m., f.   3.8

club **club** m.
sports club **club deportivo** m.
3.2

coach (train) **vagón** m.   3.7;
(trainer) **entrenador(a)** m.,
f.   3.2

coast **costa** f.   3.6

coat **abrigo** m.   1.6

cockroach **cucaracha** f.   3.6

coffee **café** m.   1.8

coffeemaker **cafetera** f.   2.3

coincidence **casualidad** f.   3.5

cold **frío** m.   1.5; (illness)
resfriado m.   2.1, 3.4
be (feel) (very) cold **tener**
(mucho) frío   1.3
have a cold **estar resfriado/a**
3.4
It's (very) cold. (weather) **Hace**
(mucho) frío.   1.5

collect **coleccionar** v.

college **universidad** f.   1.2

collision **choque** m.   2.9

colonize **colonizar** v.

colony **colonia** f.

color **color** m.   1.3, 1.6

columnist **columnista** m., f.   3.9

comb one's hair **peinarse** v.   1.7,
3.2

combatant **combatiente** m., f.

come **venir** v.   1.3, 3.1
come back **volver (o:ue)** v.
come from **provenir (de)** v.
come to an end **acabarse** v.
3.6
come with **acompañar**
v.   3.10

comedian **comediante** m.,
f.   3.1

comedy **comedia** f.   2.8

comet **cometa** m.   3.7

comfortable **cómodo/a** adj.   1.5

comic strip **tira cómica** f.   3.9

commerce **negocios** m., pl.   2.7;
comercio m.   3.8

commercial **comercial** adj.   2.7;
anuncio m.   3.9

commitment **compromiso** m.
3.1

communicate (with) **comunicarse**
v. **(con)**   2.9

communication **comunicación** f.
2.9
means of communication
medios m. pl. **de**
comunicación   2.9

community **comunidad** f.   1.1,
3.4

compact disc (CD) **disco** m.
compacto

compact disc player (CD player)
tocadiscos m. sing.
compacto   2.2

company **compañía** f., **empresa**
f.   2.7, 3.8

multinational company **empresa multinacional** *f.* 3.8

comparison **comparación** *f.*

compass **brújula** *f.* 3.5

competent **capaz** *adj.* 3.8

complain (about) **quejarse (de)** *v.* 3.2

complaint **queja** *f.*

completely **completamente** *adv.* 2.7

complicated **rebuscado/a** *adj.*

compose **componer** *v.* 3.1

composer **compositor(a)** *m., f.* 2.8

computer **computadora** *f.* 1.1

computer disc **disco** *m.*

computer monitor **monitor** *m.* 2.2

computer programmer **programador(a)** *m., f.* 1.3

computer science **computación** *f.* 1.2; **informática** *f.* 3.7

conceited **creído/a** *adj.*

concert **concierto** *m.* 2.8, 3.2

condition (*illness*) **dolencia** *f.* 3.4

conductor (*musical*) **director(a)** *m., f.* 2.8

conference **conferencia** *f.* 3.8

confess **confesar (e:ie)** *v.*

confidence **confianza** *f.* 3.1

confident **seguro/a** *adj.* 3.1

confirm **confirmar** *v.* 1.5

confirm a reservation **confirmar una reservación** 1.5

confront **enfrentar** *v.*

confuse (with) **confundir (con)** *v.*

confused **confundido/a** *adj.* 1.5

congested **congestionado/a** *adj.* 2.1

Congratulations! (*for an event such as a birthday or anniversary*) **¡Felicidades!** 1.9; (*for an event such as an engagement or a good grade on a test*) **¡Felicitaciones!** 1.9 Congratulations to all! **¡Felicidades a todos!**

connection **conexión** *f.*

conquer **conquistar** *v.*; **vencer** *v.* 3.2, 3.9

conqueror **conquistador(a)** *m., f.*

conquest **conquista** *f.*

conscience **conciencia** *f.*

consequently **por consiguiente** *adv.*

conservation **conservación** *f.* 2.4

conservative **conservador(a)** *adj.*

conserve **conservar** *v.* 2.4, 3.6

consider **considerar** *v.*

considering **para** *prep.* 2.2

consulate **consulado** *m.*

consultant **asesor(a)** *m., f.* 3.8

consume **consumir** *v.* 2.6

consumption **consumo** *m.* energy consumption **consumo de energía** *m.*

container **envase** *m.* 2.4

contaminate **contaminar** *v.* 3.6

contamination **contaminación** *f.* 3.6

contemporary **contemporáneo/a** *adj.* 3.10

content **contento/a** *adj.* 1.5

contented: be contented with **contentarse con** *v.* 3.1

contest **concurso** *m.* 2.8

continue **seguir (e:i)** *v.* 1.4

contract **contrato** *m.* 3.8; **contraer** *v.* 3.1

contribute **contribuir (a)** *v.* 3.6

contribution **aportación** *f.*

control **control** *m.*; **controlar** *v.* 2.4 be under control **estar bajo control** 1.7

controversial **controvertido/a** *adj.* 3.9

controversy **polémica** *f.*

conversation **conversación** *f.* 1.1

converse **conversar** *v.* 1.2

cook **cocinero/a** *m., f.* 2.7; **cocinar** *v.* 2.3, 3.3

cookie **galleta** *f.* 1.9

cool **fresco/a** *adj.* 1.5 Be cool. **Tranquilo/a.** 1.7 It's cool. (*weather*) **Hace fresco.** 1.5

corn **maíz** *m.* 1.8

corner **esquina** *f.* 2.5; **rincón** *m.*

cornmeal cake **arepa** *f.*

correspondent **corresponsal** *m., f.* 3.9

corruption **corrupción** *f.*

cost **costar (o:ue)** *v.* 1.6

costly **costoso/a** *adj.*

costume **disfraz** *m.* in costume **disfrazado/a** *adj.*

cotton **algodón** *f.* 1.6 (made of) cotton **de algodón** 1.6

couch **sofá** *m.* 2.3

couch potato **teleadicto/a** *m., f.* 2.6

cough **tos** *f.* 2.1, 3.4; **toser** *v.* 2.1, 3.4 cough syrup **jarabe para la tos** *m.* 3.4

counselor **consejero/a** *m., f.* 2.7

count **contar (o:ue)** *v.* 3.2 count (on) **contar** *v.* **(con)** 1.4, 2.3

country (*nation*) **país** *m.* 1.1

countryside **campo** *m.* 1.5, 3.6

couple **pareja** *f.* 1.9, 3.1

courage **coraje** *m.*

course **curso** *m.* 1.2; **materia** *f.* 1.2

of course **claro** *interj.* 3.3; **por supuesto; ¡cómo no!**

court **tribunal** *m.*

courtesy **cortesía** *f.*

cousin **primo/a** *m., f.* 1.3

cover **portada** *f.* 3.9; **tapa** *f.*; **cubrir** *v.*

covered **cubierto** *p.p.*

cow **vaca** *f.* 2.4, 3.6

crafts **artesanía** *f.* 2.8

craftsmanship **artesanía** *f.* 2.8

crash **choque** *m.* 3.3

crater **cráter** *m.* 2.4

crazy **loco/a** *adj.* 1.6

create **crear** *v.* 3.7

creativity **creatividad** *f.*

credit **crédito** *m.* 1.6 credit card **tarjeta** *f.* **de crédito** 1.6

crime **crimen** *m.* 2.9

crisis **crisis** *f.* economic crisis **crisis económica** *f.* 3.8

critic **crítico/a** *m., f.* movie critic **crítico/a de cine** *m., f.* 3.9

critical **crítico/a** *adj.*

critique **criticar** *v.* 3.10

cross **cruzar** *v.* 2.5

crowd **multitud** *f.*

cruise ship **crucero** *m.* 3.5

cry **llorar** *v.* 3.3

crying **llanto** *m.* 3.3

cubism **cubismo** *m.* 3.10

culture **cultura** *f.* 2.8 pop culture **cultura popular** *f.*

cultured **culto/a** *adj.*

cup **taza** *f.* 2.3

currency exchange **cambio** *m.* **de moneda**

current events **actualidades** *f., pl.* 2.9

currently **actualmente** *adv.*

curse **maldición** *f.*

curtains **cortinas** *f., pl.* 2.3

custard (*baked*) **flan** *m.* 1.9

custom **costumbre** *f.* 1.1, 3.3

customer **cliente/a** *m., f.* 1.6

customs **aduana** *f.* 1.5

customs agent **agente de aduanas** *m., f.* 3.5

customs inspector **inspector(a) de aduanas** *m., f.* 1.5

cut **corte** *m.*

cybercafé **cibercafé** *m.* 2.2

cycling **ciclismo** *m.* 1.4

D

dad **papá** *m.* 1.3

daily **diario/a** *adj.* 1.7, 3.3 daily routine **rutina** *f.* **diaria** 1.7

dam **represa** *f.*

damage **dañar** *v.* 2.1
damp **húmedo/a** *adj.* 3.6
dance **bailar** *v.* 2.1, 3.1; **danza** *f.* 2.8; **baile** *m.* 2.8
dance club **discoteca** *f.* 3.2
dancer **bailarín/bailarina** *m., f.* 2.8
danger **peligro** *m.* 2.4
dangerous **peligroso/a** *adj.* 2.9, 3.5
dare (to) **atreverse (a)** *v.* 3.2
darken **oscurecer** *v.* 3.6
darts **dardos** *m. pl.* 3.2
data **datos** *m.*
  piece of data **dato** *m.*
date (*appointment*) **cita** *f.* 1.9; (*calendar*) **fecha** *f.* 1.5; (*someone*) **salir** *v.* **con (alguien)** 1.9
  blind date **cita a ciegas** *f.* 3.1
  have a date **tener una cita** 1.9
datebook **agenda** *f.* 3.3
daughter **hija** *f.* 1.3
daughter-in-law **nuera** *f.* 1.3
dawn **alba** *f.*
day **día** *m.* 1.1
  day before yesterday **anteayer** *adv.* 1.6
daybreak **alba** *f.*
deaf **sordo/a** *adj.*
  go deaf **quedarse sordo/a** 3.4
deal **trato** *m.* 2.8
  deal with (*be about*) **tratarse de** *v.* 3.10
  It's not a big deal. **No es para tanto.** 2.3
  You've got a deal! **¡Trato hecho!** 2.8
death **muerte** *f.* 1.9
debt **deuda** *f.* 3.8
  debt collector **cobrador(a)** *m., f.* 3.8
debtor **moroso/a** *m., f.* 3.8
debut (*premiere*) **estreno** *m.* 3.2
decade **década** *f.*
decaffeinated **descafeinado/a** *adj.* 2.6
December **diciembre** *m.* 1.5
decide **decidir** *v.* (+ *inf.*) 1.3
decided **decidido/a** *adj., p.p.* 2.5
declare **declarar** *v.* 2.9
decrease **disminuir** *v.*
dedication **dedicatoria** *f.*
deep **hondo/a** *adj.* 3.2; **profundo/a** *adj.*
deer **venado** *m.*
defeat **derrota** *f.*; **derrotar** *v.*; **vencer** *v.* 3.2, 3.9
defeated **derrotado/a** *adj.*
deforestation **deforestación** *f.* 2.4, 3.6
defrost **descongelar(se)** *v.* 3.7

delay **atrasar** *v.*; **demorar** *v.*; **retrasar** *v.*; **retraso** *m.*
delayed **retrasado/a** *adj.* 3.5
delicious **delicioso/a** *adj.* 1.8; **rico/a** *adj.* 1.8; **sabroso/a** *adj.* 1.8
delighted **encantado/a** *adj.* 1.1
delivery **entrega** *f.*
demand **exigir** *v.* 3.1, 3.4, 3.8; **reclamar** *v.*
democracy **democracia** *f.*
demonstration **manifestación** *f.*
denounce **delatar** *v.* 3.3; **denunciar** *v.* 3.9
dentist **dentista** *m., f.* 2.1
deny **negar (e:ie)** *v.* 2.4
  not to deny **no negar** 2.4
department store **almacén** *m.* 1.6
departure **salida** *f.* 1.5
depict **reflejar** *v.* 3.10
deposit **depositar** *v.* 2.5, 3.8
depressed **deprimido/a** *adj.* 3.1
depression **depresión** *f.* 3.4
descendent **descendiente** *m., f.*
describe **describir** *v.* 1.3
described **descrito** *p.p.* 2.5
desert **desierto** *m.* 2.4, 3.6
deserve **merecer** *v.* 3.8
design **diseño** *m.*; **diseñar** *v.* 3.8, 3.10
designer **diseñador(a)** *m., f.* 2.7
desire **desear** *v.* 1.2, 3.4; **deseo** *m.*; **gana** *f.*
desk **escritorio** *m.* 1.2
dessert **postre** *m.* 1.9
destination **destino** *m.* 3.5
destroy **destruir** *v.* 2.4, 3.6
detective (*story/novel*) **policíaco/a** *adj.* 3.10
deteriorate **empeorar** *v.* 3.4
detest **detestar** *v.*
develop **desarrollar** *v.* 2.4
developed **desarrollado/a** *adj.*
developing **en vías de desarrollo**
  developing country **país en vías de desarrollo** *m.*
development **desarrollo** *m.* 3.6
diamond **diamante** *m.* 3.5
diary **diario** *m.* 1.1
dictator **dictador(a)** *m., f.*
dictatorship **dictadura** *f.* 2.9
dictionary **diccionario** *m.* 1.1
die **morir (o:ue)** *v.* 1.8; **fallecer** *v.*
  be dead **estar muerto/a**
  die of **morirse (o:ue) de** *v.* 3.2
died **muerto** *p.p.* 2.5
diet (*nutrition*) **alimentación** *f.* 3.4; **dieta** *f.* 2.6
  balanced diet **dieta equilibrada** *f.* 2.6
  be on a diet **estar a dieta** 2.6, 3.4

  go on a diet **ponerse a dieta** 3.4
difficult **difícil** *adj.* 1.3; **duro/a** *adj.* 3.7
digestion **digestión** *f.*

digital **digital** *adj.* 3.7
  digital camera **cámara** *f.* **digital** 2.2
dining room **comedor** *m.* 2.3
dinner **cena** *f.* 1.2, 1.8
  dinner guest **comensal** *m., f.* 3.10
  have dinner **cenar** *v.* 1.2
direct **dirigir** *v.* 2.8, 3.1
directions **direcciones** *f., pl.* 2.5
  give directions **dar direcciones** 2.5
director **director(a)** *m., f.* 2.8
dirty **sucio/a** *adj.* 1.5
  get (*something*) dirty **ensuciar** *v.* 2.3
disagree **no estar de acuerdo**
disappear **desaparecer** *v.* 3.1, 3.6
disappointment **desilusión** *f.*
disaster **desastre** *m.* 2.9; **catástrofe** *f.*
  natural disaster **catástrofe natural** *f.*
discomfort **malestar** *m.* 3.4
discotheque **discoteca** *f.* 3.2
discouraged **desanimado/a** *adj.*
  get discouraged **desanimarse** *v.*
  the state of being discouraged **desánimo** *m.* 3.1
discover **descubrir** *v.* 2.4, 3.4
discovered **descubierto/a** *adj., p.p.* 2.5
discoverer **descubridor(a)** *m., f.*
discovery **descubrimiento** *m.* 3.7; **hallazgo** *m.* 3.4
discriminated **discriminado/a** *adj.*
discrimination **discriminación** *f.* 2.9
disease **enfermedad** *f.* 3.4
disguised **disfrazado/a** *adj.*
disgusting: be disgusting **dar asco**
dish **plato** *m.* 1.8, 2.3
  main dish **plato principal** *m.* 1.8
dishwasher **lavaplatos** *m., sing.* 2.3
disk **disco** *m.*
disorder **desorden** *m.* 3.7; (*condition*) **trastorno** *m.*
disorderly **desordenado/a** *adj.* 1.5
display **llevar** *v.* 3.3
disposable **desechable** *adj.* 3.6
distant **lejano/a** *adj.* 3.5
distinguish **distinguir** *v.* 3.1
distract **distraer** *v.* 3.1

distracted **distraído/a** *adj.*
  get distracted **descuidar(se)**
    v. 3.6
disturbing **inquietante** *adj.* 3.10
dive **bucear** *v.* 1.4
diversity **diversidad** *f.* 3.4
divorce **divorcio** *m.* 1.9, 3.1
divorced **divorciado/a** *adj.* 1.9,
  3.1
  get divorced (from) **divorciarse**
    v. **(de)** 1.9
dizzy **mareado/a** *adj.* 2.1, 3.4
DNA **ADN (ácido**
  desoxirribonucleico) *m.* 3.7
do **hacer** *v.* 1.4, 3.1, 3.4
  be (*doing something*) **andar**
    (+ *pres. participle*) *v.*
  do aerobics **hacer ejercicios**
    aeróbicos 2.6
  do household chores **hacer**
    quehaceres domésticos
    2.3
  do someone a/the favor **hacer**
    un/el favor (a)
  do something on purpose
    hacer algo a propósito
  do stretching exercises **hacer**
    ejercicios de estiramiento
    2.6
doctor **doctor(a)** *m., f.* 1.3, 2.1;
  médico/a *m., f.* 1.3
  doctor's appointment **consulta**
    f. 3.4
  doctor's office **consultorio** *m.*
    3.4
documentary (*film*) **documental**
  m. 2.8, 3.9
dog **perro** *m.* 2.4
domestic **doméstico/a** *adj.*
  domestic appliance
    electrodoméstico *m.* 2.3
dominoes **dominó** *m.*
done **hecho** *p.p.* 2.5
door **puerta** *f.* 1.2
doorbell **timbre** *m.*
  ring the doorbell **tocar el**
    timbre
dormitory **residencia** *f.*
  estudiantil 1.2
double **doble** *adj.* 1.5;
  (*in movies*) **doble** *m., f.* 3.9
  double room **habitación** *f.*
    doble 1.5
doubt **duda** *f.* 2.4;
  interrogante
  m. 3.7; **dudar** *v.* 2.5
  there is no doubt that...
    no cabe duda de... 2.4;
    no hay duda de... 2.4
Down with...! **¡Abajo el/la...!**
download **descargar** *v.* 2.2, 3.7
downtown **centro** *m.* 1.4
drag **arrastrar** *v.*
drama **drama** *m.* 2.8
dramatic **dramático/a** *adj.* 2.8
draw **dibujar** *v.* 1.2, 3.10

drawing **dibujo** *m.* 2.8
dream (about) **soñar (o:ue)**
  (con) *v.* 3.1
dress **vestido** *m.* 1.6
  get dressed **vestirse (e:i)** *v.* 1.7
dressing room **probador** *m.* 3.3;
  (*star's*) **camerino** *m.* 3.9
drink **bebida** *f.* 1.8; **beber**
  v. 1.3, 3.1; **tomar** *v.* 1.2
drinking glass **copa** *f.*
drive **conducir** *v.* 1.6, 3.1;
  manejar *v.* 2.2
driver **conductor(a)** *m., f.* 1.1
drought **sequía** *f.* 3.6
drown **ahogarse** *v.*
drowned **ahogado/a** *adj.* 3.5
drug **droga** *f.* 2.6
drug addict **drogadicto/a** *m., f.*
  2.6
dry oneself **secarse** *v.* 1.7
dry **seco/a** *adj.* 3.6; **secar** *v.*
  dry off **secarse** *v.* 3.2
dub (*film*) **doblar** *v.*
dubbed **doblado/a** *adj.* 3.9
dubbing **doblaje** *m.*
during **durante** *prep.* 1.7; **por**
  prep. 2.2
dust **polvo** *m.* 3.3; **sacudir**
  v. 2.3; **quitar el polvo** 2.3
  dust the furniture **sacudir los**
    muebles 2.3
duty **deber** *m.* 3.8
DVD player **reproductor** *m.* **de**
  DVD 2.2

E

each **cada** *adj.* 1.6
eagle **águila** *f.*
ear (*outer*) **oreja** *f.* 2.1
early **temprano** *adv.* 1.7
earn **ganar** *v.* 2.7
  earn a living **ganarse la vida**
    3.8
earth **tierra** *f.* 3.6
  What on earth...? **¿Qué**
    rayos...? 3.5
earthquake **terremoto** *m.* 2.9,
  3.6
ease **aliviar** *v.*
east **este** *m.* 2.5
  to the east **al este** 2.5
easy **fácil** *adj.* 1.3
easy-going (*permissive*)
  permisivo/a *adj.* 3.1
eat **comer** *v.* 1.3
  eat up **comerse** *v.* 3.2
ecology **ecología** *f.* 2.4
economics **economía** *f.* 1.2
ecosystem **ecosistema** *m.* 3.6
ecotourism **ecoturismo** *m.*
  2.4, 3.5
Ecuador **Ecuador** *m.* 1.1
Ecuadorian **ecuatoriano/a** *adj.*
  1.3

edible **comestible** *adj.*
  edible plant **planta**
    comestible *f.*
editor **redactor(a)** *m., f.* 3.9
editor-in-chief **redactor(a) jefe**
  m., f.
educate **educar** *v.*
educated (*cultured*) **culto/a** *adj.*
educational **didáctico/a** *adj.*
  3.10
effective **eficaz** *adj.*
efficient **eficiente** *adj.*
effort **esfuerzo** *m.*
egg **huevo** *m.* 1.8
eight hundred **ochocientos/as**
  n., adj. 1.2
eight **ocho** *n., adj.* 1.1
eighteen **dieciocho** *n., adj.* 1.1
eighth **octavo/a** *n., adj.* 1.5
eighty **ochenta** *n., adj.* 1.2
either... or **o... o** *conj.* 1.7
elbow **codo** *m.*
elder **mayor** *adj.*
elderly **anciano/a** *adj.*
  elderly gentleman/lady
    anciano/a *m., f.*
eldest **el/la mayor** *adj.* 1.8
elect **elegir (e:i)** *v.* 2.9
elected **elegido/a** *adj.*
election **elecciones** *f. pl.* 2.9
electoral **electoral** *adj.*
electric appliance
  electrodoméstico *m.* 2.3
electrician **electricista** *m., f.*
  2.7
electricity **luz** *f.* 2.3, 3.7
electronic **electrónico/a** *adj.*
elegant **elegante** *adj.* 1.6
elevator **ascensor** *m.* 1.5
eleven **once** *n., adj.* 1.1
e-mail **correo** *m.* **electrónico**
  1.4
  e-mail address **dirección** *f.*
    electrónica 2.2, **dirección**
    de correo electrónico 3.7
  e-mail message **mensaje** *m.*
    electrónico 1.4
  read e-mail **leer el correo**
    electrónico 1.4
embarrass **avergonzar** *v.* 3.8
embarrassed **avergonzado/a**
  adj. 1.5
embarrassment **vergüenza** *f.*
embassy **embajada** *f.*
embrace (each other) **abrazar(se)**
  v. 2.2
emergency **emergencia** *f.* 2.1
  emergency room **sala** *f.* **de**
    emergencia(s) 2.1
emigrate **emigrar** *v.*
emotion **sentimiento** *m.* 3.1
emperor **emperador** *m.*
emphasize **destacar** *v.*
empire **imperio** *m.*
employed **empleado/a** *adj.* 3.8

employee **empleado/a** *m., f.*
1.5, 3.8
employment **empleo** *m.* 2.7, 3.8
empress **emperatriz** *f.*
encourage **animar** *v.*
end **fin** *m.* 1.4; **terminar** *v.* 1.2
(*rope, string*) **cabo** *m.*
end table **mesita** *f.* 2.3
endangered **en peligro de**
extinción *adj.*
endangered species **especie en**
peligro de extinción *f.*
ending **desenlace** *m.*
energetic **enérgico/a** *adj.* 3.8
energy **energía** *f.* 2.4
nuclear energy **energía**
nuclear *f.* 2.4
wind energy **energía eólica** *f.*
engaged: get engaged (to)
comprometerse *v.* **(con)** 1.9
engineer **ingeniero/a** *m., f.* 1.3,
3.7
English (*language*) **inglés** *m.* 1.2;
inglés, inglesa *adj.* 1.3
enjoy **disfrutar (de)** *v.* 2.6, 3.2
Enjoy your meal. **Buen**
provecho.
enough **bastante** *adv.* 2.1, 3.3
enslave **esclavizar** *v.*
enter **ingresar** *v.*
enter data **ingresar datos**
entertain (oneself) **entretener(se)**
(e:ie) *v.* 3.2
entertaining **entretenido/a** *adj.*
3.2
entertainment **diversión** *f.* 1.4;
farándula *f.* 3.1
entrance **entrada** *f.* 2.3
entrepreneur **empresario/a** *m., f.*
3.8
envelope **sobre** *m.* 2.5
environment **medio ambiente**
m. 2.4, 3.6
environmental **ambiental** *adj.*
3.6
epidemic **epidemia** *f.* 3.4
episode **episodio** *m.* 3.9
final episode **episodio final**
m. 3.9
equal **igual** *adj.*
equality **igualdad** *f.* 2.9
equipped **equipado/a** *adj.* 2.6
era **época** *f.*
erase **borrar** *v.* 2.2, 3.7
eraser **borrador** *m.* 1.2
erosion **erosión** *f.* 3.6
errand **diligencia** *f.* 2.5;
mandado *m.* 3.3
run errands **hacer mandados**
3.3
essay **ensayo** *m.*
essayist **ensayista** *m., f.* 3.10
establish **establecer** *v.*;
(oneself) **establecer(se)** *v.*
eternal **eterno/a** *adj.*

ethical **ético/a** *adj.* 3.7
even **siquiera** *conj.*
not even **ni siquiera** *conj.*
evening **tarde** *f.* 1.1
event **acontecimiento** *m.* 2.9,
3.9
everybody **todos** *m., pl.*
every day **todos los días** 2.1
everyday **cotidiano/a** *adj.* 3.3
everyday life **vida cotidiana** *f.*
everything **todo** *m.* 1.5
Everything is under control.
Todo está bajo control.
1.7
exactly **en punto** 1.1
exam **examen** *m.* 1.2
example (*sample*) **muestra** *f.*
excellent **excelente** *adj.* 1.5
excess **exceso** *m.* 2.6
in excess **en exceso** 2.6
exchange **intercambiar** *v.*
in exchange for **por** 2.2
excited **emocionado/a** *adj.* 3.1
exciting **emocionante** *adj.*
excursion **excursión** *f.* 3.5
excuse **disculpar** *v.*
Excuse me. (*May I?*) **Con**
permiso. 1.1; (*I beg*
your pardon.) **Perdona.**
*(fam.)***/Perdone.** *(form.)*/
Perdón. 1.1
executive **ejecutivo/a** *m., f.* 3.8
of an executive nature **de corte**
ejecutivo 3.8
exercise **ejercicio** *m.* 2.6;
hacer *v.* **ejercicio** 2.6
exhausted **agotado/a** *adj.* 3.4;
fatigado/a *adj.* 3.4
exhaustion **cansancio** *m.* 3.3
exhibition **exposición** *f.*
exile **exilio** *m.*
political exile **exilio político** *m.*
exit **salida** *f.* 1.5, 3.6
exotic **exótico/a** *adj.*
expel **expulsar** *v.*
expensive **caro/a** *adj.* 1.6,
3.3; **costoso/a** *adj.*
experience **experiencia** *f.* 2.9,
3.8; **experimentar** *v.*
experiment **experimento** *m.* 3.7
expire **caducar** *v.*
expired **vencido/a** *adj.* 3.5
explain **explicar** *v.* 1.2
exploit **explotar** *v.*
exploitation **explotación** *f.*
exploration **exploración** *f.*
explore **explorar** *v.*
export **exportar** *v.* 3.8
exports **exportaciones** *f., pl.*
expression **expresión** *f.*
expressionism **expresionismo** *m.*
3.10
extinct: become extinct
extinguirse *v.* 3.6
extinction **extinción** *f.* 2.4

extinguish **extinguir** *v.*
extremely delicious **riquísimo/a**
adj. 1.8
extremely serious **gravísimo/a**
adj. 2.4
eye **ojo** *m.* 2.1

F

fabulous **fabuloso/a** *adj.* 1.5
face **cara** *f.* 1.7
facial features **facciones** *f., pl.*
3.3
facilities **servicios** *m., pl.*
facing **enfrente de** *prep.* 2.5
fact **hecho** *m.*
in fact **de hecho**
factor **factor** *m.*
risk factors **factores de riesgo**
m. pl.
factory **fábrica** *f.*
fad **moda pasajera** *f.* 3.9
faint **desmayarse** *v.* 3.4
fair **feria** *f.* 3.2
faith **fe** *f.*
fall (*season*) **otoño** *m.* 1.5
fall (down) **caerse** *v.* 2.1; **caer**
v. 3.1
fall asleep **dormirse (o:ue)** *v.*
1.7
fall in love (with) **enamorarse**
v. **(de)** 1.9, 3.1
fallen **caído/a** *adj., p.p.* 2.5
fame **fama** *f.* 3.9
family **familia** *f.* 1.3
famous **famoso/a** *adj.* 2.7, 3.9
become famous **hacerse**
famoso 3.9
fan (of) **aficionado/a (a)** *adj.*
1.4, 3.2
be a fan (of) **ser aficionado/a**
(de/a) 1.4
far from **lejos de** *prep.* 1.2
farewell **despedida** *f.* 1.1, 3.5
fascinate **fascinar** *v.* 1.7, 3.2
fashion **moda** *f.* 1.6
be in fashion **estar de moda**
1.6
fast **rápido/a** *adj.*
fasten **abrocharse** *v.*
fasten one's seatbelt
abrocharse el cinturón
de seguridad
fasten the seatbelt **ponerse el**
cinturón de seguridad 3.5
fat **gordo/a** *adj.* 1.3; **grasa**
f. 2.6
father **padre** *m.* 1.3
father-in-law **suegro** *m.* 1.3
fatigue **fatiga** *f.* 3.8
favor **favor** *m.*
do someone a/the favor **hacer**
un/el favor (a)
favorite **favorito/a** *adj.* 1.4

favoritism **favoritismo** *m.*

fax (*machine*) **fax** *m.*

fear **miedo** *m.* 1.3; **temer** *v.* 2.4

February **febrero** *m.* 1.5

fed up (with) **harto/a** *adj.*
be fed up (with) **estar harto/a (de)** 3.1

feed **dar de comer** 3.6

feel **sentir(se) (e:ie)** *v.* 1.7, 3.1;
(*experience*) **experimentar** *v.*
feel like **dar la gana** 3.9
feel like (*doing something*)
tener ganas de (+ *inf.*) 1.3

feeling **sentimiento** *m.* 3.1

festival **festival** *m.* 2.8, 3.2

fever **fiebre** *f.* 2.1, 3.4
have a fever **tener fiebre** 2.1, 3.4

few **pocos/as** *adj., pl.*
fewer than **menos de (+ *number*)** 1.8

field **campo** *m.* 3.6; **cancha** *f.* 3.2
major field of study **especialización** *f.*

fifteen **quince** *n., adj.* 1.1
fifteen-year-old girl **quinceañera** *f.* 1.9

fifth **quinto/a** *n., adj.* 1.5

fifty **cincuenta** *n., adj.* 1.2

fight **lucha** *f.*; **pelear** *v.*
fight (for/against) **luchar** *v.* **(por/contra)** 2.9
fight bulls **lidiar** *v.* 3.2
fight bulls in the bullring **torear** *v.* 3.2

figuratively **en sentido figurado**

figure (*number*) **cifra** *f.*

file **archivo** *m.* 2.2
download a file **bajar un archivo**

fill **llenar** *v.* 2.2
fill out (a form) **llenar (un formulario)** 2.5
fill the tank **llenar el tanque** 2.2

filled up (full) **completo/a** *adj.*
The hotel is full. **El hotel está completo.**

filling **contundente** *adj.* 3.10

film **película** *f.*; **rodar (o:ue)** *v.* 3.9

finally **finalmente** *adv.* 2.6; **por último** 1.7; **por fin** 2.2

finance(s) **finanzas** *f. pl.*; **financiar** *v.* 3.8

financial **financiero/a** *adj.* 3.8

find **encontrar (o:ue)** *v.* 1.4
find (each other) **encontrar(se)** *v.*
find out **averiguar** *v.* 3.1

finding **hallazgo** *m.* 3.4

fine **multa** *f.*
That's fine. **Está bien.** 2.2

fine arts **bellas artes** *f., pl.* 2.8, 3.10

finger **dedo** *m.* 2.1

fingernail **uña** *f.*

finish **terminar** *v.* 1.2
finish (*doing something*) **terminar** *v.* **de (+ *inf.*)** 1.4
finish line **meta** *f.*

fire **incendio** *m.* 2.9, 3.6; **despedir (e:i)** *v.* 2.7, 3.8

fired **despedido/a** *adj.*

firefighter **bombero/a** *m., f.* 2.7

fireplace **hogar** *m.* 3.3

firm **compañía** *f.* 2.7, 3.8; **empresa** *f.* 2.7

first **primer, primero/a** *n., adj.* 1.5
first and foremost **antes que nada**

first aid **primeros auxilios** *m., pl.* 3.4

fish (*food*) **pescado** *m.* 1.8; (*live*) **pez** *m.* 2.4, 3.6; **pescar** *v.* 1.5

fish market **pescadería** *f.* 2.5

fisherman **pescador** *m.*

fisherwoman **pescadora** *f.*

fishing **pesca** *f.* 1.5, 3.5

fit **caber** *v.* 3.1; (*clothing*) **quedar** *v.* 1.7, 3.2

fitting room **vestidor** *m.*

five **cinco** *n., adj.* 1.1

five hundred **quinientos/as** *n., adj.* 1.2

fix (*put in working order*) **arreglar** *v.* 2.2

fixed **fijo/a** *adj.* 1.6

flag **bandera** *f.*

flank steak **lomo** *m.* 1.8

flask **frasco** *m.*

flat tire: We had a flat tire. **Se nos pinchó una llanta.** 2.2

flavor **sabor** *m.*
What flavor is it? **¿Qué sabor tiene?** 3.4

fleeting **pasajero/a** *adj.*

flexible **flexible** *adj.* 2.6

flight **vuelo** *m.*

flight attendant **auxiliar de vuelo** *m., f.*

flirt **coquetear** *v.* 3.1

float **flotar** *v.* 3.5

flood **inundación** *f.* 2.9, 3.6; **inundar** *v.*

floor (*of a building*) **piso** *m.* 1.5; **suelo** *m.* 2.3
ground floor **planta baja** *f.* 1.5
top floor **planta alta** *f.*

flower **flor** *f.* 2.4; **florecer** *v.* 3.6

flu **gripe** *f.* 2.1, 3.4

fly **mosca** *f.* 3.6; **volar (o:ue)** *v.* 3.8

fog **niebla** *f.*

fold **doblar** *v.*

folk **folklórico/a** *adj.* 2.8

follow **seguir (e:i)** *v.* 1.4

folly **insensatez** *f.* 3.4

fond of **aficionado/a (a)** *adj.* 3.2

food **comida** *f.* 1.8, 3.6; **alimento** *m.*
canned food **comida enlatada** *f.* 3.6
fast food **comida rápida** *f.* 3.4

foolish **tonto/a** *adj.* 1.3

foot **pie** *m.* 2.1; (*of an animal*) **pata** *f.*

football **fútbol** *m.* **americano** 1.4

for **para** *prep.* 2.2; **por** *prep.* 2.2
for example **por ejemplo** 2.2
for me **para mí** 1.8

forbid **prohibir** *v.*

force **fuerza** *f.*
armed forces **fuerzas armadas** *f., pl.*
labor force **fuerza laboral** *f.*

forced **forzado/a** *adj.*

forefront: at the forefront **a la vanguardia**

foreign **extranjero/a** *adj.* 2.8
foreign languages **lenguas** *f. pl.* **extranjeras** 1.2

foresee **presentir (e:ie)** *v.*, **prever** *v.*

forest **bosque** *m.* 2.4

forget (about) **olvidar** *v.* 2.1; **olvidarse (de)** *v.* 3.2

forgetfulness **olvido** *m.* 3.1

forgive **perdonar** *v.*

fork **tenedor** *m.* 2.3

form **formulario** *m.* 2.5; **forma** *f.*

formulate **formular** *v.* 3.7

forty **cuarenta** *n., adj.* 1.2
forty-year-old; in her/his forties **cuarentón/cuarentona** *adj.*

fountain **fuente** *f.*

four **cuatro** *n., adj.* 1.1

four hundred **cuatrocientos/as** *n., adj.* 1.2

fourteen **catorce** *n., adj.* 1.1

fourth **cuarto/a** *n., adj.* 1.5

frame **marco** *m.*

free **libre** *adj.* 1.4
be free (of charge) **ser gratis** 2.5
free time **tiempo libre** *m.* 1.4, 3.2; **ratos libres** *m. pl.* 1.4, 3.2

freedom **libertad** *f.* 2.9
freedom of the press **libertad de prensa** *f.* 3.9

freeze **congelar(se)** *v.* 3.7; **helar (e:ie)** *v.*

freezer **congelador** *m.* 2.3

French **francés, francesa** *adj.* 1.3

French fries **papas** *f., pl.* **fritas** 1.8, **patatas** *f., pl.* **fritas** 1.8

frequently **a menudo** *adv.* 3.3; **frecuentemente** *adv.* 2.1; **con frecuencia** *adv.* 2.1

friar **fraile** *m.*

Friday **viernes** *m., sing.*   1.2

fried **frito/a** *adj.*   1.8

  fried potatoes **papas** *f., pl.*
    fritas   1.8, **patatas** *f., pl.*
    fritas   1.8

friend **amigo/a** *m., f.*   1.3

friendly **amable** *adj.*   1.5

friendship **amistad** *f.*   1.9

frightened **asustado/a** *adj.*

frog **rana** *f.*   3.6

from **de** *prep.*   1.1; **desde** *prep.*
  1.6

  from time to time **de vez en**
    cuando   2.1

  He/She/It is from… **Es de…**
    1.1

  I'm from… **Soy de…**   1.1

from the United States
  estadounidense *adj.*   1.3

front desk **recepción** *f.*   3.5

front page **portada** *f.*   3.9

frozen **congelado/a** *adj.*

fruit **fruta** *f.*   1.8

  fruit juice **jugo** *m.* **de fruta**   1.8

  fruit store **frutería** *f.*   2.5

fry **freír (e:i)** *v.*   3.3

fuel **combustible** *m.*   3.6

full **lleno/a** *adj.*   2.2;

  full-length film **largometraje** *m.*

fun **divertido/a** *adj.*   1.7, 3.2

  fun activity **diversión** *f.*   1.4

  have fun **divertirse (e:ie)** *v.*
    1.9

function **funcionar** *v.*

funny **gracioso/a** *adj.*   3.1

  be funny (to someone)
    hacerle gracia (a alguien)

furnished **amueblado/a** *adj.*

furniture **muebles** *m., pl.*   2.3;
  mueble *m.*   3.3

furthermore **además (de)** *adv.*   2.1

future **futuro** *adj.*   2.7; **porvenir**
  m.   2.7

  Here's to the future! **¡Por el**
    porvenir!   2.7

  in the future **en el futuro**   2.7

futuristic **futurista** *adj.*

G

gain weight **aumentar** *v.* **de**
  peso   2.6; **engordar** *v.*   2.6,
  3.4

gallery **galería** *f.*   3.10

game **juego** *m.*   3.2;
  (*match*) **partido** *m.*   1.4

  ball game **juego de pelota** *m.*
    3.5

  board game **juego de mesa** *m.*
    3.2

  game show **concurso** *m.*   2.8

  win/lose a game **ganar/perder**
    un partido   3.2

garage (*in a house*) **garaje** *m.*   2.2,
  2.3; **taller (mecánico)** *m.*   2.2

garbage (*poor quality*) **porquería**
  f.   3.10

garden **jardín** *m.*   2.3

garlic **ajo** *m.*   1.8

gas station **gasolinera** *f.*   2.2

gasoline **gasolina** *f.*   2.2

gate: airline gate **puerta de**
  embarque *f.*   3.5

gaze **mirada** *f.*   3.1

gene **gen** *m.*   3.7

generate **generar** *v.*

generous **generoso/a** *adj.*

genetics **genética** *f.*   3.4

genuine **auténtico/a** *adj.*   3.3

geography **geografía** *f.*   1.2

German **alemán, alemana** *adj.*
  1.3

gesture **gesto** *m.*

get **conseguir (e:i)** *v.*   1.4;
  obtener *v.*   2.7

  get along **congeniar** *v.*

  get along well/badly (with)
    llevarse bien/mal (con)
    1.9, 3.1

  get a shot **ponerse una**
    inyección *v.*   3.4

  get bored **aburrirse** *v.*   2.8, 3.2

  get caught **enganchar** *v.*   3.5

  get discouraged **desanimarse** *v.*

  get distracted **descuidar(se)**
    v.   3.6

  get dressed **vestirse (e:i)** *v.*   3.2

  get hurt **lastimarse** *v.*   3.4

  get in shape **ponerse en**
    forma   3.4

  get information **informarse** *v.*

  get off of (*a vehicle*) **bajar(se)**
    v. **de**   2.2

  get on/into (*a vehicle*) **subir(se)**
    v. **a**   2.2

  get out of (*a vehicle*) **bajar(se)**
    v. **de**   2.2

  get ready **arreglarse** *v.*   3.3

  get sick **enfermarse** *v.*   3.4

  get tickets **conseguir (e:i)**
    boletos/entradas   3.2

  get together (with) **reunirse**
    (con) *v.*   3.2

  get up **levantarse** *v.*   1.7, 3.2

  get upset **afligirse** *v.*   3.3

  get used to **acostumbrarse (a)**
    v.   3.3

  get vaccinated **vacunarse** *v.*   3.4

  get well/ill **ponerse bien/mal**
    3.4

  get wet **mojarse** *v.*

  get worse **empeorar** *v.*   3.4

gift **regalo** *m.*   1.6, **obsequio**

girl **chica** *f.*   1.1; **muchacha** *f.*
  1.3

girlfriend **novia** *f.*   1.3

give **dar** *v.*   1.6, 1.9; (*as a gift*)
  regalar   1.9

give a prize **premiar** *v.*

give a shot **poner una**
  inyección   3.4

give up **darse por vencido**
  ceder *v.*

give way to **dar paso a**

gladly **con mucho gusto**   3.10

glance **vistazo** *m.*

glass (*drinking*) **vaso** *m.*   2.3;
  vidrio *m.*   2.4

  (made of) glass **de vidrio**   2.4

glasses **gafas** *f., pl.*   1.6

global warming **calentamiento**
  global *m.*   3.6

gloves **guantes** *m., pl.*   1.6

go **ir** *v.*   1.4, 3.1, 3.2

  be going to (*do something*) **ir a**
    (+ *inf.*)   1.4

  go across **recorrer** *v.*   3.5

  go around (the world) **dar la**
    vuelta (al mundo)

  go away (from) **irse (de)** *v.*
    1.7, 3.2

  go by boat **ir en barco**   1.5

  go by bus **ir en autobús**   1.5

  go by car **ir en auto(móvil)**
    1.5

  go by motorcycle **ir en**
    motocicleta   1.5

  go by taxi **ir en taxi**   1.5

  go by the bank **pasar por el**
    banco   2.5

  go down **bajar(se)** *v.*

  go on a hike (in the mountains)
    ir de excursión (a las
    montañas)   1.4

  go to bed **acostarse (o:ue)**
    v.   3.2

  go to sleep **dormirse (o:ue)**
    v.   3.2

  go too far **pasarse** *v.*

  go too fast **embalarse** (*Esp.*)
    v.   3.9

  go out **salir** *v.*   1.9, 3.1

  go out (to eat) **salir (a comer)**
    v.   3.2

  go out with **salir con** *v.*   1.9,
    3.1

  go shopping **ir de compras**
    3.3

  go up **subir** *v.*

  go with **acompañar** *v.*   2.5

  Let's go. **Vamos.**   1.4

goat **cabra** *f.*

God **Dios** *m.*

god/goddess **dios(a)** *m., f.*   3.5

goldfish **pececillo de colores** *m.*

golf **golf** *m.*   1.4

good **buen, bueno/a** *adj.*   1.3,
  1.6

  be good (*i.e. fresh*) **estar bueno;**
    (*by nature*) **ser bueno**

  Good afternoon. **Buenas**
    tardes.   1.1

Good evening. **Buenas noches.** 1.1
Good idea. **Buena idea.** 1.4
Good morning. **Buenos días.** 1.1
Good night. **Buenas noches.** 1.1
It's good that… **Es bueno que…** 2.3
good-bye **adiós** *m.* 1.1
  say good-bye (to) **despedirse (e:i)** *v.* **(de)** 3.3
good-looking **guapo/a** *adj.* 1.3
goodness **bondad** *f.*
gossip **chisme** *m.* 3.9
govern **gobernar (e:ie)** *v.*
government **gobierno** *m.* 2.4
  government agency **organismo público** *m.* 3.9
governor **gobernador(a)** *m., f.*
graduate (from/in) **graduarse** *v.* **(de/en)** 1.9, 3.3
grains **cereales** *m., pl.* 1.8
granddaughter **nieta** *f.* 1.3
grandfather **abuelo** *m.* 1.3
grandmother **abuela** *f.* 1.3
grandparents **abuelos** *m., pl.* 1.3
grandson **nieto** *m.* 1.3
grape **uva** *f.* 1.8
grass **césped** *m.* 2.4; **hierba** *f.* 2.4; **pasto** *m.*
gratitude **agradecimiento** *m.*
grave **grave** *adj.* 2.1
gravity **gravedad** *f.* 3.7
gray **gris** *adj.* 1.6
great **fenomenal** *adj.* 1.5
great-grandfather **bisabuelo** *m.* 1.3
great-grandmother **bisabuela** *f.* 1.3
great-great-grandfather/mother **tatarabuelo/a** *m., f.*
green **verde** *adj.* 1.6
greet (each other) **saludar(se)** *v.* 2.2
greeting **saludo** *m.* 1.1
  Greetings to… **Saludos a…** 1.1
grilled (*food*) **a la plancha** 1.8
  grilled flank steak **lomo a la plancha** *m.* 1.8
ground floor **planta baja** *f.* 1.5
group **grupo** *m.*
  musical group **grupo musical** *m.*
grow **crecer** *v.* 3.1; **cultivar** *v.*
  grow accustomed to **acostumbrarse (a)** *v.* 3.3
  grow up **criarse** *v.* 3.1
growth **crecimiento** *m.*
Guarani **guaraní** *m.* 3.9
guarantee **asegurar** *v.*
guess **adivinar** *v.*

guest (*at a house/hotel*) **huésped** *m., f.* 1.5; (*invited to a function*) **invitado/a** *m., f.* 1.9
guide **guía** *m., f.* 2.4
guilt **culpa** *f.*
guilty **culpable** *adj.*
guy **tipo** *m.* 3.2
gymnasium **gimnasio** *m.* 1.4

H

habit **costumbre** *f.* 3.3
  be in the habit of **soler (o:ue)** *v.* 3.3
hair **pelo** *m.* 1.7
hairdresser **peluquero/a** *m., f.* 2.7
half **medio/a** *adj.* 1.3; **mitad** *f.*
  half-past… (*time*) **…y media** 1.1
half-brother **medio hermano** 1.3
half-sister **media hermana** 1.3
hall **sala** *f.*
  concert hall **sala de conciertos** *f.*
hallway **pasillo** *m.* 2.3
ham **jamón** *m.* 1.8
hamburger **hamburguesa** *f.* 1.8
hand **mano** *f.* 1.1
  Hands up! **¡Manos arriba!**
handsome **guapo/a** *adj.* 1.3
hang (up) **colgar (o:ue)** *v.*
happen **ocurrir** *v.* 2.9; **suceder** *v.* 3.1
  These things happen. **Son cosas que pasan.**
happiness **alegría** *v.* 1.9; **felicidad** *f.*
happy **alegre** *adj.* 1.5; **contento/a** *adj.* 1.5; **feliz** *adj.* 1.5, 3.3
  be happy **alegrarse** *v.* **(de)** 2.4
  Happy birthday! **¡Feliz cumpleaños!** 1.9
hard **difícil** *adj.* 1.3; **arduo** *adj.* 3.3; **duro/a** *adj.* 3.7
hardly **apenas** *adv.* 2.1; 3.3
hard-working **trabajador(a)** *adj.* 1.3, 3.8
harmful **dañino/a** *adj.* 3.6
harvest **cosecha** *f.*
haste **prisa** *f.* 1.3
hat **sombrero** *m.* 1.6
hate **odiar** *v.* 1.9, 3.1
have **tener** *v.* 1.3, 3.1
  Have a good trip! **¡Buen viaje!** 1.1
  have a tooth removed **sacar(se) un diente** 2.1

have fun **divertirse (e:ie)** *v.* 3.2
have time **tener tiempo** 1.4
have to (*do something*) **tener que (+ inf.)** 1.3; **deber (+ inf.)** *v.*
he **él** *sub. pron.* 1.1
head **cabeza** *f.* 2.1
headache **dolor de cabeza** *m.* 2.1
headline **titular** *m.* 3.9
heal **curarse** *v.* 3.4; **sanar** *v.* 3.4
healing **curativo/a** *adj.* 3.4
health **salud** *f.* 2.1, 3.4
  To your health! **¡A tu salud!**
healthy **saludable** *adj.* 2.1; **sano/a** *adj.* 2.1, 3.4
  lead a healthy lifestyle **llevar una vida sana** 2.6
hear **oír** *v.* 1.4, 3.1
heard **oído** *p.p.* 2.5
hearing (*sense*) **oído** *m.* 2.1
heart **corazón** *m.* 2.1, 3.1
  heart and soul **cuerpo y alma**
heat **calor** *m.* 1.5
heavy (*filling*) **contundente** *adj.* 3.10
  heavy rain **diluvio** *m.*
heel **tacón** *m.*
  high heel **tacón alto** *m.*
height (*highest level*) **apogeo** *m.* 3.5
Hello. **Hola.** 1.1; (*on the telephone*) **Aló.** 2.2; **¿Bueno?** 2.2; **Diga.** 2.2
help (*aid*) **auxilio** *m.*; **ayudar** *v.* 2.3; **servir (e:i)** *v.* 1.5
  help each other **ayudarse** *v.* 2.2
her **su(s)** *poss. adj.* 1.3; **suyo(s)/a(s)** *poss. adj.* 2.2; **la** *f., sing., d.o. pron.* 1.5
  to/for her **le** *f., sing., i.o. pron.* 1.6
here **aquí** *adv.* 1.1
  Here it is. **Aquí está.** 1.5
  Here we are at/in… **Aquí estamos en…**
hers **suyo(s)/a(s)** *poss. pron.* 2.2
heritage **herencia** *f.*
  cultural heritage **herencia cultural** *f.*
heroic **heroico/a** *adj.*
Hi. **Hola.** 1.1
high definition **de alta definición** *adj.* 3.7
highest level **apogeo** *m.* 3.5
highway **autopista** *f.* 2.2; **carretera** *f.* 2.2
hike **excursión** *f.* 1.4
  go on a hike **hacer una excursión; ir de excursión** 1.4

hiker **excursionista** *m.*, *f.*
hiking **de excursión** 1.4
hill **cerro** *m.*; **colina** *f.*
him **lo** *m.*, *sing.*, *d.o. pron.* 1.5
to/for him **le** *m.*, *sing.*, *i.o. pron.*
1.6
Hindu **hindú** *adj.*
hire **contratar** *v.* 2.7, 3.8
his **su(s)** *poss. adj.* 1.3;
(of) his **suyo(s)/a(s)** *poss. adj.*
and pron. 2.2
historian **historiador(a)** *m.*, *f.*
historic **histórico/a** *adj.*
historical **histórico/a** *adj.* 3.10
historical period **era** *f.*
history **historia** *f.* 1.2, 2.8
hobby **pasatiempo** *m.* 1.4
hockey **hockey** *m.* 1.4
hold (*hug*) **abrazar** *v.* 3.1
hold your horses **parar el carro**
(*Esp.*) 3.9
hole **agujero** *m.*
black hole **agujero negro** *m.*
3.7
hole in the ozone layer **agujero**
en la capa de ozono *m.*
small hole **agujerito** *m.* 3.7
holiday **día** *m.* **de fiesta** 1.9
holy **sagrado/a** *adj.*
home **casa** *f.* 1.2; **hogar** *m.*
3.3
home page **página** *f.* **principal**
2.2
homework **tarea** *f.* 1.2
honey **miel** *f.* 3.8
honored **distinguido/a** *adj.*
hood **capó** *m.* 2.2; **cofre**
m. 2.2
hope **esperanza** *f.* 3.6; **ilusión**
f.; **esperar** *v.* (+ *inf.*) 1.2, 2.4
I hope (that) **ojalá (que)** 2.4
horror **horror** *m.* 2.8;
(*genre*) **de horror** 2.8; (*story/*
novel) **de terror** 3.10
hors d'oeuvres **entremeses** *m.*,
pl. 1.8
horse **caballo** *m.* 1.5
horseshoe **herradura** *f.*
hospital **hospital** *m.* 2.1
host(ess) **anfitrión/anfitriona**
m., *f.* 3.8
hostel **albergue** *m.* 3.5
hot: be (*feel*) (very) hot **tener**
(mucho) calor 1.3
It's (very) hot. **Hace (mucho)**
calor. 1.5
hotel **hotel** *m.* 1.5
hour **hora** *f.* 1.1
house **casa** *f.* 1.2
household chores **quehaceres** *m.*,
pl. **domésticos** 2.3
housekeeper **ama** *m.*, *f.* **de**
casa 2.3
housing **vivienda** *f.* 2.3
How...! **¡Qué...!** 1.3

how? **¿cómo?** *adv.* 1.1
How are you? **¿Qué tal?** 1.1;
¿Cómo estás? *fam.* 1.1;
¿Cómo está usted? *form.*
1.1
How can I help you? **¿En qué**
puedo servirles? 1.5
How did it go for you...?
¿Cómo le/les fue...? 2.6
How is it going? **¿Qué**
tal? 1.1
How is/are...? **¿Qué**
tal...? 1.2
How is the weather? **¿Qué**
tiempo hace? 2.6
How much/many?
¿Cuánto(s)/a(s)? *adj.* 1.1
How much does ... cost?
¿Cuánto cuesta...? 1.6
How old are you? **¿Cuántos**
años tienes? *fam.* 1.3
however **sin embargo**
hug (each other) **abrazar(se)** *v.*
2.2, 3.1
humanities **humanidades** *f.*, *pl.*
1.2
humankind **humanidad** *f.*
humid **húmedo/a** *adj.* 3.6
humiliate **humillar** *v.* 3.8
humorous **humorístico/a** *adj.*
3.10
hundred **cien, ciento** *n.*, *adj.* 1.2
hunger **hambre** *f.* 1.3
hungry **hambriento/a** *adj.*
be (very) hungry **tener**
(mucha) hambre 1.3
hunt **cazar** *v.* 2.4, 3.6
hurricane **huracán** *m.* 2.9, 3.6
hurry **prisa** *f.* 3.6; **apurarse**
v. 2.6; **darse prisa** *v.* 2.6
be in a (big) hurry **tener**
(mucha) prisa 1.3
hurt **herir (e:ie)** *v.* 3.1;
doler (o:ue) *v.* 2.1, 3.2
get hurt **lastimarse** *v.* 3.4
hurt oneself **hacerse daño**
hurt someone **hacerle daño a**
alguien
It hurts me a lot... **Me duele**
mucho... 2.1
husband **esposo** *m.* 1.3;
marido *m.*
hut **choza** *f.*
hygiene **aseo** *m.*
hygienic **higiénico/a** *adj.*

I

I **yo** *pron.* 1.1
I am... **Yo soy...** 1.1
I hope (that) **Ojalá (que)**
interj. 2.4
I wish (that) **Ojalá (que)**
interj. 2.4

ice cream **helado** *m.* 1.9
ice cream shop **heladería** *f.*
2.5
iced **helado/a** *adj.* 1.8
iced tea **té** *m.* **helado** 1.8
idea **idea** *f.* 1.4
ideology **ideología** *f.*
if **si** *conj.* 1.4
illness **dolencia** *f.* 3.4;
enfermedad *f.* 2.1, 3.4
ill-tempered **malhumorado/a**
adj.
illusion **ilusión** *f.*
image **imagen** *f.* 3.2, 3.7
imagination **imaginación** *f.*
immature **inmaduro/a** *adj.* 3.1
immediately **en el acto** 3.3
immigration **inmigración** *f.*
immoral **inmoral** *adj.*
import **importar** *v.* 3.8
important **importante** *adj.* 1.3,
3.4
be important (to) **importar** *v.*
1.7, 3.2, 3.4
It's important that... **Es**
importante que... 2.3
imported **importado/a** *adj.* 3.8
imports **importaciones** *f.*, *pl.*
impossible **imposible** *adj.* 2.4
it's impossible **es imposible**
2.4
impress **impresionar** *v.* 3.1
impressionism **impresionismo**
m. 3.10
improbable **improbable** *adj.* 2.4
it's improbable **es improbable**
2.4
improve **mejorar** *v.* 2.4, 3.4;
perfeccionar *v.*
improvement **adelanto** *m.* 3.4
in **en** *prep.* 1.2; **por** *prep.* 2.2
in a bad mood **de mal humor**
1.5
in a good mood **de buen**
humor 1.5
in front of **delante de** *prep.*
1.2
in love (with) **enamorado/a**
(de) *adj.* 1.5, 3.1
in search of **por** *prep.* 2.2
in the afternoon **de la tarde**
1.1; **por la tarde** 1.7
in the direction of **para** *prep.*
1.1
in the early evening **de la tarde**
1.1
in the morning **de la mañana**
1.1; **por la mañana** 1.7
in the evening **de la noche**
1.1; **por la tarde** 1.7
inadvisable **poco recomendable**
adj. 3.5
incapable **incapaz** *adj.* 3.8
included **incluido/a** *adj.* 3.5
incompetent **incapaz** *adj.* 3.8

Vocabulario

increase **aumento** *m.* 2.7
incredible **increíble** *adj.* 1.5
independence **independencia** *f.*
index **índice** *m.*
indigenous **indígena** *adj.* 3.9
  indigenous person **indígena**
    m., f. 3.4
industrious **trabajador(a)** *adj.*
  3.8
industry **industria** *f.*
inequality **desigualdad** *f.* 2.9
inexpensive **barato/a** *adj.* 3.3
infected: become infected
  contagiarse *v.* 3.4
infection **infección** *f.* 2.1
inflamed **inflamado/a** *adj.* 3.4
  become inflamed **inflamarse** *v.*
inflexible **inflexible** *adj.*
influential **influyente** *adj.* 3.9
inform **informar** *v.* 2.9; **avisar** *v.*
  be informed **estar al tanto**
    3.9
  become informed (about)
    enterarse (de) *v.* 3.9
inhabit **habitar** *v.*
inhabitant **habitante** *m., f.*;
  poblador(a) *m., f.*
inherit **heredar** *v.*
injection **inyección** *f.* 2.1
  give an injection **poner una**
    inyección 2.1
injure **lastimar** *v.*; (oneself)
  lastimarse *v.* 2.1
  injure (one's foot) **lastimarse** *v.*
    (el pie) 2.1
injured **herido/a** *adj.*
injury **herida** *f.* 3.4
inner ear **oído** *m.* 2.1
innovative **innovador(a)** *adj.*
  3.7
insanity **locura** *f.*
insect bite **picadura** *f.*
insecure **inseguro/a** *adj.* 3.1
inside **dentro** *adv.*
insincere **falso/a** *adj.* 3.1
insist (on) **insistir** *v.* **(en)** 2.3,
  3.4
inspired **inspirado/a** *adj.*
instability **inestabilidad** *f.*
install **instalar** *v.* 3.7
installments: pay in installments
  pagar a plazos 2.5
insult **ofensa** *f.* 3.10
insurance **seguro** *m.* 3.5
intelligent **inteligente** *adj.* 1.3
intend to **pensar** *v.* **(+ *inf.*)** 1.4
intensive care **terapia intensiva**
  f. 3.4
interest **interesar** *v.* 1.7, 3.2
interesting **interesante** *adj.* 1.3
  be interesting **interesar** *v.* 1.7,
    3.2
international **internacional** *adj.*
  2.9
Internet **Internet** *m., f.* 2.2, 3.7

interview **entrevista** *f.* 2.7;
  entrevistar *v.* 2.7
  job interview **entrevista de**
    trabajo *f.* 3.8
interviewer **entrevistador(a)**
  m., f. 2.7
intriguing **intrigante** *adj.* 3.10
introduction **presentación** *f.*
  I would like to introduce (*name*)
    to you. **Le presento a…**
    form. 1.1; **Te presento a…**
    fam. 1.1
invade **invadir** *v.*
invent **inventar** *v.* 3.7
invention **invento** *m.* 3.7
invest **invertir (e:ie)** *v.* 2.7, 3.8
investigate **investigar** *v.* 3.7
investment **inversión** *f.*
  foreign investment **inversión**
    extranjera *f.* 3.8
investor **inversor(a)** *m., f.*
invite **invitar** *v.* 1.9
iron **plancha** *f.*
  iron clothes **planchar la ropa**
    2.3
irresponsible **irresponsable** *adj.*
island **isla** *f.* 3.5
isolate **aislar** *v.* 3.9
isolated **aislado/a** *adj.* 3.6
it **lo/la** *sing., d.o., pron.* 1.5
Italian **italiano/a** *adj.* 1.3
itinerary **itinerario** *m.* 3.5
its **su(s)** *poss. adj.* 1.3;
  suyo(s)/a(s) *poss. pron.* 2.2

J

jacket **chaqueta** *f.* 1.6
January **enero** *m.* 1.5
Japanese **japonés, japonesa**
  adj. 1.3
jealous **celoso/a** *adj.*
  be jealous of **tener celos de**
    3.1
jealousy **celos** *m., pl.* 3.1
jeans **bluejeans** *m., pl.* 1.6
jewelry store **joyería** *f.* 2.5
Jewish **judío/a** *adj.*
job **empleo** *m.* 2.7, 3.8; **puesto**
  m. 2.7, 3.8; **trabajo** *m.* 2.7
  job application **solicitud** *f.* **de**
    trabajo 2.7
  job interview **entrevista de**
    trabajo *f.* 3.8
jog **correr** *v.*
joke **broma** *f.* 3.1; **chiste** *m.*
  3.1; **bromear** *v.*
journalism **periodismo** *m.* 1.2
journalist **periodista** *m., f.* 1.3,
  3.9
joy **alegría** *f.* 1.9; **regocijo** *m.*
  3.4
  give joy **dar alegría** 1.9
joyful **alegre** *adj.* 1.5

judge **juez(a)** *m., f.*
judgment **juicio** *m.*
juice **jugo** *m.* 1.8
July **julio** *m.* 1.5
jump **salto** *m.*
June **junio** *m.* 1.5
jungle **selva** *f.* 2.4, 3.5; **jungla**
  f. 2.4
just **apenas** *adv.*; **justo/a** *adj.*
  have just (*done something*)
    acabar de (+ *inf.*) 1.6
  just as **tal como** *conj.*
justice **justicia** *f.*

K

keep **mantener** *v.* **guardar** *v.*
  keep in mind **tener en cuenta**
  keep in touch **mantenerse en**
    contacto *v.* 3.1
  keep (something) to yourself
    guardarse (algo) *v.* 3.1
  keep up with the news **estar al**
    día con las noticias
key **llave** *f.* 1.5
keyboard **teclado** *m.* 2.2
kick **patada** *f.* 3.3; **patear** *v.* 3.2
kidnapping **secuestro** *m.*
kilometer **kilómetro** *m.* 2.2
kind **amable** *adj.*
  That's very kind of you. **Muy**
    amable. 1.5
king **rey** *m.*
kingdom **reino** *m.*
kiss **beso** *m.* 1.9; **besar** *v.* 3.1
  kiss each other **besarse** *v.* 2.2
kitchen **cocina** *f.* 2.3
knee **rodilla** *f.* 2.1
knife **cuchillo** *m.* 2.3
know **saber** *v.* 1.6, 3.1;
  conocer *v.* 1.6, 3.1
  know how **saber** *v.* 1.6
knowledge **conocimiento** *m.*

L

label **etiqueta** *f.*
labor **mano de obra** *f.*
labor union **sindicato** *m.* 3.8
laboratory **laboratorio** *m.* 1.2
lack **faltar** *v.* 1.7, 3.2
lake **lago** *m.* 2.4
lamp **lámpara** *f.* 2.3
land **tierra** *f.* 2.4, 3.6; **terreno**
  m. 3.6
  land (*an airplane*) **aterrizar**
    v. 3.5
landlord **dueño/a** *m., f.* 1.8
landscape **paisaje** *m.* 1.5, 3.6
language **lengua** *f.* 1.2;
  idioma *m.* 3.9
laptop (computer) **computadora**
  f. **portátil** 2.2, 3.7

large **grande** *adj.* 1.3;
  (*clothing size*) **talla grande** *f.*
  1.6
last **durar** *v.* 2.9; **pasado/a**
  adj. 1.6; **último/a** *adj.*
  last name **apellido** *m.* 1.3
  last night **anoche** *adv.* 1.6
  last week **semana** *f.* **pasada**
  1.6
  last year **año** *m.* **pasado** 1.6
late **tarde** *adv.* 1.7; **atrasado/a**
  adj. 3.3
later (on) **más tarde** 1.7
  See you later. **Hasta la vista.**
  1.1; **Hasta luego.** 1.1
laugh **reírse (e:i)** *v.* 1.9
laughed **reído** *p.p.* 2.5
launch **lanzar** *v.*
laundromat **lavandería** *f.* 2.5
law **derecho** *m.*; **ley** *f.* 2.4
  abide by the law **cumplir** *v.* **la**
  ley
  approve/pass a law **aprobar**
  (o:ue) *v.* **una ley**
lawyer **abogado/a** *m., f.* 2.7
layer **capa** *f.*
  ozone layer **capa de ozono** *f.*
  3.6
lazy **perezoso/a** *adj.*; **haragán/**
  haragana *adj.* 3.8
lead **encabezar** *v.*
leader **líder** *m., f.*
leadership **liderazgo** *m.*
lean (on) **apoyarse (en)** *v.*
learn **aprender** *v.* **(a + inf.)** 1.3
learned **erudito/a** *adj.*
learning **aprendizaje** *m.*
least: at least **por lo menos** *adv.*
  2.1
leave **salir** *v.* 1.4; **irse** *v.* 1.7;
  marcharse *v.*; **dejar** *v.*
  leave alone **dejar en paz** 3.8
  leave a tip **dejar una propina**
  1.9
  leave behind **dejar** *v.* 2.7
  leave for (*a place*) **salir para**
  leave from **salir de**
  leave someone **dejar a**
  alguien *v.*
left **izquierdo/a** *adj.* 1.2
  be left over **quedar** *v.* 1.7, 3.2
  to the left of **a la izquierda de**
  1.2
leg **pierna** *f.* 2.1; (*of an*
  animal) **pata** *f.*
legend **leyenda** *f.* 3.5
leisure **ocio** *m.*
lemon **limón** *m.* 1.8
lend **prestar** *v.* 1.6, 3.8
less **menos** *adv.* 2.1
  less... than **menos... que** 1.8
  less than **menos de (+ number)**
  1.8
lesson **lección** *f.* 1.1;
  (*teaching*) **enseñanza** *f.*

let **dejar** *v.* 2.3
  let's see **a ver** 1.2
letter **carta** *f.* 1.4, 2.5
lettuce **lechuga** *f.* 1.8
level **nivel** *m.*
  sea level **nivel del mar** *m.*
liberal **liberal** *adj.*
liberate **liberar** *v.*
liberty **libertad** *f.* 2.9
library **biblioteca** *f.* 1.2
license (*driver's*) **licencia** *f.* **de**
  conducir 2.2
lid **tapa** *f.*
lie **mentira** *f.* 1.4, 3.1
life **vida** *f.* 1.9
  everyday life **vida cotidiana** *f.*
  of my life **de mi vida** 2.6
lifestyle: lead a healthy lifestyle
  llevar una vida sana 2.6
lift **levantar** *v.* 2.6
  lift weights **levantar**
  pesas 2.6
light **luz** *f.* 2.3
lighthouse **faro** *m.* 3.5
lightning **rayo** *m.*; **relámpago** *m.*
  3.6
like **como** *prep.* 1.8
  like this **así** *adv.* 2.1, 3.3
like **gustar** *v.* 1.2, 3.2, 3.4
  Do you like...? **¿Te**
  gusta(n)...? *fam.* 1.2
  I don't like them at all. **No me**
  gustan nada. 1.2
  I don't like ... at all! **¡No me**
  gusta nada...!
  I like... **Me gusta(n)...** 1.2
  like very much **encantar** *v.*
  3.2; **fascinar** *v.* 3.2
likeable **simpático/a** *adj.* 1.3
likewise **igualmente** *adv.* 1.1
line **línea** *f.*; **cola** (*queue*) *f.*
  2.5; (*of poetry*) **verso** *m.* 3.10
  wait in line **hacer cola** 3.2
link **enlace** *m.* 3.7
lion **león** *m.* 3.6
listen (to) **escuchar** *v.* 1.2
  Listen! (*command*) **¡Oye!** *fam.,*
  sing. 1.1; **¡Oiga/Oigan!**
  form., sing. pl. 1.1
  listen to music **escuchar**
  música 1.2
  listen to the radio **escuchar la**
  radio 1.2
listener **oyente** *m., f.* 3.9
literature **literatura** *f.* 1.2, 3.10
  children's literature **literatura**
  infantil/juvenil *f.* 3.10
little (*quantity*) **poco/a** *adj.* 1.5;
  poco *adv.* 2.1
live **en vivo** *adj.* 3.9, **en directo**
  adj. 3.9
  live broadcast **emisión en**
  vivo/directo *f.*
live **vivir** *v.* 1.3, 3.1
lively **animado/a** *adj.* 3.2
living room **sala** *f.* 2.3

loan **préstamo** *m.* 2.5;
  prestar *v.* 1.6, 2.5
lobster **langosta** *f.* 1.8
locate **ubicar** *v.*
located **situado/a** *adj.*
  be located **quedar** *v.* 2.5;
  ubicarse *v.*
lodge **hospedarse** *v.*
lodging **alojamiento** *m.* 3.5
loneliness **soledad** *f.* 3.3
lonely **solo/a** *adj.* 3.1
long **largo/a** *adj.* 1.6
  long-term **a largo plazo**
look **aspecto** *m.*; **verse** *v.*
  He/She looks so happy. **Se ve**
  tan feliz. 3.6
  He/She looks very sad to me. **Yo**
  lo/la veo muy triste. 3.6
  How attractive you look! *fam.*
  ¡Qué guapo/a te ves! 3.6
  How elegant you look! *form.*
  ¡Qué elegante se ve
  usted! 3.6
  It looks like he/she didn't like it.
  Al parecer, no le gustó. 3.6
  It looks like he/she is sad/
  happy. **Parece que está**
  triste/contento/a. 3.6
  look (at) **mirar** *v.* 1.2
  look for **buscar** *v.* 1.2
  look healthy/sick **tener buen/**
  mal aspecto 3.4
  look like **parecerse** *v.* 3.2, 3.3
  look out upon **dar a** *v.*
  take a look **echar un vistazo**
loose **suelto/a** *adj.*
lose **perder (e:ie)** *v.* 1.4
  lose a game **perder un**
  partido 3.2
  lose an election **perder las**
  elecciones
  lose weight **adelgazar** *v.* 2.6,
  3.4
loss **pérdida** *f.*
lost **perdido/a** *adj.* 2.5
  be lost **estar perdido/a** 2.5
lot: a lot **muchas veces** *adv.* 2.1
  a lot of **mucho/a** *adj.* 1.2, 1.3
lottery **lotería** *f.*
loudspeaker **altoparlante** *m.*
love **amor** *m.* 1.9; (*another*
  person) **amar; querer (e:ie)** *v.*
  1.4, 3.1; (*inanimate objects*)
  encantar *v.* 1.7
  in love **enamorado/a** *adj.* 1.5
  I loved it! **¡Me encantó!** 2.6
  (un)requited love **amor (no)**
  correspondido *m.*
lower **bajar** *v.*
loyalty **lealtad** *f.*
luck **suerte** *f.* 1.3
lucky **afortunado/a** *adj.*
  be (very) lucky **tener (mucha)**
  suerte 1.3
luggage **equipaje** *m.* 1.5
lunch **almuerzo** *m.* 1.8

Vocabulario

have lunch **almorzar (o:ue)** *v.*
1.4
luxurious **lujoso/a** 3.5; **de lujo**
luxury **lujo** *m.* 3.8
lying **mentiroso/a** *adj.* 3.1

M

ma'am **señora (Sra.)** *f.* 1.1
mad **enojado/a** *adj.* 1.5
madness **locura** *f.*
magazine **revista** *f.* 1.4, 3.9
online magazine **revista**
electrónica *f.* 3.9
magic **magia** *f.*
magnificent **magnífico/a** *adj.* 1.5
mail **correo** *m.* 2.5; **enviar** *v.*;
mandar *v.* 2.5; **echar (una**
carta) al buzón 2.5
mailbox **buzón** *m.* 2.5
mail carrier **cartero/a** *m., f.* 2.5
main **principal** *adj.* 1.8
maintain **mantener** *v.* 2.6
major **especialización** *f.* 2
majority **mayoría** *f.*
make **hacer** *v.* 1.4, 3.1, 3.4
make a (hungry) face **poner**
cara (de hambriento/a)
make a toast **brindar** *v.* 3.2
make a wish **pedir un deseo**
3.8
make fun of **burlarse (de)** *v.*
make good use of **aprovechar** *v.*
make one's way **abrirse paso**
make sure **asegurarse** *v.*
make the bed **hacer la cama**
2.3
makeup **maquillaje** *m.* 1.7, 3.3
put on makeup **maquillarse** *v.*
1.7
male **macho** *m.*
mall **centro comercial** *m.* 3.3
man **hombre** *m.* 1.1
manage **administrar** *v.* 3.8;
dirigir *v.* 3.1; **lograr** *v.* 3.3
manager **gerente** *m., f.* 2.7, 3.8
manipulate **manipular** *v.* 3.9
manufacture **fabricar** *v.* 3.7
manuscript **manuscrito** *m.*
many **mucho/a** *adj.* 1.3
many times **muchas**
veces 2.1
map **mapa** *m.* 1.2
marathon **maratón** *m.*
March **marzo** *m.* 1.5
margarine **margarina** *f.* 1.8
marinated fish **ceviche** *m.* 1.8
lemon-marinated shrimp
ceviche *m.* **de camarón**
1.8
marital status **estado** *m.* **civil** 1.9
maritime **marítimo/a** *adj.*
market **mercado** *m.* 1.6, 3.8
open-air market **mercado** *m.*
al aire libre 1.6

marketing **mercadeo** *m.* 3.1
marriage **matrimonio** *m.* 1.9
married **casado/a** *adj.* 1.9, 3.1
get married (to) **casarse** *v.*
(con) 1.9
marvelous **maravilloso/a** *adj.* 1.5
marvelously **maravillosamente**
adv. 2.9
mass **misa** *f.* 3.2
massage **masaje** *m.* 2.6
masterpiece **obra maestra** *f.*
2.8, 3.3
match (*sports*) **partido** *m.* 1.4
match (with) **hacer juego**
(con) 1.6
mathematician **matemático/a**
m., f. 3.7
mathematics **matemáticas** *f., pl.*
1.2
matter **asunto** *m.*; **importar** *v.*
1.7, 3.2, 3.4
mature **maduro/a** *adj.* 3.1
maturity **madurez** *f.* 1.9
maximum **máximo/a** *adj.* 2.2
May **mayo** *m.* 1.5
Mayan Trail **ruta maya** *f.* 3.5
maybe **tal vez** *adv.* 1.5; **quizás**
adv. 1.5
mayonnaise **mayonesa** *f.* 1.8
mayor **alcalde/alcaldesa** *m., f.*
me **me** *sing., d.o. pron.* 1.5; **mí**
pron., obj. of prep. 1.9
It's me. **Soy yo.** 1.1
to/for me **me** *sing., i.o. pron.* 1.6
meal **comida** *f.* 1.8
mean **antipático/a** *adj.*
means of communication **medios**
m. pl. **de comunicación** 2.9
measure **medida** *f.*; **medir (e:i)** *v.*
security measures **medidas de**
seguridad *f. pl.* 3.5
meat **carne** *f.* 1.8
mechanic **mecánico/a** *m., f.* 2.2
mechanic's repair shop **taller** *m.*
mecánico 2.2
mechanical **mecánico/a** *adj.*
mechanism **mecanismo** *m.*
media **medios** *m., pl.* **de**
comunicación 2.9
medical **médico/a** *adj.* 2.1
medication **medicamento**
m. 2.1
medicine **medicina** *f.* 2.1
meditate **meditar** *v.*
medium **mediano/a** *adj.*
meet (each other) **encontrar(se)**
v. 2.2; **conocerse(se)** *v.* 1.8
meeting **reunión** *f.* 2.7, 3.8
melt **derretir(se) (e:i)** *v.* 3.7
member **socio/a** *m., f.* 3.8
memory **recuerdo** *m.*
menu **menú** *m.* 1.8
merchandise **mercancía** *f.*
mercy **piedad** *f.* 3.8
mess **desorden** *m.* 3.7
message **mensaje** *m.*;

(*telephone*) **recado** *m.* 2.2
text message **mensaje de**
texto *m.* 3.7
Mexican **mexicano/a** *adj.* 1.3
Mexico **México** *m.* 1.1
microwave **microonda** *f.* 2.3
microwave oven **horno** *m.* **de**
microondas 2.3
middle age **madurez** *f.* 1.9
Middle Ages **Edad Media** *f.*
middle **medio** *m.*
midnight **medianoche** *f.* 1.1
mile **milla** *f.* 2.2
military **militar** *m., f.*
milk **leche** *f.* 1.8
million **millón** *m.* 1.2
million of **millón de** *m.* 1.2
mine **mío(s)/a(s)** *poss. pron.* 2.2
mineral **mineral** *m.* 2.6
mineral water **agua** *f.* **mineral**
1.8
minister **ministro/a** *m., f.*
Protestant minister **ministro/a**
protestante *m., f.*
minority **minoría** *f.*
minute **minuto** *m.* 1.1
last-minute news **noticia de**
último momento *f.*
up-to-the-minute **de último**
momento *adj.* 3.9
miracle **milagro** *m.*
mirror **espejo** *m.* 1.7
miser **avaro/a** *m., f.*
Miss **señorita (Srta.)** *f.* 1.1
miss **extrañar** *v.*; **perder (e:ie)** *v.*
1.4
miss (someone) **extrañar a**
(alguien) *v.*
miss a flight **perder un vuelo**
3.5
mistake: make a mistake
equivocarse *v.*
mistaken **equivocado/a** *adj.*
be mistaken **equivocarse** *v.*
mixed: person of mixed ethnicity
(*part indigenous*) **mestizo/a**
m., f.
mixture **mezcla** *f.*
mockery **burla** *f.*
model (*fashion*) **modelo** *m., f.*
modem **módem** *m.*
modern **moderno/a** *adj.* 2.8
modify **modificar** *v.*; **alterar** *v.*
moisten **mojar** *v.*
mom **mamá** *f.* 1.3
moment **momento** *m.*
monarch **monarca** *m., f.*
Monday **lunes** *m., sing.* 1.2
money **dinero** *m.* 1.6;
(*L. Am.*) **plata** *f.* 3.7
monitor **monitor** *m.* 2.2
monkey **mono** *m.* 3.6
monolingual **monolingüe** *adj.*
3.9
month **mes** *m.* 1.5
monument **monumento** *m.* 1.4

mood **estado de ánimo** *m.* 3.4
  in a bad mood
    malhumorado/a *adj.*
moon **luna** *f.* 2.4
  full moon **luna llena** *f.*
moral **moral** *adj.*
more **más** 1.2
  more... than **más... que** 1.8
  more than **más de (+** *number***)**
    1.8
morning **mañana** *f.* 1.1
mortgage **hipoteca** *f.* 3.8
mosque **mezquita** *f.*
mother **madre** *f.* 1.3
mother-in-law **suegra** *f.* 1.3
motor **motor** *m.*
motorcycle **motocicleta** *f.* 1.5
mountain **montaña** *f.* 1.4, 3.6;
  monte *m.*
  mountain range **cordillera** *f.*
    3.6
mouse **ratón** *m.* 2.2
mouth **boca** *f.* 2.1
move (*change residence*) **mudarse**
  v. 2.3, 3.2
movement **corriente** *f.*;
  movimiento *m.* 3.10
movie **película** *f.* 1.4
  movie star **estrella** *f.* **de cine**
    2.8
  movie theater **cine** *m.* 1.4, 3.2
moving **conmovedor(a)** *adj.*
MP3 player **reproductor** *m.* **de**
  MP3 2.2
Mr. **señor (Sr.); don** *m.* 1.1
Mrs. **señora (Sra.); doña** *f.* 1.1
much **mucho/a** *adj.* 1.2, 1.3
  very much **muchísimo/a** *adj.*
    1.2
municipal **municipal** *adj.*
muralist **muralista** *m., f.* 3.10
murder **crimen** *m.* 2.9
muscle **músculo** *m.* 2.6
museum **museo** *m.* 1.4
mushroom **champiñón** *m.* 1.8
music **música** *f.* 1.2, 2.8
music video **video musical**
  m. 3.9
musical **musical** *adj.* 2.8
musician **músico/a** *m., f.* 2.8, 3.2
Muslim **musulmán/**
  musulmana *adj.*
must **deber** *v.* **(+** *inf.***)** 1.3
  It must be... **Debe ser...** 1.6
my **mi(s)** *poss. adj.* 1.3;
  mío(s)/a(s) *poss. adj.* 2.2
myth **mito** *m.* 3.5

N

name **nombre** *m.* 1.1;
  nombrar *v.*
  be named **llamarse** *v.* 1.7
  in the name of **a nombre de**
    1.5

last name **apellido** *m.*
My name is... **Me**
  llamo... 1.1
nape **nuca** *f.* 3.9
napkin **servilleta** *f.* 2.3
narrate **narrar** *v.* 3.10
narrative work **narrativa** *f.* 3.10
narrator **narrador(a)** *m., f.* 3.10
narrow **estrecho/a** *adj.*
national **nacional** *adj.* 2.9
nationality **nacionalidad** *f.* 1.1
native **nativo/a** *adj.*
natural **natural** *adj.* 2.4
  natural disaster **desastre** *m.*
    natural 2.9
  natural resource **recurso** *m.*
    natural 2.4, 3.6
nature **naturaleza** *f.* 2.4
nauseated **mareado/a** *adj.* 2.1
navel **ombligo** *m.* 3.4
navigator **navegante** *m., f.* 3.7
near **cerca de** *prep.* 1.2
neaten **arreglar** *v.* 2.3
necessary **necesario/a** *adj.* 2.3,
  3.4
  It is necessary that... **Hay**
    que... 2.3, 2.5
necessity **necesidad** *f.* 3.5
  of utmost necessity **de**
    primerísima necesidad 3.5
neck **cuello** *m.* 2.1
need **necesidad** *f.* 3.5
need **faltar** *v.* 1.7; **necesitar** *v.*
  (+ *inf.***)** 1.2, 3.4
needle **aguja** *f.* 3.4
negative **negativo/a** *adj.*
neglect **descuidar(se)** *v.* 3.6
neighbor **vecino/a** *m., f.* 2.3
neighborhood **barrio** *m.* 2.3
neither **tampoco** *adv.* 1.7
  neither... nor **ni... ni** *conj.* 1.7
nephew **sobrino** *m.* 1.3
nervous **nervioso/a** *adj.* 1.5
nest **nido** *m.*
network **red** *f.* 2.2; **cadena** *f.* 3.9
  television network **cadena de**
    televisión *f.*
never **nunca** *adv.* 1.7; **jamás**
  adv. 1.7
new **nuevo/a** *adj.* 1.6
newlywed **recién casado/a** *m., f.*
  1.9
news **noticias** *f., pl.* 2.9;
  actualidades *f., pl.* 2.9 *f.*
  local/domestic/international
    news **noticias locales/**
    nacionales/internacionales
    f., pl. 3.9
  news bulletin **informativo** *m.*
    3.9
  news report **reportaje** *m.* 3.9
  news reporter **presentador(a)**
    de noticias *m., f.*
newscast **noticiero** *m.* 2.9
newspaper **periódico** *m.* 1.4,
  3.9; **diario** *m.* 2.9, 3.9

next **próximo/a** *adj.* 2.7
  next to **al lado de** *prep.* 1.2
nice **simpático/a** *adj.* 1.3;
  amable *adj.* 1.5
niece **sobrina** *f.* 1.3
night **noche** *f.* 1.1
  night stand **mesita** *f.* **de**
    noche 2.3
nightmare **pesadilla** *f.*
nine **nueve** *n., adj.* 1.1
nine hundred **novecientos/as** *n.,*
  adj. 1.2
nineteen **diecinueve** *n., adj.* 1.1
ninety **noventa** *n., adj.* 1.2
ninth **noveno/a** *n., adj.* 1.5
no **no** *adv.* 1.1; **ningún,**
  ninguno/a(s) *adj.* 1.7
  no one **nadie** *pron.* 1.7
  No problem. **No hay**
    problema. 1.7
  No way! **¡Ni loco/a!** 2.7, 3.9
nobody **nadie** *pron.* 1.7
noise **ruido** *m.*
nomination **nominación** *f.*
nominee **nominado/a** *m., f.*
none **ningún, ninguno/a(s)**
  pron. 1.7
nook **rincón** *m.*
noon **mediodía** *m.* 1.1
nor **ni** *conj.* 1.7
north **norte** *m.* 2.5
  to the north **al norte** 2.5
nose **nariz** *f.* 2.1
not **no** 1.1
  not any **ningún, ninguno/a(s)**
    adj. 1.7
  not anyone **nadie** *pron.* 1.7
  not anything **nada** *pron.* 1.7
  not bad at all **nada mal** 1.5
  not either **tampoco** *adv.* 1.7
  not ever **nunca** *adv.* 1.7;
    jamás *adv.* 1.7
  Not very well. **No muy bien.**
    1.1
  not working **descompuesto/a**
    adj. 2.2
notebook **cuaderno** *m.* 1.1
nothing **nada** *pron.* 1.1, 1.7
notice **aviso** *m.* 3.5; **fijarse** *v.*
  3.9
  take notice of **fijarse en** *v.* 3.2
noun **sustantivo** *m.*
novelist **novelista** *m., f.* 3.7,
  3.10
November **noviembre** *m.* 1.5
now **ahora** *adv.* 1.2
  now and then **de vez en**
    cuando 3.3
nowadays **hoy día** *adv.*
nuclear **nuclear** *adj.* 2.4
  nuclear energy **energía**
    nuclear *f.* 1.7, 2.4
number **número** *m.* 1.1
nun **monja** *f.*
nurse **enfermero/a** *m., f.* 2.1,
  3.4

Vocabulario

nutrition **nutrición** *f.* 2.6
nutritionist **nutricionista** *m., f.*
  2.6
nutritious **nutritivo/a** *adj.* 3.4;
  (healthy) **saludable** *adj.* 3.4

O

oar **remo** *m.* 3.5
obesity **obesidad** *f.* 3.4
obey **obedecer** *v.* 2.9, 3.1
obligation **deber** *m.* 2.9
oblivion **olvido** *m.* 3.1
obtain **conseguir (e:i)** *v.* 1.4;
  obtener *v.* 2.7
obvious **obvio/a** *adj.* 2.4
  it's obvious **es obvio** 2.4
occupation **ocupación** *f.* 2.7
occur **ocurrir** *v.* 2.9;
  (to someone) **ocurrírsele (a**
  alguien) *v.*
o'clock: It's… o'clock. **Son las…**
  1.1
  It's one o'clock. **Es la una.** 1.1
October **octubre** *m.* 1.5
of **de** *prep.* 1.1
  Of course. **Claro que sí.** 2.7;
    Por supuesto. 2.7
offer **oferta** *f.* 2.3, 3.9; **ofrecer**
  (c:zc) *v.* 1.6; **ofrecerse (a)** *v.*
office **oficina** *f.* 2.3;
  despacho *m.*
  doctor's office **consultorio** *m.*
  2.1
officer **agente** *m., f.*
often **a menudo** *adv.* 2.1, 3.3
Oh! **¡Ay!**
oil **aceite** *m.* 1.8
oil painting **óleo** *m.* 3.10
OK **regular** *adj.* 1.1
  It's okay. **Está bien.**
old **viejo/a** *adj.* 1.3
  old age **vejez** *f.* 1.9
older **mayor** *adj.* 1.3
  older brother/sister **hermano/a**
    mayor *m., f.* 1.3
oldest **el/la mayor** *adj.* 1.8
Olympics **Olimpiadas** *f. pl.*
on **en** *prep.* 1.2; **sobre** *prep.* 1.2
  on behalf of **por** *prep.* 2.2
  on the dot **en punto** 1.1
  on time **a tiempo** 2.1
  on top of **encima de** *prep.* 1.2
  on purpose **a propósito** *adv.*
    3.3
once **una vez** 1.6
  once in a while **de vez en**
    cuando 3.3
one **un, uno/a** *m., f., sing.*
  pron. 1.1
  one more time **una vez**
    más 1.9
  one time **una vez** 1.6
one hundred **cien(to)** *n., adj.* 1.2

one million **un millón** *m.* 1.2
one thousand **mil** *n., adj.* 1.2
onion **cebolla** *f.* 1.8
online **en línea** *adj.* 3.7
only **sólo** *adv.* 1.3; **único/a**
  adj. 1.3
  only child **hijo/a único/a**
    m., f. 1.3
open **abierto/a** *adj.* 1.5, 2.5;
  abrir(se) *v.* 1.3
open-air **al aire libre** 1.6
  open-air market **mercado al**
    aire libre *m.* 1.6
opera **ópera** *f.* 2.8
operate **operar** *v.*
operation **operación** *f.* 2.1, 3.4
opinion **opinión** *f.*
  In my opinion, … **A mi**
    parecer, …; Considero
    que…, Opino que…
  be of the opinion **opinar** *v.*
oppose **oponerse a** *v.* 3.4
opposite **enfrente de** *prep.* 2.5
oppress **oprimir** *v.*
or **o** *conj.*; **u** *(before words*
  beginning with **o** *or* **ho**) 1.7
orange **anaranjado/a** *adj.* 1.6;
  naranja *f.* 1.8
orchard **huerto** *m.*
orchestra **orquesta** *f.* 2.8
order **mandar** 2.3;
  (food) **pedir (e:i)** *v.* 1.8
  in order to **para** *prep.* 2.2
orderly **ordenado/a** *adj.* 1.5
ordinal *(numbers)* **ordinal** *adj.*
originating (in) **proveniente (de)**
  adj.
ornate **ornamentado/a** *adj.*
other **otro/a** *adj.* 1.6
others; other people **los/las**
  demás *pron.*
ought to **deber** *v.* **(+ inf.)** 1.3
our **nuestro(s)/a(s)** *poss. adj.* 1.3
ours **nuestro(s)/a(s)** *poss. pron.*
  2.2
outdo oneself *(P. Rico; Cuba)*
  botarse *v.* 3.5
outline **esbozo** *m.*
out-of-date **pasado/a de moda**
  adj. 3.9
out of order **descompuesto/a**
  adj. 2.2
outrageous thing **barbaridad** *f.*
  3.10
outskirts **afueras** *f., pl.* 2.3
oven **horno** *m.* 2.3
over **sobre** *prep.* 1.2
overcome **superar** *v.*
overdose **sobredosis** *f.*
overthrow **derribar** *v.,* **derrocar** *v.*
overwhelmed **agobiado/a** *adj.*
  3.1
owe **deber** *v.* 3.8
  owe money **deber dinero** 3.2
own **propio/a** *adj.* 2.7

owner **dueño/a** *m., f.* 1.8, 3.8;
  propietario/a *m., f.*

P

P.M. **tarde** *f.* 1.1
pack (one's suitcases) **hacer las**
  maletas 1.5, 3.5
package **paquete** *m.* 2.5
page **página** *f.* 2.2
  web page **página web** *f.* 3.7
pain **dolor** *m.* 2.1;
  (suffering) **sufrimiento** *m.*
  have pain **tener dolor** 2.1
painkiller **el analgésico** *m.* 3.4
paint **pintura** *f.* 3.10; **pintar** *v.*
  2.8, 3.3
paintbrush **pincel** *m.* 3.10
painter **pintor(a)** *m., f.* 2.7, 3.3,
  3.10
painting **pintura** *f.* 2.3, 2.8,
  3.10; **cuadro** *m.* 3.3, 3.10
pair **par** *m.* 1.6
  pair of shoes **par de zapatos**
    m. 1.6
palm tree **palmera** *f.*
pamphlet **panfleto** *m.*
pants **pantalones** *m., pl.* 1.6
pantyhose **medias** *f., pl.* 1.6
paper **papel** *m.* 1.2
paradox **paradoja** *f.*
Pardon me. *(May I?)* **Con**
  permiso. 1.1; *(Excuse me.)*
  Perdón. 1.1
parents **padres** *m., pl.* 1.3;
  papás *m., pl.* 1.3
parish **parroquia** *f.*
park **parque** *m.* 1.4;
  estacionar *v.* 2.2
  amusement park **parque de**
    atracciones *m.* 3.2
parking lot **estacionamiento**
  m. 2.5
parrot **loro** *m.*
part **parte** *f.*
  become part (of) **integrarse**
    (a) *v.*
partner *(couple)* **pareja** *f.* 1.9, 3.1;
  (member) **socio/a** *m., f.* 3.8
party **fiesta** *f.* 1.9
  (politics) **partido** *m.*
  political party **partido**
    político *m.*
pass *(a class)* **aprobar (o:ue)** *v.*
  pass a law **aprobar una ley**
passed **pasado** *p.p.*
passenger **pasajero/a** *m., f.* 1.1
passing **pasajero/a** *adj.*
passport **pasaporte** *m.* 1.5, 3.5
password **contraseña** *f.* 3.7
past **pasado** *m.*; **pasado/a** *adj.*
  1.6
pastime **pasatiempo** *m.* 1.4, 3.2
pastry **repostería** *f.*

pastry shop **pastelería** *f.* 2.5
patent **patente** *f.* 3.7
path (*history*) **trayectoria** *f.* 3.1
patient **paciente** *m., f.* 2.1
patio **patio** *m.* 2.3
pay **pagar** *v.* 1.6
  be well/poorly paid **ganar bien/mal** 3.8
  pay attention to someone **hacerle caso a alguien** 3.1
  pay in cash **pagar al contado; pagar en efectivo** 2.5
  pay in installments **pagar a plazos** 2.5
  pay the bill **pagar la cuenta** 1.9
pea **arveja** *m.* 1.8
peace **paz** *f.* 2.9
peaceful **pacífico/a** *adj.*
peach **melocotón** *m.* 1.8
peak **cumbre** *f.*; **pico** *m.*
pear **pera** *f.* 1.8
peck **picar** *v.*
pen **pluma** *f.* 1.2
pencil **lápiz** *m.* 1.1
penicillin **penicilina** *f.* 2.1
people **gente** *f.* 1.3; **pueblo** *m.* 3.4
pepper (*black*) **pimienta** *f.* 1.8
perfect **perfecto/a** *adj.* 1.5
performance **rendimiento** *m.*; (*theater*; *movie*) **función** *f.* 3.2
perhaps **quizás** *adv.*, **tal vez** *adv.*, **acaso** *adv.* 3.3
period **punto** *m.* 3.2
permanent **fijo/a** *adj.* 3.8
permission **permiso** *m.*
permissive **permisivo/a** *adj.* 3.1
persecute **perseguir (e:i)** *v.*
person **persona** *f.* 1.3
personal (*private*) **particular** *adj.*
pessimist **pesimista** *m., f.*
pharmacy **farmacia** *f.* 2.1
phase **etapa** *f.*
phenomenal **fenomenal** *adj.* 1.5
photograph **foto(grafía)** *f.* 1.1
physical (*exam*) **examen** *m.* **médico** 2.1
physician **doctor(a)** *m., f.* 1.3, **médico/a** *m., f.* 1.3
physicist **físico/a** *m., f.* 3.7
physics **física** *f.* 1.2
pick out **seleccionar** *v.* 3.3
pick up **recoger** *v.* 2.4; **levantar** *v.*
picnic **picnic** *m.*
picture **cuadro** *m.* 2.3; **pintura** *f.* 2.3; **imagen** *f.* 3.2, 3.7
pie **pastel** *m.* 1.9
piece (*art*) **pieza** *f.* 3.10
pier **muelle** *m.* 3.5
pig **cerdo** *m.* 3.6
pill (*tablet*) **pastilla** *f.* 2.1; 3.4
pillow **almohada** *f.* 2.3

pilot **piloto** *m., f.*
pineapple **piña** *f.* 1.8
pink **rosado/a** *adj.* 1.6
pious **devoto/a** *adj.*
piping **tubería** *f.* 3.6
pity **pena** *f.*
  What a pity! **¡Qué pena!**
place **lugar** *m.* 1.4; (*an object*) **colocar** *v.* 3.2; **poner** *v.* 1.4, 3.1, 3.2
plaid **de cuadros** 1.6
plan **planear** *v.*
planet **planeta** *m.* 3.7
planned **previsto/a** *adj., p.p.* 3.3
plans **planes** *m., pl.*
  have plans **tener planes**
plant **planta** *f.* 2.4
plastic **plástico** *m.* 2.4
  (made of) plastic **de plástico** 2.4
plate **plato** *m.* 2.3
plateau: high plateau **altiplano** *m.*
play (*theater*) **obra de teatro** *f.* 3.10; **drama** *m.* 2.8; **comedia** *f.* 2.8; **jugar (u:ue)** *v.* 1.4; (*a musical instrument*) **tocar** *v.* 2.8
  play a CD **poner un disco compacto** *v.* 3.2
  play a role **hacer el papel de** 2.8
  play cards **jugar a las cartas** 1.5
  play sports **practicar deportes** 1.4
player **jugador(a)** *m., f.* 1.4
playing cards **cartas** *f. pl.* 3.2; **naipes** *m. pl.* 3.2
playwright **dramaturgo/a** *m., f.* 2.8, 3.10
plead **rogar (o:ue)** *v.* 3.4
pleasant **agradable** *adj.*; (*funny*) **gracioso/a** *adj.* 3.1
please **por favor** 1.1
  Could you please...? **¿Tendría usted la bondad de (+ inf.)...?** *form.*
  Pleased to meet you. **Mucho gusto.** 1.1; **Encantado/a.** *adj.* 1.1
pleasing: be pleasing to **gustar** *v.* 1.2, 1.7
pleasure **gusto** *m.* 1.1; **placer** *m.* 2.6
  It's a pleasure to... **Gusto de (+ inf.)** 2.9
  It's been a pleasure. **Ha sido un placer.** 2.6
  The pleasure is mine. **El gusto es mío.** 1.1
plot **trama** *f.* 3.10; **argumento** *m.* 3.10
plumbing (*piping*) **tubería** *f.* 3.6
poem **poema** *m.* 2.8

poet **poeta** *m., f.* 2.8, 3.10
poetry **poesía** *f.* 2.8, 3.10
point (to) **señalar** *v.* 3.2
  point out **destacar** *v.*
point of view **punto de vista** *m.* 3.10
poison **veneno** *m.* 3.6
poisoned **envenenado/a** *adj.* 3.6
poisonous **venenoso/a** *adj.* 3.6
police (force) **policía** *f.* 2.2
political **político/a** *adj.* 2.9
politician **político/a** *m., f.* 2.7
politics **política** *f.* 2.9
polka-dotted **de lunares** 1.6
poll **encuesta** *f.* 2.9
pollen **polen** *m.* 3.8
pollute **contaminar** *v.* 2.4, 3.6
polluted **contaminado/a** *adj.* 2.4
  be polluted **estar contaminado/a** 2.4
pollution **contaminación** *f.* 2.4, 3.6
pool **piscina** *f.* 1.4
poor **pobre** *adj.* 1.6
poor quality **porquería** *f.* 3.10
populate **poblar** *v.*
population **población** *f.* 2.4, 3.4
pork **cerdo** *m.* 1.8
  pork chop **chuleta** *f.* **de cerdo** 1.8
port **puerto** *m.* 3.5
portable **portátil** *adj.* 2.2
  portable computer **computadora** *f.* **portátil** 2.2
portrait **retrato** *m.* 3.3
portray **retratar** *v.* 3.3
position **puesto** *m.* 2.7, 3.8; **cargo** *m.*
possessive **posesivo/a** *adj.* 1.3
possible **posible** *adj.* 2.4
  as much as possible **en todo lo posible**
  it's (not) possible **(no) es posible** 2.4
postcard **postal** *f.*
poster **cartel** *m.* 2.3
post office **correo** *m.* 2.5
potato **papa** *f.* 1.8, **patata** *f.* 1.8
pottery **cerámica** *f.* 2.8
poverty **pobreza** *f.* 3.8
power **fuerza** *f.*; (*electricity*) **luz** *f.* 3.7
  will power **fuerza** *f.* **de voluntad** 3.4
powerful **poderoso/a** *adj.*
power saw **motosierra** *f.* 3.7
practice **practicar** *v.* 1.2
pray **rezar** *v.*
pre-Columbian **precolombino/a** *adj.*
prefer **preferir (e:ie)** *v.* 1.4, 3.4
pregnant **embarazada** *adj.* 2.1
prehistoric **prehistórico/a** *adj.*
premiere **estreno** *m.* 3.2

prepare **preparar** *v.* 1.2
preposition **preposición** *f.*
prescribe (*medicine*) **recetar** *v.* 2.1, 3.4
prescription **receta** *f.* 2.1, 3.4
present **regalo** *m.*; **presentar** *v.* 2.8
preserve **conservar** *v.* 3.6
press **prensa** *f.* 2.9, 3.9
  press conference **rueda de prensa** *f.*
pressure (*stress*) **presión** *f.*; **presionar** *v.*
  be under a lot of pressure **sufrir muchas presiones** 2.6
  be under stress/pressure **estar bajo presión**
pretend **de mentiras** *adj.* 3.5
pretty **bonito/a** *adj.* 1.3; **bastante** *adv.* 2.4
prevent **prevenir** *v.* 3.4
previous **anterior** *adj.* 3.8
price **precio** *m.* 1.6
  fixed/set price **precio** *m.* **fijo** 1.6
priest **cura** *m.*; **sacerdote** *m.*
prime minister **primer(a) ministro/a** *m., f.*
print **estampado/a** *adj.*; **imprimir** *v.* 2.2, 3.9
printer **impresora** *f.* 2.2
private (*room*) **individual** *adj.*; **particular** *adj.*
privilege **privilegio** *m.* 3.8
prize **premio** *m.* 2.8
  give a prize **premiar** *v.*
probable **probable** *adj.* 2.4
  it's (not) probable **(no) es probable** 2.4
problem **problema** *m.* 1.1
procession **procesión** *f.*
produce (*generate*) **generar** *v.*; **producir** *v.* 3.1
productive **productivo/a** *adj.* 3.8
profession **profesión** *f.* 1.3, 2.7
professor **profesor(a)** *m., f.*
program **programa** *m.* 1.1
programmer **programador(a)** *m., f.* 1.3
prohibit **prohibir** *v.* 2.1, 3.4
prohibited **prohibido/a** *adj.* 3.5
prominent **destacado/a** *adj.* 3.9; **prominente** *adj.*
promise **jurar** *v.*
promote **promover (o:ue)** *v.*
promotion (*career*) **ascenso** *m.* 2.7
pronoun **pronombre** *m.*
pronounce **pronunciar** *v.*
proof **prueba** *f.* 3.2
proposal **oferta** *f.* 3.9
propose **proponer** *v.* 3.1, 3.4;
  propose marriage **proponer matrimonio** 3.1
prose **prosa** *f.* 3.10

protagonist **protagonista** *m., f.* 3.1, 3.10
protect **proteger** *v.* 2.4, 3.1, 3.6
protected **protegido/a** *adj.* 3.5
protein **proteína** *f.* 2.6
protest **manifestación** *f.*; **protestar** *v.*
protester **manifestante** *m., f.* 3.6
proud **orgulloso/a** *adj.* 3.1
  be proud of **estar orgulloso/a de**
prove **comprobar (o:ue)** *v.* 3.7
provide **proporcionar** *v.*
provided (that) **con tal (de) que** *conj.* 2.4
psychologist **psicólogo/a** *m., f.* 2.7
psychology **psicología** *f.* 1.2
public **público** *m.* 3.9; (*pertaining to the state*) **estatal** *adj.*
public transportation **transporte público** *m.*
publish **editar** *v.* 3.10; **publicar** *v.* 2.8, 3.9
Puerto Rican **puertorriqueño/a** *adj.* 1.3
pull a tooth **sacar una muela**
punishment **castigo** *m.*
purchases **compras** *f., pl.* 1.5
pure **puro/a** *adj.* 2.4
purity **pureza** *f.* 3.6
purple **morado/a** *adj.* 1.6
purse **bolsa** *f.* 1.6
pursue **perseguir (e:i)** *v.*
push **empujar** *v.*
put **poner** *v.* 1.4, 3.1, 3.2; **puesto** *p.p.* 2.5
  put (a letter) in the mailbox **echar (una carta) al buzón** 2.5
  put in a place **ubicar** *v.*
  put on (*a performance*) **presentar** *v.* 2.8
  put on (*clothing*) **ponerse** *v.* 1.7
  put on makeup **maquillarse** *v.* 1.7, 3.2
pyramid **pirámide** *f.* 3.5

quality **calidad** *f.* 1.6
  high quality **de buena categoría** *adj.* 3.5
quarter **trimestre** *m.* 1.2
  quarter after (*time*) **y cuarto** 1.1; **y quince** 1.1
  quarter to (*time*) **menos cuarto** 1.1; **menos quince** 1.1
queen **reina** *f.*
quench **saciar** *v.*
question **pregunta** *f.* 1.2;

  interrogante *m.* 3.7
quickly **rápido** *adv.* 2.1
quiet **tranquilo/a** *adj.* 2.6; **callado/a** *adj.*
  be quiet **callarse** *v.*
quit **dejar** *v.* 2.7; **renunciar** *v.* 3.8
  quit smoking **dejar de fumar** 3.4
quite **bastante** *adv.* 3.3
quiz **prueba** *f.* 1.2
quotation **cita** *f.*

rabbi **rabino/a** *m., f.*
rabbit **conejo** *m.* 3.6
race **raza** *f.*
racism **racismo** *m.* 2.9
radiation **radiación** *f.*
radio (*medium*) **radio** *f.* 1.2
  radio (set) **radio** *m.* 2.2
  radio announcer **locutor(a) de radio** *m., f.* 3.9
  radio station **(radio)emisora** *f.* 3.9
rain **llover (o:ue)** *v.* 1.5; **lluvia** *f.* 2.4
  It's raining. **Llueve.** 1.5; **Está lloviendo.** 1.5
  rain forest **bosque** *m.* **tropical** 2.4; **bosque** *m.* **lluvioso** 3.6
raincoat **impermeable** *m.* 1.6
raise **aumento** *m.*; (*salary*) **aumento de sueldo** 2.7, 3.8; **criar** *v.*; **educar** *v.* 3.1
  have raised **haber criado** 3.1
ranch **rancho** *m.*
rarely **casi nunca** *adv.* 3.3
rat **rata** *f.*
rather **bastante** *adv.* 2.1; **más bien** *adv.*
ratings **índice de audiencia** *m.*
ray **rayo** *m.*
reach **alcance** *m.* 3.7; **alcanzar** *v.*
  within reach **al alcance** 3.10; **al alcance de la mano**
reactor **reactor** *m.*
read **leer** *v.* 1.3; **leído** *p.p.* 2.5
  read a magazine **leer una revista** 1.4
  read a newspaper **leer un periódico** 1.4
  read e-mail **leer correo electrónico** 1.4
reader **lector(a)** *m., f.* 3.9
ready **listo/a** *adj.* 1.5
  (Are you) ready? **¿(Están) listos?** 2.6
real **auténtico/a** *adj.* 3.3
realism **realismo** *m.* 3.10
realist **realista** *adj.* 3.10
realistic **realista** *adj.* 3.10

realize **darse cuenta** *v.* 3.2, 3.9
  realize that one is being referred
    to **darse por aludido/a** 3.9
reap the benefits (of) **disfrutar** *v.*
  (de) 2.6
rearview mirror **espejo**
  retrovisor *m.*
rebelliousness **rebeldía** *f.*
receive **recibir** *v.* 1.3
received **acogido/a** *adj.*
  well received **bien acogido/a**
    adj. 3.8
recital **recital** *m.*
recognition **reconocimiento** *m.*
recognize **reconocer** *v.* 3.1
recommend **recomendar (e:ie)**
  v. 1.8, 2.3, 3.4
recommendable **recomendable**
  adj. 3.5
record **grabar** *v.* 2.2, 3.9
recover **recuperarse** *v.* 3.4
recreation **diversión** *f.* 1.4
recyclable **reciclable** *adj.*
recycle **reciclar** *v.* 2.4, 3.6
recycling **reciclaje** *m.* 2.4
red **rojo/a** *adj.* 1.6
red-haired **pelirrojo/a** *adj.* 1.3
redo **rehacer** *v.* 3.1
reduce **reducir** *v.* 2.4
  reduce (speed) **reducir**
    (velocidad) 3.5
  reduce stress/tension **aliviar el**
    estrés/la tensión 2.6
reef **arrecife** *m.* 3.6
referee **árbitro/a** *m., f.* 3.2
refined (*cultured*) **culto/a** *adj.*
reflect **reflejar** *v.* 3.10
reform **reforma** *f.*
  economic reform **reforma**
    económica *f.*
refrigerator **refrigerador** *m.* 2.3
refuge **refugio** *m.* 3.6
refund **reembolso** *m.* 3.3
refusal **rechazo** *m.*
region **región** *f.* 2.4
register **inscribirse** *v.*
regret **sentir (e:ie)** *v.* 2.4
rehearsal **ensayo** *m.*
rehearse **ensayar** *v.* 3.9
reign **reino** *m.*
reject **rechazar** *v.*
rejection **rechazo** *m.*
relatives **parientes** *m., pl.* 1.3
relax **relajarse** *v.* 1.9, 3.4
  Relax. **Tranquilo/a.** 1.7
reliability **fiabilidad** *f.*
religion **religión** *f.*
religious **religioso/a** *adj.*
remain **quedarse** *v.* 1.7;
  permanecer *v.* 3.4
remake **rehacer** *v.* 3.1
remember **acordarse (o:ue)** *v.*
  (de) 1.7, 3.2; **recordar (o:ue)**
  v. 1.4
remorse **remordimiento** *m.*

remote control **control remoto**
  m. 2.2
  universal remote control
    control remoto universal
    m. 3.7
renewable **renovable** *adj.* 3.6
rent (*payment*) **alquiler** *m.* 2.3;
  alquilar *v.* 2.3
  rent a movie **alquilar una**
    película 3.2
repeat **repetir (e:i)** *v.* 1.4
repent **arrepentirse (e:ie)** *v.* **(de)**
  3.2
repertoire **repertorio** *m.*
report **informe** *m.* 2.9;
  reportaje *m.* 2.9
reporter **reportero/a** *m., f.* 2.7,
  3.9
representative **representante**
  m., f. 2.9; **diputado/a** *m., f.*
reproduce **reproducirse** *v.*
reputation **reputación** *f.*
  have a good/bad reputation
    tener buena/mala fama
    3.9
request **pedir (e:i)** *v.* 1.4
rescue **rescatar** *v.*
research **investigar** *v.* 3.7
researcher **investigador(a)** *m., f.*
  3.4
resentful **resentido/a** *adj.* 3.6
reservation **reservación** *f.* 1.5
reserve **reservar** *v.* 3.5
reside **residir** *v.*
resign (from) **renunciar (a)**
  v. 2.7
resolve **resolver (o:ue)** *v.* 2.4
resolved **resuelto** *p.p.* 2.5
resource **recurso** *m.* 2.4
respect **respeto** *m.*
responsibility **deber** *m.* 2.9;
  responsabilidad *f.*
responsible **responsable** *adj.*
rest **descanso** *m.* 3.8; **reposo**
  m.; **descansar** *v.* 1.2, 3.4
  be at rest **estar en reposo**
restaurant **restaurante** *m.* 1.4
resulting **consiguiente** *adj.*
résumé **currículum (vitae)** *m.*
  2.7, 3.8
retire (*from work*) **jubilarse** *v.*
  1.9, 3.8
retirement **jubilación** *f.*
return **regresar** *v.* 1.2, 3.5;
  volver (o:ue) *v.* 1.4; (*items*)
  devolver (o:ue) *v.* 3.3
  return (trip) **vuelta** *f.*;
    regreso *m.*
returned **vuelto** *p.p.* 2.5
review **repaso** *m.* 3.10
revision **repaso** *m.* 3.10
revolutionary **revolucionario/a**
  adj. 3.7
revulsion **asco** *m.*
rhyme **rima** *f.* 3.10

rice **arroz** *m.* 1.8
rich **rico/a** *adj.* 1.6
ride: ride a bicycle **pasear en**
  bicicleta 1.4
  ride a horse **montar a**
    caballo 1.5
ridiculous **ridículo/a** *adj.* 2.4
  it's ridiculous **es ridículo** 2.4
right **derecha** *f.* 1.2
  be right **tener razón** 1.3
  right? (*question tag*) **¿no?** 1.1;
    ¿verdad? 1.1
  right away **enseguida** *adv.*
    1.9, 3.3
  right here **aquí mismo** 2.2
  right now **ahora mismo** 1.5
  right there **allí mismo** 2.5
  to the right of **a la derecha**
    de 1.2
rights **derechos** *m.* 2.9
  civil rights **derechos civiles**
    m. pl.
  human rights **derechos**
    humanos *m. pl.*
ring **anillo** *m.* 3.5; **sortija** *f.* 3.5;
  sonar (o:ue) *v.* 2.2, 3.7
  ring the doorbell **tocar el**
    timbre 3.3
riot **disturbio** *m.* 3.8
rise **ascender (e:ie)** *v.* 3.8
risk **riesgo** *m.*
  take a risk **arriesgar(se)** *v.*
risky **arriesgado/a** *adj.* 3.5
river **río** *m.* 2.4
road **camino** *m.*
roast **asado/a** *adj.* 1.8
  roast chicken **pollo** *m.* **asado**
    1.8
rob **asaltar** *v.* 3.10
rocket **cohete** *m.* 3.7
role **papel** *m.* 3.9
  play a role (*in a play*)
    desempeñar un papel
rollerblade **patinar en línea**
romance novel **novela rosa** *f.*
  3.10
romantic **romántico/a** *adj.* 2.8
romanticism **romanticismo** *m.*
  3.10
room **habitación** *f.* 1.2, 1.5,
  3.5; **cuarto** *m.* 1.2, 1.7
  emergency room **sala de**
    emergencia(s) *f.* 3.4
  living room **sala** *f.* 2.3
  room service **servicio de**
    habitación *m.* 3.5
  single/double room **habitación**
    individual/doble *f.* 3.5
roommate **compañero/a** *m., f.*
  de cuarto
root **raíz** *f.*
round **redondo/a** *adj.* 3.2
roundtrip **de ida y vuelta** 1.5
  roundtrip ticket **pasaje** *m.* **de**
    ida y vuelta 1.5, 3.5

routine **rutina** *f.* 1.7, 3.3
rug **alfombra** *f.* 2.3
ruin **ruina** *f.* 3.5
rule **regla** *f.*; **dominio** *m.*
ruler **gobernante** *m., f.*;
(*sovereign*) **soberano/a** *m., f.*
run **correr** *v.* 1.3
  run errands **hacer
    diligencias** 2.5
  run into (*have an accident*)
    chocar (con) *v.*; (*meet
    accidentally*) **encontrar(se)
    (o:ue)** *v.* 2.2; (*run
    into something*) **darse
    (con)** 2.1; (*each other*)
    encontrar(se) (o:ue) *v.* 2.2
  run out (of) **acabarse** *v.* 3.6;
    quedarse sin *v.* 3.6
  run over **atropellar** *v.*
rush **prisa** *f.* 3.6; **apurarse** *v.*
  2.6; **darse prisa** 2.6
  be in a rush **tener apuro**
Russian **ruso/a** *adj.* 1.3

S

sacred **sagrado/a** *adj.*
sacrifice **sacrificar** *v.* 3.6;
  sacrificio *m.*
sad **triste** *adj.* 1.5, 2.4
  it's sad **es triste** 2.4
safe **seguro/a** *adj.* 1.5
safety **seguridad** *f.* 3.5
said **dicho** *p.p.* 2.5
sail **navegar** *v.* 3.5
sailor **marinero** *m.*
salad **ensalada** *f.* 1.8
salary **salario** *m.* 2.7; **sueldo**
  m. 2.7
  base salary **sueldo fijo** *m.*
    3.8
  raise in salary **aumento de
    sueldo** *m.* 3.8
sale **rebaja** *f.* 1.6; **venta** *f.*
  be for sale **estar a la venta**
    3.10
salesperson **vendedor(a)** *m., f.*
  1.6, 3.8
salmon **salmón** *m.* 1.8
salt **sal** *f.* 1.8
same **mismo/a** *adj.* 1.3
  The same here. **Lo mismo
    digo yo.**
sample **muestra** *f.*
sandal **sandalia** *f.* 1.6
sandwich **sándwich** *m.* 1.8
sanity **cordura** *f.* 3.4
satellite **satélite** *m.*
  satellite connection **conexión
    de satélite** *f.* 3.7
  satellite dish **antena
    parabólica** *f.*
satire **sátira** *f.*
satirical **satírico/a** *adj.* 3.10

satirical tone **tono satírico** *m.*
satisfied: be satisfied with
  contentarse con *v.* 3.1
satisfy (*quench*) **saciar** *v.*
Saturday **sábado** *m.* 1.2
sausage **salchicha** *f.* 1.8
save (*on a computer*) **guardar** *v.*
  2.2, 3.7; (*money*) **ahorrar** *v.*
  2.5, 3.8; **salvar** *v.* 3.6
  save oneself **ahorrarse** *v.* 3.7
savings **ahorros** *m.* 2.5, 3.8
  savings account **cuenta** *f.* **de
    ahorros** 2.5
say **decir** *v.* 1.4, 3.1;
  declarar *v.* 2.9
  say good-bye **despedirse
    (e:i)** *v.* 3.3
  say that **decir que** *v.* 1.4, 1.9
  say the answer **decir la
    respuesta** 1.4
scar **cicatriz** *f.*
scarcely **apenas** *adv.* 2.1, 3.3
scare **espantar** *v.*
scared **asustado/a** *adj.*
  be (very) scared (of) **tener
    (mucho) miedo (de)** 1.3
scene **escena** *f.* 3.1
scenery **paisaje** *m.* 3.6;
  escenario *m.* 3.2
schedule **horario** *m.* 1.2, 3.3
school **escuela** *f.* 1.1
science **ciencia** *f.* 1.2
science fiction **ciencia ficción** *f.*
  2.8, 3.10
scientific **científico/a** *adj.*
scientist **científico/a** *m., f.* 2.7,
  3.7
score (*a goal/a point*) **anotar
  (un gol/un punto)** *v.* 3.2;
  marcar (un gol/punto) *v.*
screen **pantalla** *f.* 2.2, 3.2
  computer screen **pantalla de
    computadora** *f.*
  LCD screen **pantalla líquida** *f.*
    3.7
  television screen **pantalla de
    televisión** *f.* 3.2
screenplay **guión** *m.* 3.9
script **guión** *m.* 3.9
scuba dive **bucear** *v.* 1.4
scuba diving **buceo** *m.* 3.5
sculpt **esculpir** *v.* 2.8, 3.10
sculptor **escultor(a)** *m., f.* 2.8,
  3.10
sculpture **escultura** *f.* 2.8, 3.10
sea **mar** *m.* 1.5, 3.6
seal **sello** *m.*
search **búsqueda** *f.*
search engine **buscador** *m.* 3.7
season **estación** *f.* 1.5;
  (*period*) **temporada** *f.*
  high/low season **temporada
    alta/baja** *f.* 3.5
seat **asiento** *m.* 3.2; **silla** *f.*
  1.2

seatbelt **cinturón de seguridad**
  m. 3.5
  fasten the seatbelt
    **abrocharse/ponerse el
    cinturón de seguridad**
    3.5
  unfasten the seatbelt **quitarse
    el cinturón de seguridad**
    3.5
second **segundo/a** *n., adj.* 1.5
secretary **secretario/a** *m., f.* 2.7
section **sección** *f.* 3.9
  lifestyle section **sección de
    sociedad** *f.* 3.9
  sports section **sección
    deportiva** *f.* 3.9
security **seguridad** *f.* 3.5
  security measures **medidas de
    seguridad** *f. pl.* 3.5
sedentary **sedentario/a** *adj.* 2.6
see **ver** *v.* 1.4, 3.1
  see (you/him/her) again **volver
    a ver(te/lo/la)** 2.9
  see movies **ver películas** 1.4
  See you. **Nos vemos.** 1.1
  See you later. **Hasta la vista.**
    1.1; **Hasta luego.** 1.1
  See you soon. **Hasta pronto.**
    1.1
  See you tomorrow. **Hasta
    mañana.** 1.1
seed **semilla** *f.*
seem **parecer** *v.* 1.6, 3.2
seen **visto** *p.p.* 2.5
select **seleccionar** *v.* 3.3
self-esteem **autoestima** *f.* 3.4
self-portrait **autorretrato**
  m. 3.3, 3.10
sell **vender** *v.* 1.6
semester **semestre** *m.* 1.2
senator **senador(a)** *m., f.*
send **enviar** *v.* 2.5; **mandar** *v.*
  2.5
sender **remitente** *m.*
sense **sentido** *m.*
  common sense **sentido común**
    m.
sensible **sensato/a** *adj.* 3.1
sensitive **sensible** *adj.* 3.1
separate (from) **separarse** *v.* **(de)**
  1.9
separated **separado/a** *adj.* 1.9,
  3.1
September **septiembre** *m.* 1.5
sequel **continuación** *f.*
sequence **secuencia** *f.*
serious **grave** *adj.* 2.1
serve **servir (e:i)** *v.* 1.8
servitude **servidumbre** *f.* 3.3
set (*fixed*) **fijo/a** *adj.* 1.6
  set the table **poner la mesa**
    2.3
settle **poblar** *v.*
settler **poblador(a)** *m., f.*
seven **siete** *n., adj.* 1.1

seven hundred **setecientos/as** *n., adj.* 1.2

seventeen **diecisiete** *n., adj.* 1.1

seventh **séptimo/a** *n., adj.* 1.5

seventy **setenta** *n., adj.* 1.2

several **varios/as** *adj. pl.* 1.8

sexism **sexismo** *m.* 2.9

sexton **sacristán** *m.*

shame **vergüenza** *f.*; **lástima** *f.* 2.4

it's a shame **es una lástima** 2.4

shampoo **champú** *m.* 1.7

shape **forma** *f.* 2.6

bad physical shape **mala forma física** *f.*

be in good shape **estar en buena forma** 2.6

get in shape **ponerse en forma** 3.4

stay in shape **mantenerse en forma** 3.4

share **compartir** *v.* 1.3

shark **tiburón** *m.* 3.5

sharp (*time*) **en punto** 1.1; **nítido/a** *adj.*

shave **afeitarse** *v.* 1.7, 3.2

shaving cream **crema** *f.* **de afeitar** 1.7

she **ella** *sub. pron.* 1.1

sheep **oveja** *f.* 3.6

shellfish **mariscos** *m., pl.* 1.8

ship **barco** *v.*

shirt **camisa** *f.* 1.6

shoe **zapato** *m.* 1.6

shoe size **número** *m.* 1.6

shoe store **zapatería** *f.* 2.5

tennis shoes **zapatos** *m., pl.* **de tenis** 1.6

shop **tienda** *f.* 1.6

shopping: go shopping **ir de compras** 1.5

shopping mall **centro comercial** *m.* 1.6

shore **orilla** *f.*

on the shore of **a orillas de** 3.6

short (*in height*) **bajo/a** *adj.* 1.3; (*in length*) **corto/a** *adj.* 1.6

short film **corto** *m.* 3.1, **cortometraje** *m.* 3.1

short story **cuento** *m.* 2.8

short/long-term **a corto/largo plazo** 3.8

shorts **pantalones cortos** *m., pl.* 1.6

shot (*injection*) **inyección** *f.*

give a shot **poner una inyección** 3.4

should (*do something*) **deber** *v.* (*+ inf.*) 1.3

shoulder **hombro** *m.*

shout **gritar** *v.*

show **espectáculo** *m.* 2.8, 3.2; **mostrar (o:ue)** *v.* 1.4

game show **concurso** *m.* 2.8

shower **ducha** *f.* 1.7; **ducharse** *v.* 1.7

showing **sesión** *f.*

shrimp **camarón** *m.* 1.8

shrink **encogerse** *v.*

shrug **encogerse de hombros**

shy **tímido/a** *adj.* 3.1

shyness **timidez** *f.*

siblings **hermanos/as** *pl.* 1.3

sick **enfermo/a** *adj.* 2.1

be sick **estar enfermo/a** 2.1

be sick (of) **estar harto/a (de)** 3.1

get sick **enfermarse** *v.* 2.1, 3.4

side effects **efectos secundarios** *m., pl.* 3.4

sign **firmar** *v.* 2.5; **letrero** *m.* 2.5; **señal** *f.* 3.2

signal **señalar** *v.* 3.2

signature **firma** *f.*

silent **callado/a** *adj.* 3.7

be silent **callarse** *v.*

remain silent **quedarse callado/a** 3.1

silk **seda** *f.* 1.6

(made of) silk **de seda** 1.6

silly **tonto/a** *adj.* 1.3

silly person **bobo/a** *m., f.* 3.7

sin **pecado** *m.*

since **desde** *prep.*

sincere **sincero/a** *adj.*

sing **cantar** *v.* 1.2

singer **cantante** *m., f.* 2.8, 3.2

single **soltero/a** *adj.* 1.9, 3.1

single father **padre soltero** *m.*

single mother **madre soltera** *f.*

single room **habitación individual** *f.* 1.5

sink **lavabo** *m.* 1.7; **hundir** *v.*

sir **señor (Sr.)** *m.* 1.1

sister **hermana** *f.* 1.3

sister-in-law **cuñada** *f.* 1.3

sit down **sentarse (e:ie)** *v.* 1.7

situated **situado/a** *adj.*

six **seis** *n., adj.* 1.1

six hundred **seiscientos/as** *n., adj.* 1.2

sixteen **dieciséis** *n., adj.* 1.1

sixth **sexto/a** *n., adj.* 1.5

sixty **sesenta** *n., adj.* 1.2

size **talla** *f.* 1.6

shoe size **número** *m.* 1.6

skate (inline) **patinar (en línea)** 1.4

skateboard **andar en patineta** 1.4

sketch **esbozar** *v.*; **esbozo** *m.*

ski **esquiar** *v.* 1.4

skiing **esquí** *m.* 1.4

waterskiing **esquí** *m.* **acuático** 1.4

skill **habilidad** *f.*

skillfully **hábilmente** *adv.*

skim **hojear** *v.* 3.10

skirt **falda** *f.* 1.6

sky **cielo** *m.* 2.4

slacker **vago/a** *m., f.* 3.7

slave **esclavo/a** *m., f.*

slavery **esclavitud** *f.*

sleep **dormir (o:ue)** *v.* 1.4, 3.2; **sueño** *m.* 1.3

go to sleep **dormirse (o:ue)** *v.* 1.7

sleepy: be (very) sleepy **tener (mucho) sueño** 1.3

sleeve **manga** *f.* 3.5

slender **delgado/a** *adj.* 1.3

slim down **adelgazar** *v.* 2.6

slip **resbalar** *v.*

slippers **pantuflas** *f.* 1.7

slippery **resbaladizo/a** *adj.*

slow **lento/a** *adj.* 2.2

slowly **despacio** *adv.* 2.1

small **pequeño/a** *adj.* 1.3

smart **listo/a** *adj.* 1.5

smile **sonreír (e:i)** *v.* 1.9

smiled **sonreído** *p.p.* 2.5

smoggy: It's (very) smoggy. **Hay (mucha) contaminación.**

smoke **fumar** *v.* 1.8, 2.6

not to smoke **no fumar** 2.6

smoking section **sección** *f.* **de fumar** 1.8

nonsmoking section **sección** *f.* **de (no) fumar** 1.8

smoothness **suavidad** *f.*

snack **merendar (e:ie)** *v.* 1.8, 2.6

afternoon snack **merienda** *f.* 2.6

have a snack **merendar** *v.*

snake **serpiente** *f.* 3.6

sneakers **zapatos** *m. pl.* **de tenis** 1.6

sneeze **estornudar** *v.* 2.1

snow **nevar (e:ie)** *v.* 1.5; **nieve** *f.*

snowing: It's snowing. **Nieva.** 1.5; **Está nevando.** 1.5

so (*in such a way*) **así** *adv.* 2.1; **tan** *adv.* 1.5

so much **tanto** *adv.*

so-so **regular** 1.1; **así así**

so that **para que** *conj.* 2.4

soap **jabón** *m.* 1.7

soap opera **telenovela** *f.* 2.8, 3.9

soccer **fútbol** *m.* 1.4

sociable **sociable** *adj.*

society **sociedad** *f.*

sociology **sociología** *f.* 1.2

sock(s) **calcetín (calcetines)** *m.* 1.6

sofa **sofá** *m.* 2.3

soft drink **refresco** *m.* 1.8

software **programa** *m.* **de computación** 2.2, 3.7

soil **tierra** *f.* 2.4

solar **solar** *adj.* 2.4

solar energy **energía** *f.* **solar** 2.4

Vocabulario

soldier **soldado** *m., f.* 2.9
solitude **soledad** *f.* 3.3
solution **solución** *f.* 2.4
solve **resolver (o:ue)** *v.* 2.4, 3.6
some **algún, alguno(s)/a(s)** *adj., pron.* 1.7; **unos/as** *pron. pl.; indef. art.* 1.1
somebody **alguien** *pron.* 1.7
someone **alguien** *pron.* 1.7
something **algo** *pron.* 1.7
sometimes **a veces** *adv.* 2.1, 3.3
son **hijo** *m.* 1.3
song **canción** *f.* 2.8
son-in-law **yerno** *m.* 1.3
soon **pronto** *adv.* 2.1
   See you soon. **Hasta pronto.** 1.1
sorrow **pena** *f.* 3.4
sorry: to be sorry **sentir (e:ie)** *v.* 2.4
   I'm sorry. **Lo siento.** 1.4
   I'm so sorry. **Mil perdones.** 1.4; **Lo siento muchísimo.** 1.4
soul **alma** *f.* 3.1
soundtrack **banda sonora** *f.* 3.9
soup **sopa** *f.* 1.8
source **fuente** *f.*
   energy source **fuente de energía** *f.* 3.6
south **sur** *m.* 2.5
   to the south **al sur** 2.5
sovereign **soberano/a** *m., f.*
sovereignty **soberanía** *f.*
space **espacial** *adj.;* **espacio** *m.* 3.7
space lab **laboratorio espacial** *m.*
spaceship **nave espacial** *f.*
space shuttle **transbordador espacial** *m.* 3.7
spacious **espacioso/a** *adj.*
Spain **España** *f.* 1.1
Spanish (*language*) **español** *m.* 1.2; **español(a)** *adj.* 1.3
spare time **ratos libres** *m.* 1.4
speak **hablar** *v.* 1.2, 3.1
   Speaking of that, ... **Hablando de esto, ...**
speaker **hablante** *m., f.* 3.9
special effects **efectos especiales** *m., pl.* 3.9
specialist **especialista** *m., f.*
specialized **especializado/a** *adj.* 3.7
species **especie** *f.* 3.6
   endangered species **especie en peligro de extinción** *f.*
spectacular **espectacular** *adj.* 2.6
spectator **espectador(a)** *m., f.* 3.2
speech **discurso** *m.* 2.9
   give a speech **pronunciar un discurso**
speed **velocidad** *f.* 2.2

speed limit **velocidad** *f.* **máxima** 2.2
spell-checker **corrector ortográfico** *m.* 3.7
spelling **ortografía** *f.;* **ortográfico/a** *adj.*
spend (*money*) **gastar** *v.* 1.6, 3.8
spider **araña** *f.* 3.6
spill **derramar** *v.*
spirit **ánimo** *m.* 3.1
spiritual **espiritual** *adj.*
spoon (*table or large*) **cuchara** *f.* 2.3
sport **deporte** *m.* 1.4
   sports-related **deportivo/a** *adj.* 1.4
spot: on the spot **en el acto** 3.3
spouse **esposo/a** *m., f.* 1.3
sprain (*one's ankle*) **torcerse (o:ue)** *v.* **(el tobillo)** 2.1
sprained **torcido/a** *adj.* 2.1
   be sprained **estar torcido/a** 2.1
spray **rociar** *v.* 3.6
spring **primavera** *f.* 1.5; **manantial** *m.*
square (*city or town*) **plaza** *f.* 1.4
stability **estabilidad** *f.*
stadium **estadio** *m.* 1.2
stage (*theater*) **escenario** *m.* 3.2; (*phase*) **etapa** *f.* 1.9
   stage name **nombre artístico** *m.* 3.1
stain **mancha** *f.;* **manchar** *v.*
staircase **escalera** *f.* 2.3, 3.3
stairway **escalera** *f.* 2.3
stamp **estampilla** *f.* 2.5; **sello** *m.* 2.5
stand in line **hacer cola** 2.5
stand up **ponerse de pie**
stanza **estrofa** *f.* 3.10
star **estrella** *f.* 2.4; (*movie*) **estrella** *f.*
   pop star **estrella pop** *f.* 3.9
   shooting star **estrella fugaz** *f.*
start (*a vehicle*) **arrancar** *v.* 2.2; **establecer** *v.* 2.7
station **estación** *f.* 1.5
statue **estatua** *f.* 2.8
status: marital status **estado** *m.* **civil** 1.9
stay **hospedarse** *v.;* **quedarse** *v.* 1.7, 3.5
   stay in shape **mantenerse en forma** 2.6
   stay up very late or all night **trasnochar** *v.* 3.4
steak **bistec** *m.* 1.8
steering wheel **volante** *m.* 2.2
step **etapa** *f.;* **paso** *m.*
   take the first step **dar el primer paso**
stepbrother **hermanastro** *m.* 1.3

stepdaughter **hijastra** *f.* 1.3
stepfather **padrastro** *m.* 1.3
stepmother **madrastra** *f.* 1.3
stepsister **hermanastra** *f.* 1.3
stepson **hijastro** *m.* 1.3
stereo **estéreo** *m.* 2.2
stereotype **estereotipo** *m.* 3.10
stern **popa** *f.* 3.5
stick **pegar** *v.*
still **todavía** *adv.* 1.5
still life **naturaleza muerta** *f.* 3.10
sting **picar** *v.*
stingy **tacaño/a** *adj.* 3.1
stir **revolver (o:ue)** *v.*
stockbroker **corredor(a)** *m., f.* **de bolsa** 2.7
stockings **medias** *f., pl.* 1.6
stock market **bolsa (de valores)** *f.* 3.8
stomach **estómago** *m.* 2.1
stone **piedra** *f.* 2.4, 3.5
stop **parar** *v.* 2.2
   stop (*doing something*) **dejar de (+ inf.)** 2.4
store **tienda** *f.* 1.6
storekeeper **comerciante** *m., f.*
storm **tormenta** *f.* 2.9
   tropical storm **tormenta** *f.* **tropical** 3.6
story **cuento** *m.* 2.8; **historia** *f.* 2.8; (*account*) **relato** *m.* 3.10
stove **cocina** *f.* 2.3; **estufa** *f.* 2.3
straight **derecho** *adj.* 2.5
   straight (ahead) **derecho** 2.5
straighten up **arreglar** *v.* 2.3
strange **extraño/a** *adj.* 2.4
   it's strange **es extraño** 2.4
stranger **desconocido/a** *adj.*
strawberry **frutilla** *f.,* **fresa** *f.*
stream **arroyo** *m.* 3.10
street **calle** *f.* 2.2
strength **fortaleza** *f.*
stress **estrés** *m.* 2.6
stretching **estiramiento** *m.* 2.6
   do stretching exercises **hacer ejercicios de estiramiento** 2.6
strict **autoritario/a** *adj.* 3.1
strike (*labor*) **huelga** *f.* 2.9, 3.8
striking **llamativo/a** *adj.* 3.10
stripe **raya** *f.* 1.6, 3.5
   striped **de rayas** 1.6
stroll **pasear** *v.* 1.4; **paseo** *m.*
strong **fuerte** *adj.* 2.6
struggle (for/against) **luchar** *v.* **(por/contra)** 2.9; **lucha** *f.*
stubborn **tozudo/a** *adj.* 3.8
student **estudiante** *m., f.* 1.1, 1.2; **estudiantil** *adj.* 1.2
studio **estudio** *m.*
   recording studio **estudio de grabación** *f.*
study **estudiar** *v.* 1.2

stuffed-up (*sinuses*)
congestionado/a *adj.* 2.1
stupendous **estupendo/a** *adj.*
1.5
stupid **necio/a** *adj.*
stupid person **bobo/a** *m., f.* 3.7
style **estilo** *m.*
in the style of... **al estilo de...**
3.10
subscribe (to) **suscribirse (a)** *v.*
3.9
subtitles **subtítulos** *m., pl.* 3.9
subtlety **matiz** *m.*
suburb **suburbio** *m.*
suburbs **afueras** *f., pl.* 2.3
subway **metro** *m.* 1.5
subway station **estación** *f.* **del**
metro 1.5
succeed in (*reach*) **alcanzar** *v.*
success **éxito** *m.* 2.7
successful **exitoso/a** *adj.* 3.8
be successful **tener éxito** 2.7
such as **tales como**
suckling pig **cochinillo** *m.* 3.10
sudden **repentino/a** *adj.* 3.3
suddenly **de repente** *adv.* 1.6,
3.3
suffer (from) **sufrir (de)** *v.* 2.1, 3.4
suffer an illness **sufrir una**
enfermedad 2.1
suffering **sufrimiento** *m.*
sugar **azúcar** *m.* 1.8
suggest **aconsejar** *v.* 2.3, 3.4;
sugerir (e:ie) *v.* 2.3, 3.4
suit **traje** *m.* 1.6
suitcase **maleta** *f.* 1.1, 3.5
summer **verano** *m.* 1.5
summit **cumbre** *f.*
sun **sol** *m.* 1.5, 2.4
sunbathe **tomar el sol** 1.4
Sunday **domingo** *m.* 1.2
sunglasses **gafas** *f., pl.*
de sol/oscuras 1.6; **lentes**
m. pl. **de sol**
sunny: It's (very) sunny. **Hace**
(mucho) sol. 1.5
sunrise **amanecer** *m.*
supermarket **supermercado** *m.*
2.5, 3.3
supply **proporcionar** *v.*
support **soportar** *v.* 3.1
suppose **suponer** *v.* 1.4, 3.1
suppress **suprimir** *v.*
sure **seguro/a** *adj.* 1.5;
cierto/a *adj.*

be sure **estar seguro/a** 1.5
Sure! **¡Cierto!**
surf (the Internet) **navegar** *v.* **(en**
Internet) 2.2
surf the web **navegar la red**
3.7
surface **superficie** *f.*
surgeon **cirujano/a** *m., f.* 3.4
surgery **cirugía** *f.* 3.4
surgical **quirúrgico/a** *adj.*

surprise **sorprender** *v.* 1.9, 3.2;
sorpresa *f.* 1.9
surprised **sorprendido** *adj.* 3.2
be surprised (about)
sorprenderse (de) *v.* 3.2
surrealism **surrealismo** *m.* 3.10
surrender **rendirse (e:i)** *v.*
surround **rodear** *v.*
surrounded **rodeado/a** *adj.* 3.7
survey **encuesta** *f.* 2.9
survival **supervivencia** *f.*;
sobrevivencia *f.*
survive **subsistir** *v.*; **sobrevivir** *v.*
suspect **sospechar** *v.*
suspicion **sospecha** *f.*
swallow **tragar** *v.*
sweat **sudar** *v.* 2.6
sweater **suéter** *m.* 1.6
sweep **barrer** *v.* 3.3
sweep the floor **barrer**
el suelo 2.3
sweetheart **amado/a** *m., f.* 3.1
sweets **dulces** *m., pl.* 1.9
swim **nadar** *v.* 1.4
swimming **natación** *f.* 1.4
swimming pool **piscina** *f.* 1.4
symptom **síntoma** *m.* 2.1
synagogue **sinagoga** *f.*
syrup **jarabe** *m.* 3.4

T

table **mesa** *f.* 1.2
tablespoon **cuchara** *f.* 2.3
tablet (*pill*) **pastilla** *f.* 2.1
tabloid(s) **prensa**
sensacionalista *f.* 3.9
tag **etiqueta** *f.*
take **tomar** *v.* 1.2; **llevar** *v.*
1.6
take a bath **bañarse** *v.* 1.7,
3.2
take a look **echar un vistazo**
take a shoe size **calzar** *v.* 1.6
take a shower **ducharse** *v.* 1.7
take a trip **hacer un viaje** 3.5
take a vacation **ir(se) de**
vacaciones 3.5
take away (*remove*) **quitar** *v.*
3.2
take care of **cuidar** *v.* 2.4, 3.1
take care of oneself **cuidarse** *v.*
take off (*clothing*) **quitarse** *v.*
1.7, 3.2
take off (*airplanes*) **despegar**
v. 3.5
take off running **echar a correr**
take out the trash **sacar la**
basura 2.3
take photos **tomar fotos** 1.5;
sacar fotos 1.5
take place **desarrollarse** *v.*
3.10; **transcurrir** *v.* 3.10

take refuge **refugiarse** *v.*
take seriously **tomar en serio**
3.8
take someone's temperature
tomar la temperatura 2.1
talent **talento** *m.* 3.1
talented **talentoso/a** *adj.* 2.8,
3.1
talk *v.* **hablar** 1.2
talk show **programa** *m.* **de**
entrevistas 2.8
tall **alto/a** *adj.* 1.3
tank **tanque** *m.* 2.2, 3.6
tape (*audio*) **cinta** *f.*
tape recorder **grabadora**
f. 1.1
taste **probar (o:ue)** *v.* 1.8
And does it taste good?
¿Y sabe bien? 3.4
How does it taste? **¿Cómo**
sabe? 3.4
It tastes like garlic/mint/lemon.
Sabe a ajo/menta/limón.
3.4
taste (like) **saber (a)** *v.* 1.8, 3.1
taste **gusto** *m.* 3.10; **sabor** *m.*
in good/bad taste **de buen/mal**
gusto 3.10
It has a sweet/sour/bitter/
pleasant taste. **Tiene**
un sabor dulce/agrio/
amargo/agradable. 3.4
tasty **rico/a** *adj.* 1.8; **sabroso/a**
adj. 1.8
tax **impuesto** *m.* 2.9
sales tax **impuesto de ventas**
m. 3.8
taxi **taxi** *m.* 1.5
tea **té** *m.* 1.8
teach **enseñar** *v.* 1.2
teacher **profesor(a)** *m., f.* 1.1,
1.2; **maestro/a** *m., f.* 2.7
teaching **enseñanza** *f.*
team **equipo** *m.* 1.4, 3.2
tears **lágrimas** *f. pl.*
technician **técnico/a** *m., f.* 2.7
telecommuting **teletrabajo** *m.* 2.7
telephone **teléfono** 2.2
cellular telephone **teléfono**
celular *m.* 2.2
telephone receiver **auricular** *m.*
3.7
telescope **telescopio** *m.* 3.7
television **televisión** *f.* 1.2, 2.2,
3.2
television set **televisor** *m.* 2.2,
3.2
television viewer **televidente**
m., f. 3.2
tell **contar (o:ue)** *v.* 1.4, 3.2;
decir *v.* 1.4
tell that **decir** *v.* **que** 1.4, 1.9
tell lies **decir mentiras** 1.4
tell the truth **decir la verdad**
1.4

Vocabulario

temperature **temperatura** *f.* 2.1
temple **templo** *m.*
ten **diez** *n., adj.* 1.1
tendency **propensión** *f.*
tennis **tenis** *m.* 1.4
tennis shoes **zapatos** *m., pl.* **de tenis** 1.6
tension **tensión** *f.* 2.6
tent **tienda** *f.* **de campaña**
tenth **décimo/a** *n., adj.* 1.5
terrible **terrible** *adj.* 2.4
   it's terrible **es terrible** 2.4
terrific **chévere** *adj.*
territory **territorio** *m.*
terrorism **terrorismo** *m.*
test **prueba** *f.* 1.2; **examen** *m.* 1.2; **poner a prueba**
text message **mensaje** *m.* **de texto** 2.2
Thank you. **Gracias.** 1.1
   Thank you (very much). **(Muchas) gracias.** 1.1
   Thank you very, very much. **Muchísimas gracias.** 1.9
   Thanks (a lot). **(Muchas) gracias.** 1.1
   Thanks again. (*lit. Thanks one more time.*) **Gracias una vez más.** 1.9
   Thanks for everything. **Gracias por todo.** 1.9, 2.6
that **que, quien(es), lo que** *conj.* 2.3
   that (one) **ése, ésa, eso** *pron.* 1.6; **ese, esa,** *adj.* 1.6
   that (*over there*) **aquél, aquélla, aquello** *pron.* 1.6; **aquel, aquella** *adj.* 1.6
   that which **lo que** *conj.* 2.3
   That's me. **Soy yo.** 1.1
   That's not the way it is. **No es así.** 2.7
   that's why **por eso** 2.2
the **el** *m. sing.,* **la** *f. sing.,* **los** *m. pl.,* **las** *f. pl.*
theater **teatro** *m.* 2.8
their **su(s)** *poss. adj.* 1.3; **suyo/a(s)** *poss. adj.* 2.2
theirs **suyo/a(s)** *poss. pron.* 2.2
them **los/las** *pl., d.o. pron.* 1.5; **ellos/as** *pron., obj. of prep.* 1.9
   to/for them **les** *pl., i.o. pron.* 1.6
then **después** (*afterward*) *adv.* 1.7; **entonces** (*as a result*) *adv.* 1.7; **luego** (*next*) *adv.* 1.7; **pues** *adv.* 2.6
theory **teoría** *f.* 3.7
there **allí** *adv.* 1.5; **allá** *adv.*
   There is/are... **Hay...** 1.1
   There is/are not... **No hay...** 1.1
therefore **por eso** 2.2
thermal **térmico/a** *adj.*
these **éstos, éstas** *pron.* 1.6;

estos, estas *adj.* 1.6
they **ellos** *m. pron.,* **ellas** *f. pron.* 1.1
thief **ladrón/ladrona** *m., f.*
thin **delgado/a** *adj.* 1.3
thing **cosa** *f.* 1.1
think **pensar (e:ie)** *v.* 1.4, 3.1; (*believe*) **creer** *v.*; (*to be of the opinion*) **opinar** *v.*
   I think it's pretty. **Me parece hermosa/o.**
   I thought... **Me pareció...** 3.1
   think about **pensar en** *v.* 1.4
   What did you think of...? **¿Qué te pareció...?** 3.1
third **tercero/a** *n., adj.* 1.5
thirst **sed** *f.* 1.3
thirsty: be (very) thirsty **tener (mucha) sed** 1.3
thirteen **trece** *n., adj.* 1.1
thirty **treinta** *n., adj.* 1.1; 1.2; thirty (minutes past the hour) **y treinta; y media** 1.1
this **este, esta** *adj.;* **éste, ésta, esto** *pron.* 1.6
   This is... (*introduction*) **Éste/a es...** 1.1
   This is he/she. (*on the telephone*) **Con él/ella habla.** 2.2
thoroughly **a fondo** *adv.*
those **ésos, ésas** *pron.* 1.6; **esos, esas** *adj.* 1.6
those (*over there*) **aquéllos, aquéllas** *pron.* 1.6; **aquellos, aquellas** *adj.* 1.6
thousand **mil** *m.* 1.6
threat **amenaza** *f.* 3.8
three **tres** *n., adj.* 1.1
three hundred **trescientos/as** *n., adj.* 1.2
throat **garganta** *f.* 2.1
through **por** *prep.* 2.2
throughout: throughout the world **en todo el mundo** 2.4
throw **tirar** *v.* 3.5
   throw away **echar** *v.* 3.5
   throw... out **botar** *v.* 3.5
thunder **trueno** *m.* 3.6
Thursday **jueves** *m., sing.* 1.2
thus **así** *adv.*
ticket **boleto** *m.* 2.8; **pasaje** *m.* 1.5
tie **corbata** *f.* 1.6; (*game*) **empate** *m.* 3.2
tie (up) **atar** *v.;* (*games*) **empatar** *v.* 3.2
tiger **tigre** *m.* 3.6
time **tiempo** *m.* 1.4; **vez** *f.* 1.6
   at that time **en aquel entonces**
   for the first/last time **por primera/última vez** 3.2
   have a good/bad/horrible time **pasarlo bien/mal** 1.9, 3.1

on time **a tiempo** 3.3
once upon a time **érase una vez**
   We had a great time. **Lo pasamos de película.** 2.9
   (At) What time...? **¿A qué hora...?** 1.1
   What time is it? **¿Qué hora es?** 1.1
times **veces** *f., pl.* 1.6
   many times **muchas veces** 2.1
   two times **dos veces** 1.6
tip **propina** *f.* 1.9
tire **llanta** *f.* 2.2
tired **cansado/a** *adj.* 1.5
   be tired **estar cansado/a** 1.5
   become tired **cansarse** *v.*
to **a** *prep.* 1.1
toast (*drink*) **brindar** *v.* 1.9; **pan** *m.* **tostado**
toasted **tostado/a** *adj.* 1.8
   toasted bread **pan** *m.* **tostado** 1.8
toaster **tostadora** *f.* 2.3
today **hoy** *adv.* 1.2
   Today is... **Hoy es...** 1.2
toe **dedo** *m.* **del pie** 2.1
together **juntos/as** *adj.* 1.9
toilet **inodoro** *m.* 1.7
tomato **tomate** *m.* 1.8
tomorrow **mañana** *f.* 1.1
   See you tomorrow. **Hasta mañana.** 1.1
tone of voice **timbre** *m.* 3.3
tongue **lengua** *f.* 3.9
tonight **esta noche** *adv.* 1.4
too **también** *adv.* 1.2, 1.7
   too much **demasiado/a** *adj.;* **demasiado** *adv.* 1.6
tool **herramienta** *f.*
toolbox **caja de herramientas** *f.* 3.2
tooth **diente** *m.* 1.7
toothpaste **pasta** *f.* **de dientes** 1.7
topic **asunto** *m.*
tornado **tornado** *m.* 2.9
tortilla **tortilla** *f.* 1.8
touch **tocar** *v.* 2.4, 2.8
   touch lightly **rozar** *v.*
tour **excursión** *f.* 1.4, 3.5
   tour an area **recorrer** *v.*
tour guide **guía turístico/a** *m., f.* 3.5
tourism **turismo** *m.* 1.5, 3.5
tourist **turista** *m., f.* 1.1, 3.5; **turístico/a** *adj.* 3.5
tournament **torneo** *m.* 3.2
toward **hacia** *prep.* 2.5; **para** *prep.* 2.2
towel **toalla** *f.* 1.7
town **pueblo** *m.* 1.4
toxic **tóxico/a** *adj.* 3.6
trace **huella** *f.* 3.8; **trazar** *v.*

track-and-field events **atletismo** *m.*

trade **comercio** *m.* 3.8; **oficio** *m.* 2.7

trader **comerciante** *m., f.*

traditional **tradicional** *adj.* 3.1; (*typical*) **típico/a** *adj.*

traffic **circulación** *f.* 2.2; **tráfico** *m.* 2.2; **tránsito** *m.*

   traffic jam **congestionamiento** *m.* 3.5; **tapón** *m.* 3.5

   traffic signal **semáforo** *m.*

tragedy **tragedia** *f.* 2.8

tragic **trágico/a** *adj.* 3.10

trail **sendero** *m.* 2.4

train **entrenarse** *v.* 2.6; **tren** *m.* 1.5

   train station **estación** *f.* **de tren** 1.5

trainer **entrenador(a)** *m., f.* 2.6, 3.2

trait **rasgo** *m.*

traitor **traidor(a)** *m., f.*

tranquilizer **calmante** *m.* 3.4

translate **traducir** *v.* 1.6, 3.1

transmission **transmisión** *f.*

transplant **transplantar** *v.*

trap **atrapar** *v.* 3.6

trash **basura** *f.* 2.3

travel **viajar** *v.* 1.2; (*go across*) **recorrer** *v.* 3.5

travel agent **agente** *m., f.* **de viajes** 1.5

traveler **viajero/a** *m., f.* 1.5, 3.5

traveler's check **cheque** *m.* **de viajero** 2.5

travel log **bitácora** *f.* 3.7

treadmill **cinta caminadora** *f.* 2.6

treat **tratar** *v.* 3.4

treatment **tratamiento** *m.* 3.4

treaty **tratado** *m.*

tree **árbol** *m.* 2.4, 3.6

trend **moda** *f.*; **tendencia** *f.* 3.9

trial **juicio** *m.*

tribal chief **cacique** *m.*

tribe **tribu** *f.*

trick **truco** *m.* 3.2

trillion **billón** *m.*

trimester **trimestre** *m.* 1.2

trip **viaje** *m.* 1.5, 3.5

   take a trip **hacer un viaje** 1.5, 3.5

tropical **tropical** *adj.*

   tropical forest **bosque** *m.* **tropical** 2.4

   tropical storm **tormenta** *f.* **tropical** 3.6

true **verdad** *adj.* 2.4

   it's (not) true **(no) es verdad** 2.4

trunk **baúl** *m.* 2.2; **maletero** *m.* 3.9

trust **confianza** *f.* 3.1

truth **verdad** *f.*

try **intentar** *v.*; **probar (o:ue)** *v.* 1.8, 3.3

   try (*to do something*) **tratar de** (*+ inf.*) 2.6

   try on **probarse (o:ue)** *v.* 1.7, 3.3

t-shirt **camiseta** *f.* 1.6

Tuesday **martes** *m., sing.* 1.2

tuna **atún** *m.* 1.8

tune into (*radio or television*) **sintonizar** *v.*

tuning **sintonía** *f.* 3.9

turkey **pavo** *m.* 1.8

turn (*a corner*) **doblar** *v.* 2.5

   be my/your/his turn **me/te/le, etc. + tocar** *v.*

   Is it my turn yet? **¿Todavía no me toca?** 3.2

turn off (*electricity/appliance*) **apagar** *v.* 2.2, 3.3

   turned off **apagado/a** *adj.* 3.7

turn on (*electricity/appliance*) **encender (e:ie)** *v.* 3.3; **poner** *v.* 2.2; **prender** *v.* 2.2

turn red **enrojecer** *v.*

   Whose turn is it to pay the tab? **¿A quién le toca pagar la cuenta?** 3.2

twelve **doce** *n., adj.* 1.1

twenty **veinte** *n., adj.* 1.1

twenty-eight **veintiocho** *n., adj.* 1.1

twenty-five **veinticinco** *n., adj.* 1.1

twenty-four **veinticuatro** *n., adj.* 1.1

twenty-nine **veintinueve** *n., adj.* 1.1

twenty-one **veintiún, veintiuno/a** *n., adj.* 1.1

twenty-seven **veintisiete** *n., adj.* 1.1

twenty-six **veintiséis** *n., adj.* 1.1

twenty-three **veintitrés** *n., adj.* 1.1

twenty-two **veintidós** *n., adj.* 1.1

twice **dos veces** 1.6

twin **gemelo/a** *m., f.* 1.3

twisted **torcido/a** *adj.* 2.1

   be twisted **estar torcido/a** 2.1

two **dos** *n., adj.* 1.1

   two times **dos veces** 1.6

two hundred **doscientos/as** *n., adj.* 1.2

U

UFO **ovni** *m.* 3.7

ugly **feo/a** *adj.* 1.3

unbiased **imparcial** *adj.* 3.9

uncertainty **incertidumbre** *f.*

uncle **tío** *m.* 1.3

under **bajo** *adv.* 1.7; **debajo de** *prep.* 1.2

underdevelopment **subdesarrollo** *m.*

underground tank **cisterna** *f.* 3.6

understand **comprender** *v.* 1.3; **entender (e:ie)** *v.* 1.4

underwear **ropa interior** *f.* 1.6; (*men's*) **calzoncillos** *m. pl.*

undo **deshacer** *v.* 3.1

unemployed **desempleado/a** *adj.* 3.8

unemployment **desempleo** *m.* 2.9, 3.8

unequal **desigual** *adj.*

unethical **poco ético/a**

unexpected **imprevisto/a** *adj.* 3.3; **inesperado/a** *adj.* 3.3

unexpectedly **de improviso** *adv.*

unfasten the seatbelt **quitarse el cinturón de seguridad** 3.5

unique **único/a** *adj.*

United States **Estados Unidos (EE.UU.)** *m. pl.* 1.1

university **universidad** *f.* 1.2

unjust **injusto/a** *adj.*

unless **a menos que** *conj.* 2.4

unmarried **soltero/a** *adj.*

unpleasant **antipático/a** *adj.* 1.3

unsettling **inquietante** *adj.* 3.10

untie **desatar** *v.*

until **hasta** *prep.* 1.6; **hasta que** *conj.* 2.4; **hasta** *adv.*

up **arriba** *adv.* 2.6

   up until now **hasta la fecha**

update **actualizar** *v.* 3.7

upset **disgustado/a** *adj.* 3.1; **disgustar** *v.* 3.2

   get upset **afligirse** *v.* 3.3

up-to-date **actualizado/a** *adj.* 3.9

   be up-to-date **estar al día** 3.9

urban **urbano/a** *adj.*

urgent **urgente** *adj.* 2.3, 3.4

   It's urgent that… **Es urgente que…** 2.3

us **nos** *pl., d.o. pron.* 1.5

   to/for us **nos** *pl., i.o. pron.* 1.6

use **usar** *v.* 1.6

   use up **agotar** *v.* 3.6

used: be used to **estar acostumbrado/a a**

   get used to **acostumbrarse (a)** *v.* 3.3

   I used to… (*was in the habit of*) **solía**

used for **para** *prep.* 2.2

useful **útil** *adj.*

useless **inútil** *adj.* 3.2

user **usuario/a** *m., f.* 3.7

vacation **vacaciones** *f., pl.* 1.5
  be on vacation **estar de vacaciones** 1.5
  go on vacation **ir de vacaciones** 1.5
  take a vacation **ir(se) de vacaciones** 3.5
vaccinate **vacunar(se)** *v.* 3.4
vaccine **vacuna** *f.* 3.4
vacuum **pasar la aspiradora** 2.3, 3.3
vacuum cleaner **aspiradora** *f.* 2.3
valid **vigente** *adj.* 3.5
valley **valle** *m.* 2.4
valuable **valioso/a** *adj.* 3.6
value **valor** *m.*
vandal **vándalo/a** *m., f.* 3.6
various **varios/as** *adj. pl.* 1.8
VCR **videocasetera** *f.* 2.2
vegetables **verduras** *pl., f.* 1.8
verb **verbo** *m.*
very **muy** *adv.* 1.1
  very much **muchísimo** *adv.* 1.2
  (Very) well, thank you. **(Muy) bien, gracias.** 1.1
victorious **victorioso/a** *adj.*
victory **victoria** *f.*
video **video** *m.*
  video camera **cámara** *f.* **de video** 2.2
  video game **videojuego** *m.* 1.4, 3.2
videocassette **videocasete** *m.*
videoconference **videoconferencia** *f.* 2.7
village **aldea** *f.*
vinegar **vinagre** *m.* 1.8
violence **violencia** *f.* 2.9
virus **virus** *m.* 3.4
visit **visitar** *v.* 1.4
  visit monuments **visitar monumentos** 1.4
visiting hours **horas de visita** *f., pl.*
vitamin **vitamina** *f.* 2.6
volcano **volcán** *m.* 2.4
volleyball **vóleibol** *m.* 1.4
vote **votar** *v.* 2.9

wage: minimum wage **sueldo mínimo** *m.* 3.8
wait **espera** *f.*; **esperar** *v.*
  wait (for) **esperar** *v.* **(+** *inf.***)** 1.2
  wait in line **hacer cola** 3.2
waiter/waitress **camarero/a** *m., f.* 1.8; **mesero/a** *m., f.*

wake up **despertarse (e:ie)** *v.* 1.7, 3.2
  wake up early **madrugar** *v.* 3.4
walk **andar** *v.*; **caminar** *v.* 1.2
  take a stroll/walk **dar un paseo** 3.2; **dar una vuelta**
  take a walk **pasear** *v.* 1.4
  walk around **pasear por** 1.4
walkman **walkman** *m.*
wall **pared** *f.* 2.3, 3.5
wallet **cartera** *f.* 1.6
want **querer (e:ie)** *v.* 1.4, 3.1, 3.4
  I don't want to. **No quiero.** 1.4
war **guerra** *f.* 2.9
  civil war **guerra civil** *f.*
warm up **calentar (e:ie)** *v.* 2.6, 3.3
warn **avisar** *v.*
warning **advertencia** *f.* 3.8; **aviso** *m.* 3.5
warrior **guerrero/a** *m., f.*
wash **lavar** *v.* 2.3, 3.3
  wash one's face/hands **lavarse la cara/las manos** 1.7
  wash oneself *v.* **lavarse** 1.7, 3.2
  wash the floor, the dishes **lavar el suelo, los platos** 2.3
washing machine **lavadora** *f.* 2.3
waste **malgastar** *v.* 3.6
wastebasket **papelera** *f.* 1.2
watch **mirar** *v.* 1.2; **vigilar** *v.*; **reloj** *m.* 1.2
  watch television **mirar (la) televisión** 1.2
water **agua** *f.* 1.8
water pollution **contaminación** *f.* **del agua** 2.4
watercolor **acuarela** *f.* 3.10
waterfall **cascada** *f.* 3.5
waterskiing **esquí** *m.* **acuático** 1.4
wave **ola** *f.* 3.5; **onda** *f.*
way **manera** *f.* 2.7
we **nosotros(as)** *sub. pron.* 1.1
weak **débil** *adj.* 2.6
wealth **riqueza** *f.* 3.8
wealthy **adinerado/a** *adj.* 3.8
weapon **arma** *m.*
wear **llevar** *v.* 1.6; **usar** *v.* 1.6; **lucir** *v.* 3.3
weariness **fatiga** *f.* 3.8
weather **tiempo** *m.*
  The weather is bad. **Hace mal tiempo.** 1.5
  The weather is good. **Hace buen tiempo.** 1.5
weaving **tejido** *m.* 2.8
web **red** *f.* 2.2; **web** *f.* 3.7
weblog **bitácora** *f.* 3.7
website **sitio** *m.* **web** 2.2, 3.7
wedding **boda** *f.* 1.9
Wednesday **miércoles** *m., sing.* 1.2
week **semana** *f.* 1.2

weekend **fin** *m.* **de semana** 1.4
  Have a nice weekend! **¡Buen fin de semana!**
weekly **semanal** *adj.*
weeping **llanto** *m.* 3.3
weight **peso** *m.* 2.6
  lift weights **levantar** *v.* **pesas** 2.6
welcome **bienvenido(s)/a(s)** *adj.* 2.3; **bienvenida** *f.* 3.5; **acoger** *v.*
well **pues** *adv.* 1.2, 2.8; **bueno** *adv.* 1.2, 2.8; **pozo** *m.*
  oil well **pozo petrolero** *m.*
  (Very) well, thanks. **(Muy) bien, gracias.** 1.1
well-being **bienestar** *m.* 2.6, 3.4
well-organized **ordenado/a** *adj.*
well-received **bien acogido/a** *adj.* 3.8
west **oeste** *m.* 2.5
  to the west **al oeste** 2.5
western (*genre*) **de vaqueros** 2.8
what **lo que** *pron.* 2.3
  what? **¿qué?** *pron.* 1.1
  At what time...? **¿A qué hora...?** 1.1
  What a pleasure to...! **¡Qué gusto (+** *inf.***)...!** 2.9
  What day is it? **¿Qué día es hoy?** 1.2
  What do you guys think? **¿Qué les parece?** 1.9
  What happened? **¿Qué pasó?** 2.2
  What is today's date? **¿Cuál es la fecha de hoy?** 1.5
  What nice clothes! **¡Qué ropa más bonita!** 1.6
  What size do you take? **¿Qué talla lleva (usa)?** *form.* 1.6
  What time is it? **¿Qué hora es?** 1.1
  What's going on? **¿Qué pasa?** 1.1
  What's happening? **¿Qué pasa?** 1.1
  What's... like? **¿Cómo es...?** 1.3
  What's new? **¿Qué hay de nuevo?** 1.1
  What's the weather like? **¿Qué tiempo hace?** 1.5
  What's wrong? **¿Qué pasó?** 2.2
  What's your name? **¿Cómo se llama usted?** *form.*
  What's your name? **¿Cómo te llamas (tú)?** *fam.* 1.1
when **cuando** *conj.* 1.7, 2.4
  when? **¿cuándo?** *adv.* 1.2
where **donde** *prep.*
  where (to)? (*destination*) **¿adónde?** *adv.* 1.2; (*location*) **¿dónde?** *adv.* 1.1

Where are you from? **¿De dónde eres (tú)?** *fam.* 1.1; **¿De dónde es (usted)?** *form.* 1.1

Where is...? **¿Dónde está...?** 1.2

wherever **dondequiera** *adv.* 3.4

which **que** *pron.*, **lo que** *pron.* 2.3

which? **¿cuál?** *pron.* 1.2; **¿qué?** *adj.* 1.2; In which...? **¿En qué...?** 1.2

which one(s)? **¿cuál(es)?** *pron.* 1.2

while **mientras** *conj.*; *adv.*

whistle **silbar** *v.*

white **blanco/a** *adj.* 1.6

who **que** *pron.* 2.3; **quien(es)** *pron.* 2.3

who? **¿quién(es)?** *pron.* 1.1

Who is...? **¿Quién es...?** 1.1

Who is calling? (*on the telephone*) **¿De parte de quién?** 2.2

Who is speaking? (*on the telephone*) **¿Quién habla?** 2.2

whole **todo/a** *adj.*

whom **quien(es)** *pron.* 2.3

whose **¿de quién(es)?** *pron.*, *adj.* 1.1

why? **¿por qué?** *adv.* 1.2

widowed **viudo/a** *adj.* 3.1; become widowed **quedarse viudo/a**

widower/widow **viudo/a** *n.*, *adj.* 1.9

wife **esposa** *f.* 1.3

wild **salvaje** *adj.* 3.6

wild boar jabalí *m.* 3.10

win **ganar** *v.* 1.4

win a game **ganar un partido** 3.2

win an election **ganar las elecciones**

wind **viento** *m.* 1.5

wind power **energía eólica** *f.*

window **ventana** *f.* 1.2

windshield **parabrisas** *m.*, *sing.* 2.2

windy: It's (very) windy. **Hace (mucho) viento.** 1.5

wine **vino** *m.*

wineglass **copa** *f.* 2.3

wing **ala** *m.*

winter **invierno** *m.* 1.5

wireless **inalámbrico/a** *adj.* 3.7

wisdom **sabiduría** *f.*

wise **sabio/a** *adj.*

wish **desear** *v.* 1.2, 3.4; **esperar** *v.* 2.4; **deseo** *m.*

I wish (that) **ojalá (que)** 2.4

make a wish **pedir un deseo** 3.8

with **con** *prep.* 1.2

with me **conmigo** 1.4, 1.9

with you **contigo** *fam.* 1.9

within (ten years) **dentro de (diez años)** *prep.* 2.7

without **sin** *prep.* 1.2, 2.4, 2.6; **sin que** *conj.* 2.4

without you **sin ti** *fam.*

witness **testigo** *m.*, *f.* 3.10

woman **mujer** 1.1 *f.*

businesswoman **mujer de negocios** *f.* 3.8

womanizer **mujeriego** *m.* 3.2

wonder **preguntarse** *v.*

wood **madera** *f.*

wool **lana** *f.* 1.6

(made of) wool **de lana** 1.6

word **palabra** *f.* 1.1

work **trabajar** *v.* 1.2; **funcionar** *v.* 2.2, 3.7

work hard **trabajar duro** 3.8

work out **hacer gimnasia** 2.6

work **trabajo** *m.* 2.7; (*of art, literature, music, etc.*) **obra** *f.* 2.8

work day **jornada** *f.*

work of art **obra de arte** *f.* 3.10

workshop **taller** *m.*

world **mundo** *m.* 2.4

World Cup **Copa del Mundo** *f.*; **Mundial** *m.* 3.2

worldwide **mundial** *adj.*

worm **gusano** *m.*

worried (about) **preocupado/a (por)** *adj.* 1.5, 3.1

worry **preocupar** *v.* 3.2

Don't worry. **No se preocupe.** *form.* 1.7; **No te preocupes.** *fam.* 1.7

worry (about) **preocuparse** *v.* **(por)** 1.7, 3.2

worse **peor** *adj.* 1.8

worship **culto** *m.*; **venerar** *v.*

worst **el/la peor** *adj.*, **lo peor** *n.* 1.8, 2.9

worth: be worth **valer** *v.* 3.1

worthy **digno/a** *adj.* 3.6

Would you like to...? **¿Te gustaría...?** *fam.* 1.4

wound **lesión** *f.* 3.4

wrinkle **arruga** *f.*

write **escribir** *v.* 1.3

write a letter/e-mail message **escribir una carta/un mensaje electrónico** 1.4

writer **escritor(a)** *m.*, *f.* 2.8

written **escrito** *p.p.* 2.5

wrong **equivocado/a** *adj.* 1.5

be wrong **no tener razón** 1.3

X

x-ray **radiografía** *f.* 2.1

Y

yard **jardín** *m.* 2.3; **patio** *m.* 2.3

yawn **bostezar** *v.*

year **año** *m.* 1.5

be... years old **tener... años** 1.3

yellow **amarillo/a** *adj.* 1.6

yes **sí** *interj.* 1.1

yesterday **ayer** *adv.* 1.6

yet **todavía** *adv.* 1.5

yogurt **yogur** *m.* 1.8

you *sub. pron.* **tú** *fam. sing.*, **usted (Ud.)** *form. sing.*, **vosotros/as** *fam. pl.*, **ustedes (Uds.)** *form. pl.* 1.1; *d. o. pron.* **te** *fam. sing.*, **lo/la** *form. sing.*, **os** *fam. pl.*, **los/las** *form. pl.* 1.5; *obj. of prep.* **ti** *fam. sing.*, **usted (Ud.)** *form. sing.*, **vosotros/as** *fam. pl.*, **ustedes (Uds.)** *form. pl.* 1.9 (to, for) you *i.o. pron.* **te** *fam. sing.*, **le** *form. sing.*, **os** *fam. pl.*, **les** *form. pl.* 1.6

you are... **Tú eres...** 1.1

You don't say! **¡No me digas!** *fam.*; **¡No me diga!** *form.* 2.2

You're welcome. **De nada.** 1.1; **No hay de qué.** 1.1

young **joven** *adj.* 1.3

young person **joven** *m.*, *f.* 1.1

young woman **señorita (Srta.)** *f.*

younger **menor** *adj.* 1.3

younger brother/sister **hermano/a menor** *m.*, *f.* 1.3

youngest **el/la menor** *adj.* 1.8

your **su(s)** *poss. adj. form.* 1.3; **tu(s)** *poss. adj. fam. sing.* 1.3; **vuestro/a(s)** *poss. adj. form. pl.* 1.3; **tuyo/a(s)** *poss. adj. fam. sing.* 2.2; **suyo/a(s)** *poss. adj. fam. sing.* 2.2

yours *form.* **suyo/a(s)** *poss. pron. form.* 2.2; **tuyo/a(s)** *poss. fam. sing.* 2.2; **vuestro/a(s)** *poss. fam.* 2.2

youth **juventud** *f.* 1.9

Z

zero **cero** *m.* 1.1

zoo **zoológico** *m.* 3.2

Índice

A

Análisis literario
  desarrollo del personaje 349
  fábula 311
  formas verbales 71
  ironía 271
  metáfora 111
  microcuento 233
  personificación 31
  realismo fantástico 383
  realismo mágico 192
  símil o comparación 153

Arte
  Barrios, Armando 382
  Berni, Antonio 110
  Dalí, Salvador 348
  Goya, Francisco de 152
  Kahlo, Frida 232
  Morel, Carlos 112
  Picasso, Pablo 30, 115
  Rivera, Diego 310
  Rodo Boulanger, Graciela 193
  Severi, Aldo 70
  Torres García, Joaquín 270
  Velázquez, Diego 116–117

augmentatives 263
  regional use of diminutives and augmentatives 263

C

Cinemateca
  Adiós mamá 106
  El anillo 188
  Clown 306
  Di algo 26
  El día menos pensado 228
  Éramos pocos 148
  Espíritu deportivo 66
  Happy Cool 266
  Sintonía 344
  Las viandas 378

commands 140
  familiar (**tú**) commands 140
  formal (**Ud.** and **Uds.**) commands 140
  indirect (**él, ella, ellos, ellas**) commands 141
  nosotros/as commands 141
  using pronouns with commands 141

comparatives and superlatives 176
  comparatives, irregular 177
  comparisons of equality 176
  comparisons of inequality 176

conditional 294
  conditional perfect 374
  uses 295

conjunctions
  conjunctions that require the subjunctive 220
  conjunctions followed by the subjunctive or the indicative 221

Contextos
  accidentes 164
  alojamiento 164
  animales 204
  arte 361
  artistas 360
  astronomía 244
  bienestar 122
  ciencia 245
  ciencia (profesiones) 244
  cine 324
  compras 82
  corrientes artísticas 361
  cultura popular 324
  deportes 42
  diversiones 43
  economía 282
  en casa 82
  enfermedades 122
  estados emocionales 2
  excursiones 165
  fenómenos naturales 204
  finanzas 282
  géneros literarios 360
  hospital 122
  inventos 245
  literatura 360
  lugares de recreo 42
  medicinas 123
  médicos 122
  medio ambiente 205
  medios de comunicación 324
  música 42
  naturaleza 204
  personalidad 2
  prensa 325
  radio 324
  relaciones personales 3
  salud 122
  seguridad 164
  sentimientos 2
  síntomas 122
  teatro 42
  tecnología 244
  televisión 324
  trabajo 282
  trabajo (gente) 283
  tratamientos 123
  universo 244
  viajes 164
  vida diaria 83

Cultura
  El arte de la vida diaria 115
  Colombia gana la guerra a una vieja enfermedad 157
  La conservación de Vieques 237
  De Macondo a McOndo 387
  Guaraní: la lengua vencedora 353
  Gustavo Dudamel: la estrella de "El sistema" 317
  Hernán Casciari: arte en la blogosfera 275
  La ruta maya 197
  Sonia Sotomayor: la niña que soñaba 35
  El toreo: ¿cultura o tortura? 75

D

diminutives 262
  regional use of diminutives and augmentatives 263

E

Enfoques (países)
  Argentina 252
  El Caribe 212
  Centroamérica 172
  Chile 368
  Colombia 130
  España 90
  Estados Unidos 10
  México 50
  Paraguay 332
  Uruguay 332
  Venezuela 290

estar and **ser** 18
  estar and **ser** with adjectives 19

F

Flash cultura (temas)
  Las alpacas 293
  Arquitectura modernista 371
  Un bosque tropical 215
  El cine mexicano 53
  De compras por Barcelona 93
  Las farmacias 133
  Los inventos argentinos 255
  Lo mejor de Argentina 335
  Las relaciones personales 13
  ¡Viajar y gozar! 175

Fotonovela (episodios)
  ¿Alguien desea ayudar? 86
  ¡Bienvenida, Mariela! 6
  ¡Buen viaje! 168
  Cuidando a Bambi 208
  ¿Dulces? No, gracias. 126
  Necesito un aumento. 286
  ¡O estás con ella o estás conmigo! 328

462

Unas pinturas radicales 364
El poder de la tecnología 248
¡Tengo los boletos! 46
future tense 216
   forms 216
   future perfect 372
   uses 217

G

gustar 58
   use 58
   verbs like **gustar** 59

I

imperfect 98
   preterite vs. the imperfect 102
   uses of the imperfect 102

L

Lecciones
   La cultura popular y los medios de comunicación (Lesson 9) 323
   Las diversiones (Lesson 2) 41
   La economía y el trabajo (Lesson 8) 281
   La literatura y el arte (Lesson 10) 359
   La naturaleza (Lesson 6) 203
   Las relaciones personales (Lesson 1) 1
   La salud y el bienestar (Lesson 4) 121
   La tecnología y la ciencia (Lesson 7) 243
   Los viajes (Lesson 5) 163
   La vida diaria (Lesson 3) 81
Literatura (autores)
   Allende, Isabel 349
   Benedetti, Mario 71
   Castellanos, Rosario 111
   Cortázar, Julio 383
   García Márquez, Gabriel 192
   Mastretta, Ángeles 153
   Monterroso, Augusto 233
   Neruda, Pablo 31
   Pérez-Reverte, Arturo 271
   Quiroga, Horacio 311
lo (neuter) 342

N

negative, affirmative, and indefinite expressions 180

O

object pronouns 54
   double object pronouns 55
   position 54
   prepositional pronouns 55

P

para and **por** 144
past perfect 260
past perfect subjunctive 376
past subjunctive 298
   forms of the past subjunctive 298
   uses of the past subjunctive 299
por and **para** 144
prepositional pronouns 55
prepositions
   a 224
   con 225
   hacia 224
   para 144
   por 144
present perfect 256
present perfect subjunctive 336
present tense 14
   irregular verbs 15
   irregular **yo** forms 15
   regular –ar, –er, and –ir verbs 14
   stem-changing verbs 14
preterite 94
   preterite vs. the imperfect 102
   uses of the preterite 102
progressive forms 22
   present progressive 22
   other verbs with the present participle 23
pronouns
   object pronouns 54
   object pronouns, double 55
   object pronouns, position 54
   prepositional pronouns 55
   relative pronouns 338

R

reflexive verbs 62
relative pronouns 338
   cuyo 339
   el/la cual 339
   el/la que 338
   que 338
   quien/quienes 339

S

ser and **estar** 18
   ser and **estar** with adjectives 19
si clauses 302
   habitual conditions and actions in the past 303
   hypothetical statements about the future 302
   hypothetical statements about the present 303
stem-changing verbs, present tense 14
subjunctive
   conjunctions followed by the subjunctive or the indicative 221
   conjunctions that require the subjunctive 220
   forms of the past subjunctive 298
   forms of the present subjunctive 134
   in adjective clauses 184
   in adverbial clauses 220
   in noun clauses 134
   past perfect subjunctive 376
   past subjunctive 298
   present perfect subjunctive 336
   uses of the past subjunctive 299
   verbs of doubt or denial 136
   verbs of emotion 136
   verbs of will and influence 135
superlatives 177
   superlatives, irregular 177

Credits

Every effort has been made to trace the copyright holders of the works published herein. If proper copyright acknowledgment has not been made, please contact the publisher and we will correct the information in future printings.

Photography and Art Credits

All images © Vista Higher Learning unless otherwise noted.

Cover: Liliana P. Bobadilla.

Front Matter (SE): xx: (l) Bettmann/Corbis; (r) Florian Biamm/123RF; **xxi:** (l) Lawrence Manning/Corbis; (r) Design Pics Inc/Alamy; **xxii:** José Blanco; **xxiii:** (l) Digital Vision/Getty Images; (r) Andres/Big Stock Photo; **xxiv:** Fotolia IV/Fotolia; **xxv:** (l) Goodshoot/Corbis; (r) Tyler Olson/Shutterstock; **xxvi:** Shelly Wall/Shutterstock; **xxvii:** (t) Martín Bernetti; (b) Daniel Montiel/Fotolia; **xxviii:** Martín Bernetti; **xxix:** (t) Damir Karan/iStockphoto; (b) Vilainecrevette/123RF; **xxx:** Celso Diniz/Shutterstock.

Front Matter (TE): T15: Mike Flippo/Shutterstock; **T16:** Jean Glueck/Media Bakery; **T35:** SimmiSimons/iStockphoto; **T39:** Monkeybusinessimages/Big Stock Photo.

Lesson 1: 1: Liliana P. Bobadilla; **2:** (tl) Galina Barskaya/Fotolia; (tr) PathDoc/Shutterstock; (bl) Rohit Seth/Fotolia; (br) Martín Bernetti; **3:** (t) Monkey Business Images/Fotolia; (b) LJM Photo/Media Bakery **9:** (t) Rehan Qureshi/Shutterstock; (m) Jeremy Woodhouse/Media Bakery; (b) Robert Fried/Alamy; **10:** Jason Stitt/Fotolia; **11:** (t) Marco Trsitao/Globo/Getty Images; (ml) Vgstudio/Fotolia; (mr) Ilustración por Ana Juan/Diseño por Marta Borrell/Penguin Random House; (b) Junial Enterprises/Fotolia; **12:** Corbis; **20:** Janet Dracksdorf; **21:** (tl) Joe Seer/Big Stock Photo; (tr) Andrew H. Walker/Getty Images; (bl) Warren Wimmer/Icon Sportswire 484/Newscom; (br) Jun Sato/WireImage/Getty Images; **30:** *Los enamorados* (1923), Pablo Picasso. © 2015 Estate of Pablo Picasso/Artists Rights Society (ARS), New York; **31:** Jean-Régis Roustan/Roger-Viollet/The Image Works; **32:** (foreground) Josh Westrich/Corbis; (background) Image Source/Corbis; **35:** (t) Bernard Bisson/Sygma/Corbis; (b) Win McNamee/Getty Images; **36:** (t) J. Scott Applewhite/AFP/Getty Images; (b) White House/Handout/CNP/Corbis; **37:** Jared Wickerham/Getty Images; **39:** Martín Bernetti.

Lesson 2: 41: Nacivet/Getty Images; **42:** (tl) Rasmus Rasmussen/iStockphoto; (tr) Racheal Grazias/Shutterstock; (bl) José Blanco; (br) Robert Niedring/Media Bakery; **43:** (t) Iofoto/Shutterstock; (m) John Lund/Drew Kelly/AGE Fotostock; (b) Corbis; **49:** (t) Corbis; (m) Rachel Weill/Getty Images; (b) GDA/El Universal/México/AP Images; **50:** (l) Vera Anderson/WireImage/Getty Images; (r) S. Bukley/Shutterstock; **51:** (t) Allstar Picture Library/Alamy; (ml) Victor Lerena/EPA/Corbis; (mr) Film Four/South Fork/Senator Film/The Kobal Collection; (b) Arau/Cinevista/Aviacsa/The Kobal Collection; **52:** Roger Viollet/Getty Images; **59:** Carlos Dominique/Alamy; **60:** (t) Denise Bernadette/iStockphoto; (ml, mr, bl, br) Martín Bernetti; (mm) Dmitriy Shironosov/Shutterstock; (bm) Reed Kaestner/Corbis; **62:** (all) Martín Bernetti; **69:** Maria Eugenia Corbo; **70:** *Calesita en la plaza* (1999), Aldo Severi. © Aldo Severi/Courtesy of Giuliana F. Severi; **71:** Mariana Silvia Eliano/Cover/Getty Images; **72:** Jason Horowitz/Corbis; **75:** Alfredo Dagli Orti/The Art Archive at Art Resource, NY; **76:** Motmot/Shutterstock.

Lesson 3: 81: Atsuko Tanaka/Media Bakery; **82:** (l) Rafael Rios; (r) Monkey Business Images/Shutterstock; **83:** (t) Simone Van Den Berg/123RF; (b) Michelangelo Gratton/Getty Images; **89:** (t) Planner/Shutterstock; **89:** (m) José Blanco; (b) David Frazier/DanitaDelimont; **90:** (t) Patrick van Katwijk/Picture-Alliance/DPA/AP Images; (m) Dusko Despotovic/Sygma/Corbis; (b) Ballesteros/EEF/Newscom; **91:** (t) Ian Waldie/Getty Images; (ml) Maria Eugenia Corbo; (mr) TVE/Corbis; (b) NurPhoto.com/Alamy; **92:** Mark Shenley/Alamy; **97:** Fotolia IV/Fotolia; **99:** James W. Porter/Corbis; **100:** David C. Tomlinson/Getty Images; **110:** La Siesta (2010), Oscar Sir Avendaño. Técnica: mixta, 1 metro x 1,50 cmtrs. © 2010 Oscar Sir Avendaño; **111:** Agencia el Universal GDA Photo Service/Newscom; **112:** *Autorretrato con pelo cortado* (1940), Frida Kahlo. Oil on canvas, 15 3/4 x 11" (40 x 27.9 cm). Digital Image © The Museum of Modern Art/Licensed by SCALA/Art Resource, NY/© 2015 Banco de México Diego Rivera Frida Kahlo Museums Trust, Mexico, D.F./Artists Rights Society (ARS), New York; **115:** (t) *Guernica* (1937), Pablo Picasso. Oil on canvas, 349.3 x 776.6 cm. Museo Nacional Centro de Arte Reina Sofia, Madrid, Spain. Castrovilli/123RF/© 2015 Estate of Pablo Picasso/Artists Rights Society (ARS), New York; (b) *Niños comiendo uvas y un melón* (1645-1646), Bartolomé Esteban Murillo. Oil on canvas, 145.9 x 103.6 cm. BPK, Berlin/Art Resource, NY; **116:** *Vieja friendo huevos* (1618), Diego Rodríguez Velázquez. Oil on canvas, 100.50 x 119.50 cm (framed: 148.00 x 128.60 x 7.60 cm). Erich Lessing/Art Resource, NY; **117:** (t) *El triunfo de Baco (Los borrachos)* (1628-1629), Diego Rodríguez Velázquez. Oil on canvas, 165 x 225 cm. Scala/Art Resource, NY; (b) *Las Meninas* (Ca. 1656), Diego Rodríguez Velázquez. Oil on canvas, 276 x 318 cm. Erich Lessing/Art Resource, NY; **119:** Basque Country/Mark Baynes/Alamy.

Lesson 4: 121: Media Bakery; **122:** (t) Martín Bernetti; (b) Stevecoleccs/iStockphoto; **123:** (t) Pascal Pernix; (m) Martín Bernetti; (b) Flying Colours Ltd/Media Bakery; **129:** (t) Paula Diez; (m) Radu Razvan/Shutterstock; (b) Thanawat Wongsuwannathorn/123RF; **130:** Martín Bernetti; **131:** (t) Ivan Sabo/Shutterstock; (m) JPC-PROD/Shutterstock; (b) Paula Diez; **132:** Masterfile; **146:** Jesse Kraft/123RF; **147:** Aldomurillo/iStockphoto; **149:** Éramos pocos, © Altube Filmeak; **152:** *Autorretrato con el Dr. Arrieta* (1820), Francisco José de Goya y Lucientes. Oil on canvas, 45 1/8 x 30 1/8 in. (114.62 x 76.52 cm). Minneapolis Institute of Arts, MN, USA/The Ethel Morrison Van Derlip Fund/Bridgeman Images; **153:** Jose Caruci/AP Images; **154:** Marina Dyakonova/Media Bakery; **157:** Andrey Gontarev/Shutterstock; **158:** Eliana Aponte/Reuters/Newscom.

Credits

Text Credits

32 Pablo Neruda. "Poema 20", *Veinte poemas de amor y una canción desperada*. © Pablo Neruda, 1924 y Fundación Pablo Neruda.

72 © Fundación Mario Benedetti. c/o Schavelzon, Graham Agencia Literaria, www.schavelzongraham.com.

112 *Autorretrato* by Rosario Castellanos. Copyright © 2004, Fondo de Cultura Económica. All rights reserved. Mexico, D.F.

154 © Ángeles Mastretta, 1990.

193 Gabriel García Márquez. "La luz es como el agua", *Doce cuentos peregrinos*. © Gabriel García Márquez, 1992 y Herederos de Gabriel García Márquez.

234 Courtesy of Augusto Monterroso, International Editors' Co. S.L.

272 By permission of RDC AGENCIA LITERARIA S.L.

312 Reproduced from: *La abeja haragana* by Horacio Quiroga; © Isabel Piquer/El País S.L.

350 Isabel Allende. "Dos palabras", *Cuentos de Eva Luna*. © Isabel Allende, 1989.

384 Julio Cortázar. "Continuidad de los parques", *Final del Juego*. © Julio Cortázar, 1956 y Heirs of Julio Cortázar.

Film Credits

26 Courtesy of Premium Films.

66 Courtesy of IMCINE.

106 Adiós mamá, Courtesy of IMCINE.

148 Éramos pocos, © Altube Filmeak.

188 © Coraly Santaliz, Director of *El Anillo*.

228 Courtesy of IMCINE.

266 Courtesy of Gabriel Dodero.

306 © Stephen Lynch, Story: We produce.

344 © Moriarti, Director of *Sintonia*.

378 Courtesy of MasterCluster.